21世纪应用型本科会计系列规划教材
首批国家级一流本科专业建设点教材
安徽省"十一五"规划教材
安徽省质量工程项目（一流教材建设）立项建设教材

CAIWU KUAIJIXUE

财务会计学

一般业务 第五版

顾远 向崇学 林钟高 主编

东北财经大学出版社 大连
Dongbei University of Finance & Economics Press

图书在版编目（CIP）数据

财务会计学：一般业务 / 顾远，向崇学，林钟高主编 . —5版 . —大连：东北财经大学出版社，2024.8 . —（21世纪应用型本科会计系列规划教材）. —ISBN 978-7-5654-5394-6

Ⅰ . F234.4

中国国家版本馆 CIP 数据核字第 2024FL0683 号

东北财经大学出版社出版

（大连市黑石礁尖山街 217 号　邮政编码　116025）

网　　址：http://www.dufep.cn

读者信箱：dufep@dufe.edu.cn

大连东泰彩印技术开发有限公司印刷　　东北财经大学出版社发行

幅面尺寸：185mm×260mm　　　　字数：679千字　　　　印张：28.5

2024 年 8 月第 5 版　　　　　　　　　　　　　　2024 年 8 月第 1 次印刷

责任编辑：孙　平　章小北　　　　　　　　责任校对：一　心

封面设计：原　皓　　　　　　　　　　　　版式设计：原　皓

定价：69.00 元

第五版前言

安徽工业大学会计学专业是教育部首批国家级一流本科专业建设点。《财务会计学》是学校重点建设的会计系列教材之一，先后获得安徽省教学成果奖、安徽工业大学教学成果奖，并入选安徽省"十一五"规划教材和2018年安徽省质量工程项目（一流教材建设）。本教材自2008年首次出版发行以来，多次再版印刷，得到全国多所高等院校的老师、同学以及其他读者的认可，产生了良好的社会影响。为了更好地服务于广大读者，充分反映近几年来我国会计领域和财税政策发生的最新变化，更好地适应高等会计教育教学面临的新形势，我们决定在前四版教材的基础上修订再版。

此次《财务会计学（一般业务）》修订再版，我们在坚持前四版教材的编写指导思想、保留原有特色和定位的基础上，进一步吸收了当前国内外优秀财务会计学教材精华并结合我国会计实际作出了修订完善。本次修订再版突出了以下几方面的特点：

1.体现了课程思政的新要求。培养什么人、怎样培养人、为谁培养人是教育的根本问题。教材是人才培养的重要途径，教材建设必须体现出新时代的新要求。为深入学习贯彻党的二十大、二十届三中全会精神，推进习近平新时代中国特色社会主义思想进教材、进课堂、进头脑，此次修订再版结合会计学科知识特点，在各章内容中以"立德精业"的形式融入了思政教育元素（包括党的二十大报告和二十届三中全会决议的相关内容）。

2.坚持以下几个重要理念和认识：①高等会计教育的目标不是训练学生毕业时成为一个专业人员，而在于培养他们未来成为一名专业人员应有的素质，即造就能适应经济社会发展需要的"会计人"。②会计是有重要经济影响的学科，具有经济性和安全性特征；教材以会计的经济后果和管理功能研究为优势，将管理、经济、法律和会计等方面的知识有机融合。③注重会计的职业判断特征，对核心会计问题以判断流程图的形式引导学生思考。④注重业、财融合并体现数字化教学资源的运用。基于以上认识，我们在本教材的编写中坚持了以下一些原则：一是理论与实践相结合；二是教学与科研相结合；三是中国特色与国际化相结合；四是继承与创新相结合；五是"通"与"专"相结合。

3.教材内容结构进一步优化。具体做法是：（1）在第一章"财务会计基本理论"中增加了"财务报告"和"可持续信息披露"两节内容；将原第四节"会计要素"和第五节"会计计量"的内容合并为一节"会计要素及其确认与计量"。（2）将第十三章"财务报告"中的第八节"分部报告"的内容删除，使本章的内容更加精练。

4.教材内容以多样化的方式呈现，并在一定程度上体现了立体化。各章除了主体内容外，还包括学习目标、思维导图、引导案例，以及拓展阅读、相关链接、观念应用、小资料、小提示、小案例、立德精业、本章小结、主要概念、基本训练等模块，一些内容以二维码的形式呈现。这使得本教材更便于学生对相关内容的学习与理解，也便于教师讲解与引导，做到易学易教。

此外，我们还针对近几年来我国会计领域和财税政策发生的最新变化等对教材中的相关内容进行了修改调整，力求使本教材的内容更新与会计改革实践同步；同时，对教材中的例题和章后基本训练题等做了更新，对原书中存在的一些错误也一并做了修改。

本次修订由安徽工业大学顾远副教授、向崇学副教授和林钟高教授担任主编，负责全书写作大纲的拟定和编写的组织工作，并对全书进行了总纂；陈昌龙和马自俊两位老师担任副主编。各章的具体修订编写分工如下：顾远副教授编写第一章的第五、六节，第八章的第五节，第十二、十五章；向崇学副教授编写第五、六、十章；林钟高教授编写第一章的第一、二、三、四节；刘英副教授编写第三、七章和第八章的第一、二、三、四节；洪昌文副教授编写第二、十一章；陈昌龙讲师编写第十三、十四章；马自俊讲师编写第四、九章。

鉴于作者水平有限，加之时间仓促，书中疏漏或不足之处在所难免，欢迎广大读者和同行批评指正，以便今后进一步完善和修订。

本书在修订过程中得到了东北财经大学出版社的大力支持，在此一并表示衷心感谢！

编　者

2024 年 7 月

目 录

第一章

财务会计基本理论

学习目标

通过本章学习，应达到以下目标：在知识方面，领会财务会计的基本理论体系；在技能方面，掌握财务会计基本理论的应用领域和应用技术；在能力方面，初步具备财务会计基本理论的研究探索和拓展深化能力。

思维导图

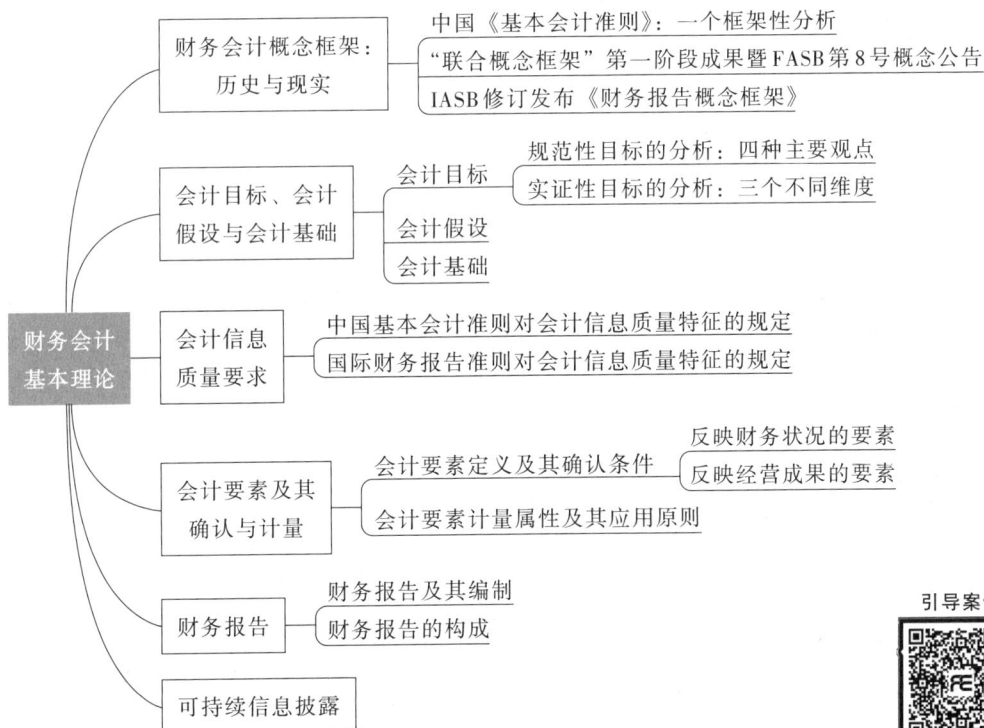

引导案例

九好集团"忽悠式重组"舞弊案

如果把财务会计①定义为一种提供信息的管理活动②，则这种活动无疑具有强烈的社会性，即关系到社会经济利益分配的公平效率性，关系到社会经济秩序的稳定和谐性。一旦财务会计具备了其活动的社会价值和社会意义，则一套旨在激励与约束其行为的规范体系的建立便成了必然的和必要的选择。财务会计的一个重要功能③就是，为企业各种契约的订立与执行提供相应的数据，以界定契约关系。由于企业是一系列契约的集合体，相关利益者具有不同的利益诉求，为了通过财务会计这一契约的联结点所隐含的委托代理关系让企业的各方参与者根据所订立的各种契约来取得其于企业中分配现金流量与其他资源的权利，就要在企业成立之时或之前，企业的各参与者制订出一份特别契约，对有关财务会计数据的计算程序与方法作出约定，这种约定就是我们通常所说的财务会计准则（或者说财务会计报告准则），包括基本准则及一系列具体准则。从这一意义上说，财务会计准则实质上就是由政府或其授权机构作出的一种对财务会计程序和方法进行约定的契约。

需要指出的是，会计准则只是会计理论的一个主要研究内容。根据《韦氏大词典》的解释，理论是一套紧密相联的、假定性的、概念性的和实用性的原理的整体，构成了对所要探索领域的可供参考的一般框架。会计理论是关于对现实世界中会计现象的逻辑推论、概括和解释的系列，具有信息传递和经验总结、解释和评价、预测和实践的功能。会计理论除了会计准则之外，还包括会计目标、会计定义、会计职能、会计对象、会计要素、会计确认和计量、会计报告和控制等广泛的内容，甚至还包括会计环境的研究④。本书以会计准则为主线，在其间也穿插会计理论的其他有关内容。

|第一节| 财务会计概念框架：历史与现实

财务会计概念框架（conceptual framework，以下简称CF），也称财务会计概念结构，是由若干说明财务会计并为财务会计所应用的基本概念所组成的理论体系，是指导和评价会计准则的基本理论依据。在缺乏会计准则的领域，财务会计概念框架可以起到规范会计处理和财务报告信息披露的作用⑤。美国财务会计准则委员会（FASB）从1978年开始陆续颁布财务会计概念公告（SFAC），形成了较为完整的财务会计概念框架体系，在国内外引起了很大的反响。一些国家和国际组织纷纷效仿，构建界定严密、内在一致的概念框架作为会计准则制定的理论基础已成为共识。我国会计准则是一个在实质上与国际财务报告准则趋同（其中的概念框架是趋同的前提基础）并兼顾我国经济社会实际的会计准则体

① 从职业角度看，会计可以包括财务会计、管理会计、审计三大部分。财务会计是一种主要向外提供信息的会计，而管理会计则是主要出于企业内部管理的需要从决策和执行两大方面提供信息的活动，审计则是独立的第三方从鉴证的角度对财务会计和内部控制信息进行审查监督的活动。后文除了特别提示外，就只包括其中的财务会计部分。

② 从理论上看，会计学界关于会计的认识有不同看法，比较典型的有：会计信息系统论（葛家澍等）、会计管理活动论（杨纪琬等）、会计控制论（郭道扬等）。其实，这是站在不同的角度对会计的不同认识，随着相关领域理论的不断进步，对会计的看法也在不断变化，比如可以把会计看成是一种契约活动、一种产权制度、一种交易行为、一种受托责任、一种博弈过程等，不一而足。我们认为，从最本质的意义上看，会计是一种基于信息处理的管理活动，其他的认识都是在此基础上的延伸和发展。

③ 传统意义上的财务会计功能主要指核算与控制（监督），从延伸的角度看，财务会计的功能还可以表述为"信息-决策"功能、"预期-保险"功能和"激励-约束"功能等。

④ 会计环境是会计所处的社会经济环境，会计环境对会计目标以及根据逻辑导出的各种会计原则和规则有直接影响。一般说来，会计环境因素包括科学技术、经济发展、法律制度、政治环境、文化传统、教育水平、社会特征、会计需要程度以及会计职业力量等。

⑤ 如何定义财务会计概念框架是一个学术难题，目前比较典型的说法是：概念框架是相互联系的目标与基本概念协调一致的体系，这些目标和基本概念可望引出前后一贯的准则，并对财务会计和报告的性质、作用和局限性作出规定。出台类似美国财务会计概念框架的国家和国际组织有：英国会计准则委员会于1991年发布《财务会计的原则公告》第1号，加拿大会计准则行政院于1987年发布《财务报告的概念结构》，国际会计准则理事会于1989年发布《编报财务报表的框架》，联合国经社理事会跨国公司委员会于1988年发布《财务报告的目标与概念》等。

系，随着我国会计准则的全面实施和持续趋同，我国的财务会计已经真正成为国际资本市场活动的"通行语言"。

一、中国《基本会计准则》：一个框架性分析

会计准则（accounting standard）的制定与发展，是随着我国会计制度改革与变迁同步进行的，大体可以分成六个阶段①：

第一阶段：会计准则的筹建阶段（1992年11月以前）。1979年我国成立中国会计学会，1983年提出了研究会计原则和准则，并在1985年将其列入科研规划选题中。1987年中国会计学会成立了"会计原则及会计基本理论研究组"（后改为"会计基本理论和会计准则研究组"），标志着我国会计专业团体有组织、有计划地以集体力量系统研究会计准则有关问题的开始，财政部会计司在1988年成立了"会计准则课题组"（后改为"会计准则委员会"），并具体负责我国会计准则的制定工作。1989年研究组召开了第一次会计准则研讨会，并先后于1989年3月、1990年4月、1990年11月出台了有关拟订中国会计准则的一些基本规定，在广泛征求意见的基础上，于1992年11月30日以部长令正式签署了《企业会计准则》，标志着我国会计准则正式诞生。

第二阶段：会计准则的宣传落实阶段（1992年11月至1997年4月）。1992年我国发布的《企业会计准则》由19章共66条组成，主要内容包括总则、一般原则、资产、负债、所有者权益、收入、费用、利润、财务报告和附则等。虽然《企业会计准则》是以当时国际会计准则委员会概念框架为蓝本起草的②，但并没有对具体会计事项的确认、计量和报告作出具体规定，因此也就不能代替具体会计准则。为了解决企业会计核算中的具体问题，财政部还颁发了《企业财务通则》和13个行业会计制度以及10个行业财务制度（"两则""两制"），以后又陆续颁发了中外合资、外商投资和股份制企业的会计制度，这些制度在会计准则和会计实务之间架起了一条通道，暂时解决了会计实务中的一些难题，并采用了国际通行的会计方法，实现了与会计国际惯例的初步协调。

第三阶段：会计准则的完善阶段（1997年5月至2006年1月）。我国会计准则体系的完善，以制定具体会计准则为标志。从1994年2月起财政部会计司陆续公开发布具体会计准则的征求意见稿，先后发布了6批共30项征求意见稿，此后到2000年12月我国已经陆续发布了9项具体会计准则。2000年12月以后又陆续颁发了《企业会计制度》《企业财务会计报告条例》等，进一步明确了我国财务会计报告的内涵和编制要求，还对1992年《企业会计准则》中的资产、负债、所有者权益等会计要素的确认和计量作了重大修订③。这个阶段，虽然会计准则的制定工作处于低潮，但我国会计制度的建设工作开展得有声有色，先后颁发了金融企业、小企业、民间非营利组织、村集体经济组织等会计制度，在不同程度上起到了积极的作用。

第四阶段：会计准则国际趋同阶段（2006年2月至2010年3月）。2005年7月在北京举行的中国会计学会学术年会上将会计国际趋同作为我国"建立和完善融入世界又彰显中国魅力和影响力的会计理论方法体系"的重要组成部分，并且指出，在中国会计准则建设

① 邵毅平，等．中国企业会计准则——阐释与应用［M］．上海：立信会计出版社，2006．
② 冯淑萍．中国对于国际会计协调的基本态度与所面临的问题［J］．会计研究，2004（1）．
③ 比如在对原有规定的坏账、存货跌价、短期投资跌价、长期投资减值提取四项准备的基础上，又增加了对委托贷款减值、固定资产减值、在建工程减值和无形资产减值提取四项新的准备。

过程中，中国十分注重借鉴国际财务报告准则，只要符合中国的经济和法律环境，国际财务报告准则中规定的一般原则都会在中国会计准则中得到应用①。2005年11月时任财政部副部长王军代表中国会计准则委员会与国际会计准则理事会主席戴维·泰迪爵士在北京共同签署了《中国会计准则委员会秘书长–国际会计准则理事会主席联合声明》，加速了我国会计准则国际趋同的步伐。经过广泛征求意见，综合各方反馈和修订，最终形成了"38+1"项较为完整的会计准则体系。正如戴维·泰迪爵士所说的，中国企业会计准则体系的发布实施，使中国企业会计准则与国际财务报告准则之间实现了实质性趋同，是促进中国经济发展和提升中国在国际资本市场中地位的非常重要的一步。至此，我国会计准则迈向了全面与国际财务报告准则（IFRS）趋同的新阶段②。

第五阶段：会计准则持续趋同阶段（2010年4月至2022年）。为响应G20倡议，2010年4月2日，中国财政部正式发布了《中国企业会计准则与国际财务报告准则持续趋同路线图》，再次向国际社会表达了我们与国际财务报告准则"持续趋同而非直接采用"的明确态度和原则立场，以及修改完善中国企业会计准则体系中相关项目的工作目标。路线图主要包括以下内容：一是强调中国企业会计准则已经实现了与国际财务报告准则的趋同，持续趋同是在已有趋同基础上的后续趋同。二是肯定国际会计准则理事会为应对国际金融危机所采取的改革举措，支持国际会计准则理事会为建立全球统一的高质量会计准则所做的努力。三是明确中国企业会计准则持续趋同仍然是在国际互动基础上的趋同，而不是"直接采用"的立场。国际财务报告准则在制定过程中必须充分考虑发展中国家尤其是新兴市场经济国家的实际情况，只有这样，国际财务报告准则才能真正实现其高质量、权威性和全球公认性。在这一过程中，中国积极深入地参与国际财务报告准则修改的全部项目，提升在国际财务报告准则制定中的话语权和影响力。

第六阶段：会计自主知识体系构建阶段（2023年至今）。最近两年，中国会计学会一直致力于构建会计自主知识体系。

图1-1是中国会计基本准则的框架内容。

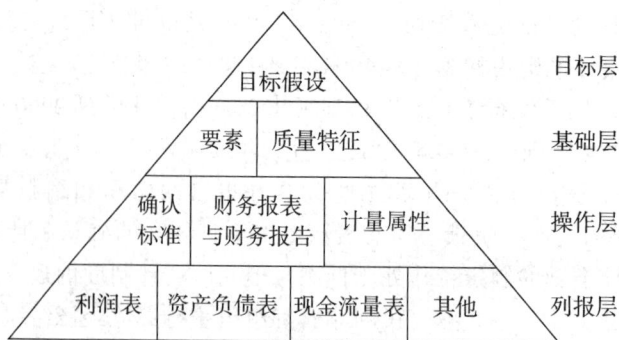

图1-1 中国会计基本准则框架层次图

① 王军. 审时度势、把握时机，完善中国会计准则体系 [J]. 会计研究，2005（10）.
② 这里我们要特别指出，我国的会计基本准则并不能等同于财务会计概念框架（存在着性质与定位、结构与形式、财务报表或报告的目标、基本假设、信息质量、会计要素、会计报告等诸多方面的差异）。我国著名会计学家葛家澍教授认为，财务会计概念框架不是会计准则，它是财务会计理论的一个组成部分，是用来评价、制定和发展会计准则的会计理论。亨德里克森也指出，财务会计概念框架是财务报告的概念框架，而不是财务会计的概念框架。因此，我国在颁发会计基本准则的基础上，还面临着如何应对国际会计共同概念框架构建的挑战并适时制定中国企业的财务会计概念框架。

二、"联合概念框架"第一阶段成果暨FASB第8号概念公告

西方各国对财务会计概念框架的研究始于20世纪70年代。在此之前，无论是美国还是西方其他发达国家制定会计准则的理论依据主要来源于会计职业团体及一些著名会计学家的有关专题研究报告。然而进入20世纪70年代以后，传统的会计理论概念受到了严重的冲击，于是美国财务会计准则委员会（FASB）于20世纪70年代中期率先开展对财务会计概念框架的研究，并将其研究成果陆续以《财务会计概念公告》等文件形式予以发布。随后，英国、澳大利亚、加拿大等国的会计职业团体和国际会计准则理事会（IASB）也都先后对财务会计概念框架进行了研究，并发布了一系列阐述财务会计概念框架的重要文件和报告。尤其值得指出的是，2010年9月28日，国际会计准则理事会和美国财务会计准则委员会正式发布了双方自2005年以来合作开展的共同概念框架联合项目（以下简称"联合概念框架""财务报告概念框架"）第一阶段的成果"目标和质量特征"，FASB同时将其列为财务会计概念公告第8号（SFAC 8）"财务报告概念框架"的第一章和第三章，并取代了分别于1978年和1980年发布的财务会计概念公告第1号（SFAC 1）"经营企业财务报告的目标"和第2号（SFAC 2）"会计信息的质量特征"。SFAC 8是继2000年FASB发布财务会计概念公告第7号（SFAC 7）"在会计计量中使用现金流量信息和现值"10年之后发布的一项新的概念公告，它是会计准则国际趋同的产物，对建立全球统一的高质量会计准则具有十分重要的意义[①]。

财务报告概念框架是由相互联系的目标和基本概念构成的内在一致的体系，它规定了财务会计和报告的性质、作用和局限性，并将引导一致的指引。概念框架通过确定财务会计和报告的结构和方向，促进无偏见的财务及有关信息的提供，以达到为公众利益服务的预期。以上这些信息将在经济与社会稀缺资源分配的过程中帮助资本市场和其他市场有效地运作。具体来说：

第一，可以保持会计准则相关文件和内在逻辑的一致性，避免不同准则之间的矛盾或冲突，保证会计准则体系的完整性和缜密性。

第二，能减少准则制定过程中由于个人偏好或不同学派之间的"门户之见"以及"长官意志"等各种人为因素所带来的不利影响，从而保证会计准则的科学性。

第三，可用来评估已发布的会计准则，既可据以对原准则作出修订和完善，给新会计准则的制定指明方向，而且还可弥补准则中的某些缺陷，对重大会计问题的解决提供理论上的支持。

第四，有助于会计信息使用者更好地理解财务报告所提供信息的目的、内容、性质和局限性，使其能据以作出恰当的分析判断和正确的经营决策。

① 自2002年10月IASB与FASB正式签署《诺沃克协议》并致力于会计准则国际趋同以来，双方已意识到消除各governments概念框架差异的重要性，并将建立"联合概念框架"项目列入其趋同计划中。建立"联合概念框架"的目标是为制定以原则为导向、内在一致和国际趋同的未来会计准则建立稳固的基础。根据IASB与FASB的工作计划，"联合概念框架"分八个阶段进行：第一阶段"目标和质量特征"；第二阶段"要素和确认"；第三阶段"计量"；第四阶段"报告主体"；第五阶段"列报和披露"；第六阶段"目的和地位"；第七阶段"对非营利主体的应用"；第八阶段"剩余问题"。IASB与FASB商定，每一阶段工作完成后，其相关内容将取代IASB框架的相应段落，同时也将取代美国现有的一系列财务会计概念公告。"联合概念框架"第一阶段工作解决的是财务报告中的目标和质量特征问题，因此，IASB修订了其概念框架的相应内容；FASB则将该工作成果作为SFAC 8的内容予以公布，其中将"目标"部分作为SFAC 8的第一章"通用目的财务报告的目标"，将"质量特征"部分作为第三章"有用财务信息的质量特征"，而将"报告主体"留给了第二章。本书将在有关章节对"联合概念框架"第一阶段成果暨FASB第8号概念公告的主要内容及要点作评述和比较。

第五，通过财务会计概念框架的研究，既可充分肯定传统会计理论中仍然适用的合理部分，又能及时展示社会经济环境变动情况下会计理论研究的最新成果，从而不断地推动会计理论研究向纵深发展。

那么，财务会计概念框架的内容究竟是如何组成的呢？根据我们手头所掌握的资料，尽管不同的国家和国际组织所制定和颁发的财务会计概念框架在具体内容上有所不同，但就其总体框架来看，还是基本一致的。考虑到财务会计的基本假设和假定等前提条件，为了实现财务会计的目标，便产生了会计信息质量特征、财务会计的要素和在财务报表中的确认与计量等一系列基本概念，它们共同组成一个多层次、内在协调一致的整体①，如图1-2所示。

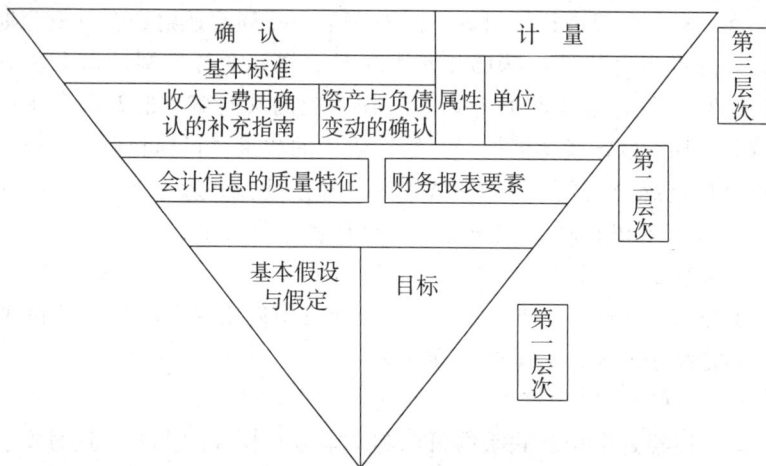

图1-2 财务会计概念框架内容之间的基本联结

三、IASB修订发布《财务报告概念框架》

拓展阅读1-1

会计准则的多种含义

2018年3月29日，IASB发布了新的《财务报告概念框架》（Conceptual Framework for Financial Reporting）。2010年，国际会计准则理事会认为，财务报告概念框架存在某些重要领域尚未涉及，某些领域的指南尚不清晰，某些方面内容已经过时的缺陷。国际会计准则理事会与美国财务会计准则委员会于2004年决定联合对各自会计准则中的"概念框架"进行修订，并于2010年联合发布了修订后的《财务报告概念框架》的第一章和第三章，之后双方又陆续发布了"报告主体"的讨论稿和征求意见稿。2012年，双方决定重启概念框架修订。但由于双方对有关问题无法达成一致意见，国际会计准则理事会决定单独推进概念框架项目，于2013年7月发布了《财务报告概念框架的复审与评论》（A Review of the Conceptual Framework for Financial Reporting）讨论稿。2015年5月，国际会计准则理事会发布了《财务报告概念框架》征求意见稿，2018年3月29日，国际会计准则理事正式发布《财务报告概念框架》，对1989年版概念框架和2010年版概念框架进行了重大修订。新版概念框架共计8章，分别是：通用目的财务报告的目标、有用财务信息的质量特征、财务报表和报告主体、财务报表要素、确认和终止确认、计量、列报和披露以及资本和资本保持概念。新版概念框架的主要内容及其变化概括见表1-1。

---

① 美国著名会计学家亨德里克森教授认为，概念框架的发展经历了"探究会计原则"到"探究概念框架"的转变；美国另一位著名会计学家沃克教授认为，"探究会计原则"用的是"假设/原则的方法"，而"探究概念框架"用的是"目标/准则的方法"。

表1-1   2018年《财务报告概念框架》的主要内容及其变化

章节	内容概览
概念框架的地位和目的	概念框架的作用主要有三个方面：一是帮助国际会计准则理事会制定基于概念框架的国际财务报告准则；二是在国际财务报告准则没有规定或者允许进行政策选择的情况下，帮助报表编制者制定前后一致的会计政策；三是帮助所有各方理解和解释国际财务报告准则
	概念框架并不替代国际财务报告准则的任何内容
	为了实现通用目的财务报告的目标，国际财务报告准则有时会偏离概念框架
第1章　通用目的财务报告的目标	基本维持2010年版概念框架
	讨论了评估受托责任所需要的信息
	财务报告的主要使用者是现实和潜在的投资者、贷款人和其他债权人
第2章　有用财务信息的质量特征	基本维持2010年版概念框架
	相关性和忠实呈报是财务信息的基本质量特征
	澄清了审慎性、计量不确定性和实质重于形式等概念
第3章　财务报表和报告主体	新增内容
第4章　财务报表要素	对1989年版概念框架进行了重大修改
	定义了资产、负债、权益、收益和费用五个要素
	重新定义资产：主体因过去事项而控制的现时经济资源。经济资源是具有产生经济利益潜力的权利。主要变化是：单独定义了"经济资源"，明确资产是经济资源，而非经济利益的最终流入；删除了"预期流量"，因为资产并非确定（甚至可能）产生经济利益；经济利益可能性较低，可能影响资产的确认和计量
	重新定义负债：主体因过去事项而转移经济资源的现时义务。义务是主体无现实能力避免的职责和责任。主要变化是：单独定义了"经济资源"，明确负债是转移经济资源的义务，而非经济利益的最终流出；删除了"预期流量"；引入了"无现实能力避免"概念
	关于权益的定义，将在负债与权益区分项目中继续研究
	引入计量单元概念
	重新定义收益：除主体的权益持有者投入之外而导致权益增加的资产增加或负债减少
	重新定义费用：除向主体权益持有者分配之外而导致权益减少的资产减少或负债增加
第5章　确认和终止确认	修改后的确认标准明确要求参照有用信息的质量特征
	增加了终止确认指南
第6章　计量	计量基础包括历史成本和现行价值。其中，现行价值包括公允价值、在用价值（资产）、履约价值（负债）和现行成本
	修改后的框架含有更多的指南，分别从相关性和忠实呈报两个方面明确了选择计量基础应考虑的因素
第7章　列报和披露	新增内容
第8章　资本和资本保持概念	维持1989年版概念框架

立德精业 1-1

党的二十大报告明确指出要"推进文化自信自强，铸就社会主义文化新辉煌"。报告提出，要加快构建中国特色哲学社会科学学科体系、学术体系、话语体系；要坚守中华文化立场，提炼展示中华文明的精神标识和文化精髓，加快构建中国话语和中国叙事体系，讲好中国故事、传播好中国声音，展现可信、可爱、可敬的中国形象；要加强国际传播能力建设，全面提升国际传播效能，形成同我国综合国力和国际地位相匹配的国际话语权。在会计领域，我国在"十三五"时期已全面参与会计国际标准的制定和重要会计国际机构治理，不断增强我国在会计国际规则制定的话语权，我国在会计领域的国际影响力得到显著提升。财政部《会计改革与发展"十四五"规划纲要》提出，"十四五"时期会计改革与发展的基本原则是坚持开放、包容、普惠、平衡、共赢的发展原则，践行习近平总书记"构建人类命运共同体"重要思想，统筹国内国际两个大局，深度参与会计领域国际治理和国际标准制定，持续加强会计领域国际交流与合作，不断提高我国在会计领域的国际话语权和影响力。

第二节 会计目标、会计假设与会计基础

会计目标与会计假设是财务会计理论研究的基本范畴，也是财务会计准则必须解决的一个基本问题。会计目标是指会计系统运行的出发点和归属，以及需要达到的基本要求，它是整个会计系统设计与运行的导向机制①。会计假设是一种对会计活动进行时、空、量限定的理论，是指一般在会计实践中长期奉行且无须证明便为人们所接受的，从事会计工作、研究会计问题的前提条件。

一、会计目标

我国基本准则第一次明确了财务报告（会计）的目标，它有两个要点：①财务报告应当向财务报告使用者提供与企业财务状况、经营成果和现金流量有关的会计信息。财务会计报告使用者包括投资者、债权人、政府及其有关部门和社会公众等。②反映企业管理层受托责任的履行情况，有助于使用者作出经济决策。我国基本准则将反映企业管理层的受托责任在财务会计报告目标中提出，说明各项具体准则的制定和所规范的确认、计量和报告要求都围绕这一目标展开，凸显了新会计准则保护投资者利益以及公共利益的核心理念，这对于提高企业会计信息质量及透明度，减少信息不对称，进而降低契约关系人的交易费用，提高市场效率，促进我国市场经济健康有序发展起到了十分重要的作用。尤其是在资本市场发展中，新《企业会计准则》站在保护投资者利益的角度，要求企业提供的会计信息更具有相关性和可靠性，从而可以使投资者降低其资金成本，实现企业价值最大化。

---

① 这里，要分清会计准则制定目标、会计目标与会计准则目标之间的区别。会计准则制定目标就是本着公众利益，制定一套高质量的会计准则，它是准则制定行为的导向机制。会计目标是为信息使用者提供高质量会计信息，评价管理当局的受托责任和制定经济决策，是会计行为的导向机制，是会计工作的最终目标，它决定会计准则制定目标。会计准则目标是准则制定机构制定会计准则的思想基础，是准则制定机构和人员在制定会计准则过程中应遵循的价值取向。可见，会计目标（这里专指财务会计报告目标）决定会计准则目标和准则制定目标，会计准则制定目标和会计准则目标是会计目标实现的保证。在中国会计理论界，历来比较重视对会计职能和会计对象的讨论，并且呈现出多种不同的理论观点。同时，在理论上还存在会计理论的逻辑起点争议问题，大体有目标、假设、对象、本质、环境等多种不同的理论观点，对这些问题有兴趣的读者可以参阅有关资料，在此不赘述。

我国企业会计目标主要包括以下两个方面：

（1）企业编制财务报告的目的主要是满足财务报告使用者的信息需要，因此，向财务报告使用者提供决策有用的信息成为财务报告的目的。比如，财务报告应当如实反映企业所拥有或者控制的经济资源，对经济资源的要求权以及经济资源及其要求权的变化情况；如实反映企业的各项收入、费用、利得和损失的金额及其变动情况；如实反映企业各项经营活动、投资活动和筹资活动等所形成的现金流入和现金流出情况等，以有助于现有的或者潜在的投资者、债权人以及其他使用者正确、合理地评价企业的资产质量、偿债能力、盈利能力和营运效率等。如果企业在财务报告中提供的会计信息与使用者的决策无关，没有使用价值，那么财务报告就失去了其编制的意义。

（2）反映企业管理层受托责任的履行情况。在现代公司制度下，企业所有权和经营权相分离，企业管理层是受委托人之托经营管理企业及其各项资产，负有受托责任。企业管理层所经营管理的企业各项资产基本上为投资者投入的资本（或者留存收益作为再投资）或者向债权人借入的资金所形成的，企业管理层有责任妥善保管并合理、有效地运用这些资产。因此，财务报告应当反映企业管理层受托责任的履行情况，以有助于评价企业的经营管理责任和资源使用的有效性。

观念应用1-1

会计目标研究的两条思路

（一）规范性目标的分析：四种主要观点

美国会计界在20世纪七八十年代关于财务会计目标形成了四个代表性的流派，它们是受托责任论、决策有用论、投资者保护论和用户需求论。

1.受托责任论

受托责任是指资源的直接管理者（受托者）对资源的所有者所承担的有效管理所有者所托付资源的责任，即资源的受托者负有对资源的委托者解释、说明其活动及结果（受托财产的保值到有效增值）的义务。受托责任之所以存在，首要原因在于资源的所有权和经营权的分离[①]。财务会计的目标就是提供企业管理当局履行经济管理责任的信息，以帮助使用者确认或解除受托责任。

2.决策有用论

在认定会计是一个信息系统的前提下，会计的目标是向信息使用者提供对他们的决策有用的信息，因此必须仔细研究谁在使用会计信息、他们需要什么样的信息、信息又是如何被利用的以及会计能够提供哪些信息等问题。决策有用论是在证券市场日益扩大化和规模化的历史背景下形成的，并且随着资本市场化的加速发展，投资者对会计信息的能动反应以及信息理论、决策理论的出现，极大地强化了决策有用论的现实基础和理论基础。

决策有用论和受托责任论把财务会计"提供决策信息"和"认定和解除受托责任"作为财务会计目标概念的定义域，合理的地方是突出了财务会计目标重点是提供信息和解除

---

① 受托责任关系是一种普遍的现代经济关系，也是一种普遍的、动态的社会关系。一般受托责任关系涉及两个当事人：一个是委托人（principal）；另一个是受托人或代理人（agent）。委托人将财产的经营管理权授予受托人，受托人接受托付后即承担所托付责任，这种责任就是受托责任。现代社会生活中，受托责任关系无处不在：政治家应对选民负责；董事应对股东负责；经纪人应对股票持有人负责；个人和组织应对不同利益集团负责。不同的委托人和受托人之间就形成不同的受托责任关系，所以，美国会计学家沃尔特·梅格斯说：我们正生活在一个受托责任时代。

受托责任，但是这两者不应该是相互排斥的，在各国的会计概念公告中都有所体现①，如美国、加拿大、澳大利亚等国以及国际会计准则委员会的会计概念公告，就明确地提到财务报告应提供关于经营业绩与受托责任的信息，以满足报表使用者的决策需求。

3.投资者保护论（SEC模式）

SEC主张的投资者保护论是基于资本市场中盈余管理②行为盛行的背景提出的。自20世纪80年代中后期，尤其是20世纪90年代以来，国际上资本市场的监管者对企业盈余管理行为越来越关注，代理人在签订和执行契约时作出的"逆向选择"和"道德风险"直接招致委托人尤其是投资者的损失，也严重侵蚀了财务报告的可信性，对整个资本市场的正常、有序运转构成了潜在的威胁。鉴于此，作为证券监管者尤其作为中小投资者利益的忠实代表，SEC提出了投资者利益保护的新见解，明确财务会计的基本目标就是保护投资者，并且完成了一系列研究报告。其主要内容体现在：（1）评估IAS的质量标准，强调透明度③、可比性与充分披露；（2）蓝带委员会第8号报告建议，强调披露的清晰性、会计原则和基本估计的乐观或保守程度；（3）SAS第61号修正意见，强调会计信息与披露的清晰性、一贯性和完整性，会计政策应用的一贯性，对会计信息的如实表述、可稽核性、中立性和一贯性产生重大影响的项目等。也就是说，投资者保护论是市场监管者为了维护资本市场运行秩序，促进资源优化配置，在投资者与管理人之间存在信息不对称的情况下，为保护处于信息劣势的投资者的利益而提出来的。

4.用户需求论（FASB模式）

用户需求论认为会计信息质量是由会计信息对信息使用者的有用性决定的。实证表明，会计数据（信息）在资本市场上是有用的，发挥了信号传递功能，的确是稀缺资源的一种，但遗憾的是其有用程度并不理想，同会计职业界存在很大的"期望差"。为提高会计信息的含量，准则制定机构开始明确会计的目的是满足市场的需求，其目标是为用户提供与决策相关的信息，这是合乎逻辑和必然的。会计目标一旦明确了，介于目标与实现目标之间的"桥梁"——会计信息的质量特征也就明确了，SFAC2就将"决策有用性"视为会计信息的最高质量。一句话，现实中会计信息的低含量和提高会计信息含量的意识努力，奠定了评估会计信息质量的用户需求论的主导地位④。

尽管FASB在会计信息质量标准方面的研究并非首次独创，但建立在"满足用户需

① "决策有用论"和"受托责任论"虽然都是会计的目标，但单个来说，都不能全面表达会计目标、解释现行实务，只有两者有机结合才能全面合理地表达会计的目标。事实上，前面所说的受托责任学派的主要代表人、美国著名的会计学家井尻雄士教授在20世纪90年代就已经明智地接纳了决策有用学派的思想，认为会计目标"包括几乎完全相反的两个方面，一面可称为会计的决策面（decision side），另一面可称为会计的受托责任面（accountability decision side），前者侧重于提供对决策有用的信息，而后者侧重于提供认定和解除受托责任的信息"。"会计目标的两个方面是建立在两个根本不同的基础上的，但它们如一枚硬币的两面一样被有机地联系起来了。"
② 所谓盈余管理，则同时从经济收益观和信息观两个角度来看，它是企业管理当局为了误导其他会计信息使用者对企业经营业绩的理解或影响那些基于会计数据的契约的结果，在编报财务报告和"构造"交易事项以改变财务报告时作出判断和会计选择的过程。盈余管理的基本条件是契约摩擦与沟通摩擦。
③ 20世纪90年代以来，国内外有很多学者关注透明度与上市公司和资本市场效应的研究。国外主要从两条理论线索探讨信息透明度与公司成本的关系，一条是以Amihud和Mendelson（1986）和Diamond和Verrecchia（1991）为代表，他们认为较高的信息披露水平能够提高股票的市场流动性，从而通过降低交易成本或增加对企业股票的需求来降低权益资本成本。另一条是以Klein和Bawa（1976）、Barry and Brown（1985）、Coles和Loewenstein（1988）、Handa和Linn（1993）、Cole等（1995）以及Clarkson等（1996）为代表，他们运用解析模型从理论上证明了提高信息披露水平能够提高投资者对企业价值估计的精确程度，降低评估风险，从而降低权益资本成本。国内比较有代表性的研究成果有汪炜和蒋高峰（2004）、黄娟娟和肖珉（2005）以及陆颖丰（2006），他们分别论述了信息透明度与资本成本、与权益资本成本等的相关关系。
④ 但凡研究会计的人都对SFAC 2关于会计信息质量特征层次结构图很熟悉，它将效益大于成本作为普遍性的约束条件，将可理解性定位为针对用户的质量，决策有用性是首要质量，由相关性（包括预测价值、反馈价值和及时性）和可靠性（可核性、中立性、如实反映）组成，次要质量包括可比性和一致性，而重要性则作为承认质量的起端。

求"目标基础上所形成的一系列质量标准概念及其体系，而且"为制定与财务会计目标相一致的会计准则提供指南"，在严格划分目标与质量、赋予质量鲜明的层次性及可实现性等方面的创建贡献，则是前所未有的，这标志着会计信息评估的"用户需求观"即 FASB 模式的形成。可见，会计信息质量评价标准由用户需求观到投资者保护观的发展，实际上是会计环境发生改变的结果，也就是说在准则制定机构追求会计信息有用性的过程中，盈余管理的问题逐渐变成投资者和市场监管者关注的焦点，市场参与者对会计信息质量的评价展开较量的结果。

（二）实证性目标的分析：三个不同维度

在实证会计研究中，对会计目标的探索，通俗地说，就是要寻找经验证据来回答"会计信息有什么用"这个问题，实证会计研究学者从不同的视角展开研究，并形成了信息观、计价观和契约观三个不同维度对会计目标的理解。

1.信息观（information perspective）

信息观的提出最初是针对长期占据会计理论统治地位的经济收益观而来的。经济收益观又称真实收益（盈余）观，持这种观念的会计学家认为会计的目的是通过特定的会计确认、计量等程序得到企业的"真实收益"。这种观念会自动引出两个问题：一是企业存在"真实收益"，既然存在"真实收益"，那么它就可以成为一种价值判断标准，用来规范企业的会计行为；二是一定或应该存在一种会计程序或方法，可以计算出企业的"真实收益"。因此，在信息观被提出之前，会计学家争论最多的是何种会计程序是"最好"的和"应该"采用何种会计方法。系统阐述信息观的专著是实证会计学派的元老之一——美国斯坦福大学 Beaver 教授所著《财务呈报：会计革命》一书。

在信息观下，会计信息（会计盈余）为什么以及如何与股票价格联系起来，会计学者提出的假设主要有两种：一是"现金流量替代假说"，Watts and Zimmerman（1999）认为会计盈余可以被认为是已实现现金流量的替代变量，通过多期间资本资产定价模型和股价建立内在联系。二是 Beaver（1999）认为会计盈余与普通股股票价格之间的概念性关系可以通过引入"三个关键链"来加以建立，这"三个关键链"是：（1）证券价格与未来股利相关联；（2）未来股利与未来盈余相关联；（3）未来盈余与现在盈余相关联。

2.计价观（valuation perspective）

从20世纪60年代起至80年代末，建立在证券市场有效性假设基础上的信息观在证券市场会计研究中处于主流地位，而到了80年代末90年代初，人们发现股票价格不仅反映了信息，还反映了噪声交易者的噪声（Black，1986），引起证券市场会计研究视角的变化，计价观占据了主导地位。计价观的建立主要应归功于奥尔森（Ohlson，1990）、费尔森和奥尔森（Feltham and Ohlson，1995）的开创性工作[①]。在他们提出的计价模型中首次将股票价值与股东权益账面价值和未来盈利联系起来，确立了会计信息在决定股票内在价值中的直接作用，从而打开了股票价格这个"黑匣子"，当然也回答了信息观所没有回答的问题，即会计信息是如何决定股价的。在证券市场上，各类投资者紧盯着证券价格的波动，极力捕捉着种种对证券价格能够产生现实及潜在影响的信息，经过对这些信息的迅速

---

① 值得指出的是，作为信息观的鼻祖，Beaver 只是把 Ohlson 模型看作一种会计数据基础的计价模型，而他在其专著《财务呈报：会计革命》中所称谓的计价观专指信息观以前的古典计价观，也就是会计理论研究中所称的"真实收益观"。应该引起注意的是，信息观正在被计价观所逐步取代。

加工分析，按照自己对有关证券价位、收益率及风险的判断，作出决策，从而促使经济资源包括人力资源在企业间流动转移，由此，社会资源得到重新组合与配置，而会计信息就是其中的一个非常重要的信息源。

3.契约观（contract perspective）

契约观的代表人物是实证会计大师、美国罗切斯特大学的 Watts 和 Zimmerman 两位教授，他们在1986年合著的《实证会计理论》也成了契约观的代表作。

按照 Jensen 和 Meckling 在1976年的那篇经典论文中对企业的定义，企业作为一种组织，只是一个法律虚构，是"一系列契约的联结"。因此，企业是没有明确的目标的，企业中契约各方之间利益冲突不可避免，按照生存原则，亦即经济达尔文主义（economic Darwinism）（阿尔钦安，1950），就减少利益冲突的成本并最大限度地提高企业价值而言，一套能随着时间推移而"生存"下来的契约是有效的（法玛和詹森，1983）。无论有关"财产权"的文献还是有关订约的文献都表明，会计在制定契约的条款以及在监督这些条款的实施中发挥了重要的作用。会计和审计是作为企业契约的监督工具而产生的，因此，会计的目标就是为企业这一契约集合体的各种契约的签订与执行提供基础性数据，并因而成为企业契约的重要组成部分，以降低企业（作为一系列契约的联结）的契约成本（包括签约成本和监督成本等）（Watts and Zimmerman，1986）。

显然，契约观是从会计是企业契约的一部分的角度对会计作出解释的。可以认为，契约观是从企业制度这一层面来诠释会计目标，而信息观和计价观是从市场制度这一层面来诠释会计目标，它们是互为补充的。在信息观和计价观看来，如果会计信息与股价变动或股价水平没有关联，那么，会计信息就是无用的[1]。实际上，即使会计信息与股价没有关系，但它仍然可能是有用的，因为会计在构成企业的各种契约中扮演着十分重要的角色，它是企业契约的重要组成部分。

拓展阅读1-2

IASB 与 FASB
通用目的财务
报告目标

二、会计假设

会计假设是指会计人员面对变化不定的社会经济环境，根据对客观的正常情况或趋势的合乎情理的判断而形成的一系列不需要证明就可以接受的合理推论。会计假设是由财务会计的政治、经济、社会环境所决定的，作为财务会计存在和运作（收集、加工处理、报送会计信息）所需依据的基础概念，会计假设大致包括基础性假设和技术性假设两个层次。处于会计假设第一层次的基础性假设界定了哪些会计信息可以输入会计信息系统，具体包括"会计主体"和"货币计量"，这两项假设是会计信息系统区别于其他系统的典型标志。方法和规则是会计目标的实现手段，处于会计假设第二层次的技术性假设，是为建立方法和规则而设定的前提条件，具体包括"持续经营"、"会计分期"和"市场价格"，技术性假设是确立会计方法和加工规则不可缺少的基础。会计假设与会计目标的逻辑关系是：会计目标是会计信息系统存在的依据，也是其他理论要素的逻辑起点；会计假设从属于会计目标，在会计目标确定以后，会计假设根据会计目标的要求来提炼、修订或补充。

---

[1] 从信息经济学的角度看，信息观站在投资者的立场上解决逆向选择问题以保护投资者的利益，契约观站在管理者的立场上解决道德风险问题以维护管理当局的利益，因此两种不同的观点对财务报告产生了重要的影响，包括对会计信息质量（相关抑或可靠）、会计模式选择（公允价值抑或历史成本）、会计政策选择（空间小抑或大）以及报告披露（充分公允抑或灵活）等方面。

例如，基于"实质重于形式"的要求，"会计主体"既可以是典型意义上的法律主体，也可以是由多家企业通过控制与被控制联系在一起的企业集团；再如，会计目标要求会计系统能够提供对决策有用的信息，而对决策有用的信息应能够充分反映资产市场价格的变动，进而要求会计的计价依据应建立在"市场价格"假设基础之上[1]。目前常用的会计假设有以下四项：

（1）会计主体假设[2]。会计主体又称会计实体，是会计核算服务对象，或者说是会计人员进行核算采取的立场及空间活动的范围界定，企业应当对其本身发生的交易或者事项进行会计确认、计量和报告。对会计主体的择定，有两个可以依赖的基础：一是根据能控制资源、承担义务并进行经营运作的经济单位来确定；二是根据特定的个人、集团或机构的经济利益的范围来确定。一般情况下，一个经济单位就是一个会计主体，但在特定情况下，也可将集团或内部机构作为会计主体，如合并财务报表的集团和企业内部的责任中心等。

会计主体之所以成为会计核算的基本假设或前提之一，传统会计理论认为，会计信息系统所处理的数据和提供的信息不是漫无边际的，而是严格限制在每一个特定的、在经营上或经济上具有独立性的单位之内。只有首先从空间上对会计工作的具体核算范围予以界定，资产、负债、所有者权益、收入、费用和利润等会计要素才有了空间归属，才能独立反映特定主体的财务状况、经营成果及现金流量，企业的投资人、债权人以及企业管理人员才有可能从会计记录和会计报表中得到有意义的会计信息，从而作出决策并管理、控制经济活动。

（2）持续经营假设。它是对会计主体经营时间长度的描述，指在没有相反证据的情况下企业将依照原有的目标持续存在下去，而不会在可以预见的将来清算解散。持续经营假设为会计对象设定了一种常态的运行状况，在持续经营下，会计主体所持有的资产将在正常的经营过程中被耗用、出售或转换，而其承担的债务也将在正常的经营过程中被清偿。

（3）会计分期假设。会计分期假设是持续经营假设的补充，是将持续不断的经营过程人为地截取一个"时间段"。基本准则第七条规定：企业应当划分会计期间，分期结算账目和编制财务会计报告。会计期间分为年度和中期。中期是指短于一个完整的会计年度的报告期间。会计分期假设是核算和报告会计主体的财务状况和经营成果，描述其在特定时期的财务状况的一种会计假设，是结算账目和编制财务报告的基础。

（4）货币计量假设。货币作为会计计量的尺度，是商品经济发展到一定阶段的产物，其基本含义是：统一的货币单位是会计工作最好的计量尺度，要求经济业务的处理以货币作为量度来加以确认。

会计假设是对会计所处的经济环境作出的合乎逻辑的推断和假定，会计假设本质上是

① 美国会计原则委员会所属会计研究部第1号报告提出了另外两个重要假设：暂时性假设和市场价格假设。国际会计准则理事会则只专门讨论权责发生制和持续经营假设，未涉及其他的会计假设。

② 报告主体。报告主体是遵照要求必须编制财务报表的主体或者选择编制财务报表的主体。报告主体可以是单一主体、一个主体的某一组成部分，也可以由一个以上的主体组成。报告主体并不必定是一个法律主体。有时，一个主体（母公司）控制着另一主体（子公司）。如果一个报告主体由母公司及其子公司组成，该报告主体的财务报表被称作"合并财务报表"；如果报告主体仅为母公司，该报告主体的财务报表被称作"非合并财务报表"。如果报告主体由两个或多个并非全部存在母子关系连接的主体组成，该报告主体财务报表称作"汇总财务报表"。如果是以下情况，确定报告主体的恰当边界可能存在困难：（1）报告主体并非法律主体；（2）报告主体并非仅由母子关系连接的法律主体组成。在上述情况下，报告主体财务报表主要使用者的信息需求是确定报告主体边界的决定性因素，因为这些使用者需要忠实呈报了意欲呈报的相关信息。忠实呈报要求：（1）报告主体边界内不能含有主观臆断的经济活动组织或不完整的经济活动组合；（2）报告主体边界内应包括能够产生中立信息的经济活动组合；（3）说明报告主体边界的确定方式以及报告主体的组成。

一种理想化、标准化的会计环境。但是，假设毕竟与经济现实存在一定的差距①，这种假设成立并有效发挥作用的前提是：假设与现实的脱节应保持在合理的限度内。当现实发生变化而使假设远离会计的经济环境时，对假设就必须作出相应的修正和补充，以适应变化了的环境，从而保证会计信息系统的"良性"运作。

三、会计基础

企业的资源流动会引起相应的现金流动，但由于存在会计分期，现金实际的收付期间和资源流动的发生期间往往不一致。这样，在确认资产、负债、收入、费用时，就可能出现两种交易记录的选择基础：收付实现制和权责发生制②。记录企业交易最简单的做法是在发生现金收付时进行记录，这便是现金收付制会计；而另一种交易记录方法则是权责发生制会计，即按照交易的权利享有或责任承担作为收入或费用的发生时间，而不管其现金是否收付。也就是说，当收入赚取时，即使没有收到现金仍要确认为收入；当费用发生时，即使尚未付出现金，也应确认为当期费用。

基本准则第九条规定：企业应当以权责发生制为基础进行会计确认、计量和报告。权责发生制的一个隐含假设是存在完备的社会信用基础，即所有的权利和义务都能得到与预期一致的实现或偿付。在这一前提下，应收款项才可能体现为收回等量现金的权利，而负债项目才代表着未来等量现金的流出。如果社会信用状况欠佳，那么应用权责发生制就存在较大的风险。例如，某些上市公司可能向客户发货（或者直接虚开发票）并相应确认收入和应收账款；或者可能虚列费用及应付账项、计提秘密准备，以隐瞒利润并回避对于投资者的分红义务。这些操纵往往导致企业的净资产、负债、收入和费用出现虚增或虚减，既不利于企业内部经营决策，也不利于企业外部财务信息使用者对企业的运作情况作出正确的判断。也就是说，权责发生制除了提供的会计信息具有较强的可验证性和相关价值、较强的实际可操作性、符合财务会计基于历史交易的本质特征，并且能够较好地满足财务会计目标的要求之外，还确实存在不少的欠缺，比如，不能提供企业现金流动的信息、容易造成财务信息失真、收入确认不实而影响企业的发展和国家的宏观调控，同时权责发生制无法解决会计实务中遇到的一些特殊问题。对于一些已经形成的权利与义务，由于没有相应的交易活动，权责发生制往往无法确认，致使许多重要的交易和事项都无法在报表上反映，因此，需要在实践中对权责发生制作必要的修正与补充。

观念应用1-2

权责发生制的
地位演变

|第三节| 会计信息质量要求

财务会计的基本假设是财务会计存在和运作的基础和前提，它制约了财务会计信息的空间、时间和量化的主要尺度，这些大部分属于客观环境赋予财务会计的特征。在这些前提下，财务会计应当提供什么信息和如何提供这些信息取决于它的目标。目标应该回答三

---

① 这些差距在四个假设中都能找到，比如动态联盟的出现、利益主体信息需求多样化对会计主体的挑战，市场风险与竞争、虚拟企业的出现以及企业购并、破产、重组等对持续经营的冲击，管理与决策细化、适时制管理的推广以及资本市场监管措施加强等对会计分期的影响，新兴业务的出现、会计报告非财务信息和前瞻性信息的披露要求等对货币计量的改进。

② 还有一种称为现金流动制，它是从盘存制思想出发，只确认和处理期初和期末净资产的现金流量，在报告企业效益时以现实发生的或预期可能发生的现金流入或现金流出为标准，以反映企业实际承担的风险与报酬，并且比照盘存的方法确定资产净值，利润就是前后两期净资产价值的变动额。

个问题：谁是财务会计信息的使用者？使用者需要什么信息？为了满足以上要求，如何评估现行财务报告的特点、局限性以及如何加以改进？目标所要回答的这三个问题，对财务会计和财务报告的发展起着导向作用。但是，目标只规定使用者需要哪些信息（内容和数量），而未说明可提供的信息应达到什么质量标准（信息的品质）。会计信息质量特征进一步对此做了描述。美国会计原则委员会第4号公告称之为"质的目标"是有道理的。

财务会计的目标是：向使用者提供对决策和评估管理当局业绩有用的信息，强调信息的有用性。"有用"应当由反映信息品质的若干质量要求构成。因此，制定准则用以规范财务会计信息和结构，旨在在遵循准则的前提下编报财务报告的企业都要在会计程序和会计方法上进行选择。会计选择的目的在于以尽可能少的成本提供出又多又好的信息，充分考虑到使用者的需要，最大限度地提高会计信息的有用性。

一、中国基本会计准则对会计信息质量特征的规定

（1）真实性。企业应当以实际发生的交易或事项为依据进行会计确认、计量和报告，如实反映符合确认和计量要求的各项会计要素及其他相关信息，保证会计信息真实可靠、内容完整。会计信息必须建立在如实反映和内容完整之上。如实反映企业实际发生的交易或事项，其程序是通过确认、计量与报告完成的。这一点是同基本准则第五条"企业应当对其本身发生的交易或事项进行会计确认、计量和报告"相呼应的。第十二条则进一步肯定所确认、计量和报告的交易与事项应当是企业实际发生的，排除了交易或事项的不确定性。

（2）相关性。企业提供的会计信息应当与财务会计报告使用者的经济决策需要相关，有助于财务会计报告使用者对企业过去、现在或者未来的情况作出评价或者预测。为了使企业提供的会计信息对信息使用者有用，会计核算的整个过程必须与信息需要相关联。企业在选择会计核算程序和方法时，必须考虑企业经营特点和管理的需要，设置账簿时要考虑有利于信息的输出和不同信息使用者的需要。

（3）明晰性。企业提供的会计信息应当清晰明了，便于财务会计报告使用者理解和使用。明晰性要求会计记录准确、清晰；编制会计凭证、登记会计账簿做到依据合法、账户对应关系清楚、文字摘要完整；在编制会计报表时，项目勾稽关系清楚、项目完整、数字准确。

（4）可比性。企业提供的会计信息应当具有可比性。同一企业不同时期发生的相同或者相似的交易或事项，应当采用一致的会计政策，不得随意变更。确需变更的，应当在附注中说明。不同企业发生的相同或者相似的交易或事项，应当采用规定的会计政策，确保会计信息口径一致、相互可比。

（5）实质重于形式。企业应当按照交易或事项的经济实质进行会计确认、计量和报告，不应仅以交易或事项的法律形式为依据。在会计核算过程中，可能会碰到一些经济实质与法律形式不吻合的业务或事项。例如，在租赁会计中，就出租人而言，一项租赁属于融资租赁还是经营租赁取决于交易的实质，而不是合同的形式。如果一项租赁实质上转移了与租赁资产所有权有关的几乎全部风险和报酬，出租人应当将该项租赁分类为融资租赁。遵循实质重于形式的要求，体现了对经济实质的尊重，能够保证会计核算信息与客观经济事实相符。

（6）重要性。企业提供的会计信息应当反映与企业财务状况、经营成果和现金流量等有关的所有重要交易或者事项。企业的会计核算应遵循重要性要求，在会计核算过程中对交易或事项应区别其重要程度，采用不同的核算方式。对资产、负债、损益等有较大影响，并进而影响财务会计报告使用者据以作出全面合理判断的重要会计事项，必须按照规定的会计方法和程序进行处理，并在财务会计报告中予以充分、准确的披露；对于次要的会计事项，在不影响会计信息真实性、不至于误导财务会计报告使用者作出正确判断的前提下，可适当简化处理。

（7）谨慎性。企业对交易或事项进行会计确认、计量和报告应当保持应有的谨慎，不应高估资产或者收益、低估负债或者费用。谨慎性要求的依据：一是会计环境中存在着大量不确定因素，影响会计要素的精确确认和计量，必须按照一定的标准进行估计和判断；二是因为在市场经济中，企业的经济活动有一定的风险性，提高抵御经营风险和市场竞争能力需要谨慎；三是使会计信息建立在谨慎性的基础上，避免夸大利润和权益、掩盖不利因素，有利于保护投资者和债权人的利益；四是可以抵消管理者过于乐观的负面影响，有利于正确决策。谨慎性要求成为披露具有相关性和可靠性质量特征的会计信息的修正性要求。由于其在实务操作中存在着主观随意性，因而会影响会计信息的真实性和客观性。因此，谨慎性要求要适度运用。[①]

（8）及时性。企业对于已经发生的交易或事项，应当及时进行会计确认、计量和报告，不得提前或者延后。

现将我国会计准则规定的会计信息质量特征表示如图1-3所示。

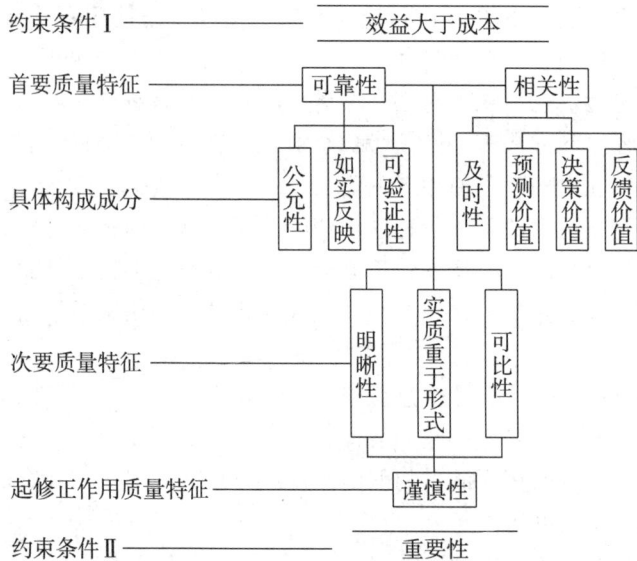

图1-3　中国会计准则会计信息质量特征层次结构图

观念应用1-3
关联方关系交易判断中的实质重于形式原则

观念应用1-4
重要性原则的恰当应用

[①] 为了保证既体现稳健性原则，又不至于损害会计信息的相关性和可靠性，应该注意把握以下几点：一是要研究和控制操作性较强的"适度运用"的具体标准或规范。一般来说，在把握稳健性原则的"度"时，应将会计信息按其不确定性大小分为"很可能发生""在很大程度上可确定""可能性极小"以及介于两者之间，也就是说，在进行会计政策方案的选择时，应切实寻找一个应用稳健性原则的平衡点。二是要建立和完善外部约束机制。三是要研究和协调会计准则与财务制度、税收法规之间的关系，调整现行企业经营业绩的考核评价方法，以增强企业适度运用稳健性原则的内部动力和承受力。四是要遵循财务报告的充分披露原则。只有这样，才能更有效地运用稳健性原则，使其给企业带来更大的经济效益和社会效益。

二、国际财务报告准则对会计信息质量特征的规定

会计信息质量特征的体例基本上说明了它的主要内容及其排序，而会计信息质量内部层次结构主要说明的是各财务会计信息质量之间的逻辑关系，包括制约与被制约的关系、包含与被包含的关系以及各质量特征之间的冲突及其权衡问题。理解财务会计信息质量内部层次结构，有助于认清主要财务会计信息质量属性的内涵与外延，有利于明了和在会计实务中处理各质量属性之间的关系。这里我们主要对国际财务报告准则的主要规定作一比较①。

国际会计准则理事会在其《编制和列报财务报表的框架》（1989）中详细分析了财务报告信息应具有的质量特征。其中，可理解性、相关性、可靠性和可比性为四项主要的质量特征②。就相关性而言，主要界定了信息的预测价值和确证作用，除此之外，还从重要性的角度论述了信息的性质和重要性，即"在有些情况下，单凭信息的性质就足以决定其相关性……在另外一些情况下，性质和重要性都是重要的"。可靠性则主要从"忠实反映"、"实质重于形式"、"中立性"、"谨慎性"和"完整性"五个方面来把握。而其所提出的可比性，不仅是指方法上的一致性，而且还包括对会计政策的变动及其影响的披露。另外，"财务报表的质量特征"还就相关与可靠信息的制约因素进行了分解，这些制约因素包括：及时性、效益和成本之间的平衡、各质量特征之间的权衡。需要强调的是，"财务报表的质量特征"还探讨了"真实和公允观点/公允表述"问题，不过它们并不构成财务报表的质量特征，相反，它们是"质量特征"和"会计准则"的结果。这种处理显然巧妙地回避了"真实""公允"的伦理属性，而且很好地回答了"真实""公允"与上述质量特征之间的关系。图1-4表达出了财务报表的质量特征的层次结构。

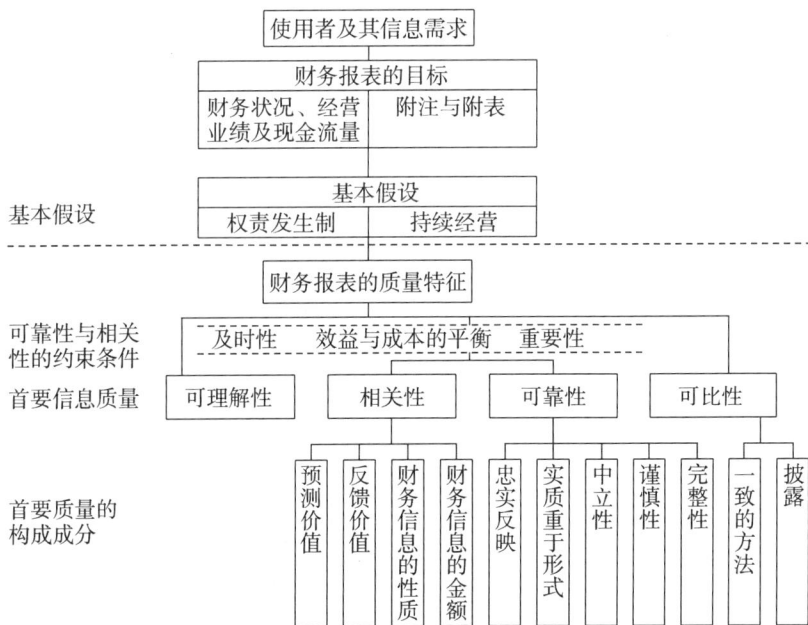

图1-4 国际财务报告准则会计信息质量特征层次结构图

① 赋予财务会计信息质量特征层次结构的，除了国际财务报告准则之外，美国、加拿大、澳大利亚和英国等国家和地区的会计准则机构在其所颁发的有关财务会计信息质量文件中都有类似的规定，有兴趣的读者可以参阅有关文献。
② 2018年颁布的《财务报告概念框架》对会计信息质量特征做了修改，相关性和忠实呈报是财务信息的基本质量特征。

　　从上面的比较可以看出，中国和国际财务报告准则在会计信息主要质量特征的认定上存在不小的差异，而且这些主要质量特征的构成要素也存在或多或少的差异，同时，在各质量特征的具体内涵、地位和角色、相关性以及各层次的逻辑关系等问题上，都还有不少的差异。总之，财务会计信息质量是一个非常重大的问题，正因为如此，各国都将财务会计信息的质量特征从企业扩展到了非营利组织，从具体环节看，则有进一步从确认、计量延伸到列报和披露环节的趋势。不仅如此，财务会计信息质量特征是针对财务报表信息还是财务报告信息，主要国家和组织各有不同的观点。当然，财务会计信息质量特征的规范范围到底应涵盖哪些环节和哪些信息，需要考虑的因素很多。

小资料1-1

相关性与可靠性的权衡

　　会计信息作为公司治理一整套制度安排中的一个重要机制，在公司治理中的作用主要体现在两个方面：一是决策；二是契约执行。不同的公司治理模式下会计所起的主要作用不同，因此就有着不同偏好的会计信息质量特征：英、美公司治理模式重会计信息质量的相关性标准，德、日公司治理模式重会计信息质量的可靠性标准，但是公司治理模式国际趋同对相关性与可靠性产生了重要影响。在英、美两国，会计信息的主要用途就是满足公司外部利益相关者的决策需要，机构投资者的日趋扩大和稳定使加强内部治理成为必要，会计信息的可靠性和契约执行作用得到重新审视，《萨班斯-奥克斯利法案》明确提出了表内会计信息可靠性的要求。"通过改善公司按照证券法律披露的准确性和可靠性来保护投资者，并达到其他目的。"与此同时，德、日模式的外部治理逐渐加强，外部人的信息需求开始受到重视，促使财务报告目标必然由契约执行向决策相关转化，强调会计信息相关性。公司治理模式的国际趋同将带来会计信息相关性和可靠性的融合（林钟高等，2004）。

小资料1-2

IASB与FASB对有用财务信息质量特征的研究

　　2018年3月29日国际会计准则理事会发布了修订后的《财务报告概念框架》（Conceptual Framework for Financial Reporting）（以下简称新概念框架）。新概念框架对有用的财务信息应当具备哪些质量特征做了进一步明确和规范，并建立了有用财务信息质量特征的层次结构。新概念框架认为，有用的财务信息应当具备相关性（relevant）和如实反映（faithful representation）两个基本的质量特征，在此基础上，新概念框架提出了可比性、可验证性、及时性和可理解性四个提升性质量特征，新概念框架还认为有用的财务信息还需要考虑成本制约（cost constraint）因素。

　　关于相关性和如实反映这两个基本质量特征，新概念框架规定，相关的财务信息应当能够使使用者作出的决策有所不同，换句话说，有能力使使用者作出不同决策的信息是相关的。如果财务信息具备预测价值（predictive value）和（或）确证价值（confirmatory value），则表明该信息有能力使使用者作出的决策有所不同，从而表明该信息是相关的。新概念框架还强调，重要性（materiality）是基于有关项目性质和（或）程度的、在主体特定层面的相关性。新概念框架规定，财务报告应当如实反映其意在反映的经济现象的实质，因此将"如实反映"作为一项基本的质量特征。"如实反映"要求在最大程度可能的情况下，有关信息应当完整（complete）、中立（neutral）和无差错（free from error），但并不意味着在所有方面都要求完全正确。新概念框架强调，中立性需要审慎判断的支持。审慎性是指在不确定条件下作出判断时应当保持谨慎，即资产和收益不得高估，负债和费用不得低估；同样，资产和收益也不得低估，负债和费用也不得高估，否则它们会导致未来收益或费用的高估和低估。

除相关性和如实反映两个基本质量特征外，新概念框架提出了有用的财务信息的四个提升性质量特征，即可比性、可验证性、及时性和可理解性。新概念框架强调，这四个质量特征可以使信息的有用性进一步增强，但它们不能使无用的信息（比如不相关的或者不如实反映的信息）变得有用。换句话说，这四个提升性质量特征扮演的是"锦上添花"的角色。比如，可比性可以使使用者辨认和理解有关项目的异同；可验证性可以使使用者确信相关信息是否如实反映了其意在反映的经济现象；及时性可以使使用者在其决策时及时获得能够影响其决策的信息；可理解性要求财务报告所反映的信息清晰、简洁从而便于使用者理解和使用等。

关于成本制约因素，新概念框架认为，成本一直是财务报告所能提供信息的一个制约因素。在考虑成本制约因素时，新概念框架强调，理事会应当评估要求主体提供特定信息的收益是否能够超过编报和使用这些信息的成本。新概念框架还强调，理事会在制定准则考虑成本制约因素时，应当从财务信息的提供者、使用者、审计师、学术界以及其他方等广泛的范围获取有关新准则的成本和收益信息，而且这种成本-收益的考虑不应当局限于单个报告主体，应当从广泛的财务报告整体范畴来考量。

新概念框架与1989年的原概念框架相比，在有用的财务信息质量特征方面主要有以下变化：一是建立了有用的财务信息质量特征的层次结构；二是将"如实反映"取代"可靠性"作为基本质量特征；三是进一步澄清了审慎性在财务信息质量特征体系中的含义和地位；四是明确了计量不确定性与"如实反映"质量特征之间的关系。

立德精业 1-2

党的二十大报告指出，要加快构建新发展格局，着力推动高质量发展。高质量发展是全面建设社会主义现代化国家的首要任务。发展是党执政兴国的第一要务。我们要坚持以推动高质量发展为主题，把实施扩大内需战略同深化供给侧结构性改革有机结合起来，增强国内大循环内生动力和可靠性，提升国际循环质量和水平，加快建设现代化经济体系，着力提高全要素生产率，着力提升产业链供应链韧性和安全水平，着力推进城乡融合和区域协调发展，推动经济实现质的有效提升和量的合理增长。

高质量发展离不开高质量的会计信息。会计在高质量发展中的作用，具体可以从会计如何影响三大市场（即资本市场、产品市场、劳动力市场），会计如何影响企业内部的价值创造活动，以及会计与可持续发展和新发展理念之间的关系等方面作出分析。会计不仅能对微观企业发挥管理职能，而且还是宏观经济管理和市场资源配置的基础性工作。会计与宏观经济管理的关系不仅限于会计信息对宏观经济形势的反映功能，事实上国家治理能力现代化、政府职能转变、政府债务风险管控等都与会计密切相关，特别是与政府会计关系密切。

|第四节| 会计要素及其确认与计量

会计要素是会计工作的对象，是会计用以反映财务状况、确定经营成果的因素。编制会计报表是会计工作的重要环节，企业会计报表把某一会计期间的会计信息集中综合起来，反映它在一定日期的财务状况和一定时期的经营成果。因此，会计要素也可以说是会计报表通常含有的大类项目，是构成会计报表最根本的组件。基于这样的认识，会计要素的划分应当根据报表内容逐项地抽出存在着共性的东西加以归并，直到不再有共性可以归并为止。我国企业会计基本准则分列六个会计要素，它们是资产、负债、所有者权益、收入、费用、利润[①]。

一、会计要素定义及其确认条件

（一）反映财务状况的要素

从企业资金静态运动的角度看，人们主要关注资金存在（占用）状态和来源渠道两个方面，资金的存在（占用）状态形成了"资产"要素，而资金的两个来源渠道（债权人和投资人）则分别形成"负债""所有者权益"两个会计要素。由于这三个要素主要用来规范资产负债表的信息编制和报送，因而也被称为资产负债表要素（静态要素）。

（1）资产。资产是指企业过去的交易或者事项形成的、企业拥有或者控制的、预期会给企业带来经济利益的资源[②]。企业过去的交易或者事项包括购买、生产、建造行为及其他交易或者事项。预期在未来发生的交易或者事项不形成资产。由企业拥有或者控制，是指企业享有某项资源的所有权，或者虽然不享有某项资源的所有权，但该资源能被企业所控制。预期会给企业带来经济利益，是指直接或间接导致现金和现金等价物流入企业的潜力。

符合资产定义的资源，在同时满足以下条件时，确认为资产[③]：与该资源有关的经济利益很可能流入企业；该资源的成本或者价值能够可靠地计量。符合资产定义和资产确认条件的项目，应当列入资产负债表；符合资产定义但不符合资产确认条件的项目，不应当列入资产负债表。

（2）负债。负债是指企业过去的交易或者事项形成的、预期会导致经济利益流出企业的现时义务。现时义务是指企业在现行条件下已经承担的义务。未来发生的交易或者事项形成的义务，不属于现时义务，不应当确认为负债。

符合负债定义的义务，在同时满足以下条件时，确认为负债：与该义务有关的经济利益很可能流出企业；未来流出的经济利益的金额能够可靠地计量。符合负债定义和负债确认条件的项目，应当列入资产负债表；符合负债定义但不符合负债确认条件的项目，不应当列入资产负债表。

（3）所有者权益。所有者权益是指企业资产扣除负债后由所有者享有的剩余权益。公司的所有者权益又称为股东权益。所有者权益的来源包括所有者投入的资本、直接计入所有者权益的利得和损失、留存收益等。直接计入所有者权益的利得和损失，是指不应计入当期损益、会导致所有者权益发生增减变动的、与所有者投入资本或者向所有者分配利润无关的利得或者损失。利得是指由企业非日常活动所形成的、会导致所有者权益增加的、与所有者投入资本无关的经济利益的流入。损失是指由企业非日常活动所发生的、会导致

[①] 在国际财务报告准则中，涉及资产、负债、权益、收益和费用五个要素，并分别作了定义。在2018年新颁布的《财务报告概念框架》中，对会计要素做了新的定义。

[②] 在历史和现实中，资产的定义方式曾经出现过不同的观点，包括经济利益观、经济资源观、经济资源+经济利益观以及成本观等，目前比较通用的是经济资源+经济利益观。

[③] 确认（初始确认与再确认）是会计理论的一个重要问题，它是指把一个经济事项或交易正式作为会计要素予以认可的一种会计过程，包括应否进入、进入何种要素以及何时进入等会计事项或交易性质方面的认定。从各国会计准则的规定看，会计确认一般需要具备四个标准：可定义性、可计量性、相关性和可靠性。

所有者权益减少的、与向所有者分配利润无关的经济利益的流出。

所有者权益金额取决于资产和负债的计量，所有者权益项目应当列入资产负债表。

（二）反映经营成果的要素

从企业资金动态运动的角度看，无非包括筹资、投资和收益分配等主要过程，经历从货币资金、采购资金、生产资金、产品资金、销售资金再回到货币资金的不断循环往复并不断增值的过程，这一过程既有资金耗费又有资金收回并且增值，资金的耗费形成了"费用"要素，而资金的收回形成了"收入"要素，资金增值则形成了"利润"要素。由于这三个要素主要用来规范利润表的信息编制和报送，因而也被称为利润表要素（动态要素）。

（1）收入。收入是指企业在日常活动中形成的、会导致所有者权益增加的、与所有者投入资本无关的经济利益的总流入。

收入只有在经济利益很可能流入从而导致企业资产增加或者负债减少，且经济利益的流入额能够可靠计量时才能予以确认。符合收入定义和收入确认条件的项目，应当列入利润表。

（2）费用。费用是指企业在日常活动中发生的、会导致所有者权益减少的、与向所有者分配利润无关的经济利益的总流出。

费用只有在经济利益很可能流出从而导致企业资产减少或者负债增加，且经济利益的流出额能够可靠计量时才能予以确认。

企业为生产产品、提供劳务等发生的可归属于产品成本、劳务成本等的费用，应当在确认产品销售收入、劳务收入等时，将已销售产品、已提供劳务的成本等计入当期损益。

企业发生的支出不产生经济利益的，或者即使能够产生经济利益但不符合或者不再符合资产确认条件的，应当在发生时确认为费用，计入当期损益。

拓展阅读1-3

会计中的产权思想

企业发生的交易或者事项导致其承担了一项负债而又不确认为一项资产的，应当在发生时确认为费用，计入当期损益。

符合费用定义和费用确认条件的项目，应当列入利润表。

（3）利润。利润是指企业在一定会计期间的经营成果，利润包括收入减去费用后的净额、直接计入当期利润的利得和损失等。直接计入当期利润的利得和损失，是指应当计入当期损益、会导致所有者权益发生增减变动的、与所有者投入资本或者向所有者分配利润无关的利得或者损失[①]。

观念应用1-5

关于收益计量的不同观点

利润金额取决于收入和费用、直接计入当期利润的利得和损失金额的计量。利润项目应当列入利润表。

二、会计要素计量属性及其应用原则

（一）会计要素计量属性

会计计量是为了将符合确认条件的会计要素登记入账并列报于财务报表而确定其金额

---

① 基本准则引入了"利得"和"损失"的概念，将"利得"界定为由企业非日常活动所形成的、会导致所有者权益增加的、与所有者投入资本无关的经济利益的流入；将"损失"界定为企业非日常活动所发生的、会导致所有者权益减少的、与向所有者分配利润无关的经济利益的流出。通过判断经济利益是由企业日常活动所形成的还是由非日常活动所形成的，将收入与利得、费用与损失进行区别，有助于使用者全面分析判断企业的盈利能力和可持续发展能力。同时，根据利得和损失的性质及影响，基本准则又将利得和损失区分为"直接计入所有者权益的利得和损失"和"直接计入当期利润的利得和损失"，可供出售金融资产的公允价值变动额就属于直接计入所有者权益的利得和损失项目，固定资产处置净损益就属于直接计入当期利润的利得和损失项目。

的过程。著名会计学家井尻雄士（Yuji Ijiri，1979）在其名著《会计计量理论》中曾经说过：会计计量是会计系统的核心职能。一个完整的会计计量活动包括选择计量标准（属性）、确定计量规则和分配具体数量，计量标准（属性）的选择①是其中的关键环节。在我国企业基本会计准则中规定了五种计量属性，即历史成本、重置成本、可变现净值、现值和公允价值。

（1）历史成本。在历史成本计量下，资产按照购买时支付的现金或者现金等价物的金额，或者按照购置资产时所付出的对价的公允价值计量。负债按照因承担现时义务而实际收到的款项或者资产的金额，或者承担现时义务的合同金额，或者按照日常活动中为偿还负债预期需要支付的现金或者现金等价物的金额计量。历史成本具有可靠性，并且其计量的实践经验和理论都很丰富。但是，在物价变动明显时，其可比性、相关性下降，收入与费用的配比缺乏逻辑统一性，经营业绩和持有收益不能分清，非货币性资产和负债会出现低估，难以真实揭示企业的财务状况。

（2）重置成本。在重置成本计量下，资产按照现在购买相同或者相似资产所需支付的现金或者现金等价物的金额计量，负债按照现在偿付该项债务所需支付的现金或者现金等价物的金额计量。这种计量属性能避免因价格变动的收益虚计，反映真实财务状况，客观评价企业的管理业绩。但是，其缺陷也是明显的：首先，重置成本的确定较为困难，它无法与原持有资产完全吻合，从而影响信息的可靠性；其次，它仍然不能消除货币购买力变动的影响，也无法以持有资本的形式解决资本保值问题，使以后的生产能力难以得到补偿。

（3）可变现净值。在可变现净值计量下，资产按照其正常对外销售所能收到现金或者现金等价物的金额扣减该资产至完工时估计将要发生的成本、估计的销售费用以及相关税费后的金额计量。可变现净值又称预期脱手价格，这种计量属性能反映预期变现能力，体现了稳健性原则，但它不适用于所有资产。

（4）现值。在现值计量下，资产按照预计从其持续使用和最终处置中所产生的未来净现金流入量的折现金额计量，负债按照预计期限内需要偿还的未来净现金流出量的折现金额计量。现值计量属性考虑了货币时间价值，与决策的相关性最强，但其未来现金流入量现值是不确定的，可靠性较差。

（5）公允价值。它是指市场参与者在计量日发生的有序交易中，出售一项资产所能收到或者转移一项负债所需支付的价格。

（二）各会计要素计量属性之间的关系及应用原则

在以上五种会计计量属性中，历史成本通常反映的是资产或负债过去的价值，而重置成本、可变现净值、现值和公允价值通常反映的是资产或者负债的现时成本或者现时价值，是与历史成本相对应的计量属性。但它们之间具有密切联系，一般来说，历史成本可能是过去环境下某项资产或负债的公允价值，而在当前环境下某项资产或负债的公允价值也许就是未来环境下某项资产或负债的历史成本。公允价值可以是重置成本，也可以是可变现净值和以公允价值为计量目的的现值，但必须同时满足公允价值的条件。

---

① 理论上，选择会计计量的标准一般包括同质性、可证实性和一致性三个方面。如果撇开会计信息本身所代表的经济利益及其可能的经济功效与影响，则会计计量属性的选择具有事实性与目的性基础、受托责任观与决策有用观之分，不同的基础或不同的观点将有不同的计量属性选择。

我国企业会计准则规定，企业一般应当采用历史成本，如果采用其他计量属性，应当保证所确定的会计要素的金额能够取得并可靠计量。基本准则没有对企业在具体会计业务中采用何种计量属性作出规定，它是由具体准则作为会计政策来明确规定的。值得注意的是，在我国适度、谨慎地引入公允价值这一计量属性，是因为随着我国资本市场的发展，股权分置改革的基本完成，越来越多的股票、债券、基金等金融产品在交易所挂牌上市，使得这类金融资产的交易已经形成了较为活跃的市场，因此，我国已具备了引入公允价值的条件，这样可以更好地反映企业的现实情况，对投资者等财务报告使用者的决策更加有用，也使得我国企业会计准则与国际财务报告准则实现趋同、等效。但我国引入公允价值是适度、谨慎和有条件的，主要是考虑到我国国情，如果不加限制地引入公允价值，有可能出现公允价值计量不可靠，甚至出现借此进行人为操纵利润的现象。

拓展阅读1-4

公允价值究竟是计量属性还是计量目标

第五节 财务报告

财务会计的目的是通过向外部会计信息使用者提供有用的信息，从而帮助使用者作出相关的决策。承担这一信息载体和功能的便是企业编制的财务报告，它是财务会计确认和计量的最终成果，是沟通企业管理层与外部信息使用者之间的桥梁和纽带。

一、财务报告及其编制

财务报告是企业对外提供的反映企业某一特定日期的财务状况和某一会计期间的经营成果、现金流量等会计信息的文件。

根据财务报告的定义，财务报告具有以下几层含义：一是财务报告应当是对外报告，其服务对象主要是投资者、债权人等外部使用者，专门为了企业内部管理使用的、特定目的的报告不属于财务报告的范畴；二是财务报告应当综合反映企业生产经营状况，包括某一时点的财务状况和某一时期的经营成果与现金流量等信息，以描绘出企业财务的整体和全貌；三是财务报告必须形成一个整体的文件，不应是零星的或是不完整的信息。

财务报告是企业会计确认与计量最终结果的体现，投资者等使用者主要是通过财务报告来了解企业当前的财务状况、经营成果和现金流量等情况，从而预测未来的发展趋势。因此，财务报告是向投资者等财务报告使用者提供决策有用信息的媒介和渠道，是沟通投资者、债权人等使用者与企业管理层之间信息的桥梁和纽带。

随着我国改革开放和市场经济体制的不断完善，财务报告的作用日益突出，我国会计法、公司法、证券法等出于保护投资者、债权人等利益的需要，也规定企业应当定期编制财务报告。

二、财务报告的构成

财务报告应当包括财务报表和其他应当在财务报告中披露的相关信息和资料。其中，财务报表由报表本身及其附注两部分构成，附注是财务报表的有机组成部分，而报表至少应当包括资产负债表、利润表和现金流量表等。考虑到小企业规模较小，外部信息需求相对较低，小企业编制的报表可以不包括现金流量表。全面执行企业会计准则体系的企业所编制的财务报表还应当包括所有者权益（股东权益）变动表。

财务报表是财务报告的核心内容，除了财务报表外，财务报告还应当包括其他相关信息，具体可以根据有关法律法规的规定和外部信息使用者的需求而定。例如，企业可以在财务报告中披露其承担的社会责任、对社区的贡献、可持续发展能力等信息，这些信息对于使用者的决策也是相关的，尽管属于非财务信息，无法包括在财务报表中，但是如果有规定或者使用者有需求的，企业应当在财务报告中予以披露。有时企业也可以自愿在财务报告中披露相关信息。

第六节 可持续信息披露

一、可持续信息概述

可持续发展是人类社会繁荣进步的必然选择。随着经济社会以及科技的发展，与"环境、社会和公司治理"（environmental，social and governance，ESG）或"可持续发展信息"相关的议题越来越得到投资者、市场以及社会公众的关注，企业任何重大不符合社会责任的行为，例如企业不合规的污水排放或者不负责任的产品质量问题等，都有可能在很短时间内急剧损害企业的价值、业务经营乃至导致企业可能无法持续经营。ESG被视为"可持续发展"理念在企业界和投资界的具象投影，其内涵不仅包括企业追求可持续发展的核心理念，也包括企业践行可持续发展的行动指南和工具。

可持续信息，是指企业环境、社会和治理方面的可持续主题相关风险、机遇和影响（以下简称可持续风险、机遇和影响）的信息。可持续风险和机遇，是指企业就特定可持续主题与其整个价值链中的利益相关方，经济、社会和环境的互动而产生的可合理预期会影响企业发展前景（即企业短期、中期或者长期的现金流量、融资渠道及资本成本）的风险和机遇。可持续影响，是指企业与特定可持续主题相关的活动（包括与之相关的价值链活动，下同）对经济、社会和环境产生的影响，包括实际影响或者可预见的潜在影响、积极影响或者消极影响。

财务信息对一个行业的重要性不言而喻，它反映了相关行业当下的整体发展水平和信用能力，而以环境、社会和公司治理为代表的ESG因素，在财务信息的基础上，对行业内企业的战略发展、运营管理、企业文化、品牌声誉等方面进行了有效补充，客观反映了企业长期可持续发展的能力和信用品质。因此，ESG信息的披露不仅需要关注企业本身，其更加强调利益相关方对于企业ESG管理的参与程度，以及企业、行业、产业与国家之间的协同合作，企业对战略、运营、财务和法律等方面披露的充分性，有利于与利益相关方信息对等，有助于解决企业自身，甚至产业链上所有关联企业所面临的ESG困境和挑战。

因此，随着可持续发展成为全球共识，可持续信息披露也在推动和追踪全球可持续发展进程中扮演着重要角色，以气候变化信息为代表的可持续信息披露日渐成为国内外关注的焦点。除气候变化信息以外，一家企业从管理其业务对环境的影响（如企业的温室气体减排措施、资源回收利用等），到员工健康与安全和可持续供应链管理，再到企业文化和治理过程的完整性，都可被纳入可持续发展问题的范畴。相关可持续发展问题将通过直接方式（如原材料、劳工成本等）或间接方式（如员工、投资方、监管机构等利益相关者）影响企业的经营以及盈利状况。因此，可持续发展问题不仅会在短期内对企业的整体价值产生影响，该影响还可能在中期甚至长期的范围内持续。所以，如何更好地披露可持续信息，提升企业 ESG 表现，是企业需要长期关注的重要课题。

二、国内外可持续信息披露相关规定

（一）国际组织的相关规定

为了给企业可持续发展信息披露提供必要的指引，全球不同组织提供了不同的披露框架、准则、标准和指标，例如全球报告倡议组织（Global Reporting Initiative，GRI）、可持续发展会计准则委员会（Sustainability Accounting Standards Board，SASB）、气候相关财务信息披露工作组（Task Force on Climate-related Financial Disclosures，TCFD）等。这些标准和指标由不同机构制定，侧重点不同，企业采用不同标准披露的可持续信息之间缺乏一致性和可比性，不利于满足各利益相关方在作出判断时的信息需求。这种情况下市场急需一个通用的披露要求，以使得企业在披露时有据可依，并在一定范围内提供更加可比的信息（例如同行业的企业）。

2021 年 11 月 3 日，在《联合国气候变化框架公约》第 26 次缔约方大会（COP26）上，国际财务报告准则基金会（IFRS Foundation）宣布成立国际可持续发展准则理事会（International Sustainability Standards Board，ISSB），旨在制定与国际财务报告准则（International Financial Reporting Standards，IFRS）相协同的可持续发展报告准则，为全球投资者和资本市场提供全面、完整、一致的可持续发展相关披露信息。2023 年 6 月，ISSB 发布了《国际财务报告可持续披露准则第 1 号：可持续相关财务信息披露一般要求》（IFRS S1）和《国际财务报告可持续披露准则第 2 号：气候相关披露》（IFRS S2）两项准则，自 2024 年 1 月 1 日起正式生效。2023 年 7 月，证券委员会国际组织（IOSCO）完成对 IFRS S1、IFRS S2 的全面审查，认可这两项准则适合作为投资者导向的可持续信息全球披露框架，这标志着全球可持续信息披露迈入新纪元，也意味着可持续信息披露进入强制时代。

（二）我国的相关规定

与发达经济体相比，中国内地在推动 ESG 信息披露方面起步较晚，而中国香港受益于发达的资本市场优势，已经形成较为成熟的 ESG 信息披露体系。2023 年 4 月，港交所发布文件表示，将引入以 ISSB 气候准则为基础的新气候相关披露，随后公开征求市场意见；2024 年 4 月，港交所颁布 ESG 框架下气候信息披露准则的市场咨询意见总结，进一步将 ISSB 气候准则纳入港股 ESG 监管框架，要求港股上市公司根据该准则披露气候相关信息。

党的十八大以来，在习近平生态文明思想指导下，我国有关部门已经在各自领域制定了促进企业可持续发展的宏观政策、监管规则或披露要求。2020 年国家主席习近平在第 75 届联合国大会上正式承诺，中国二氧化碳排放力争于 2030 年前达到峰值，努力争取 2060 年前实现碳中和。随着"双碳"目标的提出，我国相关监管部门正在持续加速 ESG

监管政策及指引的出台。2018年9月，中国证监会修订发布《上市公司治理准则》，明确了环境、社会责任和公司治理（ESG）信息披露的基本框架。2021年6月，中国证监会发布《公开发行证券的公司信息披露内容和格式准则》第2号和第3号，要求企业在年报和半年报中新增环境和社会责任章节。2022年1月，上海证交所、深圳证交所分别更新了上市规则，新版规则首次纳入了ESG相关内容，包括在企业治理中纳入ESG、要求按规定披露ESG情况，特别是负面事件的披露、损害公共利益可能会被强制退市等。2022年4月，中国证监会发布《上市公司投资者关系管理工作指引（2022）》，进一步加强了对ESG在投资者管理中的重视程度。

此外，相关行业主管部门也在积极推动企业的可持续发展，对可持续信息的披露提出要求。例如，2021年12月，生态环境部公布《企业环境信息依法披露管理办法》，要求重点排污单位等四类企业在年度环境信息依法披露报告中披露企业环境管理信息，污染物产生、治理与排放信息，碳排放信息等八类信息，全面反映企业遵守生态环境法律法规和环境治理的情况。2022年5月，国务院国资委产权局发布《提高央企控股上市公司质量工作方案》，要求推动更多央企上市公司披露ESG专项报告，力争到2023年相关专项报告披露"全覆盖"。2022年6月，中国银保监会发布的《银行业保险业绿色金融指引》，在组织管理、政策制度及能力建设、投融资流程管理、内控管理与信息披露以及监督管理五个方面对银行保险机构提出要求。

值得一提的是，2024年4月12日，在中国证监会的统一部署和指导下，上交所、深交所和北交所正式发布了上市公司可持续发展报告指引（以下简称《指引》），并自2024年5月1日起施行。三大证券交易所的《指引》分别为《上海证券交易所上市公司自律监管指引第14号——可持续发展报告（试行）》《深圳证券交易所上市公司自律监管指引第17号——可持续发展报告（试行）》《北京证券交易所上市公司持续监管指引第11号——可持续发展报告（试行）》。《指引》对可持续报告框架、披露内容提出了具体要求，意在引导上市公司强化可持续发展信息披露意识，提高上市公司应对可持续发展相关风险的能力，积极践行可持续发展理念。《指引》的发布填补了我国境内资本市场本土化可持续报告指引的空白，对我国上市公司在环境、社会和公司治理等方面可持续信息披露作出了规范，开启了国内可持续发展信息披露的新阶段，将为推动构建良好的可持续发展生态注入强大力量。

相关链接1-1

财政部发布《企业可持续披露准则——基本准则（征求意见稿）》

三、企业可持续信息披露的基本内容

（一）国际组织的可持续信息披露基本内容

2015年12月，G20金融稳定理事会发起成立气候相关财务信息披露工作组（TCFD），该工作组于2017年发布《气候信息披露框架》，聚焦气候及环境相关风险。该框架由以下四个核心要素组成：

（1）治理：机构关于与气候有关的风险和机遇的治理。

（2）战略：与气候有关的风险与机遇对机构的业务、战略和财务规划的实际和潜在影响。

（3）风险管理：机构识别、评估和管理气候相关风险的流程。

（4）指标和目标：用以识别和管理与气候有关的风险和机遇的指标和目标。

此外，TCFD还提出了要将气候相关非财务信息对企业财务的影响及潜在风险和机遇并入财务报告中披露的建议。

2023年6月，ISSB发布了《国际财务报告可持续披露准则第1号：可持续相关财务信息披露一般要求》（IFRS S1）和《国际财务报告可持续披露准则第2号：气候相关披露》（IFRS S2）两项准则，该可持续披露准则架构包括列报、主题准则以及行业特定准则，并遵循TCFD建议的四大支柱。

（二）我国上市公司可持续发展报告指引中的可持续信息披露基本内容

如前文所述，2024年4月，上交所、深交所和北交所分别正式发布了上市公司可持续发展报告指引，并自2024年5月1日起施行，三个《指引》除执行范围和制定依据中所引用的上市规则等略有不同外，具体内容基本一致。《指引》共6章63条，对于具有财务重要性的议题，《指引》要求披露主体应当围绕下列四个方面核心内容以及《指引》对有关具体议题的规定进行分析和披露：（1）治理，即公司用于管理和监督可持续发展相关影响、风险和机遇的治理结构和内部制度；（2）战略，即公司应对可持续发展相关影响、风险和机遇的规划、策略和方法；（3）影响、风险和机遇管理，即公司用于识别、评估、监测与管理可持续发展相关影响、风险和机遇的措施和流程；（4）指标与目标，即公司用于计量、管理、监督、评价其应对可持续发展相关影响、风险和机遇的指标和目标。

考虑我国国情并回应公众关注的重点，《指引》针对环境、社会、可持续发展相关治理等方面设置了应对气候变化、污染物排放、生态系统和生物多样性保护、乡村振兴、创新驱动、员工等21个议题，充分考虑了我国国情，反映了在可持续方面的关注重点；《指引》还通过定性与定量、强制与鼓励相结合的方式对不同议题设置了差异化的披露要求。此外，《指引》采用双重重要性原则，要求识别具有财务重要性或影响重要性的议题，以满足投资者和其他利益相关方的信息需求，并基于重要议题的分析结果，对具体的披露方式和要求进行了系统化的调整，例如，对气候议题设置了详细的披露要求，包括披露气候适应性、转型计划、温室气体排放总量、减排措施、碳排放相关机遇等信息，这也与国际主流的气候披露框架保持相当程度的一致性。

（三）我国企业可持续披露相关准则中的可持续信息披露基本内容

2024年5月27日，财政部正式发布的《企业可持续披露准则——基本准则（征求意见稿）》，主要坚持"积极借鉴、以我为主、兼收并蓄、彰显特色"的总体思路。一方面，以我为主，体现中国特色；另一方面，积极借鉴国际准则的有益经验。根据对国际准则的中国适用性评估结论，国际准则多数要求在我国具有适用性。考虑到IFRS S1作为一般披露要求，对可持续信息披露仅作原则性规定，不对具体主题作具体要求，因此我国的基本准则（征求意见稿）与IFRS S1在信息质量特征、披露要素和相关披露要求上总体保持衔接。这种制度安排，既有利于具体准则的制定和实施，也有利于我国可持续披露准则与国际准则实现趋同。基本准则（征求意见稿）共6章33条（见表1-2），其中明确了中国企业可持续披露准则的准则体系，包括基本准则、具体准则和应用指南三个层次（如图1-5所示）。

表1-2   中国《企业可持续披露准则——基本准则（征求意见稿）》主要内容

章节	条款数量	规 定 内 容
第一章　总则	8条	制定目的、适用范围、准则体系、报告主体、可持续信息和价值链的概念、关联信息、信息系统和内部控制要求等
第二章　披露目标与原则	5条	可持续信息披露目标和信息使用者，并对披露目标所涉及的重要性原则、重要性评估、汇总和分解以及相称性方法等予以说明
第三章　信息质量要求	6条	企业披露的可持续信息应当满足的六个信息质量要求：①可靠性；②相关性；③可比性；④可验证性；⑤可理解性；⑥及时性
第四章　披露要求	7条	企业披露的可持续信息应包括的四个核心要求，即治理、战略、风险和机遇管理、指标和目标，以及每一个要求下需要披露的内容
第五章　其他披露要求	6条	报告时间、可比信息、合规声明、判断和不确定性、差错更正、报告和披露位置
第六章　附则	1条	解释权：由财政部负责解释

图1-5　中国企业可持续披露准则体系示意图

资料来源　中国《企业可持续披露准则——基本准则（征求意见稿）》。

基本准则（征求意见稿）立足我国国情，从可持续信息使用者的角度确定了可持续信息披露目标，即企业可持续信息披露不仅要满足投资者、债权人、政府及其有关部门等主要使用者的信息需求，还要满足其他利益相关方的信息需求。在这一目标下，基于重要性原则，既考虑了可持续风险和机遇是否对企业造成重要的当期或预期财务影响，又兼顾了企业活动是否对经济、社会和环境产生重要的影响。

在可持续信息披露内容方面，对于重要的可持续风险和机遇的信息，引入国际较为通用的治理、战略、风险和机遇管理、指标和目标"四要素"框架，有利于与国际准则衔接。对于具有重要影响的信息，未套用"四要素"框架，而是要求结合基本准则的总体要求，按照具体准则和应用指南的规定进行披露，以减少企业披露负担。同时，考虑到企业的成本效益及可操作性，在识别可持续风险、机遇和影响，确定价值链范围，编制可持续风险或机遇预期财务影响的信息，以及可持续影响的信息等方面，允许企业使用与其能力和资源相匹配的方法即可，无须付出过度成本。

（四）可持续信息与财务报表信息之间的关联

可持续信息之间、可持续信息与财务报表信息之间应当相互关联。企业应当通过索引或者文字解释披露可持续信息之间、可持续信息与财务报表信息之间的关联。可持续信息之间的关联，包括各个可持续风险、机遇和影响信息之间的关联，以及特定可持续风险、机遇和影响有关的各类信息之间的关联。可持续信息与财务报表信息之间的关联，包括可持续定量信息直接取自财务报表相关项目数值，或者取自财务报表相关项目数值的一部分或者合计数。企业编制可持续信息所使用的数据和假设应当考虑所适用的企业会计准则的要求，尽可能与其编制相关财务报表所使用的数据和假设保持一致；若存在不一致的，应当披露重大差异的信息。以货币计量的可持续信息应当使用与其相关财务报表相一致的币种。

📖 本章小结

会计理论，不同的学者有着不同的解释。莫斯特（Kenneth Most，1986）在《会计理论》中提出，理论是对一系列现象的规则或原则的系统描述，它可视为组织思想、解释现象和预测未来行为的框架。会计理论是由与实务相区别的原则和方法的系统描述所组成的。亨德里克森（1992）在《会计理论》一书中，以韦氏大词典对理论的释义为基础，将会计理论定义为一套逻辑严密的原则，使实务工作者、投资人、经理和学生更好地了解当前的会计实务，提供评估当前会计实务的概念框架，指导新的实务和程序的建立。美国会计学家贝克奥伊（A.R.Belkaoui，1993）认为理论可定义为相互关联的概念、定义和前提。这些概念、定义和前提是按照解释和预测现象的目的，通过对现象中各种变量的详细说明，来表达对（所观察）现象的一种系统的观点。我们在本章中广泛吸收了这些观点，认为会计理论是关于对现实世界中会计现象的逻辑推论、概括和解释的系列，具有信息传递和经验总结、解释和评价、预测和实践的功能，它研究的内容十分广泛，包括会计历史、会计基本理论、会计应用理论、会计准则、财务会计报告、会计研究方法、会计环境以及特殊领域的会计问题。鉴于本书的教材性质和全书结构的完整性，我们在本章中以财务会计目标为导向，并逐层展开对财务会计概念框架、会计目标、会计假设、会计要素、会计信息质量特征、会计确认与计量、财务报告等主要的理论问题进行分析讨论。总结全章的内容形成以下两条理论线索：决策有用观 → 相关性 → 未来经济利益 → 权责发生制+现金流动制 → 现值（公允价值）计量 → 全面收益（经济收益）→ 损益满计观 → 资产/负债观 → 计量观 → 有效市场假说悖论；受托责任观 → 可靠性 → 过去的经济利益 → 权责发生制 → 历史成本计量 → 传统会计收益 → 当期营业观 → 收入/费用观 → 信息观 → 有效市场假说。

主要概念

　　财务报告概念框架　会计基本理论　会计目标　会计假设　会计基础　会计要素　会计信息质量　会计确认　会计计量　公允价值　资产/负债观　收入/费用观　决策有用观　受托责任观　信息观　计量观　契约观　权责发生制　现金流动制　财务报告　可持续信息

第一章基本训练

| 第二章 |

货币资金与应收款项

学习目标

通过本章学习，应该达到以下目标：在知识方面，了解货币资金的组成及相关管理规定，了解应收票据的概念、种类，了解票据贴现的相关概念及相关计算，了解应收账款的确认与计价，掌握货币资金及应收账款、应收票据的相关会计处理方法；在技能方面，应熟练掌握货币资金及应收项目的会计处理方法，特别是带息应收票据、应收账款核算的总价法，坏账的会计处理方法；在能力方面，应熟悉内部控制制度的主要精神，掌握货币资金的相关管理规定，并能进行相应的会计处理。

思维导图

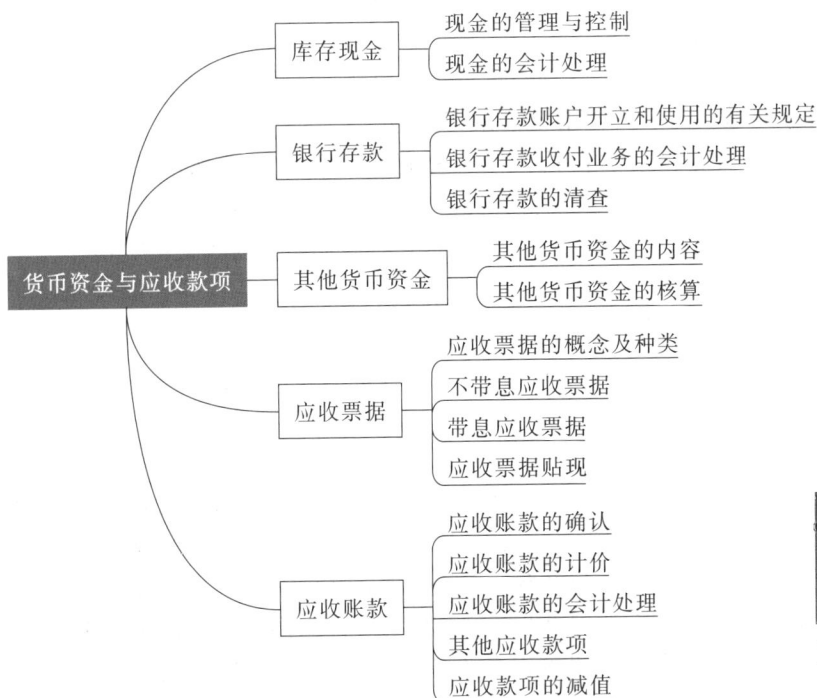

货币资金与应收款项

- 库存现金
  - 现金的管理与控制
  - 现金的会计处理
- 银行存款
  - 银行存款账户开立和使用的有关规定
  - 银行存款收付业务的会计处理
  - 银行存款的清查
- 其他货币资金
  - 其他货币资金的内容
  - 其他货币资金的核算
- 应收票据
  - 应收票据的概念及种类
  - 不带息应收票据
  - 带息应收票据
  - 应收票据贴现
- 应收账款
  - 应收账款的确认
  - 应收账款的计价
  - 应收账款的会计处理
  - 其他应收款项
  - 应收款项的减值

引导案例

务必加强货币资金与应收款项管理

第一节 库存现金

货币资金是指企业在生产经营过程中停留在货币形态的那部分资金，它是企业流动资产的重要组成部分，是企业资产中流动性较强的一种资产。在企业全部资产中，货币资金有着特殊的作用，它是企业从事各种生产经营活动所必备的重要资源，企业只有保持一定数量的货币资金，才能保证生产经营活动的正常进行，因此，它受到企业内外各方信息使用者的密切关注。

货币资金从本质上讲属于金融资产范围，由于其会计处理及管理的特殊性，故在这里单独成章节加以阐述。货币资金按存放地点和用途不同，可以分为库存现金、银行存款和其他货币资金。

一、现金的管理与控制

（一）现金的定义与特征

现金是货币资金的重要组成部分，也是企业流动性最强的一项资产。

现金有广义与狭义之分，狭义的现金仅指库存现金，广义的现金包括库存现金、银行存款以及其他可以普遍接受的流通手段，如银行本票、银行汇票、保付支票、个人支票、邮政汇票、旅行支票。但是，企业持有的金融市场的各种基金、存款证以及其他类似的短期有价证券等项目不能包括在现金范围之内，如欠款客户出具的远期支票（作为企业的应收票据）、各种借据和职工借支的差旅费（应收账款或其他应收款）、邮票（企业应作为办公用品）等。

现金具有货币性、通用性、流动性等特征。

（二）现金的使用范围、限额管理与内部控制

1.严格按规定的范围使用现金

按《中华人民共和国现金管理暂行条例》的规定，现金的开支范围如下：（1）支付给职工的工资、津贴；（2）支付给个人的劳务报酬；（3）颁发给个人的科学技术、文化艺术、体育等各种奖金；（4）各种劳保、福利费用以及国家规定的对个人的其他支出；（5）向个人收购农副产品和其他物资的价款；（6）出差人员预借的差旅费；（7）结算起点（1 000元）以下的零星开支；（8）中国人民银行确定支付现金的其他支出。

2.库存现金实行限额管理

库存限额一般是根据企业的规模以及日现金付出量和企业与银行的距离远近等因素，由开户银行与企业共同商定，一般不超过3~5天正常现金开支需要量，边远地区最高不得超过15天的现金开支需要量。

3.现金的内部控制

（1）实行职能分开原则，建立内部控制制度。按内部控制制度的要求，应将业务责任在两个及以上的个人或部门之间分配，这样可以加强责任人之间的内部牵制，防止舞弊行为的发生。要做到：会计职能与经营职能相分离，严禁业务人员接触会计资料；会计职能与资产保管职能相分离，会计记录与资产的保管不能由同一人来完成；业务授权与相关的资产保管要分离，负责付款审批的财务人员和负责现金管理的出纳人员应严格分离，"管

钱的不能管账"。

（2）现金收付的交易必须有合法的原始凭证。现金的流动性最强，很容易造成工作失误甚至犯罪，因此，现金收付的交易必须有合法的原始凭证，业务处理完毕，有关凭证应加盖"现金收讫""现金付讫"印章。

（3）贯彻"九不准"的规定。会计人员在实际工作中，不准"坐支"现金；不准"白条抵库"；不准私人借用公款；不准单位之间套换现金；不准假造用途套取现金；不准将单位收入的现金以个人名义存储；不准用银行账户代其他单位和个人存取现金；不准保留账外现金；不准以票证代替人民币。

（4）建立收据和发票的领用制度。按有关票据管理的规定，现金收发必须以合法的票据为依据。企业应有专人领取或购买票据，由专人开具和保管票据。

（5）企业的出纳人员应定期进行轮换，不得一人长期从事出纳工作。同性质工作的相关人员应定期进行岗位轮换，一是为了防止某些人在一个工作岗位上时间过长而产生渎职倾向，二是为了便于在轮岗的人员交接过程中及时发现可能存在的问题。

立德精业 2-1

坚守职业道德，践行社会主义核心价值观——资金管理存漏洞，小会计闪转腾挪几个亿某单位一名普通会计，利用职务上既管记账又管拨款，既是会计又是出纳的便利，在不到 8 年的时间里，采用偷盖印鉴、削减拨款金额、谎称支票作废、伪造银行信汇凭证和电汇凭证做账、编造银行进账单和对账单等手段，贪污挪用公款高达 2 亿多元。

此案例揭示出，一方面，企业应引以为戒，重视货币资金管理，建立并有效实行一套完善而严密的货币资金内部控制制度，以保护企业货币资金的安全完整；另一方面，作为会计人员应坚守职业理想和职业道德，自觉践行职业精神和职业规范，增强职业责任感，培养遵纪守法、爱岗敬业、无私奉献、诚实守信、公道办事、开拓创新的职业品格和行为习惯。

党的二十大报告指出，要广泛践行社会主义核心价值观；社会主义核心价值观是凝聚人心、汇聚民力的强大力量。要坚持依法治国和以德治国相结合，把社会主义核心价值观融入法治建设、融入社会发展、融入日常生活。

二、现金的会计处理

（一）现金日常收支的会计处理

企业会计人员要设置并登记库存现金日记账及总分类账，认真记录库存现金的增减及结存情况。

【例 2-1】2×23 年 6 月 5 日，某企业职工张海报销差旅费 3 500 元，张海出差前于 6 月 2 日借款 3 000 元。则：

暂借差旅费时：

借：其他应收款——张海   3 000

 贷：库存现金   3 000

报销差旅费时：

借：管理费用   3 500

 贷：其他应收款——张海   3 000

  库存现金   500

（二）备用金的核算

备用金是指企业预付给职工和内部有关单位用作差旅费、零星采购和零星开支，事后需要报销的款项。备用金业务在企业日常现金收支业务中占有很大比重，因此，对于备用金的预借和报销，既要有利于企业各项业务的正常进行，又要建立必要的手续制度。

备用金的管理办法一般有两种：一是随借随用、用后报销制度，适用于不经常使用备用金的单位和个人；二是定额备用金制度，适用于经常使用备用金的单位和个人。

定额备用金制度的特点是对经常使用备用金的部门或单位，分别规定一个备用金定额。按定额拨付现金时，记入"其他应收款"科目的借方和"库存现金"科目的贷方，报销时，财会部门根据报销单据付给现金，补足用掉数额，使备用金仍然保持原有的定额数，报销的金额直接记入有关科目的借方和"库存现金"科目的贷方，不需要通过"其他应收款"科目核算。企业也可以单独设置"备用金"科目进行核算。

【例2-2】某公司备用金实行定额备用金制度，2×23年6月份发生如下经济业务：

（1）核定保管部门备用金定额5 000元，用现金拨付：

借：其他应收款——保管部门　　　　　　　　　　　　　　　　　　5 000
　　贷：库存现金　　　　　　　　　　　　　　　　　　　　　　　　　　5 000

（2）本月中旬，保管部门报销，共计支出4 500元：

借：管理费用　　　　　　　　　　　　　　　　　　　　　　　　　4 500
　　贷：库存现金　　　　　　　　　　　　　　　　　　　　　　　　　　4 500

（3）会计部门因需要决定取消定额备用金制度，保管部门持尚未报销的开支凭证3 000元及余款2 000元，到会计部门办理注销手续：

借：管理费用　　　　　　　　　　　　　　　　　　　　　　　　　3 000
　　库存现金　　　　　　　　　　　　　　　　　　　　　　　　　2 000
　　贷：其他应收款——保管部门　　　　　　　　　　　　　　　　　　5 000

备用金实行随借随用、用后报销制度的，其会计处理如【例2-1】所示。

（三）现金的清查

为了保证现金的安全完整，做到账实相符，必须做好现金的清查盘点工作。

现金清查的基本方法是清点库存现金，并将现金实存数与库存现金日记账上的余额进行核对，检查两者是否相等。清查现金时，应有出纳人员在场，清查结果应填制"现金盘点报告单"，注明实存数和账面余额，如发现账实不符，应及时查明原因，报主管负责人或上级部门进行处理。

现金清查的会计处理，要设置"待处理财产损溢——待处理流动资产损溢"科目，该科目的借方登记现金的盘亏及查明原因后盘盈的转销，贷方登记现金的盘盈及查明原因后盘亏的转销。

【例2-3】某公司2×23年6月15日对库存现金进行清查，发现短少200元。

（1）未查明原因前。

借：待处理财产损溢——待处理流动资产损溢　　　　　　　　　　200
　　贷：库存现金　　　　　　　　　　　　　　　　　　　　　　　　　200

（2）查明原因，系出纳人员责任，应由其赔偿。

借：其他应收款——某出纳人员　　　　　　　　　　　　　　　　200

  贷：待处理财产损溢——待处理流动资产损溢   200

【例2-4】某公司2×23年6月30日对库存现金进行清查，发现溢余300元。

（1）未查明原因前。

借：库存现金   300

  贷：待处理财产损溢——待处理流动资产损溢   300

（2）现金溢余原因不明，经批准转作营业外收入。

借：待处理财产损溢——待处理流动资产损溢   300

  贷：营业外收入   300

观念应用2-1

内控制度对保证企业资产安全完整的重要性

第二节　银行存款

一、银行存款账户开立和使用的有关规定

  银行存款是指存放在本地银行的那部分货币资金。企业收入的一切款项，除保留库存现金限额之外，都必须送存银行。企业必须到当地银行开设银行存款账户，必须遵守银行结算纪律。

  银行存款账户有四个，即基本存款账户、一般存款账户、临时存款账户、专用存款账户。任何企业必须设立基本存款账户，该账户主要用于办理日常转账结算和现金收支，如发放工资、奖金等；一般存款账户是企业在基本存款账户以外的银行借款转存以及与基本存款账户的企业不在同一地点的附属非独立核算的单位的账户，该账户可以办理转账和存入现金，但不能支取现金；临时存款账户是企业因临时经营活动需要而开立的账户，该账户可以办理转账结算和其他符合国家现金管理规定的现金收付；专用存款账户是企业因特殊用途需要而开立的账户。

  为了加强对银行存款账户的管理，企事业单位基本存款账户要实行开户许可证制度，必须凭中国人民银行当地分支机构核发的开户许可证办理，企事业单位不得为还贷、还债和套取现金而多头开立基本存款账户。

  一个企业只能在一家银行开立一个基本存款账户，不得在同一家银行的几个分支机构开立一般存款账户。企业收入的一切款项，除国家另有规定外，均必须当日解缴银行，一切支出，除允许用现金支付外，均应通过银行转账。

  按《银行账户管理办法》的规定，企业要合法使用银行账户，不准出租出借银行账户；不准签发空头支票和远期支票，以套取银行信用；不得签发、取得和转让没有真实交易和债权债务的票据以套取银行和他人的资金；不准无理拒付款项、任意占用他人资金；不准违反规定开立和使用账户。

  企业与银行之间的货币资金收付，可以有多种结算方式，主要有支票结算方式、银行汇票结算方式、商业汇票结算方式、银行本票结算方式、汇兑结算方式、托收承付结算方式、委托收款结算方式、信用证结算方式等。

二、银行存款收付业务的会计处理

  企业会计人员要设置银行存款日记账及总分类账，记录银行存款的增减及结存变化情况。出纳人员要根据银行存款收付业务有关凭证，逐笔登记银行存款日记账，并负责银行存款及现金的实际收付；会计人员还要设立"银行存款"账户，进行总分类核算。

【例2-5】某企业2×23年6月5日销售甲商品，有关票据上列明：商品货款100 000元，增值税销项税额13 000元，款项已全部收存银行。

借：银行存款　　　　　　　　　　　　　　　　　　　　　　113 000

　　贷：主营业务收入　　　　　　　　　　　　　　　　　　100 000

　　　　应交税费——应交增值税（销项税额）　　　　　　　　13 000

三、银行存款的清查

银行存款的清查，主要是由出纳人员定期将银行存款日记账与银行对账单进行逐笔核对，若两者相符，说明双方记账无误；若两者余额不等，则要分别情况进行处理。

首先要检查一下是否存在未达账项。未达账项是指由于银行结算凭证在企业与银行之间传递存在时间上的先后，造成一方已经入账而另一方尚未入账的款项，包括四种情况，即企业已收款记账而银行尚未收款记账、企业已付款记账而银行尚未付款记账、银行已收款记账而企业尚未收款记账、银行已付款记账而企业尚未付款记账。

若无未达账项，则说明双方记账肯定有误，则要查明原因，进行处理；若存在未达账项，应编制"银行存款余额调节表"，如果调节表余额相符，仍然说明双方记账是正确的，银行存款日记账余额与银行对账单余额不符的原因是由未达账项造成的；如果调节表余额不符，则说明双方记账肯定有误，应查明原因，进行处理。

若银行存款清查结果账实不符，应编制"银行存款清查报告单"，会计部门根据此报告单，进行相应的会计处理。银行存款清查的会计处理，可以比照库存现金清查结果的处理办法，也要设置"待处理财产损溢——待处理流动资产损溢"科目，该科目的借方登记银行存款的盘亏及查明原因后盘盈的转销，贷方登记银行存款的盘盈及查明原因后盘亏的转销。

第三节　其他货币资金

一、其他货币资金的内容

其他货币资金是指除库存现金、银行存款之外的货币资金，包括外埠存款、银行汇票存款、银行本票存款、信用卡存款、信用证保证金存款及存出投资款等。

外埠存款是指企业到外地进行临时或零星采购时，汇往采购地银行开立采购专户的款项；银行汇票存款是指企业为取得银行汇票按照规定存入银行的款项；银行本票存款是指企业为取得银行本票按照规定存入银行的款项；信用卡存款是指企业为取得信用卡按照规定存入银行的款项；信用证保证金存款是指企业为取得信用证按照规定存入银行的款项；存出投资款是指企业已存入证券公司但尚未进行短期投资的款项。

二、其他货币资金的核算

为了总括反映企业其他货币资金的增减变动和结余情况，在会计上应设置"其他货币资金"科目进行其他货币资金的总分类核算,并按其组成内容分设明细科目进行明细分类核算。

(一)外埠存款的核算

【例2-6】某公司2×23年6月1日将款项100 000元汇往广州开立采购专户。

借:其他货币资金——外埠存款   100 000

  贷:银行存款   100 000

2×23年6月20日,企业会计部门收到采购员寄来的采购材料有关发票,内列:材料价款80 000元,增值税进项税额10 400元。

借:在途物资   80 000

  应交税费——应交增值税(进项税额)   10 400

  贷:其他货币资金——外埠存款   90 400

2×23年6月28日,外地采购业务结束,采购员将剩余资金转回本地银行。

借:银行存款   9 600

  贷:其他货币资金——外埠存款   9 600

(二)银行汇票存款的核算

【例2-7】海天公司于2×23年6月10日将款项50 000元交存银行,并填妥"银行汇票委托书",银行受理完毕。

借:其他货币资金——银行汇票   50 000

  贷:银行存款   50 000

2×23年6月11日,公司用银行签发的银行汇票支付采购材料价款40 000元,增值税进项税额5 200元。

借:在途物资   40 000

  应交税费——应交增值税(进项税额)   5 200

  贷:其他货币资金——银行汇票   45 200

2×23年6月12日银行退回剩余款项4 800元。

借:银行存款   4 800

  贷:其他货币资金——银行汇票   4 800

银行本票存款等其他货币资金的核算,可以比照以上会计处理方法进行。

第四节 应收票据

一、应收票据的概念及种类

应收票据属于企业金融资产范畴,是指企业因销售商品或提供劳务而持有的尚未到期的商业票据,是一项债权凭证。票据包括支票、本票、汇票,但是,会计上作为应收票据核算的,是指资产负债表日以摊余成本计量的,企业因销售商品、提供劳务等收到的商业汇票,包括银行承兑汇票和商业承兑汇票。

商业汇票是指由出票人签发的,委托付款人在指定日期无条件支付确定金额给收款人或持票人的票据。

商业汇票按承兑人不同分为商业承兑汇票和银行承兑汇票；按是否计息可分为不带息商业汇票和带息商业汇票。

我国目前主要使用不带息商业汇票。不带息商业汇票是指商业汇票到期时，承兑人只按票面金额（即面值）向收款人或被背书人支付款项的汇票。带息商业汇票是指商业汇票到期时，承兑人必须按票面金额加上应计利息向收款人或被背书人支付票款的票据。

我国商业票据的期限一般较短（6个月内），应收票据一般按其面值计价，但对于带息的应收票据，按照现行制度的规定，应于期末（指中期期末和年度终了）按应收票据的票面价值和确定的利率计提利息，计提的利息应增加应收票据的账面价值。

相对于应收账款来讲，应收票据（尤其是银行承兑汇票）发生坏账的风险比较小，因此，一般不对应收票据计提坏账准备，超过承兑期收不回的应收票据应转作应收账款，对应收账款计提坏账准备。

二、不带息应收票据

不带息应收票据的到期价值等于应收票据的面值。企业应当设立"应收票据"科目核算应收票据的票面金额，收到应收票据时，借记"应收票据"科目，贷记"应收账款""主营业务收入"等科目。应收票据到期收回票据金额，借记"银行存款"科目，贷记"应收票据"科目。商业承兑汇票到期，承兑人违约拒付或无力偿还票款，收款企业应将到期票据的票面金额转入"应收账款"科目。

【例2-8】2×23年6月10日，甲企业向乙企业销售产品一批，货款为100 000元，尚未收到，已办妥托收手续，适用增值税税率为13%，编制会计分录如下：

借：应收账款   113 000
  贷：主营业务收入   100 000
      应交税费——应交增值税（销项税额）   13 000

10日后，甲企业收到乙企业寄来的一份3个月的商业承兑汇票，面值为113 000元，抵付产品货款。甲企业编制会计分录如下：

借：应收票据   113 000
  贷：应收账款   113 000

3个月后，应收票据到期，收回票面金额113 000元存入银行，编制会计分录如下：

借：银行存款   113 000
  贷：应收票据   113 000

如果该票据到期，乙企业无力偿还票款，甲企业应将到期票据的票面金额转入"应收账款"科目。

借：应收账款   113 000
  贷：应收票据   113 000

三、带息应收票据

带息票据是指根据票面金额和票面利息率计算到期利息的票据。

（一）利息的计算

到期利息=应收票据面值×利率×时间

带息票据到期值=应收票据面值×（1+利率×时间）

上式中，利率一般指年利率，即票据所规定的利率；时间（期限）是指签发日至到期日的时间间隔（有效期）。

票据的期限有两种表示方法，即按日表示和按月表示。

按日表示，是指应从出票日起按实际日历天数计算，"算头不算尾"或"算尾不算头"。例如，一张出票日为5月6日、面值为100 000元、利率为10%、期限为90天的商业汇票，则"算尾不算头"到期日为8月4日，即5月25天（5月6日不计入）、6月30天、7月31天、8月4天（8月4日计入）；共计90天。"算头不算尾"到期日为8月3日，即5月26天（5月6日计入）、6月30天、7月31天、8月3天（8月4日不计入），共计90天。

到期值=100 000+100 000×10%÷360×90=102 500（元）

按月表示，是指应以到期月份中与出票日相同的那一天为到期日，而不论各月份实际日历天数为多少。

（二）带息应收票据的会计处理

【例2-9】某企业2×23年9月1日销售一批产品给A公司，货已发出，发票上注明的销售收入为100 000元，增值税税额为13 000元。收到A公司交来的商业承兑汇票一张，期限为6个月，票面利率为10%。

（1）收到票据时：

借：应收票据	113 000
贷：主营业务收入	100 000
应交税费——应交增值税（销项税额）	13 000

（2）年度终了（2×23年12月31日），计提票据利息：

票据利息=113 000×10%÷12×4=3 767（元）

借：应收票据	3 767
贷：财务费用	3 767

为简化起见，企业一般在编制中期财务报告和年终财务报告时，对带息应收票据计提利息，并将计提的利息增加应收票据的账面价值，冲减当期财务费用。

（3）票据到期收回货款：

收款金额=113 000×（1+10%÷12×6）=118 650（元）

2×24年计提的票据利息=113 000×10%÷12×2=1 883（元）

借：银行存款	118 650
贷：应收票据	116 767
财务费用	1 883

四、应收票据贴现

应收票据贴现是指持票人将未到期的票据背书后转让给银行，由银行按票据的到期值扣除贴现日至票据到期日的利息后，将余额付给企业的一种融资行为，是企业与贴现银行之间就票据权利所作的一种转让。贴现业务中，企业付给银行的利息称为贴现利息，简称"贴息"，所用的利息率称为贴现率，它不一定等于市场利率，但总高于票据票面利息率。

（一）带息票据

票据到期值=票据面值+票据面值×票面利率×期限

贴现利息=票据到期值×贴现率×贴现期

贴现所得=票据到期值−贴现利息

【例2-10】天成公司销售商品一批，含税价款226 000元，收到佳华公司2×23年8月20日签发的、面值为226 000元、年利率为10%、11月26日到期的商业汇票一张。天成公司因资金紧张，于2×23年9月25日持票向银行申请贴现，贴现利率为12%。则：

票据期限98天，已实现36天，则：

贴现期=98−36=62（天）

（"算头不算尾"：9月份6天、10月份31天、11月份25天）

票据到期值=226 000+226 000×10%÷360×98=232 152（元）

贴现利息=232 152×12%÷360×62=4 798（元）

贴现所得=232 152−4 798=227 354（元）

其相应的会计处理如下：

（1）销售商品取得票据时：

借：应收票据   226 000

贷：主营业务收入   200 000

应交税费——应交增值税（销项税额） 26 000

（2）确认贴现日前应计提票据利息：

已实现利息=226 000×10%÷360×36=2 260（元）

借：应收票据   2 260

贷：财务费用   2 260

（3）收到贴现款时：

借：银行存款   227 354（贴现所得）

财务费用   906（两者差额）

贷：应收票据   228 260（账面价值）

注：本例已实现利息收入2 260元，应收票据账面价值=226 000+2 260=228 260（元），两者之差906元，不是真正意义上的贴现利息，原因是票面利率与贴现利率不同。

（二）不带息票据

贴现利息=票据到期值×贴现率×贴现期

贴现所得=票据到期值−贴现利息

注：式中"票据到期值"即票据面值。

【例2-11】承上例，若为不带息票据，贴现利率为12%，则：

贴现利息=226 000×12%÷360×62=4 671（元）

贴现所得=226 000−4 671=221 329（元）

相应的会计处理如下：

（1）销售商品取得票据时：

借：应收票据   226 000

```
    贷：主营业务收入                                     200 000
        应交税费——应交增值税（销项税额）                  26 000
（2）收到贴现款时：
借：银行存款                            221 329（贴现所得）
    财务费用                              4 671（两者差额）
    贷：应收票据                         226 000（账面价值）
```

第五节 应收账款

一、应收账款的确认

应收账款也属于企业金融资产范畴，是指企业在资产负债表日以摊余成本计量的，企业因销售商品、提供劳务等经营活动应收取的款项，是标志营业收入的新获资产。

应收账款的确认与收入的确认标准密切相关，要按照收入的确认标准来确认应收账款。由于大多数商品的销售在交易发生时就具备了这些条件，因此，应收账款应于收入实现时确认。

二、应收账款的计价

一般情况下，应收账款应根据实际发生的交易价格确认应收账款的入账价值，包括发票金额和代垫运费及包装费两部分，但实务中若有商业折扣、现金折扣、销售退回、销售折让等因素，应加以考虑。

（一）商业折扣

商业折扣是指在销售商品或提供劳务时，从价目表的报价中扣减的一定数额，通常以百分比表示，如5%、10%等。

对于商业折扣，会计部门按扣除商业折扣以后的实际售价金额入账，而对商业折扣不作单独反映。

（二）现金折扣

现金折扣即销货企业为鼓励顾客在一定期限内及早偿还货款而从发票价格中让渡给顾客的一定数额的款项，如2/10、1/20、n/30。

在有现金折扣的条件下，应收账款的入账价值有两种确认方法：

总价法：按扣除现金折扣前的发票总金额确认收入和应收账款数额。

这种方法是假设顾客一般都得不到现金折扣，如果顾客在折扣期内付款而获得现金折扣，则作为"财务费用"，同时冲减应收账款数额。

净价法：按扣除现金折扣之后的净额确认收入和应收账款数额。

这种方法是假设顾客一般都会得到现金折扣，如果顾客超过折扣期付款而丧失了现金折扣，则作冲减"财务费用"处理。

从理论上说，净价法较总价法更为合理，但在实务中，若用净价法，对每一笔应收账款需详细分析是否享受现金折扣，工作量太大，故会计制度规定，实务中一般采用总价法。

三、应收账款的会计处理

(一) 在无商业折扣的情况下，应按应收账款的全部金额入账

【例2-12】某企业2×23年6月10日赊销给乙企业商品一批，货款80 000元，增值税销项税额10 400元，代垫运杂费1 400元，则会计处理如下：

借：应收账款   91 800
 贷：主营业务收入   80 000
   应交税费——应交增值税（销项税额）   10 400
   银行存款   1 400

(二) 在有商业折扣情况下，应按扣除商业折扣后的金额入账

【例2-13】承上例，若该企业在赊销给乙企业商品时，商品价目表上列明商品价款总计85 000元，商业折扣额为5 000元，其他资料相同，则会计处理如下：

借：应收账款   91 800
 贷：主营业务收入   80 000
   应交税费——应交增值税（销项税额）   10 400
   银行存款   1 400

(三) 在有现金折扣的情况下，应按总价法或净价法处理

【例2-14】某企业销售商品100 000元，规定的现金折扣条件为2/10，n/30，适用的增值税税率为13%，商品交付并办妥托收手续。

1.总价法

销售商品时，编制会计分录如下：

借：应收账款   113 000
 贷：主营业务收入   100 000
   应交税费——应交增值税（销项税额）   13 000

收到货款时，根据购货企业是否得到现金折扣的情况入账。如果上述货款在10天内收到，编制会计分录如下：

借：银行存款   111 000
  财务费用   2 000
 贷：应收账款   113 000

如果超过了现金折扣的最后期限，则编制会计分录如下：

借：银行存款   113 000
 贷：应收账款   113 000

2.净价法

销售商品时，编制会计分录如下：

借：应收账款   111 000
 贷：主营业务收入   98 000
   应交税费——应交增值税（销项税额）   13 000

收到货款时，根据购货企业是否得到现金折扣的情况入账。如果上述货款在10天内收到，编制会计分录如下：

借：银行存款　　　　　　　　　　　　　　　　　　　　　111 000

　　贷：应收账款　　　　　　　　　　　　　　　　　　　　　　　　111 000

如果超过了现金折扣的最后期限，则编制会计分录如下：

借：银行存款　　　　　　　　　　　　　　　　　　　　　113 000

　　贷：应收账款　　　　　　　　　　　　　　　　　　　　　　　　111 000

　　　　财务费用　　　　　　　　　　　　　　　　　　　　　　　　　2 000

四、其他应收款项

（一）预付账款

预付账款是指企业按购货或劳务合同规定预付给供货单位或提供劳务方的款项。

为了加强对预付账款的管理，一般应单独设置会计科目进行核算，预付账款不多的企业，也可以将预付的账款记入"应付账款"科目的借方，但在编制会计报表时，仍然要将"预付账款"和"应付账款"的金额分开报告。

预付账款按实际付出的金额入账。会计期末，预付账款按历史成本反映。

企业按购货合同的规定预付货款时，按预付金额借记"预付账款"科目，贷记"银行存款"科目。企业收到预订的货物时，应根据发票账单等列明的应计入购入货物成本的金额，借记"原材料""库存商品"等科目，按专用发票上注明的增值税税额，借记"应交税费——应交增值税（进项税额）"科目，按应付的金额，贷记"预付账款"科目。补付货款时，借记"预付账款"科目，贷记"银行存款"科目。退回多付的款项，借记"银行存款"科目，贷记"预付账款"科目。

（二）其他应收款

其他应收款是指企业发生的非购销活动的应收债权，即除应收票据、应收账款、预付账款等以外的其他各种应收、暂付款项。

其他应收、暂付款项主要包括：应收的各种赔款、罚款；应收出租包装物租金；应向职工收取的各种垫付款项；备用金；存出保证金（如租入包装物支付的押金）；预付款项存入；其他各种应收、暂付款项。

对于这类应收项目，通常与应收账款和预付账款分开，如企业发生的各种赔款、存出保证金、备用金以及应向职工收取的各种垫付款项等，将这类项目单独归类，以便会计报表的使用者把这些项目与由于购销业务而发生的应收项目识别清楚。

企业应当定期或者至少于每年年度终了对其他应收款进行检查，预计其可能发生的坏账损失，并计提坏账准备。对于不能收回的其他应收款应查明原因，追究责任。对确实无法收回的，按照企业的管理权限，经股东大会或董事会，或经理（厂长）会议或类似机构批准作为坏账损失，冲减提取的坏账准备。

其他应收款的会计核算，主要通过"其他应收款"科目进行相应的会计处理。具体处理，前已叙述。

五、应收款项的减值

（一）应收款项减值的确认

企业的各项应收款项可能会因债务人拒付、破产、死亡等原因而无法收回。这类无法收回的应收款项就是坏账；因坏账而产生的损失称为坏账损失或减值损失。企业应在资产负债表日对应收款项的账面价值进行评估。有客观证据表明该应收款项发生减值的，应当将减记的金额确认减值损失，同时计提坏账准备。应收款项减值有两种核算方法，即直接转销法和备抵法，我国企业会计准则规定，企业应收款项的减值只能采用备抵法核算，不得采用直接转销法。

1.直接转销法

直接转销法是指在实际发生坏账时，确认坏账损失，计入当期损益，同时注销该笔应收款项。

【例2-15】甲公司2×19年欠乙公司的账款5 600元长期无法收回，屡催无效，断定无法收回，乙公司2×23年年末对该客户的应收账款作坏账处理。乙公司编制会计分录如下：

借：信用减值损失　　　　　　　　　　　　　　　　　　　5 600

　　贷：应收账款——甲公司　　　　　　　　　　　　　　　　5 600

直接转销法的优点是账务处理简单，但是，这种方法忽视了坏账损失与赊销业务的联系，在转销坏账损失的前期，对于坏账的情况不作任何处理，显然不符合权责发生制及收入与费用相配比的会计原则，而且核销手续繁杂，致使企业发生大量陈账、呆账、长年挂账，得不到及时处理，虚增了利润，也夸大了前期资产负债表上应收款项的可实现价值。因此，我国企业会计制度规定，不允许企业采用直接转销法核算坏账损失。

2.备抵法

（1）备抵法的含义

备抵法即每期按一定方法估计坏账损失，计入当期损益，同时形成一笔坏账准备，待实际发生坏账时再冲销坏账准备和应收账款的一种方法。

采用这种方法，一方面按期估计坏账损失计入信用减值损失，另一方面设置"坏账准备"科目，待实际发生坏账时冲销坏账准备和应收款项金额，使资产负债表上的应收款项反映扣减估计坏账后的净值。

备抵法克服了直接转销法的缺点，其优点有：一是预计不能收回的应收款项作为坏账损失及时计入当期损益，避免企业虚增利润；二是在报表上列示应收款项净额，使报表阅读者更能了解企业真实的财务状况；三是使应收款项实际占用资金接近实际，消除了虚列的应收款项，有利于加快企业资金周转，提高企业经济效益。备抵法完全符合收入与费用相配比原则和权责发生制原则。

备抵法的关键是估计坏账损失，计提坏账准备。计提坏账准备的方法由企业自行确定，企业按规定政策、方法、计提比例等计提坏账准备，计提方法一旦确定，不得随意变更。

（2）坏账准备的计提范围

坏账准备的计提范围包括应收账款、其他应收款，企业的预付账款如确实表明不符合预付账款性质，或因供货单位破产、撤销等原因已无望再收到所购物资的，应将原计入预付账款的金额转入"其他应收款"，并计提坏账准备，除此之外，企业的应收票据以及其他不符合条件的预付账款不得计提坏账准备。

存在下列情况之一的不能全额计提坏账准备：①当年发生的应收账款；②与关联方发生的应收账款，特别是母子公司交易或事项产生的应收账款；③计划对应收款项进行重组；④其他已逾期，但无确凿证据表明不能收回的应收款项。

（二）应收款项损失准备的会计处理

应收款项属于金融资产，现行金融工具准则要求以预期信用损失为基础计提金融资产损失准备。对于企业向客户转让商品或提供劳务等交易形成的应收款项，可以采用简化的方法，始终按照相当于整个存续期内预期信用损失的金额计量其损失准备，不必采用预期信用损失的三阶段模型。由于应收款项通常属于短期债权，预计未来现金流量与其现值相差很小，在确定应收款项预期信用损失金额时，可以不对预计未来现金流量进行折现。因此，应收款项的预期信用损失应当按照应收取的合同现金流量与预期收取的现金流量二者之间的差额计量，即按照预期不能收回的应收款项金额计量。在会计实务中，经常使用的确定应收款项预期信用损失的具体方法有应收账款余额百分比法、账龄分析法及销货百分比法三种。

1.应收账款余额百分比法

应收账款余额百分比法是指根据会计期末应收款项的余额和预期信用损失率计算确定应收款项预期信用损失，据以计提坏账准备的一种方法。预期信用损失率是指应收款项的预期信用损失金额占应收款项账面余额的比例。企业应当以应收款项的历史信用损失率为基础，结合当前营业情况并考虑无须付出额外成本或努力即可获得的合理且有依据的前瞻性信息，合理确定预期信用损失率。预期信用损失率应当可以反映相当于整个存续期内预期信用损失的金额，即应收款项的合同现金流量超过其预期收取的现金流量的金额。

为了最大限度地消除预期信用损失和实际发生的信用损失之间的差异，企业应当定期对预期信用损失率进行检查，并根据实际情况作必要调整。资产负债表日，企业可按下列公式计算确定本期应计提的坏账准备金额：

本期应计提的坏账准备金额=本期预期信用损失金额−坏账准备科目原有贷方余额

或者：

本期应计提的坏账准备金额=本期预期信用损失金额+坏账准备科目原有借方余额

其中：

本期预期信用损失金额=本期应收款项期末余额×预期信用损失率

根据上列公式，如果计提坏账准备前，"坏账准备"科目无余额，应按本期预期信用损失金额计提坏账准备，借记"信用减值损失"科目，贷记"坏账准备"科目。如果计提坏账准备前，"坏账准备"科目已有贷方余额，应按本期预期信用损失金额大于"坏账准备"科目原有贷方余额的差额补提坏账准备，借记"信用减值损失"科目，贷记"坏账准备"科目；按本期预期信用损失金额小于"坏账准备"科目原有贷方余额的差额冲减已计提的坏账准备，借记"坏账准备"科目，贷记"信用减值损失"科目；本期预期信用损失金额等于"坏账准备"科目原有贷方余额时，不计提坏账准备。如果计提坏账准备前，"坏账准备"科目已有借方余额，应按本期预期信用损失金额与"坏账准备"科目原有借方余额之和计提坏账准备，借记"信用减值损失"科目，贷记"坏账准备"科目。经过上述会计处理后，各期期末"坏账准备"科目的贷方余额应等于本期预期信用损失金额。

对于有确凿证据表明确实无法收回或收回的可能性不大的应收款项，如债务单位已撤销、破产、资不抵债、现金流量严重不足等，应根据企业的管理权限报经批准后，转销该应收款项账面余额，并按相同金额转销坏账准备。

【例2-16】某企业年末应收账款的余额为1 000 000元，提取坏账准备的比例为1%。第二年发生了坏账损失6 000元，其中，甲单位1 000元，乙单位5 000元，年末应收账款为1 200 000元。第三年，已冲销的上年乙单位应收账款5 000元又收回，期末应收账款为1 300 000元。该企业应编制会计分录如下：

第一年提取坏账准备10 000元（1 000 000×1%）。

借：信用减值损失——计提的坏账准备　　　　　　　　　　　　　　　10 000
　　贷：坏账准备　　　　　　　　　　　　　　　　　　　　　　　　　　　10 000

第二年冲销坏账准备。

借：坏账准备　　　　　　　　　　　　　　　　　　　　　　　　　　　6 000
　　贷：应收账款——甲单位　　　　　　　　　　　　　　　　　　　　　　1 000
　　　　　　　　　——乙单位　　　　　　　　　　　　　　　　　　　　　5 000

第二年年末按应收账款的余额计算提取坏账准备。

坏账准备余额=1 200 000×1%=12 000（元）

应提的坏账准备=12 000-4 000=8 000（元）

借：信用减值损失——计提的坏账准备　　　　　　　　　　　　　　　　8 000
　　贷：坏账准备　　　　　　　　　　　　　　　　　　　　　　　　　　　8 000

第三年，上年已冲销的乙单位应收账款5 000元又收回入账。已作为坏账予以转销的应收款项，以后又部分或全部收回，称坏账收回。从某种意义上说，坏账收回可以看作以前转销应收款项的会计处理判断失误，因此，在坏账收回时，应先做一笔与原来转销应收款项分录相反的会计分录，以示对以前判断失误的修正，然后再按正常的方式记录应收款项的收回。

借：应收账款——乙单位　　　　　　　　　　　　　　　　　　　　　5 000
　　贷：坏账准备　　　　　　　　　　　　　　　　　　　　　　　　　　　5 000

同时：

借：银行存款　　　　　　　　　　　　　　　　　　　　　　　　　　5 000
　　贷：应收账款——乙单位　　　　　　　　　　　　　　　　　　　　　　5 000

第三年年末按应收账款的余额计算提取坏账准备。

坏账准备余额=1 300 000×1%=13 000（元）

应提的坏账准备=13 000-（12 000+5 000）=-4 000（元）

注："坏账准备"科目余额应为13 000元，但在期末提取坏账准备前，"坏账准备"科目已有贷方余额17 000元，即期初贷方余额12 000元加上收回的已冲销坏账5 000元，超过了应提坏账准备数，所以，应冲回多提坏账准备4 000元。

借：坏账准备　　　　　　　　　　　　　　　　　　　　　　　　　　4 000
　　贷：信用减值损失——计提的坏账准备　　　　　　　　　　　　　　　　4 000

2.账龄分析法

账龄分析法是指根据应收款项账龄的长短进行分组并分别确定预期信用损失率，据以计算确定预期信用损失金额、计提坏账准备的一种方法，也称为以账龄表为基础的减值矩阵模型。账龄指的是顾客所欠账款的时间。账龄分析法是以账款被拖欠的时间越长，发生信用损失的可能性就越大为前提的。尽管应收款项能否收回以及能收回多少，并不完全取决于欠账时间的长短，但就一般情况而言，这一前提还是可以成立的。

采用账龄分析法计算确定预期信用损失金额，首先要对应收款项按账龄的长短分组，然后分别确定可以反映相当于整个存续期内预期信用损失的各组应收款项预期信用损失率，据以分别计算各组应收款项的预期信用损失金额，最后将各组应收款项的预期信用损失金额进行加总，求得全部应收款项的预期信用损失金额。

账龄分析法与应收款项余额百分比法在会计处理的方法上是相同的，但账龄分析法计算确定的预期信用损失金额比应收款项余额百分比法更精确、更合理。

采用这种方法，企业要编制账龄分析表，据此确定坏账准备金额。

【例2-17】某企业2×23年12月31日应收账款账龄分析表及应收账款预期信用损失金额计算表见表2-1、表2-2。

表2-1　　　　　　　　　　　　应收账款账龄分析表　　　　　　　　　　单位：元

客户名称	应收账款余额	尚未到期	过期1个月	过期2个月	过期3个月	过期3个月以上
甲	200 000	110 000	30 000		20 000	40 000
乙	100 000	60 000		20 000	20 000	
丙	300 000	200 000	50 000	30 000	10 000	10 000
合计	600 000	370 000	80 000	50 000	50 000	50 000

表2-2　　　　　　　　　应收账款预期信用损失金额计算表　　　　　　　金额单位：元

应收账款账龄的分组	应收账款余额	预期信用损失率（%）	预期信用损失金额
尚未到期	370 000	0.5	1 850
过期1个月	80 000	1	800
过期2个月	50 000	2	1 000
过期3个月	50 000	3	1 500
过期3个月以上	50 000	4	2 000
合计	600 000		7 150

根据表2-2，假设该企业估计坏账损失以前，"坏账准备"科目有贷方余额3 000元，则应计提坏账准备4 150元（7 150-3 000）。

借：信用减值损失——计提的坏账准备　　　　　　　　　　4 150
　　贷：坏账准备　　　　　　　　　　　　　　　　　　　　　　　4 150

若该企业估计坏账损失以前，"坏账准备"科目有借方余额3 000元，则应计提坏账准备10 150元（7 150+3 000）。

借：信用减值损失——计提的坏账准备　　　　　　　　　　10 150
　　贷：坏账准备　　　　　　　　　　　　　　　　　　　　　　10 150

3.销货百分比法

销货百分比法是指以赊销金额的一定百分比作为预期信用损失率计算确定应收款项预

观念应用2-2　期信用损失，据以计提坏账准备的一种方法。

计提坏账准备
的谨慎性原则

【例2-18】某企业2×23年全年赊销金额为1 000 000元，根据以往资料和经验，确定预期信用损失率为2%，则作如下会计处理：

借：信用减值损失——计提的坏账准备（1 000 000×2%）　20 000

　　贷：坏账准备　　　　　　　　　　　　　　　　　　　　　　　20 000

本章小结

货币资金和应收款项属于企业金融资产范畴，任何企业生产经营活动必然涉及大量的货币资金，为此，必须遵守国家有关现金及银行存款的管理规定，企业必须建立内部控制制度。对库存现金要实行定额管理，企业一切收支，除允许按规定使用现金外，均应通过银行转账。企业要定期对货币资金进行清查，如账实不符，要查明原因报经处理。会计上的应收票据是指商业汇票，包括带息与不带息两种，票据持有者若急需资金，可以申请票据贴现。应收账款的确认应满足四个条件，若有商业折扣，则按折扣后的金额入账，若有现金折扣，其会计处理方法有总价法和净价法两种，现行制度规定用总价法。根据谨慎性原则，企业应对可能无法收回的应收款项计提坏账准备，按备抵法进行会计处理。坏账准备的计提方法主要有应收账款余额百分比法、账龄分析法及销货百分比法三种。

主要概念

货币资金　定额备用金　内部控制制度　未达账项　银行存款余额调节表　应收票据　贴现　商业折扣　现金折扣　总价法　净价法　坏账损失　直接转销法　备抵法　坏账准备　应收账款余额百分比法

第二章基本训练

交易性金融资产

学习目标

通过本章学习，应达到以下目标：在知识方面，掌握金融资产的概念、特征与分类，以及交易性金融资产的内涵；在技能方面，掌握交易性金融资产的会计处理方法；在能力方面，能运用交易性金融资产的确认与计量原则，对现实中的相关经济业务进行核算。

思维导图

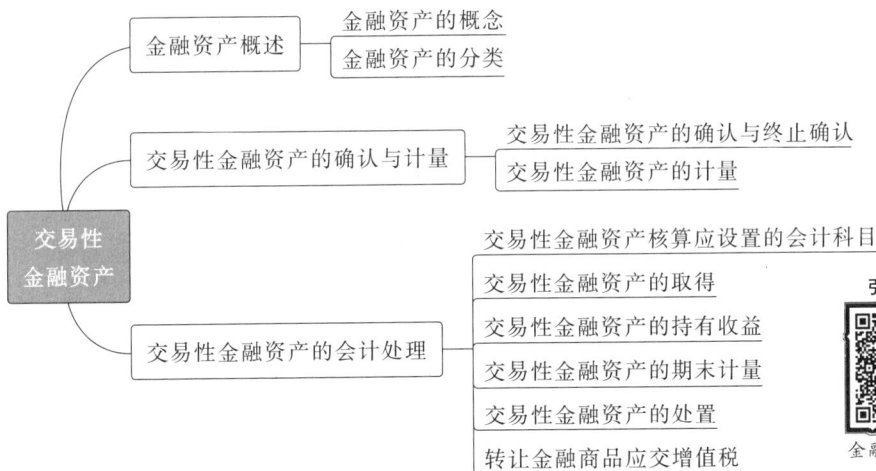

金融资产概述 —— 金融资产的概念
　　　　　　　—— 金融资产的分类

交易性金融资产的确认与计量 —— 交易性金融资产的确认与终止确认
　　　　　　　　　　　　　　 —— 交易性金融资产的计量

交易性金融资产的会计处理 —— 交易性金融资产核算应设置的会计科目
　　　　　　　　　　　　　—— 交易性金融资产的取得
　　　　　　　　　　　　　—— 交易性金融资产的持有收益
　　　　　　　　　　　　　—— 交易性金融资产的期末计量
　　　　　　　　　　　　　—— 交易性金融资产的处置
　　　　　　　　　　　　　—— 转让金融商品应交增值税

引导案例

金融资产如何分类

立德精业 3-1

诚信为本　操守为重　遵循准则　不做假账

交易性金融资产按公允价值计量和列报有利也有弊。相对于历史成本原则，公允价值着眼于现在和未来，能较准确地反映资产给企业带来的经济利益，帮助使用者作出正确的决策；有助于理解企业真实的财务状况；公允价值对利率、汇率、税率等众多基本市场要素的反应相当敏感，能提高对市场风险的反应灵敏度。但公允价值会随市场交易情况的变动而发生变动，难以保证信息质量的可靠性；公允价值变动损益会形成营业利润，影响当期企业利润总额，导致企业利润失真（虚增或虚减），导致顺周期效应；有可能会成为企业操纵利润的工具。

党的二十大报告中明确指出：教育是国之大计、党之大计。培养什么人、怎样培养人、为谁培养人是教育的根本问题。育人的根本在于立德。全面贯彻党的教育方针，落实立德树人根本任务，培养德智体美劳全面发展的社会主义建设者和接班人。交易性金融资产按公允价值计量和列报，必须体现党的二十大报告的上述精神，一定要诚信为本，操守为重，遵循准则，不做假账。

第一节 金融资产概述

一、金融资产的概念

金融资产，是指企业持有的现金、其他方的权益工具以及符合下列条件之一的资产：

（1）从其他方收取现金或其他金融资产的合同权利。例如，企业的银行存款、应收账款、应收票据和贷款等均属于金融资产。再如，预付账款不是金融资产，因其产生的未来经济利益是商品或服务，不是收取现金或其他金融资产的权利。

（2）在潜在有利条件下，与其他方交换金融资产或金融负债的合同权利。

（3）将来须用或可用企业自身权益工具进行结算的非衍生工具合同，且企业根据该合同将收到可变数量的自身权益工具。

（4）将来须用或可用企业自身权益工具进行结算的衍生工具合同，但以固定数量的自身权益工具交换固定金额的现金或其他金融资产的衍生工具合同除外。其中，企业自身权益工具不包括应当按照《企业会计准则第37号——金融工具列报》分类为权益工具的可回售工具或发行方仅在清算时才有义务向另一方按比例交付其净资产的金融工具，也不包括本身就要求在未来收取或交付企业自身权益工具的合同。

二、金融资产的分类

企业应当根据其管理金融资产的业务模式和金融资产的合同现金流量特征，将金融资产划分为以下三类：

（一）以摊余成本计量的金融资产

金融资产同时符合下列条件的，应当分类为以摊余成本计量的金融资产：

（1）企业管理该金融资产的业务模式是以收取合同现金流量为目标。

（2）该金融资产的合同条款规定，在特定日期产生的现金流量，仅为对本金和以未偿付本金金额为基础的利息的支付。

（二）以公允价值计量且其变动计入其他综合收益的金融资产

金融资产同时符合下列条件的，应当分类为以公允价值计量且其变动计入其他综合收益的金融资产：

（1）企业管理该金融资产的业务模式既以收取合同现金流量为目标又以出售该金融资产为目标。

（2）该金融资产的合同条款规定，在特定日期产生的现金流量，仅为对本金和以未偿付本金金额为基础的利息的支付。

（三）以公允价值计量且其变动计入当期损益的金融资产

按照《企业会计准则第22号——金融工具确认和计量》第十七条分类为以摊余成本计量的金融资产和第十八条分类为以公允价值计量且其变动计入其他综合收益的金融资产之外的金融资产，企业应当将其分类为以公允价值计量且其变动计入当期损益的金融资产。

企业管理金融资产的业务模式，是指企业如何管理其金融资产以产生现金流量。业务模式决定企业所管理金融资产现金流量的来源是收取合同现金流量[1]、出售金融资产还是两者兼有。企业管理金融资产的业务模式，应当以企业关键管理人员确定的对金融资产进行管理的特定业务目标为基础确定。企业确定管理金融资产的业务模式，应当以客观事实为依据，不得以按照合理预期不会发生的情形为基础确定。金融资产的分类一经确定，不得随意变更。

以上分类为"以公允价值计量且其变动计入当期损益的金融资产"主要包括交易性金融资产和指定为以公允价值计量且其变动计入当期损益的金融资产。交易性金融资产主要是指企业为了近期内出售而持有的金融资产，如企业以赚取差价为目的从二级市场购入的股票、债券、基金等。指定为以公允价值计量且其变动计入当期损益的金融资产，是指企业在初始确认时，如果能够消除或显著减少会计错配，可以将金融资产指定为以公允价值计量且其变动计入当期损益的金融资产，该指定一经作出，不得撤销。会计错配是指当企业以不同的会计确认方法和计量属性，对在经济上相关的资产和负债进行确认或计量而产生利得或损失时，可能导致的会计确认和计量上的不一致。例如，某企业的一项金融资产和一项金融负债在经济上密切相关，二者的公允价值变动方向相反，趋于相互抵销。企业将该金融资产分类为以摊余成本计量的金融资产，而将与之密切相关的金融负债分类为以公允价值计量且其变动计入当期损益的金融负债，由此导致因会计确认方法和计量属性不同而使会计处理结果不能较好地反映交易实质的情况。如果企业将该金融资产指定为以公允价值计量且其变动计入当期损益的金融资产，就可以消除这种"会计错配"现象。可见，消除或显著减少会计上可能存在的错配现象，是将金融资产直接指定为以公允价值计量，并将其变动计入当期损益的前提条件。

本章仅涉及交易性金融资产的内容和会计处理。

第二节 交易性金融资产的确认与计量

一、交易性金融资产的确认与终止确认

（一）交易性金融资产的确认

在初始确认时，企业可以将非交易性权益工具投资指定为以公允价值计量且其变动计入

---

[1] 金融资产的合同现金流量特征，是指金融工具合同约定的、反映相关金融资产经济特征的现金流量属性。企业分类为本准则第十七条和第十八条规范的金融资产，其合同现金流量特征，应当与基本借贷安排相一致。即相关金融资产在特定日产生的合同现金流量仅为对本金和以未偿付本金金额为基础的利息的支付，其中，本金是指金融资产在初始确认时的公允价值，本金金额可能因提前偿付等原因在金融资产的存续期内发生变动；利息包括对货币时间价值、与特定时期未偿付本金金额相关的信用风险以及其他基本借贷风险、成本和利润的对价。其中，货币时间价值是利息要素中仅因为时间流逝而提供对价的部分，不包括为所持有金融资产的其他风险或成本提供的对价，但货币时间价值要素有可能存在修正。在货币时间价值要素存在修正的情况下，企业应当对相关修正进行评估，以确定其是否满足上述合同现金流量特征的要求。此外，金融资产包含可能导致其合同现金流量的时间分布或金额发生变更的合同条款（如包含提前偿付特征）的，企业应当对相关条款进行评估（如评估提前偿付特征的公允价值是否非常小），以确定其是否满足上述合同现金流量特征的要求。

其他综合收益的金融资产，并按照《企业会计准则第22号——金融工具确认和计量》第六十五条规定确认股利收入。该指定一经作出，不得撤销。企业在非同一控制下的企业合并中确认的或有对价构成金融资产的，该金融资产应当分类为以公允价值计量且其变动计入当期损益的金融资产，不得指定为以公允价值计量且其变动计入其他综合收益的金融资产。

以公允价值计量且其变动计入当期损益的金融资产，可以进一步分为交易性金融资产和直接指定为以公允价值计量且其变动计入当期损益的金融资产。

以公允价值计量且其变动计入当期损益的金融资产满足下列条件之一的，表明企业持有该金融资产的目的是交易性的：

（1）取得相关金融资产或承担相关金融负债的目的，主要是近期出售或回购。

（2）相关金融资产或金融负债在初始确认时属于集中管理的可辨认金融工具组合的一部分，且有客观证据表明近期实际存在短期获利模式。

（3）相关金融资产或金融负债属于衍生工具。但符合财务担保合同定义的衍生工具以及被指定为有效套期工具的衍生工具除外。

在初始确认时，如果能够消除或显著减少会计错配，企业可以将金融资产指定为以公允价值计量且其变动计入当期损益的金融资产。该指定一经作出，不得撤销。

（二）交易性金融资产的终止确认

金融资产终止确认，是指将金融资产从企业的账户和资产负债表内予以转销。金融工具确认和计量准则规定，收取金融资产现金流量的合同权利终止，或金融资产已经转移，且符合《企业会计准则第23号——金融资产转移》规定的金融资产终止确认条件的，应当终止确认该金融资产。有关金融资产终止确认的会计处理参见本套教材特殊业务部分"金融工具会计"。

二、交易性金融资产的计量

（一）交易性金融资产的初始计量原则

企业初始确认以公允价值计量且其变动计入当期损益的金融资产时，应当按照公允价值计量，相关交易费用应当直接计入当期损益；企业取得以公允价值计量且其变动计入当期损益的金融资产所支付的价款中包含的已宣告但尚未发放的债券利息或现金股利，应当单独确认为应收项目进行处理。

（二）交易性金融资产的后续计量原则

金融资产的后续计量与金融资产的分类密切相关。以公允价值计量且其变动计入当期损益的金融资产，应当按照公允价值计量，且不扣除将来处置该金融资产时可能发生的交易费用。企业在对金融资产进行后续计量时，需要注意的是：如果一项金融工具以前被确认为一项金融资产并以公允价值计量，而现在它的公允价值低于零，企业应将其确认为一项负债。

|第三节|　交易性金融资产的会计处理

一、交易性金融资产核算应设置的会计科目

在会计处理上，交易性金融资产和指定为以公允价值计量且其变动计入当期损益的金

融资产，应当通过"交易性金融资产"科目进行核算，指定为以公允价值计量且其变动计入当期损益的金融资产可在本科目下单设"指定类"明细科目核算。需要注意的是，划分为交易性金融资产的衍生金融资产，不通过"交易性金融资产"科目核算，应通过单独设置的"衍生工具"科目核算。

"交易性金融资产"科目核算企业为交易目的所持有的债券投资、股票投资、基金投资等交易性金融资产的公允价值。该科目的借方登记交易性金融资产的取得成本、资产负债表日其公允价值高于账面余额的差额，以及出售交易性金融资产时结转公允价值低于账面余额的变动金额；贷方登记资产负债表日其公允价值低于账面余额的差额，以及企业出售交易性金融资产时结转的成本和公允价值高于账面余额的变动金额。企业应当按照交易性金融资产的类别和品种，分别设置"成本""公允价值变动"等明细科目进行核算。其中，"成本"明细科目反映交易性金融资产的初始入账金额；"公允价值变动"明细科目反映交易性金融资产在持有期间的公允价值变动金额。

此外，企业还要设置"公允价值变动损益"和"投资收益"等科目。"公允价值变动损益"科目核算企业交易性金融资产等的公允价值变动而形成的应计入当期损益的利得或损失，该科目的借方登记资产负债表日企业持有的交易性金融资产等的公允价值低于账面余额的差额；贷方登记资产负债表日企业持有的交易性金融资产等的公允价值高于账面余额的差额。"投资收益"科目核算企业持有交易性金融资产等的期间内取得的投资收益以及出售交易性金融资产等实现的投资收益或投资损失，借方登记企业取得交易性金融资产时支付的交易费用、出售交易性金融资产等发生的投资损失，贷方登记企业持有交易性金融资产等的期间内取得的投资收益以及出售交易性金融资产等实现的投资收益。

二、交易性金融资产的取得

企业取得交易性金融资产时应当按照取得时的公允价值作为初始入账金额，相关的交易费用在发生时直接计入当期损益。其中，交易费用是指可直接归属于购买、发行或处置金融工具的增量费用。增量费用是指企业没有发生购买、发行或处置相关金融工具的情形就不会发生的费用，包括支付给代理机构、咨询公司、券商、证券交易所、政府有关部门等的手续费、佣金、相关税费及其他必要支出，但不包括债券溢价、折价、融资费用、内部管理成本和持有成本等与交易不直接相关的费用。

企业取得交易性金融资产所支付的价款中，如果包含已宣告但尚未发放的现金股利或已到付息期但尚未领取的债券利息，性质上属于暂付应收款，应当单独确认为应收项目，不计入交易性金融资产的初始入账金额。

企业取得交易性金融资产时，按其公允价值（不含支付的价款中所包含的已宣告但尚未发放的现金股利或已到付息期但尚未领取的债券利息），借记"交易性金融资产——成本"科目，按发生的交易费用，借记"投资收益"科目，发生交易费用取得增值税专用发票的，按其注明的增值税进项税额借记"应交税费——应交增值税（进项税额）"科目，按照实际支付的金额贷记"其他货币资金"等科目；按已宣告但尚未发放的现金股利或已到付息期但尚未领取的债券利息，借记"应收股利"或"应收利息"科目；收到上列现金股利或债券利息时，借记"银行存款"等科目，贷记"应收股利"或"应收利息"科目。会计分录为：

借：交易性金融资产——成本（公允价值）

投资收益（发生的交易费用）

应交税费——应交增值税（进项税额）

应收股利（已宣告但尚未发放的现金股利）

应收利息（已到付息期但尚未领取的利息）

贷：其他货币资金——存出投资款（或银行存款）

【例3-1】2×23年4月1日，甲公司从上海证券交易所购入A上市公司股票1 000 000股，该笔股票投资在购买日的公允价值为10 000 000元，另支付相关交易费用25 000元，取得的增值税专用发票上注明的增值税税额为1 500元。甲公司将其划分为交易性金融资产进行管理和核算。甲公司应编制如下会计分录：

借：交易性金融资产——A上市公司股票——成本   10 000 000

投资收益——A上市公司股票   25 000

应交税费——应交增值税（进项税额）   1 500

贷：其他货币资金——存出投资款   10 026 500

在本例中，取得交易性金融资产所发生的相关交易费用25 000元，应当在发生时记入"投资收益"科目，而不记入"交易性金融资产——成本"科目。

【例3-2】2×23年4月1日，甲公司从上海证券交易所购入A上市公司股票1 000 000股，支付价款10 000 000元（其中包含已宣告但尚未发放的现金股利600 000元），另支付相关交易费用25 000元，取得的增值税专用发票上注明的增值税税额为1 500元。甲公司将其划分为交易性金融资产进行管理和核算。甲公司应编制如下会计分录：

借：交易性金融资产——A上市公司股票——成本   9 400 000

投资收益——A上市公司股票   25 000

应交税费——应交增值税（进项税额）   1 500

应收股利——A上市公司股票   600 000

贷：其他货币资金——存出投资款   10 026 500

本例中，取得交易性金融资产所支付价款10 000 000元中包含的已宣告但尚未发放的现金股利600 000元应当记入"应收股利"科目，不计入交易性金融资产的初始投资成本。以后实际收到股利时：

借：银行存款   600 000

贷：应收股利——A上市公司股票   600 000

【例3-3】2×23年1月1日，乙公司购入B公司2×23年7月1日发行的公司债券，支付价款26 000 000元（其中包含已到付息期但尚未领取的债券利息500 000元），另支付交易费用300 000元，取得的增值税专用发票上注明的增值税税额为18 000元。该笔B公司债券面值为25 000 000元，票面利率为4%，上年利息于下年初支付。乙公司将其划分为交易性金融资产进行管理和核算。2×23年1月10日，乙公司收到该笔债券利息500 000元。假定不考虑其他相关税费和因素。乙公司应编制如下会计分录：

（1）2×23年1月1日，购入B公司的公司债券时：

借：交易性金融资产——B公司债券——成本   25 500 000

    投资收益——B公司债券   300 000

    应交税费——应交增值税（进项税额）   18 000

    应收利息——B公司债券   500 000

    贷：银行存款   26 318 000

（2）2×23年1月10日，收到购买价款中包含的已到付息期但尚未领取的债券利息时：

借：银行存款   500 000

    贷：应收利息——B公司债券   500 000

三、交易性金融资产的持有收益

交易性金融资产在持有期间可依法获得相关的股利或债券利息。如果该交易性金融资产是债券，在持有期间，应于每一资产负债表日或付息日计提债券利息，计入当期投资收益。如果是股票，在持有期间，只有在同时符合下列三个条件时才能确认股利收入并计入当期投资收益：（1）企业收取股利的权利已经确立；（2）与股利相关的经济利益很可能流入企业；（3）股利的金额能够可靠计量。一般公司宣告发放股利即能满足这三个条件，企业应在上市公司宣告发放股利时根据股利分配方案确定本企业应收的股利金额。但如果企业持有期间获得的是股票股利，则不作账务处理。

企业在持有交易性金融资产期间，被投资方宣告发放的现金股利同时满足股利收入的确认条件时，企业按应享有的份额借记"应收股利"科目，贷记"投资收益"科目；资产负债表日或付息日，投资方按债券面值和票面利率计提利息时，借记"应收利息"科目，贷记"投资收益"科目。收到上列现金股利或债券利息时，借记"银行存款"科目，贷记"应收股利"或"应收利息"科目。会计分录为：

借：应收股利（被投资单位宣告发放的现金股利×投资持股比例）

    应收利息（资产负债表日计算的应收利息）

    贷：投资收益

【例3-4】承【例3-2】，假定2×24年3月20日，A上市公司宣告发放2×23年现金股利，甲公司按其持有该上市公司股份计算确定的应分得的现金股利为800 000元。假定不考虑相关税费。甲公司应编制如下会计分录：

借：应收股利——A上市公司股票   800 000

    贷：投资收益——A上市公司股票   800 000

【例3-5】承【例3-3】，假设2×23年12月31日，乙公司对购入的B公司债券计提利息。乙公司应编制如下会计分录：

应收债券利息=25 000 000×4%=1 000 000（元）

借：应收利息——B公司债券   1 000 000

    贷：投资收益——B公司债券   1 000 000

四、交易性金融资产的期末计量

交易性金融资产在最初取得时是以公允价值入账的，反映了企业取得交易性金融资产的实际成本,但交易性金融资产的公允价值是不断变化的,会计期末的公允价值则代表了交易性金融资产的现时价值。根据企业会计准则的规定,资产负债表日交易性金融资产应按公允价值反映,公允价值的变动计入当期损益。

资产负债表日,交易性金融资产的公允价值高于其账面余额时,应按二者之间的差额调增交易性金融资产的账面余额,同时确认公允价值上升的收益,借记"交易性金融资产——公允价值变动"科目,贷记"公允价值变动损益"科目;交易性金融资产的公允价值低于其账面余额时,应按二者之间的差额,调减交易性金融资产的账面余额,同时确认公允价值下跌的损失,借记"公允价值变动损益"科目,贷记"交易性金融资产——公允价值变动"科目。会计分录为:

(1)公允价值上升

借:交易性金融资产——公允价值变动

　　贷:公允价值变动损益

(2)公允价值下降

借:公允价值变动损益

　　贷:交易性金融资产——公允价值变动

【例3-6】承【例3-2】,假定2×23年6月30日,甲公司持有A上市公司股票的公允价值为9 200 000元;2×23年12月31日,甲公司持有A上市公司股票的公允价值为13 000 000元。甲公司应编制如下会计分录:

(1)2×23年6月30日,确认A上市公司股票的公允价值变动损益时:

借:公允价值变动损益——A上市公司股票　　　　　　　　200 000

　　贷:交易性金融资产——A上市公司股票——公允价值变动　　　　　200 000

(2)2×23年12月31日,确认A上市公司股票的公允价值变动损益时:

借:交易性金融资产——A上市公司股票——公允价值变动　　3 800 000

　　贷:公允价值变动损益——A上市公司股票　　　　　　　　　　3 800 000

在本例中,2×23年6月30日作为资产负债表日,甲公司持有A上市公司股票在该日公允价值为9 200 000元,账面余额为9 400 000元(即2×23年4月1日的公允价值),公允价值小于账面余额200 000元(9 200 000-9 400 000),应记入"公允价值变动损益"科目的借方;2×23年12月31日作为资产负债表日,甲公司持有A上市公司股票在该日公允价值为13 000 000元,账面余额为9 200 000元(即2×23年6月30日的公允价值),公允价值大于账面余额3 800 000元(13 000 000-9 200 000),应记入"公允价值变动损益"科目的贷方。

【例3-7】承【例3-3】,假定2×23年6月30日,乙公司购买的B公司债券的公允价值为26 700 000元;2×23年12月31日,乙公司购买的B公司债券的公允价值为25 800 000元。不考虑相关税费和其他因素。乙公司应编制如下会计分录:

(1)2×23年6月30日,确认B公司债券的公允价值变动损益时:

借:交易性金融资产——B公司债券——公允价值变动　　　　1 200 000

　　贷:公允价值变动损益——B公司债券　　　　　　　　　　　1 200 000

(2)2×23年12月31日,确认B公司债券的公允价值变动损益时:

借:公允价值变动损益——B公司债券　　　　　　　　　　　900 000

　　贷:交易性金融资产——B公司债券——公允价值变动　　　　　　900 000

在本例中，2×23 年 6 月 30 日，B 公司债券的公允价值为 26 700 000 元，账面余额为 25 500 000 元，公允价值大于账面余额 1 200 000 元（26 700 000-25 500 000），应记入"公允价值变动损益"科目的贷方；2×23 年 12 月 31 日，B 公司债券的公允价值为 25 800 000 元，账面余额为 26 700 000 元，公允价值小于账面余额 900 000 元（25 800 000-26 700 000），应记入"公允价值变动损益"科目的借方。

立德精业 3-2

不忘初心　回归新零售

自 2018 年年初以来，雅戈尔数次出售金融资产，涉及交易金额高达 40 多亿元，被业内认为是加快回归主业的信号。雅戈尔董事长公开对媒体表示，智能制造和智慧营销等新零售布局是雅戈尔破局的主要手段。然而由于雅戈尔的门店近六成开在商场里，很难实现线上线下同款同价，打通全渠道，因此终端对于雅戈尔新零售的体验并不明显，仍未能阻止业绩下跌趋势。专家表示，像雅戈尔这样不缺钱、不缺资源的老牌男装企业品牌要想跟上新零售时代的步伐，需要将自身的角色从服装生产商转变为服装零售商，从渠道到管理进行一系列的变革。

此案例告诉我们，做事情不能操之过急，要脚踏实地，不忘初心。同时，树立创新意识，只有创新才能让企业活得长久。

资料来源　根据相关资料整理。

五、交易性金融资产的处置

企业处置交易性金融资产的主要会计问题是正确确认处置损益。交易性金融资产的处置损益，是指处置交易性金融资产实际收到的价款减去所处置交易性金融资产账面余额后的差额。其中，交易性金融资产的账面余额是指交易性金融资产的初始入账金额加上或减去资产负债表日累计公允价值变动后的金额。如果在处置交易性金融资产时，已计入应收项目的现金股利或债券利息尚未收回，还应从处置价款中扣除该部分现金股利或债券利息之后确认处置损益。

处置交易性金融资产时，应按实际收到的处置价款，借记"银行存款"科目，按该交易性金融资产的初始入账金额，贷记"交易性金融资产——成本"科目，按该项交易性金融资产的累计公允价值变动金额，贷记或借记"交易性金融资产——公允价值变动"科目，按已计入应收项目但尚未收回的现金股利或债券利息，贷记"应收股利"或"应收利息"科目，按上列差额，贷记或借记"投资收益"科目。会计分录为：

借：其他货币资金——存出投资款

或　银行存款

　　贷：交易性金融资产——成本

　　　　交易性金融资产——公允价值变动（也可能在借方）

　　　　应收股利（已宣告但尚未发放的现金股利）

　　　　应收利息（已到付息期但尚未领取的利息）

　　　　投资收益（差额，也可能在借方）

【例 3-8】承【例 3-2】和【例 3-6】，假定 2×24 年 5 月 31 日甲公司出售了所持有的全部 A 上市公司股票，价款为 12 100 000 元。不考虑相关税费和其他因素。甲公司应编制如下会计分录：

借：其他货币资金——存出投资款	12 100 000	
投资收益——A上市公司股票	900 000	
贷：交易性金融资产——A上市公司股票——成本		9 400 000
——公允价值变动		3 600 000

在本例中，2×24年5月31日，甲公司出售持有A上市公司全部股票的价款12 100 000元与账面余额13 000 000元（即2×23年12月31日的公允价值13 000 000元）之间的差额-900 000元应当作为投资损失，记入"投资收益"科目的借方。同时，将公允价值变动损益转入投资收益。

借：公允价值变动损益	3 600 000	
贷：投资收益		3 600 000

【例3-9】承【例3-3】和【例3-7】，假定2×24年3月15日，乙公司出售了所持有的全部B公司债券，售价为35 500 000元。不考虑相关税费和其他因素。乙公司应编制如下会计分录：

借：其他货币资金——存出投资款	35 500 000	
贷：交易性金融资产——B公司债券——成本		25 500 000
——公允价值变动		300 000
投资收益——B公司债券		9 700 000

在本例中，乙公司出售交易性金融资产的售价35 500 000元与账面余额25 800 000元（即2×23年12月31日B公司债券的公允价值25 800 000元）之间的差额9 700 000元应当作为投资收益，记入"投资收益"科目的贷方。同时，将公允价值变动损益转入投资收益。

借：公允价值变动损益	300 000	
贷：投资收益		300 000

六、转让金融商品应交增值税

金融商品转让按照卖出价扣除买入价（不需要扣除已宣告未发放现金股利和已到付息期未领取的利息）后的余额作为销售额计算增值税，即转让金融商品按盈亏相抵后的余额为销售额。若相抵后出现负差，可结转下一纳税期与下期转让金融商品销售额互抵，但年末时仍出现负差的，不得转入下一会计年度。

转让金融资产当月月末，如产生转让收益，则按应纳税额，借记"投资收益"等科目，贷记"应交税费——转让金融商品应交增值税"科目；如产生转让损失，则按可结转下月抵扣税额，借记"应交税费——转让金融商品应交增值税"科目，贷记"投资收益"等科目。

年末，如果"应交税费——转让金融商品应交增值税"科目有借方余额，说明本年度的金融商品转让损失无法弥补，且本年度的金融资产转让损失不可转入下年度继续抵减转让金融资产的收益，因此，应借记"投资收益"等科目，贷记"应交税费——转让金融商品应交增值税"科目，将"应交税费——转让金融商品应交增值税"科目的借方余额转出。会计分录为：

月末，产生金融资产转让收益：

借：投资收益

  贷：应交税费——转让金融商品应交增值税

产生金融资产转让损失，按可结转下月抵扣税额作相反分录。

【例3-10】承【例3-9】，计算该项业务转让金融商品应交增值税。

转让金融商品应交增值税=（35 500 000-26 000 000）÷（1+6%）×6%=537 735.85（元）

乙公司应编制如下会计分录：

借：投资收益   537 735.85

  贷：应交税费——转让金融商品应交增值税   537 735.85

本章小结

金融资产，是指企业持有的现金、其他方的权益工具以及符合下列条件之一的资产：一是从其他方收取现金或其他金融资产的合同权利。二是在潜在有利条件下，与其他方交换金融资产或金融负债的合同权利。三是将来须用或可用企业自身权益工具进行结算的非衍生工具合同，且企业根据该合同将收到可变数量的自身权益工具。四是将来须用或可用企业自身权益工具进行结算的衍生工具合同，但以固定数量的自身权益工具交换固定金额的现金或其他金融资产的衍生工具合同除外。企业应当根据其管理金融资产的业务模式和金融资产的合同现金流量特征，将金融资产划分为以下三类：（1）以摊余成本计量的金融资产；（2）以公允价值计量且其变动计入其他综合收益的金融资产；（3）以公允价值计量且其变动计入当期损益的金融资产。其中，"以公允价值计量且其变动计入当期损益的金融资产"主要包括交易性金融资产和指定为以公允价值计量且其变动计入当期损益的金融资产。交易性金融资产主要是指企业为了近期内出售而持有的金融资产，如企业以赚取差价为目的从二级市场购入的股票、债券、基金等。

主要概念

金融资产　以公允价值计量且其变动计入当期损益的金融资产　交易性金融资产

第三章基本训练

存货

学习目标

通过本章学习，应该达到以下目标：在知识方面，了解存货的性质、确认、组成及存货的两种盘存制度，掌握存货收发的计价方法，掌握存货按实际成本核算与按计划成本核算的原理及相关会计处理方法，掌握存货减值的相关规定及会计处理方法；在技能方面，能熟练掌握存货按实际成本核算与按计划成本核算的会计处理方法；掌握存货减值的相关规定及会计处理方法；在能力方面，应熟悉两种存货盘存制度的主要精神，掌握存货计价的相关规定，并能熟练进行相应的会计处理。

思维导图

引导案例

务必加强存货
管理与核算

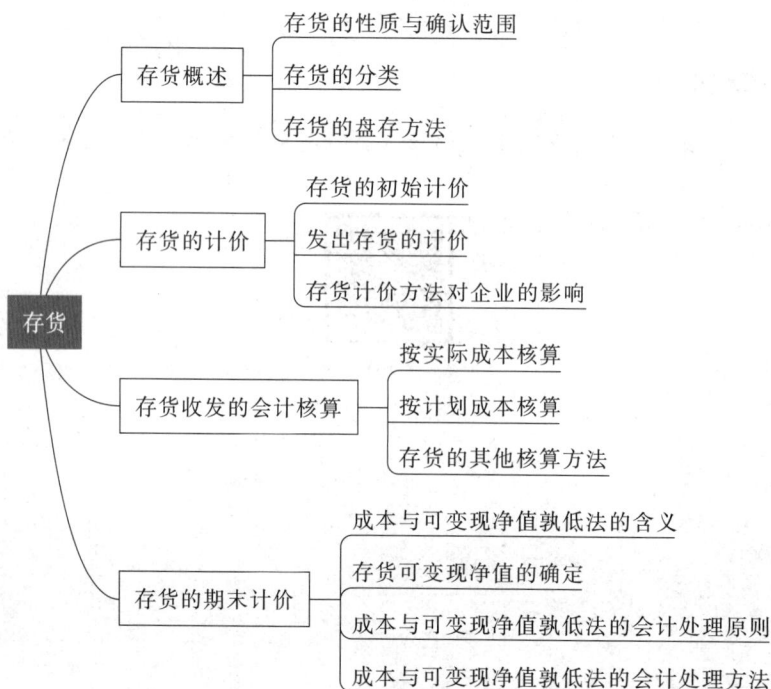

|第一节| 存货概述

一、存货的性质与确认范围

（一）存货的性质

存货是指企业在日常活动中持有以备出售的产成品或商品、处在生产过程中的在产品、在生产过程或提供劳务过程中消耗的材料和物料等。存货是一种有形资产，其物质实体在企业日常生产经营活动中不断被销售或耗用，并不断被重置，因而存货属于一项流动资产，具有较强的变现能力和较大的流动性。

一项资产是否属于存货，主要取决于其在生产经营过程中的用途或起的作用，而不是物质实体。作为存货，必须是用于日常经营活动，持有存货的目的是直接出售或进一步加工后出售，而不是自用或消耗。若不是用于日常经营活动而持有的，如工业企业自行建造工程而储备的工程物资，就不能作为企业的存货看待。又比如，同样一台设备，对生产设备的企业来说是存货，而对用该设备生产商品的企业来说是固定资产。

（二）存货的确认范围

企业在确认某项资产是否作为存货时，首先要视其是否符合存货的概念，在此前提下，应同时满足以下两个条件：

1.与该存货有关的经济利益很可能流入企业

按会计准则规定，资产最重要的特征是预期会给企业带来经济利益，如果某一项物资预期不能为企业带来经济利益，就不能确认为企业的资产。存货作为企业的一项重要的流动资产，对其确认的关键是判断是否预期能给企业带来经济利益。例如，企业已经付款，但尚在运输途中的材料物资，其所包含的经济利益已经能够流入企业，应作为企业的存货。又比如，企业已经售出的产品，但其实物尚在企业仓库里，因其所有权已非企业所有，与其相关的经济利益已经不能流入企业，因而不能作为本企业的存货。

2.该存货的成本能够可靠地计量

成本能够可靠地计量也是资产确认的一项基本条件。存货作为企业的一项重要资产，要予以确认，就必须能够对其成本进行可靠的计量。例如，企业与供货方签订了购料合同，在材料购买活动尚未实际发生时，由于不能可靠确定其购料成本，因此，不能将购料合同中的材料作为企业的存货。

企业在判断有关物资是否属于本企业存货的范围时，应以本企业对存货是否具有法定所有权为依据，凡是在盘存日，法定所有权属于本企业的物资，无论其存放何处或处于何种状态，均应纳入本企业的存货范围；反之，不应列入企业的存货范围。

二、存货的分类

存货分布于企业生产经营的各个环节，而且种类繁多、用途各异，为了加强存货的管理与核算，有必要对企业的存货进行适当的分类。

（一）按经济用途分类

一般来说，存货按经济用途可以分为以下几类：

（1）原材料，是指在生产过程中经过加工改变其形态或性质并构成产品实体的各种原料及主要材料、辅助材料、外购半成品（外购件）、修理用备件（备品备件）、包装材料、燃料等。

（2）在产品，是指仍处于生产过程中、尚未完工入库的生产物资，包括正处于各个生产工序尚未制造完工的在产品，以及虽已制造完工但尚未检验或虽已检验但尚未办理入库手续的产成品。

（3）半成品，是指经过一定生产过程并经检验合格交付半成品仓库保管，但尚未最终制造完成、仍需进一步加工的中间产品。半成品不包括从一个生产车间转给另一个生产车间继续加工的自制半成品以及不能单独计价的自制半成品。

（4）产成品，是指已经完成全部生产过程并验收入库，可以按照合同规定的条件送交订货单位，或者可以作为商品对外销售的产品。企业接受外来原材料加工制造的代制品和为外单位加工修理的代修品，制造和修理完成验收入库后，应视同企业的产成品。

（5）商品，是指可供销售的各种产品及商品。工业企业的商品包括用本企业自备原材料生产的产成品和对外销售的半成品等；商品流通企业的商品包括外购或委托加工完成验收入库用于销售的各种商品。

（6）周转材料，是指企业能够多次使用、逐渐转移其价值，但仍保持原有形态、不确认为固定资产的材料，如包装物和低值易耗品。其中，包装物是指为了包装本企业商品而储备的各种包装容器，如桶、箱、瓶、坛、袋等；低值易耗品是指单位价值相对较低、使用期限相对较短，或在使用过程中容易损坏，因而不能列入固定资产的各种用具物品，如工具、管理用具、玻璃器皿、劳动保护用品，以及在经营过程中周转使用的包装容器等。此外，建造承包商的钢模板、木模板、脚手架等也属于周转材料。需要注意的是，周转材料符合固定资产定义的，应当作为固定资产处理。

（7）委托代销商品，是指企业委托其他单位代销的商品，其所有权在商品售出前仍属于委托方，因此，属于委托方的存货。

（8）委托加工物资，是指企业委托其他单位进行加工的物资，委托加工物资的所有权仍属于委托企业，因此，作为委托方的存货。

（二）按存放地点分类

（1）库存存货，是指已经购进或生产完工并经验收入库的各种原材料、包装物、低值易耗品、半成品、产成品以及商品。

（2）在途存货，是指已经取得所有权但尚在运输途中或虽已运抵企业但尚未验收入库的各种材料物资及商品。

（3）在制存货，是指正处于本企业各生产工序加工制造过程中的在产品，以及委托外单位加工但尚未完工的材料物资。

（4）发出存货，是指已发运给购货方但货物所有权并未同时转移，因而仍应作为销货方存货的发出商品、分期收款发出商品、委托代销商品等。

（三）按取得方式分类

存货按取得方式可以分为外购存货、自制存货、委托加工存货、投资者投入的存货、接受捐赠取得的存货、接受抵债取得的存货、非货币性交易换入的存货、盘盈的存货等。

立德精业 4-1

坚持实事求是、具体问题具体分析的世界观和方法论——存货的行业特征

党的二十大报告明确指出，我们坚持以马克思主义为指导，是要运用其科学的世界观和方法论解决中国的问题，而不是要背诵和重复其具体结论和词句，更不能把马克思主义当成一成不变的教条。我们必须坚持解放思想、实事求是、与时俱进、求真务实，一切从实际出发，着眼解决新时代改革开放和社会主义现代化建设的实际问题。我们要把握好习近平新时代中国特色社会主义思想的世界观和方法论，坚持好、运用好贯穿其中的立场观点方法。

本节阐述的存货分类，基本上是以制造企业为考察对象的。实际上，不同的行业有不同的特征，其存货内容也有所不同。所以，在分析存货时一定要结合具体公司的行业特征，坚持实事求是、具体问题具体分析的世界观和方法论。比如，万科 A（000002）是一家专门从事普通住宅开发的房地产开发商，它的存货主要包括：已完工开发产品（其中包括出租开发产品）、在建开发产品、拟开发产品、原材料、库存商品、低值易耗品等。而岳阳纸业（600963）是一家林纸一体化上市公司，其存货具有典型的造纸及林业行业特征，具体包括原材料、产成品、在产品、林木资产、委托加工材料等。其中林木资产是那些用于造纸目的的消耗性生物资产。

三、存货的盘存方法

（一）实地盘存制

1.实地盘存制的基本原理

实地盘存制也称定期盘存制，是指在会计期末对企业全部存货进行实地盘点，以确定期末存货的结存数量，然后分别乘以各项存货的盘存单价，计算出期末存货的总金额，计入各有关存货项目，倒挤出本期已耗用或已销售的存货成本。这种方法的实质就是"盘存计销"或"以存计耗"。

基本计算公式为：

期初存货+本期购货=本期耗用或销售存货+期末存货

本期耗用或销货成本=期初存货成本+本期购货成本–期末存货成本

其中：期末存货成本=期末存货数量×存货单价

期末存货数量=盘存数量–已销未提数量+已提未销数量

上述公式中，期初存货成本和本期购货成本均可从账簿记录中取得，关键问题是确定期末存货成本，而要确定期末存货成本，则首先必须确定期末存货的实际数量。

2.实地盘存制的优缺点及适用范围

实地盘存制的主要优点是：（1）平时对销售或发出的结存数量可以不作明细记录；（2）存货只需分成大类或根本不分类，并据以设置明细账，进行存货计价；（3）简便易行。

实地盘存制的主要缺点是：（1）不能随时反映存货收入、发出和结存的动态，管理不严密；（2）由于以存计销或以存计耗，倒挤销货成本，易掩盖管理上存在的问题；（3）适用范围有限，它只适用于定期结转销货成本，而不能随时结转销货成本；（4）实地盘存费时费力，且易出错。

实地盘存制的适用范围是：价值较低、进出频繁的存货。

（二）永续盘存制

1.永续盘存制的基本原理

永续盘存制也称账面盘存制，是指根据企业存货的品名、规格、等级等分别设置相应的明细账，逐笔逐日登记存货的收、发数量及金额，并随时结算出存货结存数量及金额的一种盘存方法。在存货保管无误的情况下，存货账户的结存金额应该与实际库存相符。在连续经营前提下，企业存货结存金额始终都能从账簿记录中取得，故该方法因此而得名。

2.永续盘存制的优缺点及适用范围

永续盘存制的主要优点是：（1）在存货明细账上，可以随时反映出每种存货的收、发、存情况，从而有利于存货管理；（2）存货明细账的结存数量，可通过盘点随时与实存数量相核对，以保证账实相符。

永续盘存制的主要缺点是：存货明细记录工作量较大，而且由于自然和人为的原因，也可能发生账实不符，故采用永续盘存制的单位，仍需对财产物资进行实地盘点。在实际工作中，大多数单位采用永续盘存制。

第二节 存货的计价

一、存货的初始计价

存货的初始计价是指企业取得存货时的价值计量。我国企业会计准则规定："存货应当按照成本进行初始计量。存货成本包括采购成本、加工成本和其他成本。"通过采购取得的存货，如原材料、商品、低值易耗品等，按采购成本计价；通过加工制成的存货，如产成品、半成品、在产品、委托加工物资等，按所耗材料存货的采购成本、加工成本以及按照一定方法分配的制造费用计价；另外，使存货达到目前场所和状态所发生的其他成本也应计入存货成本。

（一）存货采购成本

存货的采购成本是指在采购过程中所发生的支出，主要包括购买价款、相关税费、运输费、装卸费、保险费以及其他可归属于存货采购成本的费用。

对于采购过程中发生的物资毁损、短缺等，合理损耗部分应当计入存货的采购成本，其他损耗不得计入存货成本；购入的货物需要经过挑选整理才能使用的，在挑选整理过程中发生的挑选整理费也应当计入存货的采购成本；为简化起见，采购人员的差旅费以及存货的市内运费，不计入存货采购成本。相关税费是指按规定应当计入存货采购成本的税费，如不能抵扣的增值税、消费税、进口关税等。

需要说明的是，商品流通企业在采购商品过程中发生的运输费、装卸费、保险费以及其他可直接归属于存货采购成本的费用等进货费用，应当计入存货采购成本，也可以先进行归集，期末根据所购商品的存销情况进行分摊：对于已售商品的进货费用，计入当期主营业务成本；对于未售商品的进货费用，计入期末存货成本。商品流通企业采购商品的进货费用金额较小的，也可以在发生时直接计入当期销售费用。

（二）存货加工成本

存货加工成本也可称产品加工成本，包括直接加工费用和间接加工费用。直接加工费用是指在产品的加工过程中直接作用于产品加工过程的费用，如直接人工费、燃料及动力费、其他直接费；间接加工费即制造费用，是指为组织和管理产品生产而发生的费用。

直接人工费指直接从事产品生产的生产工人工资及福利费。若企业只生产一种产品，则生产工人工资及福利费直接计入该产品成本；若企业同时生产多种产品，则生产工人工资及福利费应采用一定方法分配计入各产品成本。如果是计时工资，可按工时比例进行分配；如果是计件工资，则直接计入各产品成本。

燃料及动力费、其他直接费计入产品成本的方式与直接人工费相同。

间接加工费，即制造费用，包括生产部门管理人员工资及福利费、折旧费、修理费、办公费、水电费、机物料消耗、劳动保护费、季节性和修理期间的停工费等，应按合理的方法分配计入各产品成本。

（三）其他成本

其他成本是指除采购成本、加工成本以外的，使存货达到目前场所和状态所发生的其他支出。

需要说明的是，非正常消耗的直接材料、直接人工和制造费用、仓储费用，以及不能归属于使存货达到目前场所和状态的其他支出等，不计入存货成本，应于发生时确认为当期损益。

投资者投入存货的成本，按照投资合同或协议约定的价值确定存货成本，约定价值不公允的，应以公允价值作为存货成本。

有些存货，需要经过相当长的时间购建或生产才能达到预定可使用或者可销售状态，如造船厂的船舶，要达到可销售状态需要较长时间，按会计准则规定，其借款费用可予以资本化，计入存货成本，在资本化期间内，每一会计期间内的借款费用资本化金额的确定，参照《企业会计准则第17号——借款费用》。

以债务重组方式取得的存货，应当对受让的存货按公允价值入账，重组债权的账面余额与受让存货的公允价值之间的差额，先冲减已计提的存货减值准备，不足部分计入当期损益。详情参照《企业会计准则第12号——债务重组》。

通过非货币性交易方式取得的存货，应当按换出资产的公允价值或账面价值减去可抵扣的增值税进项税额后的差额，加上支付的补价和应支付的相关税费，减去收到的补价，作为换入存货的成本。详情参照《企业会计准则第7号——非货币性资产交换》。

盘盈的存货，按相同或类似存货的市场重置价格作为存货的成本。

二、发出存货的计价

（一）存货成本流转的假设

存货流入减去存货流出等于期末存货，即下期期初存货，用下期期初存货加上下期存货流入减去下期存货流出，等于下期期末存货……以此向后循环，就形成了存货流转。

存货流转包括实物流转和成本流转两部分。从理论上讲，存货的实物流转和成本流转应该一致。但是，在实际工作中，由于存货品种繁多，流进流出数量很大，而且同一存货因不同时间、地点、方式取得而单位成本各异，很难保证存货的成本流转与实物流转完全一致。因此，会计上一般采用的简化处理方法是，按照一个假定的成本流转方式来确定发出存货的成本，而不强求存货的成本流转与实物流转相一致，即成本的流转顺序与实物的流转顺序可以分离，只要按不同的成本流转顺序确定已发出存货的成本和库存存货的成本即可，这样，就出现了存货成本流转的假设。

采用某种成本流转的假设，在期末存货与发出存货之间分配成本，就产生了不同的存货成本分配方法，即发出存货的计价方法。

（二）发出存货的计价方法

发出存货的计价方法主要有先进先出法、加权平均法和个别计价法。

1.先进先出法

先进先出法是以先入库的存货先发出这样一种存货实物流转假设为前提，对先发出的存货按先入库的存货单价计价，后发出的存货按后入库的存货单价计价，据以确定本期发出存货和期末结存存货成本的一种方法。

【例4-1】某企业2×24年甲种存货明细账如表4-1所示。

表4-1 　　　　　　　　　　　　　　　　存货明细账

存货类别：　计量单位：元/千克

存货编号：　最高存量：

存货名称及规格：甲种存货　　　　　　　　　　　　　　最低存量：

2×24年		凭证编号	摘要	收入			发出			结存		
月	日			数量	单价	金额	数量	单价	金额	数量	单价	金额
1	1		期初余额							300	50	15 000
	10		购入	900	60	54 000				300	50	15 000
										900	60	54 000
	11		发出				300	50	15 000	400	60	24 000
							500	60	30 000			
	18		购入	600	70	42 000				400	60	24 000
										600	70	42 000
	20		发出				400	60	24 000	200	70	14 000
							400	70	28 000			
	23		购入	200	80	16 000				200	70	14 000
										200	80	16 000
1	31		本月发生额及余额	1 700	—	112 000	1 600	—	97 000	200	70	14 000
										200	80	16 000

在明细账中，采用先进先出法计算发出存货和期末存货的成本。比如11日发出甲种存货800千克，其成本为：300×50+500×60=15 000+30 000=45 000（元），依此类推。

采用先进先出法，可以随时确定发出存货成本，从而保证了产品生产成本及销售成本计算的及时性，并且期末存货成本是按最近购货成本计算的，比较接近现行的市场价值。

另外，这种方法也使企业不能随意挑选存货计价以调整当期利润。但是，该计价方法核算工作量比较大，对于存货进出比较频繁的企业更是如此，而且当物价上涨时，会高估企业当期利润和库存存货的价值；反之，会低估企业存货价值和当期利润。

2.加权平均法

加权平均法也称全月一次加权平均法，是指以本月全部存货数量为权数，计算本月存货的加权平均单价，据以确定本月发出存货成本和期末结存存货成本的一种方法。其计算公式如下：

加权平均单价=（月初结存存货成本+本月购进存货成本）÷（月初结存存货数量+本月购进存货数量）

月末库存存货成本=月末库存存货数量×加权平均单价

本月发出存货成本=本月发出存货数量×加权平均单价

或　　　　　　　　　=期初存货成本+本月购进存货成本−期末存货成本

由于加权平均单价的计算往往不能除尽，为了保证期末存货的数量、单位成本与总成本的一致性，一般采用倒挤法，即先求月末库存存货成本，然后倒减出本月发出存货成本，将计算尾差计入发出存货成本。

【例4-2】承上例，某企业2×24年甲种存货明细账如表4-2所示。

表4-2　　　　　　　　　　　　　存货明细账

存货类别：　　计量单位：元/千克

存货编号：　　最高存量：

存货名称及规格：甲种存货　　　　　　　　　　　　　　　　最低存量：

2×24年		凭证编号	摘要	收入			发出			结存		
				数量	单价	金额	数量	单价	金额	数量	单价	金额
1	1		期初余额							300	50	15 000
	10		购入	900	60	54 000				1 200		
	11		发出				800			400		
	18		购入	600	70	42 000				1 000		
	20		发出				800			200		
	23		购入	200	80	16 000				400	63.5	25 400
1	31		本月发生额及余额	1 700	—	112 000	1 600	—	101 600	400	63.5	25 400

甲材料加权平均单价=（300×50+900×60+600×70+200×80）÷（300+900+600+200）

　　　　　　　　　=127 000÷2 000=63.5（元/千克）

月末库存存货成本=400×63.5=25 400（元）

本月发出存货成本=127 000−25 400=101 600（元）

采用加权平均法，月末一次计算加权平均单价，比较简单，而且在市场价格上涨或下跌时所计算出来的单位成本平均化，对存货成本的分摊较为折中。但是，采用这种方法，平时存货明细账上只登记购入存货的数量、单价、金额以及发出存货和结存存货的数量，无法在账面上提供发出和结存存货的单价和金额，不利于加强对存货的管理。

另外，为了使计算结果更准确，也可以采用移动加权平均法，其原理与全月一次加权平均法相同，即每进货一次，就要计算一次加权平均单价，计算出期末存货结存金额，依次向后移动，但工作量较大。

3.个别计价法

个别计价法也称个别认定法、具体辨认法、分批实际法，这一方法是假定存货的成本流转与实物流转相一致，按照各种存货，逐一辨认各批发出存货和期末存货所属的购进批次和生产批次，分别按其购入或生产时所确定的单位成本作为计算各批发出存货和期末存货成本的一种方法。其计算公式如下：

发出存货的实际成本=各批（次）存货发出数量×该批次存货实际进货单价

【例4-3】承【例4-1】资料，若该企业本月生产领用甲材料1 600千克，经确认其中300千克属于期初购进入库、800千克属于10日购进入库、400千克属于18日购进入库、100千克属于23日购进入库，则本月发出材料成本计算如下：

发出材料实际成本=300×50+800×60+400×70+100×80=99 000（元）

这种方法能比较合理、准确地计算出发出存货和期末存货的成本，但采用该方法的前提是要有详细的存货收、发、存记录，需要对发出和结存存货的批次进行具体辨认，因而日常操作非常烦琐，所以，对于不能替代使用的存货、为特定项目专门购入或制造的存货以及提供的劳务，通常采用个别计价法确定发出存货的成本。

三、存货计价方法对企业财务状况和经营成果的影响

各种存货计价方法是因物价变动而产生的。若存货进价固定不变，不同存货计价方法将失去存在的必要。因此，各种存货计价方法对企业财务状况和经营成果及现金流量等方面的影响，也要以物价变动为背景。

（一）存货计价方法对损益计算有直接影响

如果期末存货计价过低，就会低估当期收益；反之，则会高估当期收益。如果期初存货计价过低，就会高估当期收益；反之，则会低估当期收益。但是，也应看到，在物价上涨的情况下，采用先进先出法，则以早期的低存货成本与现在的营业收入相配比，毛利虚计。若将算得的毛利全额以所得税、股利等形式分配尽的话，收回的成本因数额较低、难以重置相同数量的存货，致使企业不能按原有规模持续经营。

（二）存货计价方法会影响资产负债表有关项目的计算

如果期末存货计价不准确，就会使资产计价失真，不符合资产的定义；相反，资产负债表的相关项目才具有客观性。比如，在物价上涨的情况下，若采用先进先出法，期末存货均按后期进价计算，比较接近编表日的重置成本，使资产计价较为合理。

（三）存货计价方法对纳税和现金流量的影响

如果期末存货计价过低，就会低估当期收益，使企业少缴所得税，增加现金流入量；反之，如果期末存货计价过高，就会高估当期收益，使企业多缴所得税，增加现金流出量。

（四）存货计价方法对业绩评价的影响

某种存货计价方法的合适与否，还与企业管理人员业绩评价方法与奖励制度有关。不少企业按利润水平的高低来评价企业管理人员的业绩，并根据评估结果来奖惩管理人员，

此时，管理人员往往乐于采用先进先出法，因为这样会高估在任期的利润水平，从而多得"眼前利益"。当企业管理人员持有公司股份时，他们也会偏向于采用先进先出法，因为短期内利润水平较高，获利能力提高的话，股价会上扬，管理人员就可以通过抛售所持股份获益。

观念应用4-1

先进先出法与
后进先出法

第三节　存货收发的会计核算

一、按实际成本核算

在企业经营规模较小、原材料种类不多，而且材料收发业务频繁的情况下，企业可以按照实际成本计价方法组织原材料的收发核算，其特点是从材料的收、发凭证到材料明细分类核算和总分类核算，全部按实际成本计价。

（一）存货取得

1.外购存货

企业外购的存货，由于距离采购地点远近不同、货款结算方式不同等原因，可能会导致存货入库与货款支付时间不一致，另外，还存在预付货款、现金折扣等情况，为此，需要根据具体情况，分别进行会计处理。

（1）存货验收入库和支付货款同时完成。在此情况下，企业应于支付货款或开出、承兑商业汇票，并且存货入库后，按发票账单等结算凭证确定的存货采购成本，借记"原材料""库存商品""周转材料"等科目，按增值税专用发票上注明的增值税税额，借记"应交税费——应交增值税（进项税额）"科目，按实际支付的款项或应付票据面值，贷记"银行存款""应付票据"等科目。

【例4-4】海晨公司购入一批原材料，增值税专用发票上注明：原材料价款60 000元，增值税税额7 800元。货款已通过银行存款支付，材料已验收入库。

借：原材料　　　　　　　　　　　　　　　　　　　　　60 000
　　应交税费——应交增值税（进项税额）　　　　　　　 7 800
　贷：银行存款　　　　　　　　　　　　　　　　　　　　　　67 800

（2）货款已付或已开出、承兑商业汇票但存货尚未运达或尚未验收入库。在此情况下，企业应于支付货款或开出、承兑商业汇票时，按发票账单等结算凭证确定的存货成本，借记"在途物资"科目，按增值税专用发票上注明的增值税税额，借记"应交税费——应交增值税（进项税额）"科目，按实际支付的款项或应付票据面值，贷记"银行存款""应付票据"等科目；待存货运达企业并验收入库后，再根据有关验收凭证，借记"原材料""库存商品""周转材料"等科目，贷记"在途物资"科目。

【例4-5】海晨公司购入一批材料，增值税专用发票上注明：材料价款100 000元，增值税税额13 000元，发货方代垫运费1 000元。货款已通过银行转账支付，材料尚在运输途中。

①支付货款时：

借：在途物资　　　　　　　　　　　　　　　　　　　101 000
　　应交税费——应交增值税（进项税额）　　　　　　　13 000

贷：银行存款	114 000

②材料运达企业并验收入库时：

借：原材料	101 000
贷：在途物资	101 000

（3）存货已运达企业并验收入库，但发票账单等结算凭证尚未到达。在此情况下，如果货款尚未支付，企业可先不作会计处理，待对方结算凭证到达后再作相应会计处理；如果到月末对方结算凭证仍未到达，为了全面反映企业资产及负债情况，应对收到的存货先估价入账，借记"原材料""库存商品""周转材料"等科目，贷记"应付账款"科目，下月初，再编制相同的红字记账凭证予以冲回，待对方结算凭证到达后，企业再作存货入库及支付货款的会计处理。

【例4-6】海晨公司本月5日购入一批原材料，15日材料运达并验收入库，但到月末时对方结算凭证仍未到达，公司先估价50 000元入账，次月6日，对方结算凭证到达，内列：材料价款50 000元，代垫运费1 200元，增值税税额6 500元。企业审核无误，以银行存款支付相应款项。

①15日材料运达并验收入库时，不作会计处理。

②月末，对原材料估价入账。

借：原材料	50 000
贷：应付账款	50 000

③次月1日，红字冲回。

借：原材料	50 000（红字）
贷：应付账款	50 000（红字）

④次月6日，收到结算凭证并支付货款。

借：原材料	51 200
应交税费——应交增值税（进项税额）	6 500
贷：银行存款	57 700

（4）企业采用预付货款方式购入存货。在此情况下，企业应在预付货款时，按实际预付金额，借记"预付账款"科目，贷记"银行存款"科目；购入存货到达验收入库时，按结算凭证上注明的金额，分别借记"原材料""库存商品""周转材料""应交税费——应交增值税（进项税额）"等科目，贷记"预付账款"科目；预付的货款不足，应补付货款，按补付金额，借记"预付账款"科目，贷记"银行存款"科目，若预付的金额有余，应按供货方退回的金额，借记"银行存款"科目，贷记"预付账款"科目。

【例4-7】海晨公司本月8日向丁公司预付货款50 000元，采购一批原材料。20日，所购材料运达，并附相关结算凭证，内列：材料价款60 000元，运费1 000元，增值税税额7 800元。公司审核无误，并以银行存款支付不足款项。

①8日，预付货款。

借：预付账款——丁公司	50 000
贷：银行存款	50 000

②20日，材料验收入库。

借：原材料	61 000
应交税费——应交增值税（进项税额）	7 800
贷：预付账款——丁公司	68 800

③补付货款。

借：预付账款——丁公司	18 800
贷：银行存款	18 800

（5）企业购货时有现金折扣条件。针对此情况，会计上有总价法和净价法两种处理方法。关于总价法和净价法，上一章已叙述。在我国会计实务中，由于使用现金折扣的并不普遍，因此，企业会计制度规定要求采用总价法进行会计处理。

【例4-8】海晨公司从丙公司购入一批材料，增值税专用发票上注明：材料价款200 000元，增值税税额26 000元。货款未付，付款条件为"2/10，N/30"，材料已验收入库。

①海晨公司采用总价法的会计处理：

购进原材料时：

借：原材料	200 000
应交税费——应交增值税（进项税额）	26 000
贷：应付账款——丙公司	226 000

若10天内付款：

借：应付账款——丙公司	226 000
贷：银行存款	222 000
财务费用	4 000

若超过10天付款：

借：应付账款——丙公司	226 000
贷：银行存款	226 000

②海晨公司采用净价法的会计处理：

购进原材料时：

借：原材料	196 000
应交税费——应交增值税（进项税额）	26 000
贷：应付账款——丙公司	222 000

若10天内付款：

借：应付账款——丙公司	222 000
贷：银行存款	222 000

若超过10天付款：

借：应付账款——丙公司	222 000
财务费用	4 000
贷：银行存款	226 000

2.自制存货

企业自制存货的成本由材料采购成本、加工成本和其他成本构成。其中，加工成本是指存货制造过程中发生的直接人工以及按照一定方法分配的制造费用；其他成本是指除采购成本、加工成本以外，为使存货达到目前场所和状态所发生的其他支出。存货制造过程中非正常消耗的直接材料、直接人工和制造费用，不包括在存货成本之中，应于发生时直接计入当期损益。

企业自制并已验收入库的存货，按确定的实际成本，借记"原材料""库存商品""周转材料"等存货科目，贷记"生产成本"科目。

【例4-9】海晨公司的基本生产车间制造完成一批产成品，实际生产成本为150 000元。

借：库存商品 150 000
  贷：生产成本 150 000

3.委托加工存货

委托加工存货的成本，一般包括加工过程中实际消耗的原材料或半成品成本、加工费、往返运杂费以及按规定应计入成本的税金等。

企业发出材料物资，委托外单位加工存货，按发出材料物资的实际成本，借记"委托加工物资"科目，贷记"原材料""库存商品"等科目；支付的加工费、运杂费等，计入委托加工存货成本，借记"委托加工物资"科目，贷记"银行存款"科目；支付的应由受托加工方代收代缴的增值税，借记"应交税费——应交增值税（进项税额）"科目，贷记"银行存款"等科目；需要缴纳消费税的委托加工存货，由受托加工方代收代缴的消费税，应分别以下情况处理：

（1）委托加工存货收回后直接用于销售，由受托加工方代收代缴的消费税计入委托加工存货成本，借记"委托加工物资"科目，贷记"银行存款"科目。

（2）委托加工存货收回后用于连续生产应税消费品，由受托加工方代收代缴的消费税按规定准予抵扣的，借记"应交税费——应交消费税"科目，贷记"银行存款"等科目。

委托加工存货加工完成并已验收入库，按"委托加工物资"科目累计的实际成本，借记"原材料""库存商品""周转材料"等科目，贷记"委托加工物资"科目。

【例4-10】海晨公司委托甲公司加工一批A材料（系应税消费品），发出B材料实际成本为50 000元，支付加工费22 000元，支付增值税2 860元，支付消费税8 000元，加工A材料收回后用于连续生产。

发出B材料，委托甲公司加工A材料时：

借：委托加工物资 50 000
  贷：原材料——B材料 50 000

支付加工费和税金时：

借：委托加工物资 22 000
  贷：银行存款 22 000
借：应交税费——应交增值税（进项税额） 2 860
        ——应交消费税 8 000
  贷：银行存款 10 860

A材料加工完成，收回后验收入库时：

A材料实际成本=50 000+22 000=72 000（元）

| 借：原材料——A材料 | 72 000 | |
| 贷：委托加工物资 | | 72 000 |

若加工A材料收回后直接用于销售，则：

拨付原材料及支付加工费的会计处理同上，支付税金时：

借：委托加工物资	8 000	
应交税费——应交增值税（进项税额）	2 860	
贷：银行存款		10 860

A材料加工完成，收回后验收入库时：

A材料实际成本=50 000+22 000+8 000=80 000（元）

| 借：原材料——A材料 | 80 000 | |
| 贷：委托加工物资 | | 80 000 |

4.投资者投入的存货

投资者投入的原材料，按投资合同或协议约定的价值，借记"原材料""库存商品""周转材料"等存货科目，按专用发票上注明的增值税税额，借记"应交税费——应交增值税（进项税额）"科目，按确定的出资额，贷记"实收资本"（或"股本"）科目，按其差额，贷记"资本公积"科目。

【例4-11】海晨公司收到甲股东投入的原材料一批，原材料计税价格450 000元，增值税专用发票上注明的税额为58 500元，投资各方确认按该金额作为甲股东的投入资本，可折换为海晨公司每股面值1元的普通股股票300 000股。

借：原材料	450 000	
应交税费——应交增值税（进项税额）	58 500	
贷：股本——甲股东		300 000
资本公积——股本溢价		208 500

5.接受捐赠取得的存货

企业接受捐赠取得的存货，应当分别以下情况确定入账成本：

（1）捐赠方提供了发票、协议等有关凭据的，按凭据上注明的金额加上应支付的相关税费作为入账成本。

（2）捐赠方没有提供有关凭据的，按以下顺序确定入账成本：①同类或类似存货存在活跃市场的，按同类或类似存货的市场价格估计的金额，加上应支付的相关税费作为入账成本。②同类或类似存货不存在活跃市场的，按该接受捐赠存货预计未来现金流量的现值作为入账成本。

企业收到捐赠的存货时，按照确定的存货入账成本，借记"原材料""库存商品""周转材料"等科目，按实际支付或应付的相关税费，贷记"银行存款""应交税费"等科目，按其差额，贷记"营业外收入——捐赠利得"科目。

【例4-12】海晨公司接受捐赠一批商品，捐赠方提供的发票上标明的价值为300 000元，另以银行存款支付运杂费2 000元。

借：库存商品	302 000	
贷：银行存款		2 000
营业外收入——捐赠利得		300 000

关于以非货币性资产交换取得的存货、以债务重组方式取得的存货，参见本教材其他专门章节。

（二）存货发出

材料发出的核算，是由企业财会部门在月末时根据月份内签收的各种发料凭证按照发出材料的用途进行分类汇总，编制发出材料汇总表，作为会计处理的依据，按照耗用材料的用途和部门，分别记入"生产成本""制造费用""在建工程""其他业务成本""管理费用"等科目，贷记"原材料""库存商品""周转材料"等科目。

【例4-13】某企业2×24年5月发出材料实际成本汇总表如表4-3所示。

表4-3

发出材料汇总表

2×24年5月31日

单位：元

领用部门		用途	材料类别			合计
			原料及主要材料	辅助材料	燃料	
生产车间		产品生产	95 000	3 000	2 000	100 000
		一般消耗		2 500	1 500	4 000
厂部		一般消耗			2 400	2 400
销售科		销售	8 000	2 000		10 000
合计			103 000	7 500	5 900	116 400

根据上表作会计处理如下：

借：生产成本   100 000

     制造费用   4 000

     管理费用   2 400

     销售费用   10 000

   贷：原材料   116 400

（三）按实际成本核算的优缺点

按实际成本进行材料等存货核算时，可以按照材料的品种、规格反映收入、发出和结存材料的实际成本，能在产品成本中反映出材料的实际费用，核算结果比较准确，而且总分类核算也较为简单。但是，材料收发实际成本的计算工作和材料收发凭证的计价工作比较繁重（例如，发出材料还需采用一定方法确定单价）；材料收发凭证计价和材料明细账的登记往往不及时，也不能反映材料采购及自制成本节约和超支的情况。因此，这种核算方法一般适用于规模较小、所用材料种类较少的企业。在规模较大的企业中，对于单位价值较高、耗用量大的主要原材料，也可以采用这种方法核算。

二、按计划成本核算

（一）计划成本法的基本原理

实际工作中，在企业材料的种类比较多、收发次数又比较频繁的情况下，如果采用按实际成本计价核算，核算工作量就比较大。为此，在我国一些大中型制造企业里，材料也可以按计划成本计价进行核算，具体程序如下：

首先，企业应结合各种原材料的特点、实际采购成本等资料确定原材料的计划单位成本，单位成本一旦确定，在年度内一般不宜随便调整。

其次，另设置"材料采购"与"材料成本差异"两个主要账户。"材料采购"账户的借方登记购入材料的实际成本和结转入库材料的实际成本小于计划成本的节约差异，贷方登记入库材料的计划成本和结转入库材料的实际成本大于计划成本的超支差异。期末借方余额表示在途材料的实际成本；"材料成本差异"的借方登记结转入库材料的超支差异额和结转发出材料应负担的节约差异额，贷方登记结转入库材料的节约差异额和结转发出材料应负担的超支差异额，期末余额如果在借方，表示库存材料的超支差异额，如果在贷方，表示库存材料的节约差异额。

再次，平时原材料的收发，均按计划成本入账，计划成本与实际成本之间的差异额分别记入"材料成本差异"账户的借方或贷方。

最后，月末将本月发出材料应负担的差异额进行分摊，随同本月发出材料的计划成本记入有关账户，将发出材料的计划成本调整为实际成本。发出材料应负担的差异额必须按月分摊，不得在季末或年末一次分摊。另外，企业会计制度规定，对于发出材料应负担的成本差异，除委托外部加工物资而发出的材料可按上月（即月初）差异率计算外，都应使用当月差异率，除非当月差异率与月初差异率相差不大时，也可按月初差异率计算。材料成本差异率的计算公式如下：

$$本月材料成本差异率=\left(\frac{月初库存材料}{成本差异额}+\frac{本月购入材料}{成本差异额}\right)÷\left(\frac{月初库存材料}{计划成本额}+\frac{本月入库材料}{计划成本额}\right)×100\%$$

本月发出材料应负担的成本差异额=发出材料的计划成本额×本月材料成本差异率

本月发出材料的实际成本=发出材料的计划成本额±本月发出材料应负担的成本差异额

（二）材料按计划成本核算的会计处理

材料发出的总分类核算同实际成本核算一样，财会部门应根据签收的各种领料单，按其用途分类汇总，月末一次编制发出材料汇总表。由于汇总表反映的是发出材料的计划成本，还需借助材料成本差异率调整为实际成本。所以，汇总表中既要反映材料的计划成本，也要反映其成本差异，作为编制记账凭证和登记总账的依据。

1.存货取得

【例4-14】某企业材料存货按计划成本计价核算，2×24年8月份发生如下经济业务：

（1）8月10日进货，支付材料货款200 000元，运杂费500元，增值税进项税额26 000元，该材料计划成本210 000元。

借：材料采购 200 500
　　应交税费——应交增值税（进项税额） 26 000
　　贷：银行存款 226 500

（2）8月12日该批材料验收入库。

①借：原材料 210 000
　　贷：材料采购 210 000
②借：材料采购 9 500
　　贷：材料成本差异 9 500

（3）8月20日进货，材料货款260 000元，运杂费1 000元，增值税进项税额33 800元，该材料计划成本245 000元，开出商业承兑汇票支付价款200 000元，其余暂欠。

借：材料采购　　　　　　　　　　　　　　　　　　　261 000
　　应交税费——应交增值税（进项税额）　　　　　　　33 800
　　贷：应付票据　　　　　　　　　　　　　　　　　　　　200 000
　　　　应付账款　　　　　　　　　　　　　　　　　　　　 94 800

（4）8月22日第二批材料验收入库。

①借：原材料　　　　　　　　　　　　　　　　　　　　245 000
　　　贷：材料采购　　　　　　　　　　　　　　　　　　　245 000
②借：材料成本差异　　　　　　　　　　　　　　　　　　16 000
　　　贷：材料采购　　　　　　　　　　　　　　　　　　　 16 000

在实际工作中，为简化起见，上述结转材料成本差异的会计分录，平时也可不必每入库一笔材料，就结转该笔入库材料的成本差异，而是汇总编制收料凭证汇总表，根据汇总表所登记的材料实际成本与计划成本总数，一笔编制结转材料成本差异的会计分录。

2.存货发出

企业材料采用按计划成本计价核算，主要原因就是为了简化核算，所以，企业平时发出材料，只要登记发出数量，到月末按计划成本编制发出材料汇总表，根据汇总表作相应的会计处理。

【例4-15】某企业本月发出材料计划成本汇总表如表4-4所示。

表4-4　　　　　　　　　　　发出材料计划成本汇总表　　　　　　　　　单位：元

领用单位	用　途	原料及主要材料	辅助材料
生产车间	产品生产	800 000	300 000
	一般消耗	400 000	200 000
厂部	一般消耗	200 000	100 000
销售部门	服务销售	100 000	
合　计		1 500 000	600 000

根据上述发出材料计划成本汇总表，作如下会计分录：

借：生产成本　　　　　　　　　　　　　　　　　　　1 100 000
　　制造费用　　　　　　　　　　　　　　　　　　　　 600 000
　　管理费用　　　　　　　　　　　　　　　　　　　　 300 000
　　销售费用　　　　　　　　　　　　　　　　　　　　 100 000
　　贷：原材料——原料及主要材料　　　　　　　　　　　1 500 000
　　　　　　　——辅助材料　　　　　　　　　　　　　　 600 000

【例4-16】承上例，若该企业期初"原材料"账户余额为200 000元，"材料成本差异"账户余额为10 000元（借方），本月入库材料计划成本合计2 200 000元，材料成本差异50 000元（借贷相抵后的借方余额），则月末要计算材料成本差异率，结转发出材料应负担的成本差异。

材料成本差异率=（10 000+50 000）÷（200 000+2 200 000）×100%=2.5%

发出材料应负担的成本差异=2 100 000×2.5%=52 500（元）

发出材料实际成本=2 100 000+52 500=2 152 500（元）

借：生产成本（1 100 000×2.5%）   27 500

    制造费用（600 000×2.5%）   15 000

    管理费用（300 000×2.5%）   7 500

    销售费用（100 000×2.5%）   2 500

  贷：材料成本差异   52 500

这里应注意，若发出材料应负担材料成本差异为正数，即超支，调整会计分录用蓝字；反之，若发出材料应负担材料成本差异为负数，即节约，则调整会计分录用红字。

（三）材料按计划成本核算的优缺点

按计划成本核算材料的优点主要表现在三个方面：首先，可以考核和分析材料供应成本计划的执行情况。因为通过"材料采购"总账科目和所属明细账的登记，可以反映各类外购材料的实际成本、计划成本和成本差异，据以考核和分析材料采购成本计划的执行情况。其次，有利于考核和分析各车间、部门的成本。由于各车间、部门发生的材料费用先按材料的实际消耗量和计划单位成本计算，然后调整所耗材料的成本差异，因而可以剔除材料单位成本变动对材料费用的影响，有利于分清各车间、部门的责任。最后，可以简化和加速材料核算和产品成本核算工作。

按计划成本进行材料核算，既然简化了核算工作，就必须按照材料类别计算实际成本，调整发出材料的成本差异，因此，核算的准确性会差些。这种方法一般适用于材料品种、规格繁多，材料计划成本比较准确、稳定的企业。

三、存货的其他核算方法

（一）毛利率法

毛利率法是指用前期实际（或本期计划、本期估计）毛利率乘以本期销售净额，估算本期销售毛利，进而估算本期发出存货成本和期末结存存货成本的一种方法。该方法的基本程序如下：

首先，确定前期实际（或本期计划、本期估计）毛利率。

毛利率=（销售毛利÷销售净额）×100%

其次，估算本期销售成本。

销售净额=销售收入–销售退回与折让

销售毛利=销售净额×毛利率

本期销售成本=本期销售净额–销售毛利

或   =本期销售净额×（1–毛利率）

最后，估算期末结存存货成本。

期末结存存货成本=（期初存货成本+本期购货成本）–本期销售成本

【例4-17】某公司2×24年7月初结存存货成本为800 000元，本月购进存货成本为5 000 000元，本月销售收入为6 500 000元，销售退回与折让为20 000元，上季度实际毛利率为30%，则：

本月销售净额=6 500 000-20 000=6 480 000（元）

本月销售毛利=6 480 000×30%=1 944 000（元）

本月销售成本=6 480 000-1 944 000=4 536 000（元）

或　　　　　　　　　=6 480 000×（1-30%）=4 536 000（元）

月末结存存货成本=（800 000+5 000 000）-4 536 000=1 264 000（元）

采用毛利率法估算存货成本的关键在于确定一个合理的毛利率，如果毛利率不合理，则计算的结果会与实际有较大出入。为此，若采用前期实际毛利率，则要求前后各期的毛利率大致相同；若采用本期估计毛利率，则要求根据存货采购成本、销售价格及结构等因素的变化情况，对毛利率进行不断的修正。另外，如果企业存货品种繁多且毛利率差别较大，应按存货类别确定各类存货的毛利率，不能采用综合毛利率，据以估算存货成本。

毛利率法估算的存货成本不是对存货的准确计算，因此，企业一般应在季末采用先进先出法、加权平均法等方法，对结存存货成本进行一次准确的计算，然后根据本季度期初结存存货成本和本期购进存货的成本，倒减出本季度发出存货的实际成本，据以调整采用毛利率法估算的发出存货成本。

（二）零售价法

零售价法是指用成本占零售价的比例（即成本率）乘以期末存货的售价总额，估算期末存货成本，并据以计算本期发出存货成本的一种方法。其基本程序如下：

首先，计算成本占零售价的比例。

成本占零售价的比例=（期初存货成本+本期购货成本）÷（期初存货售价总额+本期购货售价总额）×100%

其次，计算期末存货的售价总额。

期末存货售价总额=本期可供销售存货的售价总额-本期已销存货的售价总额

再次，计算期末存货成本。

期末存货成本=期末存货售价总额×成本占零售价的比例

最后，计算本期存货销售成本。

【例4-18】某大型超市月初存货成本415 000元，售价总额800 000元；本月购货成本2 000 000元，售价总额2 650 000元；本月销售收入2 800 000元，则：

成本占零售价的比例=（415 000+2 000 000）÷（800 000+2 650 000）×100%

=2 415 000÷3 450 000×100%=70%

期末存货售价总额=（800 000+2 650 000）-2 800 000=650 000（元）

期末存货成本=650 000×70%=455 000（元）

本期存货销售成本=（415 000+2 000 000）-455 000=1 960 000（元）

零售价法是商品零售企业普遍采用的一种存货计价方法。因为零售企业商品品种、型号、规格、款式繁多，大部分交易为一手交钱一手交货，很难按实际成本或计划成本进行存货计价核算，这就为采用零售价法核算提供了可能。

在我国零售企业中普遍采用的售价金额核算法，其实是零售价法的一种具体会计处理方式。采用该方法，要求设置"商品进销差价"科目，单独核算商品售价与进价的差额，商品日常的进、销、存均按售价计算，期末，通过计算商品进销差价率，将商品进销差价在本期已销商品和结存商品之间进行分配，据以确定本期已销商品的成本和结存商品的成本。

【例4-19】承上例，该大型超市存货采用售价金额核算，本月商品购销业务总括的会计处理如下：

（1）购进商品。

借：在途物资 　　　　　　　　　　　　　　　　　　　　2 000 000

　　应交税费——应交增值税（进项税额） 　　　　　　　　260 000

　　　贷：银行存款 　　　　　　　　　　　　　　　　　　　　　2 260 000

（2）商品验收入库。

借：库存商品 　　　　　　　　　　　　　　　　　　　　2 650 000

　　　贷：在途物资 　　　　　　　　　　　　　　　　　　　　　2 000 000

　　　　　商品进销差价 　　　　　　　　　　　　　　　　　　　650 000

（3）销售商品。

借：银行存款 　　　　　　　　　　　　　　　　　　　　3 164 000

　　　贷：主营业务收入 　　　　　　　　　　　　　　　　　　　2 800 000

　　　　　应交税费——应交增值税（销项税额） 　　　　　　　　364 000

（4）结转商品销售成本。

借：主营业务成本 　　　　　　　　　　　　　　　　　　2 800 000

　　　贷：库存商品 　　　　　　　　　　　　　　　　　　　　　2 800 000

（5）计算商品进销差价率并分摊进销差价。

商品进销差价率=（385 000+650 000）÷（800 000+2 650 000）×100%=30%

已销商品应分摊的进销差价=2 800 000×30%=840 000（元）

借：商品进销差价 　　　　　　　　　　　　　　　　　　840 000

　　　贷：主营业务成本 　　　　　　　　　　　　　　　　　　　840 000

经过上述会计处理后，商品的实际成本资料如下：

已销商品实际成本=2 800 000-840 000=1 960 000（元）

期末结存商品应分摊的进销差价=（385 000+650 000）-840 000=195 000（元）

期末结存商品实际成本=［（800 000+2 650 000）-2 800 000］-195 000=455 000（元）

期末，该超市在编制资产负债表时，存货项目中的商品存货部分，应根据结存商品的实际成本455 000元列示。

第四节　存货的期末计价

一、成本与可变现净值孰低法的含义

成本与可变现净值孰低法是指期末存货成本按成本与可变现净值两者之中的低者计价的一种方法。采用该方法，当期末存货的成本低于可变现净值时，存货仍按成本计价；当期末存货的成本高于可变现净值时，存货按可变现净值计价。

这里的"成本"，是指实际成本，即按先进先出法、加权平均法等存货计价方法，对发出存货及期末结存存货进行计价所确定的期末存货的账面价值。如果存货按计划成本计价核算，期末则应将存货计划成本调整为实际成本。

这里的"可变现净值"，也称"市价"，即期末存货的市价，它有不同的理解，如美国

财务会计准则将市价解释为存货的重置成本，我国企业会计准则将市价解释为"可变现净值"，即在正常生产经营过程中，以存货的估计售价减去至完工估计将要发生的成本、估计的销售费用以及相关税费后的金额。

在美国，成本与可变现净值孰低法被称为成本与市价孰低法，其中市价是指重置价值，但为了防止重置价值在特定时期波动异常，又为市价规定了上限和下限。其中上限为可变现净值，下限为可变现净值减去正常利润。只有在上下限之间的市价才可以与成本进行比较。

成本与可变现净值孰低法充分体现了谨慎性原则，它的目的是使存货始终符合资产的定义。因为当存货的可变现净值下跌至成本以下时，低于部分已不能为企业带来经济利益，由此所形成的损失已不符合资产的定义，因而，应将这部分损失从资产价值中抵消，列入当期损益；否则，当存货的可变现净值低于其成本价值时，若仍然以其历史成本计价，就会出现虚夸资产的现象，这对企业的生产经营来讲显然是不稳健的。

二、存货可变现净值的确定

（一）确定存货可变现净值应考虑的因素

（1）在确定存货的可变现净值时，应以取得的可靠证据为基础，如购销双方产品成本、售价等资料。

（2）在确定存货的可变现净值时，应考虑持有存货的目的。企业持有存货的目的有两个，即以备出售或以备耗用。目的不同，存货可变现净值的确定会有差异。

（3）在确定存货的可变现净值时，应考虑资产负债表日后事项的影响，这些事项应能够确定资产负债表日存货的存在状况。

（二）预计售价的确定

在确定存货的可变现净值时，应合理估计售价、至完工尚未投入的制造成本、估计的销售费用和相关税费。其中，存货估计售价的确定对于计算存货可变现净值至关重要。

企业在确定存货的估计售价时，应以资产负债表日为基准。但是，如果当月存货价格变动较大，则应当以当月该存货平均销售价格或资产负债表日最近几次销售价格的平均数，作为确定估计售价的基础。此外，企业还应当按照以下原则确定存货的估计售价：

（1）为执行销售合同或者劳务合同而持有的存货，通常应当以产成品或商品的合同价格作为其可变现净值的计量基础。

（2）如果企业持有存货的数量多于销售合同订购数量，超出部分的存货可变现净值应当以产成品或商品的一般销售价格作为计量基础。

（3）没有销售合同或者劳务合同约定的存货，其可变现净值应当以产成品或商品的一般销售价格或原材料的市场价格作为计量基础。

三、成本与可变现净值孰低法的会计处理原则

（一）全额转销存货

存货有以下一项或若干情形的，应将存货账面价值全部转入当期损益：

（1）已霉烂变质的存货；

（2）已过期且无转让价值的存货；

（3）生产中已不再需用，且已无转让价值和使用价值的存货；

（4）其他足以证明已无转让价值和使用价值的存货。

（二）计提存货跌价准备

存在下列情况之一者，应当计提存货跌价准备：

（1）市价持续下跌，并且在可预见的将来无回升的希望；

（2）企业使用该项原材料生产的产品的成本大于产品的销售价格；

（3）企业因产品更新换代，原有库存材料已不适应新产品的需求，而该原材料的市场价格又低于其账面成本；

（4）因企业所提供的产品或劳务过时或消费者偏好改变而使市场的需求发生变化，导致市场价格逐渐下跌；

（5）其他足以证明该项存货实质上已经发生减值的情形。

（三）成本与可变现净值的计算方法

（1）单项比较法。单项比较法是指将每一种存货的成本与可变现净值逐项进行比较，每项取其低者作为期末存货成本计价。

（2）分类比较法。分类比较法是指将各存货项目按一定标准分成大类，按大类比较其成本与可变现净值，每一大类取其低者作为该类存货的期末计价成本。

（3）综合比较法。综合比较法就是比较企业期末全部存货的总成本和可变现净值总额，取其低者作为期末存货的计价成本。

上述三种方法举例说明如表4-5所示。

表4-5　　　　　　　　　　　　　三种计算方法比较表　　　　　　　　　　单位：元

存货项目	成本	可变现净值	单项比较法	分类比较法	综合比较法
A类存货					
A1	100 000	90 000	90 000		
A2	250 000	255 000	250 000		
A3	300 000	300 000	300 000		
小计	650 000	645 000		645 000	
B类存货					
B1	400 000	420 000	400 000		
B2	180 000	176 000	176 000		
B3	320 000	310 000	310 000		
小计	900 000	906 000		900 000	
总计	1 550 000	1 551 000			1 550 000

我国企业会计准则规定，企业通常应按单个存货项目的成本与可变现净值进行比较计

量；对于数量繁多、单价较低的存货，可以按类别进行比较计量；与在同一地区生产和销售的产品系列相关、具有相同或类似最终用途或目的，且难以与其他项目分开计量的存货，可以按全部存货进行综合比较计量。

四、成本与可变现净值的会计处理方法

（一）成本低于可变现净值

如成本低于可变现净值，则不作账务处理，资产负债表中的存货仍按期末账面价值列示。

（二）成本高于可变现净值

如成本高于可变现净值，则必须在当期确认存货跌价损失，并进行账务处理。

成本与可变现净值的会计处理一般采用备抵法，存货备抵法即将可变现净值低于成本的损失计提存货跌价准备，我国《企业会计准则第1号——存货》采纳此方法，并要求将存货跌价准备计入资产减值损失。该方法的具体处理情况如下：

某期应计提的存货跌价准备=当期可变现净值低于成本的金额-"存货跌价准备"科目原有余额

计提跌价准备时：

借：资产减值损失——计提的存货跌价准备

　贷：存货跌价准备

冲销或转销存货跌价准备时：

借：存货跌价准备

　贷：资产减值损失——计提的存货跌价准备

【例4-20】某企业2×22年年末存货的账面成本为1 000 000元，预计可变现净值为900 000元，则计提的存货跌价准备为100 000元。

计提时：

借：资产减值损失——计提的存货跌价准备　　　　　　　　　　　100 000

　贷：存货跌价准备　　　　　　　　　　　　　　　　　　　　　　　100 000

假设2×23年年末该存货的预计可变现净值为850 000元，则计提的存货跌价准备为50 000元（900 000-850 000）。

借：资产减值损失——计提的存货跌价准备　　　　　　　　　　　50 000

　贷：存货跌价准备　　　　　　　　　　　　　　　　　　　　　　　50 000

2×24年年末，该存货的可变现净值有所恢复，预计可变现净值为970 000元，则应冲减计提的存货跌价准备为120 000元（970 000-850 000）。

借：存货跌价准备　　　　　　　　　　　　　　　　　　　　　　　120 000

　贷：资产减值损失——计提的存货跌价准备　　　　　　　　　　　120 000

2×25年年末，该存货的可变现净值进一步恢复，预计可变现净值为1 050 000元，则应冲减计提的存货跌价准备为30 000元（1 000 000-970 000）。

注意：应以以前已入账的减少数为限，即存货跌价准备账面价值减为零为限，而不能为1 050 000-970 000=80 000（元）。

借：存货跌价准备　　　　　　　　　　　　　　　　　　　　　　　30 000

　贷：资产减值损失——计提的存货跌价准备　　　　　　　　　　　30 000

上述存货的核算内容，按《企业会计准则第1号——存货》的规定，可以用图4-1表示。

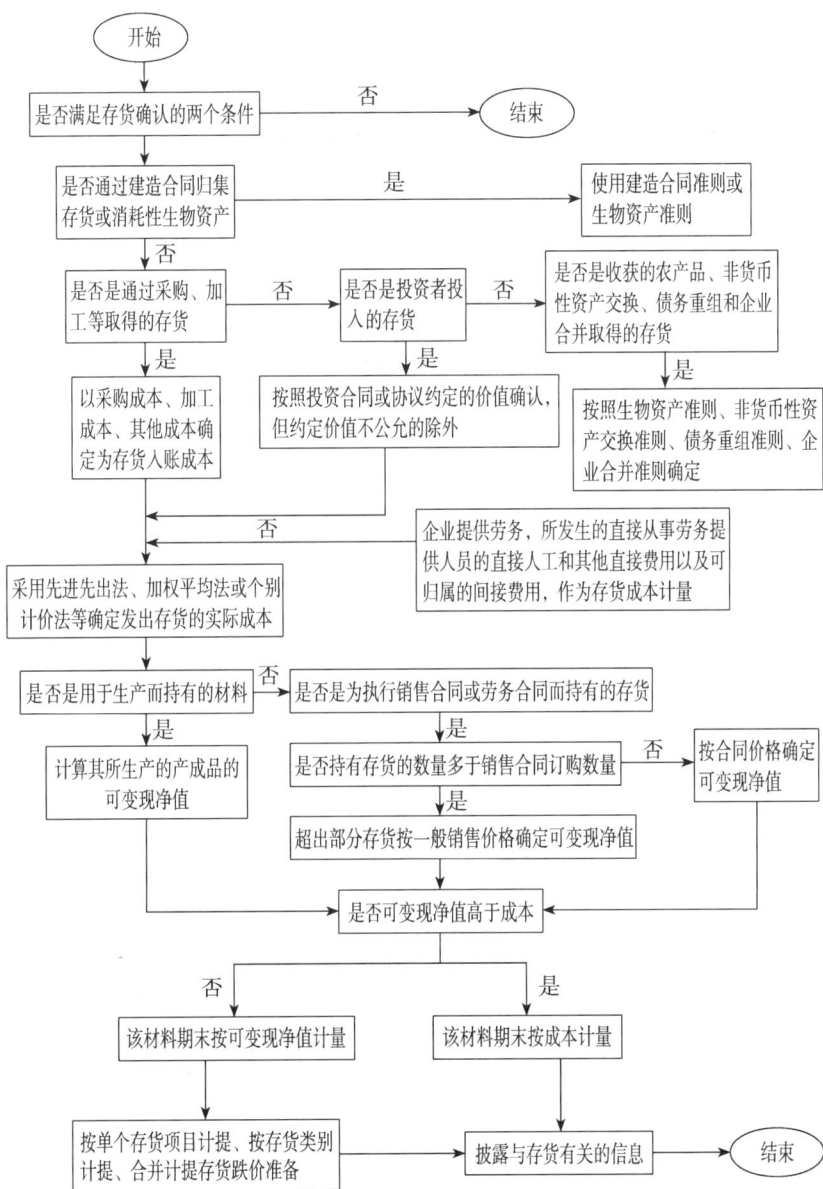

图4-1 存货核算主要内容判断图

本章小结

存货是企业在生产经营过程中销售或耗用的非货币性流动资产。其确认原则是法定所有权。存货的盘存方法有永续盘存制与实地盘存制两种。存货应按成本进行初始计量，存货成本包括采购成本、加工成本和其他成本。发出存货的计价方法有个别计价法、先进先出法、加权平均法三种。存货收发核算一般按实际成本计价核算，也可以采用计划成本法、毛利率法、零售价法进行核算。期末，存货要按成本与可变现净值孰低法进行计价调整，成本与可变现净值孰低法的计算有单项比较法、分类比较法和综合比较法三种，存货成本高于可变现净值部分，要计提存货跌价准备，并进行相应的会计处理。存货要定期进行清查，对清查结果要进行相应的会计处理。

主要概念

存货　产成品　库存商品　永续盘存制　实地盘存制　个别计价法　先进先出法　加权平均法　计划成本法　毛利率法　零售价法　成本与可变现净值孰低法

第四章基本训练

固定资产

学习目标

通过本章学习，应达到以下目标：在知识方面，了解固定资产的概念、特征、分类及确认条件，掌握固定资产的计价、固定资产折旧的范围和方法；在技能方面，掌握固定资产的初始计量、后续支出以及折旧、处置、减值的会计处理；在能力方面，正确运用有关固定资产的确认、计量原则，结合企业实际进行分析，理解各种处理方法对企业财务信息的影响。

思维导图

```
                        ┌─ 固定资产的特征和确认
        固定资产概述 ────┼─ 固定资产的分类
                        └─ 固定资产的计价

                        ┌─ 购入固定资产
                        ├─ 自行建造固定资产
        固定资产的取得 ──┼─ 投资者投入固定资产
                        ├─ 接受捐赠固定资产
                        ├─ 非货币性资产交换取得的固定资产
                        └─ 债务重组取得的固定资产

                        ┌─ 固定资产折旧的性质
                        ├─ 影响固定资产折旧的因素
固定资产  固定资产折旧 ──┼─ 固定资产折旧的范围
                        ├─ 固定资产折旧的方法
                        └─ 固定资产折旧的会计处理

                        ┌─ 费用化的后续支出
      固定资产的后续支出 ┴─ 资本化的后续支出

                        ┌─ 固定资产出售
                        ├─ 固定资产报废
        固定资产处置 ────┼─ 固定资产投资转出
                        ├─ 固定资产捐赠
                        └─ 固定资产清查

        固定资产的减值
```

引导案例

发挥固定资产
加速折旧优惠
政策效能

|第一节|　固定资产概述

一、固定资产的特征和确认

（一）固定资产的概念及特征

固定资产是企业重要的生产力要素之一，是企业赖以生存的物质基础，任何从事生产经营的企业都离不开固定资产，科学地管理和正确地核算固定资产，有利于实现资产的保值增值，增强企业的综合竞争实力。《企业会计准则第4号——固定资产》（以下简称固定资产准则）将固定资产定义为：为生产商品、提供劳务、出租或经营管理而持有的，使用寿命超过一个会计年度的有形资产。《国际会计准则第16号——不动产、厂场和设备》（IAS 16，2014年修订）对不动产、厂场和设备等固定资产的定义是"不动产、厂场和设备，指具有下列特征的有形资产：（1）企业用于生产、提供商品或劳务、出租或为了行政管理目的而持有的；（2）预计使用寿命超过一个会计期间"①。

从固定资产的定义看，固定资产具有以下三个特征：

1.固定资产是为生产商品、提供劳务、出租或经营管理而持有

这意味着，持有固定资产的目的是服务于企业生产经营活动，而不是为了出售。如果持有某项资产的目的是出售，则该项资产应列为存货。其中"出租"的固定资产，是指企业以经营租赁方式出租的机器设备类固定资产，不包括以经营租赁方式出租的建筑物，已出租的建筑物属于企业的投资性房地产，不属于固定资产。

2.固定资产使用寿命超过一个会计年度

固定资产的使用寿命，是指企业使用固定资产的预计期间，或者该固定资产所能生产产品或提供劳务的数量。通常情况下，固定资产的使用寿命是指使用固定资产的预计期间，如企业使用期限超过1年的房屋、建筑物、机器、机械、运输工具以及其他与生产、经营有关的设备、器具、工具等，均列入固定资产的范畴。对于某些机器设备或运输设备等固定资产，其使用寿命往往以该固定资产所能生产产品或提供劳务的数量来表示，例如，发电设备按其预计发电量估计使用寿命，汽车或飞机等按其预计行驶里程估计使用寿命。

3.固定资产为有形资产

固定资产具有实物特征，这一特征将固定资产与无形资产、应收账款、其他应收款等区别开来。有些无形资产可能同时符合固定资产的其他特征，如无形资产为生产商品、提供劳务而持有，使用寿命超过一个会计年度，但是由于其没有实物形态，所以不属于固定资产。

（二）固定资产的确认

固定资产的确认是指企业在何时和以多少金额将固定资产作为企业所拥有或控制的资源进行反映。固定资产准则规定，除了符合上述定义外，固定资产还应在同时满足以下两个条件时，才能加以确认：

---

① IASB于2011年6月22日发布了征求意见稿ED/2011/2《国际财务报告准则2011年度改进》，对IAS 16中的维保设备的分类提出修改建议，明确在超过一个期间内使用的维保设备应归类为不动产、厂场和设备，否则作为存货。

（1）该固定资产所包含的经济利益很可能流入企业；

（2）该固定资产的成本能够可靠地计量。

由于企业的经营内容、经营规模等各不相同，企业在对固定资产进行确认时，应考虑企业的具体情形加以判断。例如，企业的环保设备和安全设备等资产，虽然不能直接为企业带来经济利益，却有助于企业从相关资产中获得经济利益，也应当确认为固定资产，但这类资产与相关资产的账面价值之和不能超过这两类资产可收回金额总额。备品备件和维修设备通常确认为存货，但符合固定资产定义和确认条件的，比如（民用航空运输）企业的高价周转件等，应当确认为固定资产。此外，固定资产的各组成部分，如果各自具有不同的使用寿命或者以不同的方式为企业提供经济利益，从而适用不同的折旧率或折旧方法的，应当单独确认为固定资产。例如，飞机的引擎如果与飞机机身具有不同的使用寿命，适用不同折旧率或折旧方法，则企业应当将其确认为单项固定资产。

二、固定资产的分类

企业固定资产的种类繁多、规格不一，为了便于管理和核算，企业应根据自身具体情况对固定资产进行合理的分类。根据不同的管理需要和核算要求以及不同的分类标准，可对固定资产进行不同的分类，常见的分类方法有：

（一）按固定资产的经济用途分类

固定资产按其经济用途进行分类，可分为生产经营用固定资产和非生产经营用固定资产。

（1）生产经营用固定资产是指直接服务于企业生产经营活动的各种固定资产，如生产经营用的房屋、建筑物、机器设备、运输设备、动力传导设备、器具、工具等。

（2）非生产经营用固定资产是指不直接服务于企业生产经营活动的各种固定资产，如职工宿舍、食堂、浴室、理发室等福利部门使用的房屋、设备、器具、工具等。

按经济用途对固定资产进行分类，可以归类反映企业生产经营用固定资产和非生产经营用固定资产之间的组成与变化情况，借以考核和分析企业固定资产的利用情况，并根据实际需要加以调整，从而能够达到有效配置和充分利用固定资产的目的。

（二）按固定资产的使用情况分类

固定资产按其使用情况进行分类，可分为使用中固定资产、未使用固定资产和不需用固定资产。

（1）使用中固定资产是指正在使用的经营性和非经营性固定资产。由于季节性经营或大修理等原因而暂时停用的固定资产、出租（指经营性租赁）给其他单位使用的固定资产以及内部替换使用的固定资产，也属于使用中的固定资产。

（2）未使用固定资产是指已经完工或者已经购建的尚未交付使用的新增固定资产以及因改建、扩建等原因暂停使用的固定资产，如企业购建的尚待安装的固定资产、经营任务变更停止使用的固定资产等。

（3）不需用固定资产是指不适合本企业需要，准备出售处理的各种固定资产。

按固定资产的使用情况进行分类，有利于企业了解固定资产的使用情况及利用效率，从而能够促使企业合理地使用固定资产；同时也有助于企业合理地计提固定资产的折旧。

（三）按固定资产的经济用途和使用情况综合分类

采用这一分类方法，可把企业的固定资产分为以下几大类：

（1）生产经营用固定资产。

（2）非生产经营用固定资产。

（3）租出固定资产（指企业在经营租赁方式下出租给外单位使用的固定资产）。

（4）不需用固定资产。

（5）未使用固定资产。

（6）土地（指过去已经估价单独入账的土地。因征地而支付的补偿费，应计入与土地有关的房屋、建筑物的价值内，不单独作为土地价值入账。需要注意的是：由于土地的所有权属于国家，企业只能取得土地的使用权，因此，企业不能将土地列入固定资产进行核算，对于取得的土地使用权，应作为一项无形资产进行管理和核算）。

由于企业经营性质不同，经营规模各异，对固定资产的分类不可能完全一致，企业可以根据各自的具体情况和经营管理、会计核算的需要进行必要的分类，制定适合本企业实际情况的固定资产目录和分类方法，作为固定资产核算的依据。实际工作中，企业大多采用综合分类的方法。

三、固定资产的计价

（一）固定资产的计价基础

固定资产准则规定，固定资产应当按其成本进行初始计量。这里的成本，是指历史成本，即原始价值，也称为原价或原值。考虑到固定资产在使用过程中随着时间的推移，其价值由于损耗会逐渐减少，为了揭示固定资产的折余价值，会计实务中有时还需要以净值对固定资产进行计价。因此，固定资产的计价主要有以下两种方法：

1.按历史成本计价

固定资产的历史成本是指企业购建某项固定资产达到预定可使用状态前所发生的一切合理、必要的支出。企业新购建固定资产的计价、确定计提折旧的依据等均采用这种计价方法。

按历史成本计价的优点在于有据可依，具有可核性和客观性，因为按这种计价方法确定的固定资产投入价值，均是实际发生并有支付凭证的支出。在我国会计实务中，对固定资产的计价通常采用按历史成本计价的方法。

需注意的是：由于某种原因而无法确定固定资产的原始价值时，可按重置完全价值或市场价格对固定资产进行计价。重置完全价值是指企业在当前的市场条件下，重新购置同样的固定资产所需的全部支出。重置完全价值的构成内容与原始价值的构成内容相同。

购买固定资产的价款超过正常信用条件延期支付，实质上具有融资性质，固定资产的成本以购买价款的现值为基础确定。固定资产购买价款的现值，应当按照各期支付的购买价款选择恰当的折现率进行折现后的金额加以确定。折现率是反映当前市场货币时间价值和延期付款债务特定风险的利率，该折现率实质上是供货企业的必要报酬率。各期实际支付的价款与购买价款的现值之间的差额，符合《企业会计准则第17号——借款费用》中规定的资本化条件的，应当计入固定资产成本。

2.按净值计价

固定资产净值亦称为折余价值，是指固定资产原始价值或重置完全价值减去已提折旧后的净额。按净值对固定资产计价主要用于计算固定资产盘盈、盘亏或毁损的溢余或损失等。

（二）固定资产的价值构成

固定资产的价值构成是指固定资产价值所包括的范围。从理论上讲，它应包括企业为购建某项固定资产达到预定可使用状态前所发生的一切合理的、必要的支出。这些支出既有直接发生的，如购建固定资产的价款、运杂费、包装费和安装成本等；也有间接发生的，如应予以资本化的借款利息、外币借款折合差额以及应分摊的其他间接费用等。由于固定资产取得的来源渠道不同，其价值构成的具体内容也有所不同。

（1）外购的固定资产，其入账价值按买价、进口关税等相关税费以及为使固定资产达到预定可使用状态前所发生的可直接归属于该资产的其他支出（如场地整理费、运输费、装卸费、安装费和专业人员服务费等）确定。

如果企业以一笔款项购入多项没有单独标价的固定资产，应按各项固定资产公允价值的比例对总成本进行分配，以分别确定各项固定资产的入账价值。如果以一笔款项购入的多项资产中还包括固定资产以外的其他资产，也应按类似的方法予以处理。

（2）自行建造的固定资产，按建造该项资产达到预定可使用状态前所发生的必要支出（包括工程用物资成本、人工成本、缴纳的相关税费、应予以资本化的借款费用以及应分摊的间接费用等）作为入账价值。

（3）投资者投入的固定资产，在办理了固定资产移交手续之后，应按投资合同或协议约定的价值确定，但合同或协议约定价值不公允的除外。在投资合同或协议约定价值不公允的情况下，按照该项固定资产的公允价值作为入账价值。

（4）在原有基础上进行改建、扩建的固定资产，按原固定资产的账面价值，加上由于改建、扩建而使该项资产达到预定可使用状态前发生的支出，减去改建、扩建过程中发生的变价收入作为入账价值。

（5）接受捐赠的固定资产，应按以下规定确定其入账价值：

① 捐赠方提供了有关凭据的，按凭据上标明的金额加上应支付的相关税费作为入账价值。

② 捐赠方没有提供有关凭据的，应按以下顺序确定其入账价值：

第一，同类或类似固定资产存在活跃市场的，按同类或类似固定资产的市场价格估计的金额，加上应支付的相关税费，作为入账价值。

第二，同类或类似固定资产不存在活跃市场的，按接受捐赠的固定资产的预计未来现金流量现值，作为入账价值。

第三，如接受捐赠的系旧的固定资产，按依据上述方法确定的新固定资产价值，减去按该项资产的新旧程度估计的价值损耗后的余额，作为入账价值。

（6）债务重组中取得的固定资产，按其公允价值加上应支付的相关税费作为入账价值。

（7）非货币性资产交换中取得的固定资产，若该项交换具有商业实质，且换入资产或换出资产的公允价值能够可靠地计量的，应按换出资产的公允价值加上应支付的相关税费作为入账价值；否则，应按换出资产的账面价值加上应支付的相关税费作为固定资产的入账价值。

（8）企业合并取得的固定资产，若为同一控制下的企业合并，应按被合并方该资产的原账面价值作为入账价值；若为非同一控制下的企业合并，则应按其公允价值作为入账价值。

（9）盘盈的固定资产，按以下规定确定其入账价值：

① 同类或类似固定资产存在活跃市场的，按同类或类似固定资产的市场价格减去按该项资产的新旧程度估计的价值损耗后的余额，作为入账价值。

② 同类或类似固定资产不存在活跃市场的，按该项固定资产的预计未来现金流量现值，作为入账价值。

第二节 固定资产的取得

一、购入固定资产

企业购入的固定资产分为不需要安装的固定资产和需要安装的固定资产两种情形，应分别采用不同的方法进行核算。

（一）不需要安装的固定资产购入

这类固定资产的入账价值包括买价、包装费、运杂费、保险费、专业人员服务费和相关税费（不含可抵扣的增值税进项税额）等。企业按应计入固定资产成本的金额，借记"固定资产"账户，贷记"银行存款""其他应付款""应付票据"等账户。

【例5-1】A企业购入一台不需安装的生产用设备，发票上列明价款为80 000元，增值税税款为10 400元，发生运输费2 000元，运费增值税税款为180元，款项均以银行存款付清。

根据以上资料，编制会计分录如下：

固定资产原始价值=80 000+2 000=82 000（元）

增值税进项税额=10 400+180=10 580（元）

借：固定资产——××设备 82 000

  应交税费——应交增值税（进项税额） 10 580

  贷：银行存款 92 580

A企业购置设备的成本=80 000+2 000=82 000（元）

如无特殊说明，本章例题中的企业均为增值税一般纳税人，其发生的购建固定资产的增值税进项税额均符合规定可以抵扣。

（二）需要安装的固定资产购入

此类固定资产尚需经过设备安装过程，并发生各种安装成本。为了正确确定固定资产的入账价值，核算时，应先将支付的价款、相关税费以及安装成本记入"在建工程"账户，待设备安装完毕后，再将"在建工程"账户归集的成本转入"固定资产"账户。

【例5-2】承上例，假定A企业购入的设备需要安装，且在安装过程中，领用了本企业原材料一批，价值3 000元，购买该批原材料时支付的增值税进项税额为390元；支付安装工人的工资4 000元，设备安装完毕后，投入使用。编制会计分录如下：

（1）购入设备时：

借：在建工程——××设备   82 000

     应交税费——应交增值税（进项税额）   10 580

    贷：银行存款   92 580

（2）领用本企业原材料、支付安装工人工资等费用时：

借：在建工程——××设备   7 000

    贷：原材料   3 000

        应付职工薪酬   4 000

（3）安装完毕达到预定可使用状态时：

借：固定资产——××设备   89 000

    贷：在建工程——××设备   89 000

（三）具有融资性质的固定资产购入

企业购买固定资产通常在正常信用条件期限内付款，但也会发生超过正常信用条件购买固定资产的经济业务事项，如采用分期付款方式购买资产，且在合同中规定的付款期限比较长，超过了正常信用条件，通常在3年以上。在这种情况下，该类购货合同实质上具有融资性质，购入资产的成本不能以各期付款额之和确定，而应以各期付款额的现值之和确定。购入固定资产时，按购买价款的现值，借记"固定资产"或"在建工程"账户；按应支付的金额，贷记"长期应付款"账户；按其差额，借记"未确认融资费用"账户。各期实际支付的价款与购买价款的现值之间的差额，符合《企业会计准则第17号——借款费用》中规定的资本化条件的，应当计入固定资产成本，否则应当在信用期间内确认为财务费用，计入当期损益。

【例5-3】2×23年1月1日，A公司与B公司签订一项购货合同，A公司从B公司购入一台不需要安装的大型设备。合同约定，A公司采用分期付款方式支付价款，该设备价款共计500 000元，分5年平均支付，于每年12月31日支付100 000元。假定未发生相关税费，折现率为10%。

（1）购买价款的现值为：

100 000×（P/A，10%，5）= 100 000×3.7908=379 080（元）

2×23年1月1日A公司的账务处理如下：

借：固定资产   379 080

    未确认融资费用   120 920

    贷：长期应付款   500 000

（2）确定信用期间未确认融资费用的分摊额，参见表5-1。

（3）2×23年12月31日A公司的账务处理如下：

借：财务费用   37 908

    贷：未确认融资费用   37 908

表5-1 **A公司未确认融资费用分摊表**
2×23年1月1日
单位：元

日期	分期付款额	确认的融资费用	应付本金减少额	应付本金余额
①	②	③=期初⑤×10%	④=②-③	期末⑤=期初⑤-④
2×23.1.1	100 000			379 080
2×23.12.31	100 000	37 908	62 092	316 988
2×24.12.31	100 000	31 698.80	68 301.20	248 686.80
2×25.12.31	100 000	24 868.68	75 131.32	173 555.48
2×26.12.31	100 000	17 355.55	82 644.45	90 911.03
2×27.12.31	100 000	9 088.97*	90 911.03*	0
合计	500 000	120 920	379 080	

注：*尾数调整：9 088.97=100 000-90 911.03，90 911.03为期初应付本金余额。

借：长期应付款 100 000
　　贷：银行存款 100 000

以后各年年末账务处理方法同上。

（四）存在弃置义务的固定资产购入

对于特殊行业的特定固定资产，确定其初始入账成本时，还应考虑弃置费用。弃置费用通常是指根据国家法律和行政法规、国际公约等规定，企业承担的环境保护和生态恢复等义务所确定的支出，如核电站核设施等的弃置和恢复环境义务。弃置费用的金额与其现值比较，通常相差较大，需要考虑货币时间价值，对于这些特殊行业的特定固定资产，企业应当根据《企业会计准则第13号——或有事项》，按照现值计算确定应计入固定资产成本的金额和相应的预计负债。在固定资产的使用寿命内按照预计负债的摊余成本和实际利率计算确定的利息费用应计入财务费用。一般工商企业的固定资产发生的报废清理费用不属于弃置费用，应当在发生时作为固定资产处置费用处理。

【例5-4】2×23年1月1日，某企业以银行存款1 500 000元购入一台含有放射性元素的仪器，预计使用寿命10年。根据法律规定，企业应在该项仪器使用期满后将其拆除，并对造成的污染进行整治，预计使用期满报废时特殊处置费用为400 000元。假定折现率（即实际利率）为10%。

（1）购入固定资产的会计处理：

弃置费用的现值=400 000×（P/F，10%，10）=400 000×0.3855=154 200（元）

固定资产入账价值=1 500 000+154 200=1 654 200（元）

借：固定资产——××仪器 1 654 200
　　贷：银行存款 1 500 000
　　　　预计负债——××仪器——弃置费用 154 200

（2）计算2×23年应负担的利息（按实际利率法计算）：

借：财务费用（154 200×10%） 15 420

  贷：预计负债——××仪器——弃置费用   15 420

  （3）计算2×24年应负担的利息：

2×24年应负担的利息=（154 200+15 420）×10%=16 962（元）

  借：财务费用   16 962

   贷：预计负债——××仪器——弃置费用   16 962

以后会计年度的会计处理方法同上。

二、自行建造固定资产

  自行建造的固定资产是指企业通过利用自有的人力、物力条件以自营建造（即自营工程）方式或出包给承包单位建造（出包工程）方式取得的固定资产。无论采用何种方式自行建造固定资产，企业均应设置"在建工程"账户进行核算。

（一）自营工程

  企业自营建造的固定资产，应按建造过程中发生的全部支出（包括直接材料、直接人工、其他与自营建造固定资产相关的支出以及在固定资产达到预定可使用状态前发生的资本化利息等）作为入账价值。

  企业自营工程主要通过设置"工程物资"和"在建工程"账户进行核算。"工程物资"账户用来核算在建工程的各种物资的实际成本；"在建工程"账户用来核算企业为工程所发生的实际支出。

  企业购入工程所需的材料物资时，应按实际支付的买价、运输费、保险费等相关税费（不包括增值税）作为实际成本，并按照各种专项物资的种类进行明细核算。购买时，借记"工程物资""应交税费——应交增值税（进项税额）"账户，贷记"银行存款"等账户。领用工程物资用于工程时，应按其实际成本，借记"在建工程——××工程"账户，贷记"工程物资"账户。

  领用本企业的商品产品用于工程时，应按其实际成本，借记"在建工程——××工程"账户，贷记"库存商品"账户。

  领用本企业生产用的原材料用于工程时，应按其实际成本，借记"在建工程——××工程"账户，贷记"原材料"账户。

  工程应负担的职工薪酬，应借记"在建工程——××工程"账户，贷记"应付职工薪酬"账户。

  企业辅助生产车间为工程提供的水、电、设备安装、修理、运输等劳务，应按实际成本，借记"在建工程——××工程"账户，贷记"生产成本——辅助生产成本"账户。

  工程发生的其他支出，应借记"在建工程——××工程"账户，贷记"银行存款"等账户。

  自营建造的固定资产在交付使用前应负担的资本化利息，应借记"在建工程——××工程"账户，贷记"长期借款""应付债券"等账户。

  建设期间发生的工程物资盘亏、报废及毁损，减去残料价值以及保险公司、过失人等赔款后的净损失，计入所建工程项目的成本，借记"原材料""其他应收款""在建工程——××工程"等账户，贷记"工程物资"账户；盘盈的工程物资或处置净收益，冲减所建工程项目的成本，应借记"原材料""银行存款"等账户，贷记"在建工程——××工程"账户。工程完工后发生的工程物资盘盈、盘亏、报废、毁损，记入当期"营业外收入"或"营业外支出"账户。

工程完工交付使用时，应按工程的实际成本，借记"固定资产"账户，贷记"在建工程——××工程"账户。

高危行业企业按照国家规定提取的安全生产费，应当计入相关产品的成本或当期损益，同时记入"专项储备"账户。企业使用提取的安全生产费形成固定资产的，应当通过"在建工程"账户归集所发生的支出，待安全项目完工达到预定可使用状态时确认为固定资产；同时，按照形成固定资产的成本冲减专项储备，并确认相同金额的累计折旧。该固定资产在以后期间不再计提折旧。

【例 5-5】某企业采用自营方式建造厂房一幢，购入为工程准备的各种物资 300 000 元，支付的增值税税额为 39 000 元，实际领用工程物资的成本为 270 000 元，剩余工程物资转作企业存货。此外，建设期间还领用了企业生产用的原材料一批，实际成本为 45 000 元，购买该批原材料时支付的增值税进项税额为 5 850 元；工程应负担的工程人员薪酬为 85 500 元，企业辅助生产车间为工程提供的有关劳务支出为 15 000 元；工程应负担的长期借款利息为 10 000 元；工程发生的其他支出为 20 000 元，以银行存款支付。工程完工后立即交付使用。

根据上述资料，企业应作如下账务处理：

（1）购入工程物资：

借：工程物资	300 000
应交税费——应交增值税（进项税额）	39 000
贷：银行存款	339 000

（2）领用工程物资：

借：在建工程——建筑工程（厂房）	270 000
贷：工程物资	270 000

（3）领用生产用的原材料用于工程：

借：在建工程——建筑工程（厂房）	45 000
贷：原材料	45 000

（4）应负担的工程人员薪酬：

借：在建工程——建筑工程（厂房）	85 500
贷：应付职工薪酬	85 500

（5）辅助生产车间为工程提供的劳务支出：

借：在建工程——建筑工程（厂房）	15 000
贷：生产成本——辅助生产成本	15 000

（6）工程应负担的长期借款利息：

借：在建工程——建筑工程（厂房）	10 000
贷：长期借款	10 000

（7）工程发生的其他支出：

借：在建工程——建筑工程（厂房）	20 000
贷：银行存款	20 000

（8）剩余工程物资转作企业存货：

借：原材料   30 000

  贷：工程物资   30 000

（9）工程完工交付使用：

固定资产的入账价值=270 000+45 000+85 500+15 000+10 000+20 000=445 500（元）

借：固定资产   445 500

  贷：在建工程——建筑工程（厂房）   445 500

在建设期间发生的，不能直接计入某项固定资产价值，而应由所建造固定资产共同负担的相关费用，包括为建造工程发生的管理费、征地费、可行性研究费、临时设施费、公证费、监理费、应负担的税金、符合资本化条件的借款费用、建设期间发生的工程物资盘亏、报废及毁损净损失，以及负荷联合试车费等，应记入"在建工程——待摊支出"账户。试车期间形成的产品或副产品对外销售或转为库存商品时，应借记"银行存款""库存商品"等账户，贷记"在建工程——待摊支出"账户。在建工程达到预定可使用状态时，对发生的待摊支出应分配计算，计入各工程成本中。

在建工程若发生单项或单位工程报废或毁损，应将其实际成本扣除残料价值或变现收入和责任人或保险公司等赔款后的净损失部分，计入继续施工的工程成本，借记"在建工程——其他支出"账户，按残料入库价值或变现收入，借记"原材料"或"银行存款"等账户，按应收责任人或保险公司的赔款，借记"其他应收款"账户，按报废或毁损工程的实际成本，贷记"在建工程——××工程"账户；若是非正常原因造成的报废或毁损，或在建工程项目全部报废或毁损，应将其净损失直接计入当期营业外支出。

所建造的固定资产已达到预定可使用状态，但尚未办理竣工决算的，应当自达到预定可使用状态之日起，按照工程预算、造价或工程实际成本等对固定资产进行估价，按估计的价值转入固定资产，并按规定计提折旧，待办理了竣工决算手续后再作调整，但不需要调整原已计提的折旧额。

（二）出包工程

采用出包方式建造固定资产，企业要与建造承包商签订建造合同。企业是建造合同的甲方，负责筹集资金和组织管理工程建设，通常称为建设单位；建造承包商是建造合同的乙方，负责建筑安装工程施工任务。企业的新建、改建、扩建等建设项目，通常均采用出包方式。

企业以出包方式建造固定资产，其成本由建造该项固定资产达到预定可使用状态前所发生的必要支出构成，包括发生的建筑工程支出、安装工程支出以及需分摊计入各固定资产价值的待摊支出。建筑工程、安装工程支出，如人工费、材料费、机械使用费等由建造承包商核算；对于发包企业而言，建筑工程支出、安装工程支出是构成在建工程成本的重要内容，发包企业按照合同规定的结算方式和工程进度定期与建造承包商办理工程价款结算，结算的工程价款计入在建工程成本。待摊支出是指在建设期间发生的，不能直接计入某项固定资产价值，而应由所建造固定资产共同负担的相关费用，包括为建造工程发生的管理费、征地费、可行性研究费、临时设施费、公证费、监理费、应负担的税金、符合资本化条件的借款费用、建设期间发生的工程物资盘亏、报废及毁损净损失，以及负荷联合试车费等。其中，征地费是指企业通过划拨方式取得建设用地发生的青苗补偿费、地上建筑物和附着物补偿费等。企业为建造固定资产通过出让方式取得土地使用权而支付的土地出让金不计入在建工程成本，应确认为无形资产（土地使用权）。

在出包方式下，企业应按与承包单位结算的工程价款作为工程成本，记入"在建工程"账户。当企业按合同规定预付承包单位的工程价款时，借记"在建工程——建筑工程——××工程""在建工程——安装工程——××工程"账户，贷记"银行存款"等账户；工程完工收到承包单位账单，补付工程价款时，借记"在建工程"账户，贷记"银行存款"等账户；出包工程在竣工结算之前应负担的资本化利息等，也应计入工程成本，借记"在建工程"账户，贷记"长期借款""应付债券"等账户。企业将需安装设备运抵现场安装时，借记"在建工程——在安装设备——××设备"账户，贷记"工程物资——××设备"账户；企业为建造固定资产发生的待摊支出，借记"在建工程——待摊支出"账户，贷记"银行存款""应付职工薪酬""长期借款"等账户。

在建工程达到预定可使用状态时，首先计算分配待摊支出，待摊支出的分配率可按下列公式计算：

$$待摊支出分配率 = \frac{累计发生的待摊支出}{建筑工程支出 + 安装工程支出 + 在安装设备支出} \times 100\%$$

××工程应分配的待摊支出 =（××工程的建筑工程支出+安装工程支出+在安装设备支出）×分配率

其次，计算确定已完工的固定资产成本：

房屋、建筑物等固定资产成本=建筑工程支出+应分摊的待摊支出

$$需要安装设备的成本 = 设备成本 + 为设备安装发生的基础、支座等建筑工程支出 + 安装工程支出 + 应分摊的待摊支出$$

最后，进行相应的会计处理，借记"固定资产"账户，贷记"在建工程——建筑工程""在建工程——安装工程""在建工程——待摊支出"等账户。

【例5-6】某企业将一幢新建厂房的工程出包给M建筑工程公司承建，按合同规定先向M建筑工程公司预付工程价款300 000元，此外，工程应负担的长期借款利息为10 000元；工程完工后，收到M建筑工程公司的工程结算单据，补付工程价款129 000元，增值税税率为9%。工程完工经验收后交付使用。

根据上述资料，该企业应作账务处理如下：

（1）预付工程价款：

借：在建工程——建筑工程（厂房）   300 000

    应交税费——应交增值税（进项税额）   27 000

  贷：银行存款   327 000

（2）工程应负担的长期借款利息：

借：在建工程——建筑工程（厂房）   10 000

  贷：长期借款   10 000

（3）补付工程价款：

借：在建工程——建筑工程（厂房）   129 000

    应交税费——应交增值税（进项税额）   11 610

  贷：银行存款   140 610

（4）工程完工交付使用：

借：固定资产　　　　　　　　　　　　　　　　　　　　　439 000

　贷：在建工程——建筑工程（厂房）　　　　　　　　　　　　　　439 000

三、投资者投入固定资产

企业接受投资者投入的固定资产，应按投资合同或协议约定的价值加上应支付的相关税费作为固定资产的入账价值，但合同或协议约定价值不公允的除外。在投资合同或协议约定价值不公允的情况下，按照该项固定资产的公允价值作为入账价值。

四、接受捐赠固定资产

企业接受捐赠取得的固定资产，应当分别以下情况确定其入账成本：

（1）捐赠方提供了发票、协议等有关凭据的，按凭据上注明的金额加上应支付的相关税费作为入账成本。

（2）捐赠方没有提供有关凭据的，按以下顺序确定入账成本：

① 同类或类似固定资产存在活跃市场的，按同类或类似固定资产的市场价格估计的金额，加上应支付的相关税费作为入账成本。

② 同类或类似固定资产不存在活跃市场的，按该接受捐赠固定资产预计未来现金流量的现值，作为入账成本。

企业收到捐赠的固定资产时，按照上述规定确定的入账成本，借记"固定资产"等账户；按实际支付或应付的相关税费，贷记"银行存款""应交税费"等账户；按其差额，贷记"营业外收入——捐赠利得"账户。

【例5-7】M公司接受N公司捐赠的设备一台，估计九成新，该类设备的市场价格为80 000元。M公司在接受捐赠过程中以银行存款支付包装费、运输费共计2 000元。

根据上述资料，M公司应作如下账务处理：

借：固定资产（80 000×90%+2 000）　　　　　　　　　　　74 000

　贷：银行存款　　　　　　　　　　　　　　　　　　　　　　2 000

　　营业外收入——捐赠利得　　　　　　　　　　　　　　　　72 000

五、非货币性资产交换取得的固定资产

非货币性资产交换是指交易双方主要以固定资产、无形资产、投资性房地产和长期股权投资等非货币性资产进行的交换。该交换不涉及或只涉及少量的货币性资产（即补价）。货币性资产是指企业持有的货币资金和收取固定或可确定金额的货币资金的权利。货币性资产以外的资产为非货币性资产。以非货币性资产交换取得的资产的入账价值的确定是非货币性资产交换的确认和计量中的一个关键性问题，理论上应以换出资产的公允价值或换入资产的公允价值为基础加以确定，并且选择其中的更为可靠者。换出资产的账面价值与确定的公允价值之间的差额，应作为非货币性资产交换的利得和损失予以确认，作为资产处置损益。这是国际上通行的做法。

我国《企业会计准则第7号——非货币性资产交换》（2019年5月修订）规定，满足下列条件之一的，非货币性资产交换具有商业实质：（1）换入资产的未来现金流量在风

险、时间和金额方面与换出资产显著不同；（2）换入资产与换出资产的预计未来现金流量现值不同，且其差额与换入资产和换出资产的公允价值相比是重大的。非货币性资产交换具有商业实质且换入资产或换出资产公允价值能够可靠计量的，应当以换出资产的公允价值和应支付的相关税费作为换入资产的成本，除非有确凿证据表明换入资产的公允价值比换出资产公允价值更加可靠。涉及补价的，应当分别情况处理：

（1）支付补价的，应当以换出资产的公允价值，加上支付补价的公允价值和应支付的相关税费作为换入资产的成本（入账价值），换出资产的公允价值与其账面价值之间的差额计入当期损益。

（2）收到补价的，应当以换出资产的公允价值，减去收到补价的公允价值，加上应支付的相关税费，作为换入资产的成本（入账价值），换出资产的公允价值与其账面价值之间的差额计入当期损益。

非货币性资产交换不具有商业实质，或者虽然具有商业实质但换入资产和换出资产的公允价值均不能可靠计量的，应当以换出资产账面价值为基础确定换入资产成本，无论是否支付补价，均不确认损益。对于换入资产，企业应当以换出资产的账面价值和应支付的相关税费作为换入资产的初始计量金额；对于换出资产，终止确认时不确认损益。涉及补价的，补价应作为确定换入资产成本的调整因素。支付补价的，以换出资产的账面价值，加上支付补价的账面价值和应支付的相关税费，作为换入资产的初始计量金额，不确认损益；收到补价的，以换出资产的账面价值，减去收到补价的公允价值，加上应支付的相关税费，作为换入资产的初始计量金额，不确认损益。非货币性资产交换的详细内容将在本套教材（特殊业务分册）的第五章中作专门阐述。

【例5-8】2×23年8月，A公司以生产经营过程中使用的一台设备交换B公司的一栋厂房。设备的账面原价为100 000元，在交换日的累计折旧为15 000元，公允价值为95 000元。厂房的账面价值为110 000元，在交换日的公允价值为95 000元，计税价格等于公允价值。B公司换入A公司的设备作为固定资产使用。假设A公司此前没有为该项设备计提资产减值准备，整个交易过程中，除支付设备拆除费1 500元外没有发生其他相关税费。

A公司的账务处理如下：

借：固定资产清理   85 000
　累计折旧   15 000
　贷：固定资产——设备   100 000
借：固定资产清理   1 500
　贷：银行存款   1 500
借：固定资产——厂房   95 000
　贷：固定资产清理   86 500
　　资产处置损益[①]   8 500

[①] 在我国财政部2019年4月30日发布的《关于修订印发2019年度一般企业财务报表格式的通知》（财会〔2019〕6号）中明确规定，将债务重组中因处置非流动资产（金融工具、长期股权投资和投资性房地产除外）产生的利得或损失和非货币性资产交换中换出非流动资产（金融工具、长期股权投资和投资性房地产除外）产生的利得或损失，包括在"资产处置收益"项目内。该项目应根据"资产处置损益"科目的发生额分析填列；如为处置损失，以"-"号填列。

六、债务重组取得的固定资产

按照我国新修订的《企业会计准则第 12 号——债务重组》（2019 年 5 月）中对债务重组的定义，债务重组是指在不改变交易对手方的情况下，经债权人和债务人协定或法院裁定，就清偿债务的时间、金额或方式等重新达成协议的交易。对债权人来说，债务人以固定资产清偿债务的，债权人应当对接受的固定资产按放弃债权的公允价值加上应支付的相关税费入账，重组债权的账面价值（账面余额减去已计提的坏账准备）与放弃债权的公允价值之间的差额，确认为债务重组损益，计入当期损益。债务重组的详细内容将在本套教材（特殊业务分册）的第六章中作专门阐述。

【例 5-9】2×22 年 9 月 10 日，A 公司销售一批商品给 B 公司，含税价为 2 260 000 元。因 B 公司发生财务困难，无法按合同规定偿还债务，2×23 年 9 月 10 日，B 公司与 A 公司协商进行债务重组。双方达成的债务重组协议内容如下：A 公司同意 B 公司用其设备抵偿债务，抵债设备的账面原价为 2 100 000 元，累计折旧为 300 000 元，放弃债权的公允价值为 2 000 000 元，抵债资产均已转让完毕。

假定 A 公司已对该项债权计提坏账准备 10 000 元，A 公司在接受抵债资产时，安装设备发生的安装成本为 20 000 元，不考虑其他相关税费，则债权人 A 公司的会计处理如下：

（1）结转债务重组损失：

借：在建工程——在安装设备　　　　　　　　　　　　　　　2 000 000
　　坏账准备　　　　　　　　　　　　　　　　　　　　　　　　10 000
　　投资收益　　　　　　　　　　　　　　　　　　　　　　　250 000
　　　贷：应收账款——B 公司　　　　　　　　　　　　　　　　　　　　2 260 000

（2）支付安装成本：

借：在建工程——在安装设备　　　　　　　　　　　　　　　　　20 000
　　　贷：银行存款　　　　　　　　　　　　　　　　　　　　　　　　　20 000

（3）安装完毕达到可使用状态：

借：固定资产——××设备　　　　　　　　　　　　　　　　　2 020 000
　　　贷：在建工程——在安装设备　　　　　　　　　　　　　　　　　2 020 000

第三节　固定资产折旧

一、固定资产折旧的性质

固定资产虽然在使用过程中始终保持其原有的实物形态不变，但由于有形损耗和无形损耗的存在，使得其使用价值或服务潜力随着时间的推移而逐渐下降，相应地，其价值也在逐渐减少。有形损耗是指固定资产在使用过程中由于使用和自然力的影响在使用价值和价值上的损耗；无形损耗是指由于技术进步而引起的固定资产价值上的损耗。由于企业使用固定资产产生的效益涉及几个会计年度（或几个营业周期），按照收入与其相关成本、费用相配比的原则，对于固定资产损耗的价值应在固定资产的使用寿命内采用系统、合理的方法进行分摊，并以折旧的形式在产品销售收入中得到补偿。

所谓折旧，是指在固定资产的使用寿命内，按照确定的方法对应计折旧额进行的系统分摊。其中，应计折旧额是指应当计提折旧的固定资产的原价扣除其预计净残值后的余额，如果已对固定资产计提减值准备的，还应当扣除已计提的固定资产减值准备累计金额。使用寿命是指企业使用固定资产的预计期间，有些固定资产的使用寿命也可以用该资产所能生产的产品或提供的劳务的数量来表示。

二、影响固定资产折旧的因素

固定资产折旧，即将固定资产损耗的价值转移到产品成本中或构成期间费用，然后通过产品销售，从销售收入中或营业利润中得到补偿。影响固定资产折旧的因素主要有：

（一）计提折旧的基数

计提固定资产折旧的基数通常为固定资产的原始价值或固定资产的账面净值。通常，企业以固定资产的原价作为计提折旧的依据，选用双倍余额递减法的企业，以固定资产的账面净值作为计提折旧的依据。

（二）固定资产的净残值

固定资产的净残值是指假定固定资产预计使用寿命已满并处于使用寿命终了时的预期状态，企业目前从该项资产处置中获得的扣除预计处置费用后的余额，同时要求企业至少于每年年度终了时对预计净残值进行复核。

（三）固定资产的使用寿命

固定资产使用寿命的长短直接关系到各期应提折旧额的高低。企业在确定固定资产的使用寿命时，主要应当考虑下列因素：

（1）该资产的预计生产能力或实物产量，即企业对该资产的预计使用程度。

（2）该资产的有形损耗，如设备在使用中发生磨损、房屋建筑物受到自然侵蚀等。

（3）该资产的无形损耗，如因新技术的出现而使现有的资产技术水平相对落后、市场需求变化使产品过时等。

（4）有关资产使用的法律或者类似规定的限制。如对于融资租赁的固定资产，根据《企业会计准则第21号——租赁》的规定，能够合理确定租赁期届满时将会取得租赁资产所有权的，应当在租赁资产使用寿命内计提折旧；如果无法合理确定租赁期届满时能够取得租赁资产所有权的，应当在租赁期与租赁资产使用寿命两者中较短的期间内计提折旧。

（四）固定资产减值准备

固定资产减值准备指已计提的固定资产减值准备累计金额。固定资产计提减值准备后，应当在剩余使用寿命内根据调整后的固定资产账面价值（固定资产账面余额扣减累计折旧和累计减值准备后的金额）和预计净残值重新计算确定折旧率和折旧额。

（五）计提折旧的方法

折旧方法的选用将直接影响应计折旧额在固定资产各使用年限之间的分配结果，从而影响各年的利润总额和应缴所得税。

企业应当根据固定资产的性质和使用情况，合理地确定固定资产的使用寿命和预计净残值，并根据与固定资产有关的经济利益的预期实现方式合理选择折旧方法。固定资产的使用寿命、预计净残值和折旧方法一经确定，不得随意变更。固定资产使用过程中所处经济环境、技术环境以及其他环境的变化也可能致使与固定资产有关的经济利益的预期实现方式发生重大改变。如果固定资产给企业带来经济利益的方式发生重大变化，企业也应相应改变固定资产折旧方法。①

固定资产准则规定，企业至少应当于每年年度终了时，对固定资产的使用寿命、预计净残值和折旧方法进行复核。如果固定资产使用寿命预计数与原先估计数有差异，应当调整固定资产使用寿命；如果固定资产预计净残值预计数与原先估计数有差异，应当调整预计净残值。固定资产使用寿命、预计净残值和折旧方法的改变应作为会计估计变更，按照《企业会计准则第28号——会计政策、会计估计变更和差错更正》处理。

三、固定资产折旧的范围

企业在用的固定资产一般均应计提折旧，具体范围包括：（1）房屋和建筑物；（2）在用的机器设备、仪器仪表、运输工具、工具器具；（3）季节性停用、大修理停用的固定资产；（4）以经营租赁方式租出的固定资产。

不计提折旧的固定资产包括：（1）房屋、建筑物以外的未使用、不需用固定资产；（2）已提足折旧仍继续使用的固定资产；（3）按规定单独作价作为固定资产入账的土地；（4）改建、扩建中的固定资产。

企业一般应当按月提取折旧，在实际计提时，当月增加的固定资产，当月不提折旧，从下月起计提折旧；当月减少的固定资产，当月仍提折旧，从下月起停止计提折旧。固定资产应计折旧额提足后，不论能否继续使用，均不再提取折旧；提前报废的固定资产，也不再补提折旧，其未提足折旧的净损失计入营业外支出。

四、固定资产折旧的方法

固定资产折旧方法是将固定资产的应计折旧额在固定资产的使用寿命内进行分摊时所采用的具体计算方法。《企业会计准则第4号——固定资产》第十七条规定，企业应当根据与固定资产有关的经济利益的预期实现方式，合理选择固定资产折旧方法。可选用的折旧方法包括年限平均法、工作量法、双倍余额递减法和年数总和法等。需要注意的是，在我国财政部2017年6月制定发布的《企业会计准则解释第10号——关于以使用固定资产产生的收入为基础的折旧方法》中明确指出，企业在按照第4号准则的上述规定选择固定资产折旧方法时，应当根据与固定资产有关的经济利益的预期消耗方式作出决定。由于收入可能受到投入、生产过程、销售等因素的影响，这些因素与固定资产有关经济利益的预期消耗方式无关，因此，企业不应以包括使用固定资产在内的经济活动所产生的收入为基础进行折旧。这一规定与国际会计理事会（IASB）2014年对《国际会计准则第16号——不动产、厂场和设备》（IAS 16）所作的修改保持了一致。

（一）年限平均法

年限平均法又称直线法，是将固定资产的应计折旧额在固定资产的预计使用年限内均衡地分摊到各期的一种方法。采用这种方法计算的每期折旧额均是等额的。其计算公式如下：

---

① IAS 16要求对固定资产的每一重要组成部分都要单独计提折旧，各重要组成部分的判断是以各组成部分的成本相当于总成本而言是否重大为标准的。我国准则有类似的规定。

$$年折旧额=\frac{固定资产原值-(预计残值收入-预计清理费用)}{预计使用年限}$$

$$或\quad=\frac{固定资产原值\times(1-预计净残值率)}{预计使用年限}$$

月折旧额=年折旧额÷12

在实际工作中，固定资产折旧额通常是按事先确定的折旧率计算的。其计算公式如下：

$$年折旧率=\frac{年折旧额}{固定资产原值}\times100\%=\frac{1-预计净残值率}{预计使用年限}\times100\%$$

月折旧率=年折旧率÷12

月折旧额=固定资产原值×月折旧率

【例5-10】某企业一幢厂房的原值为600 000元，预计可使用20年，按照有关规定，该厂房报废时的预计净残值率为4%，则该厂房的折旧率和折旧额的计算如下：

$$年折旧率=\frac{1-4\%}{20}=4.8\%$$

月折旧率=4.8%÷12=0.4%

月折旧额=600 000×0.4%= 2 400 （元）

固定资产的折旧率可按单项固定资产计算，也可按某类或全部固定资产计算，以分别确定个别折旧率、分类折旧率或综合折旧率，计算公式如下：

$$个别折旧率=\frac{某项固定资产的年折旧额}{该项固定资产原值}\times100\%$$

$$分类折旧率=\frac{某类固定资产年折旧额之和}{该类固定资产原值之和}\times100\%$$

$$综合折旧率=\frac{各项固定资产年折旧额之和}{各项固定资产原值之和}\times100\%$$

在计算分类折旧率时，应先把性质、结构和使用年限接近的固定资产归为一类，如将房屋、建筑物划分为一类，将机械、设备划分为一类等。采用分类折旧率计算固定资产折旧，其准确性较个别折旧率差，但较综合折旧率高。

采用年限平均法计提折旧简便易行，但该方法没有考虑固定资产在各期的使用情况及其所带来的经济利益。一般而言，固定资产在其使用前期工作效率相对较高，所带来的经济利益较多，而且发生的维修费也较少；在其使用后期，工作效率一般呈下降趋势，所带来的经济利益逐渐减少，而且发生的维修费也较多。因此，将固定资产的应计折旧额在各期平均分摊，便会出现固定资产各期的使用成本很不均衡，早期负担偏低，后期负担偏高的现象，这是不合理的。该种方法一般应在固定资产各期负荷程度基本相同的情况下使用。

（二）工作量法

工作量法是根据固定资产实际完成的工作量计提折旧的一种方法。其计算公式如下：

$$某项固定资产单位工作量折旧额=\frac{该项固定资产原值\times(1-预计净残值率)}{该项固定资产预计完成的总工作量}$$

某项固定资产月折旧额=该项固定资产当月实际完成的工作量×该项固定资产单位工作量折旧额

上述的"工作量"，可用运输里程、机器工时或机器台班来表示。

【例5-11】某企业有一辆运货卡车，原值为80 000元，预计净残值率为4%，预计总行驶里程为400 000千米，本月行驶5 000千米，则该卡车的月折旧额计算如下：

$$单位工作量折旧额=\frac{80\,000\times(1-4\%)}{400\,000}=0.192（元/千米）$$

月折旧额=5 000×0.192= 960（元）

工作量法弥补了年限平均法不考虑固定资产使用程度的缺点，但忽视了固定资产的无形损耗，因而也不尽合理。该种方法通常适用于固定资产各期使用不均衡的情况。

（三）加速折旧法

加速折旧法也称为快速折旧法或递减折旧法，是指在固定资产的使用前期多提折旧，后期少提折旧，以使固定资产的大部分成本在其使用前期尽快得到补偿，从而相对加快折旧速度的一种方法。

加速折旧的计提方法有多种，常用的主要有以下两种：

1.双倍余额递减法

双倍余额递减法是指按固定资产账面净值和双倍直线折旧率计提折旧的一种方法。其计算公式如下：

$$年折旧率=\frac{2}{预计使用年限}\times100\%$$

月折旧率=年折旧率÷12

月折旧额=固定资产账面净值×月折旧率

上述公式中的年折旧率是在直线法下，假定不考虑预计净残值时的年折旧率的两倍；计提折旧的基数为固定资产账面净值，呈逐年递减的趋势。

需注意的是：采用双倍余额递减法计提折旧时，应当在固定资产折旧年限到期前两年内，将固定资产账面净值扣除预计净残值后的余额（即未提足的应计折旧额部分）平均摊销。

【例5-12】某企业某项固定资产的原值为12 000元，预计净残值为600元，预计使用年限为5年。按双倍余额递减法计提折旧，每年的折旧额计算如下：

$$年折旧率=\frac{2}{5}\times100\%=40\%$$

第一年应提的折旧额=12 000×40%=4 800（元）

第二年应提的折旧额=（12 000-4 800）×40%=2 880（元）

第三年应提的折旧额=（7 200-2 880）×40%=1 728（元）

从第四年起改按年限平均法（直线法）计提折旧。

第四、第五年的年折旧额=（4 320-1 728-600）÷2=996（元）

2.年数总和法

年数总和法又称合计年限法，是指根据固定资产的原值减去预计净残值后的净额和某年固定资产尚可使用年数占各年固定资产尚可使用年数总和的比重（即年折旧率）计提折旧的一种方法。其计算公式如下：

$$年折旧率=\frac{该年固定资产尚可使用年数}{各年固定资产尚可使用年数总和}$$

或

$$=\frac{预计使用年限-已使用年限}{预计使用年限\times(预计使用年限+1)/2}\times100\%$$

月折旧率=年折旧率÷12

月折旧额=（固定资产原值-预计净残值）×月折旧率

上述公式中，年折旧率是变动的，它随固定资产使用寿命的缩短而逐年下降，但计提折旧的基数则是固定的，即始终为应计折旧总额。

【例5-13】某企业某项固定资产的原值为45 200元，预计使用年限为5年，预计净残值为200元，采用年数总和法计算的各年折旧额如表5-2所示。

表5-2 固定资产折旧计算表（年数总和法）

年份	尚可使用年数（年）	原值-净残值（元）	年折旧率	年折旧额（元）	累计折旧（元）
1	5	45 000	5/15	15 000	15 000
2	4	45 000	4/15	12 000	27 000
3	3	45 000	3/15	9 000	36 000
4	2	45 000	2/15	6 000	42 000
5	1	45 000	1/15	3 000	45 000

在加速折旧法下，由于在固定资产使用的早期多提折旧，后期少提折旧，从而使固定资产成本能在预计的使用年限内从销售收入中加快得到补偿。采用加速折旧法的理论依据在于：

（1）符合配比原则。由于固定资产的使用效率及其所带来的经济利益是逐期递减的，因而其折旧也应逐期递减，使得各期的收入能与同期的折旧费合理地配比，各期的利润波动不大。

（2）能均衡各期固定资产的使用成本。通常，固定资产的磨损程度是随着使用时间的推移逐渐增加的，其发生的维修费也必将逐期增加。由于该方法下前期计提的折旧费较多而发生的维修费较少，后期计提的折旧费较少而发生的维修费较多，从而保持了各期负担的固定资产使用成本（折旧费与维修费之和）的均衡性。

（3）可降低无形损耗的风险。由于技术更新速度日益加快，固定资产使用的经济寿命将大大缩短，因而采用该方法可减少旧技术淘汰时所发生的损失。

（4）符合谨慎性原则。在税法允许的情况下，采用该方法，由于前期计提的折旧费较多，利润总额相应减少，从而能减少前期应缴纳的所得税，减少的税金可用于再投资。此外，在通货膨胀的情况下，用加速折旧法代替直线法，可以提高当期的成本、费用，使企业计算的净利润比较符合通货膨胀条件下的"真实收益"，在一定程度上可避免虚盈实亏的现象，这不仅有利于企业再生产，更主要是有利于整个经济的稳定，或者能符合政府鼓励企业采用新技术和进行重投资的宏观经济目标。

五、固定资产折旧的会计处理

企业计提的固定资产折旧应设置"累计折旧"账户进行核算，该账户一般只进行总分类核算而不进行明细分类核算。若需查明某项固定资产的累计已提折旧，可根据该项固定资产卡片上的相关资料（如原值、年折旧率、预计使用年限、已使用年限等）计算求得。

企业按月计提的固定资产折旧，应根据固定资产的使用地点和用途，分别计入有关成本、费用，借记"制造费用""管理费用""销售费用""在建工程""其他业务成本"等账户，贷记"累计折旧"账户。

第四节　固定资产的后续支出

固定资产的后续支出是指固定资产投入使用以后发生的一些必要支出，如固定资产维修、改扩建等发生的支出。企业在发生这些支出时，需要确认这些支出应该资本化还是费用化，确认的标准是这些支出是否符合固定资产的确认条件。与固定资产有关的改扩建等后续支出，若符合固定资产确认条件的应该资本化，计入固定资产成本，同时将被替换部分的账面价值扣除；与固定资产有关的修理费用等后续支出，不符合固定资产确认条件的，应当计入当期损益。

一、费用化的后续支出

费用化的后续支出是指与固定资产有关的修理费用等后续支出。固定资产的日常修理费用、大修理费用等支出只是确保固定资产保持良好的工作状态，一般不产生未来的经济利益，因此，通常不符合固定资产的确认条件，在发生时应直接计入当期损益。企业对固定资产进行修理、维护保养、较小幅度的质量改进等发生的支出，均属于费用化的后续支出。

固定资产在投入使用后，由于固定资产磨损、各组成部分耐用程度不同，可能导致固定资产的局部损坏，为了维护固定资产的正常运转和使用，企业将对固定资产进行必要的维护、修理。固定资产修理的主要目的是恢复其原有性能，维持其正常运转和使用，它并不能延长固定资产的使用年限或提高其工作效率，因此，修理支出在发生时，应予以费用化，计入有关的成本、费用。

固定资产的修理按其修理范围的大小和修理间隔时间的长短，可分为大修理和中小修理，中小修理也称为日常修理。

日常修理的特点是：修理范围小，修理次数多，间隔时间短，每次支出少。由于其每次发生的支出数额较小，为了简化核算工作，日常修理支出在发生时应直接计入当期成本、费用，按固定资产的用途，分别借记"制造费用""管理费用""销售费用""其他业务成本"等账户，贷记"银行存款"等账户。

大修理的特点是：修理范围大，修理次数少，间隔时间长，每次支出多。由于其每次发生的支出数额较大，为了均衡各期的成本、费用，大修理支出可采用预提或待摊的方式进行核算。采用预提方式的，应当在两次大修理间隔期内各期均衡地预提预计发生的大修理支出，并计入有关的成本、费用；采用待摊方式的，应当将发生的大修理支出在下一次大修理前平均摊销，计入有关的成本、费用。

【例5-14】某企业对生产设备每两年大修一次，对大修理支出采用待摊的方式进行核算。某年年初，该企业对生产设备进行修理，领用修理用备件及维修材料20 000元，应付修理人员工资10 000元，以银行存款支付其他支出6 000元，假定不考虑相关税费，则有关账务处理如下：

（1）实际发生修理支出时：

借：长期待摊费用   36 000

  贷：原材料   20 000

    应付职工薪酬   10 000

    银行存款   6 000

（2）按月摊销修理支出时：

借：制造费用   1 500

  贷：长期待摊费用   1 500

二、资本化的后续支出

资本化的后续支出是指与固定资产有关的、使可能流入企业的经济利益超过原先估计的那部分后续支出。如固定资产的改建、扩建、部件的换新、再安装及再组合等，其支出能导致企业未来经济利益的增加，应在发生时予以资本化，计入固定资产的账面价值。

固定资产的改建，亦称改良，是指为了提高固定资产的质量而采取的措施，其特点是：支出数额较大；固定资产的质量有显著的提高，如以自动装置代替非自动装置，或将设备的主要零件拆除，换上功能更佳、质量更好的不同类型零件等。固定资产的扩建是指为了提高固定资产的生产能力而采取的措施，其特点是：增加了新的实物；固定资产的性能有较大的改进，如增加房屋的楼层等。固定资产改扩建后，有些会因延长使用年限而提高了生产能力；有些则仅仅会提高产品质量、降低生产成本或增加生产能力而不延长使用年限。对于因改扩建而延长了使用年限的固定资产，应对其原使用年限和折旧率进行调整。

固定资产的改扩建支出属于资本性支出，应计入固定资产的账面价值。固定资产改建、扩建工程一般先通过"在建工程"账户进行核算：将该固定资产的原价、已计提的累计折旧和减值准备转销，将固定资产的账面价值转入在建工程，并停止计提折旧。在改建、扩建工程完工并达到预定可使用状态时，再从在建工程转为固定资产，并按重新确定的使用寿命、预计净残值和折旧方法计提折旧。

【例5-15】某企业采用出包方式对一生产车间的厂房进行扩建，该厂房的原值为100 000元，累计折旧为68 400元，已提减值准备10 000元，预计使用年限10年，已使用8年；以银行存款支付扩建工程款80 000元（增值税税率为9%），扩建中拆除部分的材料变价收入为3 000元（增值税税率为13%）；厂房经过扩建后，延长了使用年限6年，预计净残值在原厂房的基础上提高到6 000元，该厂房采用年限平均法计提折旧。

根据以上资料，该企业应作如下账务处理：

（1）厂房转入扩建，将其净值转入"在建工程"账户：

借：在建工程   21 600

  累计折旧   68 400

  固定资产减值准备   10 000

  贷：固定资产   100 000

（2）支付扩建工程款：

借：在建工程   80 000

  应交税费——应交增值税（进项税额）   7 200

  　　贷：银行存款　　　　　　　　　　　　　　　　　　　　　　87 200

（3）拆除材料的变价收入：

借：银行存款　　　　　　　　　　　　　　　　　　　　　　3 390

  　　贷：在建工程　　　　　　　　　　　　　　　　　　　　　3 000

  　　　　应交税费——应交增值税（销项税额）（3 000×13%）　　390

（4）扩建工程完工，交付使用：

扩建后厂房价值=21 600+80 000−3 000=98 600（元）

借：固定资产　　　　　　　　　　　　　　　　　　　　　　98 600

  　　贷：在建工程　　　　　　　　　　　　　　　　　　　　　98 600

（5）扩建后第9年至第16年各年折旧额的计算：

相关链接 5−1

$$年折旧额=\frac{98\,600-6\,000}{8}=11\,575（元）$$

各年计提固定资产折旧的会计分录为：

借：制造费用　　　　　　　　　　　　　　　　　11 575

  　　贷：累计折旧　　　　　　　　　　　　　　　　　11 575

国家新一轮大规模设备更新正在积极推进

第五节　固定资产处置

　　企业取得固定资产是为了用于生产商品、提供劳务、出租或经营管理，但随着企业经营情况的变化，对那些已不再适用或不需用的固定资产，企业可以对其处置。固定资产处置包括固定资产的出售、转让、报废或毁损、对外投资、非货币性资产交换、捐赠、抵债等。固定资产准则规定，固定资产满足下列条件之一的，应当予以终止确认：（1）该固定资产处于处置状态。（2）该固定资产预期通过使用或处置不能产生经济利益。

　　企业因出售、报废或毁损、对外投资、捐赠、抵偿债务等原因减少的固定资产，应通过"固定资产清理"账户进行核算。由于固定资产的处置方式不同，其会计处理亦不尽相同。

一、固定资产出售

　　固定资产出售的会计处理，一般可分为以下几个步骤：

（1）将固定资产转入清理，注销其账面价值。企业出售的固定资产转入清理时，应按其账面价值，借记"固定资产清理"账户，按已计提的折旧，借记"累计折旧"账户，按已计提的减值准备，借记"固定资产减值准备"账户，按固定资产原值，贷记"固定资产"账户。

（2）收回出售价款和增值税税款。企业收回出售固定资产的价款时，应按实际收到的款项，借记"银行存款"账户，贷记"固定资产清理"账户，按增值税专用发票上注明的增值税税款，贷记"应交税费——应交增值税（销项税额）"账户。

（3）发生清理费用。在清理过程中发生的清理费用，如支付清理人员的工资等，应按其实际发生额，借记"固定资产清理"账户，按可抵扣的增值税进项税额，借记"应交税费——应交增值税（进项税额）"，贷记"应付职工薪酬""银行存款"等账户。

（4）处理净损益。固定资产清理后发生的净收益，企业应区别不同的情况进行处理：

属于筹建期间的，冲减长期待摊费用，借记"固定资产清理"账户，贷记"长期待摊费用"账户；属于生产经营期间的，计入当期损益，借记"固定资产清理"账户，贷记"资产处置损益"账户。若清理后发生净损失，企业也应区别不同的情况进行处理：属于筹建期间的，计入长期待摊费用，借记"长期待摊费用"账户，贷记"固定资产清理"账户；属于生产经营期间的，借记"资产处置损益"账户，贷记"固定资产清理"账户。

【例5-16】某企业出售一栋厂房，账面原值为100 000元，累计折旧为49 000元；出售收入为75 000元，增值税税率为9%，款项已存入银行；出售时，以银行存款支付清理费用2 000元，未取得增值税专用发票；该企业对厂房已提减值准备1 000元。

根据上述资料，该企业应作账务处理如下：

（1）将厂房转入清理，注销其账面价值：

借：固定资产清理　　　　　　　　　　　　　　　　　50 000
　　累计折旧　　　　　　　　　　　　　　　　　　　49 000
　　固定资产减值准备　　　　　　　　　　　　　　　1 000
　　贷：固定资产　　　　　　　　　　　　　　　　　　　100 000

（2）收回出售价款：

借：银行存款　　　　　　　　　　　　　　　　　　81 750
　　贷：固定资产清理　　　　　　　　　　　　　　　　　75 000
　　　　应交税费——应交增值税（销项税额）　　　　　6 750

（3）支付清理费用：

借：固定资产清理　　　　　　　　　　　　　　　　2 000
　　贷：银行存款　　　　　　　　　　　　　　　　　　　2 000

（4）结转净收益：

厂房清理净收益=75 000-50 000-2 000=23 000（元）

借：固定资产清理　　　　　　　　　　　　　　　　23 000
　　贷：资产处置损益　　　　　　　　　　　　　　　　　23 000

二、固定资产报废

固定资产的报废，按其形成原因可分为两类：一类是由于使用期限已满不再继续使用而形成的正常报废；另一类是由于技术进步或由于意外情况发生毁损而导致的提前报废。固定资产报废的会计处理，与出售基本相同，即将转入清理的固定资产账面净值、支付的清理费用等记入"固定资产清理"账户的借方，支付的增值税税款，取得增值税专用发票的，借记"应交税费——应交增值税（进项税额）"，贷记"固定资产""银行存款"等账户；取得固定资产残料的变价收入或残料入库、应收保险公司及责任人的赔款等，应冲减清理支出，借记"银行存款""原材料""其他应收款"等账户，贷记"固定资产清理"账户，取得的增值税税款，贷记"应交税费——应交增值税（销项税额）"账户。"固定资产清理"账户借方与贷方的差额即为固定资产清理净损益。净损益处理也同固定资产出售，但对于生产经营期间由于自然灾害等非正常原因造成的损失，应借记"营业外支出——非常损失"账户，贷记"固定资产清理"账户。

【例5-17】某企业一栋厂房因自然灾害造成毁损而提前报废，其账面原值为50 000

元，累计折旧为18 000元。在清理过程中，以银行存款支付清理费用1 800元，未取得增值税专用发票；拆除的残料一部分作价1 000元入库，作为维修材料，另一部分变卖，取得收入1 130元（含增值税130元），存入银行；此外，应收保险公司赔款20 000元。假定该企业未对厂房计提减值准备。

根据上述资料，该企业应作账务处理如下：

（1）将厂房转入清理，注销其账面价值：

借：固定资产清理　　　　　　　　　　　　　　　　　　　　　　　　32 000
　　累计折旧　　　　　　　　　　　　　　　　　　　　　　　　　　18 000
　　贷：固定资产　　　　　　　　　　　　　　　　　　　　　　　　　　　50 000

（2）支付清理费用：

借：固定资产清理　　　　　　　　　　　　　　　　　　　　　　　　 1 800
　　贷：银行存款　　　　　　　　　　　　　　　　　　　　　　　　　　　 1 800

（3）残料入库以及收取变价收入：

借：原材料　　　　　　　　　　　　　　　　　　　　　　　　　　　 1 000
　　银行存款　　　　　　　　　　　　　　　　　　　　　　　　　　 1 130
　　贷：固定资产清理　　　　　　　　　　　　　　　　　　　　　　　　　 2 000
　　　　应交税费——应交增值税（销项税额）　　　　　　　　　　　　　　 130

（4）应收保险公司赔款：

借：其他应收款——××保险公司　　　　　　　　　　　　　　　　　20 000
　　贷：固定资产清理　　　　　　　　　　　　　　　　　　　　　　　　　20 000

（5）结转净损失：

厂房清理净损失=32 000+1 800-2 000-20 000=11 800（元）

借：营业外支出——非常损失　　　　　　　　　　　　　　　　　　　11 800
　　贷：固定资产清理　　　　　　　　　　　　　　　　　　　　　　　　　11 800

三、固定资产投资转出

在非同一控制下的企业控股合并中，企业投资转出的固定资产，应按其公允价值，借记"长期股权投资"账户，贷记"固定资产清理"账户；同时，按对其已计提的折旧，借记"累计折旧"账户，按对其已计提的减值准备，借记"固定资产减值准备"账户，按固定资产账面净值加上相关税费，借记"固定资产清理"账户，按固定资产账面原值，贷记"固定资产"账户，按应支付的相关税费，贷记"银行存款""应交税费"等账户；最后，将固定资产清理的净损益转入"资产处置损益"账户。在同一控制下的企业控股合并中，按照取得被合并方所有者权益账面价值的份额作为长期股权投资的初始投资成本，长期股权投资的初始投资成本与转让的固定资产账面价值之间的差额，应当调整资本公积（资本溢价或股本溢价）；资本公积（资本溢价或股本溢价）的余额不足冲减的，调整留存收益。

【例5-18】某公司以设备对A公司进行投资，取得A公司60%的股权，取得该部分股权后能够控制A公司的生产经营决策（假定为非同一控制下的企业合并）。设备的账面原值为 500 000 元，累计折旧为 50 000 元，该公司已对设备计提减值准备 2 000 元。该设备的公允价值为 550 000 元。

根据上述资料，该公司在合并日应作账务处理如下：

（1）将设备转入清理：

借：长期股权投资   550 000

    贷：固定资产清理   550 000

同时：

借：固定资产清理   448 000

    累计折旧   50 000

    固定资产减值准备   2 000

    贷：固定资产   500 000

（2）结转净收益：

借：固定资产清理   102 000

    贷：资产处置损益   102 000

四、固定资产捐赠

捐赠转出的固定资产，应通过"固定资产清理"账户进行核算，清理净损失记入"营业外支出——捐赠支出"账户。

【例 5-19】A 公司将一台机床捐赠给 B 公司，其账面原值为 100 000 元，已提折旧为 19 500 元，已计提减值准备为 1 500 元，以银行存款支付捐赠过程中发生的运费及增值税为 2 180 元（含可抵扣的增值税 180 元）。

根据以上资料，A 公司应作账务处理如下：

（1）将机床转入清理，冲销其账面价值：

借：固定资产清理   79 000

    累计折旧   19 500

    固定资产减值准备   1 500

    贷：固定资产   100 000

（2）支付运费及增值税：

借：固定资产清理   2 000

    应交税费——应交增值税（进项税额）   180

    贷：银行存款   2 180

（3）结转净损失：

借：营业外支出——捐赠支出   81 000

    贷：固定资产清理   81 000

五、固定资产清查

为了保证固定资产账实相符，保证固定资产核算的真实性和完整性，企业应当定期或不定期地对固定资产进行盘点清查。一般来说，企业至少应在年度终了编制年度财务报告之前，对固定资产进行一次全面的清查。在清查过程中，对盘盈、盘亏的固定资产，应及时查明原因，编制固定资产盘点报告表，并按规定的管理权限报经企业有关部门或机构批准后，在期末结账前处理完毕。若在期末结账前尚未经批准的，企业也应当在对外提供财务报告时先进行处理，并在会计报表附注中加以说明；如果其后批准处理的金额与已处理的金额不一致，应按其差额调整会计报表相关项目的年初数。

固定资产的盘亏，应通过"待处理财产损溢——待处理固定资产损溢"账户进行核算。盘盈的固定资产，作为前期差错处理，应通过"以前年度损益调整"账户核算。

（一）固定资产盘盈

对盘盈的固定资产，应按同类或类似固定资产的市场价格减去按该项资产的新旧程度估计的价值损耗后的余额，或该项固定资产的预计未来现金流量现值，借记"固定资产"账户，贷记"以前年度损益调整"账户。

【例5-20】甲公司在固定资产清查中，发现一台机床未入账，同类机床的市场价格为30 000元，估计该机床八成新，尚可使用年限为5年。假定该公司按10%提取法定盈余公积，所得税税率为25%，未进行其他利润分配。

根据以上资料，甲公司应作账务处理如下：

（1）盘盈固定资产：

固定资产净值=30 000×80%=24 000（元）

借：固定资产	24 000
贷：以前年度损益调整	24 000

（2）计算应缴所得税：

借：以前年度损益调整	6 000
贷：应交税费——应交所得税	6 000

（3）结转"以前年度损益调整"账户：

借：以前年度损益调整	18 000
贷：利润分配——未分配利润	18 000

（4）补提盈余公积：

借：利润分配——未分配利润	1 800
贷：盈余公积——法定盈余公积	1 800

（二）固定资产盘亏

固定资产盘亏是指在清查中发现账面上记载的某项固定资产，其实物已不存在。对于盘亏的固定资产，在报经批准处理前，应按其账面价值，借记"待处理财产损溢——待处理固定资产损溢"账户，按对其已计提的折旧，借记"累计折旧"账户，按对其已计提的减值准备，借记"固定资产减值准备"账户，按其账面原值，贷记"固定资产"账户。报经批准后，按可收回的保险赔偿或过失人赔偿，借记"其他应收款"账户，按应计入营业外支出的金额，借记"营业外支出——盘亏损失"账户，贷记"待处理财产损溢——待处理固定资产损溢"账户。

【例5-21】甲公司在清查中盘亏设备一台，其账面原值为80 000元，已提折旧为30 000元，对该设备已计提的减值准备为10 000元。报经批准后，将盘亏设备的净值转作营业外支出。

根据以上资料，甲公司应作账务处理如下：

（1）盘亏固定资产：

借：待处理财产损溢——待处理固定资产损溢	45 200	
累计折旧	30 000	
固定资产减值准备	10 000	
贷：固定资产		80 000
应交税费——应交增值税（进项税额转出）		5 200

（2）报经批准后：

借：营业外支出——盘亏损失	45 200	
贷：待处理财产损溢——待处理固定资产损溢		45 200

第六节 固定资产的减值

企业的固定资产在使用过程中，由于存在有形损耗（如自然磨损、损坏等）、无形损耗（如技术陈旧等），或市价、市场利率等的变化，固定资产有时会发生减值。固定资产的减值是指固定资产的可收回金额低于其账面价值。固定资产可收回金额的估计，应当根据其公允价值减去处置费用后的净额与固定资产预计未来现金流量的现值两者之间较高者确定。在估计固定资产可收回金额时，原则上应当以单项固定资产为基础，如果企业难以对单项固定资产的可收回金额进行估计，应当以该固定资产所属的资产组为基础确定资产组的可收回金额。当固定资产发生减值时，如果不予以确认，必然会导致资产账面价值的虚增，不能真实地反映资产的实际价值。因此，根据谨慎性原则和真实性原则，企业应当在固定资产存在减值迹象时，估计其可收回金额，然后将所估计的固定资产可收回金额与其账面价值相比较，以确定资产是否发生了减值。对于可收回金额低于账面价值的固定资产，应当计提减值准备，并计入当期损益（资产减值损失）。

企业应当在资产负债表日对固定资产进行检查，若存在下列可能发生减值的迹象，应当估计固定资产的可收回金额：

（1）固定资产市价在当期大幅度下跌，其跌幅明显高于因时间推移或正常使用而预计的下跌，并且预计在近期内不可能恢复；

（2）企业所处经营环境（如技术、市场、经济或法律环境）或者资产所处的市场在当期或者将在近期发生重大变化，从而对企业产生不利影响；

（3）同期市场利率或者其他市场投资报酬率在当期已经大幅度提高，从而影响企业计算固定资产预计未来现金流量现值的折现率，导致固定资产可收回金额大幅度降低；

（4）有证据表明固定资产已经陈旧过时或发生实体损坏等；

（5）固定资产已经或者将被闲置、终止使用或者计划提前处置；

（6）企业内部报告的证据表明固定资产的经济绩效已经低于或者将低于预期，如固定资产所创造的净现金流量或者实现的营业利润远远低于原来的预算或者预计金额；

（7）其他有可能表明资产已发生减值的迹象。

有确凿证据表明固定资产存在减值迹象的，应当在资产负债表日进行减值测试，估计固定资产的可收回金额。如果固定资产的可收回金额低于其账面价值，企业应当按固定资产可收回金额低于其账面价值的差额计提减值准备，借记"资产减值损失——固定资产减值损失"账户，贷记"固定资产减值准备"账户。

固定资产减值损失一经确认，在以后会计期间不得转回。

【例5-22】某企业于资产负债表日对固定资产进行减值测试，同时结合各种因素进行分析，得知A设备和B设备已发生减值，其计算结果如表5-3所示。

表5-3　　　　　　　　　　　固定资产减值准备计算表　　　　　　　　　单位：元

固定资产名称	原值	已提折旧	账面净值	可收回金额	差额
A设备	200 000	40 000	160 000	150 000	−10 000
B设备	600 000	100 000	500 000	420 000	−80 000
合计	800 000	140 000	660 000	570 000	−90 000

根据上述资料，该企业应作账务处理如下：

借：资产减值损失——固定资产减值损失　　　　　　　　　　　　90 000

　　贷：固定资产减值准备　　　　　　　　　　　　　　　　　　　　　90 000

已计提减值准备的固定资产，应当按照该固定资产的账面价值（该项固定资产的原值扣除其累计折旧和减值准备后的净额）以及尚可使用年限重新计算确定折旧率和折旧额。

有确凿证据表明在建工程存在减值迹象的，应当在资产负债表日进行减值测试，估计其可收回金额。如果在建工程的可收回金额低于其账面价值，企业应当按其差额计提减值准备，借记"资产减值损失——在建工程减值损失"账户，贷记"在建工程减值准备"账户。该减值损失一经确认，在以后会计期间不得转回。

本章小结

固定资产是指同时具有下列特征的有形资产：（1）为生产商品、提供劳务、出租或经营管理而持有的；（2）使用寿命超过一个会计年度。固定资产同时满足下列条件的，才能予以确认：（1）与该固定资产有关的经济利益很可能流入企业；（2）该固定资产的成本能够可靠地计量。

固定资产的计价方法主要有：（1）按历史成本计价；（2）按净值计价。固定资产的价值构成是指固定资产价值所包括的范围，即包括企业为购建某项固定资产达到预定可使用状态前所发生的一切合理的、必要的支出。由于固定资产取得的方式、渠道不同，其价值构成的具体内容也有所不同。固定资产取得的途径主要有：外购、自行建造、投资者投入、融资租入、接受捐赠等。

固定资产折旧是指在固定资产使用寿命内，按照确定的方法对应计折旧额进行的系统分摊。固定资产应当按月计提折旧，计提折旧的方法主要有：年限平均法、工作量法、双倍余额递减法和年数总和法。企业应当根据与固定资产有关的经济利益的预期实现方式合理选择折旧方法，折旧方法一经选定，不得随意变更。

固定资产的后续支出是指固定资产投入使用以后发生的一些必要支出，如固定资产维修、改扩建等发生的支出。后续支出的处理原则为：与固定资产有关的改扩建等后续支出，若符合固定资产确认条件的，应该资本化，计入固定资产成本，同时将被替换部分的账面价值扣除；与固定资产有关的修理费用等后续支出，不符合固定资产确认条件的，应当计入当期损益。

固定资产的处置主要包括固定资产出售、报废或毁损、投资转出、对外捐赠、固定资产清查等。企业因出售、报废、对外捐赠等原因减少的固定资产，应通过"固定资产清理"账户进行核算。在固定资产清查中，对于固定资产的盘盈，应通过"以前年度损益调整"账户进行核算；固定资产盘亏，应通过"待处理财产损溢——待处理固定资产损溢"账户进行核算。

固定资产的减值是指固定资产的可收回金额低于其账面价值。在期末，对于可收回金额低于账面价值的固定资产或在建工程，应当计提减值准备，并计入当期损益。

主要概念

固定资产　折旧　原始价值　重置完全价值　弃置费用　净残值　年限平均法　工作量法　加速折旧法　双倍余额递减法　年数总和法　账面价值　可收回金额　固定资产减值

第五章基本训练

无形资产

学习目标

通过本章学习，应达到以下目标：在知识方面，了解无形资产的基本概念、基本特征，无形资产的分类以及无形资产的确认与计量的标准；在技能方面，熟练掌握无形资产取得、摊销、出售、出租、减值等业务的会计处理方法；在能力方面，正确运用有关无形资产的确认、计量原则，结合企业实际情况进行分析，理解各种处理方法对企业财务信息的影响。

思维导图

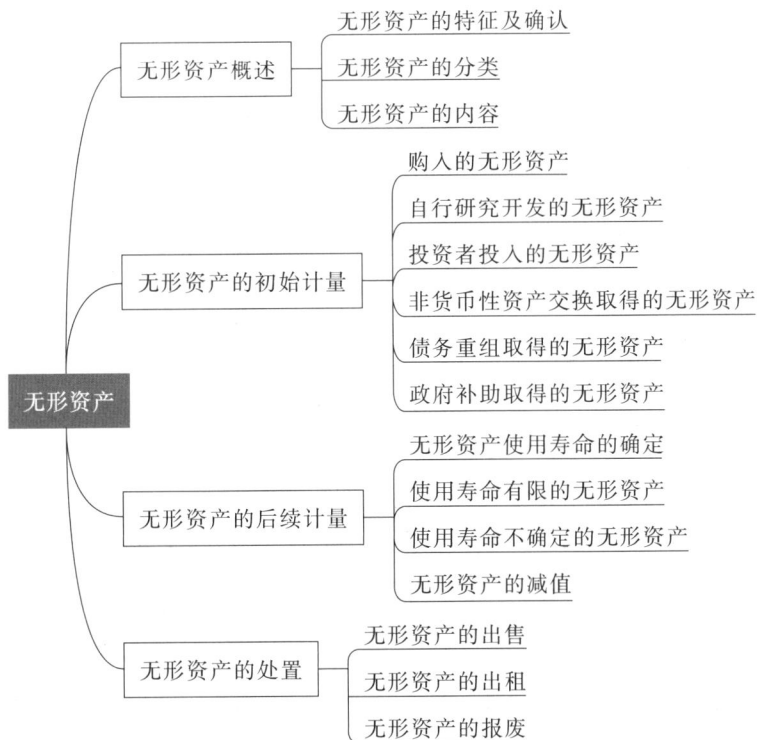

引导案例

品牌是企业重要的无形资产

随着市场经济的发展和知识创新步伐的加快，无形资产在企业中的地位日益突出，已成为企业一项重要的经济资源，在企业资产中的比重越来越大，对企业价值的贡献也越来越大。加强对无形资产的会计核算和相关信息的披露也就显得日益重要。本章将重点阐述无形资产的确认和计量问题。

第一节 无形资产概述

一、无形资产的特征及确认

（一）无形资产的概念及特征

在我国《企业会计准则第6号——无形资产》（以下简称"无形资产准则"）中，无形资产被定义为：无形资产是指企业拥有或者控制的没有实物形态的可辨认非货币性资产。在SFAS 142（美国财务会计准则公报第142项）中，美国财务会计准则委员会将无形资产定义为没有实物形态的长期资产，包括商誉、版权、专利、商标等。在《国际会计准则第38号——无形资产》（IAS 38）中，无形资产被定义为：无形资产是指用于商品或劳务的生产或供应、出租给其他单位或管理目的而持有的、没有实物形态的可辨认非货币性资产。SFAS 142中无形资产包括了商誉，而我国会计准则和国际会计准则中都将其排除在无形资产之外，其原因是商誉的存在无法与企业自身相分离而不具有可辨认性，不符合无形资产的定义，因此不构成无形资产的组成部分。我国会计准则和国际会计准则对无形资产的定义都强调了无形资产没有实物形态、可辨认性和非货币性的特征，所不同的是，国际会计准则强调了企业持有该项资产的目的，即无形资产是企业用于商品或劳务的生产或供应、出租给其他单位或管理目的而持有的一项资产，我国的会计准则则强调了无形资产应符合资产的特征之一，即无形资产是由企业拥有或者控制的。由此可见，无形资产的特征主要有：

1.不具有实物形态

无形资产一般表现为某种权利、某项技术或者是某种获取超额利润的综合能力，它们不像存货、固定资产等其他资产那样具有实物形态，它们是看不见、摸不着的，如专利权、非专利技术等。无形资产虽然没有实物形态，但却具有价值，它有助于提高企业的经济效益，能使企业获得高于同行业一般水平的盈利能力。不具有实物形态是无形资产区别于其他资产的显著特征，但是，并非所有不具有实物形态的资产都是无形资产，例如，企业的应收账款和预付账款等也没有实物形态，却不是无形资产。

另外，需指出的是，某些无形资产的存在有赖于实物载体，如计算机软件、数据等需要存储在介质中，但这并没有改变无形资产本身不具有实物形态的特征。在确定一项包含无形和有形要素的资产是属于固定资产还是无形资产时，需要通过判断来加以确定，通常以哪个要素更重要为判断依据。例如，计算机控制的机械工具没有特定计算机软件就不能运行时，则说明该软件是构成相关硬件不可缺少的组成部分，该软件应作为固定资产处理；如果计算机软件不是相关硬件不可缺少的组成部分，则该软件应作为无形资产核算。

2.属于非货币性资产

属于非货币性资产，且不是流动资产，是无形资产的又一特征。无形资产没有实物形态，货币性资产也没有实物形态，如现金、银行存款、应收票据、应收账款等也没有实物形态，它们直接表现为固定的货币数额或在将来收到一定货币数额的要求权，因而它们是货币性资产。无形资产由于没有发达的交易市场，一般不容易转化成现金，在持有过程中为企业带来未来经济利益的情况不确定，不属于以固定或可确定的金额收取的资产，属于非货币性资产。另外，虽然固定资产也属于非货币性资产，但其为企业带来经济利益的方式与无形资产不同，固定资产是通过实物价值的磨损和转移来为企业带来经济利益，而无形资产很大程度上是通过某些权力、技术等优势为企业带来经济利益。

3.可辨认性

资产符合以下条件之一的，则认为其具有可辨认性：

（1）能够从企业中分离或者划分出来，并能单独用于出售或转让等，而不需要同时处置在同一获利活动中的其他资产，则说明无形资产可以辨认。某些情况下无形资产可能需要与有关的合同、资产或负债一起用于出售、转让等，这种情况下也视为可辨认无形资产。

（2）产生于合同性权利或其他法定权利，无论这些权利是否可以从企业或其他权利和义务中转移或者分离。如一方通过与另一方签订特许权合同而获得的特许使用权，通过法律程序申请获得的商标权、专利权等。

值得一提的是，企业合并中取得的商誉代表了购买方为从不能单独辨认并独立确认的资产中获得预期未来经济利益而付出的代价，这些未来经济利益可能产生于取得的可辨认资产之间的协同作用，也可能产生于购买者在企业合并中准备支付的但不符合在财务报表上确认条件的资产。从计量上来看，商誉是企业合并成本大于合并中取得的各项可辨认资产、负债公允价值份额的差额，代表的是企业未来现金流量大于每一单项资产产生未来现金流量的合计金额，其存在无法与企业自身区分开来。因此，从可辨认性角度看，商誉是与企业整体价值联系在一起的，由于不具有可辨认性，虽然商誉也是没有实物形态的非货币性资产，但不构成无形资产。

4.不确定性

无形资产的经济价值在很大程度上受企业外部因素的影响，如相关新技术更新换代速度、利用无形资产所生产产品的市场接受程度等，其预期的获利能力不能准确地加以确定。在科学技术迅猛发展、市场竞争日益加剧的情况下，某项无形资产所具有的优越性可能很快就被其他更先进的无形资产所取代，因而它原来能为企业带来超额利润的能力可能在顷刻间丧失殆尽；有些无形资产的使用期限难以确定，它们能在多长时间内使企业受益也难以确定。因此，企业取得的无形资产究竟能为企业提供多少经济效益，往往难以准确地确定。

（二）无形资产的确认

对无形资产进行确认，是计量和记录无形资产的前提。一项资产除了要符合无形资产的定义外，还必须同时满足以下两个条件，才能将其确认为无形资产：

（1）与该无形资产有关的经济利益很可能流入企业。作为无形资产确认的项目，必须具备产生的经济利益很可能流入企业这一条件。例如，企业拥有无形资产的法定所有权，或企业与他人签订了协议，使得企业的相关权利受到法律的保护，这样可以保证无形资产的预计未来经济利益能够流入企业。实务中，要确定无形资产创造的经济利益是否很可能流入企业，需要实施职业判断，即需要企业管理当局对无形资产在预计使用寿命内可能存在的各种因素作出最稳健的估计，在这一点上我国会计准则的规定与国际会计准则是相同的。

（2）该无形资产的成本能够可靠地计量。这是对资产进行确认的一项基本条件。如果无形资产的成本无法可靠地计量，那么其入账价值也就无法确定。例如，企业自创的商誉，以及企业内部产生的品牌、报刊名等，因其成本无法可靠地计量，其入账价值难以确定，因此不能作为企业的无形资产加以确认。这一点也符合国际惯例，与国际会计准则的规定是相同的。

二、无形资产的分类

在知识经济条件下，知识创新的步伐不断加快，无形资产在企业资产中所占的比重越来越大，因此企业必须加强对无形资产的管理与核算。从不同的角度，采取科学的方法对无形资产进行合理的分类，是搞好无形资产管理和核算的一项基础性工作。根据无形资产的特点，一般可以对无形资产作如下分类：

（1）按其取得的来源不同，可将无形资产分为购入的无形资产、自行研究开发的无形资产、投资者投入的无形资产、接受捐赠的无形资产、以非货币性资产交换取得的无形资产、债务重组取得的无形资产、政府补助取得的无形资产以及企业合并取得的无形资产等。

这种分类的目的主要是使无形资产的入账价值的确定更加准确和合理。因为不同来源取得的无形资产，其入账价值的构成不同。

（2）按其使用寿命是否确定，可将无形资产分为使用寿命有限的无形资产和使用寿命不确定的无形资产。

这种分类的目的主要是合理地确定无形资产的摊销额。对于使用寿命有限的无形资产，其应摊销金额应当在使用寿命内系统合理地摊销。对于使用寿命不确定的无形资产不应摊销。

三、无形资产的内容

无形资产一般包括专利权、非专利技术、商标权、著作权、特许权、土地使用权和数据资源等。

（一）专利权

专利权是指国家专利主管机关依法授予发明创造专利申请人，对其发明创造在法定期限内所享有的专有权利，包括发明专利权、实用新型专利权和外观设计专利权。并不是所有的专利权都能给持有者带来经济利益，有的专利可能没有经济价值或只具有很小的经济价值；有的专利会被另外更有经济价值的专利所淘汰等。因此，企业不应将其所拥有的一切专利权予以资本化，作为无形资产核算。只有那些能够给企业带来较大经济价值，且企业为此花费了支出的专利才能作为无形资产核算。

发明专利权的法定有效期限为20年，实用新型专利权和外观设计专利权的法定有效期限为10年，均自申请日起计算。在某项专利权的有效期内，若有人欲使用该项专利，必须事先征得该专利所有者的许可，并支付专利使用费或购买专利权。

（二）非专利技术

非专利技术，也称专有技术，它是指不为外界所知、在生产经营活动中已采用了的、不享有法律保护的、可以带来经济效益的各种技术和诀窍。

非专利技术一般包括三类：一是工业专有技术，即在生产经营活动中已经采用，仅为少数人所掌握但不享有专利权或发明权的生产、装配、修理、工艺或加工方法等方面的技术知识；二是商业贸易专有技术，即具有保密性质的市场情报、原材料价格情报以及用户、竞争对手的情况和有关知识等；三是管理专有技术，即生产组织的经营方式、管理方法、培训职工方法等方面的保密知识。非专利技术可以用蓝图、配方、技术记录、操作方法的说明等具体资料表现出来，也可以通过向买方派出技术人员进行指导，或接受买方人员进行技术实习等手段来实现。

非专利技术一般具有经济性、机密性和动态性等特点。

（三）商标权

商标是用来辨认特定的商品或劳务的标记。商标权指专门在某类指定的商品或产品上使用特定的名称或图案的权利。《中华人民共和国商标法》明确规定，经商标局核准注册的商标为注册商标，商标注册人享有商标专用权，受法律的保护。商标权的内容包括独占使用权和禁止使用权两个方面。所谓独占使用权，是指商标权享有人在商标注册的范围内独家使用其商标的权利，这种权利是商标权具有独占性的法律表现；所谓禁止使用权，是指商标权享有人排除和禁止他人对商标使用权进行侵犯的权利，这种权利是商标权具有排他性的法律表现。

商标权的价值在于企业拥有信誉卓著的驰名商标，可以为企业带来超额利润，例如，"可口可乐""麦当劳""茅台"等商标，都是相关行业优质产品的代名词。尤其是拥有著名商标通常能为企业带来巨大的经济利益，其带来的价值甚至超过企业的有形资产。

注册商标的有效期限为10年，自核准注册之日起计算；有效期满需要继续使用的，应当在期满6个月内申请续展注册，每次续展注册的有效期为10年。

（四）著作权

著作权又称版权，是指作者对其创作的文学、科学和艺术作品依法享有的某些特殊权利。著作权包括作品署名权、发表权、修改权和保护作品完整权，还包括复制权、发行权、出租权、展览权、表演权、放映权、广播权、信息网络传播权、摄制权、改编权、翻译权、汇编权以及应当由著作权人享有的其他权利。非经作者和出版商（社）的共同授权，著作或艺术品不得私自翻印或复制。

（五）特许权

特许权，又称经营特许权、专营权，是指企业在某一地区经营或销售某种特定商品的权利或是一家企业接受另一家企业使用其商标、商号、技术秘密等的权利。特许权一般有两种形式：一种是由政府机构授权，准许企业使用或在一定地区享有经营某种业务的特权，如公共交通、电力、电信、自来水等专营权，烟草专卖权等；另一种指企业间依照签订的合同，有限期或无限期使用另一家企业的商标、专利、专有技术等的权利，如连锁店分店使用总店的名称等。

（六）土地使用权

在我国，土地所有权归国家，任何企业或者个人对土地只有使用权而无所有权。土地使用权是指国家准许某企业在一定期间内对国有土地享有开发、利用、经营的权利。企业取得土地使用权的方式主要有以下几种：行政划拨取得、外购取得（例如，以缴纳土地出让金方式取得）及投资者投资取得。

（七）数据资源

企业使用的数据资源，如果符合《企业会计准则第6号——无形资产》规定的定义和确认条件的，应当确认为无形资产。企业的数据资源可以通过外购方式取得，也可以通过内部研究开发取得。

国际会计准则中无形资产的内容包括：企业在科学或技术知识、新工艺或系统的设计和完成、许可证、知识产权、市场知识和商标等无形资源的获得、开发、维护和提高方面所涉及的一些项目，如计算机软件、专利权、版权、电影片、客户名单、抵押服务权、捕捞许可证、进口配额、特许权、客户或供应商的关系、客户的信赖、市场份额和销售权等，凡是符合无形资产定义要求的均为无形资产。可见，国际会计准则关于无形资产的内容比我国要广泛一些。

|第二节| 无形资产的初始计量

对于外部取得（不含合并商誉）的无形资产，SFAS 142指出，企业应以公允价值为基础确定入账成本。成本可以是所给付对价或所收到资产的公允价值，具体取决于哪一个能更为可靠地计量。IAS 38指出，无形资产应以成本进行初始计量，这里成本包括所有可直接归属于，或按合理一致的基础，分摊于该资产的支付对价，或创造、生产并使其达到预定可使用状态的所有支出。在无形资产的初始计量方面，我国会计准则的规定和国际会计准则是相同的。我国会计准则规定，无形资产应当按成本进行初始计量，即应以取得无形资产并使之达到预定用途而发生的全部支出，作为无形资产的成本（入账价值）。对于不同来源取得的无形资产，其入账价值的构成不同。

根据无形资产的取得来源不同，可以通过以下判断流程图（如图6-1所示）来对其初始计量加以描述。

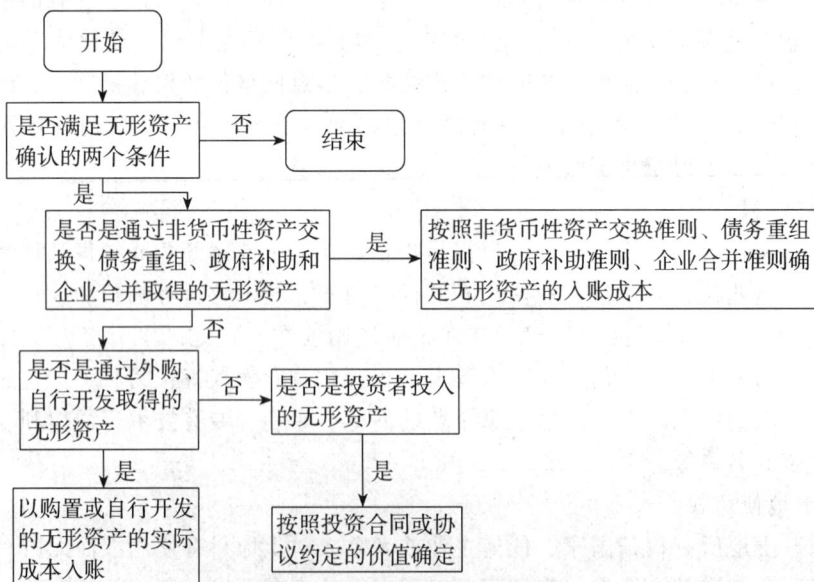

图6-1 无形资产初始计量判断流程图

一、购入的无形资产

(一) 一般无形资产的购入

购入的无形资产，其成本包括购买价款、相关税费以及直接归属于使该项资产达到预定用途所发生的其他支出。其中，其他支出包括使无形资产达到预定用途所发生的专业服务费用、测试无形资产是否能够正常发挥作用的费用等，但是不包括为引入新产品进行宣传发生的广告费、管理费用等，以及无形资产已经达到预定用途以后发生的费用。

购入无形资产的价款超过正常信用条件延期支付（如付款期在3年以上），实际上已具有融资性质，此时，无形资产的成本应为各期付款额的现值之和，购买价的现值与应付价款之间的差额作为未确认的融资费用，在付款期内按实际利率法确认为利息费用。

【例6-1】2×24年1月1日，甲公司从乙公司购入一项专利权，价款3 000 000元，增值税180 000元，款项已通过银行转账支付。如果使用了该项专利权，甲公司预计其生产能力将比原来提高25%，销售利润率将增长20%。假设不涉及其他相关税费。

甲公司的账务处理如下：

借：无形资产——专利权　　　　　　　　　　　　　　　　　3 000 000
　　应交税费——应交增值税（进项税额）　　　　　　　　　　180 000
　　贷：银行存款　　　　　　　　　　　　　　　　　　　　　　　3 180 000

【例6-2】甲公司2×21年1月1日从乙公司购买一项商标权，甲公司与乙公司协商采用分期付款方式支付款项。合同规定，该项商标权总计8 000 000元，每年年末付款2 000 000元，4年付清。假定不考虑相关税费，银行同期贷款利率为10%，其有关计算如下：

无形资产的现值=2 000 000×0.9091+2 000 000×0.8264+2 000 000×0.7513+2 000 000×0.6830
　　　　　　　=6 339 600（元）

未确认融资费用=8 000 000-6 339 600=1 660 400（元）

未确认融资费用的分摊如表6-1所示。

表6-1　　　　　　　　　　　甲公司未确认融资费用分摊表

2×21年1月1日　　　　　　　　　　　　　　　　　　　　　　单位：元

日期	分期付款额	确认的融资费用	应付本金减少额	应付本金余额
①	②	③=期初⑤×10%	④=②-③	期末⑤=期初⑤-④
2×21.1.1				6 339 600
2×21.12.31	2 000 000	633 960	1 366 040	4 973 560
2×22.12.31	2 000 000	497 356	1 502 644	3 470 916
2×23.12.31	2 000 000	347 091.6	1 652 908.4	1 818 007.6
2×24.12.31	2 000 000	181 992.4	1 818 007.6	0
合计	8 000 000	1 660 400	6 339 600	

甲公司账务处理如下：

购入无形资产时：

借：无形资产——商标权   6 339 600

　未确认融资费用   1 660 400

　　贷：长期应付款——乙公司   8 000 000

第 1 年年末付款时：

借：长期应付款——乙公司   2 000 000

　　贷：银行存款   2 000 000

借：财务费用   633 960

　　贷：未确认融资费用   633 960

以后各年账务处理方法同第 1 年年末。

（二）土地使用权的购入

企业购入的土地使用权通常应确认为无形资产，其入账价值为取得时所支付的价款及相关税费。土地使用权用于自行开发建造厂房等地上建筑物时，应作为无形资产单独进行核算，而不与地上建筑物合并计算成本，土地使用权与地上建筑物分别进行摊销和提取折旧，但下列情况除外：

（1）房地产开发企业取得的土地使用权用于建造对外出售的房屋建筑物，相关的土地使用权应当计入所建造的房屋建筑物成本。

（2）企业外购的房屋建筑物，如果实际支付的价款中包括土地使用权以及建筑物的价值，则应当对支付的价款按照合理的方法（如公允价值比例）在土地使用权和地上建筑物之间进行分配；如果确实无法在地上建筑物与土地使用权之间进行合理分配的，应当全部作为固定资产进行核算。

企业改变土地使用权的用途，将其用于出租或增值目的时，应将其转为投资性房地产。

【例 6-3】 2×24 年 1 月 1 日，甲公司购入一块土地的使用权，以银行存款支付 74 200 000 元（含增值税 4 200 000 元），欲在该土地上自行建造厂房。土地使用权的使用年限为 50 年，没有残值，采用直线法进行摊销。假定不考虑其他相关税费，则甲公司购入土地使用权的账务处理如下：

借：无形资产——土地使用权   70 000 000

　应交税费——应交增值税（进项税额）   4 200 000

　贷：银行存款   74 200 000

二、自行研究开发的无形资产

企业自行进行的研究开发项目，应区分为研究阶段和开发阶段分别进行核算。

（一）研究阶段和开发阶段

1.研究阶段

内部研究开发项目的研究阶段是指为获取新的科学或技术知识并理解它们而进行的独创性的有计划调查，研究活动的例子包括：意欲获取知识而进行的活动；研究成果或其他知识的应用研究、评价和最终选择；材料、设备、产品、工序、系统或服务替代品的研究；新的或经改进的材料、设备、产品、工序、系统或服务的可能替代品的配制、设计、评价和最终选择。

研究阶段的特点是：（1）计划性。研究阶段是建立在有计划的调查基础上的，即研发项目已经董事会或者相关管理层的批准，并着手搜集相关资料、进行市场调查等。例如，某药品公司为研究开发某药品，经董事会或者相关管理层的批准，有计划地搜集相关资料，进行市场调查，比较市场相关药品的药性、效用等。（2）探索性。研究阶段基本上是探索性的，为进一步的开发活动进行资料及相关方面的准备，这一阶段不会形成阶段性成果。

从研究活动的特点来看，其研究是否能在未来形成成果，即通过开发后是否会形成无形资产，有很大的不确定性，企业也无法证明其研究活动一定能够形成带来未来经济利益的无形资产，因此，研究阶段的有关支出在发生时应当费用化计入当期损益。

2.开发阶段

内部研究开发项目的开发阶段是指在进行商业性生产或使用前，将研究成果或其他知识应用于某项计划或设计，以生产出新的或具有实质性改进的材料、装置、产品等。开发活动的例子包括：生产前或使用前的原型和模型的设计、建造和测试；含新技术的工具、夹具、模具和冲模的设计；不具有商业性生产经济规模的试生产设施的设计、建造和运营；新的或经改造的材料、设备、产品、工序、系统或服务所选定的替代品的设计、建造和测试等。

开发阶段的特点是：（1）具有针对性。开发阶段是建立在研究阶段基础上的，因而，对项目的开发具有针对性。（2）形成成果的可能性较大。进入开发阶段的研发项目往往形成成果的可能性较大。由于开发阶段相对于研究阶段更进一步，且很大程度上形成一项新产品或新技术的基本条件已经具备，此时如果企业能够证明满足无形资产的定义及相关确认条件，所发生的开发支出可资本化，确认为无形资产的成本。

如果企业确实无法区分研究阶段和开发阶段的支出，应将其所发生的研发支出全部费用化，计入当期损益。

（二）开发阶段有关支出资本化的条件

1.完成该无形资产以使其能够使用或出售在技术上具有可行性

判断无形资产的开发在技术上是否具有可行性，企业应当以目前阶段的成果为基础，并提供相关证据和材料，证明企业进行开发所需的技术条件等已经具备，不存在技术上的障碍或其他不确定性。

2.具有完成该无形资产并使用或出售的意图

企业开发某项产品或专利技术产品等，当研发项目形成成果以后，是对外出售，还是为自己使用并从使用中获得经济利益，应当依管理当局的意图而定。因此，企业的管理当局应能够说明其持有拟开发无形资产的目的，并具有完成该项无形资产开发并使其能够使用或出售的可能性。

3.无形资产产生经济利益的方式

包括能够证明运用该无形资产所生产的产品存在市场或无形资产自身存在市场，无形资产将在内部使用的，应当证明其有用性。

能为企业带来未来经济利益是确认一项无形资产的基本条件。就无形资产能够为企业带来未来经济利益的方式而言，主要有三种方式：一是如果有关的无形资产在形成以后主要是用于形成新产品或新工艺的，企业应对运用该无形资产所生产的产品市场情况进行估计，应能够证明所生产的产品存在市场，能够带来经济利益的流入；二是如果有关的无形资产开发以后主要是用于对外出售的，则企业应能够证明市场上存在对该类无形资产的需求，开发以后存在外在的市场可以出售并带来经济利益的流入；三是如果无形资产开发以后在企业内部使用的，则企业应能够证明在企业内部使用时对企业的有用性。

4.有足够的技术、财务和其他资源支持，以完成该无形资产的开发，并有能力使用或出售该无形资产

这一条件主要包括：（1）技术上的支持。必须有确凿证据证明企业继续开发该项无形资产有足够的技术支持和技术能力，这是继续进行开发活动的关键。（2）财务和其他资源支持。这是能够完成该项无形资产开发的经济基础。（3）能够证明企业在开发过程中所需的技术、财务和其他资源，以及企业获得这些资源的相关计划等，如企业在开发过程中若资金不足，是否有银行等金融机构愿意提供贷款的证明等。（4）有能力使用或出售该无形资产以取得收益。

5.归属于该无形资产开发阶段的支出能够可靠地计量

企业对于研究开发活动所发生的支出应单独核算。在企业同时从事多项研究开发活动的情况下，如果所发生的支出同时用于支持研究开发活动的，企业应按照一定的标准在各项研究与开发活动之间进行分配，无法明确分配的，应予以费用化计入当期损益，不计入开发活动的成本。

立德精业 6-1

党的二十大报告在总结新时代十年取得的伟大成就时指出，我们加快推进科技自立自强，全社会研究经费支出从1万亿元增加到2.8万亿元，居世界第二位，研发人员总量居世界首位。基础研究和原始创新不断加强，一些关键核心技术实现突破，战略性新兴产业发展壮大，载人航天、探月探火、深海深地探测、超级计算机、卫星导航、量子信息、核电技术、新能源技术、大飞机制造、生物医药等取得重大成果，进入创新型国家行列。

企业是创新的主体，应加大研发投入，提高核心竞争力。据统计，2022年上海证券交易所、深圳证券交易所和北京证券交易所上市公司研发投入合计1.68万亿元，比上年增加0.29万亿元，平均研发强度2.32%，同比提高0.25个百分点。据中国上市公司协会统计，三个创新板块中科创板平均研发强度最高，为10.53%，全市场高技术制造业公司研发强度达6.71%。"中字头"央国企依然位列研发支出榜单的前列。世界最大的工程承包商中国建筑以497.53亿元夺冠，连续四年问鼎研发支出榜首。中兴通讯与比亚迪成为研发投入领先的民企佼佼者。医药行业研发强度继续领跑。14家药企研发支出总额占营业收入的比重超过100%。至于研发人员数量占比，1 276家企业该比例超过20%，意味着每5名员工中至少1人为研发人员。

资料来源　根据相关资料整理。

（三）内部开发的无形资产账务处理

美国SFAS 142"研究与开发支出会计处理"规定，研究与开发支出应在发生时全额计入当期费用。我国会计准则的规定与国际会计准则基本一致，将自行研究开发的无形资产区分为研究阶段和开发阶段，研究阶段的支出全部费用化，计入当期损益；开发阶段的

支出符合资本化条件的应予以资本化，不符合条件的应计入当期损益。将内部研发费用划分为研究阶段和开发阶段更符合收益性支出和资本性支出划分的原则，有利于正确评价企业的经营业绩，但是如何正确地划分研究阶段和开发阶段，以及如何判断开发阶段的支出是否满足资本化条件都存在一定的困难。

我国会计准则规定，企业自行开发无形资产发生的研发支出，未满足资本化条件的，借记"研发支出——费用化支出"账户，满足资本化条件的，借记"研发支出——资本化支出"账户，贷记"原材料""银行存款""应付职工薪酬"等账户。研究开发项目达到预定用途形成无形资产的，应按"研发支出——资本化支出"账户的余额，借记"无形资产"账户，贷记"研发支出——资本化支出"账户。

【例6-4】2×23年1月1日，甲公司自行研究开发一项新产品专利技术，在研究开发过程中发生材料费5 000 000元、职工薪酬2 000 000元，以及其他费用3 000 000元，总计10 000 000元，其中，符合资本化条件的支出为6 000 000元，2×23年12月2日，该项技术又成功申请了国家专利，在申请专利过程中发生注册费23 000元、聘请律师费5 000元。该专利技术已经达到预定用途。假定不考虑其他相关税费。

费用化支出=4 000 000元

资本化支出=6 000 000+23 000+5 000=6 028 000（元）

发生研发支出时：

借：研发支出——费用化支出	4 000 000	
——资本化支出	6 028 000	
贷：原材料		5 000 000
应付职工薪酬		2 000 000
银行存款		3 028 000

该专利技术已经达到预定用途时：

借：管理费用——研究费用	4 000 000	
无形资产	6 028 000	
贷：研发支出——费用化支出		4 000 000
——资本化支出		6 028 000

除了内部开发产生的无形资产外，其他内部产生的无形资产比照上述原则进行处理。

三、投资者投入的无形资产

投资者投入的无形资产，其入账价值应当按照投资合同或协议约定的价值确定，但是，在投资合同或协议约定价值不公允的情况下，应当按照无形资产的公允价值入账。无形资产的入账价值与折合资本额之间的差额，作为资本溢价，计入资本公积。

【例6-5】甲公司收到乙公司的一项非专利技术投资，根据甲乙双方签订的投资合同，此项专利权的价值为500 000元，折合为公司的股票100 000股，每股面值1元，已办妥相关手续。

借：无形资产——非专利技术	500 000	
贷：股本（100 000×1）		100 000
资本公积——股本溢价		400 000

四、非货币性资产交换取得的无形资产

企业通过非货币性资产交换取得的无形资产，如果非货币性资产交换具有商业实质且换入资产或换出资产的公允价值能够可靠计量的，在发生补价的情况下，应分别情况处理：支付补价的，以换出资产的公允价值，加上支付补价的公允价值和应支付的相关税费，作为换入无形资产的成本（入账价值），换出无形资产的公允价值与其账面价值之间的差额计入当期损益；收到补价的，以换出无形资产的公允价值，减去收到补价的公允价值，加上应支付的相关税费，作为换入无形资产的成本，换出无形资产的公允价值与其账面价值之间的差额计入当期损益。

非货币性资产交换不具有商业实质，或者虽然具有商业实质但换入资产和换出资产的公允价值均不能可靠计量的，应当以换出资产账面价值为基础确定换入资产成本，无论是否支付补价，均不确认损益。涉及补价的，应分别不同情况处理：支付补价的，以换出资产的账面价值，加上支付补价的账面价值和应支付的相关税费，作为换入无形资产的初始计量金额，不确认损益；收到补价的，以换出资产的账面价值，减去收到补价的公允价值，加上应支付的相关税费，作为换入无形资产的初始计量金额，不确认损益。

【例6-6】2×23年8月，甲公司为了提高产品质量，以其持有的对乙公司的长期股权投资交换A公司拥有的一项专利技术。在交换日，甲公司持有的长期股权投资账面余额为900万元，已计提长期股权投资减值准备余额为80万元，在交换日的公允价值为800万元；A公司专利技术的账面原价为900万元，累计已摊销金额为110万元，已计提减值准备为10万元，在交换日的公允价值为800万元。假设该非货币性资产交换具有商业实质，且整个交易过程中没有发生其他相关税费。

甲公司的账务处理如下：

借：无形资产——专利权   8 000 000
   长期股权投资减值准备   800 000
   投资收益   200 000
  贷：长期股权投资   9 000 000

假设本例中非货币性资产交换不具有商业实质，则甲公司的账务处理如下：

借：无形资产——专利权8   200 000
   长期股权投资减值准备   800 000
  贷：长期股权投资   9 000 000

五、债务重组取得的无形资产

如前文所述，按照2019年5月财政部发布的新修订的《企业会计准则第12号——债务重组》的规定，对债权人来说，债务人以无形资产清偿债务的，债权人应当对接受的无形资产按放弃债权的公允价值加上应支付的相关税费入账，重组债权的账面价值（账面余额减去已计提的坏账准备）与放弃债权的公允价值之间的差额，确认为债务重组损益，计入当期损益。

【例6-7】甲公司于2×23年1月1日销售给乙公司一批材料，价值1 130 000元（包括应收取的增值税税额），按购销合同约定，乙公司应于2×23年11月30日前支付货款，但

至2×24年1月31日乙公司尚未支付货款。由于乙公司发生财务困难，短期内不能支付货款。2×24年2月1日，与甲公司协商，甲公司同意乙公司以一项专利权偿还债务。该专利权的账面余额为1 000 000元，累计摊销额为200 000元，放弃债权的公允价值为900 000元。甲公司对该项应收账款已提坏账准备20 000元，由于办理资产过户手续支付相关税费10 000元，未取得增值税专用发票。甲公司的账务处理如下：

借：无形资产（900 000+10 000）　　　　　　　　910 000
　　坏账准备　　　　　　　　　　　　　　　　　　20 000
　　营业外支出——债务重组损益　　　　　　　　210 000
　　贷：应收账款　　　　　　　　　　　　　　　　　1 130 000
　　　　银行存款　　　　　　　　　　　　　　　　　　10 000

六、政府补助取得的无形资产

通过政府补助取得的无形资产成本，应按照公允价值计量；公允价值不能可靠取得的，按照名义金额计量。

第三节　无形资产的后续计量

无形资产的后续计量，是指对无形资产进行确认和初始计量后，在使用无形资产期间对该项无形资产所进行的计量。我国会计准则规定，对无形资产的后续计量原则上应以摊余成本计量，即应以成本减去累计摊销额和累计减值损失后的余额计量。使用寿命有限的无形资产，其应摊销金额应在使用寿命内进行系统合理的摊销；使用寿命不确定的无形资产不需要摊销，但至少应于每个会计期间进行减值测试。估计无形资产的使用寿命是确定无形资产的摊销额的前提和基础。

一、无形资产使用寿命的确定

无形资产准则规定，企业应当于取得无形资产时分析判断其使用寿命。无形资产的使用寿命如为有限的，应当估计该使用寿命的年限或者构成使用寿命的产量等类似计量单位数量；无法预见无形资产为企业带来未来经济利益期限的，应当视为使用寿命不确定的无形资产。

（一）估计无形资产使用寿命应考虑的因素

对无形资产使用寿命进行分析和判断时，通常需要考虑的因素有以下几个方面：

（1）该资产通常的产品寿命周期、可获得的类似资产使用寿命的信息；

（2）技术、工艺等方面的现实情况及对未来发展趋势的估计；

（3）以该资产生产的产品或提供服务的市场需求情况；

（4）现在或潜在的竞争者预期采取的行动；

（5）为维持该资产产生未来经济利益能力的预期维护支出，以及企业预计支付有关支出的能力；

（6）对该资产的控制期限，适用的法律或类似限制，如特许使用期间、租赁期间等；

（7）与企业持有的其他资产使用寿命的关联性等。

（二）无形资产使用寿命的确定

（1）源自合同性权利或其他法定权利取得的无形资产，其使用寿命不应超过合同性权利或其他法定权利的期限。

（2）如果合同性权利或其他法定权利能够在到期时因续约等延续，当有证据表明企业续约不需要付出重大成本时，续约期才能够包括在使用寿命的估计中。例如，下列情况下，一般说明企业无须付出重大成本即可延续合同性权利或其他法定权利：有证据表明合同性权利或法定权利将被重新延续，如果在延续之前需要第三方同意，则还需要第三方将会同意的证据；有证据表明为获得重新延续所必需的所有条件将被满足，以及企业为延续持有无形资产付出的成本相对于预期从重新延续中流入企业的未来经济利益相比不具有重要性。如果企业在延续无形资产持有期间付出的成本与预期流入企业的未来经济利益相比具有重要性，则从本质上来看是企业获得了一项新的无形资产。

（3）没有明确的合同或法律规定的无形资产，企业应当综合各方面情况，如聘请相关专家进行论证或与同行业的情况进行比较以及企业的历史经验等，来确定无形资产为企业带来未来经济利益的期限。

（4）对于确实无法合理确定无形资产为企业带来经济利益期限的，应将其作为使用寿命不确定的无形资产。

（三）无形资产的使用寿命的复核

企业至少应当于每年年度终了，对无形资产的使用寿命进行复核，如果有证据表明无形资产的使用寿命不同于以前的估计，则应改变其摊销年限，并按照会计估计变更进行处理。对于使用寿命不确定的无形资产，如果有证据表明无形资产的使用寿命是有限的，应当估计其使用寿命，并且将无形资产的应摊销金额在使用寿命内进行系统合理的摊销。

二、使用寿命有限的无形资产

使用寿命有限的无形资产，应该在其预计的使用寿命内采用系统合理的方法对应摊销金额进行摊销。其中应摊销金额是指无形资产的成本扣除残值后的金额，已计提减值准备的无形资产，还应扣除已计提的无形资产减值损失累计金额。

（一）摊销期和摊销方法

无形资产的摊销期自其可供使用时开始至不再作为无形资产确认时为止，即无形资产摊销的起始与停止日期为：当月增加的无形资产当月开始摊销，当月减少的无形资产当月不再摊销。在无形资产的摊销期（使用寿命）内，企业应根据预期消耗该项无形资产所产生的未来经济利益的方式选择摊销方法，系统合理地分摊其应摊销金额，摊销方法包括直线法、递减余额法、生产总量法等多种方法。目前，国际上普遍采用的主要是直线法。如果企业由于各种原因难以可靠确定从无形资产中获取未来经济利益的预计消耗方式时，则应当采用直线法对无形资产的应摊销金额进行系统合理的摊销。我国《企业会计准则第6号——无形资产》第十七条规定，企业选择的无形资产摊销方法，应当反映与该无形资产有关的经济利益的预期实现方式。无法可靠确定预期实现方式的，应当采用直线法摊销。需要注意的是，在我国财政部2017年6月发布的《企业会计准则解释第11号——关于以使用无形资产产生的收入为基础的摊销方法》中规定，企业在按照第6号准则的上述规定选择无形资产摊销方法时，应根据与无形资产有关的经济利益的预期消耗方式作出决定。

由于收入可能受到投入、生产过程和销售等因素的影响，这些因素与无形资产有关经济利益的预期消耗方式无关，因此，企业通常不应以包括使用无形资产在内的经济活动所产生的收入为基础进行摊销，但是，下列极其有限的情况除外：

（1）企业根据合同约定确定无形资产固有的根本性限制条款（如无形资产的使用时间、使用无形资产生产产品的数量或因使用无形资产而应取得固定的收入总额）的，当该条款为因使用无形资产而应取得的固定的收入总额时，取得的收入可以成为摊销的合理基础，如企业获得勘探开采黄金的特许权，且合同明确规定该特许权在销售黄金的收入总额达到某固定的金额时失效。

（2）有确凿的证据表明收入的金额和无形资产经济利益的消耗是高度相关的。

企业采用车流量法对高速公路经营权进行摊销的，不属于以包括使用无形资产在内的经济活动产生的收入为基础的摊销方法。

以上规定与国际会计理事会（IASB）2014年对《国际会计准则第38号——无形资产》（IAS 38）所做的修改保持了一致。

（二）残值的确定

使用寿命有限的无形资产的残值一般为零，但下列两种情况除外：

（1）有第三方承诺在无形资产使用寿命结束时，愿意以一定的价格购买该项无形资产；

（2）存在活跃的市场，通过该市场可以得到无形资产使用寿命结束时的残值信息，并且从目前情况看，在无形资产使用寿命结束时，该市场还可能存在的情况下，可以预计无形资产的残值。

无形资产的残值意味着在其经济寿命结束之前企业预计将会处置该无形资产，并且从该处置中取得利益。估计无形资产的残值应以资产处置时的可收回金额为基础，此时的可收回金额是指在预计出售日，出售一项使用寿命已满且处于类似使用状况下，同类无形资产预计的处置价格（扣除相关税费）。残值确定以后，在持有无形资产的期间，至少应于每年年末进行复核，预计其残值与原估计金额不同的，应按照会计估计变更进行处理。如果无形资产的残值重新估计以后高于其账面价值的，无形资产不再摊销，直至残值降至低于账面价值时再恢复摊销。

关于无形资产摊销的会计处理，我国会计准则借鉴了国际会计准则的做法。我国会计准则规定，无形资产的摊销金额一般应计入当期损益，但如果某项无形资产包含的经济利益是通过所生产的产品或其他资产实现的，无形资产的摊销金额可以计入产品或其他资产的成本中，即如果某项无形资产是专门用于生产某种产品的，其所包含的经济利益是通过转入到所生产的产品中体现的，无形资产的摊销费用应构成产品成本的一部分。

企业摊销无形资产时，不直接冲减无形资产的账面价值，而是类似于固定资产折旧的处理，单独设置"累计摊销"这一备抵账户，以反映因摊销而减少的无形资产价值。企业按月计提无形资产摊销额时，借记"管理费用""其他业务成本""生产成本""制造费用"等账户，贷记"累计摊销"账户。"累计摊销"账户期末贷方余额，反映企业无形资产的累计摊销额。

【例6-8】甲公司从乙公司购入一项专利权，价款1 200 000元，增值税72 000元，款项已通过银行转账支付，该专利技术的使用寿命为10年，估计残值为0，采用直线法进行摊销。甲公司的账务处理如下：

（1）购入专利权时：

借：无形资产——专利权	1 200 000
应交税费——应交增值税（进项税额）	72 000
贷：银行存款	1 272 000

（2）按月摊销时：

借：管理费用	10 000
贷：累计摊销	10 000

三、使用寿命不确定的无形资产

根据可获得的情况判断，若有确凿证据表明无法合理估计其使用寿命的无形资产，应作为使用寿命不确定的无形资产。按照无形资产准则的规定，对于使用寿命不确定的无形资产，在持有期间内不需要摊销，但应至少于每个会计期间进行减值测试。

SFAS 142对使用寿命不确定的无形资产不进行摊销，而用年度减值测试替代。对于有限使用寿命的无形资产则进行摊销，对摊销方法选择的具体要求与IAS 38一致，即应反映企业消耗无形资产的经济利益的方式。可见，我国对于使用寿命不确定的无形资产的规定和美国财务会计准则相似。

四、无形资产的减值

按资产减值准则的规定，企业应当在会计期末判断无形资产是否存在可能发生减值的迹象。若存在减值迹象，则表明无形资产可能发生了减值，应对无形资产的可收回金额进行估计。无形资产的可收回金额是指以下两项金额中较高者：（1）无形资产的公允价值减去处置费用后的净额；（2）预计从无形资产的持续使用和使用年限结束时的处置中产生的预计未来现金流量的现值。如果无形资产的账面价值超过其可收回金额，则应按超过部分确认无形资产减值损失，借记"资产减值损失"账户，贷记"无形资产减值准备"账户。

【例6-9】2×22年1月1日，甲公司外购非专利技术，实际支付的价款为106万元（含增值税6万元），甲公司无法估计非专利技术的使用寿命。2×23年12月31日，由于与非专利技术相关的经济因素发生不利变化，致使该无形资产发生减值损失。甲公司估计其可收回金额为35万元。假定不考虑其他相关税费。

甲公司编制会计分录如下：

（1）2×22年1月1日购入非专利技术：

借：无形资产——非专利技术	1 000 000
应交税费——应交增值税（进项税额）	60 000
贷：银行存款	1 060 000

（2）2×23年12月31日计提减值准备：

资产减值损失=1 000 000−350 000=650 000（元）

借：资产减值损失——无形资产减值损失	650 000
贷：无形资产减值准备	650 000

|第四节| 无形资产的处置

当无形资产不需用或无法为企业带来未来经济利益时，企业应对无形资产进行处置。无形资产的处置包括出售、对外出租、对外捐赠、对外投资和报废等。

一、无形资产的出售

无形资产的出售是指将无形资产的所有权转让给他人。企业出售无形资产时，应将出售所得的价款扣除相关税费和该项无形资产账面价值后的差额，确认为当期损益。

企业出售无形资产时，应按实际收到的金额，借记"银行存款"等账户；按应缴纳的税费，贷记"应交税费"账户；按累计摊销额，借记"累计摊销"账户，原已计提减值准备的，借记"无形资产减值准备"账户；按无形资产的账面余额，贷记"无形资产"账户，并按其差额，贷记或借记"资产处置损益"账户。

【例6-10】甲公司将其拥有的一项商标权出售，取得收入6 000 000元，增值税为360 000元。该商标权的账面余额为5 000 000元，累计摊销额为300 000元，已计提的减值准备为200 000元。甲公司的账务处理如下：

借：银行存款 6 360 000
　　累计摊销 300 000
　　无形资产减值准备 200 000
　　贷：无形资产——商标权 5 000 000
　　　　应交税费——应交增值税 360 000
　　　　资产处置损益 1 500 000

二、无形资产的出租

无形资产出租是指企业将所拥有的无形资产的使用权让渡给他人，并收取租金，在满足收入准则规定的确认标准的情况下，应确认相关的收入及成本，并通过"其他业务收入"或"其他业务成本"账户核算。

出租无形资产时，企业应按取得的租金收入，借记"银行存款"等账户，贷记"其他业务收入"等账户；摊销出租无形资产的成本并发生与转让有关的各种费用支出时，借记"其他业务成本"账户，贷记"累计摊销"账户。

【例6-11】甲公司将某商标权出租给乙公司，出租合同规定，租期3年，年使用费为10万元，增值税6 000元。该商标权账面余额为180万元，摊销期限为15年，假定该商标权的残值为0，按直线法摊销。

甲公司的账务处理如下：
（1）按年收取使用费：
借：银行存款 106 000
　　贷：其他业务收入 100 000
　　　　应交税费——应交增值税（销项税额） 6 000

（2）按年摊销：

借：其他业务成本　　　　　　　　　　　　　　　　　　　　　120 000
　贷：累计摊销　　　　　　　　　　　　　　　　　　　　　　　　　　120 000

三、无形资产的报废

如果无形资产预期不能为企业带来未来经济利益，如无形资产已被其他新技术所替代或超过法律保护期，不能再为企业带来未来经济利益，则不再符合无形资产的定义，应将其报废并予以转销。

无形资产报废时，应按其累计摊销额，借记"累计摊销"账户；原已计提减值准备的，借记"无形资产减值准备"账户；按其账面余额，贷记"无形资产"账户；按其差额，借记"营业外支出"账户。

【例6-12】甲公司的一项专利权，其账面余额为3 000 000元，摊销期限为10年，采用直线法进行摊销，已摊销了5年，假定该项专利权的残值为0，计提的减值准备为800 000元，目前市场上已出现新的技术，用该项专利权生产的产品已没有市场，应将其予以转销。假定不考虑其他相关因素，甲公司的账务处理如下：

小资料6-1

财政部印发《企业数据资源相关会计处理暂行规定》

借：累计摊销　　　　　　　　　　　　　　　　　　　　　1 500 000
　　无形资产减值准备　　　　　　　　　　　　　　　　　　　800 000
　　营业外支出——处置非流动资产损失　　　　　　　　　　　700 000
　贷：无形资产——专利权　　　　　　　　　　　　　　　　　　　3 000 000

本章小结

无形资产是指企业拥有或者控制的没有实物形态的可辨认非货币性资产。无形资产主要包括专利权、非专利技术、商标权、著作权、特许权、土地使用权等。

通常是按取得无形资产并使之达到预定用途而发生的全部支出作为无形资产的成本。企业自行进行的研究和开发无形资产，应区分研究阶段与开发阶段两个部分分别进行核算，其在研究阶段的支出全部费用化，计入当期损益；开发阶段的支出符合资本化条件的才能予以资本化，计入无形资产的成本，不符合资本化条件的计入当期损益。如果确实无法区分研究阶段和开发阶段的支出，应将其所发生的研发支出全部费用化，计入当期损益。

无形资产初始确认和计量后，在其后使用该项无形资产的期间内应以成本减去累计摊销额和累计减值损失后的余额计量。对于使用寿命有限的无形资产，应在其预计的使用寿命内采用系统合理的方法对应摊销的金额进行摊销，对于使用寿命不确定的无形资产，在持有期间内不需要摊销，但应在每期期末进行减值测试。若无形资产存在减值迹象，表明无形资产可能发生了减值，应对无形资产的可收回金额进行估计。如果无形资产的账面价值超过其可收回金额，则应按其差额计提无形资产减值准备，计入当期损益（资产减值损失）。

当无形资产不需用或无法为企业带来未来经济利益时，企业应对无形资产进行处置，无形资产的处置主要包括出售、出租、投资转出和报废等。

主要概念

无形资产　商标权　专利权　土地使用权　数据资源　研究开发　累计摊销

第六章基本训练

投资性房地产

📖 学习目标

通过本章学习，应达到以下目标：在知识方面，了解有关企业会计准则的相关规定，掌握投资性房地产的概念和范围；在技能方面，掌握投资性房地产的确认与计量原则；在能力方面，能运用投资性房地产的确认与计量原则，对具体经济业务进行核算。

思维导图

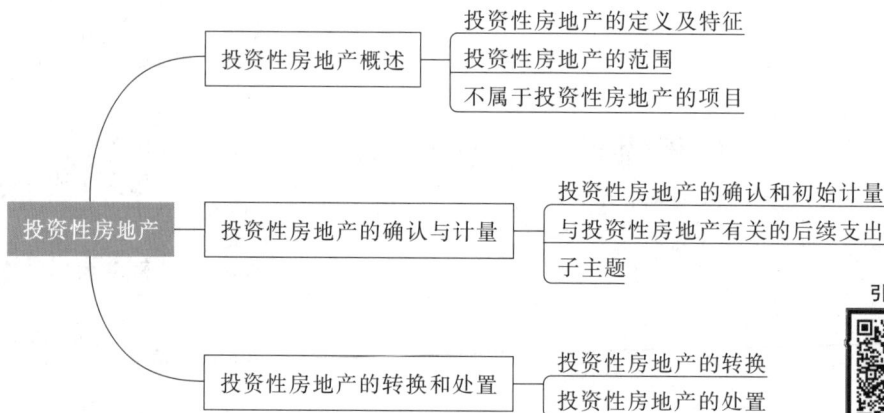

引导案例

投资性房地产
的确认与计量

| 第一节 | 投资性房地产概述

一、投资性房地产的定义及特征

投资性房地产是指为赚取租金或资本增值，或者两者兼有而持有的房地产。投资性房地产应当能够单独计量和出售。投资性房地产的主要特征如下：

（1）持有投资性房地产是一种经营性活动。投资性房地产的主要形式是出租建筑物、出租土地使用权等让渡资产使用权的行为。收取的租金就是让渡资产使用权而取得的使用费收入，是企业为完成其经营目标所从事的经营性活动以及与之相关的其他活动形成的经济利益流入。

（2）投资性房地产在用途、状态、目的等方面区别于作为生产经营场所的房地产和用于销售的房地产。企业应当将投资性房地产与作为生产经营场所的房地产和用于销售的房地产（如作为存货用于销售的商品房等）区别开来，单独进行确认和计量。企业在首次执行《企业会计准则第3号——投资性房地产》（以下简称"投资性房地产准则"）时，应当根据投资性房地产的定义对拥有的资产进行重新分类，符合投资性房地产确认条件的建筑物和土地使用权，应当归属于投资性房地产。

（3）投资性房地产有两种后续计量模式。企业通常应当采用成本模式对投资性房地产进行后续计量，但在有确凿证据表明企业持有投资性房地产的公允价值能够持续可靠取得的，也可以用公允价值模式进行后续计量。但是，同一企业只能采用一种模式对所有投资性房地产进行后续计量，不得同时采用两种计量模式。

二、投资性房地产的范围

投资性房地产的范围限定为已出租的土地使用权、持有并准备增值后转让的土地使用权、已出租的建筑物。

（一）已出租的土地使用权

已出租的土地使用权，是指企业通过出让或转让方式取得并以经营租赁方式出租的土地使用权。以下例子不属于投资性房地产：

（1）以经营租赁方式租入土地使用权再转租给其他单位的；

（2）企业计划用于出租但尚未出租的土地使用权。

（二）持有并准备增值后转让的土地使用权

持有并准备增值后转让的土地使用权，是指企业取得的、准备增值后转让的土地使用权。这类土地使用权很可能给企业带来资本增值收益，符合投资性房地产的定义。

按照国家有关规定认定的闲置土地，不属于持有并准备增值后转让的土地使用权，也就不属于投资性房地产。

（三）已出租的建筑物

已出租的建筑物，是指企业拥有产权的、以经营租赁方式出租的建筑物，包括自行建造或开发活动完成后用于出租的建筑物，以及正在建造或开发过程中将来用于出租的建筑物。例如，甲公司将其拥有的某栋厂房整体出租给乙公司，租赁期2年。对于甲公司而言，自租赁期开始日起，该栋厂房属于投资性房地产。企业在判断和确认已出租的建筑物时，应当把握以下要点：

（1）用于出租的建筑物是指企业拥有产权的建筑物。企业以经营租赁方式租入再转租的建筑物不属于投资性房地产。例如，甲企业与乙企业签订了一项经营租赁合同，乙企业将其持有产权的一栋办公楼出租给甲企业，为期5年。甲企业一开始将该办公楼改装后用于自行经营餐馆，2年后，由于连续亏损，甲企业将餐馆转租给丙公司，以赚取租金差价。在这种情况下，对于甲企业而言，该栋楼不属于其投资性房地产。对于乙企业而言，则属于其投资性房地产。

（2）已出租的建筑物是企业已经与其他方签订了租赁协议，约定以经营租赁方式出租的建筑物。一般来说，自租赁协议规定的租赁期开始日起，经营租出的建筑物才属于已出租的建筑物。通常情况下，对企业持有以备经营出租的空置建筑物或在建建筑物，如董事会或类似机构作出书面决议，明确表明将其用于经营出租且持有意图短期内不再发生变化的，即使尚未签订租赁协议，也应视为投资性房地产。这里的"空置建筑物"是指企业新购入、自行建造或开发完成但尚未使用的建筑物，以及不再用于日常生产经营活动且经整理后达到可经营出租状态的建筑物。

（3）企业将建筑物出租，按租赁协议向承租人提供的相关辅助服务在整个协议中不重大的，应当将该建筑物确认为投资性房地产。企业将其办公楼出租，同时向承租人提供维护、保安等日常辅助服务，企业应当将其确认为投资性房地产。例如，甲企业在中关村购买了一栋写字楼，共12层。其中，1层经营出租给某家大型超市，2~5层经营出租给乙公司，6~12层经营出租给丙公司。甲企业同时为该写字楼提供保安、维修等日常辅助服务。在本例中，甲企业将写字楼出租，同时提供的辅助服务不重大。对于甲企业而言，这栋写字楼属于投资性房地产。

三、不属于投资性房地产的项目

（一）自用房地产

自用房地产是指为生产商品、提供劳务或者经营管理而持有的房地产，如企业生产经营用的厂房和办公楼属于固定资产，企业生产经营用的土地使用权属于无形资产。

自用房地产的特征在于服务于企业自身的生产经营，其价值会随着房地产的使用而逐渐转移到企业的产品或服务中去，通过销售商品或提供服务为企业带来经济利益，在产生现金流量的过程中与企业持有的其他资产密切相关。

例如，企业出租给本企业职工居住的宿舍，虽然也收取租金，但间接为企业自身的生产经营服务，因此具有自用房地产的性质。又如，企业拥有并自行经营的旅馆饭店，经营者在向顾客提供住宿服务的同时，还提供餐饮、娱乐等其他服务，其经营目的主要是通过向客户提供服务取得服务收入，因此，企业自行经营的旅馆饭店是企业的经营场所，应当属于自用房地产。

（二）作为存货的房地产

小提示7-1

作为存货的房地产通常是指房地产开发企业在正常经营过程中销售的或为销售而正在开发的商品房和土地。这部分房地产属于房地产开发企业的存货，其生产、销售构成企业的主营业务活动，产生的现金流量也与企业的其他资产密切相关，因此，具有存货性质的房地产不属于投资性房地产。

投资性房地产在实务中的确认

从事房地产经营开发的企业依法取得的、用于开发后出售的土地使用权，属于房地产开发企业的存货，即使房地产开发企业决定待增值后再转让其开发的土地，也不得将其确认为投资性房地产。

第二节　投资性房地产的确认与计量

根据投资性房地产准则的规定，投资性房地产应当按照成本进行初始确认和计量。在后续计量时，通常应当采用成本模式，在满足特定条件的情况下也可以采用公允价值模式。但是，同一企业只能采用一种模式对所有投资性房地产进行后续计量，不得同时采用两种计量模式进行后续计量。

一、投资性房地产的确认和初始计量

将某个项目确认为投资性房地产，首先应当符合投资性房地产的概念，其次要同时满足投资性房地产的两个确认条件：（1）与该资产相关的经济利益很可能流入企业；（2）该投资性房地产的成本能够可靠地计量。对于已出租的土地使用权、已出租的建筑物，其作为投资性房地产的确认时点为租赁开始日。对持有并准备增值后转让的土地使用权，其作为投资性房地产的确认时点为企业将自用土地使用权停止自用，准备增值后转让的日期。

投资性房地产应当按照成本进行初始计量。

（一）外购的投资性房地产的确认和初始计量

对于企业外购的房地产，只有在购入房地产的同时开始对外出租（自租赁期开始日起，下同）或用于资本增值，才能称为外购的投资性房地产。外购投资性房地产的成本，包括购买价款、相关税费和可直接归属于该资产的其他支出。

企业购入房地产，自用一段时间之后再改为出租或用于资本增值的，应当先将外购的房地产确认为固定资产或无形资产，自租赁期开始日或用于资本增值之日开始，才能从固定资产或无形资产转换为投资性房地产。

采用成本模式计量的，外购的土地使用权和建筑物，按取得时的实际成本进行初始计量，借记"投资性房地产"科目，贷记"银行存款"等科目。采用公允价值模式计量的，企业应当在"投资性房地产"科目下设置"成本"和"公允价值变动"两个明细科目，按照外购的土地使用权和建筑物发生的实际成本，记入"投资性房地产——成本"科目。

【例7-1】2×24年2月，甲公司计划购入一栋写字楼用于对外出租。2月16日，甲公司与乙公司签订了经营租赁合同，约定自写字楼购买日起将这栋写字楼出租给乙公司，为期3年。3月1日，甲公司实际购入写字楼，支付价款共计1 200万元（假定不考虑相关税费）。

（1）假设甲公司采用成本模式进行后续计量，其账务处理如下：

借：投资性房地产——写字楼   12 000 000

 贷：银行存款   12 000 000

（2）假设甲公司采用公允价值模式进行后续计量，其账务处理如下：

借：投资性房地产——成本（写字楼）   12 000 000

 贷：银行存款   12 000 000

（二）自行建造投资性房地产的确认和初始计量

企业自行建造（或开发，下同）的房地产，只有在自行建造或开发活动完成（即达到预定可使用状态）的同时开始对外出租或用于资本增值，才能将自行建造的房地产确认为投资性房地产。自行建造投资性房地产的成本，由建造该项房地产达到预定可使用状态前发生的必要支出构成，包括土地开发费、建筑成本、安装成本、应予以资本化的借款费用、支付的其他费用和分摊的间接费用等,但是建造过程中发生的非正常损失不计入建造成本,而直接计入当期损益。

企业自行建造房地产达到预定可使用状态后一段时间才对外出租或用于资本增值的,应当先将自行建造的房地产确认为固定资产或无形资产,自租赁期开始日或用于资本增值之日开始,从固定资产或无形资产转换为投资性房地产。

具体会计处理时,采用成本模式计量的,按确定的成本进行初始计量,借记"投资性房地产"科目,贷记"在建工程"或"开发产品"科目;采用公允价值模式计量的,按照确定的成本,借记"投资性房地产——成本"科目,贷记"在建工程"或"开发产品"科目。

【例7-2】2×23年2月,A企业从其他单位购入一块土地的使用权,并在这块土地上自行建造3栋厂房。2×23年9月,A企业预计厂房即将完工,与B公司签订了经营租赁合同,将其中的1栋厂房租赁给B公司使用。租赁合同约定,该厂房于完工(达到预定可使用状态)时开始出租。2×23年11月1日,3栋厂房同时完工(达到预定可使用状态)。该块土地使用权的成本为900万元;3栋厂房的实际造价均为1 500万元,能够单独出售。

假设A企业采用成本计量模式,其账务处理如下:

土地使用权中的对应部分同时转换为投资性房地产=900×(1 500÷4 500)=300(万元)

借:投资性房地产——厂房 15 000 000

    贷:在建工程 15 000 000

借:投资性房地产——已出租土地使用权 3 000 000

    贷:无形资产——土地使用权 3 000 000

(三)非投资性房地产转换为投资性房地产的确认和初始计量

非投资性房地产转换为投资性房地产,实质上是因房地产用途发生改变而对房地产进行的重新分类。自用房地产或作为存货的房地产转为出租,应当在租赁开始日确认投资性房地产。自用土地使用权转为持有准备增值后转让的土地使用权,应当在该土地使用权确已停止自用且管理当局形成转换决议的时点,确认投资性房地产。投资性房地产转换的计量见本章第三节。

二、与投资性房地产有关的后续支出

(一)资本化的后续支出

与投资性房地产有关的后续支出,满足投资性房地产确认条件的,应当将其资本化,计入投资性房地产成本。例如,企业为了提高投资性房地产的使用效能,往往需要对投资性房地产进行改建、扩建而使其更加坚固耐用,或者通过装修而改善其室内装潢。改扩建或装修支出满足确认条件的,应当将其资本化。企业对某项投资性房地产进行改扩建等且将来仍作为投资性房地产的,在改扩建期间应继续将其作为投资性房地产,且不计提折旧或摊销。

采用成本模式计量的,投资性房地产进入改良或装修阶段后,应当按其账面价值借记"投资性房地产——××(在建)""投资性房地产累计折旧(摊销)"等科目,贷记"投资性房地产——××"科目。发生的改良或装修支出符合资本化条件的,应借记"投资性房地产——××（在建）"科目，贷记"银行存款"等科目。待改良或装修完成后，如果继续作为投资性房地产的，应当借记"投资性房地产——××"科目，贷记"投资性房地产——××（在建）"科目。

【例7-3】2×24年1月，甲企业与乙企业的一项厂房经营租赁合同即将到期，该厂房原价为1 000万元，已计提折旧400万元。为了提高厂房的租金收入，甲企业决定在租赁期满后对厂房进行改扩建，并与丙企业签订了经营租赁合同，约定自改扩建完工时起将厂房出租给丙企业。1月15日，甲企业与乙企业的租赁合同到期，厂房随即进入改扩建工程。6月20日，厂房改扩建工程完工，共发生支出100万元，即日按照租赁合同出租给丙企业。假设甲企业采用成本计量模式。

在本例中，改扩建的后续支出符合资本化的条件，应当计入投资性房地产的成本。

甲企业的账务处理如下：

（1）2×24年1月15日，投资性房地产转入改扩建工程：

借：投资性房地产——厂房（在建）   6 000 000
　　投资性房地产累计折旧（摊销）   4 000 000
　　　贷：投资性房地产——厂房   10 000 000

（2）2×24年1月15日—6月20日累计资本化支出：

借：投资性房地产——厂房（在建）   1 000 000
　　　贷：银行存款   1 000 000

（3）2×24年6月20日，改扩建工程完工：

借：投资性房地产——厂房   7 000 000
　　　贷：投资性房地产——厂房（在建）   7 000 000

采用公允价值模式计量的，投资性房地产进入改良或装修阶段后，应借记"投资性房地产——××（在建）"科目，贷记"投资性房地产——成本""投资性房地产——公允价值变动"科目；等到改良或装修完成后，如果继续作为投资性房地产的，应当借记"投资性房地产——成本"科目，贷记"投资性房地产——××（在建）"科目。

【例7-4】2×24年1月，甲企业与乙企业的一项厂房经营租赁合同即将到期。为了提高厂房的租金收入，甲企业决定在租赁期满后对厂房进行改扩建，并与丙企业签订了经营租赁合同，约定自改扩建完工时起将厂房出租给丙企业。1月15日，甲企业与乙企业的租赁合同到期，厂房随即进入改扩建工程。6月20日，厂房改扩建工程完工，共发生支出100万元，即日按照租赁合同出租给丙企业。1月15日，厂房账面余额为1 000万元，其中成本800万元、累计公允价值变动200万元。假设甲企业采用公允价值计量模式。

甲企业的账务处理如下：

（1）2×24年1月15日，投资性房地产转入改扩建工程：

借：投资性房地产——厂房（在建）   10 000 000
　　　贷：投资性房地产——成本   8 000 000
　　　　　　——公允价值变动   2 000 000

（2）2×24年1月15日—6月20日累计支出：

借：投资性房地产——厂房（在建）   1 000 000

贷：银行存款   1 000 000

（3）2×24年6月20日，改扩建工程完工：

借：投资性房地产——成本   11 000 000

  贷：投资性房地产——厂房（在建）   11 000 000

（二）费用化的后续支出

与投资性房地产有关的后续支出，不满足投资性房地产确认条件的，应当在发生时计入当期损益。企业在发生有关的后续支出的当期，借记"其他业务成本"等科目，贷记"银行存款"等科目。

【例7-5】甲企业对其某项投资性房地产进行日常维修，发生维修支出1.5万元。在本例中，日常维修支出属于费用化的后续支出，应当计入当期损益。

甲企业的账务处理如下：

借：其他业务成本   15 000

  贷：银行存款   15 000

三、投资性房地产的后续计量

（一）采用成本模式进行后续计量的投资性房地产

采用成本模式进行后续计量的投资性房地产，应当按照《企业会计准则第4号——固定资产》或《企业会计准则第6号——无形资产》的有关规定，按期（月）计提折旧或摊销，借记"其他业务成本"等科目，贷记"投资性房地产累计折旧（摊销）"科目；取得的租金收入，借记"银行存款"等科目，贷记"其他业务收入"等科目。

投资性房地产存在减值迹象的，还应当适用资产减值的有关规定。经减值测试后确定发生减值的，应当计提减值准备，借记"资产减值损失"科目，贷记"投资性房地产减值准备"科目。如果已经计提减值准备的投资性房地产的价值又得以恢复，不得转回。

【例7-6】甲企业一栋办公楼出租给乙企业使用，已确认为投资性房地产，采用成本模式进行后续计量。假设该栋办公楼的成本为1 800万元，按照直线法计提折旧，使用寿命为20年，预计净残值为零。按照经营租赁合同的约定，乙企业每月支付甲企业租金8万元。当年12月，这栋办公楼发生减值迹象，经减值测试，其可收回金额为1 200万元，此时办公楼的账面价值为1 500万元，以前未计提减值准备。

甲企业的账务处理如下：

①计提折旧：

每月计提折旧=1 800÷20÷12=7.5（万元）

借：其他业务成本   75 000

  贷：投资性房地产累计折旧   75 000

②确认租金：

借：银行存款（或其他应收款）   80 000

  贷：其他业务收入   80 000

③计提减值准备：

借：资产减值损失   3 000 000

　　贷：投资性房地产减值准备　　　　　　　　　　　　　　　　　　　3 000 000

（二）采用公允价值模式进行后续计量的投资性房地产

　　企业存在确凿证据表明投资性房地产的公允价值能够持续可靠取得的，可以采用公允价值计量模式。企业选择公允价值模式，就应当对其所有投资性房地产采用公允价值模式进行后续计量，不得对一部分投资性房地产采用成本模式进行后续计量，对另一部分投资性房地产采用公允价值模式进行后续计量。

　　1.采用公允价值模式进行后续计量的前提条件

　　企业只有存在确凿证据表明投资性房地产的公允价值能够持续可靠取得，才可以采用公允价值模式对投资性房地产进行后续计量。

　　采用公允价值模式进行后续计量的投资性房地产，应当同时满足下列条件：

　　（1）投资性房地产所在地有活跃的房地产交易市场。所在地，通常是指投资性房地产所在的城市。对于大中城市，应当为投资性房地产所在的城区。

　　（2）企业能够从活跃的房地产交易市场上取得同类或类似房地产的市场价格及其他相关信息，从而对投资性房地产的公允价值作出合理的估计。

　　2.采用公允价值模式进行后续计量的会计处理

　　企业采用公允价值模式进行后续计量的，不对投资性房地产计提折旧或进行摊销，应当以资产负债表日投资性房地产的公允价值为基础调整其账面价值，公允价值与原账面价值之间的差额计入当期损益（公允价值变动损益）。资产负债表日，投资性房地产的公允价值高于其账面余额的差额，借记"投资性房地产——公允价值变动"科目，贷记"公允价值变动损益"科目；公允价值低于其账面余额的差额，作相反的会计分录。

　　【例7-7】甲公司为从事房地产经营开发的企业。2×24年8月，甲公司与乙公司签订租赁协议，约定将甲公司开发的一栋精装修写字楼于开发完成的同时租赁给乙公司使用，租赁期为10年。当年10月1日，该写字楼开发完成并开始租赁，写字楼的造价为9 000万元。2×24年12月31日，该写字楼的公允价值为9 200万元。假设甲公司对投资性房地产采用公允价值模式计量。

　　甲公司的账务处理如下：

　　①2×24年10月1日，甲公司开发完成写字楼并出租：

　　借：投资性房地产——成本　　　　　　　　　　　　　　　　　　90 000 000

　　　　贷：开发成本　　　　　　　　　　　　　　　　　　　　　　　90 000 000

　　②2×24年12月31日，以公允价值为基础调整其账面价值，公允价值与原账面价值之间的差额计入当期损益：

　　借：投资性房地产——公允价值变动　　　　　　　　　　　　　　　2 000 000

　　　　贷：公允价值变动损益　　　　　　　　　　　　　　　　　　　　2 000 000

　　3.投资性房地产后续计量模式的变更

　　为保证会计信息的可比性，企业对投资性房地产的计量模式一经确定，不得随意变更。只有在房地产市场比较成熟、能够满足采用公允价值模式条件的情况下，才允许企业对投资性房地产从成本模式计量变更为公允价值模式计量。成本模式转为公允价值模式的，应当作为会计政策变更处理，并按计量模式变更时公允价值与账面价值的差额调整期初留存收益。已采用公允价值模式计量的投资性房地产，不得从公允价值模式转为成本模式。

【例7-8】2×23年，甲企业将一栋写字楼对外出租，采用成本模式进行后续计量。2×24年2月5日，假设甲企业持有的投资性房地产满足采用公允价值模式的条件，甲企业决定采用公允价值模式对该写字楼进行后续计量。2×24年2月5日，该写字楼的原价为8 000万元，已计提折旧600万元，账面价值为7 400万元，公允价值为8 200万元。甲企业按净利润的10%计提盈余公积。

甲企业的账务处理如下：

借：投资性房地产——成本   82 000 000
  投资性房地产累计折旧   6 000 000
 贷：投资性房地产   80 000 000
  利润分配——未分配利润   7 200 000
  盈余公积   800 000

立德精业7-1

以诚为本 违法必究

经调查，2018年年报中，康美药业将六个不符合会计确认标准的工程项目纳入表内，一次虚增固定资产11.89亿元、在建工程4.01亿元、投资性房地产20.15亿元。2016年至2018年上半年，康美药业合计虚增营业收入275.15亿元，占同期公告营业收入40%以上，虚增营业利润39.36亿元，占同期公告营业利润的三分之一。

证监会于2020年5月14日对康美药业违法违规案作出行政处罚及市场禁入决定，决定对康美药业责令改正，给予警告，并处以60万元罚款，对21名责任人员处以10万元至90万元不等罚款，对6名主要责任人采取10年至终身证券市场禁入措施。同时，证监会已将康美药业及相关人员涉嫌犯罪行为移送司法机关。

康美药业虚增20.15亿元投资性房地产等系统性财务舞弊行为，对高校青年学子具有警示意义。我们不能因自身的眼前利益就违法乱纪，而应当脚踏实地，以诚信守法为荣，以失信违法为耻。财务造假严重偏离了"依法诚信"的基本底线，终将会受到法律的严惩。财政部《关于加强会计人员诚信建设的指导意见》中指出，会计人员要坚持客观公正、诚实守信、廉洁自律、不做假账，不断提高职业操守，使会计诚信内化于心，外化于行，成为会计人员的自觉行动。

资料来源　根据相关资料整理。

|第三节| 投资性房地产的转换和处置

一、投资性房地产的转换

（一）投资性房地产的转换形式和转换日

1.房地产转换形式

房地产的转换，是因房地产用途发生改变而对房地产进行的重新分类。这里所说的房地产转换是针对房地产用途发生改变而言的，而不是后续计量模式的转变。企业必须有确凿证据表明房地产用途发生改变，才能将投资性房地产转换为非投资性房地产或者将非投资性房地产转换为投资性房地产，如自用的办公楼改为出租等。这里的确凿证据包括两个方面：一是企业董事会或类似机构应当就改变房地产用途形成正式的书面决议；二是房地产因用途改变而发生实际状态上的改变，如从自用状态改为出租状态。房地产转换形式主要包括：

（1）投资性房地产开始自用，相应地由投资性房地产转换为固定资产或无形资产。投资性房地产开始自用是指企业将原来用于赚取租金或资本增值的房地产改为用于生产商品、提供劳务或者经营管理。例如，企业将出租的厂房收回，并用于生产本企业的产品。又如，从事房地产开发的企业将出租的开发产品收回，作为企业的固定资产使用。

（2）作为存货的房地产，改为出租，通常指房地产开发企业将其持有的开发产品以经营租赁的方式出租，相应地由存货转换为投资性房地产。

（3）自用土地使用权停止自用，用于赚取租金或资本增值，相应地由无形资产转换为投资性房地产。

（4）自用建筑物停止自用，改为出租，必须有确凿证据表明其发生了实际状态上的改变，通常该建筑物应有诸如功能、性能等方面实质性的变化和重大的结构性调整，相应地由固定资产转换为投资性房地产。

（5）房地产企业将用于经营出租的房地产重新开发用于对外销售，从投资性房地产转为存货。

2.投资性房地产转换日的确定

转换日的确定关系到资产的确认时点和入账价值，因此非常重要。转换日是指房地产的用途发生改变、状态相应发生改变的日期。转换日的确定标准主要包括：

（1）投资性房地产开始自用，转换日是指房地产达到自用状态，企业开始将房地产用于生产商品、提供劳务或者经营管理的日期。

（2）投资性房地产转换为存货，转换日为租赁期届满、企业董事会或类似机构作出书面决议明确表明将其重新开发用于对外销售的日期。

（3）作为存货的房地产改为出租，或者自用建筑物或土地使用权停止自用改为出租，转换日通常为租赁期开始日。

（二）房地产转换的会计处理

1.成本模式下的转换

采用成本模式计量的投资性房地产，应当将房地产转换前的账面价值作为转换后的入账价值。

（1）将作为存货的房地产转换为投资性房地产。企业将作为存货的房地产转换为采用成本模式计量的投资性房地产，应当按该项存货在转换日的账面价值，借记"投资性房地产"科目，原已计提跌价准备的，借记"存货跌价准备"科目，按其账面余额，贷记"开发产品"等科目。

【例7-9】甲企业是从事房地产开发的企业，2×24年1月10日，甲企业与乙企业签订了租赁协议，将其开发的一栋写字楼出租给乙企业使用，租赁期开始日为2×24年3月20日。2×24年3月20日，该写字楼的账面余额为8 000万元，未计提存货跌价准备，转换后采用成本模式计量。

在本例中，租赁期开始日为2×24年3月20日，当日存货相应地转换为投资性房地产。甲企业的账务处理如下：

借：投资性房地产——写字楼　　　　　　　　　　　　　　80 000 000
　　贷：开发产品　　　　　　　　　　　　　　　　　　　　　　　　80 000 000

（2）将自用的建筑物等转换为投资性房地产。企业将自用土地使用权或建筑物转换为以成本模式计量的投资性房地产时，应当按该项建筑物或土地使用权在转换日的原价、累计折旧、减值准备等，分别转入"投资性房地产""投资性房地产累计折旧（摊销）""投资性房地产减值准备"科目，按其账面余额，借记"投资性房地产"科目，贷记"固定资产"或"无形资产"科目，按已计提的折旧或摊销，借记"累计折旧"或"累计摊销"科目，贷记"投资性房地产累计折旧（摊销）"科目，原已计提减值准备的，借记"固定资产减值准备"或"无形资产减值准备"科目，贷记"投资性房地产减值准备"科目。

【例7-10】甲企业拥有一栋办公楼，用于本企业总部办公。2×24年3月10日，甲企业与乙企业签订了经营租赁协议，将这栋办公楼整体出租给乙企业使用，租赁期开始日为2×24年4月1日，为期8年。2×24年4月1日，这栋办公楼的账面余额为9 000万元，已计提折旧1 200万元。假设甲企业采用成本计量模式。

甲企业的账务处理如下：

借：投资性房地产——写字楼　　　　　　　　　　　　　　90 000 000
　　累计折旧　　　　　　　　　　　　　　　　　　　　　12 000 000
　　贷：固定资产　　　　　　　　　　　　　　　　　　　　　　　90 000 000
　　　　投资性房地产累计折旧（摊销）　　　　　　　　　　　　　12 000 000

（3）投资性房地产转换为自用房地产。企业将原本用于赚取租金或资本增值的房地产改用于生产商品、提供劳务或者经营管理，投资性房地产相应地转换为固定资产或无形资产。例如，企业将出租的厂房收回，并用于生产本企业的产品。在这种情况下，转换日为房地产达到自用状态，企业开始将房地产用于生产商品、提供劳务或者经营管理的日期。

企业将投资性房地产转换为自用房地产时，应当按该项投资性房地产在转换日的账面余额、累计折旧（摊销）、减值准备等，分别转入"固定资产""累计折旧""固定资产减值准备"等科目；按投资性房地产的账面余额，借记"固定资产"或"无形资产"科目，贷记"投资性房地产"科目；按已计提的折旧或摊销，借记"投资性房地产累计折旧（摊销）"科目，贷记"累计折旧"或"累计摊销"科目；原已计提减值准备的，借记"投资性房地产减值准备"科目，贷记"固定资产减值准备"或"无形资产减值准备"科目。

【例7-11】2×24年6月1日，甲企业将出租在外的厂房收回，开始用于本企业生产商品。该项房地产账面价值为5 400万元，其中，原价9 000万元，累计已提折旧3 600万元。假设甲企业采用成本计量模式。

甲企业的账务处理如下：

借：固定资产　　　　　　　　　　　　　　　　　　　　　90 000 000
　　投资性房地产累计折旧（摊销）　　　　　　　　　　　　36 000 000
　　贷：投资性房地产——厂房　　　　　　　　　　　　　　　　　90 000 000
　　　　累计折旧　　　　　　　　　　　　　　　　　　　　　　　36 000 000

（4）将投资性房地产转换为存货。房地产开发企业将用于经营出租的房地产重新开发用于对外销售的，从投资性房地产转换为存货。在这种情况下，转换日为租赁期届满、企业董事会或类似机构作出书面决议明确表明将其重新开发用于对外销售的日期。

企业将投资性房地产转换为存货时，应当按照该项房地产在转换日的账面价值，借记"开发产品"科目，按照已计提的折旧或摊销，借记"投资性房地产累计折旧（摊销）"科目，原已计提减值准备的，借记"投资性房地产减值准备"科目，按其账面余额，贷记"投资性房地产"科目。

【例 7-12】2×24 年 7 月 1 日，甲企业因租赁期满，将出租在外的写字楼收回，开始用于对外销售。该写字楼账面价值为 3 400 万元，其中，原价 5 000 万元，累计已提折旧 1 600 万元。假设甲企业采用成本计量模式。

甲企业的账务处理如下：

借：开发产品　　　　　　　　　　　　　　　　　　　　34 000 000

　　投资性房地产累计折旧　　　　　　　　　　　　　　16 000 000

　　贷：投资性房地产——写字楼　　　　　　　　　　　　　　50 000 000

2.公允价值模式下的转换

（1）作为存货的房地产转换为投资性房地产。企业将作为存货的房地产转换为采用公允价值模式计量的投资性房地产时，应当按该项房地产在转换日的公允价值，借记"投资性房地产——成本"科目；原已计提跌价准备的，借记"存货跌价准备"科目；按其账面余额，贷记"开发产品"等科目。同时，转换日的公允价值小于账面价值的，按其差额，借记"公允价值变动损益"科目；转换日的公允价值大于账面价值的，按其差额，贷记"其他综合收益"科目。待该项投资性房地产处置时，因转换计入其他综合收益的部分应转入当期损益。

【例 7-13】2×24 年 2 月 10 日，甲房地产开发公司与乙企业签订租赁协议，将其开发的一栋写字楼出租给乙企业。租赁期开始日为 2×24 年 3 月 20 日。2×24 年 3 月 20 日，该写字楼的账面余额为 8 800 万元，公允价值为 9 000 万元。2×24 年 12 月 31 日，该项投资性房地产的公允价值为 9 300 万元。

甲企业的账务处理如下：

（1）2×24 年 3 月 20 日：

借：投资性房地产——成本　　　　　　　　　　　　　　90 000 000

　　贷：开发产品　　　　　　　　　　　　　　　　　　　88 000 000

　　　　其他综合收益　　　　　　　　　　　　　　　　　2 000 000

（2）2×24 年 12 月 31 日：

借：投资性房地产——公允价值变动　　　　　　　　　　3 000 000

　　贷：公允价值变动损益　　　　　　　　　　　　　　　3 000 000

（2）自用房地产转换为投资性房地产。企业将自用房地产转换为采用公允价值模式计量的投资性房地产时，应当按该项土地使用权或建筑物在转换日的公允价值，借记"投资性房地产——成本"科目；按已计提的累计摊销或累计折旧，借记"累计摊销"或"累计折旧"科目；原已计提减值准备的，借记"无形资产减值准备""固定资产减值准备"科目；按其账面余额，贷记"固定资产"或"无形资产"科目。同时，转换日的公允价值小于账面价值的，按其差额，借记"公允价值变动损益"科目；转换日的公允价值大于账面价值的，按其差额，贷记"其他综合收益"科目。待该项投资性房地产处置时，因转换计入其他综合收益的部分应转入当期损益。

【例7-14】2×24年6月，甲企业打算搬迁至新建办公楼，由于原办公楼处于商业繁华地段，甲企业准备将其出租，以赚取租金收入。2×24年10月30日，甲企业完成了搬迁工作，原办公楼停止自用，并与乙企业签订了租赁协议，将原办公楼租赁给乙企业使用，租赁期开始日为2×24年10月30日，租赁期限为3年。2×24年10月30日，该办公楼的公允价值为35 000万元，其原价为5亿元，已提折旧14 250万元。假设甲企业对投资性房地产采用公允价值模式计量。

甲企业的账务处理如下：

借：投资性房地产——成本　　　　　　　　　　　　　　350 000 000

　　公允价值变动损益　　　　　　　　　　　　　　　　　7 500 000

　　累计折旧　　　　　　　　　　　　　　　　　　　142 500 000

　　贷：固定资产　　　　　　　　　　　　　　　　　　　　　500 000 000

（3）投资性房地产转换为自用房地产。企业将采用公允价值模式计量的投资性房地产转换为自用房地产时，应当以其转换当日的公允价值作为自用房地产的账面价值，公允价值与原账面价值的差额计入当期损益。转换日，按该项投资性房地产的公允价值，借记"固定资产"或"无形资产"科目，按该项投资性房地产的成本，贷记"投资性房地产——成本"科目；按该项投资性房地产的累计公允价值变动，贷记或借记"投资性房地产——公允价值变动"科目；按其差额，贷记或借记"公允价值变动损益"科目。

【例7-15】2×23年11月30日，甲企业因租赁期满，将出租的写字楼收回，准备作为办公楼用于本企业的行政管理。2×23年12月1日，该写字楼正式开始自用，相应由投资性房地产转换为自用房地产，当日的公允价值为4 800万元。该项房地产在转换前采用公允价值模式计量，原账面价值为4 750万元，其中，成本为4 500万元，公允价值变动为增值250万元。

甲企业的账务处理如下：

借：固定资产　　　　　　　　　　　　　　　　　　　　48 000 000

　　贷：投资性房地产——成本　　　　　　　　　　　　　　　45 000 000

　　　　　　　　　　——公允价值变动　　　　　　　　　　　2 500 000

　　　　公允价值变动损益　　　　　　　　　　　　　　　　　　500 000

（4）投资性房地产转换为存货。企业将采用公允价值模式计量的投资性房地产转换为存货时，应当以其转换当日的公允价值作为存货的账面价值，公允价值与原账面价值的差额计入当期损益。转换日，按该项投资性房地产的公允价值，借记"开发产品"等科目，按该项投资性房地产的成本，贷记"投资性房地产——成本"科目；按该项投资性房地产的累计公允价值变动，贷记或借记"投资性房地产——公允价值变动"科目；按其差额，贷记或借记"公允价值变动损益"科目。

【例7-16】甲房地产开发企业将其开发的部分写字楼用于对外经营租赁。2×24年10月15日，因租赁期满，甲企业将出租的写字楼收回，并作出书面决议，将该写字楼重新开发用于对外销售，即由投资性房地产转换为存货，当日的公允价值为5 800万元。该项房地产在转换前采用公允价值模式计量，原账面价值为5 600万元，其中，成本为5 000万元，公允价值变动为增值600万元。

甲企业的账务处理如下：

借：开发产品 58 000 000

　　贷：投资性房地产——成本 50 000 000

　　　　　　　　　　——公允价值变动 6 000 000

　　　　公允价值变动损益 2 000 000

二、投资性房地产的处置

当投资性房地产被处置，或者永久退出使用且预计不能从其处置中取得经济利益时，应当终止确认该项投资性房地产。

企业可以通过对外出售或转让的方式处置投资性房地产取得收益。对于那些由于使用而不断磨损直到最终报废，或者由于遭受自然灾害等非正常原因发生毁损的投资性房地产应当及时进行清理。此外，企业因其他原因，如非货币性交易等而减少投资性房地产也属于投资性房地产的处置。企业出售、转让、报废投资性房地产或者发生投资性房地产毁损，应当将处置收入扣除其账面价值和相关税费后的金额计入当期损益。

（一）成本模式计量的投资性房地产

处置采用成本模式计量的投资性房地产时，应当按实际收到的金额，借记"银行存款"等科目，贷记"其他业务收入""应交税费——应交增值税（销项税额）"科目；按该项投资性房地产的账面价值，借记"其他业务成本"科目；按其账面余额，贷记"投资性房地产"科目；按已计提的折旧或摊销，借记"投资性房地产累计折旧（摊销）"科目；原已计提减值准备的，借记"投资性房地产减值准备"科目。

【例7-17】甲公司将其出租的一栋写字楼确认为投资性房地产，采用成本模式计量。租赁期届满后，甲公司将该栋写字楼出售给乙公司，合同价款为3亿元，乙公司已用银行存款付清。出售时，该栋写字楼的成本为28 000万元，已计提折旧3 000万元。假设不考虑相关税费。

甲公司的账务处理如下：

借：银行存款 300 000 000

　　贷：其他业务收入 300 000 000

借：其他业务成本 250 000 000

　　投资性房地产累计折旧 30 000 000

　　贷：投资性房地产——写字楼 280 000 000

（二）公允价值模式计量的投资性房地产

处置采用公允价值模式计量的投资性房地产时，应当按实际收到的金额，借记"银行存款"等科目，贷记"其他业务收入""应交税费——应交增值税（销项税额）"科目；按该项投资性房地产的账面余额，借记"其他业务成本"科目，按其成本，贷记"投资性房地产——成本"科目，按其累计公允价值变动，贷记或借记"投资性房地产——公允价值变动"科目。同时结转投资性房地产累计公允价值变动。若存在原转换日计入其他综合收益的金额，也一并结转。

【例7-18】甲企业为一家房地产开发企业，2×23年2月10日，甲企业与乙企业签订了租赁协议，将其开发的一栋写字楼出租给乙企业使用，租赁期开始日为2×23年3月20日。2×23年3月20日，该写字楼的账面余额为12 000万元，公允价值为13 500万元。2×23年12月31日，该项投资性房地产的公允价值为15 000万元。2×24年9月租赁期届满，企业收回该项投资性房地产，并以16 000万元出售，出售款项已收讫。甲企业采用公允价值模式计量。

甲企业的账务处理如下：

（1）2×23年3月20日，存货转换为投资性房地产：

借：投资性房地产——成本   135 000 000

    贷：开发产品   120 000 000

        其他综合收益   15 000 000

（2）2×23年12月31日，公允价值变动：

借：投资性房地产——公允价值变动   15 000 000

    贷：公允价值变动损益   15 000 000

（3）2×24年9月，出售投资性房地产：

借：银行存款   160 000 000

    贷：其他业务收入   160 000 000

借：其他业务成本   15 000 000

    贷：投资性房地产——成本   13 500 000

             ——公允价值变动   1 500 000

同时，将投资性房地产累计公允价值变动转入其他业务成本：

借：公允价值变动损益   15 000 000

    贷：其他业务成本   15 000 000

将转换时原计入其他综合收益的部分转入其他业务成本：

借：其他综合收益   15 000 000

    贷：其他业务成本   15 000 000

立德精业7-2

守法经营、诚信服务

近年来，国内外上市公司造假、审计失败现象层出不穷，使会计行业面临着"诚信危机"的挑战。党的二十大报告中明确指出要"弘扬诚信文化，健全诚信建设长效机制"。诚信是注册会计师行业的安身立命之本和长远发展之基，新时代高质量发展和全面建成社会主义现代化强国对行业诚信建设提出了新的要求。为贯彻落实党的二十大精神和《国务院办公厅关于进一步规范财务审计秩序 促进注册会计师行业健康发展的意见》（国办发〔2021〕30号），增强行业诚信观念，提升执业质量，营造守法经营、诚信服务的行业文化，财政部起草了《注册会计师行业诚信建设纲要（征求意见稿）》。

《注册会计师行业诚信建设纲要（征求意见稿）》围绕一条工作主线，即紧紧围绕加强行业诚信建设这条工作主线；聚焦两个需求，即聚焦落实社会信用体系建设客观需求和行业高质量发展内在需求；抓住三个环节，即抓住诚信标准建设、诚信标准执行、诚信监督管理等三个环节，构建行业诚信闭环管理体系；统筹四个主体，即统筹财政部门、注册会计师协会、会计师事务所和从业人员等四个主体；遵循五项基本原则，提出"政府推动，社会共建""健全制度，规范发展""以人为本，教育为先""德法并举，刚柔相济""重点突破，强化联动"等五项基本原则，对行业诚信建设体系进行谋划布局；规划六方面重点工作，提出从诚信标准建设、诚信教育和诚信文化建设、诚信信息采集和信息监控体系建设、诚信监管和评级评价制度建设、守信激励和失信惩戒机制建设以及组织保障等六个方面重点推进行业诚信建设。

资料来源　根据相关资料整理。

本章小结

投资性房地产，是指企业为赚取租金或资本增值，或两者兼有而持有的房地产。投资性房地产应当能够单独计量和出售，主要包括：已出租的土地使用权、持有并准备增值后转让的土地使用权和已出租的建筑物。

企业通常应当采用成本模式对投资性房地产进行后续计量，也可以采用公允价值模式对投资性房地产进行后续计量。但是，同一企业只能采用一种模式对所有投资性房地产进行后续计量，不得同时采用两种计量模式。企业对投资性房地产的计量模式一经确定，不得随意变更。从成本模式转为公允价值模式的，应当作为会计政策变更处理，将计量模式变更时公允价值与账面价值的差额，调整期初留存收益。对于已采用公允价值模式计量的投资性房地产，不得从公允价值模式转为成本模式。

房地产的转换，实质上是因房地产用途发生改变而对房地产进行的重新分类，主要包括：（1）投资性房地产开始自用；（2）作为存货的房地产改为出租；（3）自用建筑物或土地使用权停止自用，改为出租；（4）自用土地使用权停止自用，改用于资本增值。

与投资性房地产有关的后续支出，满足投资性房地产确认条件的，应当将其资本化，计入投资性房地产成本。不满足投资性房地产确认条件的，应当在发生时计入当期损益。

当投资性房地产被处置，或者永久退出使用且预计不能从其处置中取得经济利益时，应当终止确认该项投资性房地产。企业出售、转让、报废投资性房地产或者发生投资性房地产毁损时，将实际收到的处置收入计入其他业务收入，所处置投资性房地产的账面价值计入其他业务成本，同时应将处置收入扣除其账面价值和相关税费后的金额计入当期损益。

主要概念

投资性房地产　成本模式　公允价值模式

第七章基本训练

长期股权投资与合营安排

学习目标

通过本章学习，应达到以下目标：在知识方面，了解有关企业会计准则的相关规定，掌握长期股权投资的概念、分类；在技能方面，掌握各类长期股权投资的确认与计量原则；在能力方面，能运用长期股权投资的确认与计量原则，对具体经济业务进行核算。

思维导图

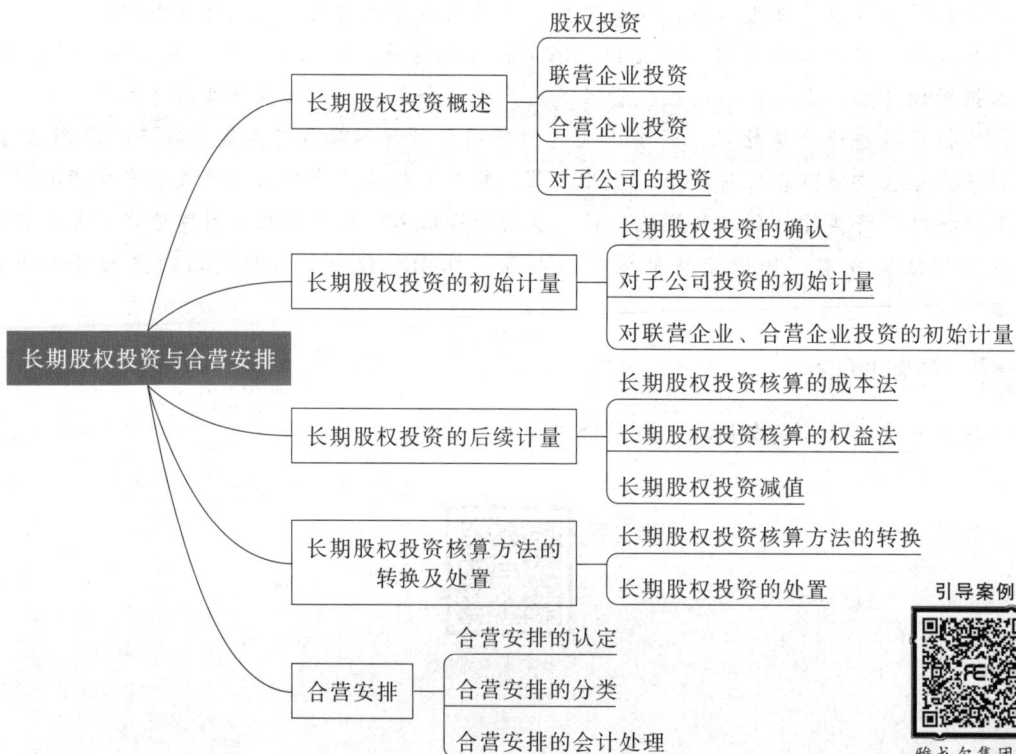

- 长期股权投资概述
  - 股权投资
  - 联营企业投资
  - 合营企业投资
  - 对子公司的投资
- 长期股权投资的初始计量
  - 长期股权投资的确认
  - 对子公司投资的初始计量
  - 对联营企业、合营企业投资的初始计量
- 长期股权投资的后续计量
  - 长期股权投资核算的成本法
  - 长期股权投资核算的权益法
  - 长期股权投资减值
- 长期股权投资核算方法的转换及处置
  - 长期股权投资核算方法的转换
  - 长期股权投资的处置
- 合营安排
  - 合营安排的认定
  - 合营安排的分类
  - 合营安排的会计处理

引导案例

雅戈尔集团的
长期股权投资

第一节 长期股权投资概述

一、股权投资

股权投资，又称权益性投资，是指通过付出现金或非现金资产等取得被投资单位的股份或股权，享有一定比例的权益份额代表的资产。投资企业取得被投资单位的股权，相应地享有被投资单位净资产有关份额，通过自被投资单位分得现金股利或利润以及待被投资单位增值后出售等获利。

股权投资基于投资合同、协议等约定，会形成投资方的金融资产。在大的范畴属于金融工具的情况下，根据投资方在投资后对被投资单位能够施加影响的程度，企业会计准则将股权投资区分为应当按照《企业会计准则第 22 号——金融工具确认和计量》进行核算和应当按照《企业会计准则第 2 号——长期股权投资》进行核算两种情况。其中，属于《企业会计准则第 2 号——长期股权投资》规范的股权投资，是根据投资方在获取投资以后，能够对被投资单位施加影响的程度来划分的，而不是根据持有投资的期限长短。会计意义上的长期股权投资包括投资方持有的对联营企业、合营企业以及子公司的投资。

二、联营企业投资

联营企业投资，是指投资方能够对被投资单位施加重大影响的股权投资。重大影响，是指投资方对被投资单位的财务和生产经营决策有参与决策的权力，但并不能控制或与其他方一起共同控制这些政策的制定。

这里所谓的"重大影响"，其实对于投资单位来说只要能够参与被投资单位的生产经营决策即可，在此基础上不再衡量影响的重大程度如何，即投资方有关提议的接受程度或是在被投资单位的财务和生产经营决策过程中发言权的比重等。实务中，较为常见的重大影响体现为在被投资单位的董事会或类似权力机构中派有代表，通过在被投资单位财务和经营决策制定过程中的发言权实施重大影响。从股权比例来看，投资方直接或是通过子公司间接持有被投资单位 20% 以上但低于 50% 的表决权股份时，一般认为对被投资单位具有重大影响，除非有明确的证据表明该种情况下不能参与被投资单位的生产经营决策，不形成重大影响。

在以持有股权来判断投资方对被投资单位的影响程度时，应综合考虑投资方自身持有的股权、通过子公司间接持有的股权以及投资方或其他方持有的可转换为对被投资单位股权的其他潜在因素影响，该类潜在因素通常包括被投资单位发行的当期可转换的认股权证、股份期权及可转换公司债券等的影响。上述因素中，以投资方自身直接或通过子公司间接持有的股权来分析和判断，且在判断中注重的是投资方现时施加重大影响的能力。从理论上来讲，重大影响的判断应当基于现时实际持有股权及被投资单位发行的其他当期可转换为普通股的认股权证、股份期权等的影响，但实际执行中，投资方往往难以获得充分有效的信息用以评估有关潜在表决权因素对其自身及被投资单位其他投资者可能施加表决权的影响。

企业通常可以通过以下一种或几种情形来判断是否对被投资单位具有重大影响：

1.在被投资单位的董事会或类似权力机构中派有代表。这种情况下，由于在被投资单位的董事会或类似权力机构中派有代表，并享有实质性的参与决策权，投资方可以通过该代表参与被投资单位经营决策的制定，达到对被投资单位施加重大影响的目的。

2.参与被投资单位财务和经营政策制定过程，包括股利分配政策等的制定。这种情况下，因可以参与被投资单位的政策制定过程，在政策制定过程中可以为其自身利益提出建议和意见，从而对被投资单位施加重大影响。

3.与被投资单位之间发生重要交易。有关的交易因对被投资单位的日常经营具有重要性，一定程度上可以影响被投资单位的生产经营决策。

4.向被投资单位派出管理人员。这种情况下，通过投资方对被投资单位派出管理人员，管理人员有权力并负责被投资单位的财务和经营活动，从而能够对被投资单位施加重大影响。

5.向被投资单位提供关键技术资料。因被投资单位的生产经营需要依赖投资方的技术或技术资料，表明投资方对被投资单位具有重大影响。

存在上述一种或多种情形并不意味着投资方一定对被投资单位具有重大影响，企业需要综合考虑所有事实和情况后作出恰当的判断。例如，企业不应仅仅以撤回或委派董事、委派监事、增加或减少持有被投资单位的股份等个别事实为依据作出判断。

重大影响的判断关键是分析投资方是否有实质性的参与权而不是决定权。另外，值得注意的是，重大影响为对被投资单位的财务和经营政策有"参与决策的权力"而非"正在行使的权力"。例如，投资方已派驻董事并积极参与被投资方的经营管理。其判断的核心应当是投资方是否具备参与并施加重大影响的权力，而投资方是否正在实际行使该权力并不是判断的关键所在。一般而言，在被投资单位的股权结构以及投资方的持股比例等未发生实质变化的情况下，投资方不应在不同的会计期间，就是否对被投资单位具有重大影响，作出不同的会计判断。

【例8-1】2×24年2月，甲公司取得乙公司15%的股权。按照投资协议约定，甲公司在成为乙公司股东后，向乙公司董事会派出一名成员。乙公司章程规定：（1）公司的财务和生产经营决策由董事会制定，董事会由7名成员组成，有关决策在提交董事会讨论后，以简单多数表决通过；（2）公司的合并、分立、股东增减资等事项需要经股东会表决通过方可付诸实施。

甲公司自2×24年取得乙公司股权后，其认为对乙公司持股比例仅为15%，且乙公司7名董事会成员中，其仅能派出1名，在乙公司董事会中有发言权和一票表决权，能够施加的影响有限，因此将该投资作为以公允价值计量且其变动计入其他综合收益的金融资产核算。

从乙公司董事会实际运行情况来看，甲公司派出的董事会成员除有为数不多的几次提出供董事会讨论和决策的议案外，其他情况下较少提出供董事会决策的意见和建议，仅在其他方提出有关议案进行表决时代表甲公司提供表决意见。

分析：甲公司在取得乙公司股权后，根据投资协议约定，能够向乙公司董事会派出1名成员，参与乙公司的财务和生产经营决策，其所派出成员虽然只有发言权和一票表决权，但按照准则规定应当认为甲公司对乙公司具有重大影响，该投资应作为长期股权投资核算。

【例8-2】甲公司于2×24年取得A公司20%的股权，并在取得该股权后向A公司董事会派出一名成员。A公司董事会由5名成员组成，除甲公司外，A公司另有两个其他投资者各持有A公司40%的股权，并分别向A公司董事会派出2名成员。

A公司章程规定，其财务和生产经营决策由董事会成员简单多数通过后即可实施。

从实际运行情况来看，除甲公司所派董事会成员外，其他董事会成员经常提议召开董事会，并且在甲公司派出董事会成员缺席情况下作出决策。为财务核算及管理需要，甲公司曾向A公司索要财务报表，但该要求未得到满足。甲公司派出的董事会成员对A公司生产经营的提议基本上未提交到董事会正式议案中，且在董事会讨论过程中，甲公司所派董事会成员的意见和建议均被否决。

问题：甲公司向其被投资单位A公司派出董事会成员，是否对A公司构成重大影响？

分析：本例中，虽然甲公司拥有A公司有表决权股份的比例为20%，且向被投资单位派出董事会成员参与其生产经营决策，但从其提议未实际被讨论、其意见和建议被否决，以及提出获取A公司财务报表的要求被拒绝等事实来看，甲公司向A公司董事会派出的成员无法对A公司的生产决策施加影响，该项投资不构成联营企业投资。

三、合营企业投资

对合营企业投资，是指投资方与其他合营方一同对被投资单位实施共同控制且对被投资单位净资产享有权利的权益性投资。合营企业是共同控制一项安排的参与方仅对该安排的净资产享有权利的合营安排。投资方判断持有的对合营企业的投资，应当首先看是否构成合营安排，其次再看有关合营安排是否构成合营企业。认定一项安排是合营安排后，应当根据合营方获得回报的方式，来判断该合营安排应当被划分为共同经营还是合营企业。如果合营方通过对合营安排的资产享有权利，并对合营安排的义务承担责任来获得回报，则该合营安排应当被划分为共同经营；如果合营方仅对合营安排的净资产享有权利，则该合营安排应当被划分为合营企业。

四、对子公司的投资

对子公司投资，是投资方持有的能够对被投资单位施加控制的股权投资。

|第二节| 长期股权投资的初始计量

一、长期股权投资的确认

长期股权投资的确认，是指投资方能够在自身账簿和报表中确认对被投资单位股权投资的时点，企业会计准则体系中对联营企业、合营企业投资的确认没有非常明确的规定，原则上其确认应当遵从《企业会计准则——基本准则》中关于资产的界定，即有关股权投资在属于投资方的资产时确认。企业会计准则体系中仅就对子公司投资的确认时点进行了明确规定，即购买方（或合并方）应于购买日（或合并日）确认对子公司的长期股权投资。实务中，对于联营企业、合营企业等投资的持有一般会参照对子公司长期股权投资的确认条件进行。

对子公司投资应当在企业合并的合并日（或购买日）确认。其中，合并日（或购买日）是指合并方（或购买方）实际取得对被合并方（或被购买方）控制权的日期，即投资方拥有对被投资方的权力，通过参与被投资方的相关活动而享有可变回报，且有能力运用对被投资方的权力影响其回报金额时。对于合并日（或购买日）的判断，满足以下有关条件的，通常可视为实现了控制权的转移：（1）企业合并合同或协议已获股东大会通过；（2）企业合并事项需要经过国家有关主管部门审批的，已获得批准；（3）参与合并各方已办理了必要的财产权转移手续；（4）合并方或购买方已支付了合并价款的大部分（一般应超过50%），并且有能力、有计划支付剩余款项；（5）合并方或购买方实际上已经控制了被合并方或被购买方的财务和经营政策，并享有相应的利益、承担相应的风险。实务操作中，应结合具体交易情况进行综合判断，关键在于确定控制权的转移时点。

【例8-3】甲上市公司（以下简称"甲公司"）2×23年7月20日对外公告，拟以定向发行本公司普通股的方式自独立的非关联方收购乙公司、丙公司持有的A公司100%股权。双方签订的并购合同中约定对标的资产A公司的评估基准日为2×23年6月30日，以评估确定的该时点标的资产价值为基础，甲公司拟以6元/股（公告日前60天甲公司普通股的平均市场价格）的价格购买A公司原股东所持全部股份。合同中同时约定，在评估基准日至甲公司取得A公司股权之日期间内A公司实现的净损益归甲公司所有。该并购重组事项的具体执行情况如下：

（1）2×23年7月16日，经甲公司、乙公司、丙公司各自决策机构批准。

（2）2×23年7月20日，对外公告。

（3）2×23年10月22日，向有关监管机构提交并购重组申请材料。

（4）2×23年12月20日，该重组事项获监管部门批准。

（5）2×23年12月31日，甲公司取得监管部门批文。当日，甲公司对A公司董事会进行改组，在A公司7名董事会成员中，派出5名。同时，买卖双方于当日办理了A公司有关财产的交接手续。

A公司章程规定：公司的生产经营活动由董事会决策，重大生产经营决策需经参加董事会成员半数以上通过后实施；涉及公司合并、分立、解散、清算等事项需经董事会全体成员一致通过。

（6）2×24年1月6日，注册会计师完成对A公司注册资本验资程序。A公司于当日向市场监管部门申请变更股东并获批准。

（7）2×24年1月28日，甲公司在有关股权登记部门完成股东登记手续。

问题：在甲公司购买A公司100%股权交易中，在哪一时点可以确认对A公司的长期股权投资？

分析：确定甲公司对A公司长期股权投资的确认时点，实际上需要根据交易进行过程中的相关情况，判断该项非同一控制下企业合并的购买日。

该项交易中，甲公司并购重组交易取得内、外部机构批准的时点为2×23年12月20日，至12月31日，甲公司已经通过派出A公司董事会成员，对其生产经营决策进行控制。虽然至2×23年12月31日，该项交易并未完全完成，但后续在2×24年1月完成的工商登记及甲公司股东登记程序原则上在前期条件均已具备的情况下，该程序应为程序性的，对交易本身不构成实质性障碍，亦不会因2×24年有关程序未完成而发生交易逆转的情况，因此可以认为2×23年12月31日为该项交易的购买日。

本交易中，在确定购买日时，应关注以下两个问题：

一是在对标的资产的评估基准日至股权转移日之间标的资产的净损益归属问题是否影响购买日的确定。购买日的确定基础是对标的股权的控制权于何时转移，本交易中虽然购买方与出售方签订的协议中约定评估基准日至股权转移日之间被购买企业实现的净损益归属于购买方所有，但在评估基准日，该项交易尚未实质性进行，有关审批程序、资产转移、对被购买企业生产经营决策权的主导等均未实际发生，因此，未形成控制权的转移，不能将评估基准日确定为企业合并的购买日。双方对过渡期间损益归属的协议约定原则上是对购买方企业合并成本的调整，即被购买企业在此期间实现盈利且归属于购买方的，该盈利应被视为对购买方支付的企业合并成本的抵减；被购买企业在此期间发生亏损的，如该亏损应由购买方负担，则应认为是购买方实际付出企业合并成本的增加。

二是对A公司控制权的理解问题，即何种情况下甲公司能够控制A公司。本交易中甲公司的章程规定：公司的生产经营活动由董事会决策，重大生产经营决策需经参加董事会成员半数以上通过后实施；涉及公司合并、分立、解散、清算等事项需经董事会全体成员一致通过。在甲公司向A公司派出5名董事会成员且享有A公司生产经营产生的损益后，是否即形成对A公司的控制，章程中规定需要由董事会全体成员一致通过的事项是否说明即使甲公司向A公司派出5名董事，也不能实际控制A公司呢？判断控制是要看对被投资方的回报产生重大影响的活动如商品或劳务的销售及购买、资产的购买与处置、研究开发活动、投资与融资等日常经营活动的权力，企业在持续经营过程中，涉及合并、分立、解散、清算等均为相对较为特殊事项，这些事项发生时，有关决策需董事会一致通过，并不影响投资方对被投资方日常经营相关活动的控制能力。

应予说明的是，对联营企业、合营企业投资的初始确认时点虽然现行会计准则中未予明确规定，但原则上可比照上述关于子公司的确认条件进行。同时，在以原则为基础的会计准则体系下，某一具体事项的会计处理规定未通过准则进行明确规定时，应当按照《企业会计准则——基本准则》中关于资产、负债的确认条件进行。

对于认缴制下尚未出资的股权投资，投资方在未实际出资前是否应确认与所认缴出资相关的股权投资，应结合法律法规规定与具体合同协议确定，若合同协议有具体约定的，按照合同约定进行会计处理；合同协议没有具体约定的，则应根据《中华人民共和国公司法》（以下简称《公司法》）等法律法规的相关规定进行会计处理。对于投资的初始确认，若合同明确约定认缴出资的时间和金额，且投资方按认缴比例享有相应的股东权益，则投资方应确认一项金融负债及相应的资产；若合同没有明确约定，则属于一项未来的出资承诺，不确认金融负债及相应的资产。

二、对子公司投资的初始计量

对于形成控股合并的长期股权投资的初始计量，应区分控股合并的类型，分别同一控制下控股合并与非同一控制下控股合并确定初始投资成本。

（一）同一控制下控股合并形成的对子公司长期股权投资

同一控制下企业合并中，考虑到构成同一控制下企业合并的有关条件，即交易发生前后合并方、被合并方均在相同的最终控制方控制之下。从能够对参与合并各方在合并前及合并后均实施最终控制的一方来看，最终控制方在企业合并前及合并后能够控制的资产并没有发生变化，只是由于合并方的加入，其所控制子公司相互的层级、直接或间接关系的变化。控制的理念在会计核算中非常重要，从能够实施控制一方的角度，不管其在某些交易事项发生前后，对被投资方实施的是直接控制还是通过中间层次间接控制，只要能够实施控制，其所能够支配和运用的经济资源即是不变的，一般不能改记相关资产、负债的价值，这一理念原则上应体现在合并报表层面，即最终控制方的合并报表、合并方编制的以最终控制方作为最主要使用者的合并财务报表中均应体现从最终控制方角度自其实施控制开始，延续下来的至合并发生时有关资产、负债的应有价值。

同一控制下企业合并形成的合并方对被合并方的长期股权投资，是合并方在该项交易后在其个别财务报表中应当确认的资产，其成本代表的是在被合并方所有者权益中享有的份额。理论上来讲，该项资产是合并方通过支付相关的对价取得的，其初始入账价值应当按照合并方为获取该项资产所支付对价的公允价值计量，这是从单独的法律主体角度对合并方在交易中进行的真实价值交换的反映。但是，我国企业会计准则体系中未采用这一观点，而是从最终控制方的角度，将合并方取得被合并方股权的交易作为企业集团内资产和权益的重新整合处理，不管交易本身是否是按照公平的市场价格作价，也不管交易本身是否是在最终控制方的主导下进行，只要符合同一控制下企业合并的界定，合并方通过交易取得对被合并方的长期股权投资即应按照通过该项交易取得的被合并方账面净资产的份额确认。应予关注的是，该账面净资产并非指被合并方个别财务报表中体现的有关资产、负债的价值，而是从最终控制方的角度，被合并方自其被最终控制方开始控制时开始，其所持有的资产、负债确定对于最终控制方的价值持续计算至合并日的账面价值。具体如下：

1.合并方以支付现金、转让非现金资产或承担债务方式作为合并对价的，应当在合并日按照取得被合并方所有者权益在最终控制方合并财务报表中的账面价值的份额作为长期股权投资的初始投资成本。长期股权投资初始投资成本与支付的现金、转让的非现金资产以及所承担债务账面价值之间的差额，应当调整资本公积；资本公积（资本溢价或股本溢价）不足冲减的，调整留存收益。合并方发生的审计、法律服务、评估咨询等直接费用以及其他相关管理费用，应当于发生时计入当期管理费用。具体会计处理如下：

借：长期股权投资（按取得被合并方所有者权益在最终控制方合并财务报表中账面价值的份额）

应收股利（按应享有被投资单位已宣告但尚未发放的现金股利或利润）

资本公积——资本溢价或股本溢价（长期股权投资初始投资成本与支付的现金、转让的非现金资产以及所承担债务账面价值之间的差额）

盈余公积（资本溢价或股本溢价不足冲减部分）

利润分配——未分配利润（资本溢价或股本溢价不足冲减部分）

贷：有关资产等科目（按支付的合并对价的账面价值）

资本公积——资本溢价或股本溢价（长期股权投资初始投资成本与支付的现金、转让的非现金资产以及所承担债务账面价值之间的差额）

2.合并方以发行权益性证券作为合并对价的,应按合并日取得被合并方所有者权益在最终控制方合并财务报表中账面价值的份额作为长期股权投资的初始投资成本。按发行权益性证券的面值总额作为股本,长期股权投资初始投资成本与所发行权益性证券面值总额之间的差额,应当调整资本公积,资本公积(资本溢价或股本溢价)不足冲减的,调整留存收益。具体会计处理如下:

借:长期股权投资(应按合并日取得被合并方所有者权益在最终控制方合并财务报表
    中账面价值的份额)

  应收股利(按应享有被投资单位已宣告但尚未发放的现金股利或利润)

  资本公积——资本溢价或股本溢价(长期股权投资初始投资成本与所发行权益性
    证券面值总额之间的差额)

  盈余公积(资本溢价或股本溢价不足冲减部分)

  利润分配——未分配利润(资本溢价或股本溢价不足冲减部分)

 贷:股本(按发行权益性证券的面值)

  资本公积——资本溢价或股本溢价(长期股权投资初始投资成本与所发行权益
    性证券面值总额之间的差额)

【例8-4】甲公司于2×24年4月1日自其母公司(M公司)取得B公司100%股权并能够对B公司实施控制。该项交易中,以2×23年12月31日为评估基准日,B公司全部股权经评估确定的价值为15亿元,其个别财务报表中净资产账面价值为6.4亿元,以M公司取得B公司时点确定的B公司有关资产、负债价值为基础,考虑B公司后续有关交易事项的影响,2×24年4月1日,B公司净资产价值为9.2亿元。甲公司用以支付购买B公司股权的对价为其持有的一项土地使用权,成本为7亿元,已摊销1.5亿元,评估价值为10亿元,同时该项交易中甲公司另支付现金5亿元。当日,甲公司账面所有者权益项目构成为:股本6亿元,资本公积3.6亿元,盈余公积2.4亿元,未分配利润8亿元。

问题:甲公司应确认对B公司长期股权投资的成本是多少?并进行会计处理。

分析:本例中甲公司对B公司的合并属于同一控制下的企业合并。按照会计准则规定,该类合并中投资方应当按照合并取得应享有被合并方账面净资产的份额确认对被合并方的长期股权投资。该长期股权投资与所支付对价账面价值之间的差额应当调整资本公积,资本公积余额不足的,应当依次调整盈余公积和未分配利润。对B公司长期股权投资为9.2亿元,甲公司应进行的会计处理为:

借:长期股权投资   920 000 000

  累计摊销   150 000 000

  资本公积   130 000 000

 贷:无形资产   70 000 000

  银行存款   50 000 000

本例中应当注意以下问题:

一是甲公司取得对B公司长期股权投资,应以所取得B公司账面净资产的份额确认。该账面净资产并非B公司个别财务报表中体现的6.4亿元,而应以B公司有关资产、负债在最终控制方M公司的账面价值9.2亿元为基础确定。

二是在确认长期股权投资时，对于合并方为取得该项投资支付的对价原则上应以账面价值结转，无论其公允价值与账面价值是否相同，均不确认损益。取得长期股权投资的入账价值与所支付对价账面价值之间的差额应当全部调整所有者权益，本例中因甲公司资本公积的余额足够，相关差额均调整了资本公积。根据同一控制下企业合并作为企业集团内资产和权益整合的处理理念，该类交易确认时不应当产生损益。

三是如果本例中在确认甲公司对B公司长期股权投资时，因该长期股权投资按照会计准则规定确定的初始投资成本与支付对价账面价值之间的差额冲减资本公积（资本溢价）时，资本公积（资本溢价）的余额不足的，应当按照比例相应冲减甲公司的盈余公积和未分配利润。也就是说，如甲公司是按照净利润的10%提取法定盈余公积，因资本公积（资本溢价）的余额不足需进一步冲减权益的金额，应按10%：90%的比例相应冲减盈余公积和未分配利润。

（二）非同一控制下控股合并形成的对子公司长期股权投资

非同一控制下企业合并本质上为市场化购买，其处理原则与一般的单项资产购买有相同之处，同时亦有区别。相同之处在于因为交易本身是按照市场化原则进行的，购买方在支付有关对价后，对于该项交易中自被购买方取得的各项资产、负债应当按照其在购买日的公允价值计量；与单项资产购买的不同之处在于，企业合并是构成业务的多项资产及负债的整体购买，由于在交易价格形成过程中购买方与出售方之间议价等因素的影响，交易的最终价格与通过交易取得被购买方持有的有关单项资产、负债的公允价值之和一般会存在差异。该差异主要是源于两种情况：一是购买方支付的成本大于通过该项交易自被购买方取得的各单项可辨认资产、负债的公允价值之和，差额部分是交易各方在作价时出于对被购买业务整合获利能力等因素的考虑，即被购买业务中有关资产、负债整合在一起预期会产生高于其中单项资产、负债的价值，即为商誉的价值；二是购买方支付的成本小于该项交易中自被购买方取得的各单项资产、负债的公允价值之和，差额部分是购买方在交易作价过程中通过自身的议价能力得到的折让。应予说明的是，按照我国企业会计准则的规定，对子公司长期股权投资在取得以后，在母公司账簿及个别财务报表中均体现为单项资产——长期股权投资，且采用成本法计量，上述商誉因素包含在相关对子公司长期股权投资的初始投资成本中，仅在编制合并财务报表时才会体现；负商誉的因素不影响母公司账面及个别财务报表中持有的对子公司初始投资成本的确定，在编制合并财务报表时，体现为企业合并发生当期合并利润表的损益。具体如下：

1.非同一控制下的企业合并，购买方应当按照确定的企业合并成本作为长期股权投资的初始投资成本。企业合并成本包括购买方在购买日为取得对被购买方的控制权而付出的资产、发生或承担的负债以及发行的权益性证券的公允价值之和。

小提示8-1

企业合并发行不同性质证券的手续费、佣金的处理差异

购买方为进行企业合并发生的审计、法律服务、评估咨询等直接费用以及其他相关管理费用，应当于发生时计入当期管理费用；该直接相关费用不包括为企业合并发行的债券或承担其他债务支付的手续费、佣金等，也不包括企业合并中发行权益性证券发生的手续费、佣金等费用。

非同一控制下的企业合并，投出资产为非货币性资产时，投出资产公允价值与其账面价值的差额应分不同资产进行会计处理：

（1）投出资产为固定资产或无形资产，其差额计入资产处置损益。具体会计处理如下：

借：长期股权投资 （合并成本）

应收股利 （按应享有被投资单位已宣告但尚未发放的现金股利或利润）

资产处置损益 （借方差额）

贷：固定资产或无形资产（账面价值）

资产处置损益 （贷方差额）

（2）投出资产为存货，按其公允价值确认主营业务收入或其他业务收入，按其成本结转主营业务成本或其他业务成本。具体会计处理如下：

借：长期股权投资 （合并成本）

应收股利 （按应享有被投资单位已宣告但尚未发放的现金股利或利润）

贷：主营业务收入（公允价值）

其他业务收入（公允价值）

应交税费——应交增值税 （销项税额）

同时：

借：主营业务成本

其他业务成本

贷：库存商品

原材料等

（3）投出资产为以公允价值计量且其变动计入其他综合收益的债权性金融资产投资的，其差额计入投资收益。原持有期间公允价值变动形成的其他综合收益应一并转入投资收益，借记"其他综合收益"科目，贷记"投资收益"科目。

【例8-5】A公司于2×24年3月31日取得B公司70%的股权。为核实B公司的资产价值，A公司聘请专业资产评估机构对B公司的资产进行评估，支付评估费用300万元。合并中，A公司支付的有关资产在购买日的账面价值与公允价值见表8-1。

表8-1　　　　　　　　　　2×24年3月31日的账面价值与公允价值　　　　　　　　　　单位：万元

项目	账面价值	公允价值
土地使用权（自用）	6 000	9 600
专利技术	2 400	3 000
银行存款	2 400	2 400
合计	10 800	15 000

假定合并前A公司与B公司不存在任何关联方关系，且B公司所持有资产、负债构成业务，A公司用作合并对价的土地使用权和专利技术原价为9 600万元，至控股合并发生时已累计摊销1 200万元。

分析：本例中因A公司与B公司在合并前不存在任何关联方关系，应作为非同一控制下的控股合并处理。

A公司对于控股合并形成的对B公司的长期股权投资，应按确定的企业合并成本作为其初始投资成本。A公司应进行如下账务处理：

借：长期股权投资	150 000 000	
累计摊销	12 000 000	
贷：无形资产		96 000 000
银行存款		24 000 000
资产处置损益		42 000 000
借：管理费用	3 000 000	
贷：银行存款		3 000 000

2.企业通过多次交易分步实现非同一控制下企业合并的，应当区分个别财务报表和合并财务报表进行相关会计处理。

（1）在个别财务报表中，应当以购买日之前所持被购买方的股权投资的账面价值与购买日新增投资成本之和，作为该项投资的初始投资成本。其中，形成控股合并前对持有的长期股权投资采用权益法核算的，长期股权投资在购买日的初始投资成本为原权益法下的账面价值加上购买日取得新的股份所支付对价的公允价值之和，购买日之前因权益法形成的其他综合收益或其他资本公积暂时不作处理，待到处置该项投资时将与其相关的其他综合收益或其他资本公积采用与被购买方直接处置相关资产或负债相同的基础进行会计处理；形成控股合并前对长期股权投资采用公允价值计量的（例如，原分类为以公允价值计量且其变动计入其他综合收益的金融资产的非交易性权益工具投资），长期股权投资在购买日的初始投资成本为原公允价值计量的账面价值加上购买日取得新的股份所支付对价的公允价值之和。购买日之前持有的被购买方的股权涉及其他综合收益的，转入当期投资收益。

（2）在合并财务报表中，对于购买日之前持有的被购买方的股权，应当按照该股权在购买日的公允价值进行重新计量，公允价值与其账面价值的差额计入当期投资收益；购买日之前持有的被购买方的股权涉及其他综合收益的，与其相关的其他综合收益应当转为购买日所属当期投资收益。购买方应当在附注中披露其在购买日之前持有的被购买方的股权在购买日的公允价值、按照公允价值重新计量产生的相关利得或损失的金额。

【例8-6】A公司于2×23年3月以2 000万元取得B上市公司5%的股权，对B公司不具有重大影响，A公司将其分类为以公允价值计量且其变动计入其他综合收益的金融资产，按公允价值计量。2×24年4月1日，A公司又斥资25 000万元自C公司取得B公司另外50%股权。假定A公司在取得对B公司的长期股权投资后，B公司未宣告发放现金股利。A公司原持有B公司5%的股权于2×24年3月31日的公允价值为2 500万元（与2×24年4月1日的公允价值相等），累计计入其他综合收益的金额为500万元。A公司与C公司不存在任何关联方关系。

本例中，A公司是通过分步购买最终达到对B公司的控制，因A公司与C公司不存在任何关联方关系，故形成非同一控制下控股合并。在购买日，A公司应进行如下账务处理：

借：长期股权投资	275 000 000	
贷：其他权益工具投资		25 000 000

    贷：银行存款   250 000 000
  借：其他综合收益   5 000 000
    贷：投资收益   5 000 000

假定A公司于2×23年3月以12 000万元取得B公司20%的股权，并能对B公司施加重大影响，采用权益法核算该项股权投资，当年度确认对B公司的投资收益为450万元。2×24年1月，A公司又斥资15 000万元自C公司取得B公司另外30%的股权，自取得该股权起控制B公司。A公司除净利润外，无其他所有者权益变动，按净利润的10%提取盈余公积。A公司对该项长期股权投资未计提任何减值准备。其他资料同上。购买日，A公司应进行以下账务处理：

  借：长期股权投资   150 000 000
    贷：银行存款   150 000 000

购买日对B公司长期股权投资的账面价值=（12 000 + 450）+ 15 000= 27 450（万元）

（三）投资成本中包含的已宣告但尚未发放的现金股利或利润的处理

企业无论以何种方式取得长期股权投资，取得投资时，对于投资成本中包含的被投资单位已经宣告但尚未发放的现金股利或利润，应作为应收项目单独核算，不构成取得长期股权投资的初始投资成本，即企业在支付对价取得长期股权投资时，对于实际支付的价款中包含的对方已经宣告但尚未发放的现金股利或利润，应作为预付款，构成企业的一项债权，其与取得的对被投资单位的长期股权投资应作为两项金融资产。

（四）一项交易中同时涉及自最终控制方购买股权形成控制及自其他外部独立第三方购买股权的会计处理

在某些股权交易中，合并方除自最终控制方取得集团内企业的股权外，还会涉及自外部独立第三方购买被合并方另外的股权。该类交易中，一般认为自集团内取得的股权能够形成控制的，相关股权投资成本的确定按照同一控制下企业合并的有关规定处理，而自外部独立第三方取得的股权则视为在取得对被投资单位的控制权，形成同一控制下企业合并后少数股权的购买，该部分少数股权的购买不管与形成同一控制下企业合并的交易是否同时进行，在与同一控制下企业合并不构成一揽子交易的情况下，有关股权投资成本即应按照实际支付的购买价款确定。该种情况下，在合并方最终持有对同一被投资单位的股权中，不同部分的计量基础会存在差异。

三、对联营企业、合营企业投资的初始计量

对联营企业、合营企业投资，取得时初始投资成本的确定应遵循以下规定：

1.以支付现金取得的长期股权投资，应当按照实际支付的购买价款作为长期股权投资的初始投资成本。初始投资成本包括与取得长期股权投资直接相关的费用、税金及其他必要支出。企业取得长期股权投资，实际支付的价款或对价中包含的已宣告但尚未发放的现金股利或利润，应作为应收项目处理，不构成取得长期股权投资的成本。

【例8-7】2×24年4月1日，甲公司从证券市场上购入丁公司发行在外的1 000万股股票作为长期股权投资，每股8元（含已宣告但尚未发放的现金股利0.5元），实际支付价款8 000万元，另支付相关税费40万元。甲公司的会计处理如下：

  借：长期股权投资   75 400 000

```
借：应收股利                                          5 000 000
    贷：银行存款                                                80 400 000
```

2.以发行权益性证券取得的长期股权投资，应当按照发行权益性证券的公允价值作为初始投资成本。为发行权益性证券支付的手续费、佣金等应自权益性证券的溢价发行收入中扣除，溢价收入不足的，应冲减盈余公积和未分配利润。

【例8-8】2×24年7月1日，甲公司发行股票100万股作为对价向A公司投资，每股面值为1元，实际发行价为每股3元。甲公司向证券承销机构等支付了20万元的佣金和手续费。甲公司的会计处理如下：

```
借：长期股权投资                                      3 000 000
    贷：股本                                                  1 000 000
        资本公积——股本溢价                                    2 000 000
借：资本公积——股本溢价                                200 000
    贷：银行存款                                                200 000
```

3.以债务重组、非货币性资产交换等方式取得的长期股权投资，其初始投资成本应按照《企业会计准则第12号——债务重组》和《企业会计准则第7号——非货币性资产交换》的规定确定。

第三节 长期股权投资的后续计量

长期股权投资在持有期间，根据投资企业对被投资单位的影响程度及是否存在活跃市场、公允价值能否可靠取得等进行划分，应当分别采用成本法及权益法进行核算。

一、长期股权投资核算的成本法

（一）成本法的核算特点

（1）初始投资或追加投资时，按照初始投资或追加投资时的成本增加长期股权投资的账面价值。

（2）除取得投资时实际支付的价款或对价中包含的已宣告但尚未发放的现金股利或利润外，投资企业应当按照享有被投资单位宣告发放的现金股利或利润确认投资收益，不管有关利润分配是属于对取得投资前还是取得投资后被投资单位实现净利润的分配。

投资企业在确认自被投资单位应分得的现金股利或利润后，应当考虑有关长期股权投资是否发生减值。理论上来讲，如果投资方在取得投资以后，自被投资单位分得的现金股利或利润大于在其获取投资以后被投资单位实现的净利润，则超过部分是投资方取得投资前被投资单位实现利润的分配，该部分利润原则上应当已经包含在长期股权投资的原取得成本中，因而可能涉及相关长期股权投资减值的问题，但这只是判断有关长期股权投资可能存在减值的一个因素。在判断该类长期股权投资是否存在减值迹象时，一般应当关注长期股权投资的账面价值是否大于享有被投资单位净资产（包括相关商誉）账面价值的份额等情况。出现类似情况时，企业应当按照《企业会计准则第8号——资产减值》的规定对长期股权投资进行减值测试，可收回金额低于长期股权投资账面价值的，应当计提减值准备。

（3）子公司将未分配利润或盈余公积转增股本（实收资本），且未向投资方提供等值现金股利或利润的选择权时，投资方并没有获得收取现金或者利润的权力，该项交易通常属于子公司自身权益结构的重分类，会计准则规定投资方不应确认相关的投资收益。

该问题即为实务中讨论的成本法下的股票股利问题，对于会计准则规定的处理方法是否反映了交易的经济实质，存在不同的观点。一种观点认为因为投资方并未取得实际的现金流，该种被投资单位自身在净资产范围内所进行的权益调整，投资方按照持股比例计算享有的份额并未发生变化，被投资单位所有者权益内部资本性项目与留存收益的调整，可以认为是投资单位投资成本的变化，因而无须进行会计处理。另一种观点则认为被投资单位发放股票股利与现金股利从经济实质上讲是相同的，或者可以将发放股票股利的事项分解为两个步骤：一是被投资单位向投资方发放现金股利或利润；二是投资方将取得的现金股利或利润进行再投资，该种情况下，则投资方对于取得的现金股利或利润应当确认投资收益，在将有关投资收益进行再投资时应当调整增加长期股权投资的账面价值。目前我国会计准则及实务处理采用了第一种观点。

（二）成本法的适用范围

成本法，是指投资按成本计价的方法，长期股权投资核算的成本法适用于企业持有的能够对被投资单位实施控制的长期股权投资。控制是指有权决定一个企业的财务和经营政策，并能据以从该企业的经营活动中获取利益。控制一般存在于以下情况：投资企业直接拥有被投资单位50%以上的表决权资本，投资企业直接拥有被投资单位50%或以下的表决权资本，但具有实质控制权的情况。投资企业对被投资单位是否具有实质控制权，可以通过以下一种或几种情形进行判定：

（1）通过与其他投资者的协议，投资企业拥有被投资单位50%以上表决权资本的控制权。例如，A公司拥有B公司40%的表决权资本，C公司拥有B公司30%的表决权资本。A公司与C公司达成协议，C公司在B公司的权益由A公司代表。在这种情况下，A公司实质上拥有B公司70%表决权资本的控制权，表示A公司实质上控制B公司。

（2）根据章程或协议，投资企业有权控制被投资单位的财务和经营政策。例如，A公司拥有B公司45%的表决权资本，同时根据协议，B公司的生产经营决策由A公司控制。

（3）有权任免被投资单位董事会等类似权力机构的多数成员，这种情况是指虽然投资企业仅拥有被投资单位50%或以下表决权资本，但根据章程或协议规定有权任免董事会的董事，能够达到实质控制的目的。

（4）在被投资单位董事会或类似权力机构会议上有半数以上投票权，这种情况是指虽然投资企业仅拥有被投资单位50%或以下表决权资本，但能够控制被投资单位董事会等类似权力机构的会议，从而能够控制其财务和经营政策。

（三）成本法核算

采用成本法核算的长期股权投资，除取得投资时实际支付的价款或对价中包含的已宣告但尚未发放的现金股利或利润外，投资企业应当按照享有被投资单位宣告发放的现金股利或利润确认投资收益，不再划分是否属于投资前和投资后被投资单位实现的净利润。

企业按照上述规定确认自被投资单位应分得的现金股利或利润后，应当考虑长期股权投资是否发生减值。在判断该类长期股权投资是否存在减值迹象时，应当关注长期股权投资的账面价值是否大于享有被投资单位净资产（包括相关商誉）账面价值的份额等类似情况。出现类似情况时，企业应当按照《企业会计准则第8号——资产减值》对长期股权投资进行减值测试，可收回金额低于长期股权投资账面价值的，应当计提减值准备。

【例8-9】甲公司于2×23年4月10日取得乙公司6%股权，成本为12 000 000元。2×24年2月6日，乙公司宣告分派利润，甲公司按照持股比例可取得100 000元。假定甲公司在取得乙公司股权后，对乙公司的财务和经营决策不具有控制、共同控制或重大影响，且该投资不存在活跃的交易市场，公允价值无法可靠取得。乙公司于2×24年2月12日实际分派利润。甲公司会计处理如下：

借：长期股权投资——乙公司 12 000 000
　贷：银行存款 12 000 000
借：应收股利 100 000
　贷：投资收益 100 000
借：银行存款 100 000
　贷：应收股利 100 000

进行上述处理后，如相关长期股权投资存在减值迹象的，应当进行减值测试。

【例8-10】甲公司与A公司在2×22—2×24年与投资有关的资料如下：

（1）2×22年1月1日，甲公司支付现金8 000万元取得A公司60%的股权（不具有重大影响），发生相关税费20万元，假定该项投资无公允价值。

（2）2×22年4月1日，A公司宣告分配2×21年实现的净利润，分配现金股利1 000万元。

（3）甲公司于2×22年4月10日收到现金股利。

（4）2×22年，A公司发生亏损2 000万元。

（5）2×23年，A公司发生巨额亏损，年末甲公司对A公司的投资按当时市场收益率对未来现金流量折现确定的现值为5 000万元。

（6）2×24年1月20日，甲公司将持有的A公司的全部股权转让给乙企业，收到股权转让款5 200万元。

要求：编制甲公司上述与投资有关业务的会计分录。

（1）借：长期股权投资——A公司 80 200 000
　　贷：银行存款 80 200 000
（2）借：应收股利（10 000 000×60%） 6 000 000
　　贷：投资收益 6 000 000
（3）借：银行存款 6 000 000
　　贷：应收股利 6 000 000
（4）甲公司采用成本法核算，不作账务处理。
（5）借：资产减值损失（80 200 000-50 000 000） 30 200 000
　　贷：长期股权投资减值准备 30 200 000
（6）借：银行存款 52 000 000
　　　长期股权投资减值准备 30 200 000
　　贷：长期股权投资——A公司 80 200 000
　　　投资收益 2 000 000

二、长期股权投资核算的权益法

（一）权益法的核算特点

（1）初始投资或追加投资时，按照初始投资时的成本增加长期股权投资的账面价值。

（2）持有期间内，根据被投资单位所有者权益的变动，投资企业按照投资方的持股比例计算应享有（或应分担）被投资企业所有者权益变动的份额调整其长期投资账面价值。

（二）权益法的适用范围

会计准则规定，投资企业持有的对合营企业投资及联营企业投资，应当采用权益法核算，划分为持有待售资产的部分除外。但是，风险投资机构、共同基金以及类似主体持有的、在初始确认时按照《企业会计准则第22号——金融工具确认和计量》的规定分类为以公允价值计量且其变动计入当期损益的金融资产，无论以上主体是否对这部分投资具有重大影响，应按照《企业会计准则第22号——金融工具确认和计量》的规定进行确认和计量。投资方对联营企业的权益性投资，其中一部分通过风险投资机构、共同基金、信托公司或包括投连险基金在内的类似主体间接持有的，无论以上主体是否对这部分投资具有重大影响，投资方都可以按照《企业会计准则第22号——金融工具确认和计量》的有关规定，对间接持有的该部分投资选择以公允价值计量且其变动计入当期损益，并对其余部分采用权益法核算。上述会计处理方法是与相关主体持有投资的目的及其价值实现方式相适应的。一般情况下，对于具有重大影响的长期股权投资，其是通过参与被投资单位的生产经营决策并相应获取被投资单位实现的利润以实现价值的增值；风险投资机构、共同基金以及类似主体持有的股权性投资，基于这类机构的运营模式、业绩考核和评价方式等，其主要还是看相关投资公允价值的变动以及相应变动所带来的即期获利能力，作为金融工具核算并以公允价值计量，公允价值变动计入损益的会计处理方式体现的信息相较于权益法与使用者的投资决策更相关。

值得注意的是，风险投资机构、共同基金以及类似主体可以将其持有的对联营企业或合营企业投资在初始确认时，确认为以公允价值计量且其变动计入当期损益的金融资产，这是《企业会计准则第2号——长期股权投资》对于这种特定机构持有的联营企业或合营企业投资的特殊规定，企业不能将其指定为以公允价值计量且其变动计入其他综合收益的金融资产。

（三）权益法核算

权益法核算使用的明细科目："长期股权投资——××公司（投资成本）""长期股权投资——××公司（损益调整）""长期股权投资——××公司（其他权益变动）"。

1.初始投资成本的调整

投资企业对联营企业或合营企业投资以后，对于取得投资时投资成本与应享有被投资单位可辨认净资产公允价值份额之间的差额，应区别情况分别处理。

（1）初始投资成本大于取得投资时应享有被投资单位可辨认净资产公允价值份额的，该部分差额从本质上讲是投资企业在取得投资过程中通过购买作体现出的与所取得股权份额相对应的商誉及不符合确认条件的资产价值。初始投资成本大于投资时应享有被投资单位可辨认净资产公允价值的份额，两者之间的差额不要求对长期股权投资进行调整。

（2）初始投资成本小于取得投资时应享有被投资单位可辨认净资产公允价值份额的，

两者之间的差额体现为双方在交易作价过程中转让方的让步，该部分经济利益流入应作为收益处理，计入取得投资当期的营业外收入，同时调整增加长期股权投资的账面价值。

【例8-11】A企业于2×24年1月取得B公司30%的股权，支付价款9 000万元。取得投资时被投资单位净资产账面价值为22 500万元（假定被投资单位各项可辨认资产、负债的公允价值与账面价值相同）。在B公司的生产经营决策过程中，所有股东均按持股比例行使表决权。A企业在取得B公司的股权后，派人参与了B公司的生产经营决策。因能够对B公司施加重大影响，A企业对该投资应当采用权益法核算。取得投资时，A企业应进行以下账务处理：

借：长期股权投资——B公司（投资成本） 90 000 000
　　贷：银行存款 90 000 000

长期股权投资的初始投资成本9 000万元大于取得投资时应享有被投资单位可辨认净资产公允价值的份额6 750万元（22 500×30%），两者之间的差额不调整长期股权投资的账面价值。

如果本例被投资单位可辨认净资产的公允价值为36 000万元，则A企业按持股比例确定享有的份额10 800万元与初始投资成本之间的差额1 800万元应计入取得投资当期的营业外收入，账务处理如下：

借：长期股权投资——B公司（投资成本） 108 000 000
　　贷：银行存款 90 000 000
　　　　营业外收入 18 000 000

2.投资损益的确认

投资企业取得长期股权投资后，应当按照应享有或分担被投资单位实现净利润或发生净亏损的份额（法规或章程规定不属于投资企业的净损益除外），确认投资损益并调整长期股权投资的账面价值。

投资企业按照被投资单位宣告分派的利润或现金股利计算应分得的部分，相应减少长期股权投资的账面价值。

（1）被投资单位实现净利润时的会计处理

被投资单位实现净利润时，投资企业应当按照享有被投资单位实现净利润的份额，确认投资收益并调增长期股权投资的账面价值，即：

借：长期股权投资——××公司（损益调整）
　　贷：投资收益

在确认应享有或分担被投资单位的净利润或净亏损时，在被投资单位账面净利润的基础上，应考虑以下几方面因素的影响进行适当调整：

第一，被投资单位采用的会计政策及会计期间与投资企业不一致的，应按投资企业的会计政策及会计期间对被投资单位的财务报表进行调整。

第二，以取得投资时被投资单位固定资产、无形资产的公允价值为基础计提的折旧额或摊销额，以及以投资企业取得投资时的公允价值为基础计算确定资产减值准备金额等对被投资单位净利润的影响。

被投资单位个别利润表中的净利润是以其持有的资产、负债账面价值为基础持续计算的，而投资企业在取得投资时，是以被投资单位有关资产、负债的公允价值为基础确定投资成本的，长期股权投资的投资收益所代表的是于投资日被投资单位资产、负债在公允价值计量的情况下在未来期间通过经营产生的损益中归属于投资企业的部分。取得投资时有关资产、负债的公允价值与其账面价值不同的，未来期间在计算归属于投资企业应享有的净利润或应承担的净亏损时，应以投资时被投资单位有关资产对投资企业的成本即取得投资时的公允价值为基础计算确定，从而产生了需要对被投资单位账面净利润进行调整的情况。

【例8-12】沿用【例8-11】，假定长期股权投资的成本大于取得投资时被投资单位可辨认净资产公允价值份额的情况下，取得投资当年被投资单位实现净利润2 400万元。投资企业与被投资单位均以公历年度作为会计年度，两者采用的会计政策相同。由于投资时被投资单位各项资产、负债的账面价值与其公允价值相同，不需要对被投资单位实现的净损益进行调整，投资企业应确认的投资收益为720万元（2 400×30%）。

【例8-13】甲公司于2×24年1月10日购入乙公司30%的股份，购买价款为3 300万元，并自取得投资之日起派人参与乙公司的生产经营决策。取得投资当日，乙公司可辨认净资产公允价值为9 000万元，除表8-2所列项目外，乙公司其他资产、负债的公允价值与账面价值相同。

表8-2 　　　　　　　　　　　　　乙公司部分项目账面价值与公允价值　　　　　　　金额单位：万元

项目	账面原价	已提折旧或摊销	公允价值	乙公司预计使用年限（年）	甲公司取得投资后剩余使用年限（年）
存货	750		1 050		
固定资产	1 800	360	2 400	20	16
无形资产	1 050	210	1 200	10	8
合计	3 600	570	4 650		

假定乙公司2×24年实现净利润900万元，其中在甲公司取得投资时的账面存货有80%对外出售。甲公司与乙公司的会计年度及采用的会计政策相同。固定资产、无形资产均按直线法提取折旧或摊销，预计净残值均为零。

甲公司在确定其应享有的投资收益时，应在乙公司实现净利润的基础上，根据取得投资时乙公司有关资产的账面价值与其公允价值差额的影响进行调整（假定不考虑所得税影响）：

存货账面价值与公允价值的差额调减的利润=（1 050-750）×80%=240（万元）

固定资产公允价值与账面价值差额调整增加的折旧额=2 400÷16-1 800÷20=60（万元）

无形资产公允价值与账面价值差额调整增加的摊销额=1 200÷8-1 050÷10=45（万元）

调整后的净利润=900-240-60-45=555（万元）

甲公司应享有的份额=555×30%=166.50（万元）

确认投资收益的账务处理为：

借：长期股权投资——乙公司（损益调整）　　　　　　　　　1 665 000

　　贷：投资收益　　　　　　　　　　　　　　　　　　　　　　　　1 665 000

值得注意的是，在针对上述事项对被投资单位实现的净利润进行调整时，应考虑重要性原则，不具重要性的项目可不予调整。存在下列情况之一的，可以按照被投资单位的账面净损益与持股比例计算确认投资损益，但应当在附注中说明这一事实及其原因：①投资企业无法合理确定取得投资时被投资单位各项可辨认资产等的公允价值；②投资时被投资单位可辨认净资产的公允价值与其账面价值相比，两者之间的差额不具重要性的；③其他原因导致无法取得被投资单位的有关资料，不能按照准则中规定的原则对被投资单位的净损益进行调整的。

第三，对于投资企业与其联营企业及合营企业之间发生的未实现内部交易损益应予以抵销，即投资企业与联营企业及合营企业之间发生的未实现内部交易损益按照持股比例计算归属于投资企业的部分应当予以抵销，在此基础上确认投资损益。投资企业与被投资单位发生的未实现内部交易损失，按照《企业会计准则第8号——资产减值》等规定属于资产减值损失的，应当全额确认。

应当注意的是，该未实现内部交易损益的抵销既包括顺流交易也包括逆流交易。其中，顺流交易是指投资企业向联营企业或合营企业出售资产的交易，逆流交易是指联营企业或合营企业向投资企业出售资产的交易。当该未实现内部交易损益体现在投资方或其联营企业、合营企业持有的资产账面价值中时，相关的损益在计算确认投资损益时应予以抵销。

①对于投资企业向联营企业或合营企业出售资产的顺流交易，在该交易存在未实现内部交易损益的情况下（即有关资产未对外部独立第三方出售），投资企业在采用权益法计算确认应享有联营企业或合营企业的投资损益时，应抵销该未实现内部交易损益的影响，同时调整对联营企业或合营企业长期股权投资的账面价值。当投资方向联营企业或合营企业出资或是将资产出售给联营企业或合营企业，同时有关资产由联营企业或合营企业持有时，投资方对于投出或出售资产产生的损益确认仅限于归属于联营企业或合营企业其他投资者的部分。也就是说，在顺流交易中，投资方投出资产或出售资产给其联营企业或合营企业产生的损益中，按照持股比例计算确定归属于本企业的部分不予以确认。

【例8-14】甲企业2×24年6月取得乙公司20%的有表决权股份，能够对乙公司的生产经营决策施加重大影响。2×24年11月，甲企业将其账面价值为600万元的商品以900万元的价格出售给乙公司，乙公司将取得的商品作为管理用固定资产核算，预计使用寿命为10年，净残值为0。假定甲企业取得该项投资时，乙公司各项可辨认资产、负债的公允价值与其账面价值相同，两者在以前期间未发生过内部交易。乙公司2×24年净利润为1 000万元，假定不考虑所得税影响。

甲企业在该项交易中实现利润300万元，其中60万元（300×20%）是针对本企业持有的对联营企业的权益份额，在采用权益法计算确认投资损益时应予以抵销，同时应当考虑相关固定资产折旧额对损益的影响，即甲企业应当进行的会计处理为（单位：万元）：

借：长期股权投资——损益调整（（1 000-300+2.5）×20%）　　　　　140.5
　　贷：投资收益　　　　　　　　　　　　　　　　　　　　　　　　　　140.5

甲企业如存在子公司需编制合并财务报表，在合并财务报表中对该未实现内部交易损益应在个别报表已确认投资损益的基础上进行以下调整（单位：万元）：

借：营业收入（900×20%）

180

贷：营业成本（600×20%）   120

     投资收益   60

②对于联营企业或合营企业向投资企业出售资产的逆流交易，在该交易存在未实现内部交易损益的情况下（即有关资产未对外部独立第三方出售），投资企业在采用权益法计算确认应享有联营企业或合营企业的投资损益时，应抵销该未实现内部交易损益的影响。当投资方自其联营企业或合营企业购买资产时，在将该资产出售给外部独立的第三方之前，不应确认联营企业或合营企业因该交易产生的损益中本企业应享有的部分。

因逆流交易产生的未实现内部交易损益，在未对外部独立第三方出售之前，体现在投资方持有资产的账面价值当中。投资企业对外编制合并财务报表的，应在合并财务报表中对长期股权投资及包含未实现内部交易损益的资产账面价值进行调整，抵销有关资产账面价值中包含的未实现内部交易损益，并相应调整对联营企业或合营企业的长期股权投资。

【例8-15】甲企业于2×24年6月取得乙公司20%有表决权股份，能够对乙公司施加重大影响。假定甲企业取得该项投资时，乙公司各项可辨认资产、负债的公允价值与其账面价值相同。2×24年11月，乙公司将其成本为600万元的商品以900万元的价格出售给甲企业，甲企业将取得的商品作为固定资产，预计其使用寿命为10年，采用直线法计提折旧，净残值为0。至2×24年资产负债表日，甲企业未对外出售该固定资产。乙公司2×24年实现净利润1 600万元，假定不考虑所得税因素影响。

甲企业在按照权益法确认应享有乙公司2×24年净损益时，应进行以下会计处理（单位：万元）：

借：长期股权投资——损益调整（（1 600-300+2.5）×20%）   260.5

     贷：投资收益   260.5

或者：

借：长期股权投资——损益调整（1 600×20%）   320

     贷：投资收益   320

借：投资收益（（300-2.5）×20%）   59.5

     贷：长期股权投资——损益调整   59.5

进行上述处理后，投资企业如有子公司，需要编制合并财务报表的，在其2×24年合并财务报表中，因该未实现内部交易损益体现在投资企业持有固定资产的账面价值当中，应在合并财务报表中进行以下调整（单位：万元）：

借：长期股权投资——损益调整   297.5

     累计折旧   2.5

     贷：固定资产   300

应当说明的是，投资企业与其联营企业及合营企业之间无论是顺流交易还是逆流交易产生的未实现内部交易损失，属于所转让资产发生减值损失的，有关的未实现内部交易损失不应予以抵销。

【例8-16】甲企业持有乙公司20%有表决权股份，能够对乙公司生产经营决策施加重大影响。2×24年，甲企业将其账面价值为400万元的商品以320万元的价格出售给乙公司。2×24年资产负债表日，该批商品尚未对外部独立第三方出售。假定甲企业取得该项投资时，乙公司各项可辨认资产、负债的公允价值与其账面价值相同，两者在以前期间未发生过内部交易。乙公司 2×24 年净利润为 1 000 万元。

上述甲企业在确认应享有乙公司 2×24 年净损益时，如果有证据表明交易价格 320 万元与甲企业该商品账面价值 400 万元之间的差额是该资产发生了减值损失，在确认投资损益时不应予以抵销。甲企业应进行的会计处理为（单位：万元）：

借：长期股权投资——损益调整（1 000×20%）   200

     贷：投资收益   200

在这种情况下，甲企业在编制合并财务报表时，因向联营企业出售资产表明资产发生了减值损失，有关的损失应予确认，在合并财务报表中不予调整。

观念应用 8-1

购买或出售资产与购买或出售业务的会计处理理念差异

第四，合营方向合营企业投出非货币性资产产生损益的处理。合营方向合营企业投出或出售非货币性资产的相关损益，应当按照以下原则处理：

①符合下列情形之一的，合营方不应确认该类交易的损益：与投出非货币性资产所有权有关的重大风险和报酬没有转移给合营企业；投出非货币性资产的损益无法可靠计量；投出非货币性资产交易不具有商业实质。

【例 8-17】甲公司与乙公司共同投资于丙公司，各持股比例为 50%，共同控制丙公司。2×24 年 1 月 1 日，甲公司投出厂房，该厂房的账面原值 2 000 万元，已提折旧 400 万元，公允价值 1 700 万元。该项投出非货币性资产交易不具有商业实质，甲公司应进行的会计处理为（单位：万元）：

借：固定资产清理   1 600

     累计折旧   400

     贷：固定资产   2 000

借：长期股权投资——丙公司   1 600

     贷：固定资产清理   1 600

②合营方转移了与投出非货币性资产所有权有关的重大风险和报酬并且投出资产留给合营企业使用，应在该项交易中确认归属于合营企业其他合营方的利得和损失。交易表明投出或出售的非货币性资产发生减值损失的，合营方应当全额确认该部分损失。

③在投出非货币性资产的过程中，合营方除了取得合营企业长期股权投资外，还取得了其他货币性资产或非货币性资产，应当确认该项交易中与所取得其他货币性、非货币性资产相关的损益。

需要注意的是，合营方向合营企业投出非货币性资产的交易应区分投资方个别财务报表和合并财务报表分别进行处理。投资方按照持股比例计算应予抵销的未实现内部交易损益，在合并财务报表中应在抵销相关收入、成本的同时，调整长期股权投资的账面价值。

【例 8-18】甲公司和乙公司于 2×24 年 3 月 31 日共同出资设立丙公司，注册资本为 1 900 万元，甲公司持有丙公司注册资本的 50%，乙公司持有丙公司注册资本的 50%，丙公司为甲、乙公司的合营企业。甲公司以其固定资产（厂房）出资，该厂房的原价为 1 200 万元，累计折旧为 320 万元，公允价值为 1 000 万元，未计提减值准备；乙公司以 900 万元的现金出资，另支付甲公司 50 万元现金。假定厂房尚可使用年限为 10 年，采用年限平均法计提折旧，无残值。丙公司 2×24 年实现净利润为 800 万元，假定甲公司有子公司，需要编制合并财务报表，不考虑增值税和所得税等相关税费的影响。

要求：编制甲公司2×24年度个别财务报表中与长期股权投资有关的会计分录及2×24年12月31日编制合并财务报表时的调整分录（单位：万元）。

第一，甲公司在个别财务报表中的处理。

甲公司上述对丙公司的投资，按照长期股权投资准则的原则确认初始投资成本，投出厂房的账面价值与其公允价值之间的差额120万元（1 000-880）确认损益（利得），其账务处理如下：

借：固定资产清理 880
　累计折旧 320
　贷：固定资产 1 200
借：长期股权投资——丙公司（投资成本） 950
　银行存款 50
　贷：固定资产清理 1 000
借：固定资产清理 120
　贷：营业外收入 120

由于在此项交易中，甲公司收取了50万元现金，上述利得中包含收取的50万元现金实现的利得6万元（120÷1 000×50），甲公司投资时固定资产中未实现内部交易损益114万元（120-6）。2×24年12月31日，固定资产中未实现内部交易损益为105.45万元（114-114÷10×9/12）。

甲公司应确认的投资收益=（800- 105.45）×50%= 347.28（万元）

借：长期股权投资——丙公司（损益调整） 347.28
　贷：投资收益 347.28

第二，甲公司在合并财务报表中的处理。

借：营业外收入（114×50%） 57
　贷：投资收益 57

（2）被投资单位发生亏损时的会计处理

被投资单位发生亏损时，投资企业确认应分担被投资单位发生的损失，原则上应以长期股权投资及其他实质上构成对被投资单位净投资的长期权益减记至零为限，投资企业负有承担额外损失义务的除外。这里所讲"其他实质上构成对被投资单位净投资的长期权益"，通常是指长期应收项目，如企业对被投资单位的长期债权，该债权没有明确的清收计划，且在可预见的未来期间不准备收回，实质上构成了对被投资单位的净投资，但不包括投资企业与被投资单位之间因销售商品、提供劳务等日常活动所产生的长期债权。

在确认应分担被投资单位发生的亏损时，应当按照以下顺序进行处理：

① 冲减长期股权投资的账面价值；

② 长期股权投资的账面价值不足以冲减的，应当以其他实质上构成对被投资单位净投资的长期权益账面价值为限继续确认投资损失，冲减长期应收项目的账面价值；

③ 经过上述处理，按照投资合同或协议约定企业仍承担额外义务的，应按预计承担的义务确认预计负债，计入当期投资损失。

除上述情况仍未确认的应分担被投资单位的损失，应在账外备查登记。具体会计处理如下：

借：投资收益

贷：长期股权投资 ——××公司（损益调整）

长期应收款

预计负债

被投资单位以后期间实现盈利的，企业扣除未确认的亏损分担额后，应按与上述相反的顺序处理，减记已确认预计负债的账面余额、恢复其他实质上构成对被投资单位净投资的长期权益及长期股权投资的账面价值，同时确认投资收益。会计处理如下：

借：预计负债

长期应收款

长期股权投资——××公司（损益调整）

贷：投资收益

【例8-19】甲企业持有乙企业40%的股权，能够对乙企业施加重大影响。2×23年12月31日，该项长期股权投资的账面价值为6 000万元。乙企业2×24年由于主要经营业务市场条件发生变化，当年度亏损9 000万元。假定甲企业在取得该投资时，乙企业各项可辨认资产、负债的公允价值与其账面价值相等，双方所采用的会计政策及会计期间也相同。甲企业当年度应确认的投资损失为3 600万元。确认上述投资损失后，长期股权投资的账面价值变为2 400万元。

如果乙企业当年度的亏损额为18 000万元，则甲企业按其持股比例确认应分担的损失为7 200万元，但长期股权投资的账面价值仅为6 000万元，如果没有其他实质上构成对被投资单位净投资的长期权益项目，则甲企业应确认的投资损失仅为6 000万元，超额损失在账外进行备查登记；在确认了6 000万元投资损失，长期股权投资的账面价值减记至零以后，如果甲企业账上仍有应收乙企业的长期应收款2 400万元，该款项从目前情况看，没有明确的清偿计划（并非产生于商品购销等日常活动），则在长期应收款的账面价值大于1 200万元的情况下，应以长期应收款的账面价值为限进一步确认投资损失1 200万元。甲企业应进行的账务处理为：

借：投资收益   60 000 000

贷：长期股权投资——乙公司（损益调整）   60 000 000

借：投资收益   12 000 000

贷：长期应收款   12 000 000

（3）取得现金股利或利润的会计处理

按照权益法核算的长期股权投资，投资企业自被投资单位取得的现金股利或利润，应抵减长期股权投资的账面价值。在被投资单位宣告分派现金股利或利润时，借记"应收股利"科目，贷记"长期股权投资——损益调整"科目。

（4）其他综合收益的处理

在权益法核算下，被投资单位确认的其他综合收益及其变动，也会影响被投资单位所有者权益总额，进而影响投资企业应享有被投资单位所有者权益的份额。因此，当被投资单位其他综合收益发生变动时，投资企业应当按照归属于本企业的部分，相应调整长期股权投资的账面价值，同时增加或减少其他综合收益。

【例8-20】甲公司持有乙公司25%的股份，并能对乙公司施加重大影响。当期，乙公司将作为存货的房地产转换为以公允价值模式计量的投资性房地产，转换日公允价值大于账面价值1 500万元，计入了其他综合收益。不考虑其他因素，甲公司当期按照权益法核算应确认的其他综合收益的会计处理如下：

按权益法核算甲公司应确认的其他综合收益=1 500×25%=375（万元）

  借：长期股权投资——其他综合收益   3 750 000

    贷：其他综合收益   3 750 000

（5）被投资单位除净损益以外所有者权益的其他变动的处理

采用权益法核算时，投资企业对于被投资单位除净损益以外所有者权益的其他变动，在持股比例不变的情况下，应按照持股比例与被投资单位除净损益以外所有者权益的其他变动中归属于本企业的部分，相应调整长期股权投资的账面价值，同时增加或减少资本公积。被投资单位除净损益、其他综合收益以及利润分配以外的所有者权益的其他变动，主要包括：被投资单位接受其他股东的资本性投入、被投资单位发行可分离交易的可转换公司债券中包含的权益成分、以权益结算的股份支付等。

【例8-21】A企业持有B企业30%的股份，能够对B企业施加重大影响。B企业为上市公司，当期B企业的母公司捐赠B公司1 000万元，该捐赠实质上属于资本性投入，B公司将其计入资本公积（股本溢价）。不考虑其他因素，A企业按权益法作如下会计处理：

A企业确认应享有被投资单位所有者权益的其他变动=1 000×30%=300（万元）

  借：长期股权投资——其他权益变动   3 000 000

    贷：资本公积——其他资本公积   3 000 000

（6）股票股利的处理

被投资单位分派的股票股利，投资企业不作账务处理，但应于除权日注明所增加的股数，以反映股份的变化情况。权益法下对于被投资单位分派股票股利的处理，与成本法下的讨论相一致，在实务中有不同的意见：有意见认为股票股利与现金股利应采用同样的处理方法，即投资方应在确认应收股利的同时，减少长期股权投资（损益调整），同时将应收股利相关价值量调整增加长期股权投资（投资成本）；另有意见认为股票股利不影响被投资单位所有者权益总额，投资方不应进行会计处理。目前我国会计准则及实务中均采用了第二种做法。

立德精业8-1

心莫贪 擦亮眼 绷根弦 防诈骗

2021年1月4日是开年的第一个交易日，宜通世纪发布了收到刑事判决书的公告，宜通世纪与倍泰健康四年多的恩怨纠葛将要落下帷幕。2016年10月，宜通世纪拟通过发行股份与支付现金相结合的方式，购买方炎林、汤臣倍健等16名交易对方合计持有的倍泰健康100%股权，交易对价10亿元；并向不超过5名特定投资者发行股份募集配套资金，募集资金不超4.82亿元。

公告的刑事判决书显示，倍泰健康原法定代表人方炎林在签订、履行资产并购合同过程中，通过财务造假手段，将没有盈利能力的被并购标的包装成业绩亮丽的优良资产，欺骗上市公司支付明显不合理的高价购买被并购标的，骗得上市公司数额特别巨大的财产，造成上市公司巨额财产损失。

资料来源 根据相关资料整理。

三、长期股权投资减值

观念应用8-2

长期股权投资
可收回金额的
确定

　　长期股权投资在按照规定进行核算确定其账面价值的基础上，如果存在减值迹象的，应当按照相关准则的规定计提减值准备。其中，对子公司、联营企业及合营企业的投资，应当按照《企业会计准则第8号——资产减值》的规定确定其可收回金额及应予计提的减值准备。长期股权投资的减值准备在提取以后，不允许转回。

第四节　长期股权投资核算方法的转换及处置

　　长期股权投资在持有期间，因各方面情况的变化，可能导致其核算需要由一种方法转换为另外一种方法，或者某些情况下因出售股权等原因对被投资单位丧失了控制、共同控制或重大影响时，会由长期股权投资转为金融资产核算。现行会计准则理念下，认为一项权益性投资由对被投资单位不具有控制、共同控制或重大影响转为能够施加重大影响或共同控制时，是一种实质性的转变，相应地，转换时点应以公允价值重新计量，公允价值与账面价值间的变动计入损益。另外，当投资方因增资等原因导致原持有的对联营企业、合营企业投资转变为对子公司投资，需要编制合并财务报表时，该转变亦为实质性的，有关投资在合并报表层面需要重新计量，因重新计量产生的价值调整视为原股权的处置计入损益。另外一个方向的转换是由于实际出售等原因导致对被投资单位的持股比例降低、影响程度下降带来的，如由对子公司的投资转换为对联营或合营企业投资、对联营或合营企业投资转换为不具有共同控制或重大影响，从而需要作为金融资产核算，因影响程度下降导致的不同类别股权投资之间的转换、股权投资转为金融资产等，亦作为原持有投资的处置，有关价值量变动计入当期损益。

一、长期股权投资核算方法的转换

（一）成本法转为权益法

　　因处置投资导致对被投资单位的影响能力下降，由控制转为具有重大影响，或是与其他投资方一起实施共同控制的情况下，在投资企业的个别财务报表中，首先应按处置或收回投资的比例结转应终止确认的长期股权投资成本。在此基础上，将剩余的长期股权投资转为采用权益法核算，即应当比较剩余的长期股权投资成本与按照剩余持股比例计算原投资时应享有被投资单位可辨认净资产公允价值的份额，属于投资作价中体现的商誉部分，不调整长期股权投资的账面价值；属于投资成本小于应享有被投资单位可辨认净资产公允价值份额的，在调整长期股权投资成本的同时，应调整留存收益。对于原取得投资后至转变为权益法核算之间被投资单位实现的净损益中应享有的份额，一方面应调整长期股权投资的账面价值，同时对于原取得投资时至处置投资当期期初被投资单位实现的净损益（扣除已发放及已宣告发放的现金股利及利润）中应享有的份额调整留存收益，对于处置投资当期期初至处置投资之日被投资单位实现的净损益中享有的份额，调整当期损益；其他原因导致被投资单位所有者权益变动中应享有的份额，在调整长期股权投资账面价值的同时应当记入"其他综合收益"或"资本公积——其他资本公积"。

在合并财务报表中，对于剩余股权，应当按照其在丧失控制权日的公允价值进行重新计量。处置股权取得的对价与剩余股权公允价值之和，减去按原持股比例计算应享有原有子公司自购买日开始持续计算的净资产的份额之间的差额，计入丧失控制权当期的投资收益。与原有子公司股权投资相关的其他综合收益，应当在丧失控制权时转为当期投资收益。企业应当在附注中披露处置后的剩余股权在丧失控制权日的公允价值、按照公允价值重新计量产生的相关利得或损失的金额。

【例8-22】2×23年1月1日，甲公司支付600万元取得乙公司100%的股权，投资当时乙公司可辨认净资产的公允价值为500万元，商誉100万元。2×23年1月1日至2×24年12月31日，乙公司的净资产增加了75万元，其中按购买日公允价值计算实现的净利润50万元，持有的非交易性权益工具投资以公允价值计量且其变动计入其他综合收益的金融资产的公允价值升值25万元。

2×25年1月8日，甲公司转让乙公司60%的股权，收取现金480万元存入银行，转让后甲公司对乙公司的持股比例为40%，能对其施加重大影响。2×25年1月8日，即甲公司丧失对乙公司的控制权日，乙公司剩余40%股权的公允价值为320万元。假定甲、乙公司提取盈余公积的比例均为10%。假定乙公司未分配现金股利，并不考虑其他因素，甲公司在其个别和合并财务报表中的处理分别如下：

（1）甲公司个别财务报表的处理
①确认部分股权处置收益：

借：银行存款 4 800 000
　贷：长期股权投资（6 000 000×60%） 3 600 000
　　投资收益 1 200 000

②对剩余股权改按权益法核算：

借：长期股权投资 300 000
　贷：盈余公积（500 000×40%×10%） 20 000
　　未分配利润（500 000×40%×90%） 180 000
　　其他综合收益（250 000×40%） 100 000

经上述调整后，在个别财务报表中，剩余股权的账面价值为270万元（600×40%+30）。

（2）甲公司合并财务报表的处理
合并财务报表中应确认的投资收益为150万元（（480+320）-675+25）。由于个别财务报表中已经确认了120万元的投资收益，在合并财务报表中作如下调整：

①对剩余股权按丧失控制权日的公允价值重新计量的调整：

借：长期股权投资 3 200 000
　贷：长期股权投资（6 750 000×40%） 2 700 000
　　投资收益 500 000

②对个别财务报表中的部分处置收益的归属期间进行调整：

借：投资收益（500 000×60%） 300 000
　贷：未分配利润 300 000

③转出与剩余股权相对应的其他综合收益10万元，重分类转入投资收益：

借：其他综合收益 100 000

贷：投资收益（250 000×40%）   100 000

（二）权益法转为成本法

因追加投资原因导致原持有的对联营企业或合营企业的投资转变为对子公司投资的，长期股权投资账面价值的调整应当按照本章关于对子公司投资初始计量的相关规定处理。

（三）公允价值计量转为权益法核算

因追加投资原因导致原持有的分类为以公允价值计量且其变动计入当期损益的金融资产，或非交易性权益工具投资分类为公允价值计量且其变动计入其他综合收益的金融资产转变为对子公司投资的，如有关金融资产分类为以公允价值计量且其变动计入当期损益的金融资产，应当按照转换时的公允价值确认为长期股权投资，公允价值与其原账面价值之间的差额计入当期损益；如非交易性权益工具投资分类为以公允价值计量且其变动计入其他综合收益的金融资产，按照转换时的公允价值确认长期股权投资，该公允价值与账面价值之间的差额计入当期损益，原确认计入其他综合收益的前期公允价值变动亦应结转计入当期损益。

投资企业对原持有的被投资单位的股权不具有控制、共同控制或重大影响，按照金融工具确认和计量准则进行会计处理的，因追加投资等原因导致持股比例增加，使其能够对被投资单位实施共同控制或重大影响而转按权益法核算的，应在转换日，按照原股权的公允价值加上为取得新增投资而应支付对价的公允价值，作为改按权益法核算的初始投资成本；原股权投资于转换日的公允价值与账面价值之间的差额，以及原计入其他综合收益的累计公允价值变动转入改按权益法核算的当期损益。在此基础上，比较初始投资成本与获得被投资单位共同控制或重大影响时应享有被投资单位可辨认净资产公允价值份额之间的差额，前者大于后者的，不调整长期股权投资的账面价值；前者小于后者的，调整长期股权投资的账面价值，并计入当期营业外收入。

【例8-23】甲公司于2×23年2月取得乙公司10%的股权，对乙公司不具有控制、共同控制和重大影响，甲公司将其分类为以公允价值计量且其变动计入其他综合收益的金融资产，投资成本为900万元，取得时乙公司可辨认净资产公允价值总额为8 400万元（假定公允价值与账面价值相同）。

2×24年3月10日，甲公司又以1 800万元取得乙公司12%的股权，当日乙公司可辨认净资产公允价值总额为12 000万元。取得该部分股权后，按照乙公司章程的规定，甲公司能够派人参与乙公司的财务和生产经营决策，对该项长期股权投资转为采用权益法核算。假定甲公司在取得对乙公司10%的股权后，双方未发生任何内部交易。乙公司通过生产经营活动实现的净利润为900万元，未派发现金股利或利润，除所实现净利润外，未发生其他所有者权益变动事项。2×24年3月1日，甲公司对乙公司投资原10%股权的公允价值为1 300万元，原计入其他综合收益的累计公允价值变动收益为120万元。

本例中，2×24年3月1日，甲公司对乙公司投资原10%股权的公允价值为1 300万元，账面价值为1 020万元，差额计入损益；同时，因追加投资改按权益法核算，原计入其他综合收益的累计公允价值变动收益120万元转入损益。

甲公司对乙公司股权增持后，持股比例变为22%，初始投资成本为3 100万元（1 300+1 800），应享有乙公司可辨认净资产公允价值份额为2 640万元（12 000×22%），前者大于后者460万元，不调整长期股权投资的账面价值。甲公司对上述交易的会计处理如下：

借：长期股权投资——投资成本　　　　　　　　　　　　　31 000 000
　　贷：银行存款　　　　　　　　　　　　　　　　　　　　　18 000 000
　　　　投资收益　　　　　　　　　　　　　　　　　　　　　 2 800 000
　　　　其他权益工具投资　　　　　　　　　　　　　　　　　10 200 000
借：其他综合收益　　　　　　　　　　　　　　　　　　　　 1 200 000
　　贷：投资收益　　　　　　　　　　　　　　　　　　　　　 1 200 000

（四）权益法转公允价值计量的金融资产

投资企业对原持有的被投资单位的股权具有共同控制或重大影响，因部分处置等原因导致持股比例下降，不能再对被投资单位实施共同控制或重大影响的，应于失去共同控制或重大影响时，改按金融工具确认和计量准则的规定对剩余股权进行会计处理。对剩余股权在改按公允价值计量时，公允价值与其原账面价值之间的差额计入当期损益。同时，原采用权益法核算的相关其他综合收益应当在终止采用权益法核算时，采用与被投资单位直接处置相关资产或负债相同的基础进行会计处理；因被投资单位除净损益、其他综合收益和利润分配以外的其他所有者权益变动而确认的所有者权益，应当在终止采用权益法时全部转入当期损益。

【例8-24】甲公司持有乙公司30%的有表决权股份，能够对乙公司施加重大影响，对该股权投资采用权益法核算。2×24年10月，甲公司将该项投资中的50%对外出售，取得价款1 800万元。相关股权划转手续于当日完成。甲公司持有乙公司剩余的15%股权，无法再对乙公司施加重大影响，转为以公允价值计量且其变动计入其他综合收益的金融资产核算。股权出售日，剩余股权的公允价值为1 800万元。出售该股权时，长期股权投资的账面价值为3 200万元，其中投资成本2 600万元，损益调整为30万元，因被投资单位的非交易性权益工具投资以公允价值计量且其变动计入其他综合收益的金融资产的累计公允价值变动享有部分为200万元，除净损益、其他综合收益和利润分配外的其他所有者权益变动为100万元。不考虑相关税费等其他因素的影响。甲公司的会计处理如下：

（1）确认有关股权投资的处置损益：

借：银行存款　　　　　　　　　　　　　　　　　　　　　 18 000 000
　　贷：长期股权投资　　　　　　　　　　　　　　　　　　　16 000 000
　　　　投资收益　　　　　　　　　　　　　　　　　　　　　 2 000 000

（2）由于终止采用权益法核算，将原确认的相关其他综合收益全部转入当期损益：

借：其他综合收益　　　　　　　　　　　　　　　　　　　　 2 000 000
　　贷：投资收益　　　　　　　　　　　　　　　　　　　　　 2 000 000

（3）由于终止采用权益法核算，将原计入资本公积的其他所有者权益变动全部转入当期损益：

借：资本公积——其他资本公积　　　　　　　　　　　　　　 1 000 000
　　贷：投资收益　　　　　　　　　　　　　　　　　　　　　 1 000 000

（4）剩余股权投资转为以公允价值计量且其变动计入其他综合收益的金融资产，当日公允价值为180万元，账面价值为1 600万元，两者差异计入当期投资收益：

借：其他权益工具投资　　　　　　　　　　　　　　　　18 000 000

　　贷：长期股权投资　　　　　　　　　　　　　　　　　　　16 000 000

　　　　投资收益　　　　　　　　　　　　　　　　　　　　　2 000 000

（五）成本法转公允价值计量的金融资产

投资企业原持有被投资单位的股份使得其能够对被投资单位实施控制，其后因部分处置等原因导致持股比例下降，不能再对被投资单位实施控制，同时对被投资单位亦不具有共同控制能力或重大影响的，应将剩余股权改按金融工具确认和计量准则的要求进行会计处理，并于丧失控制权日将剩余股权按公允价值重新计量，公允价值与其账面价值的差额计入当期损益。

【例8-25】甲公司持有乙公司60%股权并能控制乙公司，投资成本为1 200万元，按成本法核算。2×24年5月12日，甲公司出售所持乙公司股权的90%给非关联方，所得价款为1 800万元，剩余6%股权于丧失控制权日的公允价值为200万元，甲公司将其分类为以公允价值计量且其变动计入当期损益的金融资产。假定不考虑其他因素，甲公司于丧失控制权日的会计处理如下：

（1）出售股权：

借：银行存款　　　　　　　　　　　　　　　　　　　　18 000 000

　　贷：长期股权投资　　　　　　　　　　　　　　　　　　　10 800 000

　　　　投资收益　　　　　　　　　　　　　　　　　　　　　7 200 000

（2）剩余股权的处理：

借：交易性金融资产　　　　　　　　　　　　　　　　　　2 000 000

　　贷：长期股权投资　　　　　　　　　　　　　　　　　　　1 200 000

　　　　投资收益　　　　　　　　　　　　　　　　　　　　　 800 000

二、长期股权投资的处置

企业处置长期股权投资时，应相应结转与所售股权相对应的长期股权投资的账面价值，出售所得价款与处置长期股权投资账面价值之间的差额，应确认为处置损益（投资收益）。出售长期股权投资时，应按实际收到的金额，借记"银行存款"等科目，原已计提的减值准备，借记"长期股权投资减值准备"科目，按其账面余额，贷记"长期股权投资"科目，按尚未领取的现金股利或利润，贷记"应收股利"科目，按其差额，贷记或借记"投资收益"科目

采用权益法核算的长期股权投资，在处置该项投资时，采用与被投资单位直接处置相关资产或负债相同的基础，按相应比例对原计入其他综合收益的部分进行会计处理。原计入其他综合收益（不能结转损益的除外）或资本公积（其他资本公积）的金额，如处置后因具有重大影响或共同控制仍然采用权益法核算的，在处置时亦应进行结转，将与所出售股权相对应的部分在处置时自其他综合收益或资本公积转入当期损益。如处置后对有关投资终止采用权益法的，则原计入其他综合收益（不能结转损益的除外）或资本公积（其他资本公积）的金额应全部结转。其中，权益法下不能结转损益的其他综合收益包括：

（1）投资方按持股比例计算确认的因被投资单位重新计量设定受益计划净负债或净资产

变动导致的权益变动份额；（2）投资方按持股比例计算确认的被投资方其他权益工具投资公允价值变动计入其他综合收益的部分。

【例8-26】A企业原持有B企业40%的股权，2×24年12月20日，A企业决定出售10%，出售时A企业账面上对B企业长期股权投资的构成为：投资成本1 800万元，损益调整480万元，可转入损益的其他综合收益100万元，其他权益变动200万元。出售取得价款705万元。

具体处理如下：

（1）A企业确认处置损益的账务处理：

借：银行存款   7 050 000

  贷：长期股权投资（（18 000 000+4 800 000+1 000 000+2 000 000）÷40%×10%）

                                               6 450 000

     投资收益   600 000

（2）除应将实际取得价款与出售长期股权投资的账面价值进行结转，确认出售损益以外，还应将原计入资本公积的部分按比例转入当期损益。

借：资本公积——其他资本公积   500 000

    其他综合收益   250 000

  贷：投资收益   750 000

第五节　合营安排

本章前文已述及，根据我国企业会计准则的规定，长期股权投资指投资方对被投资单位实施控制、重大影响的权益性投资，以及对其合营企业的权益性投资。其中，第一类权益性投资主要涉及合并财务报表问题；第二类权益性投资主要涉及权益法核算问题；第三类权益性投资主要涉及合营安排分类判断和权益法运用问题。此外，上述三类权益性投资以外的权益性投资的会计处理主要遵循金融工具确认与计量会计准则的相关要求，具体可参见本教材的特殊业务分册中第三章的有关内容。本节主要阐述合营安排的认定、类型以及合营安排各参与方的会计处理。

一、合营安排的认定

（一）合营安排的概念及特征

合营安排，是指一项由两个或两个以上的参与方共同控制的安排。合营安排的主要特征包括：

（1）各参与方均受到该安排的约束

合营安排通过相关约定对各参与方予以约束。相关约定是指据以判断是否存在共同控制的一系列具有执行力的合约，通常包括合营安排各参与方达成的合同安排，如合同、协议、会议纪要、契约等，也包括对该安排构成约束的法律形式本身。

在内容上，有关约定可能涉及但不限于以下方面：①对合营安排的目的、业务活动及期限的约定；②对合营安排的治理机构（如董事会或类似机构）成员的任命方式的约定；③对合营安排相关事项的决策方式的约定，包括哪些事项需要参与方决策、参与方的表决权情况、决策事项所需的表决权比例等。合营安排相关事项的决策方式是分析是否存在共同控制的重要因素；④对参与方需要提供的资本或其他投入的约定；⑤对合营安排的资产、负债、收入、费用、损益在参与方之间分配方式的约定等。

当合营安排通过单独主体达成时，该单独主体所制定的章程或其他法律文件有时会约定相关内容。其中，单独主体是指具有单独可辨认的财务架构的主体，包括单独的法人主体和不具备法人主体资格但法律认可的主体。

（2）两个或两个以上的参与方对该安排实施共同控制

任何一个参与方都不能够单独控制该安排，对该安排具有共同控制的任何一个参与方均能够阻止其他参与方或参与方组合单独控制该安排。

（二）共同控制及其判断

合营安排的一个重要特征是共同控制。共同控制是指按照相关约定对某项安排所共有的控制，并且该安排的相关活动必须经过分享控制权的参与方一致同意后才能决策。这里的"相关活动"是指对某项安排的回报产生重大影响的活动，具体应视安排的情况而定，通常包括商品或劳务的销售和购买、金融资产的管理、资产的购买和处置、研究及融资活动等。

共同控制不同于控制，共同控制是由两个或两个以上的参与方实施，而控制由单一参与方实施；共同控制也不同于重大影响，享有重大影响的参与方只拥有参与安排的财务和经营政策的决策权力，但并不能够控制或者与其他方一起共同控制这些政策的制定。在判断是否具有共同控制时，首先判断是否所有参与方或参与方组合集体控制该安排，其次判断该安排相关活动的决策是否必须经过这些参与方一致同意。

1.集体控制

所谓集体控制（不是共同控制）是指，如果所有参与方或一组参与方必须一致行动才能决定某项安排的相关活动，则称所有参与方或一组参与方集体控制该安排（此处所指"控制"与构成母子公司关系纽带的"控制"含义完全相同）。因此，集体控制不是单独一方控制，而"一组参与方或所有参与方"即意味着要有两个或两个以上的参与方联合起来才能形成控制。值得注意的是，尽管所有参与方联合起来一定能够控制该安排，但集体控制下，集体控制该安排的组合指的是那些既能联合起来控制该安排，又使得参与方数量最少的一个或几个参与方组合。能够集体控制一项安排的参与方组合很可能不止一个。

2.对相关活动的决策一致同意

按照共同控制定义，在确定所有参与方或一组参与方集体控制该安排后，应再判断这些集体控制该安排的参与方是否共同控制该安排。只有当相关活动的决策要求控制该安排的参与方一致同意时才存在共同控制。一致同意的规定保证了对合营安排具有共同控制的任何一个参与方均可以阻止其他参与方在未经其同意的情况下就相关活动单方面作出决策。"一致同意"中，并不要求其中一方必须具备主动提出议案的能力，只要具备对合营安排相关活动的所有重大决策予以否决的权力即可；也不需要该安排的每个参与方都一致同意，只要那些能够集体控制该安排的参与方意见一致，就可以达成一致同意。

评估某安排是被所有参与方或一组参与方共同控制，还是被某一个参与方单独控制，需要进行判断。有时，合同安排涉及的参与方采用一致同意的决策程序就暗含着存在共同控制。例如，假定两方设立一项安排，在该安排中双方各拥有50%的表决权。双方的合同安排规定，对相关活动作出决策至少需要51%的表决权同意。在这种情况下，意味着双方共同控制该安排，因为如果没有双方的同意就无法对相关活动作出决策。但是，在有些情况下，当相关约定中设定了就相关活动作出决策所需的最低投票权比例时，若存在多种参与方的组合形式均能满足最低投票权比例要求的情形，则该安排就不是合营安排；除非相关约定明确指出，需要其中哪些参与方一致同意才能就相关活动作出决策。

如果存在两个或两个以上的参与方组合能够集体控制某项安排的，不构成共同控制。

【例8-27】情形1：假定三方签订一项安排：A在该安排中拥有50%表决权，B拥有30%表决权，C拥有20%表决权。A、B、C之间的相关约定规定，对该安排相关活动的决策至少需要75%的表决权。

本情形中，A和B是能够集体控制该安排的唯一组合，只有当A、B一致同意时，该安排的相关活动决策方能表决通过。因此，A、B对安排具有共同控制权。

情形2：假定一项安排涉及三方：A在该安排中拥有50%的表决权，B和C各拥有25%的表决权。A、B、C之间的相关约定规定，对安排的相关活动作出决策至少需要75%的表决权。

本情形中，A、B、C集体控制该安排。但是，存在两种参与方之间的组合能够达到75%表决权要求的情况（即A和B，或A和C），因此，这种情况不构成共同控制。在此情况下，三方签订的该合同安排要成为合营安排，需要在安排中指明，要求哪一种参与方之间的联合的一致同意才能对相关活动作出决策。

情形3：假定在一项安排中，A和B各拥有35%的表决权，剩余30%的表决权由其他众多参与方拥有。对该安排的相关活动作出决策要求多数投票权的同意。

本情形中，只有当合同安排规定，相关活动的决策需要A和B一致同意时，A和B才共同控制该安排。

此外，在实务中，对合营安排的判断还要考虑：（1）如果一致同意的要求仅仅与向其中一个参与方提供保护性权利的决策有关，而与该安排的相关活动的决策无关，那么该参与方就不是该项安排的共同控制参与方，即仅享有保护性权利的参与方不享有共同控制。保护性权利是指仅为了保护权利持有人利益却没有赋予持有人对相关活动进行决策的一项权利。（2）有的合同安排可能包括处理纠纷的条款，即争端解决机制，例如仲裁。这些条款可能允许具有共同控制的各参与方在没有达成一致意见情况下进行决策。这些条款的存在不会影响该安排的共同控制，因此也不会妨碍该安排成为合营安排。（3）一项安排可能在不同的阶段发生不同的活动，从而导致不同参与方可能主导不同的相关活动，或者共同主导所有相关活动。（4）一项安排的各参与方之间有时可能存在多项相关协议。单独考虑一份协议时，某参与方可能对合营安排具有共同控制，但在综合考虑该安排的目的和设计等所有情况时，该参与方实际上可能对该安排并不具有共同控制。因此，在判断是否存在共同控制时，需要综合考虑该多项相关协议。

合营安排的认定如图8-1所示。

评估共同控制

```
        ┌─────────────────────┐
        │  合营安排是否使所有或一组  │  否   ┌──────────────────────────┐
        │  参与方集体控制该安排?   │ ────→ │ 不属于合营安排会计准则规范的对象 │
        └─────────────────────┘      └──────────────────────────┘
                  │
                  是
                  ↓
        ┌─────────────────────┐
        │  对相关活动的决策是否要求   │  否   ┌──────────────────────────┐
        │  集体控制该安排的所有或一   │ ────→ │ 不属于合营安排会计准则规范的对象 │
        │  组参与方的一致同意      │      └──────────────────────────┘
        └─────────────────────┘
                  │
                  是
                  ↓
        ┌─────────────────────┐
        │  该安排被共同控制;       │
        │  该安排是合营安排        │
        └─────────────────────┘
```

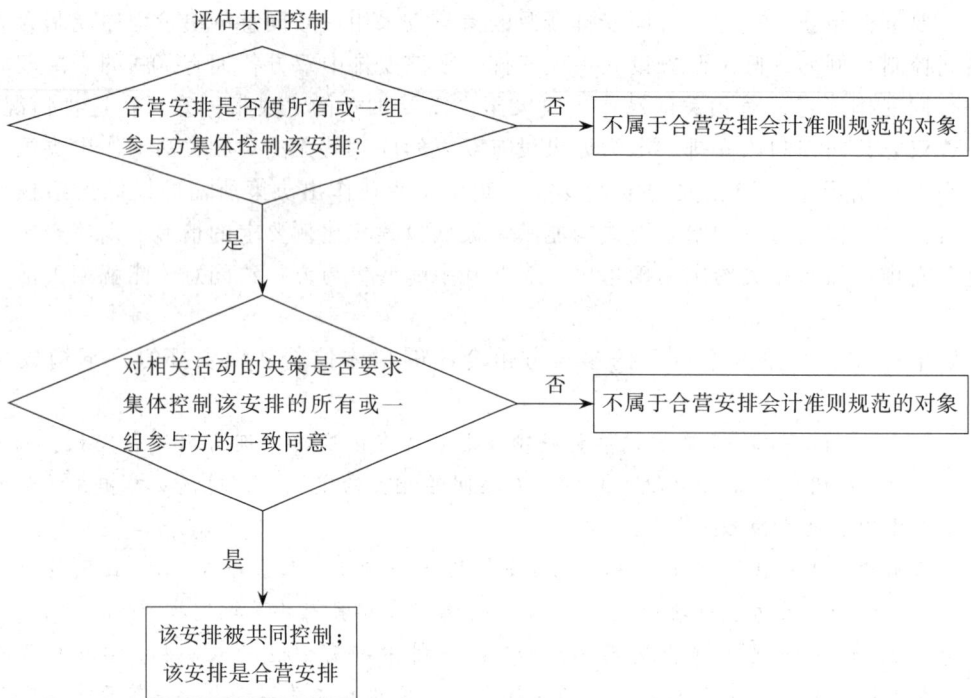

图 8-1　合营安排的认定

（三）合营安排中的不同参与方

只要两个或两个以上的参与方对该安排实施共同控制，一项安排就可以被认定为合营安排，并不要求所有参与方都对该安排享有共同控制，即一项合营安排的所有投资者群体中，只要其中部分投资者能够对该合营安排实施共同控制即可，构成合营安排的前提条件不要求所有投资者均具有共同控制能力。对合营安排享有共同控制的参与方（分享控制权的参与方）被称为"合营方"；对合营安排不享有共同控制的参与方被称为"非合营方"。

二、合营安排的分类

合营安排是为不同目的而设立的（例如，参与方为了共同承担成本和风险，或者参与方为了获得新技术或新市场），可以采用不同的结构和法律形式。有些合营安排不要求采用单独主体的形式开展其活动，而另一些合营安排则涉及构造单独主体。

合营安排分为共同经营和合营企业。共同经营，是指合营方享有该安排相关资产且承担该安排相关负债的合营安排。合营企业，是指合营方仅对该安排的净资产享有权利的合营安排。某项合营安排是共同经营还是合营企业，取决于合营方在合营安排中享有权利和承担义务的情况。在对权利和义务进行评估时，企业应当考虑以下因素：（1）合营安排的结构。（2）当合营安排是通过单独主体构造时，还应考虑：①该单独主体的法律形式；②合同安排的条款；③其他相关的事实和情况等。

（一）合营安排的结构

1.未通过单独主体达成的合营安排

未通过单独主体达成的合营安排是共同经营。在这种情况下，各参与方通过相关约定有权享有与该安排相关的资产，并承担对相关负债的义务，有权获得相应的收入，并对相应的费用承担责任。

相关约定通常描述了该安排所从事活动的性质，以及各参与方打算共同承担这些活动的方式。例如，合营安排各参与方可能同意共同生产产品，每一参与方负责特定的任务，使用各自的资产，承担各自的负债。合同安排也可能规定了各参与方分享共同收入和分担共同费用的方式。在这种情况下，每一个共同经营者在其资产负债表上确认其用于完成特定任务的资产和负债，并根据合同安排确认相关的收入和费用份额。此外，还可能存在其他情况。例如，合营安排各参与方可能同意共同拥有和经营一项资产，在这种情况下，合同安排规定了各参与方对共同经营资产的权利，以及来自该项资产的收入或产出和相应的经营成本在各参与方之间分配的方式。每一共同经营者对其在共同资产中的份额、同意承担的负债份额进行会计处理，并按照合同安排确认其在产出、收入和费用中的份额。

2.通过单独主体达成的合营安排

相关资产和负债由单独主体持有的合营安排，可能是合营企业，也可能是共同经营。参与方是共同经营者还是合营者取决于该参与方对单独主体中持有的与安排相关的资产和负债的权利与义务。

当各参与方通过单独主体达成合营安排时，各参与方需要评估该单独主体的法律形式、合同安排的条款以及其他相关的事实和情况是否赋予其享有与安排相关资产的权利，并承担与安排相关负债的义务（即该安排是共同经营）；或者赋予其享有安排的净资产的权利（即该安排是合营企业）。

（二）单独主体的法律形式

当评估合营安排的类型时，单独主体的法律形式是相关的。法律形式有助于初步评估各参与方对单独主体中持有的资产享有权利，并对单独主体中持有的负债承担义务。例如，各参与方是否对单独主体持有的资产拥有权益，是否对单独主体持有的负债承担义务。又如，各参与方可能通过单独主体执行合营安排，单独主体法律形式导致考虑其自身权利（即在单独主体中持有的资产和负债是单独主体的资产和负债，而不是各参与方的资产和负债）。在这种情况下，单独主体的法律形式赋予各参与方权利和义务的评估表明，该项安排是合营企业。但是，各参与方在合同安排中同意的条款，以及其他相关的事实和情况可以撤销基于单独主体的法律形式赋予各参与方权利和义务作出的评估。

对基于单独主体法律形式赋予各参与方权利和义务的评估，足以说明该合营安排是共同经营。例如，各参与方在单独主体中运作合营安排，且单独主体的法律形式没有将各参与方与单独主体予以区分，即单独主体持有的资产和负债也是各参与方的资产和负债，此时，就足以表明该单独主体（也就是该合营安排）是共同经营。

（三）评估合同安排的条款

通常，各参与方在合同安排中约定的权利和义务，与为构建安排而设立的单独主体的法律形式赋予各参与方的权利和义务，是一致的或者不相矛盾。但也有例外，各参与方有时会通过合同安排撤销或修改为构建安排而设立的单独主体的法律形式赋予各参与方的权利和义务。

【例8-28】假定两个参与方以公司制主体的形式构建了一个合营安排。各参与方在该主体中拥有50%的所有者权益。该公司能够与其所有者分离，从而该公司持有的资产和负债即为该公司自身的资产和负债。在这样的情况下，通过对单独主体的法律形式赋予各参与方权利和义务的评估表明，各参与方均有权获得合营安排的净资产。但是，如果各参与方通过合同安排调整了该公司的特征（比如，通过公司章程改变），以使各参与方均能按约定比例对该公司的资产拥有权益，并对该公司的负债承担义务，那么这样的调整或安排可能导致此合营安排成为共同经营。

值得说明的是，当合同安排约定各参与方享有与该安排相关资产的权利，并承担与该安排相关负债的义务时，他们即是共同经营参与方。对此，不必为了判断合营安排是共同经营还是合营企业，进一步考虑其他事实或情况。

表8-3对共同经营下各参与方之间的合同安排的一般条款和合营企业下各参与方之间的合同安排进行了比较（表中涉及的合同条款是说明性的，并不限于表8-3所列）。

表8-3　　　　　　　　　　　　　共同经营和合营企业对比

对比项目	共同经营	合营企业
合营安排的条款	参与方对合营安排的相关资产享有权利并对相关负债承担义务	参与方对与合营安排有关的净资产享有权利，即单独主体（而不是参与方）享有与安排相关资产的权利，并承担与安排相关负债的义务
对资产的权利	参与方按照约定的比例分享合营安排的相关资产的全部利益（例如，权利、权属或所有权等）	资产属于合营安排，参与方并不对资产享有权利
对负债的义务	参与方按照约定的比例分担合营安排的成本、费用、债务和义务。第三方对该安排提出的索赔要求，参与方作为义务人承担赔偿责任	合营安排对自身的债务或义务承担责任。参与方仅以其各自对安排认缴的投资额为限对该安排承担相应的义务。合营安排的债权方无权就该安排的债务对参与方进行追索
收入、费用及损益	合营安排建立了各参与方按照约定的比例（例如，按各自所耗用的产能比例）分配收入和费用的机制。某些情况下，参与方按约定的份额比例享有合营安排产生的净损益不会必然使其被分类为合营企业，仍应当分析参与方对该安排相关资产的权利以及对该安排相关负债的义务	各参与方按照约定的份额比例享有合营安排产生的净损益
担保	参与方为合营安排提供担保（或提供担保的承诺）的行为本身并不直接导致一项安排被分类为共同经营	

（四）其他事实和情况的评估

如果合同安排的条款没有明确规定参与方享有与该安排相关的资产的权利并承担与该安排相关的负债的义务，参与方应考虑其他事实和情况，以评估该安排是共同经营还是合营企业。

某项合营安排可能通过单独主体达成，且该单独主体的法律形式将各参与方与单独主体分离。参与方之间达成的合同条款可能没有明确参与方对资产和负债的权利与义务，但在考虑其他事实和情况之后，可能使该合营安排归类为共同经营。当其他事实和情况赋予参与方享有与该安排相关的资产的权利并承担与该安排相关的负债的义务时，就可以将该合营安排归类为共同经营。

当某项安排的活动主要是向参与方提供产品（或其他形式的产出）时，说明参与方实质上有权享受由该安排资产产生的所有经济利益。一般来说，该安排的参与方通过阻止该安排向第三方销售产品而确保他们获得这些产品。具有这种设计和目的的安排的影响时，该安排产生的负债实质上可由参与方通过购买产品而支付的现金流量来清偿。如果参与方实质上是该安排持续经营所需现金流的唯一来源，则表明参与方承担了与该安排相关的负债。

【例8-29】假定两个参与方以公司制主体（主体C）形式构建了一项合营安排，各方拥有该公司50%的所有者权益。该安排的目的是生产双方各自生产过程中所需的原材料。该安排确保双方共同经营相应的设施，以生产在数量和质量上满足双方需要的原材料。主体C的法律形式初步表明，其持有的资产和负债就是主体C自身的资产和负债。双方之间的合同安排没有明确各方对主体C的资产和负债的权利与义务。因此，主体C的法律形式和合同安排的条款表明，该项安排是一项合营企业。但是，各参与方还需考虑该安排的以下方面：

（1）各方同意按照50∶50的比例购买主体C生产的所有产品。未经合营安排双方同意，主体C不能将任何产品出售给第三方。因为该安排的目的是向各方提供各自所需的产品，向第三方的销售预计是不经常和不重要的。

（2）向各方出售产品的价格由双方共同决定，以补偿主体C发生的生产成本和管理费用。基于这种经营模式，该项安排旨在盈亏平衡的水平上经营。

从上述的实际情况来看，以下事实和情况是相关的：

（1）各方购买主体C生产的所有产品的义务反映主体C完全依赖各方获得其现金流量，因此，各方有义务出资以清偿主体C的负债。

（2）各方有权获得主体C生产的所有产品这一事实表明，各方正在消耗并因此有权获得主体C资产的所有经济利益。

这些事实和情况表明该项安排是共同经营。在这些情况下，即使各方以后的生产过程中不使用他们的产品份额，而是将这些产品份额出售给第三方，有关合营安排分类的结论也不会改变。如果各方改变了合同安排的条款，以便该安排能够向第三方出售产品，将导致主体C承担需求、储存和信用风险。在这种情况下，事实和情况的改变将要求重新评估合营安排的分类。这些事实和情况可能表明该安排是合营企业。

图8-2反映了当通过单独主体达成合营安排时，主体对一项安排进行分类所遵循的评

估程序。

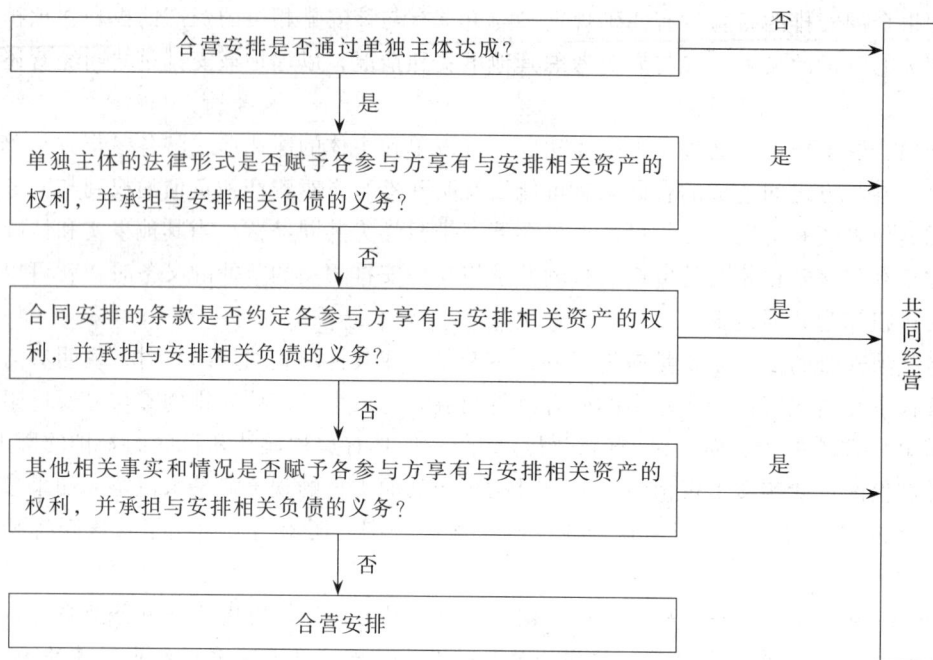

图8-2 合营安排的认定

需要说明的是，企业对合营安排是否拥有共同控制权，以及评估该合营安排是共同经营还是合营企业，需要在初始判断的基础上持续评估。进行判断时，企业需要对所有相关的事实和情况加以考虑。如果法律形式、合同条款等相关事实和情况发生变化，合营安排参与方应当对合营安排进行重新评估。

三、合营安排的会计处理

（一）共同经营中合营方的会计处理

1.一般会计处理原则

除合营方对持有合营企业投资应当采用权益法核算以外，其他合营安排中的合营方应当确认自身所承担的以及按比例享有或承担的合营安排中按照合同、协议等的规定归属于本企业的资产、负债、收入及费用。该处理方法一定程度上类似于比例合并，但与比例合并又存在差异。

合营方应当确认其与共同经营中利益份额相关的下列项目，并按照相关企业会计准则的规定进行会计处理：

① 确认单独所持有的资产，以及按其份额确认共同持有的资产；

② 确认单独所承担的负债，以及按其份额确认共同承担的负债；

③ 确认出售其享有的共同经营产出份额所产生的收入；

④ 按其份额确认共同经营因出售产出所产生的收入；

⑤ 确认单独所发生的费用，以及按其份额确认共同经营发生的费用。

合营方可能将其自有资产用于共同经营，如果合营方保留了对这些资产的全部所有权或控制权，则这些资产的会计处理与合营方自有资产的会计处理并无差别。

合营方也可能与其他合营方共同购买资产来投入共同经营，并共同承担共同经营的负债，此时，合营方应当按照企业会计准则的相关规定确认在这些资产和负债中的利益份额。共同经营通过单独主体达成时，合营方应确认按照上述原则单独所承担的负债，以及按本企业的份额确认共同承担的负债。

有关合营合同的安排通常描述了该安排所从事活动的性质，以及各参与方打算共同开展这些活动的方式。例如，合营安排各参与方可能同意共同生产产品，每一参与方负责特定的任务，使用各自的资产，承担各自的负债。合同安排也可能规定了各参与方分享共同收入和分担共同费用的方式。在这种情况下，每一个合营方在其资产负债表上确认其用于完成特定任务的资产和负债，并根据相关约定确认相关的收入和费用份额。

当合营安排各参与方可能同意共同拥有和经营一项资产时，相关约定规定了各参与方对共同经营资产的权利，以及来自该项资产的收入或产出和相应的经营成本在各参与方之间分配的方式。每一个合营方对其在共同资产中的份额、同意承担的负债份额进行会计处理，并按照相关约定确认其在产出、收入和费用中的份额。

【例8-30】2×24年1月1日，A公司和B公司共同出资购买一栋写字楼，各自拥有该写字楼50%的产权，用于出租收取租金。合同约定，该写字楼相关活动的决策需要A公司和B公司一致同意方可作出；A公司和B公司的出资比例、收入分享比例和费用分担比例均为各自50%。该写字楼购买价款为8 000万元，由A公司和B公司以银行存款支付，预计使用寿命20年，预计净残值为320万元，采用年限平均法按月计提折旧。该写字楼的租赁合同约定，租赁期限为10年，每年租金为480万元，按月交付。该写字楼每月支付维修费2万元。另外，A公司和B公司约定，该写字楼的后续维护和维修支出（包括再装修支出和任何其他的大修支出）以及与该写字楼相关的任何资金需求，均由A公司和B公司按比例承担。假设A公司和B公司均采用成本法对投资性房地产进行后续计量，不考虑税费等其他因素影响。

本例中，由于关于该写字楼相关活动的决策需要A公司和B公司一致同意方可作出，所以A公司和B公司共同控制该写字楼，购买并出租该写字楼为一项合营安排。由于该合营安排并未通过一个单独主体来架构，并明确约定了A公司和B公司享有该安排中资产的权利、获得该安排相应收入的权利、承担相应费用的责任等，因此该合营安排是共同经营。

A公司的相关会计处理如下：

（1）出资购买写字楼时：

借：投资性房地产（80 000 000×50%）　　　　　　　　　　　　　　　40 000 000

　　贷：银行存款　　　　　　　　　　　　　　　　　　　　　　　　　　　　40 000 000

（2）每月确认租金收入时：

借：银行存款（4 800 000×50%÷12）　　　　　　　　　　　　　　　　200 000

　　贷：其他业务收入　　　　　　　　　　　　　　　　　　　　　　　　　　200 000

（3）每月计提写字楼折旧时：

借：其他业务成本　　　　　　　　　　　　　　　　　　　　　　　　　160 000

贷：投资性房地产累计折旧（（80 000 000-3 200 000）÷20÷12×50%）　　160 000

（4）支付维修费时：

借：其他业务成本（20 000×50%）　　　　　　　　　　　　　　　　　　10 000

　　贷：银行存款　　　　　　　　　　　　　　　　　　　　　　　　　　　10 000

2.合营方向共同经营投出或者出售不构成业务的资产的会计处理

合营方向共同经营投出或出售资产等（该资产构成业务的除外），在共同经营将相关资产出售给第三方或相关资产消耗之前（即未实现内部利润仍包括在共同经营持有的资产账面价值中时），应当仅确认归属于共同经营其他参与方的利得或损失。如果投出或出售的资产发生符合《企业会计准则第8号——资产减值》等规定的资产减值损失的，合营方应当全额确认该损失。该规定与合营方对合营企业投出非货币性资产的规定一致。

【例8-31】甲、乙、丙三方于2×24年合作经营一项目，共同拟定一项协议安排，根据该协议安排的约定，甲方拥有该项目50%的表决权，乙方与丙方分别享有30%和20%的表决权。协议条款约定，所有对该项目的回报有重大影响的决策（即"相关活动"）均需要超过75%的表决权的参与方一致同意方能实施。甲方以专用设备作价投入，账面折余价值40万元，投资作价50万元，占合营项目利益份额的50%；乙方以专利技术作价投入，账面摊余价值10万元，投资作价30万元，占合营项目利益份额的30%；丙方以现金20万元投入，占项目利益份额的20%。合营协议条款约定，甲、乙、丙三方在共同经营项目中的利益（包括所有资产、负债、收入、成本费用）均按照表决权比例和利益份额比例由各方分享和承担。

甲、乙、丙三方的会计处理如下（金额单位：万元）：

（1）甲方的会计处理：

借：固定资产——合营项目（50×50%-（50-40）×50%）　　　　　　　　20

　　无形资产——合营项目（30×50%）　　　　　　　　　　　　　　　　15

　　银行存款——合营项目（20×50%）　　　　　　　　　　　　　　　　10

　　贷：固定资产——专用设备　　　　　　　　　　　　　　　　　　　　40

　　　　资产处置损益（（50-40）×50%）　　　　　　　　　　　　　　　5

本例需要说明的是：①共同经营控制指的是具体资产而不是剩余控制权，因此借记具体资产而不是长期股权投资；②甲方持股比例为50%，所以甲方只确认乙方和丙方所分担的收益部分（资产处置损益）。

（2）乙方的会计处理：

借：固定资产——合营项目（50×30%）　　　　　　　　　　　　　　　　15

　　无形资产——合营项目（30×30%-（30-10）×30%）　　　　　　　　3

　　银行存款——合营项目（20×30%）　　　　　　　　　　　　　　　　6

　　贷：无形资产——专利技术　　　　　　　　　　　　　　　　　　　　10

　　　　资产处置损益（（30-10）×70%）　　　　　　　　　　　　　　14

（3）丙方的会计处理：

借：固定资产——合营项目（50×20%）　　　　　　　　　　　　　　　　10

　　无形资产——合营项目（30×20%）　　　　　　　　　　　　　　　　6

　　银行存款——合营项目（20×20%）　　　　　　　　　　　　　　　　4

　　贷：银行存款　　　　　　　　　　　　　　　　　　　　　　　20

　　3.合营方自共同经营购买不构成业务的资产的会计处理

　　合营方自共同经营购买资产（该资产构成业务的除外），在将该资产出售给第三方之前（即未实现内部利润仍包括在合营方持有的资产账面价值中时），不应当确认因该交易产生的损益中该合营方应享有的部分，即此时应当仅确认因该交易产生的损益中归属于共同经营其他参与方的部分。购入的资产发生符合《企业会计准则第8号——资产减值》等规定的资产减值损失的，合营方应按其承担的份额确认该部分损失。

　　4.合营取得构成业务的共同经营的利益份额且形成控制情况的会计处理

　　合营方取得共同经营中的利益份额，且该共同经营构成业务时，应当按照企业合并准则等相关准则进行相应的会计处理，但其他相关准则的规定不能与合营安排准则的规定相冲突。企业应当按照企业合并准则的相关规定判断该共同经营是否构成业务。该处理原则不仅适用于收购现有的构成业务的共同经营中的利益份额，也适用于与其他参与方一起设立共同经营，且由于有其他参与方注入既存业务，使共同经营设立时即构成业务。

（二）共同经营中不享有共同控制的参与方的会计处理原则

　　对共同经营中不享有共同控制的参与方（非合营方），如果享有该共同经营相关资产且承担该共同经营相关负债的，比照合营方进行会计处理，即共同经营的参与方，不论其是否具有共同控制，只要能够享有共同经营相关资产的权利，并承担共同经营相关负债的义务，对在共同经营中的利益份额采用与合营方相同的会计处理。否则，应当按照相关企业会计准则的规定对其利益份额进行会计处理。例如，如果该参与方对于合营安排的净资产享有权利并且具有重大影响，则按照长期股权投资准则等相关规定进行会计处理；如果该参与方对于合营安排的净资产享有权利并且无重大影响，则按照金融工具确认和计量准则等相关规定进行会计处理；向共同经营投出构成业务的资产的，以及取得共同经营的利益份额的，则按照合并财务报表及企业合并等相关准则进行会计处理。

（三）合营企业参与方的会计处理

　　作为合营企业的参与方，其会计处理依据长期股权投资准则，详见本章前文所述。

📖 本章小结

　　投资是指企业为通过分配来增加财富，或为谋求其他利益，而将资产让渡给其他单位所获得的另一项资产。按照投资对象不同，可以分为金融资产投资和长期股权投资。

　　长期股权投资包括以下内容：（1）投资企业能够对被投资单位实施控制的权益性投资；（2）投资企业与其他合营方一同对被投资单位实施共同控制的权益性投资，即对合营企业投资；（3）投资企业对被投资单位具有重大影响的权益性投资，即对联营企业投资。合营安排是指一项由两个或两个以上的参与方共同控制的安排；合营安排分为共同经营和合营企业，应根据不同参与方进行会计处理。

　　本章重点介绍了长期股权投资的会计核算方法以及合营安排各参与方的会计处理。

主要概念

长期股权投资　成本法　权益法　控制　共同控制　重大影响　合营安排　共同控制　集体控制　共同经营　合营企业

第八章基本训练

流动负债

学习目标

通过本章学习，应达到以下目标：在知识方面，了解负债的性质及特征，理解流动负债的性质，掌握流动负债的分类与计量，了解金融负债的定义与分类；在技能方面，掌握应付票据、应付职工薪酬和应交税费的核算，理解以公允价值计量且其变动计入当期损益的金融负债的核算；在能力方面，掌握流动负债和金融负债的主要内容，能根据相关会计准则的规定，对各项流动负债正确地进行确认和计量。

思维导图

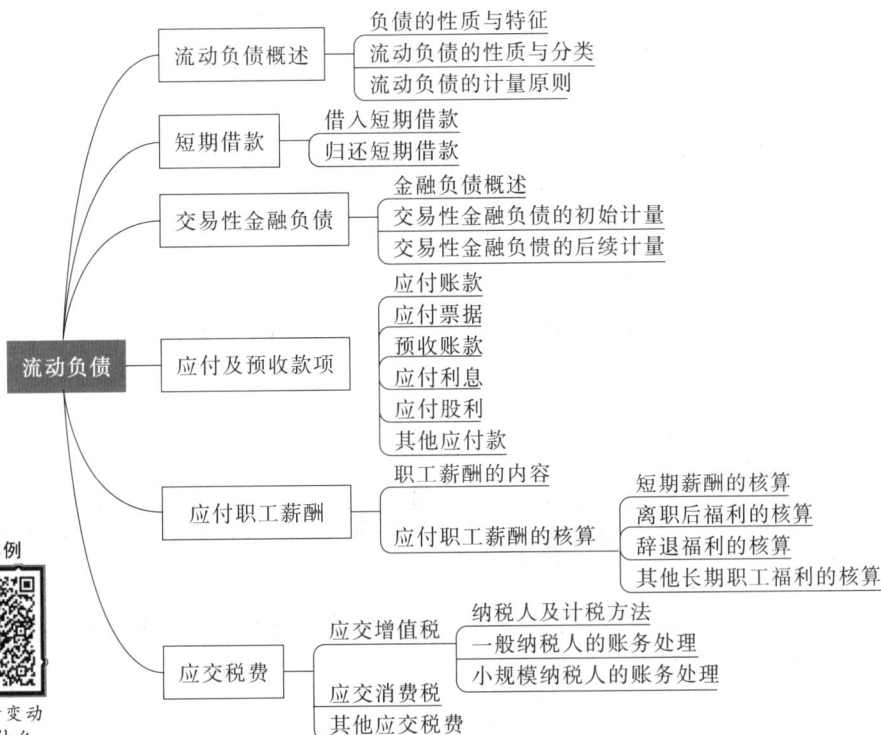

引导案例

流动负债变动
能揭示什么

|第一节| 流动负债概述

一、负债的性质与特征

负债（liabilities）是财务会计要素之一，它是企业权益的重要组成部分。在 FASB 于 1980 年发表的 SFAC No.3《企业财务报表的要素》中就曾为负债下了一个较为严格的定义："负债是某一特定主体由于过去的交易或事项而在现在承担的将在未来向其他主体交付资产或提供服务的责任。这种责任将引起可预期的经济利益的未来牺牲。"2018 年 3 月，IASB 发布的新《财务报告概念框架》改进了负债的定义：一是明确负债的实质是转移经济资源的义务，而不是经济利益的最终流出；二是新的负债定义通过对义务的界定引入了"没有实际能力可予避免"的新的负债标准；三是新的负债定义删去了原负债定义中有关"预期会导致含有经济利益的资源流出"的要求。我国《企业会计准则——基本准则》（2014 年修订）对负债作了如下定义：负债是企业过去的交易或事项形成的、预期会导致经济利益流出企业的现时义务。

基于目前我国对负债的定义，负债具有以下几个基本特征：

1.负债是企业承担的现时义务

负债必须是企业承担的现时义务，它是负债的一个基本特征。其中，现时义务是指企业在现行条件下已承担的义务。未来发生的交易或事项形成的义务，不属于现时义务，不应当确认为负债。

这里所指的义务可以是法定义务，也可以是推定义务。法定义务是指具有约束力的合同或法律法规规定的义务，通常在法律意义上需强制执行。例如，企业借入资金会产生还款的义务，赊购货物会产生应付账款或应付票据等，均属于企业承担的法定义务。推定义务是指根据企业多年来的习惯做法、公开的承诺或公开宣布的政策而导致企业将承担的责任，这些责任也使有关各方形成了企业将履行义务解脱责任的合理预期。例如，承诺对售出产品在保修期内给予免费修理，则企业对已售出的产品预期将会发生的修理费用就是该企业的推定义务，应将其确认为一项负债。

2.负债预期会导致经济利益流出企业

负债的清偿预期会导致经济利益流出企业，这也是负债的一个本质特征，即企业现时义务的履行通常关系到企业放弃含有经济利益的资产，以满足债权人的要求。现时义务的履行，可采取若干种形式，如支付现金、转让实物资产、提供劳务、以其他义务替换该项义务、将该项义务转换成所有者权益等。

3.负债是基于过去的交易或事项而形成的

也就是说，负债是现时存在的由过去的经济业务所产生的经济责任，只有过去的交易或事项才形成负债，企业将在未来发生的承诺、签订的合同等交易或事项，不形成企业的负债。

负债按其偿付期的长短（或在资产负债表中按流动性排列）可分为流动负债与非流动负债。本章主要阐述流动负债，非流动负债将在第十章阐述。

二、流动负债的性质与分类

（一）流动负债的性质

流动负债（current liabilities）是指企业将在1年或超过1年的一个营业周期内偿还的债务。其主要包括：短期借款、交易性金融负债、应付账款、应付票据、预收账款、应交税费、应付利息、应付股利、其他应付款等。

确认流动负债，主要目的是将其与企业流动资产进行比较，以大致反映出企业的短期偿债能力。短期偿债能力是短期债权人非常关心的一项财务指标，在资产负债表中必须将流动负债和非流动负债分别列示。

（二）流动负债的分类

流动负债按照不同的标准，可以分为不同的类型，以满足不同的需要。

1.按流动负债产生的原因分类

流动负债按产生的原因划分，可分为：

（1）筹资活动中产生的流动负债，是指企业从银行及非银行金融机构等筹措资金而形成的流动负债，如短期借款等。

（2）经营活动中产生的流动负债，是指企业从事生产经营活动或非经常性活动形成的流动负债，如应付及预收款项、应付票据、应交税费、应付职工薪酬和其他应付款等。

（3）收益分配中产生的流动负债，是指企业根据所实现的净收益，按照一定标准进行分配而形成的各种应付款项，如应付股利等。

2.按应付金额肯定与否分类

流动负债按其金额肯定与否，可以分为：

（1）应付金额肯定的流动负债。这是一种有确切的债权人和偿付日期、确切的偿付金额，并且到期必须偿还的流动负债，如短期借款、应付账款、应付票据、预收账款、应付职工薪酬等。

（2）应付金额视经营情况而定的流动负债。这是需等到会计期末，根据企业的经营情况才能计算确定的流动负债，如应交税费、应付股利等。

（3）应付金额需予估计的流动负债。这种流动负债虽是过去发生的现时义务，但其金额乃至偿还日期和债务人在编制资产负债表日仍难以准确确定，如产品质量担保负债等。对于这类负债的应付金额，企业通常按已掌握的客观资料，凭借以往的经验，估计确定其金额。

此外，按照《企业会计准则第37号——金融工具列报》的要求，企业发行金融工具，应当按照该金融工具的合同条款及其所反映的经济实质而非法律形式，结合金融负债定义，对金融负债进行初始确认。

本章将主要阐述短期借款、交易性金融负债、应付及预收款项、应付职工薪酬、应交税费等内容。

三、流动负债的计量原则

为了保证会计信息质量，需要对负债进行正确的确认与计量，以便客观公正地反映企业所承担的债务，从而为会计报表使用者提供有用的会计信息。由于负债是企业应在未来偿付的债务，从理论上讲，为了提高会计信息的有用性和相关性，对负债的计量都应考虑货币的时间价值，应以未来应付金额的现值予以计量，但在会计实务中，对负债的计价往往根据不同的情况采取不同的标准。由于流动负债偿还期限短，到期值（未来偿付金额）与现值往往相差不大，基于重要性原则并为简化账务处理，我国会计实务中往往允许不考虑货币时间价值因素，对流动负债大多按其业务发生时的金额进行计量。

不同业务形成的流动负债，发生时的金额既可能是未来应付的金额，也可能是未来应付金额的现值。如果形成流动负债的业务发生时，双方协定不计算利息，则发生时的金额即为未来应付的金额。例如，某企业因赊购存货而产生一笔应付账款1 000元，付款期为2个月，不计利息，则2个月后应付的金额为1 000元。在这种情况下，未来应付的金额1 000元中，实际上已经隐含了2个月的利息，其现值应为扣除2个月的利息后的余额，但与未来应付的金额相差不大，按照重要性原则，企业可按照1 000元计价，即按照未来应付的金额计价，作为流动负债入账。如果形成流动负债的业务发生时，双方协定计算利息，则发生时的金额为现在应付的金额，未来应付的金额为现在应付的金额与应付利息之和。上例中双方若协商采用商业汇票结算，计算利息，年利率为6%，则业务发生时的金额1 000元为现在应付的金额，2个月应付的利息为10元，未来应付的金额为1 010元。在这种情况下，企业仍按1 000元计价，即按照现在应付的金额计价，以应付票据项目作为流动负债入账。

对于交易性金融负债，企业在初始计量和后续计量时，应当考虑公允价值，该项公允价值的确定是依据相同负债在活跃市场上的报价、使用可观察市场数据的估值技术或者其他公允价值确定方式。

第二节 短期借款

短期借款（short-term loans）是企业向银行或其他金融机构等借入的期限在1年以下（含1年）的各种借款。短期借款一般是企业为维持正常的生产经营所需的资金而借入的或者为抵偿某项债务而借入的。短期借款的债权人不仅可以是银行，也包括其他非银行金融机构。

一、借入短期借款

企业借入的短期借款，无论用于哪个方面，只要借入了这项资金，就构成了一项流动负债。企业应通过"短期借款"账户，核算短期借款的取得、偿还等情况。该账户的贷方登记取得的短期借款数额，借方登记企业归还的短期借款数额；余额在贷方，反映尚未归还的短期借款本金数。"短期借款"账户应按债权人以及借款种类设置明细账户，进行明细分类核算。短期借款应在取得借款日入账。

企业从银行或其他金融机构取得短期借款时，借记"银行存款"科目，贷记"短期借款"科目。

短期借款的期限不长，其利息支出作为一项期间费用，在借款受益期间内记入"财务费用"科目。核算借款利息时，应分别不同情况进行处理：

1.如果借款的利息是按季结算支付，或者是在借款到期时连本带利一起归还，但数额较大的，为了均衡各月利息费用负担，实现收入与费用相配比的原则，正确计算各期盈亏，须按照权责发生制原则将每月应负担的利息费用按月进行预提。预提时，按预计应计入费用的借款利息，借记"财务费用"科目，贷记"应付利息"科目；实际支付月份，按已经预提的利息合计金额，借记"应付利息"科目，按实际支付的利息与预提数额的差额，借记"财务费用"科目，按实际支付的利息，贷记"银行存款"科目。

2.如果企业短期借款利息是按月支付，或者利息是在借款到期时连同本金一起归还，但是数额不大，可以不采用预提的方法核算，而是在实际支付或收到银行的计息通知时，直接计入当期损益，借记"财务费用"科目，贷记"银行存款"科目。

二、归还短期借款

短期借款到期时，应及时归还。短期借款到期偿还本金时，企业应借记"短期借款"科目，贷记"银行存款"科目。如果利息是在借款到期时连同本金一起归还的，企业应将归还的利息通过"应付利息"或"财务费用"科目核算。

【例9-1】2×24年1月1日，甲公司向银行借入一笔生产经营用短期借款1 000 000元，期限为9个月，年利率为3%。根据与银行签署的借款协议，该项借款的本金到期后一次归还，利息按季支付，则甲公司的账务处理如下：

（1）1月1日，借入短期借款：

借：银行存款	1 000 000
贷：短期借款	1 000 000

（2）1月末，计提1月份应付利息：

借：财务费用	2 500
贷：应付利息	2 500

其中：本月应计提的利息金额=1 000 000×3%÷12=2 500（元）

2月末计提2月份利息费用的账务处理与1月份相同。

（3）3月末，支付第一季度银行借款利息：

借：财务费用	2 500
应付利息	5 000
贷：银行存款	7 500

第二、第三季度的账务处理同上。

（4）10月1日，偿还银行借款本金：

借：短期借款	1 000 000
贷：银行存款	1 000 000

如果上述借款期限是8个月，则到期日为9月1日，8月末之前的账务处理与（1）、（2）、（3）相同。9月1日偿还银行借款本金，同时支付7月和8月已提未支付利息，则相应账务处理为：

借：短期借款	1 000 000
应付利息	5 000
贷：银行存款	1 005 000

第三节 交易性金融负债

一、金融负债概述

（一）金融负债的定义

金融负债，是指企业符合下列条件之一的负债：（1）向其他方交付现金或其他金融资产的合同义务。（2）在潜在不利条件下，与其他方交换金融资产或金融负债的合同义务。（3）将来须用或可用企业自身权益工具进行结算的非衍生工具合同，且企业根据该合同将交付可变数量的自身权益工具。（4）将来须用或可用企业自身权益工具进行结算的衍生工具合同，但以固定数量的自身权益工具交换固定金额的现金或其他金融资产的衍生工具合同除外。

（二）金融负债的分类

按照金融负债的定义，以及相关会计准则的规定，金融负债可分为以下四类：

1.以公允价值计量且其变动计入当期损益的金融负债，包括交易性金融负债和指定为以公允价值计量且其变动计入当期损益的金融负债。可通过以下几点判定持有金融负债的目的是否是交易：（1）承担相关金融负债主要是为了近期交易；（2）相关金融负债在初始确认时属于集中管理的可辨认金融工具组合的一部分，且有客观证据表明近期实际存在短期盈亏模式；（3）相关金融负债属于衍生工具。满足上述条件之一的，表明企业承担的金融负债具有交易性。

2.金融资产转移不符合终止确认条件或继续涉入被转移金融资产所形成的金融负债。

3.部分财务担保合同，以及不属于以公允价值计量且其变动计入当期损益的金融负债的以低于市场利率贷款的贷款承诺。

4.以摊余成本计量的金融负债。

本节主要介绍交易性金融负债的会计处理。

二、交易性金融负债的初始计量与后续计量

（一）初始计量

交易性金融负债，应当按照公允价值进行初始的确认和计量。按照公允价值计量准则的规定，公允价值通常为相关金融负债的交易价格。金融负债公允价值与交易价格存在差异的，企业应当区别下列情况进行处理：（1）在初始确认时，金融负债的公允价值依据相同负债在活跃市场上的报价或者以仅使用可观察市场数据的估值技术确定的，企业应当将该公允价值与交易价格之间的差额确认为一项利得或损失；（2）在初始确认时，金融负债的公允价值以其他方式确定的，企业应当将该公允价值与交易价格之间的差额递延。初始确认后，企业应当根据相关因素（比如时间因素）将该递延差额确认为相应会计期间的利得或损失。

对于交易性金融负债，在其初始计量中发生的相关交易费用，应当直接计入当期损益。交易费用是指可直接归属于购买、发行或处置金融工具的增量费用。增量费用是指企业没有发生购买、发行或处置相关金融工具的情形就不会发生的费用，包括支付给代理机

构、咨询公司、券商、证券交易所、政府有关部门等的手续费、佣金、相关税费以及其他必要支出，不包括债券溢价、折价、融资费用、内部管理成本和持有成本等与交易不直接相关的费用。

（二）后续计量

交易性金融负债应当按照公允价值进行后续计量，其公允价值变动形成的相关利得或损失，除与套期会计有关外，应当计入当期损益。

对于交易性金融负债，需要设置"交易性金融负债"科目来进行会计处理。该科目核算企业承担的交易性金融负债，以及企业持有的指定为以公允价值计量且其变动计入当期损益的金融负债的增减变动情况。在资产负债表中设置"交易性金融负债"项目，反映资产负债表日企业承担的交易性金融负债，以及企业持有的指定为以公允价值计量且其变动计入当期损益的金融负债的期末账面价值。

【例9-2】2×24年10月1日，甲公司经批准公开发行10亿元人民币短期融资债券，期限为1年，票面年利率为6%，每张面值为100元，到期一次还本付息。所募集资金主要用于公司购买生产经营所需的原材料。公司将该短期融资债券指定为以公允价值计量且其变动计入当期损益的金融负债。假定不考虑发行短期融资债券的相关交易费用。

2×24年12月31日，该短期融资债券市场价格为每张120元（不含利息）；2×25年6月30日，该短期融资债券市场价格为每张110元（不含利息）；2×25年9月30日，该短期融资债券到期兑付完成。则甲公司的账务处理如下（金额单位：万元）：

（1）2×24年10月1日，发行短期融资债券：

借：银行存款　　　　　　　　　　　　　　　　　　100 000
　　贷：交易性金融负债——成本　　　　　　　　　　　　100 000

（2）2×24年12月31日，年末确认公允价值变动和利息费用：

借：公允价值变动损益　　　　　　　　　　　　　　20 000
　　贷：交易性金融负债——公允价值变动　　　　　　　　20 000
借：投资收益　　　　　　　　　　　　　　　　　　1 500
　　贷：应付利息　　　　　　　　　　　　　　　　　　1 500

其中：应确认的公允价值变动=100 000÷100×（120-100）=20 000（万元）
应确认的利息费用=100 000×6%÷12×3=1 500（万元）

（3）2×25年6月30日，半年末确认公允价值变动和利息费用：

借：交易性金融负债——公允价值变动　　　　　　　10 000
　　贷：公允价值变动损益　　　　　　　　　　　　　　10 000
借：投资收益　　　　　　　　　　　　　　　　　　3 000
　　贷：应付利息　　　　　　　　　　　　　　　　　　3 000

其中：应确认的公允价值变动=100 000÷100×（110-120）=-10 000（万元）
应确认的利息费用=100 000×6%÷12×6=3 000（万元）

（4）2×25年9月30日，短期融资债券到期：

借：投资收益　　　　　　　　　　　　　　　　　　1 500
　　贷：应付利息　　　　　　　　　　　　　　　　　　1 500

借：交易性金融负债——成本   100 000

        ——公允价值变动   10 000

  应付利息   6 000

贷：银行存款   106 000

  投资收益   10 000

第四节　应付及预收款项

一、应付账款

（一）应付账款概述

应付账款（accounts payable）属于金融负债，是指企业在资产负债表日以摊余成本计量的，企业因购买材料、商品和接受服务等经营活动应支付的款项。这项流动负债是买卖双方在购销活动中由于取得物资与支付货款在时间上不一致而产生的。应付账款一般会在较短期限内支付。应注意企业的应付赔偿金、应付租金、存入保证金等属于其他应付款，不属于应付账款的范围。

为总括反映和监督企业因购买货物或接受劳务等而产生的债务及其偿还情况，应设置"应付账款"账户，并按债权人设置明细账户，进行明细分类核算。

应付账款入账时间的确定，理论上应以所购物资的所有权转移或接受劳务已发生的时间为入账时间，但在实务中，一般以收到结算凭证的时间为应付账款的入账时间。因为企业取得结算凭证的同时，也就意味着取得了该项货物的产权，应在确认资产的同时确认该项负债。由于应付账款的偿付期限较短，往往月内能够结清，为了简化核算，一般在取得结算凭证时暂不作账务处理，而是在实际付款时作为资产入账。结算凭证已到而月末仍未支付款项，为了在资产负债表上客观反映企业所拥有的资产和承担的债务，则应确认资产和负债。如果购进的货物已验收入库，而结算凭证在月末仍未到达，企业也应对其进行估价，同时确认资产和负债，但为了规范实际支付货款时的核算方法，应在下月初用红字予以冲销。

由于应付账款的付款期限不长，一般不计利息，因此应付账款一般按业务发生时的金额即未来应付的金额入账，而不按到期应付金额的现值入账。

（二）发生与偿还应付账款

购入材料、商品等存货，但货款尚未支付，根据有关凭证，借记"材料采购""在途物资""原材料""库存商品"等科目，按照可抵扣的增值税进项税额，借记"应交税费——应交增值税（进项税额）"科目，按应付的款项，贷记"应付账款"科目。

如果应付账款中含有现金折扣，其入账金额一般可以按总价法或净价法确定。总价法是指按发票上记载的应付金额的总值（即不扣除折扣）记账。如果在折扣期内付款而享有现金折扣，则视为理财收益，冲减财务费用或购货成本。净价法则是按发票上记载的全部应付金额扣除（最大）现金折扣后的净值记账，如果超过折扣期付款而丧失现金折扣，则视为理财损失，增加财务费用或购货成本。我国目前实务上要求采用总价法，取得的现金折扣作为财务费用的减少，一般不调整购货成本。

【例9-3】甲企业2×24年2月4日赊购一批原材料，增值税专用发票上注明的价款为50 000元，增值税税额为6 500元，付款条件为"2/10，N/30"（核算现金折扣时不考虑增值税）。假设该企业采用实际成本核算原材料，收到发票时原材料尚未验收入库，则甲企业的账务处理如下：

（1）总价法

①购货时：

借：在途物资   50 000

    应交税费——应交增值税   6 500

  贷：应付账款   56 500

②若10天内付款，则：

借：应付账款   56 500

  贷：银行存款   55 500

    财务费用   1 000

③若10天后付款，则：

借：应付账款   56 500

  贷：银行存款   56 500

（2）净价法

①购货时：

借：在途物资   49 000

    应交税费——应交增值税   6 500

  贷：应付账款   55 500

②若10天内付款，则：

借：应付账款   55 500

  贷：银行存款   55 500

③若10天后付款，则：

借：应付账款   55 500

    财务费用   1 000

  贷：银行存款   56 500

上述总价法和净价法都是应付账款核算较为常用的方法，各有利弊。从经营管理者的角度以及购进货物计价的客观性来说，净价法具有较大的优势。在规范的市场经济条件下，现金折扣是促进购买者尽快付款的有效手段。因为在较短的时间内取得较大的现金折扣，对购买者具有较大的吸引力，管理者大多不愿意放弃获取最大现金折扣的机会，一般会以较低的利率向银行借款来偿付账款。如果企业因筹资不力而丧失了现金折扣，总价法下不需作额外记录，在会计报表中也不予揭示，而净价法则要将丧失的现金折扣在财务费用明细表中予以揭示。净价法认为，能否取得现金折扣，是企业资金调度能力和经营管理水平的综合体现。此外，基于上述原因，企业一般都可以取得现金折扣，采用净价法可以正确反映购进货物的价值，更符合谨慎性要求，而总价法则会多计购进货物的价值。

从价值控制的角度来看，总价法下购进货物的入账价值与发票所列价格相同，便于进行控制；而净价法下购进货物的入账价值与发票所列价格不符，不便于进行控制。我国现行会计制度规定，企业按总价法进行核算。

企业在外购电力、燃气等动力时而发生的应付未付款项，一般也通过"应付账款"账户核算，即在每月付款时先作暂付款处理，按照增值税专用发票上注明的价款，借记"应付账款"科目，按照增值税专用发票上注明的可抵扣的增值税进项税额，借记"应交税费——应交增值税（进项税额）"科目，贷记"银行存款"科目；月末按照外购动力的用途分配动力费用，根据受益部门，借记"生产成本"、"制造费用"和"管理费用"等科目，贷记"应付账款"科目。

【例9-4】2×24年3月25日，乙企业收到银行转来供电部门开具的增值税专用发票，发票上注明的电费为20 000元、增值税税额为2 600元，企业以银行存款付讫。月末，该企业经计算，本月应付电费20 000元，其中生产车间电费14 000元，企业行政管理部门电费6 000元。则乙企业的账务处理如下：

（1）支付外购动力费：

借：应付账款——××电力公司   20 000
    应交税费——应交增值税（进项税额）   2 600
  贷：银行存款   22 600

（2）月末分配外购动力费：

借：制造费用   14 000
    管理费用   6 000
  贷：应付账款——××电力公司   20 000

（三）转销应付账款

应付账款一般在较短期限内支付，但有时由于债权单位撤销或其他原因而使应付账款无法清偿。企业对于确实无法支付的应付账款应予以转销，按其账面余额，借记"应付账款"科目，贷记"营业外收入"科目。

【例9-5】2×24年4月30日，丙企业确认一笔应付A公司的货款50 000元为无法支付的款项，对此予以转销，则丙企业的账务处理如下：

借：应付账款   50 000
  贷：营业外收入   50 000

二、应付票据

（一）应付票据概述

这里的应付票据（notes payable）即短期应付票据，是指由付款人开出并承诺在指定日期无条件支付确定的金额给收款人或持票人的一种书面证明。在我国，应付票据是企业根据合同进行延期付款的商品交易或采用商业汇票结算方式而发生的，由签发人签发、承兑人承兑的票据。应付票据与应付账款不同，两者虽然都是由于赊购交易行为引起的负债，都属于流动负债的性质，但应付账款是尚未结清的债务，而应付票据是一种期票，是延期付款的证明，有承兑付款的票据为凭证。在会计核算上，应付票据是指资产负债表日以摊余成本计量的，企业因购买材料、商品和接受服务等开出、承兑的商业汇票。

商业汇票按承兑人的不同可分为商业承兑汇票和银行承兑汇票。我国商业汇票的付款期限最长不超过6个月，故将应付票据归于流动负债进行核算与管理。

应付票据按是否注明利率，分为带息应付票据和不带息应付票据两种。带息票据载明了票面利率，到期按票面金额（本金）与票面利率计算利息，并与本金一并支付。不带息票据没有利息问题，票据到期时，债务人按票面金额支付即可。理论上应付票据均应按现值计价，但由于票据期限较短，其折现值与到期值很接近，所以，为简化核算，可以不计算现值，应付票据无论是否带息，发生时均按面值入账。

（二）发生与偿付应付票据

为了总括地反映和监督企业由于商品交易采用商业汇票出票、承兑和支付等情况，应设置"应付票据"账户。企业还应当设置"应付票据备查登记簿"，详细登记每一应付票据的种类、号码、签发日期、到期日、票面金额、票面利率、交易合同号、收款人姓名或单位名称，以及付款日期和金额等资料。应付票据到期结清时，上述内容应当在备查簿内予以注销。

下面分述带息和不带息票据的账务处理。

1.带息应付票据

带息的应付票据，其面值就是票据的现值。票据中的应付利息在会计处理上有两种方法：

（1）按期计提应付利息。每一会计期末，企业按票据的票面价值和票据上规定的利率计算应付的票据利息，借记"财务费用"科目，贷记"应付利息"科目。票据到期支付本息时，再注销应付票据的账面余额，在资产负债表上，按票据面值和利息列入流动负债项目。这种方法通常是为了正确计算各期损益而采用的。采用这种方法时，在账务处理上也可以不通过"应付利息"账户，而将应付票据的利息直接记入"应付票据"账户贷方，"应付票据"账户贷方反映的是尚未支付的票据的本金和利息。

【例9-6】甲企业2×24年10月1日签发承兑票据一张，面值为100 000元，年利率12%，期限4个月，用于支付所欠货款。其有关会计分录如下：

①2×24年10月1日，签发票据时：

借：应付账款 100 000
　贷：应付票据 100 000

②2×24年12月31日，应确认3个月的利息费用：

借：财务费用 3 000
　贷：应付利息（或应付票据） 3 000

其中：3个月的利息费用=100 000×12%×1/4=3 000（元）

③2×25年2月1日，票据到期付款时：

借：财务费用 1 000
　应付利息 3 000
　应付票据 100 000
　贷：银行存款 104 000

或：

借：财务费用 1 000
　应付票据 103 000
　贷：银行存款 104 000

（2）发生时列支利息。如果票据期限短，利息金额不大，为简化核算手续，应付票据不按期计提利息，而是于票据到期付款时，一次性将全部利息记入当期"财务费用"账户。

以上两种处理方法中，第一种方法符合权责发生制，能正确反映企业当期盈亏及实际应负担的债务。按照我国会计准则的相关规定，在提供中期报告和年度报告时，对尚未支付的应付票据计提利息，计入当期财务费用，即采用第一种方法；半年或年度内到期的应付票据无须按月计提利息，到期支付时一次性计入当期损益，即采用第二种方法。

2.不带息应付票据

不带息应付票据，其面值就是票据到期值。不带息应付票据的面值实际包括了本金和利息，但票据上未注明利率。

对不带息票据的会计处理通常有两种方法：一是以应付票据面值记账，不单独核算面值所含的利息；二是按一定的利率计算票据面值所含的利息，应付票据按扣除利息后的金额记账。应付票据面值中所含的利息是企业为取得现金或等值的资产或劳务而承担的预付利息，在资产负债表上，该预付利息的期末余额，应作为"应付票据"的抵减项目，以反映应付票据在编表日的现值。由于第一种方法核算更为简便，而且我国应付票据期限较短，因此即便是带息的应付票据，利息也不会很多，所以，我国会计实务中一般采用第一种方法核算，在报表上按其票面价值列示在流动负债项目中。

企业因购买材料、商品和接受劳务供应等而开出、承兑的商业汇票，应当按其票面金额作为应付票据的入账金额，借记"材料采购"、"在途物资"、"原材料"、"库存商品"、"生产成本"、"制造费用"及"应交税费——应交增值税（进项税额）"等科目，贷记"应付票据"科目。

企业因开出银行承兑汇票而支付银行的承兑汇票手续费，应当计入当期财务费用，借记"财务费用"科目，贷记"银行存款"科目，同时应考虑增值税。

企业开具的不带息商业汇票到期支付票据款时，根据开户银行的付款通知，借记"应付票据"科目，贷记"银行存款"科目。

【例9-7】乙企业为增值税一般纳税人，原材料按计划成本核算。2×24年5月16日购入原材料一批，增值税专用发票上注明的价款为80 000元，增值税税额为10 400元。该企业开出并经开户银行承兑的商业汇票一张，面值为90 400元，期限为5个月。交纳银行承兑手续费45.20元，其中增值税2.56元。10月16日商业汇票到期，乙企业通知其开户银行以银行存款支付票款。则乙企业的账务处理如下：

（1）开出并承兑商业汇票购入材料：

借：材料采购	80 000
应交税费——应交增值税（进项税额）	10 400
贷：应付票据	90 400

（2）支付商业汇票的承兑手续费：

借：财务费用	42.64
应交税费——应交增值税（进项税额）	2.56
贷：银行存款	45.20

（3）支付商业汇票款：

借：应付票据　　　　　　　　　　　　　　　　　　　　　　　　90 400

　　贷：银行存款　　　　　　　　　　　　　　　　　　　　　　　　90 400

（三）转销应付票据

应付商业承兑汇票到期，如企业无力支付票款，由于商业汇票已经失效，企业应将应付票据按账面余额转作应付账款，借记"应付票据"科目，贷记"应付账款"科目。

应付银行承兑汇票到期，如企业无力支付票款，则由承兑银行代为支付并作为对付款企业的贷款处理，债权方正常收取票款，债务方应将应付票据的账面余额转作短期借款，借记"应付票据"科目，贷记"短期借款"科目。

【例9-8】承【例9-7】，假设上述银行承兑汇票到期时乙企业无力支付票款，则乙企业的账务处理如下：

借：应付票据　　　　　　　　　　　　　　　　　　　　　　　　90 400

　　贷：短期借款　　　　　　　　　　　　　　　　　　　　　　　90 400

小案例9-1

预收账款对企业资产负债表和利润表的影响

三、预收账款

预收账款（unearned revenue）是指企业按照合同规定在销货之前预先向购买方收取款项而形成的一项流动负债，该负债应在1年以内以其商品或劳务偿付。预收账款与应付账款同为企业短期债务，但与应付账款不同的是，预收账款所形成的负债不是以货币偿付，而是以货物清偿。

按照财政部2017年7月5日发布的《企业会计准则第14号——收入》的相关规定，企业在向客户转让商品之前，如果客户已经支付了合同对价或企业已经取得了无条件收取合同对价的权利，则企业应当在客户实际支付款项与到期应支付款项孰早时点，将该已收或应收的款项确认并列示为合同负债。预收账款的概念并不强调与客户之间已成立的合同，在合同成立前已收到的对价不能称为合同负债，但仍可作为预收账款。合同一旦正式成立，又要将预收账款转入合同负债。两者都是先收钱再提供商品。预收账款往往是商品和交货期等已经确定，而合同负债是商品和交货期等还不确定。需要注意是，《企业会计准则第14号——收入》（应用指南，2018）规定，企业因转让商品收到的预收款适用收入准则进行会计处理时，不再使用"预收账款"科目及"递延收益"科目。合同负债的具体内容和会计处理详见本册教材的第十二章。

在核算预收账款时有两种方法：一种方法是将发生的预收账款单独设置"预收账款"账户核算，待用产品或劳务偿付之后再进行结算。这种方法较完整地反映了预收账款的发生及偿还情况，并且便于填制会计报表。另一种方法是将预收的货款直接作为应收账款的减项，反映在"应收账款"账户的贷方。这种方法是只通过一个"应收账款"账户完整反映与购货单位所有货款的结算，但期末填制会计报表时，需要根据"应收账款"账户的明细账户进行分析填列。通常，预收账款较多的企业，可采用前一方法，设置"预收账款"账户，并按照购货单位设置明细账户，进行明细分类核算；预收账款业务不多的企业，为简化核算，可采用后一种方法。预收账款与应收账款在性质上虽然不同，但其账户结构和反映的内容却相同，它们的贷方发生额均反映收到的货款，借方发生额均反映销售后应收的货款。

企业预收购货单位款项时，借记"银行存款"科目，贷记"预收账款"科目；销售实现时，按实际的收入和应交的增值税销项税额，借记"预收账款"科目，按照实现的营业收入，贷记"主营业务收入"科目，按照增值税专用发票上注明的增值税税额，贷记"应交税费——应交增值税（销项税额）"等科目；企业收到购货单位补付的款项，借记"银行存款"科目，贷记"预收账款"科目；向购货单位退回其多付的款项，借记"预收账款"科目，贷记"银行存款"科目。

【例9-9】甲公司为增值税一般纳税人，于2×24年8月份与S公司签订了购销合同，规定10月份甲公司向S公司销售一批价值为100 000元的货物，适用的增值税税率为13%；甲公司先预收40 000元的货款，余款于交货时收取。则甲公司的账务处理如下：

（1）8月份预收货款时：

借：银行存款 40 000

　贷：预收账款——S公司 40 000

（2）10月份交货时：

借：预收账款——S公司 113 000

　贷：主营业务收入 100 000

　　　应交税费——应交增值税（销项税额） 13 000

（3）收到S公司补付的余款时：

借：银行存款 73 000

　贷：预收账款——S公司 73 000

【例9-10】承【例9-9】，假设甲公司不设置"预收账款"账户，其预收的款项通过"应收账款"账户核算，其他条件不变。则甲公司的账务处理如下：

（1）8月份预收货款时：

借：银行存款 40 000

　贷：应收账款——S公司 40 000

（2）10月份交货时：

借：应收账款——S公司 113 000

　贷：主营业务收入 100 000

　　　应交税费——应交增值税（销项税额） 13 000

（3）收到S公司补付的余款时：

借：银行存款 73 000

　贷：应收账款——S公司 73 000

四、应付利息

应付利息（interest payable）是指企业按照合同约定应支付的利息，包括短期借款、分期付息到期还本的长期借款、企业债券等应支付的利息。

企业应通过"应付利息"账户，核算应付利息的发生、支付情况。该账户贷方登记按照合同约定计算的应付利息，借方登记实际支付的利息，期末余额一般在贷方，反映企业应付未付的利息。本账户一般应按照债权人设置明细账户，进行明细分类核算。

企业采用合同约定的利率计算确定利息费用时，按应付合同利息金额，借记"在建工程"、"财务费用"和"研发支出"等科目，贷记"应付利息"科目；实际支付利息时，借记"应付利息"科目，贷记"银行存款"等科目。

【例9-11】甲公司正在研发一项专利，拟应用于其生产的A产品中，目前已进入开发阶段，急需投入资金。公司董事会决定，向银行借入2年期到期还本、每年付息的长期借款1 000 000元，合同约定的年利率为6%，假设借款到期时，该项专利仍处于开发阶段。不考虑其他因素，则甲公司有关利息费用的账务处理如下：

（1）每年计算确定利息费用：

借：研发支出——资本化支出　　　　　　　　　　　　　　　60 000
　　贷：应付利息　　　　　　　　　　　　　　　　　　　　　　60 000
其中：企业每年应支付的利息=1 000 000×6%=60 000（元）

（2）每年实际支付利息：

借：应付利息　　　　　　　　　　　　　　　　　　　　　　60 000
　　贷：银行存款　　　　　　　　　　　　　　　　　　　　　　60 000

五、应付股利

企业作为独立核算的经济实体，必须对运用投资者投入的资金给予一定的回报。作为投资者也有权分享企业的税后利润，取得投资收益。应付股利（dividends payable）是指企业经股东大会或类似机构审议批准的应付给投资者的现金股利或利润，包括股份公司应付给投资者的现金股利，以及有限责任公司应付给投资者的利润。对于现金股利或利润，在实际支付之前，应确认为企业的一项流动负债。

企业应通过"应付股利"账户，核算企业确定或宣告发放但尚未实际支付的现金股利或利润。该账户的结构与一般负债账户的结构相同，贷方登记应支付的现金股利或利润；借方登记实际支付的现金股利或利润；期末贷方余额反映企业应付未付的现金股利或利润。本账户应按照投资者设置明细账户，进行明细分类核算。

企业根据股东大会或类似机构审批的利润分配方案，确认应支付给投资者的现金股利或利润时，借记"利润分配——应付现金股利或利润"科目，贷记"应付股利"科目；向投资者实际支付现金股利或利润时，借记"应付股利"科目，贷记"银行存款"科目。

【例9-12】A有限责任公司有甲、乙两个股东，分别占注册资本的30%和70%。2×24年度该公司实现净利润3 000 000元，经过股东大会批准，决定2×25年分配利润1 000 000元。股利已用银行存款支付。则A公司的账务处理如下：

（1）确认应付投资者利润：

借：利润分配——应付现金股利或利润　　　　　　　　　1 000 000
　　贷：应付股利——甲股东　　　　　　　　　　　　　　　300 000
　　　　　　　　——乙股东　　　　　　　　　　　　　　　700 000

（2）支付投资者利润：

借：应付股利——甲股东　　　　　　　　　　　　　　　300 000
　　　　　　——乙股东　　　　　　　　　　　　　　　700 000
　　贷：银行存款　　　　　　　　　　　　　　　　　　1 000 000

其中：甲股东应分配的股利=1 000 000×30%=300 000（元）

乙股东应分配的股利=1 000 000×70%=700 000（元）

企业董事会或类似机构通过的利润分配方案中拟分配的现金股利或利润，不应确认为企业负债，但应在附注中披露。股份公司分配的股票股利，只是一种所有者权益内部结构的变化，并不会引起负债的增减变动，因此，不通过"应付股利"账户核算，只需在企业备查账簿中作相应的登记。

六、其他应付款

其他应付款（other payables）是指企业除应付票据、应付账款、预收账款、应付职工薪酬、应付利息、应付股利、应交税费等以外的其他各项应付、暂收其他单位或个人的款项，如应付短期租赁固定资产租金、应付低价值资产租赁的租金、应付租入包装物的租金、出租或出借包装物向客户收取的押金、存入保证金等。这些应付、暂收款项均构成了企业的一项流动负债。

企业应通过"其他应付款"账户，核算其他应付款的增减变动及其结存情况。该账户贷方登记发生的其他各种应付、暂收款项；借方登记偿还或转销的其他各种应付、暂收款项；该账户期末贷方余额，反映企业应付未付的其他应付款项。本账户按照其他应付款的项目和对方单位（或个人）设置明细账户，进行明细分类核算。

企业发生其他各项应付、暂收款项时，借记"银行存款""管理费用"等科目，贷记"其他应付款"科目；支付或退回其他各种应付、暂收款项时，借记"其他应付款"科目，贷记"银行存款"等科目。

【例9-13】甲公司从2×24年10月1日起，以经营租赁方式租入管理用办公设备一批，每月租金2 000元，按季支付。12月31日，甲公司以银行存款支付应付租金6 000元，增值税进项税额为780元。则甲公司的账务处理如下：

（1）10月31日，计提应付经营租赁固定资产租金：

借：管理费用　　　　　　　　　　　　　　　　　　　　　　　　　2 000

　　贷：其他应付款　　　　　　　　　　　　　　　　　　　　　　　　　2 000

11月底计提应付经营租赁固定资产租金的账务处理同上。

（2）12月31日，支付租金和税费：

借：其他应付款　　　　　　　　　　　　　　　　　　　　　　　　4 000

　　管理费用　　　　　　　　　　　　　　　　　　　　　　　　　2 000

　　应交税费——应交增值税（进项税额）　　　　　　　　　　　　　780

　　贷：银行存款　　　　　　　　　　　　　　　　　　　　　　　　　6 780

第五节　应付职工薪酬

一、职工薪酬的内容

职工薪酬，是指企业为获得职工提供的服务或解除劳动关系而给予的各种形式的报酬或补偿。企业提供给职工配偶、子女、受赡养人、已故员工遗属及其他受益人等的福利，也属于职工薪酬。

立德精业 9-1

　　党的二十大报告明确指出，努力提高居民收入在国民收入分配中的比重，提高劳动报酬在初次分配中的比重。坚持多劳多得，鼓励勤劳致富，促进机会公平，增加低收入者收入，扩大中等收入群体。完善按要素分配政策制度，探索多种渠道增加中低收入群众要素收入，多渠道增加城乡居民财产性收入。树立全面建设社会主义现代化国家的坚定决心，会计人员应明确职工薪酬的范围，提升职工薪酬核算水平。

　　职工薪酬中的职工主要包括三类人员：一是与企业订立劳动合同的所有人员，含全职、兼职和临时职工；二是未与企业订立劳动合同，但由企业正式任命的企业治理层和管理层人员，如董事会成员、监事会成员等；三是在企业的计划和控制下，虽未与企业订立劳动合同或未由其正式任命，但向企业所提供服务与职工所提供服务类似的人员，也属于职工的范畴，包括通过企业与劳务中介公司签订用工合同而向企业提供服务的人员。

　　职工薪酬主要包括短期薪酬、离职后福利、辞退福利和其他长期职工福利。

　　1. 短期薪酬

　　短期薪酬，是指企业在职工提供相关服务的年度报告期间结束后 12 个月内需要全部予以支付的职工薪酬，因解除与职工的劳动关系给予的补偿除外。因解除与职工的劳动关系给予的补偿属于辞退福利的范畴。短期薪酬具体包括：

　　（1）职工工资、奖金、津贴和补贴，是指构成工资总额的计时工资、计件工资、支付给职工的超额劳动报酬和增收节支的劳动报酬、为补偿职工特殊或额外的劳动消耗和因其他特殊原因支付给职工的津贴，以及为保证职工工资水平不受物价影响支付给职工的物价补贴等。其中，企业按照短期奖金计划向职工发放的奖金属于短期薪酬，按照长期奖金计划向职工发放的奖金属于其他长期职工福利。

　　（2）职工福利费，是指企业为职工提供的除职工工资、奖金、津贴和补贴、职工教育经费、社会保险费及住房公积金等以外的福利待遇支出，包括发放给职工或为职工支付的因公外地就医费用、职工疗养费用、防暑降温费用、生活困难补助费、丧葬补助费、抚恤费、职工异地安家费以及企业尚未分离的内设集体福利部门所发生的设备、设施和人员费用等。

　　（3）医疗保险费、工伤保险费和生育保险费等社会保险费，是指企业按照国家规定的基准和比例计算，向社会保险经办机构缴纳的医疗保险费、工伤保险费和生育保险费。

　　（4）住房公积金，是指企业按照国家规定的基准和比例计算，向住房公积金管理机构缴存的住房公积金。

　　（5）工会经费和职工教育经费，是指企业为了改善职工文化生活、为职工学习先进技术、提高文化水平和业务素质，用于开展工会活动和职工教育及职业技能培训等的相关支出。

　　（6）短期带薪缺勤，是指职工虽然缺勤但企业仍向其支付报酬的安排，包括年休假、病假、婚假、产假、丧假、探亲假等。长期带薪缺勤属于其他长期职工福利。

　　（7）短期利润分享计划，是指因职工提供服务而与职工达成的基于利润或其他经营成果提供薪酬的协议。长期利润分享计划属于其他长期职工福利。

（8）非货币性福利，是指企业以自产产品或外购商品发放给职工作为福利，企业提供自己拥有的资产或租赁资产供职工无偿使用等。

（9）其他短期薪酬，是指除上述薪酬以外的其他为获得职工提供的服务而给予的短期薪酬。

2.离职后福利

离职后福利，是指企业为获得职工提供的服务而在职工退休或与企业解除劳动关系后，向其提供的各种形式的报酬和福利。企业应当与职工就离职后福利达成相关的协议，或者为向职工提供离职后福利制定相关的规章或办法，以确定离职后福利计划。

企业应当按照其承担的风险和义务情况，将离职后福利计划分类为设定提存计划和设定受益计划。其中，设定提存计划，是指向独立的基金缴存固定费用后，企业不再承担进一步支付义务的离职后福利计划，比如基本养老保险费、缴费确定型年金。设定受益计划，是指除设定提存计划以外的离职后福利计划，比如受益确定型年金。

3.辞退福利

辞退福利，是指企业在职工劳动合同到期之前解除与职工的劳动关系，或者为鼓励职工自愿接受裁减而给予职工的补偿。辞退福利通常采取解除劳动关系时一次性支付补偿的方式，也有通过提高退休后养老金或其他离职后福利的标准，或者在职工不再为企业带来经济利益后，将职工工资支付到辞退后未来某一期间的方式。

4.其他长期职工福利

其他长期职工福利，是指除短期薪酬、离职后福利、辞退福利之外所有的职工薪酬，包括长期带薪缺勤、长期残疾福利、长期利润分享计划和长期奖金计划等。

立德精业 9-2

党的二十大报告明确指出，健全覆盖全民、统筹城乡、公平统一、安全规范、可持续的多层次社会保障体系。完善基本养老保险全国统筹制度，发展多层次、多支柱养老保险体系。扩大社会保险覆盖面，健全基本养老、基本医疗保险筹资和待遇调整机制，推动基本医疗保险、失业保险、工伤保险省级统筹。加快完善全国统一的社会保险公共服务平台。完善残疾人社会保障制度和关爱服务体系，促进残疾人事业全面发展。为此，应不断健全和完善社会保障体系，增进民生福祉，提高人民生活品质，会计人员应坚定地按照国家的各项制度规定，不断完善职工薪酬核算制度。

职工薪酬反映了企业对职工的一项负债，然而，按照负债偿还时间的长短予以划分，职工薪酬兼有短期负债和长期负债的性质。根据本册教材的内容安排以及对职工薪酬的认同惯例，仍将其放入流动负债章节。

二、应付职工薪酬的核算

为了反映职工薪酬的计提、结算、发放、使用等情况，企业应设置"应付职工薪酬"账户进行核算，该账户的贷方登记已分配计入成本费用项目的职工薪酬的数额，借方登记实际发放职工薪酬的数额，包括扣还的款项等；该账户期末一般为贷方余额，反映企业应付未付的职工薪酬。

应付职工薪酬确认与计量流程如图9-1所示。

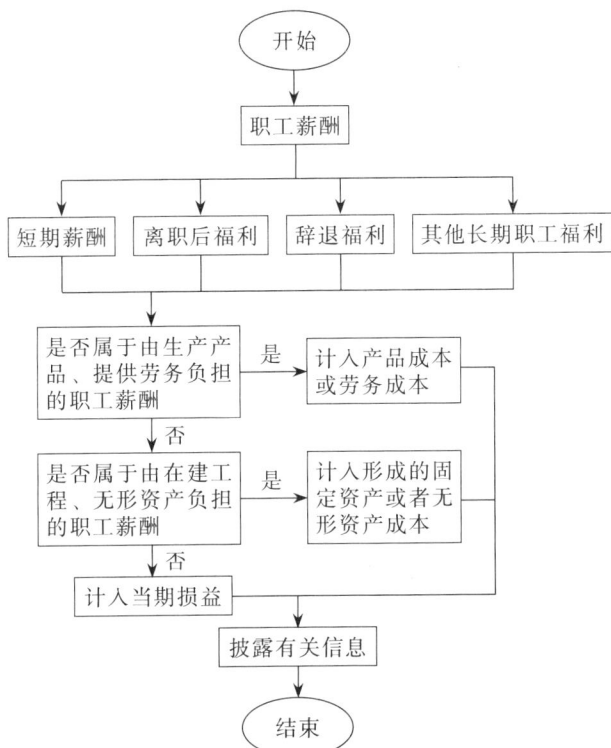

图 9-1 应付职工薪酬确认和计量流程

根据配比原则，企业应在职工为其提供服务的会计期间内，计算确定本期应付职工薪酬金额，确认为本期企业的职工薪酬负债，并根据职工提供服务的受益对象计入相关成本或费用。一般来讲，生产车间职工的职工薪酬计入产品成本，其中：生产工人的职工薪酬记入"生产成本"账户，车间管理人员的职工薪酬记入"制造费用"账户；销售人员的职工薪酬记入"销售费用"账户；在建工程人员的职工薪酬记入"在建工程"账户；自行研发人员的职工薪酬记入"研发支出"账户；管理部门人员及其他人员的职工薪酬记入"管理费用"账户；应付职工薪酬总额记入"应付职工薪酬"账户。

"应付职工薪酬"账户应当按照职工薪酬的内容，分别设置"工资、奖金、津贴和补贴"、"职工福利费"、"社会保险费"、"住房公积金"、"工会经费"、"职工教育经费"、"带薪缺勤"、"利润分享计划"、"非货币性福利"、"设定提存计划"、"设定受益计划义务"和"辞退福利"等明细账户，进行明细分类核算。

（一）短期薪酬的核算

1.工资、奖金、津贴和补贴

对于职工工资、奖金、津贴和补贴等货币性职工薪酬，企业应当在职工为其提供服务的会计期间，按照其提供服务的情况和工资标准，将实际发生的职工工资、奖金、津贴和补贴等，根据职工提供服务的受益对象，将应确认的职工薪酬，借记"生产成本"、"制造费用"、"劳务成本"和"管理费用"等科目，贷记"应付职工薪酬——工资、奖金、津贴和补贴"科目。

【例9-14】甲企业2×24年7月份应付职工工资总额为789 000元，"工资费用分配汇总表"中列示的产品生产人员工资为 550 000 元,车间管理人员工资为 120 000 元,企业行政管理人员工资为 95 000 元,专设销售机构人员工资为 24 000 元,则甲企业的账务处理如下:

借:生产成本	550 000
制造费用	120 000
管理费用	95 000
销售费用	24 000
贷:应付职工薪酬——工资、奖金、津贴和补贴	789 000

企业一般在每月发放工资前,根据"工资费用分配汇总表"中的"实发金额"栏的合计数,通过开户银行转账直接支付给职工,或从开户银行提取现金,然后再发放给职工。

企业按照有关规定向职工支付工资、奖金、津贴和补贴,借记"应付职工薪酬——工资、奖金、津贴和补贴"科目,贷记"银行存款""库存现金"等科目;企业从应付职工薪酬中扣还的各种款项(如代扣职工房租、代扣个人所得税、代垫的医药费等),借记"应付职工薪酬——工资、奖金、津贴和补贴"科目,贷记"银行存款"、"库存现金"、"其他应收款"及"应交税费——应交个人所得税"等科目。

【例 9-15】承【例 9-14】,甲企业根据"工资费用分配汇总表"结算 7 月份应付职工工资总额 789 000 元,其中企业代扣职工房租 40 000 元、代扣个人所得税 12 000 元,实发工资 737 000 元,则甲企业的账务处理如下:

(1) 向银行提取现金:

借:库存现金	737 000
贷:银行存款	737 000

(2) 用现金发放工资:

借:应付职工薪酬——工资、奖金、津贴和补贴	737 000
贷:库存现金	737 000

如果通过银行直接发放工资,则相应的账务处理为:

借:应付职工薪酬——工资、奖金、津贴和补贴	737 000
贷:银行存款	737 000

(3) 代扣款项:

借:应付职工薪酬——工资、奖金、津贴和补贴	52 000
贷:其他应收款——职工房租	40 000
应交税费——应交个人所得税	12 000

2.职工福利费

对于职工福利费,企业应当在实际发生时根据实际发生额计入当期损益或相关资产成本,借记"生产成本"、"制造费用"、"管理费用"和"销售费用"等科目,贷记"应付职工薪酬——职工福利费"科目。

【例 9-16】乙企业下设一所职工食堂,每月根据在岗职工数量及岗位分布情况、相关历史经验数据等计算需要补贴食堂的金额,从而确定企业每期因补贴职工食堂需要承担的福利费金额。2×24 年 9 月,企业在岗职工共计 550 人,其中行政管理部门 40 人,生产车间 450 人(假设全部为生产一线工人),正进行产品专利开发阶段的科研人员 20 人,建造仓库人员40人。企业的历史经验数据表明，每个职工每月需补贴300元。则乙企业有关福利费的账务处理如下：

借：生产成本   135 000

  管理费用   12 000

  研发支出——资本化支出   6 000

  在建工程   12 000

  贷：应付职工薪酬——职工福利费   165 000

其中：乙企业应当计提的职工福利费=300×550=165 000（元）

【例9-17】承【例9-16】，2×24年10月，乙企业支付165 000元补贴给食堂，则乙企业的账务处理如下：

借：应付职工薪酬——职工福利费   165 000

  贷：银行存款   165 000

3.国家规定计提标准的职工薪酬

对于医疗保险费、工伤保险费、生育保险费等社会保险费和住房公积金，企业应当按照国务院、所在地政府或企业年金计划规定的标准，计量应付职工薪酬义务金额和应相应计入成本费用的薪酬金额。除养老保险费和失业保险费按规定确认为离职后福利外，其他的社会保险作为企业的短期薪酬。住房公积金分为职工所在单位为职工缴存和职工个人缴存两部分，但其全部属于职工个人所有。

对于工会经费，根据《中华人民共和国工会法》的规定，企业按每月全部职工工资总额的2%向工会拨缴经费，在成本费用中列支，主要用于为职工服务和工会活动。职工教育经费一般由企业按照每月工资总额的8%计提，主要用于职工接受岗位培训、继续教育等方面的支出。

企业应当在职工为其提供服务的会计期间，根据规定的计提基础和计提比例计算确定相应的职工薪酬金额，并确认相关负债，按照受益对象计入当期损益或相关资产成本，借记"生产成本"、"制造费用"和"管理费用"等科目，贷记"应付职工薪酬"科目。

【例9-18】丙企业根据当地政府的规定，住房公积金由企业和职工个人各承担50%，职工个人负担部分由企业代扣代缴。2×24年6月末，企业根据当月应付工资总额，计算出应承担的住房公积金共计66 060元，其中，应计入生产成本的金额为40 500元，应计入制造费用的金额为13 010元，应计入管理费用的金额为12 550元。7月初，丙企业在完成工资支付的同时，按照规定以银行转账方式，向住房公积金管理机构全额缴存了住房公积金。则丙企业有关住房公积金的账务处理如下：

（1）6月末，计提企业应承担的住房公积金：

借：生产成本   40 500

  制造费用   13 010

  管理费用   12 550

  贷：应付职工薪酬——住房公积金   66 060

（2）6月末，代扣应由职工负担的住房公积金：

借：应付职工薪酬——工资、奖金、津贴和补贴 66 060

  贷：其他应付款——应交住房公积金   66 060

（3）7月初，全额缴存住房公积金：

借：应付职工薪酬——住房公积金　　　　　　　　　　　　　　　　66 060

　　其他应付款——应交住房公积金　　　　　　　　　　　　　　　66 060

　　贷：银行存款　　　　　　　　　　　　　　　　　　　　　　　　　132 120

【例9-19】承【例9-14】，2×24年7月份，甲企业根据相关规定，分别按照职工工资总额的2%和8%的计提标准，确认应付工会经费和职工教育经费，则甲企业相关的账务处理如下：

借：生产成本　　　　　　　　　　　　　　　　　　　　　　　　　55 000

　　制造费用　　　　　　　　　　　　　　　　　　　　　　　　　12 000

　　管理费用　　　　　　　　　　　　　　　　　　　　　　　　　　9 500

　　销售费用　　　　　　　　　　　　　　　　　　　　　　　　　　2 400

　　贷：应付职工薪酬——工会经费　　　　　　　　　　　　　　　　15 780

　　　　　　　　　　　——职工教育经费　　　　　　　　　　　　　63 120

其中：应确认的应付工会经费=789 000×2%=15 780（元）

应确认的应付职工教育经费=789 000×8%=63 120（元）

应记入"生产成本"账户金额=550 000×（2%+8%）=55 000（元）

应记入"制造费用"账户金额=120 000×（2%+8%）=12 000（元）

应记入"管理费用"账户金额=95 000×（2%+8%）=9 500（元）

应记入"销售费用"账户金额=24 000×（2%+8%）=2 400（元）

4. 短期带薪缺勤

带薪缺勤应当根据其性质及职工享有的权利，分为累积带薪缺勤和非累积带薪缺勤两类。企业应当对累积带薪缺勤和非累积带薪缺勤分别进行会计处理。如果带薪缺勤属于长期带薪缺勤的范畴，企业应当将其作为其他长期职工福利处理。

（1）累积带薪缺勤，是指带薪权利可以结转下期的带薪缺勤，本期尚未用完的带薪缺勤权利可以在未来期间使用。企业应当在职工提供了服务从而增加了其未来享有的带薪缺勤权利时，确认与累积带薪缺勤相关的职工薪酬，并以累积未行使权利而增加的预期支付金额计量。

有些累积带薪缺勤在职工离开企业时，对于未行使的权利，职工有权获得现金支付。如果职工在离开企业时能够获得现金支付的，企业应当确认企业必须支付的、职工全部累积未使用权利的金额。如果职工在离开企业时不能获得现金支付，则企业应当根据资产负债表日因累积未行使权利而导致预期支付的追加金额，作为累积带薪缺勤费用进行预计。

【例9-20】丁企业共有1 500名职工，从2×24年1月1日起，该企业实行累积带薪缺勤制度。该制度规定，每个职工每年可享受5个工作日带薪年休假，未使用的年休假只能向后结转一个公历年度，超过1年未使用的权利作废，在职工离开企业时也无权获得现金支付；职工休年假时，首先使用当年可享受的权利，再从上年结转的带薪年休假中扣除。

2×24年12月31日，丁企业预计2×25年有1 350名职工将享受不超过5天的带薪年休假，剩余150名职工每人将平均享受7天半年休假，假定这150名职工全部为总部各部门经理，该企业平均每名职工每个工作日工资为200元。不考虑其他因素，则2×24年12月31日丁企业相关的账务处理如下：

【例9-20】的进一步理解

借：管理费用   75 000

    贷：应付职工薪酬——带薪缺勤——累积带薪缺勤   75 000

本例中，丁企业在2×24年12月31日应当预计由于职工累积未使用的带薪年休假权利而导致的预期支付的金额，即相当于375天（150×（7.5-5））的年休假工资金额75 000元（375×200）。

（2）非累积带薪缺勤，是指带薪权利不能结转下期的带薪缺勤，本期尚未用完的带薪缺勤权利将予以取消，并且职工离开企业时也无权获得现金支付。我国企业职工在休婚假、产假、丧假、探亲假、病假期间的工资通常属于非累积带薪缺勤。由于职工提供服务本身不能增加其能够享受的福利金额，企业在职工未缺勤时不应当计提相关费用和负债。为此，企业应当在职工实际发生缺勤的会计期间确认与非累积带薪缺勤相关的职工薪酬。

企业确认职工享有的与非累积带薪缺勤权利相关的薪酬，视同职工出勤确认的当期损益或相关资产成本。通常情况下，与非累积带薪缺勤相关的职工薪酬已经包括在企业每期向职工发放的工资等薪酬中，因此，不必额外作相应的账务处理。

5.短期利润分享计划

当过去的事项导致现在具有支付职工薪酬的法定义务或推定义务时，企业应根据利润分享计划所产生的义务是否能够可靠估计，确认相关的应付职工薪酬，并计入当期损益或相关资产成本。其中，属于下列三种情形之一的，视为义务金额能够可靠估计：①在财务报告批准报出之前企业已确定应支付的薪酬金额；②该利润分享计划的正式条款中包括确定薪酬金额的方式；③过去的惯例为企业确定推定义务金额提供了明显证据。

企业在计量利润分享计划产生的应付职工薪酬时，应当反映职工因离职而没有得到利润分享计划支付的可能性。如果企业预期在职工为其提供相关服务的年度报告期间结束后12个月内，不需要全部支付利润分享计划产生的应付职工薪酬，该利润分享计划应当归入其他长期职工福利进行处理。如果企业根据经营业绩或职工贡献等情况提取奖金，属于奖金计划，应当比照短期利润分享计划进行处理。

【例9-21】戊企业于2×24年年初制订和实施了一项短期利润分享计划，以对企业管理层进行激励。该计划规定，企业全年的净利润指标为1 000万元，如果在企业管理层的努力下完成的净利润超过1 000万元，将超过1 000万元净利润部分的10%作为对企业管理层的额外报酬。假定至2×24年12月31日，企业全年实际完成净利润1 500万元，不考虑其他因素，则年末戊企业相关的账务处理如下：

借：管理费用   500 000

    贷：应付职工薪酬——利润分享计划   500 000

其中：应确认的短期利润分享计划金额=（1 500-1 000）×10%=50（万元）

6.非货币性福利

企业向职工提供非货币性福利的，应当按照公允价值计量。公允价值不能持续可靠取得的，可以采用成本计量。企业以其生产的产品或外购商品作为非货币性福利提供给职工的，应当视同正常产品（商品）销售处理。根据受益对象，按照该产品（商品）的含税公允价值，计入相关资产成本或当期损益，同时确认应付职工薪酬，借记"生产成本"、"制造费用"和"管理费用"等科目，贷记"应付职工薪酬——非货币性福利"科目。企业无偿向职工提供自有的住房等资产使用，应当根据受益对象，将该住房每期应计提的折旧金额计入相关资产成本或当期损益，同时确认应付职工薪酬，借记"生产成本"、"制造费用"和"管理费用"等科目，贷记"应付职工薪酬——非货币性福利"科目，并且同时借记"应付职工薪酬——非货币性福利"科目，贷记"累计折旧"科目。企业租赁住房等资产供职工无偿使用的，应当根据受益对象，将每期应付的租金计入相关资产成本或当期损益，并确认应付职工薪酬，借记"生产成本"、"制造费用"和"管理费用"等科目，贷记"应付职工薪酬——非货币性福利"科目。企业难以确定受益对象的非货币性福利，直接计入当期损益，并确认应付职工薪酬。

【例 9-22】甲公司是一家彩电生产企业，共有职工 100 名，其中一线生产职工 85 名，15 名为行政管理人员。2×24 年 12 月 1 日，该公司决定以其生产的成本为 5 000 元的液晶彩电作为福利发放给职工。该型号的液晶彩电的市场售价为每台 7 000 元，该公司适用的增值税税率是 13%，则甲公司相关的账务处理如下：

借：生产成本   672 350

  管理费用   118 650

  贷：应付职工薪酬——非货币性福利   791 000

其中：应记入"生产成本"账户金额=85×7 000×（1+13%）=672 350（元）

应记入"管理费用"账户金额=15×7 000×（1+13%）=118 650（元）

【例 9-23】2×24 年 12 月 15 日，甲公司决定为总部各部门经理以上职工提供汽车免费使用，同时为副总裁以上高级管理人员每人租赁一套住房。甲公司总部共有部门经理以上职工 20 名，为每人提供一辆汽车免费使用，假定每辆汽车每月计提折旧 1 000 元；该公司共有副总裁以上高级管理人员 5 名，公司为每人租赁一套公寓，月租金为每套 8 000 元（含税）。则甲公司相关的账务处理如下：

（1）确认为职工提供汽车免费使用的非货币性福利：

借：管理费用   20 000

  贷：应付职工薪酬——非货币性福利   20 000

借：应付职工薪酬——非货币性福利   20 000

  贷：累计折旧   20 000

其中：企业提供汽车供职工免费使用的非货币性福利=20×1 000=20 000（元）

（2）确认为职工租赁住房的非货币性福利：

借：管理费用   40 000

  贷：应付职工薪酬——非货币性福利   40 000

其中：企业租赁住房供职工使用的非货币性福利=5×8 000=40 000（元）

企业以自产产品作为职工薪酬实际发放给职工时，应确认企业营业收入，借记"应付职工薪酬——非货币性福利"科目，贷记"主营业务收入"科目，涉及增值税销项税额的，贷记"应交税费——应交增值税（销项税额）"科目，同时结转相关成本。企业支付租赁住房等资产供职工无偿使用所发生的租金，借记"应付职工薪酬——非货币性福利"科目，贷记"银行存款""库存现金"等科目。

【例 9-24】承【例 9-22】和【例 9-23】，2×24 年 12 月 31 日，甲公司向职工实际发放液晶彩电作为福利，以银行存款转账支付副总裁以上高级管理人员当月住房租金，则甲公司相关的账务处理如下：

借：应付职工薪酬——非货币性福利 791 000

    贷：主营业务收入 700 000

        应交税费——应交增值税（销项税额） 91 000

借：主营业务成本 500 000

    贷：库存商品 500 000

借：应付职工薪酬——非货币性福利 40 000

    贷：银行存款 40 000

其中：应确认的主营业务收入=100×7 000=700 000（元）

应确认的增值税销项税额=100×7 000×13%=91 000（元）

应确认的主营业务成本=100×5 000=500 000（元）

（二）离职后福利的核算

企业应根据相关的协议、规章或办法，确定离职后福利计划，并根据企业承担的风险和义务，进一步确定该福利计划应归属于设定提存计划或设定受益计划。在设定提存计划下，企业的法定义务是以企业同意向相关机构的缴存额度为限，职工所取得的离职后福利金额取决于向相关机构支付的提存金金额，因此预期离职后福利产生的风险实质上应由职工来承担。在设定受益计划下，企业的义务是为现在及以前的职工提供约定的福利金额，职工所取得的离职后福利金额已经设定，但向相关机构的缴存额度并未设定，因此预期离职后福利产生的风险应由企业来承担。

1.设定提存计划

对于设定提存计划，企业应当根据资产负债表日为换取职工在会计期间提供的服务而应向单独主体缴存的提存金，确认为应付职工薪酬，并计入当期损益或相关资产成本，借记"生产成本"、"制造费用"和"管理费用"等科目，贷记"应付职工薪酬——设定提存计划"科目，根据企业向相关机构缴存金额，借记"应付职工薪酬——设定提存计划"科目，贷记"银行存款"等科目。

【例9-25】承【例9-14】，2×24年7月，甲企业根据所在地政府规定，按照职工工资总额的12%计提基本养老保险费，则甲企业的账务处理如下：

借：生产成本 66 000

    制造费用 14 400

    管理费用 11 400

    销售费用 2 880

    贷：应付职工薪酬——设定提存计划——基本养老保险费 94 680

其中：应确认缴存的提存金金额=789 000×12%=94 680（元）

应记入"生产成本"账户金额=550 000×12%=66 000（元）

应记入"制造费用"账户金额=120 000×12%=14 400（元）

应记入"管理费用"账户金额=95 000×12%=11 400（元）

应记入"销售费用"账户金额=24 000×12%=2 880（元）

2.设定受益计划

设定受益计划可能是不注入资金的，或者以缴纳提存金形式，由企业或者职工向法律上独立于报告主体的企业或者基金机构全部或部分地注入资金，并由其向职工支付福利。到期时已注资福利的支付不仅取决于基金机构的财务状况和投资业绩，而且取决于企业补偿基金机构资产短缺的能力和意愿。因此，设定受益计划所确认的费用并不一定是本期应付的提存金金额，而应将设定受益计划所产生的义务予以折现，以确定设定受益计划的现值和当期服务成本，计入当期损益或相关资产成本，借记"生产成本"、"制造费用"、"管理费用"和"财务费用"等科目，贷记"应付职工薪酬——设定受益计划义务"科目。根据企业向相关机构缴存金额，借记"应付职工薪酬——设定受益计划义务"科目，贷记"银行存款"等科目。

【例9-26】假设甲公司在2×24年1月1日设立一项设定受益计划，并于当日开始实施。该设定受益计划具体规定如下：

（1）甲公司向公司副总裁以上高级管理人员（共5人）提供统筹外补充退休金，在退休后每人每年可以额外获得10万元退休金，直至去世。

（2）获得该额外退休金，应当自该设定受益计划开始日期起一直为公司服务至退休。为简化起见，假定5位高级管理人员当前平均年龄为50岁，退休年龄为60岁，退休前无人离职，退休后平均剩余寿命为10年，适用的折现率为10%。假设不考虑其他相关影响因素。

首先，计算甲公司设定受益计划义务及其现值，见表9-1；并计算5位高级管理人员服务期间每期服务成本，见表9-2。

表9-1　　　　　　　　　　甲公司设定受益计划义务及其现值　　　　　　　　单位：万元

退休年份	退休后第1年	退休后第2年	…	退休后第9年	退休后第10年
（1）当年支付金额	50	50	…	50	50
（2）折现率	10%	10%	…	10%	10%
（3）复利现值系数	0.9091	0.8264	…	0.4241	0.3855
（4）退休时点现值=（1）×（3）	45.46	41.32	…	21.21	19.28
（5）退休时点现值合计	307.23				

表9-2　　　　　　　　　　职工服务期间每期服务成本　　　　　　　　　　单位：万元

服务年份	服务第1年	服务第2年	…	服务第9年	服务第10年
福利归属					
——以前年度	0.00	30.72		245.78	276.51
——当年	30.72[①]	30.72		30.72	30.72
——合计	30.72	61.45		276.51	307.23
期初义务	0.00	13.03		203.13	251.37
利息	0.00	1.30[②]		20.31	25.14
当期服务成本	13.03[③]	14.33[④]		27.93	30.72
期末义务	13.03	28.66[⑤]		251.37	307.23[⑥]

注：①30.72=307.23÷10；②1.30=13.03×10%；③13.03=30.72÷（1+10%）⁹；④14.33=30.72÷（1+10%）⁸；⑤28.66=13.03+1.30+14.33；⑥存在尾数调整的可能性。

其次，职工服务第1年至第10年的账务处理如下：

第 1 年年末：

借：管理费用（或相关资产成本） 130 300

　　贷：应付职工薪酬——设定受益计划义务 130 300

第 2 年年末：

借：管理费用（或相关资产成本） 143 300

　　贷：应付职工薪酬——设定受益计划义务 143 300

借：财务费用（或相关资产成本） 13 000

　　贷：应付职工薪酬——设定受益计划义务 13 000

第 3 年年末至第 10 年年末，以此类推处理。

（三）辞退福利的核算

企业向职工提供辞退福利的，应当在企业不能单方面撤回因解除劳动关系计划或裁减建议所提供的辞退福利时，或企业确认涉及支付辞退福利的重组相关的成本或费用时，两者孰早日，确认辞退福利产生的职工薪酬负债，并计入当期损益。

企业有详细、正式的重组计划并且该重组计划已对外公告，表明已经承担了重组义务。重组计划包括重组涉及的业务、主要地点、需要补偿的职工人数及其岗位性质、预计重组支出、计划实施时间等。

企业应当按照辞退计划条款的规定，合理预计并确认辞退福利产生的职工薪酬负债，并具体考虑下列情况：

（1）对于职工没有选择权的辞退计划，企业应当根据计划条款规定拟解除劳动关系的职工数量、每一职位的辞退补偿等确认职工薪酬负债。

（2）对于自愿接受裁减建议的辞退计划，由于接受裁减的职工数量不确定，企业应当根据或有事项的相关规定，按照计算最佳估计数的方法，预计将会接受裁减建议的职工数量，根据预计的职工数量和每一职位的辞退补偿等确认职工薪酬负债。

（3）对于辞退福利预期在其确认的年度报告期间期末后 12 个月内完全支付的辞退福利，企业应当适用短期薪酬的相关规定。

（4）对于辞退福利预期在年度报告期间期末后 12 个月内不能完全支付的辞退福利，企业应当适用其他长期职工福利的相关规定。

企业在确定提供经济补偿是否为辞退福利时，应当区分辞退福利和正常退休养老金。辞退福利是在职工与企业签订的劳动合同到期前，企业根据法律与职工本人或职工代表（工会）签订的协议，或者基于商业惯例，承诺当其提前终止对职工的雇佣关系时支付的补偿，引发补偿的事项是辞退。对于职工虽然没有与企业解除劳动合同，但未来不再为企业提供服务，不能为企业带来经济利益，企业承诺提供实质上具有辞退福利性质的经济补偿的，如发生"内退"的情况，在其正式退休日期之前应当比照辞退福利处理，在其正式退休日期之后，应当按照离职后福利处理。

为了反映解除劳动关系补偿的提取与支付情况，应在"应付职工薪酬"总分类账户下设置"辞退福利"明细账。由于被辞退职工不能再给企业带来任何经济利益，所以，辞退福利应计入当期费用而不计入资产成本。企业应当根据已确定的解除劳动关系计划或自愿裁减建议，借记"管理费用"科目，贷记"应付职工薪酬——辞退福利"科目，按企业实际向被辞退职工支付的金额，借记"应付职工薪酬——辞退福利"科目，贷记"银行存款"等科目。

【例9-27】甲公司因自身发展需要, 决定对公司各部门进行精简优化, 2×24年10月制订了一项辞退计划, 计划规定从2×25年1月1日起, 公司将以职工自愿方式, 辞退各部门一些职工。辞退计划的详细内容, 包括拟辞退的职工所在部门、数量、各级别职工能够获得的补偿以及计划大体实施的时间等均与职工进行了沟通, 达成一致意见, 辞退计划已于2×24年12月18日经董事会正式批准, 辞退计划将于下一个年度内实施完毕。为了简化起见, 甲公司该项辞退计划的详细内容仅列出财务部的情况, 见表9-3。

表9-3　　　　　　　　　　　甲公司 (财务部) 辞退计划

所属部门	职位	辞退数量 (人)	工龄 (年)	每人补偿额 (万元)
财务部	主办会计	5	1 ~ 10	10
			10 ~ 20	20
			20 ~ 30	30
	会计员	10	1 ~ 10	5
			10 ~ 20	15
			20 ~ 30	25
	出纳员	10	1 ~ 10	5
			10 ~ 20	15
			20 ~ 30	25
合计		25		

2×24年12月31日, 公司预计财务部职工拟接受辞退的职工数量的最佳估计数 (最可能发生数) 及应支付的补偿见表9-4。

表9-4　　　　　　　　　　　甲公司接受辞退计划职工统计表

所属部门	职位	辞退数量 (人)	工龄 (年)	每人补偿额 (万元)	接受数量 (人)	补偿金额 (万元)
财务部	主办会计	5	1 ~ 10	10	1	10
			10 ~ 20	20	1	20
			20 ~ 30	30	2	60
	会计员	10	1 ~ 10	5	3	15
			10 ~ 20	15	1	15
			20 ~ 30	25	5	125
	出纳员	10	1 ~ 10	5	5	25
			10 ~ 20	15	1	15
			20 ~ 30	25	1	25
合计		25			20	310

按照或有事项准则有关计算最佳估计数的方法，预计接受辞退的职工数量可以根据最可能发生的数量确定。根据表9-4，愿意接受辞退的财务部职工最可能的数量为20名，预计补偿总额为310万元，则公司在2×24年年末相关的账务处理如下：

借：管理费用   3 100 000

贷：应付职工薪酬——辞退福利   3 100 000

（四）其他长期职工福利

企业向职工提供的其他长期职工福利，符合设定提存计划条件的，应当按照设定提存计划的有关规定进行账务处理。企业向职工提供的其他长期职工福利，符合设定受益计划条件的，应当按照设定受益计划的有关规定进行账务处理。对于长期残疾福利水平，与职工提供服务期间长短有关的，企业应在职工提供服务的期间确认应付长期残疾福利义务，计量时应当考虑长期残疾福利支付的可能性和预期支付的期限；与职工提供服务期间长短无关的，企业应当在导致职工长期残疾的事件发生的当期确认应付长期残疾福利义务。

第六节 应交税费

应交税费是指企业在会计期末应交未交的各种税费。按照税法规定，企业必须向国家缴纳各种税费，主要包括增值税、消费税、资源税、城市维护建设税、教育费附加、土地增值税、房产税、城镇土地使用税、车船税、印花税、耕地占用税、环境保护税、契税、车辆购置税和企业所得税等。

企业应上交给国家的各种税费，在上交前暂时停留于企业，就构成了企业的一笔流动负债。这项负债的金额多少往往取决于企业当期的经营收入和经营成果，因而是金额需根据企业经营情况而定的流动负债。

为了反映和监督企业应交税费的计算与缴纳情况，凡是需要预计税额或与税务机关定期结算或清算的，不是一次性缴纳的税金，都必须通过"应交税费"账户进行核算。该账户贷方登记应缴纳的各种税费等，借方登记实际缴纳的税费；期末余额一般在贷方，反映企业尚未缴纳的税费，期末余额如在借方，反映企业多交或尚未抵扣的税费。"应交税费"账户还应按税费项目设置明细账户，进行明细分类核算。

如果是不需预计应交数额，在纳税义务发生的同时直接缴纳的税金，不通过"应交税费"账户核算，如印花税和耕地占用税等。企业缴纳印花税，应在其购买印花税票时，直接借记"税金及附加"科目，贷记"银行存款"科目。企业缴纳耕地占用税，应在以实际占用耕地面积计税时，直接借记"在建工程"科目，贷记"银行存款"科目。

一、应交增值税

增值税是对销售货物或者提供加工、修理修配劳务以及进口货物的单位和个人就其实现的增值额征收的一种流转税。在我国境内销售货物、加工修理修配劳务、服务、无形资产和不动产以及进口货物的企业、单位或个人为增值税纳税义务人。其中，"服务"是指提供交通运输服务、建筑服务、邮政服务、电信服务、金融服务、现代服务、生活服务。

（一）纳税人及计税方法

根据经营规模大小及会计核算水平的健全程度，增值税纳税义务人分为一般纳税人和小规模纳税人两种，其计算增值税的方法分为一般计税方法和简易计税方法。一般纳税人是指年应税销售额超过财政部、国家税务总局规定标准的增值税纳税人。小规模纳税人是指年应税销售额未超过规定标准，并且会计核算不健全，不能够提供准确税务资料的增值税纳税人。在我国，增值税一般纳税人计算增值税大多采用一般计税方法；小规模纳税人一般采用简易计税方法；一般纳税人销售服务、无形资产或者不动产，符合相关规定的，可以采用简易计税方法。

增值税的一般计税方法，是企业先计算购入货物或接受劳务支付的增值税（即进项税额），然后从销售货物或提供劳务按规定收取的增值税（即销项税额）中抵扣，从而间接算出当期的应纳税额。企业当期应纳增值税税额的计算公式如下：

应纳增值税税额=当期销项税额－当期进项税额

公式中的"当期销项税额"是指纳税人当期销售货物、加工修理修配劳务、服务、无形资产和不动产时按照销售额和增值税税率计算并收取的增值税税额。其中，销售额是指纳税人销售货物、加工修理修配劳务、服务、无形资产和不动产向购买方收取的全部价款和价外费用，但是不包括收取的增值税销项税额。

公式中的"当期进项税额"是指纳税人购进货物、加工修理修配劳务、应税服务、无形资产或者不动产，支付或者负担的增值税税额。下列进项税额准予从销项税额中抵扣：（1）从销售方取得的增值税专用发票（含税控机动车销售统一发票，下同）上注明的增值税税额。（2）取得的海关进口增值税专用缴款书上注明的增值税税额。（3）购进农产品，除取得增值税专用发票或海关进口增值税专用缴款书外，按照农产品收购发票或者销售发票上注明的农产品买价和9%的扣除率计算的进项税额；购进用于生产销售或委托加工13%税率的农产品，按照农产品收购发票或者销售发票上注明的农产品买价和10%的扣除率计算的进项税额。（4）从境外单位或者个人购进服务、无形资产或者不动产，自税务机关或者扣缴义务人取得的解缴税款的完税凭证上注明的增值税税额。（5）支付的道路、桥梁、关闸通行费，凭取得的通行费发票上注明的收费金额和规定的方法计算的可抵扣的增值税进项税额。当期销项税额小于当期进项税额不足抵扣时，其不足部分可以结转下期继续抵扣。

按照财政部和国家税务总局的相关规定，一般纳税人销售或者进口货物、加工修理修配劳务，提供有形动产租赁服务，税率为13%；一般纳税人销售或者进口粮食、食用植物油、自来水、暖气、冷气、热水、煤气、石油液化气、天然气、沼气、居民用煤炭制品、图书、报纸、杂志、饲料、化肥、农药、农机、农膜，税率为9%；提供交通运输、邮政、基础电信、建筑、不动产租赁服务，销售不动产，转让土地使用权，税率为9%；其他应税服务行为（如金融服务、生活服务等），税率为6%；出口货物，境内单位和个人发生的跨境应税服务行为，税率为零。

增值税的简易计税方法，是按照销售额与征收率的乘积计算应纳税额，不得抵扣进项税额。企业当期应纳增值税税额的计算公式如下：

应纳增值税税额=销售额×征收率

公式中的"销售额"为不含税销售额，在计算应交增值税时，如果销售额中包含增值税，则应将含税销售额按公式"销售额=含税销售额÷（1+征收率）"换算为不含税销售额。采用简易计税方法的增值税征收率为3%和5%，财政部和国家税务总局另有规定的除外。

（二）一般纳税人的账务处理

1.账户设置

为了核算企业应交增值税的发生、抵扣、缴纳、退税及转出等情况，增值税一般纳税人应当在"应交税费"账户下设置"应交增值税"、"未交增值税"、"预交增值税"、"待认证进项税额"、"待转销项税额"、"增值税留抵税额"、"简易计税"、"转让金融商品应交增值税"和"代扣代交增值税"等明细账户，进行明细分类核算。

（1）"应交增值税"明细账户，核算一般纳税人进项税额、销项税额抵减、已交税金、转出未交增值税、转出多交增值税、减免税款、出口抵减内销产品应纳税额、销项税额、出口退税、进项税额转出等情况。该明细账户设置以下专栏：①"进项税额"专栏，记录一般纳税人购进货物、加工修理修配劳务、服务、无形资产或不动产而支付或负担的、准予从当期销项税额中抵扣的增值税税额；②"销项税额抵减"专栏，记录一般纳税人按照现行增值税制度规定，因扣减销售额而减少的销项税额；③"已交税金"专栏，记录一般纳税人当月已缴纳的应交增值税税额；④"转出未交增值税"和"转出多交增值税"专栏，分别记录一般纳税人月度终了转出当月应交未交或多交的增值税税额；⑤"减免税款"专栏，记录一般纳税人按照现行增值税制度规定，准予减免的增值税税额；⑥"出口抵减内销产品应纳税额"专栏，记录实行"免、抵、退"办法的一般纳税人按照规定计算的出口货物的进项税抵减内销产品的应纳税额；⑦"销项税额"专栏，记录一般纳税人销售货物、加工修理修配劳务、服务、无形资产或不动产应收取的增值税税额；⑧"出口退税"专栏，记录一般纳税人出口货物、加工修理修配劳务、服务、无形资产按照规定退回的增值税税额；⑨"进项税额转出"专栏，记录一般纳税人购进货物、加工修理修配劳务、服务、无形资产或不动产等发生非正常损失以及其他原因而不应从销项税额中抵扣、按照规定转出的进项税额。

（2）"未交增值税"明细账户，核算一般纳税人月度终了从"应交增值税"或"预交增值税"明细科目转入当月应交未交、多交或预交的增值税，以及当月缴纳以前期间未交的增值税。

（3）"预交增值税"明细账户，核算一般纳税人转让不动产、提供不动产经营租赁服务、提供建筑服务、采用预收款方式销售自行开发的房地产项目等，以及其他按照现行增值税制度规定，应预交的增值税税额。

（4）"待认证进项税额"明细账户，核算一般纳税人由于未经税务机关认证而不得从当期销项税额中抵扣的进项税额。

（5）"待转销项税额"明细账户，核算一般纳税人销售货物、加工修理修配劳务、服务、无形资产或不动产，已确认相关收入或利得，但尚未发生增值税纳税义务而需于以后期间确认为销项税额的增值税税额。

（6）"简易计税"明细账户，核算一般纳税人采用简易计税方法发生的增值税计提、扣减、预缴、缴纳等业务。

（7）"转让金融商品应交增值税"明细账户，核算一般纳税人转让金融商品发生的增值税税额。

（8）"代扣代交增值税"明细账户，核算一般纳税人购进在境内未设经营机构的境外单位或个人在境内的应税行为代扣代交的增值税。

2.取得资产、接受劳务

（1）企业购进货物、加工修理修配劳务、服务、无形资产或不动产，按照应计入相关成本费用或资产的金额，借记"材料采购"、"在途物资"、"原材料"、"库存商品"、"生产成本"、"无形资产"、"固定资产"和"管理费用"等科目，按当月已认证的可抵扣增值税税额，借记"应交税费——应交增值税（进项税额）"科目，按当月未认证的可抵扣增值税税额，借记"应交税费——待认证进项税额"科目，按应付或实际支付的金额，贷记"应付账款"、"应付票据"和"银行存款"等科目。购进货物等发生的退货，应根据税务机关开具的红字增值税专用发票编制相反的会计分录。

企业购进农产品，除取得增值税专用发票或者海关进口增值税专用缴款书外，应根据生产的产品的税率，选择适当扣除率计算的进项税额，借记"应交税费——应交增值税（进项税额）"科目，按照农产品买价扣除进项税额后的差额，借记"材料采购"、"在途物资"、"原材料"和"库存商品"等科目，按照应付或实际支付的价款，贷记"应付账款"、"应付票据"和"银行存款"等科目。

【例9-28】甲公司为增值税一般纳税人，适用的增值税税率为13%，原材料按实际成本核算，销售商品价格为不含增值税的公允价格。

2×24年5月份发生交易或事项以及相关账务处理如下：

①6日，购入一批原材料，增值税专用发票上注明的原材料价款为500 000元，增值税税额为65 000元，材料尚未到达，全部款项已用银行存款支付。

借：在途物资　　　　　　　　　　　　　　　　　　　　　　　　500 000
　　应交税费——应交增值税（进项税额）　　　　　　　　　　　65 000
　贷：银行存款　　　　　　　　　　　　　　　　　　　　　　　　565 000

②11日，收到6日购入的原材料并验收入库，实际成本总额为500 000元。同日，与运输公司结清运输费用，增值税专用发票上注明的运输费用为50 000元，增值税税额为4 500元，运输费和增值税税额已用转账支票付讫。

借：原材料　　　　　　　　　　　　　　　　　　　　　　　　　550 000
　　应交税费——应交增值税（进项税额）　　　　　　　　　　　4 500
　贷：银行存款　　　　　　　　　　　　　　　　　　　　　　　　54 500
　　　在途物资　　　　　　　　　　　　　　　　　　　　　　　　500 000

③16日，购入不需要安装的生产设备一台，增值税专用发票上注明的价款为300 000元，增值税税额为39 000元，款项尚未支付。

借：固定资产　　　　　　　　　　　　　　　　　　　　　　　　300 000
　　应交税费——应交增值税（进项税额）　　　　　　　　　　　39 000
　贷：应付账款　　　　　　　　　　　　　　　　　　　　　　　　339 000

④21日，购入农产品一批，农产品收购发票上注明的买价为100 000元，规定的扣除率为9%，货物尚未到达，价款已用银行存款支付。

借：在途物资　　　　　　　　　　　　　　　　　　　　　　　　91 000
　　应交税费——应交增值税（进项税额）　　　　　　　　　　　9 000
　贷：银行存款　　　　　　　　　　　　　　　　　　　　　　　　100 000

其中：进项税额=购买价款×扣除率=100 000×9%=9 000（元）

⑤26日，公司管理部门委托外单位修理机器设备，取得对方开具的增值税专用发票上注明的修理费用为20 000元，增值税税额为2 600元，款项已用银行存款支付。

借：管理费用 20 000
　　应交税费——应交增值税（进项税额） 2 600
　　贷：银行存款 22 600

（2）货物等已验收入库但尚未取得增值税扣税凭证。企业购进的货物等到达并验收入库，但尚未收到增值税扣税凭证并未付款的，应在月末按货物清单或相关合同协议上的价格暂估入账，不需要将增值税的进项税额暂估入账。下月初，用红字冲销原暂估入账金额，待取得相关增值税扣税凭证并经认证后，按计入相关成本费用或资产的金额，借记"原材料"、"库存商品"、"固定资产"和"无形资产"等科目，按可抵扣的增值税税额，借记"应交税费——应交增值税（进项税额）"科目，按应付或实际支付的金额，贷记"应付账款"、"应付票据"和"银行存款"等科目。

【例9-29】承【例9-28】，2×24年5月31日，甲公司购进的一批M材料已验收入库，但尚未收到增值税扣税凭证，款项也未支付。随货同行的材料清单列明的原材料销售价格为300 000元。则甲公司的账务处理如下：

借：原材料 300 000
　　贷：应付账款 300 000

下月初，用红字冲销原暂估入账金额：

借：原材料 300 000
　　贷：应付账款 300 000

【例9-30】承【例9-29】，假设6月12日，取得的相关增值税专用发票上注明的价款为300 000元，增值税税额为39 000元，增值税专用发票已经认证。全部款项以银行存款支付。则甲公司的账务处理如下：

借：原材料 300 000
　　应交税费——应交增值税（进项税额） 39 000
　　贷：银行存款 339 000

（3）进项税额转出。企业已确认了进项税额的购进货物、加工修理修配劳务或者服务、无形资产或者不动产，但其事后改变用途或者发生非正常损失，原已计入的进项税额、待认证进项税额，按照现行增值税制度规定不得从销项税额中抵扣，应按照实际转出的进项税额，贷记"应交税费——应交增值税（进项税额转出）"、"应交税费——待认证进项税额"科目，借方根据实际业务情况，确认相应会计科目。

企业购进货物、加工修理修配劳务或者服务、无形资产或者不动产，用于简易计税方法计税项目、免征增值税项目、集体福利或个人消费等，若按照现行增值税制度规定，不得从销项税额中抵扣进项税额的，即使取得的增值税专用发票上已注明增值税进项税额，也不得从销项税额中抵扣。取得增值税专用发票时，应按待认证的目前不可抵扣的增值税进项税额，借记"应交税费——待认证进项税额"科目，贷记"银行存款""应付账款"等科目。经税务机关认证为不可抵扣的增值税进项税额，借记"应交税费——应交增值税（进项税额）科目"，贷记"应交税费——待认证进项税额"科目；同时，将增值税进项税额转出，借记相关成本费用或资产科目，贷记"应交税费——应交增值税（进项税额转出）"科目。

【例9-31】承【例9-28】，2×24年7月份，甲公司发生进项税额转出事项如下：

①10日，领用上月外购的一批A材料用于集体福利，该批材料在取得时的实际成本为200 000元，相关增值税专用发票上注明的增值税税额为26 000元。

借：应付职工薪酬——职工福利费 226 000
　　贷：原材料——A材料 200 000
　　　　应交税费——应交增值税（进项税额转出） 26 000

②20日，库存材料因管理不善发生火灾损失，发生损失的材料的实际成本为20 000元，相关增值税专用发票上注明的增值税税额为2 600元。

借：待处理财产损溢——待处理流动资产损溢 22 600
　　贷：原材料 20 000
　　　　应交税费——应交增值税（进项税额转出） 2 600

【例9-32】承【例9-28】和【例9-31】，7月25日，甲公司外购电风扇200台作为福利发放给直接从事生产的职工，取得的增值税专用发票上注明的价款为100 000元、增值税税额为13 000元，以银行存款支付了购买电风扇的价款和增值税进项税额，增值税专用发票尚未经税务机关认证，则甲公司的账务处理如下：

①购入时：

借：库存商品——电风扇 100 000
　　应交税费——待认证进项税额 13 000
　　贷：银行存款 113 000

②经税务机关认证不可抵扣时：

借：应交税费——应交增值税（进项税额） 13 000
　　贷：应交税费——待认证进项税额 13 000

同时：

借：库存商品——电风扇 13 000
　　贷：应交税费——应交增值税（进项税额转出） 13 000

③实际发放时：

借：应付职工薪酬——非货币性福利 113 000
　　贷：库存商品——电风扇 113 000

假设本例中，在实际发放电风扇时，税务机关仍未认证增值税专用发票，则上述账务处理中，无须进行第②步操作，第③步操作为：

借：应付职工薪酬——非货币性福利 113 000
　　贷：库存商品——电风扇 100 000
　　　　应交税费——待认证进项税额 13 000

3.销售等业务

（1）企业销售货物、加工修理修配劳务、服务、无形资产或不动产，应当按应收或已收的金额，借记"应收账款"、"应收票据"和"银行存款"等科目，按取得的收益金额，贷记"主营业务收入"、"其他业务收入"、"固定资产清理"和"工程结算"等科目，按现行增值税制度规定计算的销项税额，或采用简易计税方法计算的应纳增值税税额，贷记"应交税费——应交增值税（销项税额）"或"应交税费——简易计税"科目。

企业销售货物等发生销售退回的，应根据税务机关开具的红字增值税专用发票作相反的会计分录。如果按照国家统一的会计制度确认收入或利得的确认时点早于按照现行增值税制度确认增值税纳税义务发生时点的，应将相关销项税额记入"应交税费——待转销项税额"科目，待实际发生纳税义务时再转入"应交税费——应交增值税（销项税额）"或"应交税费——简易计税"科目。如果按照现行增值税制度确认增值税纳税义务发生时点早于按照国家统一的会计制度确认收入或利得的确认时点的，应将应纳增值税税额直接记入"应交税费——应交增值税（销项税额）"或"应交税费——简易计税"科目，按照国家统一的会计制度确认收入或利得时，应按扣除增值税销项税额后的金额确认收入或利得。

【例9-33】承【例9-28】，2×24年8月份，甲公司发生与销售相关的交易或事项以及相关账务处理如下：

①5日，销售产品一批，开具的增值税专用发票上注明的价款为1 100 000元、增值税税额为143 000元，提货单和增值税专用发票已交给买方，货款尚未收到。

借：应收账款　　　　　　　　　　　　　　　　　　　1 243 000
　贷：主营业务收入　　　　　　　　　　　　　　　　　　1 100 000
　　　应交税费——应交增值税（销项税额）　　　　　　　143 000

②11日，为外单位代加工电脑桌800个，每个收取加工费100元，已加工完成。开具的增值税专用发票上注明的价款为80 000元、增值税税额为10 400元，款项已收到并存入银行。

借：银行存款　　　　　　　　　　　　　　　　　　　90 400
　贷：主营业务收入　　　　　　　　　　　　　　　　　　80 000
　　　应交税费——应交增值税（销项税额）　　　　　　　10 400

（2）视同销售。视同销售是指企业在会计核算中未作销售处理而税法中要求按照销售行为计算缴纳增值税。视同销售需要缴纳增值税的事项有：企业将自产或委托加工的货物用于集体福利或个人消费，将自产、委托加工或购进的货物作为投资，提供给其他单位或个体工商户、分配给股东或投资者、对外捐赠等。在这些情况下，企业应当根据视同销售的具体内容，按照现行增值税制度规定计算的销项税额或采用简易计税方法计算的应纳增值税税额，借记"应付职工薪酬"、"长期股权投资"、"利润分配"和"营业外支出"等科目，贷记"应交税费——应交增值税（销项税额）"或"应交税费——简易计税"科目。

【例9-34】承【例9-28】，2×24年10月份，甲公司发生的视同销售交易或事项以及相关账务处理如下：

①10日，以公司生产的产品对外捐赠，该批产品的实际成本为400 000元，售价为500 000元，开具的增值税专用发票上注明的增值税税额为65 000元。

借：营业外支出　　　　　　　　　　　　　　　　　　465 000
　贷：库存商品　　　　　　　　　　　　　　　　　　　400 000
　　　应交税费——应交增值税（销项税额）　　　　　　　65 000

其中：以自产产品对外捐赠应交的增值税销项税额=500 000×13%=65 000（元）

②14日，公司用原材料对S公司投资，该批材料的成本为2 000 000元，不含税价值为2 200 000元，开具的增值税专用发票上注明的增值税税额为286 000元。

借：长期股权投资   2 486 000

  贷：其他业务收入   2 200 000

    应交税费——应交增值税（销项税额） 286 000

借：其他业务成本   2 000 000

  贷：原材料   2 000 000

其中：对外投资原材料应交的增值税销项税额=2 200 000×13%=286 000（元）

4.缴纳增值税

企业缴纳当月应交的增值税，借记"应交税费——应交增值税（已交税金）"科目，贷记"银行存款"科目；企业缴纳以前期间未交的增值税，借记"应交税费——未交增值税"科目，贷记"银行存款"科目。

【例9-35】2×24年12月份，甲公司当月发生增值税销项税额合计为321 000元，增值税进项税额转出合计为16 300元，增值税进项税额合计为302 000元。甲公司于12月31日用银行存款缴纳当月增值税税款，则甲公司的账务处理如下：

当月应交增值税=321 000+16 300−302 000=35 300（元）

借：应交税费——应交增值税（已交税金） 35 300

  贷：银行存款   35 300

5.月末转出未交增值税和转出多交增值税

月度终了，企业应当将当月应交未交或多交的增值税自"应交增值税"明细账户转入"未交增值税"明细账户。对于当月应交未交的增值税，借记"应交税费——应交增值税（转出未交增值税）"科目，贷记"应交税费——未交增值税"科目；对于当月多交的增值税，借记"应交税费——未交增值税"科目，贷记"应交税费——应交增值税（转出多交增值税）"科目。

【例9-36】承【例9-35】，2×24年12月31日，甲公司将尚未缴纳的其余增值税税款13 230元进行转账，则甲公司的账务处理如下：

借：应交税费——应交增值税（转出未交增值税） 13 230

  贷：应交税费——未交增值税   13 230

2×25年1月缴纳上述未交增值税税款时：

借：应交税费——未交增值税   13 230

  贷：银行存款   13 230

（三）小规模纳税人的账务处理

小规模纳税人核算增值税一般采用简易计税方法，即购进货物、应税劳务或应税行为，取得增值税专用发票上注明的增值税一律不予抵扣，直接计入相关成本费用或资产。小规模纳税人销售货物、应税劳务或应税行为时，按照不含税的销售额和规定的增值税征收率计算应缴纳的增值税税额。一般情况下，小规模纳税人采用销售额和应纳税额合并定价的方法并向客户结算款项，销售货物、应税劳务或应税行为后，应进行价税分离，确定不含税的销售额。

小规模纳税人进行账务处理时，只需在"应交税费"账户下设置"应交增值税"明细账户进行分类核算，不再设置增值税专栏。小规模纳税人"应交税费——应交增值税"账户应采用三栏式账户，贷方登记应缴纳的增值税，借方登记已缴纳的增值税；期末贷方余额，反映小规模纳税人尚未缴纳的增值税；期末借方余额，反映小规模纳税人多缴纳的增值税。小规模纳税人购进货物、服务、无形资产或不动产，按照应付或实际支付的价税全部款项，借记"材料采购"、"在途物资"、"原材料"和"库存商品"等科目，贷记"应付账款"、"应付票据"和"银行存款"等科目；销售货物、服务、无形资产或不动产，应按照价税全部款项，借记"银行存款"等科目，按不含税的销售额，贷记"主营业务收入"等科目，按应交增值税税额，贷记"应交税费——应交增值税"科目。

【例9-37】乙公司为增值税小规模纳税人，适用增值税征收率为3%[①]，原材料按实际成本核算。该公司本期购入原材料，增值税专用发票上的增值税税额为130 000元，材料价款为1 000 000元。公司开出商业承兑汇票，材料尚未到达。该公司本期销售产品一批，全部销售额为927 000元（含税），货款尚未收到。月末，用银行存款缴纳增值税。则乙公司的账务处理如下：

（1）购进原材料：

借：在途物资		1 130 000
贷：应付票据		1 130 000

（2）销售产品：

借：应收账款		927 000
贷：主营业务收入		900 000
应交税费——应交增值税		27 000

其中：不含税价格=927 000÷（1+3%）=900 000（元）

应交增值税=900 000×3%=27 000（元）

（3）缴纳增值税：

借：应交税费——应交增值税		27 000
贷：银行存款		27 000

（四）差额征税的账务处理

根据财政部和国家税务总局的相关规定，对于企业发生的特定业务，如金融商品转让、经纪代理服务、融资租赁和融资性售后回租业务、一般纳税人提供客运场站服务、提供旅游服务、选择简易计税方法提供建筑服务等，无法通过抵扣机制避免重复征税的，应采用差额征税方式计算缴纳增值税。

1.企业按规定相关成本费用允许扣减销售额的账务处理

按现行增值税制度规定，企业发生相关成本费用允许扣减销售额的，发生成本费用时，按应付或实际支付金额，借记"主营业务成本""工程施工"等科目，贷记"应付账款"、"应付票据"和"银行存款"等科目。待取得合规增值税扣税凭证且纳税义务发生时，按照允许抵扣的税额，借记"应交税费——应交增值税（销项税额抵减）"或"应交税费——简易计税"科目，若为小规模纳税人，应借记"应交税费——应交增值税"科

[①] 为进一步支持小微企业和个体工商户发展，财政部、税务总局于2023年8月1日发布了2023年第19号公告：一、对月销售额10万元以下（含本数）的增值税小规模纳税人，免征增值税。二、增值税小规模纳税人适用3%征收率的应税销售收入，减按1%征收率征收增值税；适用3%预征率的预缴增值税项目，减按1%预征率预缴增值税。三、本公告执行至2027年12月31日。

目，贷记"主营业务成本""工程施工"等科目。

【例9-38】丙旅行社为增值税一般纳税人，应交增值税采用差额征税方式核算。2×24年7月份，该旅行社为甲公司提供职工境内旅游服务，向甲公司收取含税价款212 000元，其中增值税为12 000元，全部款项已收妥入账。丙旅行社以银行存款支付其他接团旅游企业的旅游费用和其他单位相关费用共计148 400元，其中含因允许扣减销售额而减少的销项税额8 400元。则丙旅行社的账务处理如下：

（1）支付旅游费用及相关费用：

借：主营业务成本　　　　　　　　　　　　　　　　140 000
　　应交税费——应交增值税（销项税额抵减）　　　　8 400
　　　贷：银行存款　　　　　　　　　　　　　　　　　　　148 400

（2）确认旅游服务收入：

借：银行存款　　　　　　　　　　　　　　　　　212 000
　　　贷：主营业务收入　　　　　　　　　　　　　　　　　200 000
　　　　　应交税费——应交增值税（销项税额）　　　　　　 12 000

2.企业转让金融商品按规定以盈亏相抵后的余额作为销售额

金融商品转让按照卖出价扣除买入价（不需要扣除已宣告未发放现金股利和已到付息期未领取的利息）后的余额作为销售额计算增值税，即转让金融商品按盈亏相抵后的余额为销售额。若相抵后出现负差，可结转下一纳税期与下期转让金融商品销售额互抵，但年末时仍出现负差的，不得转入下一会计年度。

按现行增值税制度规定，企业实际转让金融商品，月末，如产生转让收益，则按应纳税额，借记"投资收益"等科目，贷记"应交税费——转让金融商品应交增值税"科目；如产生转让损失，则按可结转下月抵扣税额，借记"应交税费——转让金融商品应交增值税"科目，贷记"投资收益"等科目。缴纳增值税时，应借记"应交税费——转让金融商品应交增值税"科目，贷记"银行存款"科目。年末，"应交税费——转让金融商品应交增值税"账户如有借方余额，则借记"投资收益"等科目，贷记"应交税费——转让金融商品应交增值税"科目。

（五）增值税税控系统专用设备和技术维护费用抵减增值税税额的账务处理

按现行增值税制度规定，企业初次购买增值税税控系统专用设备支付的费用以及缴纳的技术维护费允许在增值税应纳税额中全额抵减。增值税税控系统专用设备，包括增值税防伪税控系统设备（如金税卡、IC卡、读卡器或金税盘和报税盘），货物运输业增值税专用发票税控系统设备（如税控盘和报税盘），机动车销售统一发票税控系统和公路、内河货物运输业发票税控系统的设备（如税控盘和传输盘）。

企业初次购入增值税税控系统专用设备以及发生增值税税控系统专用设备技术维护费，按实际支付或应付的金额，借记"固定资产"和"管理费用"科目，贷记"银行存款""应付账款"等科目。按规定抵减的增值税应纳税额，借记"应交税费——应交增值税（减免税款）"科目，若为小规模纳税人，应借记"应交税费——应交增值税"科目，贷记"管理费用"等科目。

【例9-39】丁公司为增值税一般纳税人，2×24年6月28日，初次购买数台增值税税控系统专用设备，取得增值税专用发票上注明的价款为56 000元，增值税税额为7 280元，价款和税款以银行存款支付。2×24 年 12 月 28 日，公司以银行存款支付半年的增值税税控系统专用设备技术维护费 4 800 元。则丁公司相关账务处理如下：

（1）取得设备、抵减增值税应纳税额：

借：固定资产 　　　　　　　　　　　　　　　　　　　　　 63 280

　　贷：银行存款 　　　　　　　　　　　　　　　　　　　　 63 280

借：应交税费——应交增值税（减免税款） 　　　　　　　　 63 280

　　贷：管理费用 　　　　　　　　　　　　　　　　　　　　 63 280

（2）发生技术维护费，抵减增值税应纳税额：

借：管理费用 　　　　　　　　　　　　　　　　　　　　　　 4 800

　　贷：银行存款 　　　　　　　　　　　　　　　　　　　　 4 800

借：应交税费——应交增值税（减免税款） 　　　　　　　　　 4 800

　　贷：管理费用 　　　　　　　　　　　　　　　　　　　　 4 800

二、应交消费税

我国为了调节消费结构，正确引导消费，在普遍征收增值税的基础上，对部分消费品再征收消费税。消费税的纳税义务人为在我国境内生产、委托加工和进口应征消费税的消费品的单位和个人。根据不同的应税消费品，消费税的应纳税额有从价定率和从量定额两种计算方法。其计算公式为：

从价定率方法计算的应纳税额=销售额×税率

从量定额方法计算的应纳税额=销售数量×单位税额

公式中的"销售额"，与计征增值税的销售额的口径相同，是指销售应税消费品向购买方收取的不含增值税的全部价款和价外费用。公式中的"销售数量"是指按照税法的相关规定确定的应税消费品的数量。

消费税与增值税不同，一般属于价内税，即企业应交的消费税需计入销售税金，以抵减产品销售收入。企业应交的消费税在"应交税费"账户下设置"应交消费税"明细账户核算。"应交消费税"明细账户的借方发生额反映企业实际缴纳的消费税和待扣的消费税，贷方发生额反映企业按规定应缴纳的消费税，期末贷方余额反映尚未缴纳的消费税，期末借方余额反映多交或待扣的消费税。

1.产品销售的账务处理

企业销售产品时应缴纳的消费税，应分情况进行处理。

（1）企业将生产产品直接对外销售，应缴纳的消费税通过"税金及附加"账户核算。企业销售应税消费品应交的消费税，借记"税金及附加"科目，贷记"应交税费——应交消费税"科目。

【例 9-40】甲公司 8 月销售摩托车 10 辆，每辆售价 13 000 元（不含增值税），货款尚未收到，每辆摩托车成本 5 000 元，适用的增值税税率为 13%，消费税税率为 10%，则甲公司的账务处理如下：

借：应收账款 　　　　　　　　　　　　　　　　　　　　　 146 900

　　贷：主营业务收入 　　　　　　　　　　　　　　　　　 130 000

　　　　应交税费——应交增值税（销项税额） 　　　　　　 16 900

借：税金及附加 13 000
　　贷：应交税费——应交消费税 13 000
借：主营业务成本 50 000
　　贷：库存商品——产成品 50 000

其中：增值税税额=13 000×10×13%=16 900（元）

消费税税额=13 000×10×10%=13 000（元）

（2）企业用应税消费品用于在建工程、非生产机构等其他方面，按规定应缴纳的消费税应计入有关的成本，借记"在建工程"等科目，贷记"应交税费——应交消费税"科目。

【例9-41】乙公司在建工程领用自产柴油，产品成本为140 000元，计税价格为200 000元，消费税税率为5%，不考虑其他相关税费，则乙公司的账务处理如下：

借：在建工程 150 000
　　贷：应交税费——应交消费税 10 000
　　　　库存商品 140 000

其中：消费税税额=200 000×5%=10 000（元）

2.委托加工应税消费品的账务处理

按照税法规定，企业如有委托加工的应税消费品，应由受托方向委托方交货时代收代缴消费税。企业委托加工的应税消费品收回后，若用于连续生产应税消费品，按规定所缴纳的税款可以抵扣，借记"应交税费——应交消费税"科目，贷记"银行存款""应付账款"等科目，待最终销售应税消费品时，再计算应缴纳的全部消费税，借记"税金及附加"科目，贷记"应交税费——应交消费税"科目。企业委托加工的应税消费品收回后，若直接用于销售的，委托方应将代扣代缴的消费税计入委托加工的应税消费品成本，委托加工应税消费品销售时，不再缴纳消费税。

【例9-42】丙公司委托外单位加工一批应交消费税的材料。丙公司提供的原料成本为100 000元，加工费为20 000元，增值税税率为13%，由受托方代收代缴的消费税为30 000元。委托方与受托方均为一般纳税人。材料已加工完毕并验收入库，加工费尚未支付。假设材料采用实际成本核算，则丙公司的账务处理如下：

（1）若丙公司收回委托加工物资，用于连续生产应税消费品，代缴的消费税按规定准予抵扣。

①材料发出时：

借：委托加工物资 100 000
　　贷：原材料 100 000

②发生加工费用时：

借：委托加工物资 20 000
　　应交税费——应交消费税 30 000
　　　　　　——应交增值税（进项税额） 2 600
　　贷：应付账款 52 600

③收回委托加工材料入库时：

借：原材料 120 000

贷：委托加工物资　　　　　　　　　　　　　　　　　　　　　120 000

（2）若丙公司收回委托加工物资，直接用于对外销售，代缴的消费税不得抵扣，直接计入成本。

①材料发出时，分录同上。

②发生加工费用时：

借：委托加工物资　　　　　　　　　　　　　　　　　　　　　50 000

　　应交税费——应交增值税（进项税额）　　　　　　　　　　2 600

　　贷：应付账款　　　　　　　　　　　　　　　　　　　　　52 600

③收回委托加工材料入库时：

借：原材料　　　　　　　　　　　　　　　　　　　　　　　　150 000

　　贷：委托加工物资　　　　　　　　　　　　　　　　　　　150 000

3.进口应税消费品的账务处理

企业进口应税物资在进口环节应交的消费税，计入该项物资的成本，借记"库存商品""固定资产"等科目，贷记"银行存款"等科目。

【例9-43】丁公司从国外进口一批需要缴纳消费税的商品，商品价值1 000 000元（不含增值税），进口环节需要缴纳的消费税为200 000元，采购的商品已经验收入库，货款和税款已经用银行存款支付。不考虑其他相关税费，则丁公司的账务处理如下：

借：库存商品　　　　　　　　　　　　　　　　　　　　　　　1 200 000

　　贷：银行存款　　　　　　　　　　　　　　　　　　　　　1 200 000

三、其他应交税费

（一）应交资源税

资源税是国家对在我国境内开采矿产品或者生产盐的单位和个人征收的税种。资源税的应纳税额，按照从价定率或者从量定额的办法，分别以应税产品的销售额乘以纳税人具体适用的比例税率或者以应税产品的销售数量乘以纳税人具体适用的定额税率计算。其计算公式为：

应纳税额=销售额×适用税率

或　应纳税额=课税数量×单位税额

这里的课税数量为：开采或者生产应税产品销售的，以销售数量为课税数量；开采或者生产应税产品自用的，以自用数量为课税数量。单位税额则按不同产区的产品分别规定差别税额。

企业按规定应交的资源税，在"应交税费"账户下设置"应交资源税"明细账户核算。当企业按规定计算出销售的应税产品应缴纳的资源税时，借记"税金及附加"科目，贷记"应交税费——应交资源税"科目；当企业计算出自产自用的应税产品应缴纳的资源税时，借记"生产成本""制造费用"等科目，贷记"应交税费——应交资源税"科目。

按照《中华人民共和国资源税暂行条例》的规定，收购未税矿产品的单位为资源税的扣缴义务人。企业按收购未税矿产品实际支付的收购款以及代扣代缴的资源税，作为收购矿产品的成本，将代扣代缴的资源税记入"应交税费——应交资源税"科目。

企业外购液体盐加工固体盐的，在购入液体盐时，按所允许抵扣的资源税，借记"应交税费——应交资源税"科目，按外购价款扣除允许抵扣资源税后的数额，借记"材料采购"等科目，按支付的全部价款，贷记"银行存款""应付账款"等科目；企业加工成固体盐后，在销售时，按计算出的销售固体盐应交的资源税，借记"税金及附加"科目，贷记"应交税费——应交资源税"科目；将销售固体盐应纳资源税抵扣液体盐已纳资源税后的差额上交时，借记"应交税费——应交资源税"科目，贷记"银行存款"科目。

（二）应交城市维护建设税

为了加强城市的维护建设，扩大和稳定城市维护建设资金的来源，国家开征了城市维护建设税。城市维护建设税是一种附加税，是以增值税和消费税为计税依据征收的一种税。其纳税人为缴纳增值税和消费税的单位和个人，以纳税人实际缴纳的增值税和消费税之和的一定比例计算，并分别与两项税金同时缴纳。税率因纳税人所在地不同从1%~7%不等。其计算公式为：

应纳税额=（应交增值税+应交消费税）×适用税率

在账务处理时，按规定计算出的城市维护建设税，借记"税金及附加""固定资产清理"等科目，贷记"应交税费——应交城市维护建设税"科目。实际上交时，借记"应交税费——应交城市维护建设税"科目，贷记"银行存款"科目。

（三）应交教育费附加

教育费附加是为了发展教育事业而向企业征收的附加费用，应交教育费附加的计算方法与应交城市维护建设税的计算方法相同。按规定计算出的应交教育费附加，借记"税金及附加""固定资产清理"等科目，贷记"应交税费——应交教育费附加"科目。实际上交时，借记"应交税费——应交教育费附加"科目，贷记"银行存款"科目。

（四）应交土地增值税

为了规范土地、房地产市场交易秩序，合理调节土地增值收益，维护国家权益，我国从1994年起开征土地增值税。企业转让国有土地使用权、地上建筑物及其附着物并取得收入的单位和个人，均应缴纳土地增值税。土地增值税按照转让房地产所取得的增值额和规定的税率计算征收。这里的增值额是转让房地产所取得的收入减除规定的扣除项目金额后的余额。企业转让房地产取得的收入，包括货币收入、实物收入和其他收入；扣除项目主要包括取得土地使用权所支付的金额、开发土地的成本及费用、新建房及配套设施的成本及费用、与转让房地产有关的税金、旧房及建筑物的评估价格、财政部确定的其他扣除项目等。土地增值税采用四级超率累进税率，其中最低税率为30%，最高税率为60%。

在账务处理时，企业缴纳的土地增值税通过"应交税费——应交土地增值税"账户核算。主营房地产业务的企业通过"税金及附加"账户核算。兼营房地产业务的企业，应由当期营业收入负担的土地增值税，借记"其他业务成本"科目，贷记"应交税费——应交土地增值税"科目。转让的国有土地使用权连同地上建筑物及其附着物一并在"固定资产"或"在建工程"账户核算的，转让时应缴纳土地增值税，借记"固定资产清理""在建工程"科目，贷记"应交税费——应交土地增值税"科目。

企业在项目全部竣工结算前转让房地产取得的收入，按税法规定预交的土地增值税，在"应交税费——应交土地增值税"账户的借方反映，借记"应交税费——应交土地增值税"科目，贷记"银行存款"等科目；待该房地产销售收入实现时，再按上述销售业务的会计处理方法进行处理。该项目全部竣工，办理结算后进行清算，收到退回多交的土地增值税，借记"银行存款"等科目，贷记"应交税费——应交土地增值税"科目，补交土地增值税作相反的会计分录。企业缴纳土地增值税，借记"应交税费——应交土地增值税"科目，贷记"银行存款"科目。

（五）应交房产税、城镇土地使用税、车船税

房产税是国家对在城市、县城、建制镇和工矿区的房产征收的由产权所有人缴纳的一种税。房产税按房产原值一次减除10%~30%后的余额计算缴纳。没有房产原值作为依据的，由房产所在地税务机关参考同类房产核定，房产出租的，以房产租金收入为房产税的计税依据。

城镇土地使用税是国家为了合理利用城镇土地，调节土地级差收入，提高土地使用效益，加强土地管理而开征的一种税。城镇土地使用税以纳税人实际占用的土地面积为计税依据，依据规定税额计算征收。

车船税是由拥有并使用车船的单位和个人缴纳的一种税。车船税按照适用税额计算缴纳，由车船的所有人或管理人缴纳。

企业按规定计算应交的房产税、城镇土地使用税、车船税，借记"税金及附加"科目，贷记"应交税费——应交房产税、城镇土地使用税、车船税"科目；实际纳税时，借记"应交税费——应交房产税、城镇土地使用税、车船税"科目，贷记"银行存款"科目。

（六）应交个人所得税

所得税根据纳税人的不同，可分为企业所得税和个人所得税。企业所得税是企业的生产、经营所得和其他所得，依照所得税法及其细则规定，按照一定方法计算需要缴纳的税费。有关企业所得税的相关内容，将在本册教材的其他章节以及下册教材（特殊业务分册）的相关章节中予以介绍。

企业职工按规定应缴纳的个人所得税通常由单位代扣代缴。企业按规定计算的代扣代缴的职工个人所得税，借记"应付职工薪酬"科目，贷记"应交税费——应交个人所得税"科目；企业缴纳个人所得税时，借记"应交税费——应交个人所得税"科目，贷记"银行存款"等科目。

一般来说，企业的长期负债最终到期时，是需以流动资产（通常是货币资金）来偿还的，为了正确反映企业短期内需偿还的债务金额，正确评价企业的短期偿债能力，在编制资产负债表时，应将1年内即将到期的、已转化为流动负债的长期负债，在流动负债中的"1年内到期的非流动负债"项目反映。我国企业会计准则规定，对于资产负债表日起1年内到期的负债，如果企业不能自主地将清偿义务展期的，即使会计期末签订了重新安排清偿计划协议，该项负债仍应归类为流动负债；企业在资产负债表日或之前违反了长期借款协议，导致贷款人可随时要求清偿的长期负债，应当归类为流动负债。

1年内到期的非流动负债列示在资产负债表的流动负债下，但一般不必作任何账务处理，只需根据"长期借款"、"应付债券"和"长期应付款"等长期负债类账户所属的明细分类账余额中将于1年内到期的数额计算填列报表即可。具体内容参见本教材的相关章节。

立德精业9-3

党的二十届三中全会通过的《中共中央关于进一步全面深化改革 推进中国式现代化

的决定》指出，要健全有利于高质量发展、社会公平、市场统一的税收制度，优化税制结构。研究同新业态相适应的税收制度。全面落实税收法定原则，规范税收优惠政策，完善对重点领域和关键环节支持机制。健全直接税体系，完善综合和分类相结合的个人所得税制度，规范经营所得、资本所得、财产所得税收政策，实行劳动性所得统一征税。

要建立权责清晰、财力协调、区域均衡的中央和地方财政关系。增加地方自主财力，拓展地方税源，适当扩大地方税收管理权限。完善财政转移支付体系，清理规范专项转移支付，增加一般性转移支付，提升市县财力同事权相匹配程度。建立促进高质量发展转移支付激励约束机制。推进消费税征收环节后移并稳步下划地方，完善增值税留抵退税政策和抵扣链条，优化共享税分享比例。研究把城市维护建设税、教育费附加、地方教育附加合并为地方附加税，授权地方在一定幅度内确定具体适用税率。

本章小结

负债是指过去的交易或事项形成的，预期会导致经济利益流出企业的现时义务。负债是企业资产的来源之一，是债权人权益。负债按偿还期限的长短可分为流动负债和长期负债。

流动负债是指将在1年或超过1年的一个营业周期内偿还的债务。由于流动负债偿还期限短，到期值（未来偿付金额）与现值往往相差不大，基于重要性原则并为了简化账务处理，我国会计实务中往往允许不考虑货币时间价值因素，对流动负债大多按其业务发生时的金额进行计价。

流动负债包含的内容较多，主要有：短期借款、应付账款、应付票据、预收账款、应付职工薪酬、应交税费、应付利息和应付股利等。其中，应付职工薪酬和应交税费包含了多个项目。此外，以公允价值计量且其变动计入当期损益的金融负债，也具备流动负债的性质。

流动负债的账务处理不外乎两个内容：流动负债的发生与流动负债的清偿。本章详细介绍了各种主要流动负债的核算内容及账务处理方法。

主要概念

负债　流动负债　短期借款　应付账款　应付票据　预收账款　应付职工薪酬　短期薪酬　离职后福利　辞退福利　应交税费　增值税　1年内到期的非流动负债　金融负债　以公允价值计量且其变动计入当期损益的金融负债

第九章基本训练

非流动负债

学习目标

通过本章的学习，应达到以下目标：在知识方面，了解非流动负债的性质、分类和计价原则，借款费用的内容及资本化的条件；在技能方面，掌握长期借款、应付债券、长期应付款以及其他非流动负债的会计处理方法，掌握借款费用资本化的确认、计量方法以及账务处理方法；在能力方面，能根据相关会计准则的规定对各项非流动负债正确地进行确认与计量，能正确运用借款费用准则对相关业务进行分析处理。

思维导图

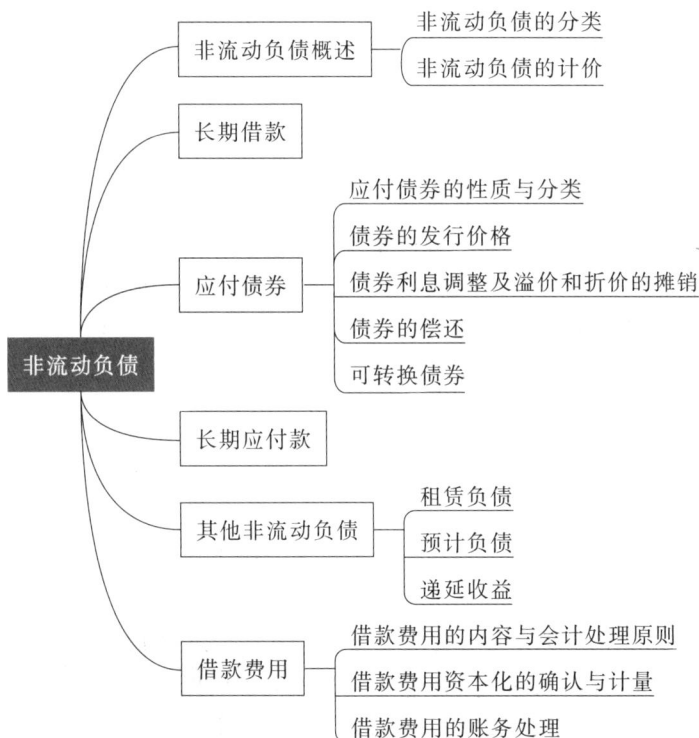

引导案例

A公司借款业务是否可确认为非流动负债

第一节　非流动负债概述

如前章所述，负债按其偿付期的长短或在资产负债表中按流动性排列，可分为流动负债与非流动负债。非流动负债又叫长期负债，通常是指偿还期在1年或者超过1年的一个营业周期以上的债务。

一、非流动负债的分类

从国际会计惯例来看，非流动负债一般根据长期资金筹措方式的不同分为应付公司债券和长期应付票据两类。应付公司债券是企业在资本市场上向社会大众筹措长期资金的主要方式；而长期应付票据则是企业向某一债权人，如向某一财团、银行等筹措大笔资金时采取的方式。

在我国，从筹措方式看，企业较为常见的非流动负债主要有以下几种：

（1）长期借款，是指企业向银行或其他金融机构借入的，偿还期在1年以上的各种借款。长期借款一般用于固定资产的购建、改扩建工程、大修理工程、对外投资以及为了保持长期经营能力等方面，该种负债的特点是资金来源渠道集中，出借者人数少。

（2）应付债券（也称公司债券），是指企业依照法定程序发行、约定在一定期限（1年以上）内还本付息的有价证券。这种负债的特点是资金来源渠道分散，出借者为公众，所以人数较多。

（3）长期应付款，是指企业除长期借款和应付债券以外的其他各种长期应付款项。

（4）其他非流动负债，如租赁负债、预计负债、递延收益、递延所得税负债等。

企业应对各种非流动负债分别加以核算，在资产负债表上分项列示。

二、非流动负债的计价

非流动负债不同于流动负债，其偿还期限较长且金额较大，未来的现金流出量（未来支付的利息与本金）与其现值之间的差额较大，非流动负债应考虑资金的时间价值，从理论上讲，非流动负债的入账价值不宜按其未来应偿付的金额计价，而应按负债未来现金流出量的现值，即企业未来需偿付的金额以实际利率折成的现值计价。由于非流动负债利息额往往较大，因而利息的确认与计量，对于如实反映企业的财务状况与经营成果十分重要。非流动负债的每期利息费用应按照实际利率和摊余成本计算确认。非流动负债的利息可能是分期支付，也可能是到期还本时一次支付，因而，其应付未付利息本身可能是流动负债，也可能是非流动负债。

第二节　长期借款

长期借款（long-term loans）是指企业向银行或其他金融机构借入的期限在1年以上（不含1年）的各项借款。

为了总括反映长期借款的增减变动等情况，应设置"长期借款"账户进行会计核算。

企业取得借款时的合同利率与实际利率可能不同，所以企业实际取得的借款数额不一定等于本金的数额，如果合同利率低于实际利率，则实际取得的借款数额低于本金数额。

企业借入长期借款时，应按实际收到的款项，借记"银行存款"账户，按借款的本金，贷记"长期借款——本金"账户，按借贷双方之间的借贷差额，借记"长期借款——利息调整"账户。

在资产负债表日，企业应按长期借款的摊余成本和实际利率计算确定的利息费用，借记"在建工程""财务费用"等账户，按借款本金和合同利率计算确定的应付未付利息，贷记"应付利息"账户，按应付借款费用和应付利息的差额，贷记"长期借款——利息调整"账户。当实际利率与合同利率差异较小时，也可以采用合同利率计算确定利息费用。

企业归还长期借款时，按归还的长期借款本金，借记"长期借款——本金"账户，按转销的利息调整金额，贷记"长期借款——利息调整"账户，按实际归还的款项，贷记"银行存款"账户，按借贷双方之间的差额，借记"在建工程""财务费用"等账户。

【例10-1】甲公司于2×20年1月1日向银行借入人民币1 000 000元，借款期限5年，年利率5%，按年付息；取得该借款，企业发生各项费用50 000元，用银行存款支付。借款用于固定资产的建造。建造工程于2×24年末达到预定可使用状态（假定在固定资产达到预定可使用状态前借款费用全部资本化）。甲公司于2×25年1月1日归还该借款。甲公司应作如下会计处理：

（1）确定实际利率（i）。

借款费用50 000元的存在，使得实际借款利率高于合同利率（名义利率）。

$1 000 000 \times 5\% \times (P/A, i, 5) + 1 000 000 \times (P/S, i, 5) = 950 000$

则 $i = 6.19\%$

（2）采用实际利率计算摊销调整，见表10-1。

表10-1   折价摊销表   单位：元

计息日	实付利息	利息费用	折价摊销	未摊销折价	置存价值
				50 000	950 000
2×20.12.31	50 000	58 805	8 805	41 195	958 805
2×21.12.31	50 000	59 350.03	9 350.03	31 844.97	968 155.03
2×22.12.31	50 000	59 928.80	9 928.80	21 916.17	978 083.83
2×23.12.31	50 000	60 543.39	10 543.39	11 372.78	988 627.22
2×24.12.31	50 000	61 372.78	11 372.78	0	1 000 000

（3）编制相关会计分录。

①2×20年1月1日取得借款时：

借：银行存款   950 000

    长期借款——利息调整   50 000

  贷：长期借款——本金   1 000 000

②2×20年12月31日：

借：在建工程   58 805

  贷：应付利息   50 000

    长期借款——利息调整   8 805

③2×21 年 12 月 31 日：

借：在建工程　　　　　　　　　　　　　　　　　　59 350.03

　贷：应付利息　　　　　　　　　　　　　　　　　　　　　　50 000

　　　长期借款——利息调整　　　　　　　　　　　　　　　　9 350.03

2×22 年、2×23 年、2×24 年年末会计处理同上。

每年年初付息时：

借：应付利息　　　　　　　　　　　　　　　　　　50 000

　贷：银行存款　　　　　　　　　　　　　　　　　　　　　　50 000

④2×25 年 1 月 1 日归还借款本金和最后一年利息时：

借：长期借款——本金　　　　　　　　　　　　　1 000 000

　　应付利息　　　　　　　　　　　　　　　　　　50 000

　贷：银行存款　　　　　　　　　　　　　　　　　　　　　1 050 000

小案例 10-1

公司债券的溢价发行与折价发行

|第三节| 应付债券

一、应付债券的性质与分类

1.债券的性质

企业可依照法定程序，以对外发行债券的形式筹集资金。债券（bonds）是企业依照法定程序对外发行的、约定在一定期限内还本付息的书面证明。应付债券（bonds payable）是企业因发行债券筹措资金而形成的一种长期负债。

企业发行的公司债券，一般要列明以下内容：（1）企业名称；（2）债券面值；（3）票面利率；（4）还本期限和还本方式；（5）利息的支付方式；（6）债券发行日期等。

企业发行债券首先应由股东大会通过，再经政府有关部门批准，符合法定条件后，方可发行。

2.债券的分类

公司债券可按不同的标准进行分类，主要有：

（1）按偿还本金的方式分类

① 一次还本债券：全部在一个固定的到期日偿还本金的债券。

② 分期还本债券：按不同的到期日分期偿还本金的债券。

（2）按支付利息的方式分类

① 到期一次付息债券：在到期日支付全部利息的债券。

② 分期付息债券：每隔一段时间支付一次利息的债券。

（3）按可否转换为发行企业股票分类

① 可转换债券：可按一定条件转换为发行企业普通股股票的债券。

② 不可转换债券：不能转换为发行企业普通股股票的债券。

（4）按有无担保分类

① 有担保债券：又称抵押债券，是指以特定资产作为担保品而发行的债券。

② 无担保债券：又称信用债券，是指不以特定的抵押财产作为担保物，单凭举债企

业的信誉而发行的债券。

（5）按记名与否分类

① 记名债券：将持有人的姓名登记于发行公司的债券。

② 无记名债券：不将持有人的姓名登记于发行公司的债券。

二、债券的发行价格

债券的发行价格往往与其面值不同，其主要原因是债券发行时的票面利率与市场利率不同。债券的发行价格是由将来应支付的利息和债券面值按发行时的市场利率折算成的现值决定的。

1.票面利率与市场利率

（1）票面利率。票面利率（coupon rate）又称债券的名义利率（nominal interest rate），是企业发行债券应明确的重要内容之一，这一利率将用于计算债券的发行方定期向债券投资人实际支付的利息。发行企业可根据所需资金的多少、未来支付利息的能力以及发行时资本市场的供需情况，自行确定所发行债券的票面利率。

（2）市场利率。在债券发行时，金融市场上还存在其他风险和期限与该债券类似的金融资本，这些金融资本的通行利率即为债券发行时的市场利率（market interest rate）。

通常，市场利率和票面利率是决定债券发行价格的重要因素。由于市场利率的客观性和代表性，债券发行方应按市场利率来计算自己应负担的利息费用，而债券投资方也应按此利率来确定自己的利息收益。

2.债券发行价格的确定

企业通过发行债券筹集资金，引起现金流入，与此相关的未来现金流出分两部分：一是到期应偿还的本金；二是未来定期支付的利息。相对于发行这一时点，这两部分均为未来某些时点的终值。这两部分未来终值的现值决定了发行债券时筹集的资金的现值，即债券的发行价格。因此，债券的发行价格由两部分组成：

（1）按发行时的市场利率折算的债券面值（即本金）的现值（即复利现值）。

（2）按发行时的市场利率折算的债券利息的现值（即年金现值）。

在计算中，应明确：①折算的利率应选择发行时的市场利率。由于市场利率的客观性和代表性，发行方会利用该利率来确定实际应负担的利息费用，因此，市场利率就是对未来将要偿付的本金和利息进行折现的利率（折现率）。②债券面值折现的期限应是付息或计息的期限。如3年期的债券，如果每半年付息一次，即要付息6次，此时面值折现期限应为6而不是3，相应的市场利率也应折算为半年的利率。其原因是在复利的情况下，本金和利息是一起计息的，因此本金和利息均应按计息期进行折现。

【例10-2】H公司于2×22年1月1日发行票面利率为8%、3年期的公司债券100张，每张面值1 000元，半年付息一次，于每年6月30日和12月31日支付。

（1）假定市场利率等于票面利率，为8%，公司债券按面值发行。由于半年付息一次，因此利息期数调整为6期，利率调整为4%。按4%的市场利率折现，6期折现的债券的现值为：

债券面值的复利现值=100×1 000×PV（n=6，i=4%）=100 000×0.79031=79 031（元）

各期票面利息的年金现值=100×1 000×4%×PVA（n=6，i=4%）=4 000×5.24214=20 969（元）

债券的发行价格=79 031+20 969=100 000（元）

（2）假定市场利率低于票面利率，为6%，公司债券溢价发行。按3%的市场利率折现，6期折现的债券现值为：

债券面值的复利现值=100×1 000×PV（n=6，i=3%）=100 000×0.8375=83 750（元）

各期票面利息的年金现值=100×1 000×4%×PVA（n=6，i=3%）=4 000×5.4172=21 669（元）

债券的发行价格=83 750+21 669=105 419（元）

（3）假定市场利率高于票面利率，为10%，公司债券折价发行。按5%的市场利率折现，6期折现的债券现值为：

债券面值的复利现值=100×1 000×PV（n=6，i=5%）=100 000×0.7462=74 620（元）

各期票面利息的年金现值=100×1 000×4%×PVA（n=6，i=5%）=4 000×5.0757=20 303（元）

债券的发行价格=74 620+20 303 =94 923（元）

可见，当市场利率低于票面利率时，公司债券将以高于债券面值的价格发行，其发行价高于面值的部分称为债券溢价（bond premium）。债券溢价实质是债券发行公司因票面利率高于市场利率而向债券购买者预先收回的利息（预收利息），这部分利息将在债券有效期内逐期摊销，冲减各计息期的利息费用。

当市场利率高于票面利率时，公司债券将以低于面值的价格发行，其发行价格低于面值的部分称为债券折价（bond discount）。债券折价的实质是债券发行公司因票面利率低于市场利率而预先给予债券购买者的额外利息补偿（预付利息），这部分折价将在债券有效期内逐期摊销，增加各计息期的利息费用。

从以上计算可知，债券的发行价格与面值会由于市场利率与票面利率的不同而形成差异，为此会出现债券按面值发行、溢价发行和折价发行三种情况。现将三种情况列于表10-2中。

表10-2   **票面利率、市场利率与发行价格的关系**

利　　率	债券（面值）	发行价格
市场利率=票面利率	现值=面值	按面值
市场利率<票面利率	现值>面值	按溢价（面值+溢价）
市场利率>票面利率	现值<面值	按折价（面值-折价）

3.债券发行的账务处理

企业应设置"应付债券"账户，核算企业为筹集长期资金而发行的债券和利息。在"应付债券"账户下设置"面值"、"利息调整"和"应计利息"明细账户进行明细分类核算。

企业发行债券，其售价为债券现值，即面值加上溢价或减去折价。企业应在"应付债券"账户登记债券的票面价值，并在"利息调整"明细账户登记发行债券时产生的溢价或折价，以调整实际应付债务。以下举例加以说明：

（1）平价发行。如果票面利率与市场利率一致，则按面值发行债券，其发行时的账务处理较简单。

以【例10-2】中的（1）为例，应作会计分录如下：

借：银行存款   100 000

    贷：应付债券——面值   100 000

（2）溢价发行。如果票面利率高于市场利率，则按高于票面的价格发行债券。

以【例10-2】中的（2）为例，应作会计分录如下：

借：银行存款   105 419

    贷：应付债券——面值   100 000

            ——利息调整   5 419

（3）折价发行。如果票面利率低于市场利率，则按低于票面的价格发行债券。

以【例10-2】中的（3）为例，应作会计分录如下：

借：银行存款   94 923

    应付债券——利息调整   5 077

      贷：应付债券——面值   100 000

4.债券发行费用的处理

企业在发行债券时，通常会发生一些相关费用，如债券承销费、律师费、注册会计师查核财务报表的费用、印刷费、广告费及其他相关费用等。这些费用统称为债券发行费用或发行成本。企业发行债券时，如果费用大于发行期间冻结资金所产生的利息收入，应按发行费用减去发行期间冻结资金所产生的利息收入后的差额，根据发行债券筹集资金的用途，属于用于购建固定资产的，按照借款费用资本化的处理方法处理；属于其他用途的，计入当期财务费用。如果发行费用小于发行期间冻结资金所产生的利息收入，则按发行期间冻结资金所产生的利息收入减去发行费用后的差额，视同发行债券的溢价收入处理，在债券存续期间于计提利息时摊销。

三、债券利息调整及溢价和折价的摊销

企业债券发行之后，应按期确认债券利息。在按面值发行债券的情况下，各期应确认的利息就是债券的票面利息。由于企业债券的发行价格受同期市场利率影响较大，经常会出现市场利率大于或小于票面利率的情况，二者相等的情况极为少见。债券的溢价和折价都是对发行债券票面利息的一种调整，发行企业最终负担的筹资成本和投资者最终得到的债券投资报酬都应是按市场利率计算的利息。因此，举债企业在债券存续期内实际负担的各期利息费用，除支付的利息外，还应包括债券溢价或折价的摊销额，即将债券溢价逐期在利息费用中扣除，将债券折价逐期转化为利息费用。举债企业每期的利息费用，可用公式表示如下：

利息费用=支付的利息-溢价摊销

或 利息费用=支付的利息+折价摊销

这种将债券溢价或折价逐期调整利息费用的方法，称为溢价或折价的摊销，摊销溢价或折价的过程，实质上就是将票面利息费用调整为实际利息费用的过程。具体摊销方法有直线法和实际利率法两种。

1.直线法

直线法（straight-line method）是将债券的溢价或折价总额平均分摊于各付息期的一种摊销方法。这种方法下，每期摊销的溢价或折价额是相等的，由于每期支付的利息也是固定不变的，从而每期实际负担的利息费用也是相等的。

（1）溢价摊销

以【例10-2】中H公司溢价发行债券为例（假定发行债券所得资金用于经营周转），

用直线法摊销溢价。债券发行后应编制债券溢价摊销表，见表10-3。

表10-3

H公司债券溢价摊销表

（直线法）

单位：元

期次 （半年为一期）	支付利息 （1）=面值×4%	溢价摊销 （2）=5 419÷6	利息费用 （3）=（1）-（2）	账面价值 （4）=上期 （4）-（2）
发行时				105 419
1	4 000	903	3 097	104 516
2	4 000	903	3 097	103 613
3	4 000	903	3 097	102 710
4	4 000	903	3 097	101 807
5	4 000	903	3 097	100 904
6	4 000	904*	3 096	100 000
合　计	24 000	5 419	18 581	—

注：*尾数调整。

根据债券溢价摊销表，每一付息日摊销溢价的会计分录为：

借：财务费用[①]　　　　　　　　　　　　　　　　　　　　　3 097

　　应付债券——利息调整　　　　　　　　　　　　　　　　903

　　贷：应付利息[②]　　　　　　　　　　　　　　　　　　　　　4 000

实际支付利息时，作会计分录如下：

借：应付利息　　　　　　　　　　　　　　　　　　　　　　4 000

　　贷：银行存款　　　　　　　　　　　　　　　　　　　　　4 000

（2）折价摊销

以【例10-2】中H公司折价发行债券为例，用直线法摊销折价。应编制债券折价摊销表，见表10-4。

表10-4

H公司债券折价摊销表

（直线法）

单位：元

期次 （半年为一期）	支付利息 （1）=面值×4%	折价摊销 （2）=5 077÷6	利息费用 （3）=（1）+（2）	账面价值 （4）=上期 （4）+（2）
发行时				94 923
1	4 000	846	4 846	95 769
2	4 000	846	4 846	96 615
3	4 000	846	4 846	97 461
4	4 000	846	4 846	98 307
5	4 000	846	4 846	99 153
6	4 000	847*	4 847	100 000
合　计	24 000	5 077	29 077	—

注：*尾数调整。

---

　① 对债券利息的归属，应按照借款费用准则中利息费用资本化的条件，根据发行债券所得资金的用途等，决定计入财务费用或在建工程等。

　② 分期付息的债券利息，应贷记"应付利息"科目；一次还本付息的债券利息，应贷记"应付债券——应计利息"科目。

根据表10-4，每一付息日摊销折价的会计分录为：

借：财务费用   4 846

    贷：应付债券——利息调整   846

        应付利息   4 000

实际支付利息时，作会计分录如下：

借：应付利息   4 000

    贷：银行存款   4 000

采用直线法摊销债券的溢价或折价，显然简单易行，但由于债券每期摊销的溢价或折价固定不变，因而债券的每期实际利息费用也固定不变，而债券的账面价值却随着溢价或折价的逐期摊销而不相等，这不能正确反映长期负债与其相关费用的关系，而实际利率法则可避免上述缺点。

2.实际利率法

实际利率法（effective interest method）下，各付息期的利息费用是市场利率与每期期初债券的账面价值的乘积。各期按票面利率计算并支付给持票人的债券利息与当期的利息费用的差额，即为该期溢价或折旧的摊销额。用公式表示如下：

当期利息费用=摊余成本（债券该期期初账面价值）×市场利率

利息调整（溢价的摊销额）=支付的利息–当期利息费用

利息调整（折价的摊销额）=当期利息费用–支付的利息

（1）溢价摊销

以【例10-2】中H公司溢价发行债券为例，按实际利率法摊销债券溢价。应编制债券溢价摊销表，见表10-5。

表10-5   H公司债券溢价摊销表

（实际利率法）   单位：元

期次 （半年为一期）	实际支付利息 （1）=面值×4%	利息费用 （2）=上期 （4）×3%	溢价摊销 （3）=（1）-（2）	账面价值 （4）=上期 （4）-（3）
发行时				105 419
1	4 000	3 163	837	104 582
2	4 000	3 137	863	103 719
3	4 000	3 112	888	102 831
4	4 000	3 085	915	101 916
5	4 000	3 057	943	100 973
6	4 000	3 027[*]	973	100 000
合　计	24 000	18 581	5 419	—

注：*尾数调整。

根据表10-5，按期作不同的溢价摊销调整分录，如在计算债券第1期利息时，应作如下会计分录：

借：财务费用   3 163

    应付债券——利息调整   837

贷：应付利息 4 000

以后各期摊销调整分录与上相同，只是金额不同。每期支付等额利息时，都应编制会计分录：

借：应付利息 4 000

　　贷：银行存款 4 000

（2）折价摊销

以【例10-2】中H公司折价发行债券为例，按实际利率法摊销折价。应编制债券折价摊销表，见表10-6。

表10-6 H公司债券折价摊销表

（实际利率法） 单位：元

期次 （半年为一期）	实际支付利息 （1）=面值×4%	利息费用 （2）=上期 （4）×5%	折价摊销 （3）=（2）-（1）	账面价值 （4）=上期 （4）+（3）
发 行 时				94 923
1	4 000	4 746	746	95 669
2	4 000	4 783	783	96 452
3	4 000	4 823	823	97 275
4	4 000	4 864	864	98 139
5	4 000	4 907	907	99 046
6	4 000	4 954*	954	100 000
合 计	24 000	29 077	5 077	—

注：*尾数调整。

根据表10-6，按期作不同的折价摊销调整分录，如在计算债券第1期利息时，应作如下会计分录：

借：财务费用 4 746

　　贷：应付债券——利息调整 746

　　　　应付利息 4 000

以后各期摊销调整分录与上相同，只是金额不同。每期支付等额利息时，都应编制会计分录：

借：应付利息 4 000

　　贷：银行存款 4 000

从表10-5和表10-6可以看出，采用实际利率法摊销，在债券溢价发行的情形下，随着债券账面价值的逐期递减，企业实际负担的利息费用也相应递减。在债券折价发行的情形下，随着债券账面价值的逐期递增，企业实际负担的利息费用也相应递增。与直线法下每期负担等额利息费用的情形相比，实际利率法能较为准确地反映负债与其利息费用的关系，显然，实际利率法较直线法合理，但实际利率法计算较为复杂。我国会计准则要求采用实际利率法摊销债券的溢价或折价。

以上H公司发行债券的实例，都是假定债券的付息日与发行企业会计年度的结账日一致。如果付息日与会计年度结账日不一致，则需要按照权责发生制原则，在年终编制调整会计分录，确认上一付息日至会计年度结账日止的债券应计利息，并对债券溢价或折价的摊销额进行调整，以便正确地反映各个会计期间的应计利息和利息费用。

【例10-3】承【例10-2】，H公司的债券如果于2×22年11月1日溢价发行，付息日为每年的5月1日及11月1日，其余资料和条件不变（假定无发行成本）。债券发行价格为105 419元，溢价为5 419元。如按实际利率法摊销（各期摊销额见表10-5），则2×22年12月31日年度结账时，应该调整自上一个付息日（11月1日）起2个月的利息及应摊销溢价如下：

2个月的应付利息=100 000×4%×2÷6=1 333（元）

2个月应摊销的溢价=（100 000×4%-105 419×3%）×2÷6=279（元）

2个月的利息费用=1 333-279=1 054（元）

H公司2×22年12月31日应作如下调整会计分录：

借：财务费用 1 054
　　应付债券——利息调整 279
　　贷：应付利息 1 333

2×23年5月1日，应该作2×23年1月1日至5月1日的应计利息和溢价摊销的会计分录：

借：财务费用（3 163×4÷6） 2 109
　　应付债券——利息调整（837×4÷6） 558
　　贷：应付利息 2 667

5月1日支付利息时作会计分录如下：

借：应付利息 4 000
　　贷：银行存款 4 000

四、债券的偿还

债券都有规定的到期日，届时企业应该按照发行时订立的合同条款偿还本金及利息。债券的偿还，可能在到期日之前或之后，其偿还的主要方式有债券到期偿还、提前偿还、举借新债偿还旧债和分期偿还等。

1.到期偿还

对于到期一次还本分期付息的债券到期时，其折价或溢价已摊销完毕，其最终的账面价值就等于面值，企业只需按面值直接偿还。

【例10-4】承【例10-2】，H公司2×22年1月1日发行的债券于2×24年12月31日到期时一次性偿还本金。会计分录为：

借：应付债券——面值 100 000
　　贷：银行存款 100 000

若H公司发行的债券是到期一次还本付息债券，则每期计提的应计利息与债券的本金一次于2×24年12月31日偿付。会计分录为：

借：应付债券——面值 100 000
　　　　　　——应计利息 24 000
　　贷：银行存款 124 000

2.提前偿还

已公开上市的债券，由于市场利率的变动，其市价也会随之变动。当市场利率下跌时，债券的市价将会上涨；相反，当市场利率上升时，债券的市价则会下跌。在债券市价下跌到一定程度时，如果此时企业有足够的资金可供调度，则可以从证券市场提前购回尚未到期的债券，以减轻利息负担。若公司目前无须使用发行债券所筹集的长期资金，也可考虑提前购回债券。

企业提前偿还债券所支付的款项，一般不等于债券的账面价值。若企业按高于账面价值的价格收回债券，则应确认债券购回损失；反之，若按低于账面价值的价格收回债券，则应确认债券购回收益。

【例10-5】承【例10-2】，H公司折价发行债券，采用实际利率法摊销债券折价。假定2×23年6月30日，H公司从债券市场上将发行在外的此种债券全部购回，共计付款98 000元。此时债券的账面价值为97 275元。购回债券的损失为725元（98 000-97 275）。其会计分录为：

借：应付债券——面值　　　　　　　　　　　　　　　　　　　　　100 000
　　财务费用　　　　　　　　　　　　　　　　　　　　　　　　　　725
　贷：银行存款　　　　　　　　　　　　　　　　　　　　　　　　　98 000
　　　应付债券——利息调整　　　　　　　　　　　　　　　　　　　　2 725

五、可转换债券

1.可转换债券的性质

可转换债券（convertible bonds）是指可以在一定期间之后，按规定的转换比率或转换价格转换为发行企业股票的债券。

可转换债券具有债权性证券和权益性证券的双重性质，因而可称为混合性证券。债券持有者在转换期间内行使转换权，将债券转换为股票，则债券持有者就成为企业的股东，可以享受股票增值带来的利益；债券持有者在转换期间内未行使转换权利，未将债券转换为股票的，则债券持有者作为债权人，可以定期获取利息收入，到期收回本金。

从发行企业考虑，企业通过发行可转换债券，可以较低的筹资成本取得长期使用的资金。同时，如果企业直接增发股票有困难，通过发行可转换债券，让投资者在无须增加投资的情况下成为股东，增加其利益，以吸引投资者，这将有利于债券的发售，从而保证企业达到增资的目的。

由于企业发行的可转换债券既具有一般债券的债务性质，又具有所有者权益的性质，因此其会计处理具有不同于一般债券的特殊性。

2.可转换债券的发行

从理论上讲，可转换债券的发行价包括两个部分：一部分是可转换债券本身的价值，即债券面值及票面利息按市场利率折算的现值；另一部分是转换权的价值。转换权之所以有价值，是因为在发行企业效益较好的情况下，债券持有者将债券转换为股票，可以享受股利和资本增值的利益，或者在股票价格上涨时，将转换的股票出售，可得到股票增值的利益。转换权价值本身很难按股票市价确定，可按发行可转换债券所得的款项与同类非可转换债券发行可得款项的差额计算。

根据可转换债券发行价的确定，其发行时的会计处理有两种方法：

（1）确认转换权价值，即在发行可转换债券时，将债券本身的价值和转换权价值分别确认入账。其理由是由于债券附有转换权，其票面利率可定得较低，或在同一票面利率下，可以较高的价格出售，以产生利益，这就是转换权的经济价值，这种转换权价值是由于债券能转换成普通股所引起的，故应列作其他权益工具。

采用这种方法的前提是，能够比较客观地确定转换权的价值。企业发行的可转换公司债券，应当在初始确认时，将其包含的负债成分和权益成分进行分拆，将负债成分确认为应付债券，将权益成分确认为其他权益工具。负债成分的金额为假设债券不附转换权时的发行价格，即以债券的市场利率为折现率对债券的未来现金流量折算的现值。权益成分的金额为可转换债券的发行价格总额减去负债成分的金额后的余额。企业发行可转换债券发生的交易费用，应当按照负债成分和权益成分的公允价值的比例进行分摊。

企业按实际收到的款项，借记"银行存款"等账户，按可转换债券的面值，贷记"应付债券——可转换公司债券（面值）"账户，按权益成分的公允价值，贷记"其他权益工具"账户，按借贷双方之间的差额，借记或贷记"应付债券——可转换公司债券（利息调整）"账户。

（2）不确认转换权价值，即在债券发行时，不单独确认转换权的价值，而将全部发行价格作为债券本身的发行价格。其理由是：首先，转换权本身无单独的市价可循，其入账价值很难确定；其次，企业无法预知债权人何时行使转换权，因而转换权的价值应与债券溢价或折价一样，在债券的存续期内摊销；最后，转换权与债权无法分割，持券人要行使转换权，就必须放弃债权。因此，可转换债券在发行时，其账务处理可如未附有转换权债券那样处理。

我国会计准则要求采用前一种方法进行可转换债券发行的会计处理。核算中，在"应付债券"账户下设置"可转换公司债券"明细账户核算。

【例10-6】M公司于2×22年1月1日发行5年期、面值为300 000元的可转换债券，利率为9%，用于企业经营周转，规定每半年付息一次。发行2年后，可按每1 000元面值转换为该企业每股面值为15元的普通股40股。发行时市场利率为10%，不附转换权时市场利率为12%。该公司采用实际利率法摊销债券溢价或折价。

按上述两种方法，可分别作会计分录如下：

（1）确认转换权价值：

2×22年1月1日发行债券时：

债券实际发行价=300 000×0.6139+300 000×4.5%×7.7217=288 413（元）

不附转换权债券的发行价=300 000×0.5584+300 000×4.5%×7.3601=266 881（元）

转换权价值=288 413-266 881=21 532（元）

应付债券折价=300 000-266 881=33 119（元）

借：银行存款 288 413

 应付债券——可转换公司债券（利息调整） 33 119

  贷：应付债券——可转换公司债券（面值） 300 000

   其他权益工具 21 532

2×22年6月30日计算利息时：

借：财务费用（266 881×6%） 16 013

　　贷：应付债券——可转换公司债券（利息调整） 2 513

　　　　应付利息（300 000×4.5%） 13 500

（2）不确认转换权价值：

2×22年1月1日发行债券时：

借：银行存款 288 413

　　应付债券——可转换公司债券（利息调整） 11 587

　　贷：应付债券——可转换公司债券（面值） 300 000

2×22年6月30日计算利息时：

借：财务费用（288 413×5%） 14 421

　　贷：应付债券——可转换公司债券（利息调整） 921

　　　　应付利息（300 000×4.5%） 13 500

需注意的是，在确认转换权价值的情况下，采用实际利率法摊销债券溢价或折价时，所用的实际利率应为不附转换权条件下债券的实际利率（上例为6%）；而在不确认转换权价值的情况下，采用实际利率法摊销债券溢价或折价时，所用实际利率应为附转换权条件下的实际利率（上例为5%）。

3.可转换债券的转换

可转换债券发行后，在转换为股票之前的核算与其他公司债券基本相同。下面只就可转换债券转换为股票的会计核算作介绍。

可转换债券转换为普通股时，就发行企业而言，须将债券尚未摊销的溢价或折价以及发行成本，连同债券的面值一并转销，并要确定所转换成的股票的价值。问题的关键是，企业应否确认转换损益。对此，有账面价值法和市价法两种会计处理方法。

（1）账面价值法。所谓账面价值法，是指以债券转换日债券账面价值作为所转换的股票的入账价值，不确认转换损益的方法。其理由是：①企业不能因为发行证券而产生损益，如有损益也应作为资本公积或冲减留存收益。②企业发行可转换债券时，就存有将债券转换成股票之意，现在发生的债券转换，是按照预定条款办理，应属同一笔业务，因而不能将其分离开来，因而无损益可言。

（2）市价法。所谓市价法，是指以可转换债券转换日债券或股票的市价中较为可靠者作为所转换的股票的入账价值，该入账价值与债券账面价值的差额，确认为转换损益。其理由是：①债券的转换是债券的收回与股票的发行两项交易的混合，股票的发行应以市价为入账依据。②债券的转换是企业的一项重大经济业务，因股票与债券的市价较容易取得，转换损益可以比较客观地确定，因此理应单独确认债券的转换损益。

【例10-7】承【例10-6】，假定M公司可转换债券持有者于2×24年1月1日行使转换权，将可转换债券全部转换为普通股股票。

（1）账面价值法下：

①假设发行可转换债券时采用确认转换权价值的方法。

确定转换日债券的账面价值与未摊销折价，计算结果见表10-7。

表 10-7　　　　　　　　　　　　**M 公司债券折价摊销表**

（实际利率法）　　　　　　　　　　　　　　　　单位：元

期次 （半年为一期）	实际支付利息 （1）=面值×4.5%	利息费用 （2）=上期 （4）×6%	折价摊销 （3）=（2）-（1）	账面价值 （4）=上期 （4）+（3）
发行时				266 881
1	13 500	16 013	2 513	269 394
2	13 500	16 164	2 664	272 058
3	13 500	16 323	2 823	274 881
4	13 500	16 493	2 993	277 874

因此，在转换日（2×24 年 1 月 1 日）：

已转换债券的账面价值=277 874 元

已转换债券的未摊销折价=300 000-277 874=22 126（元）

应冲减原确认的其他权益工具=21 532 元

转换普通股的股数=300 000÷1 000×40=12 000（股）

12 000 股股票的面值=12 000×15=180 000（元）

股本溢价金额=277 874+21 532-180 000=119 406（元）

转换日编制会计分录如下：

借：应付债券——可转换公司债券（面值）　　　　　　　　　　　　300 000

　　其他权益工具　　　　　　　　　　　　　　　　　　　　　　　21 532

　　贷：应付债券——可转换公司债券（利息调整）　　　　　　　　　　22 126

　　　　股本　　　　　　　　　　　　　　　　　　　　　　　　　180 000

　　　　资本公积——股本溢价　　　　　　　　　　　　　　　　　　119 406

②假设发行可转换债券时采用不确认转换权价值的方法。

确定转换日债券的账面价值与未摊销折价，计算结果见表 10-8。

表 10-8　　　　　　　　　　　　**M 公司债券折价摊销表**

（实际利率法）　　　　　　　　　　　　　　　　单位：元

期次 （半年为一期）	实际支付利息 （1）=面值×4.5%	利息费用 （2）=上期 （4）×5%	折价摊销 （3）=（2）-（1）	账面价值 （4）=上期 （4）+（3）
发行时				288 413
1	13 500	14 421	921	289 334
2	13 500	14 467	967	290 301
3	13 500	14 515	1 015	291 316
4	13 500	14 566	1 066	292 382

因此，在转换日（2×24 年 1 月 1 日）：

已转换债券的账面价值=292 382 元

已转换债券的未摊销折价=300 000-292 382=7 618（元）

股本溢价金额= 292 382-180 000=112 382（元）

转换日编制会计分录如下：

借：应付债券——可转换债券（面值）   300 000

    贷：应付债券——可转换债券（利息调整）   7 618

      股本   180 000

      资本公积——股本溢价   112 382

（2）市价法下：

假定转换日 M 公司普通股股票市价为每股 26 元。

①假设发行可转换公司债券时采用确认转换权价值的方法。

可转换债券的账面价值=277 874元

应冲减原确认的其他权益工具=21 532元

普通股股票的总市价=12 000×26=312 000（元）

股本溢价=312 000-180 000=132 000（元）

债券转换损失=312 000-277 874-21 532=12 594（元）

转换日编制会计分录如下：

借：应付债券——可转换公司债券（面值）   300 000

    其他权益工具   21 532

    财务费用   12 594

    贷：应付债券——可转换公司债券（利息调整）   22 126

      股本   180 000

      资本公积——股本溢价   132 000

②假设发行可转换公司债券时采用不确认转换权价值的方法。

可转换债券的账面价值=292 382元

已转换债券的未摊销折价=300 000-292 382=7 618（元）

债券转换损失=312 000-292 382=19 618（元）

股本溢价金额= 312 000-180 000=132 000（元）

转换日编制会计分录如下：

借：应付债券——可转换公司债券（面值）   300 000

    财务费用   19 618

    贷：应付债券——可转换公司债券（利息调整）   7 618

    股本   180 000

    资本公积——股本溢价   132 000

从理论上而言，市价法与账面价值法均可使用，但相对而言，账面价值法下会计处理较为简单。我国现行会计准则要求采用账面价值法，并且规定对于债券面额不足1股的部分，企业应以现金偿还。

4.可转换债券的偿付

（1）提前偿付

可转换债券提前偿付，是指由可转换债券的发行企业通知赎回或从证券市场上提前购回。发行企业对此项提前偿付的损益，有两种处理方法：①确认为当期损益。其理由是可转换债券提前偿付属于债券的收回，因此债券收回价格与债券账面价值之间的差额应确认为当期损益，计入财务费用。②调整其他权益工具。其理由是认为可转换债券具有股票的某些特征，其价值会受到该企业股票价值波动的影响，在这种情况下提前偿付债券，可视为股票的收回，而债券收回价格与债券账面价值之间的差额，应调整其他权益工具，而不应计入当期损益。

（2）诱导转换

可转换债券的发行企业按照比原来更为优惠的条件促使债券持有者提前转换，这种转换称为诱导转换。诱导转换常用的手段有：增加转换比例；发给额外的认股权；发给现金或其他资产。

与一般转换一样，诱导转换的会计处理方法也有账面价值法和市价法两种。所不同的是，在诱导转换情况下若采用账面价值法，则应按多付的证券及资产的公允市价确认债券转换费用。

【例10-8】以【例10-6】资料为例，假定M公司于2×23年1月1日诱导转换2×22年发行的全部可转换债券，具体措施是：将转换比例提高为面值1 000元的债券可转换为普通股股票60股。转换日该公司普通股的每股市价为25元。该公司发行债券时采用确认转换权价值的会计处理方法。按原规定需换发12 000股，按新条件需换发18 000股。

从表10-7可知，转换日债券的账面价值为272 058元，未摊销折价为27 942元（300 000-272 058）。

（1）账面价值法

诱导转换的费用=（18 000-12 000）×25=150 000（元）

股票的入账价值=债券的账面价值+债券发行时确认的资本公积+多发行股票的市价

$$=272\,058+21\,532+150\,000=443\,590（元）$$

应编制会计分录如下：

借：应付债券——可转换公司债券（面值）	300 000	
其他权益工具	21 532	
财务费用	150 000	
贷：应付债券——可转换债券（利息调整）		27 942
股本（18 000×15）		270 000
资本公积——股本溢价（443 590-270 000）		173 590

（2）市价法

应换发股票总市价=18 000×25=450 000（元）

债券转换损失=450 000-272 058-21 532=156 410（元）

应编制会计分录如下：

借：应付债券——可转换公司债券（面值）	300 000	
其他权益工具	21 532	
财务费用	156 410	
贷：应付债券——可转换债券（利息调整）		27 942
股本		270 000
资本公积——股本溢价		180 000

第四节 长期应付款

长期应付款（long-term payable）主要指企业除长期借款和应付债券以外的其他各种长期应付款项，主要包括以分期付款方式购入固定资产、无形资产或存货等发生的应付款项等。为了核算各种长期应付款，企业可以设置"长期应付款"账户，并按长期应付款的种类设置明细账户进行核算。长期应付款的利息支出属于借款费用，应按借款费用处理方法进行处理。

企业在购买固定资产、无形资产或存货等资产过程中，有可能延期支付资产的价款和相关税费。如果延期支付的款项超过正常信用条件的，实质上具有融资性质，则所购买资产的成本应当以延期支付价款和相关税费（增值税除外）的现值为计量基础计算确定。实际支付的价款（含应计入资产成本的相关税费）与其的现值之间的差额，应当在信用期间内采用实际利率法进行摊销，计入相关资产成本或当期损益。

企业购入具有融资性质的资产时，应按购买价款的现值，借记"固定资产"、"在建工程"、"无形资产"和"原材料"等账户，按应支付的增值税，借记"应交税费——应交增值税（进项税额）"账户，按应支付的价款总额，贷记"长期应付款"账户，按其差额，借记"未确认融资费用"账户。企业在按照合同约定的付款日分期支付价款时，借记"长期应付款"账户，贷记"银行存款"等账户。

第五节 其他非流动负债

本节所阐述的其他非流动负债主要包括租赁负债、预计负债、递延收益等。

一、租赁负债

租赁负债是指承租人企业尚未支付的租赁付款额的期末账面价值。在租赁期开始日，承租人应当对租赁确认使用权资产和租赁负债。租赁负债应当按照租赁期开始日尚未支付的租赁付款额的现值进行初始计量。在计算租赁付款额的现值时，承租人应当采用租赁内含利率作为折现率；无法确定租赁内含利率的，应当采用承租人增量借款利率作为折现率。

在租赁期开始日，纳入租赁负债计量的租赁付款额包括下列为取得在租赁期内使用标的资产的权利而应支付但在租赁期开始日尚未支付的款项：

（1）固定付款额及实质固定付款额，存在租赁激励的，扣除租赁激励相关金额；

（2）取决于指数或比率的可变租赁付款额，该款项在初始计量时根据租赁期开始日的指数或比率确定；

（3）购买选择权的行权价格，前提是承租人合理确定将行使该选择权；

（4）行使终止租赁选择权需支付的款项，前提是租赁期反映出承租人将行使终止租赁选择权；

（5）根据承租人提供的担保余值预计应支付的款项。

对租赁负债的核算应设置"租赁负债"账户，该账户反映承租人企业为取得在租赁期内使用标的资产的权利而应支付但在租赁期开始日尚未支付的款项的期末余额。租赁负债的具体核算可参见 2018 年修订发布的《企业会计准则第 21 号——租赁》和本套教材特殊业务部分的第九章内容。

二、预计负债

企业在经营活动中经常会面临一些具有较大不确定性的经济事项，如企业有时会面临诉讼、仲裁、重组，还有的企业为其他企业提供债务担保，对消费者提供产品质量保证等。这些不确定事项对企业的财务状况和经营成果可能产生较大的影响，但其最终结果需由某些未来事项的发生或不发生来决定。这种不确定事项在会计上被称为或有事项。

企业应当提前考虑或有事项可能给企业带来的风险，及时确认、计量或披露相关信息。与或有事项相关的义务同时满足下列条件的，应当确认为预计负债：（1）该义务是企业承担的现时义务；（2）履行该义务很可能导致经济利益流出企业；（3）该义务的金额能够可靠计量。

预计负债的计量需要对未来经济利益的流出金额作出合理的估计，以确定最佳估计数，并要考虑预期可能获得的补偿。企业应设置"预计负债"账户对发生并确认的预计负债进行核算，具体核算方法可参见《企业会计准则第 13 号——或有事项》和本套教材特殊业务部分的第二章内容。

三、递延收益

递延收益是指不能计入当期损益，而应当在以后期间确认为收益的负债。递延收益主要包括企业因政府补助形成的负债等，应当按照政府补助的计量金额核算。根据《企业会计准则第 16 号——政府补助》（2017）的规定，政府补助是指企业从政府无偿取得货币性资产或非货币性资产。政府补助具有无偿性和来源于政府的经济资源的特点。从会计核算的角度看，政府补助应当区分为与资产相关的政府补助和与收益相关的政府补助。

与资产相关的政府补助，应当冲减相关资产的账面价值或确认为递延收益，确认为递延收益的，应当在相关资产使用寿命内按照合理、系统的方法分期计入损益；与收益相关的政府补助，如果是用于补偿企业以后期间的相关成本费用或损失的，确认为递延收益，并在确认相关成本费用或损失的期间，分期计入当期损益或冲减相关成本。

企业应当设置"递延收益"账户来核算不能计入当期损益，而应当在以后期间确认为收益的负债。值得注意的是，按照我国财政部 2019 年 5 月发布的《一般企业财务报表格式（适用于已执行新金融准则、新收入准则和新租赁准则的企业）》的规定，"递延收益"项目属于资产负债表中的非流动资产项目，但该项目中摊销期限只剩一年或不足一年的，或预计在一年内（含一年）进行摊销的部分，不得归类为流动负债，仍在该项目中填列，不转入"一年内到期的非流动负债"项目。

递延收益的具体核算方法可参见《企业会计准则第 16 号——政府补助》和本套教材特殊业务部分的第四章内容。

第六节 借款费用

一、借款费用的内容与会计处理原则

（一）借款费用的内容

借款费用从本质上讲是企业为借入资金而付出的代价，对其进行严格的定义和内涵上的界定，对于准确计量借款费用十分必要。根据我国《企业会计准则17号——借款费用》的规定，借款费用是指企业因借款而发生的利息及其他相关成本，包括借款利息，折价或溢价的摊销，借款过程中发生的手续费、佣金等辅助费用，因外币借款而发生的汇兑差额等。

（二）借款费用的会计处理原则

对于借款费用的会计处理，就是确定一定时期的借款费用金额以及应归属何会计要素的过程。对于借款费用如何进行会计处理有两种观点：一种观点认为对借款费用应予以费用化；另一种观点认为对借款费用应予以资本化。前一观点认为，由于借款费用是企业筹资过程中必然要发生的，与举借债务所购置资产价值无关。例如，利息费用是与企业的借款金额和利率有关，而不受所购资产的影响；外币借款的汇兑损益是由于汇率变动所引起的，也与所购资产无关。假如将借款费用予以资本化，会使同类资产仅仅由于筹资方式不同而使其账面价值也不同，故借款费用不应计入资产的购建成本，而应在发生时直接确认为当期财务费用，计入当期损益。后一观点则认为，借款费用往往是由于某项长期投资的需要而发生的，与所形成的资产有紧密的联系，这项费用与其他列为资本性支出的费用在性质上是相同的。在向外购入的资产价值中也常常含有一部分负债的利息和外币借款汇兑损益的因素，只是这些因素往往含在买价中而未单独反映出来，较为常见的是在分期付款方式下，一般买价中包含利息等费用，如果不将借款费用资本化，则会因采用的付款方式不同而造成资产的价值不同。另外，将借款费用费用化，会不利于正确反映企业的各期损益。因此，借款费用应予以资本化，计入所形成的资产的购建成本。

《国际会计准则第23号——借款费用》中明确借款费用的基准处理方法为：借款费用应于其发生的当期确认为一项费用，而不管借款如何使用；而借款费用资本化可以作为允许选用的处理方法，那些可直接计入相关资产的购置、建造或生产成本的借款费用，可作为该项资产成本的一部分予以资本化。这里的相关资产是指需要经过相当长时间才能达到可以使用或销售状态的资产。

小案例 10-2

渝钛白的应付债券利息属于资本还是费用

我国《企业会计准则17号——借款费用》规定，企业发生的借款费用，可直接归属于符合资本化条件的资产的购建或者生产的，应予以资本化，计入相关资产成本；其他借款费用，应当在发生时根据其发生额确认为费用，计入当期损益。这就要求企业应正确计算每期实际发生的借款费用，并严格区分每期应予以资本化的借款费用和应计入当期损益的借款费用。

二、借款费用资本化的确认与计量

1.借款费用可予资本化的资产范围和借款范围

按照我国会计准则的要求，符合资本化条件的资产，是指需要经过相当长时间（指资产的购建或者生产所必需的时间，通常为1年以上）的购建或者生产活动才能达到预定可使用或者可销售状态的固定资产、投资性房地产、存货等资产，如船舶、大型成套设备。

例如，某公司于2×23年1月1日起，用银行借款开工建设一幢简易厂房，厂房于当年2月15日完工，达到预定可使用状态。尽管公司借款用于固定资产的建造，但是由于该固定资产建造时间较短，因此所发生的相关借款费用不应予以资本化，而应当根据发生额计入当期财务费用。

所谓可予资本化的借款，是指能够将其所产生的利息费用及其他相关成本纳入某项资产成本的借款。可予资本化的借款既包括专门借款，也包括一般借款。其中，对于一般借款，只有在购建或者生产符合资本化条件的资产占用了一般借款时，才将与该部分一般借款相关的借款费用资本化；否则，所发生的借款费用应当计入当期损益。

2.借款费用资本化的条件

当同时满足以下三个条件时，企业的借款费用才能开始资本化：

（1）资产支出已经发生。资产支出包括为购建或者生产符合资本化条件的资产而以支付现金、转移非现金资产或者承担带息债务形式发生的支出。

（2）借款费用已经发生。它是指企业已经发生因购建或者生产符合资本化条件的资产而专门借入款项的借款费用或者占用了一般借款的借款费用。

（3）为使资产达到预定可使用或可销售状态所必要的购建或者生产活动已经开始。它是指符合资本化条件的资产实体的建造或者生产工作已经开始，例如，主体设备的安装、厂房的实际开工建造等。它不包括仅仅持有资产，但没有发生为改变资产形态而进行的实质上的建造或生产活动。

在上述三个条件同时满足的情况下，借款费用才能开始资本化，只要其中有一条没有满足，借款利息、折价或者溢价的摊销以及因外币借款而发生的汇兑差额就不能开始资本化。

3.借款费用资本化的暂停与停止

（1）借款费用资本化的暂停

符合资本化条件的资产在购建或者生产过程中发生非正常中断，且中断时间连续超过3个月的，应当暂停借款费用的资本化。在中断期间发生的借款费用应当确认为费用，计入当期损益，直至资产的购建或者生产活动重新开始。中断的原因必须是非正常中断，属于正常中断的，则相关借款费用的资本化应当继续进行。

非正常中断，通常是由于企业管理决策或者其他不可预见的原因所导致的中断。例如，企业因与施工方发生了质量纠纷，或者资金周转发生了困难，或者施工方发生了安全事故等原因，导致购建或生产活动发生中断。正常中断，则仅限于该中断是使所购建或者生产符合资本化条件的资产达到预定可使用状态所必要的程序，或者事先可预见的不可抗力因素导致中断。例如，某些工程在建造到一定阶段后须暂停下来，进行工程质量或者安全检查，这是工程建造必须经过的程序，属于正常中断。

（2）借款费用资本化的停止

购建或生产符合资本化条件的资产达到预定可使用或可销售状态时，借款费用应当停止资本化。确定停止资本化的时点很重要，因为在符合资本化条件的资产达到预定可使用或可销售状态之后发生的借款费用，应当在发生时根据其发生额确认为费用，计入当期损益，不再予以资本化。借款费用停止资本化的时点的偏移，将直接影响到借款费用资本化或费用化的数额的高低。企业确定借款费用停止资本化的时点时需要运用职业判断，应当遵循实质重于形式的原则，针对具体情况，依据经济实质判断所购建或生产符合资本化条件的资产达到预定可使用或者可销售状态的时点，具体可从下列几方面进行判断：

① 符合资本化条件的资产的实体建造（包括安装）或者生产工作已经全部完成或者实质上已经完成。

② 所购建或者生产的符合资本化条件的资产与设计要求、合同规定或者生产要求相符或者基本相符，即使有个别与设计、合同或者生产要求不相符的地方，也不影响其正常使用或者销售。

③ 继续发生在所购建或生产的符合资本化条件的资产上的支出金额很少或者几乎不再发生。

符合上述几个条件之一，即应认为购建或者生产符合资本化条件的资产达到了预定可使用或者可销售状态。

购建或者生产符合资本化条件的资产需要试生产或者运行的，在试生产结果表明资产能够正常生产出合格产品，或者试运行结果表明资产能够正常运转或者营业时，应当认为资产已经达到预定可使用或者可销售状态，并应停止借款费用的资本化。

（3）资产分别购建或生产、分别完工情况下的借款费用资本化的停止

在出现资产分别购建或生产、分别完工情况时，企业应根据经济实质区别以下情况，具体界定借款费用停止资本化的时点：

① 购建或者生产的符合资本化条件的资产的各部分分别完工，且每部分在其他部分继续建造过程中可供使用或者可对外销售，且为使该部分资产达到预定可使用或可销售状态所必要的购建或者生产活动实质上已经完成的，应当停止与该部分资产相关的借款费用的资本化。例如，企业建造由若干幢厂房组成的生产车间，每幢厂房在其建造期间均可单独使用，那么，当其中的一幢厂房完成并达到预定可使用状态时，应当停止该幢厂房的借款费用资本化。

② 购建或者生产的符合资本化条件的资产的各部分分别完工，但必须等到整体完工后才可使用或对外销售的，应当在该资产整体完工时停止借款费用的资本化。也就是说，即使资产的各部分分别完工，也应该在该资产整体完工时才停止借款费用的资本化，已经完工部分的借款费用仍应继续资本化。

4.借款费用资本化金额的确定

（1）借款利息费用资本化金额的确定

我国会计准则区分了专门借款和一般借款两种情况，不同情况下的资本化金额的计算

办法不同。

①为购建或者生产符合资本化条件的资产而专门借入的专门借款，应当以专门借款当期实际发生的利息费用（包括折价或溢价的摊销），减去将尚未动用的借款资金存入银行取得的利息收入或进行暂时性投资取得的投资收益后的金额确定。计算公式如下：

$$\begin{matrix} \text{每一会计期间专门借款} \\ \text{利息的资本化金额} \end{matrix} = \begin{matrix} \text{专门借款当期实际} \\ \text{发生的利息费用} \end{matrix} - \begin{matrix} \text{尚未动用的借款} \\ \text{资金的利息收入} \end{matrix} - \begin{matrix} \text{尚未动用的借款资金} \\ \text{暂时性投资取得的投资收益} \end{matrix}$$

②为购建或者生产符合资本化条件的资产占用了一般借款的，企业应当根据累计资产支出超过专门借款部分的资产支出加权平均数乘以所占用的一般借款的资本化率，计算确定一般借款应予资本化的利息金额。资本化率应当根据一般借款加权平均利率计算确定。计算公式如下：

$$\begin{matrix} \text{每一会计期间一般借款} \\ \text{利息的资本化金额} \end{matrix} = \begin{matrix} \text{累计资产支出超过专门借款} \\ \text{部分的资产支出加权平均数} \end{matrix} \times \begin{matrix} \text{所占一般借款的} \\ \text{资本化率} \end{matrix}$$

资本化率按下列原则确定：

① 如果为购建或者生产符合资本化条件的资产只占用一笔一般借款，则资本化率为该项借款的利率。

② 如果为购建或者生产符合资本化条件的资产占用一笔以上一般借款，则资本化率为这些借款的加权平均利率。其中，加权平均利率按如下公式计算：

加权平均利率=所占用一般借款当期实际发生的利息之和÷所占用一般借款本金加权平均数×100%

其中，一般借款本金加权平均数按下列公式计算：

$$\begin{matrix} \text{一般借款本金} \\ \text{加权平均数} \end{matrix} = \sum (\text{每笔一般借款本金} \times \text{每笔一般借款在当期所占用的天数} \div \text{会计期间涵盖的天数})$$

需要注意的是，每一会计期间的利息资本化金额，不应当超过当期相关借款实际发生的利息金额。

（2）借款辅助费用资本化金额的确定

因借款而发生的辅助费用，是指企业在借款过程中发生的诸如手续费、佣金、印刷费、承诺费等费用。由于这些费用是因安排借款而发生的，也是借入资金的一部分代价，因而这些费用也构成了借款费用的组成部分。

会计准则区分了发生辅助费用的来源是专门借款还是一般借款两种情况：

① 专门借款发生的辅助费用，在所购建或者生产的符合资本化条件的资产达到预定可使用或者可销售状态之前发生的，应当在发生时根据其发生额予以资本化，计入符合资本化条件的资产的成本；在所购建或者生产的符合资本化条件的资产达到预定可使用或者可销售状态之后发生的，应当在发生时根据其发生额确认为费用，计入当期损益。

② 一般借款发生的辅助费用，也应当按照上述原则确定其发生额并进行处理。

（3）外币专门借款汇兑差额资本化金额的确定

在资本化期间内，外币专门借款本金及利息的汇兑差额，应予以资本化，计入符合资本化条件的资产的成本。

借款费用资本化的确认过程可用图10-1反映。

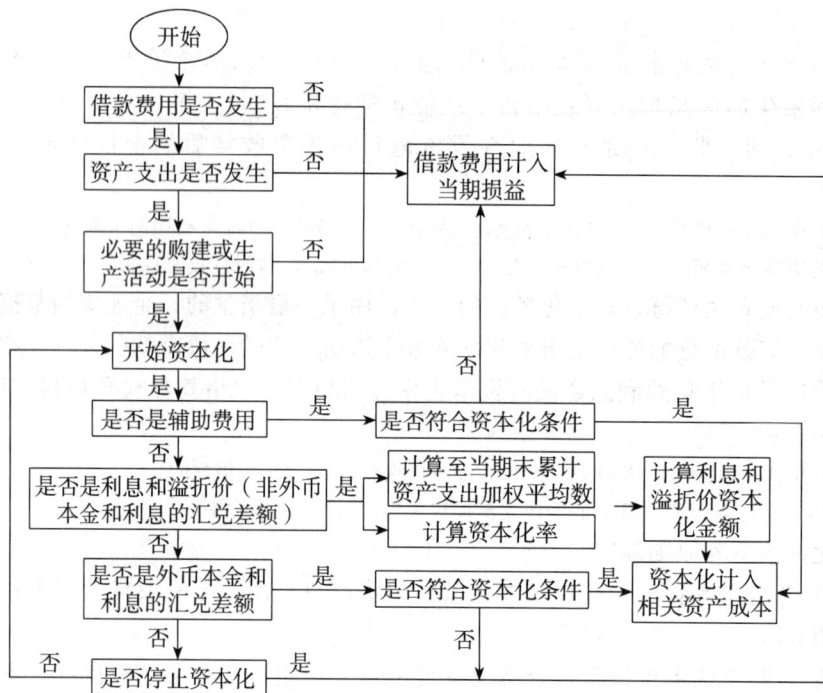

图10-1 借款费用资本化的主要流程

三、借款费用的账务处理

对企业发生的借款费用进行具体核算时，应按照规定分别进行处理：

（1）属于筹建期间的不应计入符合资本化条件的资产价值的借款费用，应计入长期待摊费用。

（2）属于经营期间的不应计入符合资本化条件的资产价值的借款费用，应计入财务费用。

（3）属于发生的与符合资本化条件的资产购建或生产有关的借款费用，按规定在符合资本化条件的资产达到预定可使用状态或可销售状态前应予以资本化，计入相关资产的成本。

（4）符合资本化条件的资产达到预定可使用状态或可销售状态后发生的借款费用及按规定不能资本化的借款费用，计入财务费用。

【例10-9】ABC公司于2×23年1月1日正式动工兴建一幢办公楼，工程预计1年半完工，工程采用出包方式，分别于2×23年1月1日、2×23年7月1日和2×24年1月1日支付工程进度款。

ABC公司为建造办公楼占用了一般借款两笔，具体为：

（1）向A银行长期贷款2 000万元，期限为2×22年12月1日—2×25年12月1日，年利率为6%，按年支付利息。

（2）发行公司债券1亿元，于2×22年1月1日发行，期限为5年，年利率为8%，按年支付利息。

假定这两笔一般借款除了用于办公楼建造外，没有用于其他符合资本化条件的资产的购建或者生产活动。

假定全年按360天计算，ABC公司为建造该办公楼的支出金额见表10-9。

表10-9 　　　　　　　　　　ABC公司为建造该办公楼的支出金额　　　　　　　　　单位：万元

日期	每期资产支出金额	资产支出累计金额
2×23年1月1日	1 500	1 500
2×23年7月1日	2 500	4 000
2×24年1月1日	1 500	5 500
总计	5 500	

分析：根据我国借款费用会计准则中借款费用开始资本化条件的规定，2×22年1月1日至2×22年12月底期间的借款利息因为不满足资本化的条件，所以不能资本化处理，只能计入当期损益。此处着重分析2×23年和2×24年的情况。

因为建造办公楼没有占用专门借款，因此，应先计算所占用一般借款的加权平均利率作为资本化率，然后计算建造办公楼的累计资产支出加权平均数，将其与资本化率相乘，计算求得当期应予以资本化的借款利息金额。

（1）计算所占用一般借款资本化率：

一般借款资本化率（年）=（2 000×6%+10 000×8%）÷（2 000+10 000）×100%=7.67%

（2）计算累计资产支出加权平均数：

2×23年累计资产支出加权平均数=1 500×360÷360+2 500×180÷360=2 750（万元）

2×24年累计资产支出加权平均数=（4 000+1 500）×180÷360=2 750（万元）

（3）计算每期利息资本化金额：

2×23年的利息资本化金额=2 750×7.67%=210.93（万元）

2×23年实际发生的一般借款利息费用=2 000×6%+10 000×8%=920（万元）

2×24年的利息资本化金额=2 750×7.67%=210.93（万元）

2×24年1月1日—6月30日
实际发生的一般借款利息费用 = 2 000×6%×180÷360+10 000×8%×180÷360=460（万元）

上述计算的利息资本化金额没有超过这两笔一般借款实际发生的利息费用，可以资本化。

（4）账务处理如下：

2×23年12月31日：

借：在建工程　　　　　　　　　　　　　　　　　　　　　　　2 109 300

　　财务费用　　　　　　　　　　　　　　　　　　　　　　　7 090 700

　　贷：应付利息　　　　　　　　　　　　　　　　　　　　　　　　9 200 000

2×24年6月30日：

借：在建工程　　　　　　　　　　　　　　　　　　　　　　　2 109 300

　　财务费用　　　　　　　　　　　　　　　　　　　　　　　2 490 700

　　贷：应付利息　　　　　　　　　　　　　　　　　　　　　　　　4 600 000

本章小结

非流动负债又叫长期负债，通常是指偿还期在1年或者超过1年的一个营业周期以上的债务。非流动负债主要有长期借款、应付债券、长期应付款和其他非流动负债，如租赁负债、预计负债、递延收益、递延所得税负债等。非流动负债偿还期限较长且金额较大，未来的现金流出量（未来支付的利息与本金）与其现值之间的差额较大，因此，长期负债计价应考虑资金的时间价值。

长期借款是企业向银行或其他金融机构借入的期限在1年以上（不含1年）的各种借款，主要包括具有融资性质的延期付款等。应付债券是指企业发行的1年期以上的有价证券。一般而言，当市场利率等于票面利率时，债券可按平价发行；当市场利率小于票面利率时，债券可按溢价发行；当市场利率大于票面利率时，债券可按折价发行。债券溢、折价的摊销方法有直线法和实际利率法等。我国现行会计准则规定应采用实际利率法摊销债券溢、折价，并在此基础上确认债券的摊余价值。企业可能还会发行可转换债券。可转换债券兼有负债和所有者权益的双重性质。其会计处理有确认转换权价值和不确认转换权价值两种方法，我国会计准则要求采用前一种方法。长期应付款主要指企业除长期借款和应付债券以外的其他各种长期应付款项，包括以分期付款方式购入固定资产、无形资产或存货等发生的应付款项等。

借款费用是指企业因借款而发生的利息及其他相关成本。企业发生的借款费用，可直接归属于符合资本化条件的资产的购建或者生产的，应予以资本化；其他借款费用应当在发生时根据其发生额确认为费用，计入当期损益。

主要概念

非流动负债　长期借款　应付债券　可转换债券　长期应付款　租赁负债　预计负债　递延收益　借款费用　借款费用资本化

第十章基本训练

所有者权益

学习目标

通过本章的学习，应该达到以下目标：在知识方面，了解所有者权益的性质及分类；在技能方面，熟悉股票发行、其他权益工具、资本公积、其他综合收益、盈余公积的形成及使用的会计核算方法；在能力方面，深刻理解所有者权益理论产生的不同会计处理方法。

思维导图

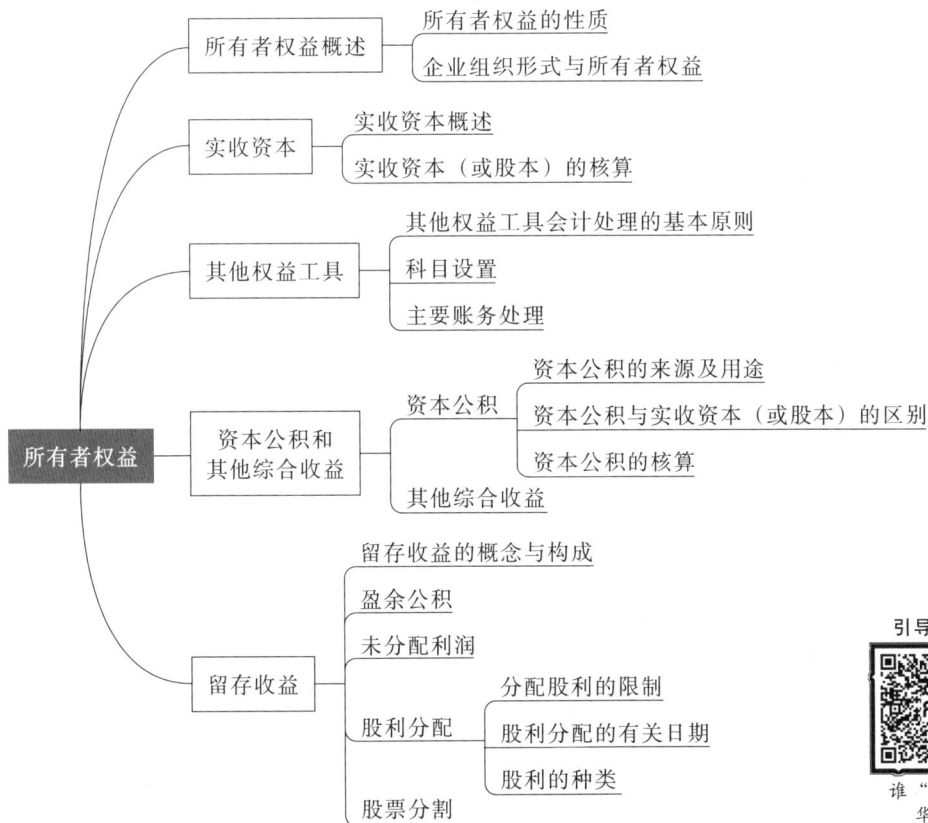

- 所有者权益概述
  - 所有者权益的性质
  - 企业组织形式与所有者权益
- 实收资本
  - 实收资本概述
  - 实收资本（或股本）的核算
- 其他权益工具
  - 其他权益工具会计处理的基本原则
  - 科目设置
  - 主要账务处理
- 资本公积和其他综合收益
  - 资本公积
    - 资本公积的来源及用途
    - 资本公积与实收资本（或股本）的区别
    - 资本公积的核算
  - 其他综合收益
- 留存收益
  - 留存收益的概念与构成
  - 盈余公积
  - 未分配利润
  - 股利分配
    - 分配股利的限制
    - 股利分配的有关日期
    - 股利的种类
  - 股票分割

所有者权益

引导案例

谁"拥有"华为

本章主要阐述所有者权益的性质、分类，以及企业资本的筹集、留存收益的会计处理等问题。

第一节 所有者权益概述

一、所有者权益的性质

（一）所有者权益的概念比较

权益有广义和狭义两种观点。广义的权益是指当事人依法享有的权力和利益，表示当事人可对关系自身利益的行为施加影响，并可从此项行为产生的结果中取得合法的利益。广义的权益包括债权人权益和所有者权益两部分，在资产负债表上与资产总额相对应。狭义的权益仅指所有者权益。

关于所有者权益的定义，说法虽多，但共识要多于分歧。国际会计准则理事会（IASB）在其2018年3月发布的修订后的《财务报告概念框架》中将权益定义为："权益是指主体资产扣除主体全部负债以后的剩余利益。"美国财务会计准则委员会在第6期财务会计概念公告《财务报表要素》中将所有者权益表述为"某个主体的资产减去负债后的剩余权益"。

我国现行《企业会计准则》将所有者权益表述为："所有者权益是指企业资产扣除负债后由所有者享有的剩余权益。"

从上述定义可以看出，IASB、FASB及我国的会计准则均侧重从定量角度即以所有者权益的计算公式引出其定义，并且道出了所有者权益具有"剩余权益"的本质，这就意味着所有者权益在索偿权方面逊色于债权人的索偿权。以定量方式对所有者权益下定义，其最大的优点是具有较强的可操作性，因为这种定义方法明确地指出了所有者权益的数量内涵，所以便于对所有者权益进行计量。其最大的缺点是未能揭示出所有者权益的经济内涵，未能以严谨的方式界定所有者权益的经济实质。

所有者权益与负债都是对企业资产的要求权，但是两者之间有明显区别，主要表现在：

（1）性质不同。负债是企业对债权人负担的经济责任，债权人有优先获取企业用以清偿债务的资产的要求权；所有者权益则是所有者对剩余资产的要求权，这种要求权在顺序上置于债权人的要求权之后。

（2）权利不同。债权人只有获取企业用以清偿债务的资产的要求权，而没有经营决策的参与权和收益分配权；所有者则可以参与企业的经营决策及收益分配。

（3）偿还期限不同。企业的负债通常都有约定的偿还日期；所有者权益在企业的存续期内一般不存在抽回的问题，即不存在约定的偿还日期，是企业一项可以长期使用的资金，只有在企业清算时才予以偿还。

（4）风险不同。债权人获取的利息一般是按一定利率计算、预先可以确定的固定数额，企业不论盈利与否均应按期付息，风险较小；所有者获得多少收益，则视企业的盈利水平及经营政策而定，风险较大。

（5）计量不同。负债必须在发生时按照规定的方法单独予以计量；所有者权益则不必单独计量，而是对资产和负债计量以后形成的结果。

在财务会计理论中，所有者权益的定义与内容从属于资产和负债的定义，尤其是在资产已经确定之后，所有者权益就取决于负债的确认与计量，因为它表示一种资产减负债后的"剩余权益"。也有些学者认为，这样理解未必恰当，它导致在财务会计上把不能列为负债的要求权都归于业主权益，其中包括一些不完全具备企业所有者权利的项目，如优先股股权和少数股东权益。这些项目实际上是所有者权益和负债的混合体，或者是介于两者之间的另一类要求权。从理论上说，有必要对所有者权益作出更为严格的定义，而不能简单地视为扣减负债之后的剩余权益。比如说可以再设立一类"准权益"（quasi-equities），用于归属不能充分满足所有者权益条件的剩余权益。

（二）所有者权益的分类

所有者权益可按不同的标志进行分类，在公司组织中，结合我国实际，主要可按所有者权益的形成来源和投资主体分类。

1.按形成来源分类

所有者权益按形成来源分类，可分为投入资本、直接计入所有者权益的利得和损失及留存收益。

投入资本为所有者初始和追加投入的资本；利得是指由企业非日常活动形成的，会导致所有者权益增加的，与所有者投入资本无关的经济利益的流入；损失是指由企业非日常活动所发生的，会导致所有者权益减少的，与向投资者分配利润无关的经济利益的流出；留存收益是企业经营活动所得税后利润的留存部分。

所有者权益的进一步分类，通常是基于法律上的规定。为了保障债权人利益（尤其在有限责任公司），通常规定，注册资本非经申请核准，办妥减资手续，不得减少。这种分类的目的有二：一是让股东和债权人知道，公司付给股东的款项是利润分配还是投入资本的返还；二是让股东用累计利润来判断管理人员的称职程度。

2.按投资主体分类

所有者权益按投资主体不同，可分为国家股、法人股、个人股及外资股四种。

国家股为有权代表国家投资的政府部门或机构，以国有资产投入公司所形成的股份。法人股为企业法人以其依法可支配的资产投入公司形成的股份，或具有法人资格的事业单位和社会团体，以国家允许用于经营的资产，以向公司投资的形式形成的股份。个人股为社会个人或本公司内部职工，以个人合法财产投入公司形成的股份。以上三种股份都为内地投资主体所拥有，简称A股。外资股为外国投资者以及我国香港、澳门、台湾地区投资者，以购买人民币特种股票形式，向公司投资形成的股份，又称B股。我国内地有些公司的股份在中国香港证券交易所公开上市流通，称为H股。这种分类的主要目的在于反映在企业里不同性质的股份所占比重，以便于国家进行宏观调控。上述各种性质的股份持有者，对企业所有者权益享有同等的权利，即按持有的股份数比例分享所有者权益。

立德精业 11-1

党的二十大报告指出，要深化国资国企改革，加快国有经济布局优化和结构调整，推动国有资本和国有企业做强做优做大，提升企业核心竞争力。报告明确国有资本是党和国家事业发展的重要物质基础和政治基础，要从推进国家现代化、维护国家安全的高度来理解其重要性。

报告中所说的资本即所有者权益，是人类创造物质和精神财富的各种社会经济资源的总称。在社会主义市场经济条件下规范和引导资本发展，既是一个重大经济问题，也是一个重大政治问题，既是一个重大实践问题，也是一个重大理论问题，关系坚持社会主义基本经济制度，关系改革开放基本国策，关系高质量发展和共同富裕，关系国家安全和社会稳定。必须深化对新的时代条件下我国各类资本及其作用的认识，规范和引导资本健康发展，发挥其作为重要生产要素的积极作用。

立德精业 11-2

党的二十大报告提出，要合理缩减外资准入负面清单，依法保护外商投资权益，营造市场化、法治化、国际化一流营商环境；推动共建"一带一路"高质量发展。报告强调利用外资是我国的长期方针，应创造更有吸引力的投资环境，积极吸引和有效利用外资，提振对华投资信心。要推动国家治理体系和治理能力现代化，欢迎外商扩大在华投资，提升我国经济增长的质量和效益。

外商投资是指外国的公司、企业、其他经济组织或者个人依照中华人民共和国法律的规定，在中华人民共和国境内进行私人直接投资。外商投资的投资主体是"外商"，又称为"外国投资者"。外商投资是近年来中国经济的重要驱动力之一。随着中国经济的快速发展和对外开放的深入推进，越来越多的外商投资企业进入中国市场，为中国的经济发展作出了重要贡献。

二、企业组织形式与所有者权益

（一）企业组织形式对所有者权益分类的影响

企业组织形式有独资、合伙和公司三种形式。

1. 独资企业

独资企业是指由单个出资者设立的企业。在独资企业，所有者权益属于业主一人所有，出资者对企业债务承担无限清偿责任，所以，通常称为"业主权益"。组建这类企业时，所有者投入的资本全部作为实收资本入账，这是独资企业投入资本会计处理的一个特点。由于投资者为单一所有者，因而也不会在增资时出现资本溢价问题。从法律上讲，独资企业通常没有法人资格，独资企业所拥有的资产和负债与业主个人另外拥有的资产和负债没有本质的区别，但在会计上仍把独资企业视为一个独立会计主体，单独予以处理。在独资企业中，所有者权益表现为所有者个人对企业的所有权，由于对所有者投入、撤出资本没有什么限制，并且除债权人以外没有其他优先求偿权，因而所有者权益不需分类。

2. 合伙企业

合伙企业是指两人以上按照协议投资、共同经营、共负盈亏的企业。与独资企业一样，合伙人对企业的负债负有无限连带责任。就这类企业而言，所有者权益应该按照出资合伙人分别设置账户，对各个合伙人的投资、提款和权益余额进行核算。合伙企业一般不是法人。由于合伙企业的出资人在两人以上，因此在增资时有可能出现资本溢价问题。合伙企业在筹资方面有很大的局限性，因此企业规模会受到较大的限制。另外，在合伙人变动时，企业会遇到比较棘手的问题。若处理不当，可能会导致合伙企业的解散。

3.公司企业

公司是依法成立的以营利为目的的企业法人。公司组织是社会化大生产的产物，是现代社会主要的、典型的组织形式。在我国，公司形式的企业有国有独资公司、有限责任公司和股份有限公司三种。在公司组织中，所有者权益属于一定数目的股东，也称"股东权益"。公司企业股东与债权人之间的产权关系比独资和合伙企业要复杂得多，公司股东权益分类的主要目的是更好地向股东提供有关他们权益变化情况的会计信息。

为了满足这一目的，股东权益的分类着重提供的信息包括：（1）企业股东权益的来源；（2）企业的法定资本；（3）股利分配上的限制；（4）结算分配上的限制。

（二）企业组织形式对所有者权益计量的影响

企业组织形式不仅影响所有者权益的分类，而且还因组织形式的不同产生了不同的权益计量理论。不同的权益计量理论是从不同的视角描述企业的财务状况及经营成果的，具体的权益计量理论现介绍如下：

1.业主权理论

业主权理论（proprietary theory）产生于最初对复式簿记的解释[1]，即资产总额-负债总额=业主权益。在这一会计等式中，业主居于中心地位。资产是业主拥有的一种经济资源，负债则是业主应承担的义务，业主权益代表所有者拥有的资产净值。在企业创立时，企业的资产净值等于业主的投资。企业在经营过程中，其净值就等于原始投入和所增投资额加累计净收益减业主提款和分派业主款。显而易见，业主权理论是一种净财富概念，即所有者（业主）拥有的净财富（净价值）。

业主权理论的基本立论是：会计主体与其终极所有者是一个完整且不可分割的整体。从产权理论看，业主权理论强调的是终极财产权，而不是法人财产权。业主权理论认为，会计主体充其量只是终极所有者财富的存在形式，会计主体是所有者的化身，会计主体的资产与终极所有者的资产没有本质的差别，会计主体的负债即为终极所有者的负债。会计主体的资产与负债之差代表终极所有者的净权益。会计主体的所有收益实质上是终极所有者财富的增加，同样，会计主体的所有支出，亦都可视为终极所有者财富的减少。至于终极所有者从会计主体获得的现金股利收入，并没有改变终极所有者的财富存量，而只是改变其财富的储存空间。股票股利仅仅表示业主权益之间的内部转移，并不代表股东的收益。然而，债务利息和所得税在这一理论下被视为费用。

这一理论也得到经济学界的认同，经济学家通常都在统计上将会计上的利润作为企业家的总利润。依据此理论，收入为业主权益的增加，费用为业主权益的减少，收入超过费用而形成的净收益，直接记入业主权益账户之中，构成了业主财富的一部分，可见，总括收益观正是以此理论为基础的。

业主权理论特别适用于独资企业组织，因为在这种组织形式中，企业的业主和管理者通常是一种个人关系。同时，这一理论对于合伙企业亦是适用的。对公司组织形式来说，业主权理论的适用性有一定的限制，但是并非不能适用。

---

[1] 查特菲尔德对业主权理论和复式簿记的关系作过如下精辟的论述："复式记账法是一种围绕企业的目的、资本的属性，特别是从业主立场看待账户意义的理论。这种对业主权益的关心导致了业主权和主体学说的产生，这个学说至今还是簿记方法的合理成分和会计理论的统一结构。"

2.实体理论（主体理论）

实体理论（entity theory）源于对复式记账的另一种解释，即以人格化的企业作为设置账户的依据。

实体理论的基本立论是：会计主体与其终极所有者是相互分离、彼此独立存在的个体。从产权理论看，实体理论强调的是法人财产权，而不是终极财产权。实体理论认为一个会计实体的资产、负债、净资产、收入和费用以及形成这些要素的交易或事项都独立于终极所有者。

实体理论认为，会计实体是独立于业主和其他利益持有人的，它所依据的会计等式是：资产=负债+所有者权益，也即资产=权益。根据这一等式，所有者已不再是财务会计的唯一中心，而是与债权人处于同等地位。两者的区别在于，债权人的权益优先于所有者权益。依据实体理论，资产是会计实体自身获取经济利益的权利，负债是企业自身的特定义务，而企业净收益所反映的是会计主体的经营成果净额，会计实体的净收益并不等同于所有者的净收益。企业的净收益可分配给投资者本人，也可用于扩大投资，只有投资价值的增加或股利的发放，才使净收益成为所有者的财富来源。此外，实体理论还认为债务利息应视为收益的分配而非费用，即对各种权益持有人进行的分配。如美国会计学会会计概念和标准委员会在1957年曾指出：利息费用、所得税费用属于利润分配，都不能作为决定企业净收益的因素。

|第二节| 实收资本

一、实收资本概述

实收资本（paid-in capital）是指企业按照章程规定或合同、协议的约定，接受投资者投入企业的资本。实收资本的构成比例即投资者的出资比例或股东的股权比例，是确定所有者在企业所有者权益中份额的基础，也是企业进行利润或股利分配的主要依据。

我国《民法典》第五十八条规定，法人应当依法成立；法人应当有自己的名称、组织机构、住所、财产或者经费。我国《企业法人登记管理条例》规定，企业申请开业，必须具备符合国家规定并与其生产经营和服务规模相适应的资金数额。我国现行《公司法》对有关注册资本部分的内容主要涉及三个方面：第一，将注册资本实缴登记制改为认缴登记制。也就是说，除法律、行政法规以及国务院决定对公司注册资本实缴有另行规定的以外，取消了关于公司股东（发起人）应自公司成立之日起两年内缴足出资，投资公司在五年内缴足出资的规定；取消了一人有限责任公司股东应一次足额缴纳出资的规定，转而采取公司股东（发起人）自主约定认缴出资额、出资方式、出资期限等，并记载于公司章程的方式。第二，放宽注册资本登记条件。除对公司注册资本最低限额有另行规定的以外，取消了有限责任公司、一人有限责任公司、股份有限公司最低注册资本分别应达3万元、10万元、500万元的限制；不再限制公司设立时股东（发起人）的首次出资比例以及货币出资比例。第三，简化登记事项和登记文件。有限责任公司股东认缴出资额、公司实收资本不再作为登记事项；公司登记时，不需要提交验资报告。

这里出现了三个概念：一是注册资本；二是实收资本；三是投入资本。它们三者之间有什么关系呢？注册资本是企业在工商登记机关登记的投资者认缴的出资额。投入资本是投资者作为资本实际投入到企业的资金数额。一般情况下，投资者投入资本，即构成企业的实收资本，但是，在一些特殊情况下，投资者也会因种种原因超额投入（如溢价发行股票等），从而使得其投入资本超过企业注册资本。在这种情况下，企业进行会计核算时，应单独核算，计入资本公积。在国外，不少国家将其称为"额外投入资本"或者"超面额缴入资本"等。

相关链接 11-1

《中华人民共和国公司法》注册资本登记管理制度出新规

二、实收资本（或股本）的核算

（一）股份有限公司的股本

1.发起设立

股份有限公司在收到发起人的出资时，应借记"银行存款"等科目，贷记"股本（share capital）"等科目。

【例 11-1】甲公司是由 A、B、C、D 和 E 五个发起人共同发起、依法设立的股份有限公司，经核定的股本总额为 5 000 万元，划分为 5 000 万股，每股面值为 1 元。公司章程中规定的各发起人的出资比例和出资方式为：A 占 50%，全部以非货币资产出资，折合股份 2 500 万股。A 的出资包括固定资产和土地使用权，固定资产账面原价 1 800 万元，经评估确认的价值为 1 700 万元；经评估确认的土地使用权的价值为 850 万元，上述财产已依法转入甲公司。B、C、D、E 各占 12.5%，全部以货币资金出资，有关出资已全部到位，存入银行。甲公司在收到上述各方出资时，应作如下会计分录：

```
借：固定资产                                    17 000 000
    无形资产——土地使用权                         8 500 000
    银行存款                                    25 000 000
  贷：股本——A                                            25 000 000
        ——B（50 000 000×12.5%）                        6 250 000
        ——C                                             6 250 000
        ——D                                             6 250 000
        ——E                                             6 250 000
    资本公积                                              500 000
```

2.募集设立

公司发行股票一般需要经过股东认购、实收股款、发行股票等阶段。公司在发行股票时，需要确定股票的发行价格。受发行时资本市场供求关系的影响，股票的发行价格可能有面值发行、溢价发行及折价发行，但我国不存在折价发行。发行有面值股票时，无论发行价格与面值是否一致，记入"股本"账户的金额总是股票面值。现举例说明如下：

【例 11-2】某股份公司经批准向社会公开发行普通股股票 1 500 万股，每股票面金额为 1 元，溢价发行。若发行后实收股款为 6 000 万元，则该公司应作如下会计分录：

```
借：银行存款                                    60 000 000
```

贷：股本——普通股	15 000 000
资本公积——股本溢价	45 000 000

（二）一般企业的实收资本

为了对投入资本进行核算，除股份有限公司以外，其他各类企业应设置"实收资本"账户。"实收资本"账户属于所有者权益类账户，用来核算企业实际收到投资者投入的资本增减变动情况及结果。该账户的贷方登记实收资本的增加数额，借方登记实收资本的减少数额，期末余额在贷方，反映企业期末实收资本的实有数额。该账户应按投资者设置明细账，进行明细分类核算。

1.接受现金资产投资

企业收到投资者以现金投入的资本时，借记"库存现金"或"银行存款"账户，按投资者在企业注册资本中所占的份额，贷记"实收资本"账户。对于实际投入的金额超过投资者在企业注册资本中所占份额的部分，应记入"资本公积"账户。

【例11-3】由A、B、C三位投资者出资，组建星光有限责任公司，注册资本为3 000 000元，A、B、C三位投资者持股比例分别为50%、30%和20%。按照公司章程的规定，A、B、C三位投资者投入的资本分别为1 500 000元、900 000元和600 000元。星光有限责任公司已如期收到各投资者的款项，在进行会计处理时，应编制如下会计分录：

借：银行存款	3 000 000
贷：实收资本——A	1 500 000
——B	900 000
——C	600 000

2.接受非现金资产投资

（1）接受投入固定资产。企业接受投资者作价投入的房屋、建筑物、机器设备等固定资产，应按照投资合同或协议约定的价值确定固定资产的价值，但投资合同或协议约定价值不公允的除外。在进行会计处理时，按照投资合同或协议约定的价值，借记"固定资产"账户，按投资者在企业注册资本中应享有的份额，贷记"实收资本"账户。如果投资合同或协议约定的价值大于投资者在企业注册资本中应享有的份额，应将其差额记入"资本公积"账户。

【例11-4】甲企业接受乙公司作为资本投入的设备一台，该设备不需要安装，合同约定该设备的价值为2 000 000元，与其公允价值相符，不考虑其他因素。甲企业进行会计处理时，应编制如下会计分录：

借：固定资产	2 000 000
贷：实收资本——乙公司	2 000 000

（2）接受投入材料物资。企业接受投资者作价投入的材料物资，应按照投资合同或协议约定的价值确定材料物资的价值，但投资合同或协议约定价值不公允的除外。在进行会计处理时，应按照投资合同或协议约定的价值，借记"原材料"账户，按增值税专用发票上注明的增值税税额，借记"应交税费——应交增值税（进项税额）"账户，按投资者在企业注册资本中应享有的份额，贷记"实收资本"账户，按其差额贷记"资本公积"账户。

【例11-5】某企业于设立时接受A公司作为资本投入的原材料一批，该批原材料投资合同约定的价值为 200 000 元，增值税进项税额为 26 000 元。A 公司已开具增值税专用发票。假设合同约定的价值与材料的公允价值相符，该进项税额允许抵扣，不考虑其他因素。该企业在进行会计处理时，应编制如下会计分录：

借：原材料　　　　　　　　　　　　　　　　　　　　　　200 000
　　应交税费——应交增值税（进项税额）　　　　　　　　 26 000
　　　贷：实收资本——A 公司　　　　　　　　　　　　　　　　　　226 000

（3）接受投入无形资产。企业接受投资者以无形资产方式投入的资本，应按照投资合同或协议约定的价值确定无形资产的价值，但投资合同或协议约定价值不公允的除外。在进行会计处理时，应按照投资合同或协议约定的价值，借记"无形资产"账户，按投资者在企业注册资本中应享有的份额，贷记"实收资本"账户。如果投资合同或协议约定的价值大于投资者在企业注册资本中应享有的份额，应将其差额记入"资本公积"账户。

【例 11-6】甲企业收到乙企业作为资本投入的专利权一项，该专利权按照投资合同或协议约定的价值为 100 000 元。假设合同约定的价值与公允价值相符，不考虑其他因素。该企业在进行会计处理时，应编制如下会计分录：

借：无形资产　　　　　　　　　　　　　　　　　　　　　100 000
　　　贷：实收资本——乙企业　　　　　　　　　　　　　　　　　100 000

第三节　其他权益工具

企业发行的除普通股（作为实收资本或股本）以外，按照金融负债和权益工具区分原则分类为权益工具的其他权益工具（other equity instruments），如优先股、永续债等，按照以下原则进行会计处理：

一、其他权益工具会计处理的基本原则

企业发行的金融工具应当按照金融工具准则进行初始确认和计量；其后，于每个资产负债表日计提利息或分配股利，按照相关具体会计准则进行处理，即企业应当以所发行金融工具的分类为基础，确定该工具利息支出或股利分配等的会计处理。对于归类为权益工具的金融工具，无论其名称中是否包含"债"，其利息支出或股利分配都应当作为发行企业的利润分配，其回购、注销等作为权益的变动处理；对于归类为金融负债的金融工具，无论其名称中是否包含"股"，其利息支出或股利分配原则上按照借款费用进行处理，其回购或赎回产生的利得或损失等计入当期损益。

企业（发行方）发行金融工具，其发生的手续费、佣金等交易费用，如分类为债务工具且以摊余成本计量，应当计入所发行工具的初始计量金额；如分类为权益工具，应当从权益（其他权益工具）中扣除。

二、科目设置

金融工具发行方应当设置下列会计科目，对发行的金融工具进行会计核算：

（1）发行方对于归类为金融负债的金融工具在"应付债券"科目核算。"应付债券"科目应当按照发行的金融工具种类进行明细核算，并在各类工具中按"面值""利息调

整""应计利息"设置明细账，进行明细核算（发行方发行的符合流动负债特征并归类为流动负债的金融工具，以相关流动性质的负债类科目进行核算）。

对于需要拆分且形成衍生金融负债或衍生金融资产的，应将拆分的衍生金融负债或衍生金融资产按照其公允价值在"衍生工具"科目核算。对于发行的且嵌入了非紧密相关的衍生金融资产或衍生金融负债的金融工具，如果发行方选择将其整体指定为以公允价值计量且其变动计入当期损益的，则应将发行的金融工具的整体在"交易性金融负债"等科目核算。

（2）在所有者权益类科目中增设"其他权益工具"科目，核算企业发行的除普通股以外的归类为权益工具的各种金融工具。本科目应按发行金融工具的种类等进行明细核算。

三、主要账务处理

（一）发行方的账务处理

（1）发行方发行的金融工具归类为债务工具并以摊余成本计量的，应按实际收到的金额，借记"银行存款"等科目，按债务工具的面值，贷记"应付债券——优先股、永续债（面值）"等科目，按其差额，贷记或借记"应付债券——优先股、永续债（利息调整）"等科目。在该工具存续期间，计提利息并对账面的利息调整进行调整等的会计处理，按照金融工具确认和计量准则中有关金融负债按摊余成本后续计量的规定进行会计处理。

（2）发行方发行的金融工具归类为权益工具的，应按实际收到的金额，借记"银行存款"等科目，贷记"其他权益工具——优先股、永续债"等科目。分类为权益工具的金融工具，在存续期间分配股利（含分类为权益工具的金融工具所产生的利息，下同）的，作为利润分配处理。发行方应根据经批准的股利分配方案，按应分配给金融工具持有者的股利金额，借记"利润分配——应付优先股股利、应付永续债利息"等科目，贷记"应付股利——优先股股利、永续债利息"等科目。

（3）发行方发行的金融工具为复合金融权益工具的，应按实际收到的金额，借记"银行存款"等科目，按金融工具的面值，贷记"应付债券——优先股、永续债（面值）"等科目，按负债成分的公允价值与金融工具面值之间的差额，借记或贷记"应付债券——优先股、永续债（利息调整）"等科目。按实际收到的金额扣除负债成分的公允价值后的金额，贷记"其他权益工具——优先股、永续债"等科目。

发行复合金融工具发生的交易费用，应当在负债成分和权益成分之间按照各自占总发行价款的比例进行分摊。与多项交易相关的共同交易费用，应当在合理的基础上，采用与其他类似交易一致的方法，在各项交易之间进行分摊。

（4）发行的金融工具本身是衍生金融负债或衍生金融资产，或者内嵌了衍生金融负债或衍生金融资产的，按照金融工具确认和计量准则中有关衍生工具的规定进行处理。

（5）由于发行的金融工具原合同条款约定的条件或事项随着时间的推移或经济环境的改变而发生变化，导致原归类为权益工具的金融工具重分类为金融负债的，应当于重分类日，按该工具的账面价值，借记"其他权益工具——优先股、永续债"等科目，按该工具的面值，贷记"应付债券——优先股、永续债（面值）"等科目，按该工具的公允价值与面值之间的差额，借记或贷记"应付债券——优先股、永续债（利息调整）"等科目，按该工具的公允价值与账面价值的差额，贷记或借记"资本公积——资本溢价（或股本溢价）"科目，如资本公积不够冲减的，依次冲减盈余公积和未分配利润。发行方以重分类日计算的实际利率作为应付债券后续计量利息调整等的基础。因发行的金融工具原合同条款约定的条件或事项随着时间的推移或经济环境的改变而发生变化，导致原归类为金融负债的金融工具重分类为权益工具的，应于重分类日，按金融负债的面值，借记"应付债券——优先股、永续债（面值）"等科目，按利息调整余额，借记或贷记"应付债券——优先股、永续债（利息调整）"等科目，按金融负债的账面价值，贷记"其他权益工具——优先股、永续债"等科目。

（6）发行方按合同条款约定赎回所发行的除普通股以外的分类为权益工具的金融工具，按赎回价格，借记"库存股——其他权益工具"科目，贷记"银行存款"或"存放中央银行款项"等科目；注销所购回的金融工具，按该工具对应的其他权益工具的账面价值，借记"其他权益工具"科目，按该工具的赎回价格，贷记"库存股——其他权益工具"科目，按其差额，借记或贷记"资本公积——资本溢价（或股本溢价）"科目，如资本公积不够冲减的，依次冲减盈余公积和未分配利润。发行方按合同条款的约定赎回所发行的分类为金融负债的金融工具，按该工具赎回日的账面价值，借记"应付债券"等科目，按赎回价格，贷记"银行存款"或"存放中央银行款项"等科目，按其差额，借记或贷记"财务费用"科目。

（7）发行方按合同条款的约定将发行的除普通股以外的金融工具转换为普通股的，按该工具对应的金融负债或其他权益工具的账面价值，借记"应付债券""其他权益工具"等科目，按普通股的面值，贷记"实收资本（或股本）"科目，按其差额，贷记"资本公积——资本溢价（或股本溢价）"科目（如转股时金融工具的账面价值不足转换为1股普通股而以现金或其他金融资产支付的，还需按支付的现金或其他金融资产的金额，贷记"银行存款"等科目）。

（二）投资方的账务处理

投资方购买发行方发行的金融工具，应当按照金融工具确认和计量准则等进行分类和计量。如果投资方因持有发行方发行的金融工具而对发行方拥有控制、共同控制或重大影响的，按照《企业会计准则第2号——长期股权投资》和《企业会计准则第20号——企业合并》进行确认和计量；投资方需编制合并财务报表的，按照《企业会计准则第33号——合并财务报表》的规定编制合并财务报表。

|第四节| 资本公积和其他综合收益

一、资本公积

（一）资本公积的来源及用途

资本公积（capital surplus）是保留在企业内部不予分配、来源于非经营因素的企业资本性积累，其权益属于投资者所有。从其形成来源看，它是投资者投入的资本金额中超过法定资本的部分，或是其他人投入的不形成实收资本的资产的转化形式，是一种特殊的所有者权益。它是企业抵御、防范经营和财务风险，充实资本的重要资金，对保护企业投资者和债权人的利益具有重要的意义。

按照《企业会计准则》的规定，资本公积是企业收到投资者出资额超出其在注册资本（或股本）中所占份额的部分，以及直接计入所有者权益的利得和损失等。资本公积包括资本溢价（或股本溢价）和直接计入所有者权益的利得和损失等。形成资本溢价（或股本溢价）的原因有溢价发行股票、投资者超额缴入资本等。直接计入所有者权益的利得和损失是指不应计入当期损益、会导致所有者权益发生增减变动的、与所有者投入资本或者向所有者分配利润无关的利得和损失，如企业的长期股权投资采用权益法核算时，因被投资单位除净损益以外所有者权益的其他变动，投资企业按应享有份额而增加或减少的资本公积。

资本公积主要用于转增资本，即在办理增资手续后用于资本公积转增实收资本，按所有者原有的比例增加投资人的实收资本。

（二）资本公积与实收资本（或股本）的区别

在所有者权益中，资本公积与实收资本（或股本）的区别主要表现在以下方面：

（1）从来源和性质看。实收资本（或股本）是指投资者按照企业章程或合同、协议的约定，实际投入企业并依法进行注册的资本，它体现了企业所有者对企业的基本产权关系。资本公积是投资者的出资中超出其在注册资本中所占份额的部分，以及直接计入所有者权益的利得和损失，它不直接表明所有者对企业的基本产权关系。

（2）从用途看。实收资本（或股本）的构成比例是确定所有者参与企业财务经营决策的基础，也是企业进行利润分配或股利分配的依据，同时还是企业清算时确定所有者对净资产的要求权的依据。资本公积主要用来转增资本（或股本），它不体现各所有者的占有比例，也不能作为所有者参与企业财务经营决策或进行利润分配（或股利分配）的依据。

（三）资本公积的核算

企业应通过"资本公积"账户核算资本公积的增减变动情况，并分别通过"资本溢价（或股本溢价）""其他资本公积"账户进行明细核算。

【例11-7】某有限责任公司接受某投资者的投资5 000 000元，其中4 000 000元作为实收资本，另外1 000 000元作为资本公积。公司收到该投资者的投资后存入银行，手续已办妥。

借：银行存款   5 000 000

  贷：实收资本   4 000 000

      资本公积——资本溢价   1 000 000

【例11-8】某有限责任公司经股东大会批准，将公司的资本公积（资本溢价）200 000元转增资本金。

借：资本公积——资本溢价   200 000

  贷：实收资本   200 000

二、其他综合收益

其他综合收益（other comprehensive income），是指企业根据《企业会计准则》的规定未在当期损益中确认的各项利得和损失，包括以后会计期间不能重分类进损益的其他综合收益和以后会计期间满足规定条件时将重分类进损益的其他综合收益两类。

1.以后会计期间不能重分类进损益的其他综合收益

以后会计期间不能重分类进损益的其他综合收益项目，主要包括重新计量设定受益计划净负债或净资产导致的变动，按照权益法核算因被投资单位重新计量设定受益计划净负债或净资产变动导致的权益变动，投资企业按持股比例计算确认的该部分其他综合收益项目，以及在初始确认时，企业可以将非交易性权益工具指定为以公允价值计量且变动计入其他综合收益的金融资产，该指定后不得撤销，即当该类非交易性权益工具终止确认时原计入其他综合收益的公允价值变动损益不得重分类进损益。

2.以后会计期间满足规定条件时将重分类进损益的其他综合收益

以后会计期间满足规定条件时将重分类进损益的其他综合收益项目，主要包括：

（1）符合金融工具准则的规定，同时符合两个条件的金融资产应当分类为以公允价值计量且变动计入其他综合收益：①企业管理该金融资产的业务模式既以收取合同现金流量为目标又以出售金融资产为目标；②该金融资产的合同条款规定，在特定日期产生的现金流量，仅为对本金和以未偿付本金金额为基础的利息的支付。当该类金融资产终止确认时，之前计入其他综合收益的利得或损失，应当从其他综合收益中转出，计入当期损益。

（2）按照金融工具准则的规定，对金融资产重分类按规定可以将原计入其他综合收益的利得或损失转入当期损益的部分。

（3）采用权益法核算的长期股权投资。采用权益法核算的长期股权投资，按照被投资单位实现其他综合收益以及持股比例计算应享有或分担的金额，调整长期股权投资的账面价值，同时增加或减少其他综合收益，其会计处理为：借记（或贷记）"长期股权投资——其他综合收益"科目，贷记（或借记）"其他综合收益"科目，待该项股权投资处置时，将原计入其他综合收益的金额转入当期损益。

（4）存货或自用房地产转换为投资性房地产。企业将作为存货的房地产转为采用公允价值模式计量的投资性房地产时，应当按该项房地产在转换日的公允价值，借记"投资性房地产——成本"科目，原已计提跌价准备的，借记"存货跌价准备"科目，按其账面余额，贷记"开发产品"等科目；同时转换日的公允价值小于账面价值的，按其差额，借记"公允价值变动损益"科目，转换日的公允价值大于账面价值的，按其差额，贷记"其他综合收益"科目。

企业将自用的建筑物等转换为采用公允价值模式计量的投资性房地产时，应当按该项房地产转换日的公允价值，借记"投资性房地产——成本"科目，原已计提减值准备的，借记"固定资产减值准备"科目，按已计提的累计折旧等，借记"累计折旧"等科目，按其账面余额，贷记"固定资产"等科目；同时转换日的公允价值小于账面价值的，按其差额，借记"公允价值变动损益"科目，转换日的公允价值大于账面价值的，按其差额，贷记"其他综合收益"科目。

待该项投资性房地产处置时，因转换计入其他综合收益的部分应转入当期损益。

（5）现金流量套期工具产生的利得或损失中属于有效套期的部分。现金流量套期利得或损失中属于有效套期的部分，应当直接确认为所有者权益（其他综合收益）；属于无效套期的部分，应当计入当期损益。对于前者，套期保值准则规定：在一定的条件下，将原直接计入所有者权益中的套期工具利得或损失转出，计入当期损益。

（6）外币财务报表折算差额。按照外币折算的要求，企业在处置境外经营的当期，将已列入合并财务报表所有者权益的外币报表折算差额中与该境外经营相关部分，自其他综合收益项目转入处置当期损益。如果是部分处置境外经营，应当按处置的比例计算处置部分的外币报表折算差额，转入处置当期损益。

第五节 留存收益

一、留存收益的概念与构成

（一）留存收益的概念

留存收益（或称留存利润，retained earnings）是股东权益的另外一个组成部分，它是指企业从历年实现的利润中提取或形成的留存于企业的内部积累。留存收益与投资者投入的资本同属于股东权益（资本），但它有别于投入资本，投入资本是投资者从外部投入公司的，它是股东权益的基本组成部分，而留存收益不是由投资者从外部投入的，而是从经营活动赚取的利润而来。公司经营得好坏直接关系到留存收益的大小，公司经营得好，利润表会表现出盈利，同时导致资产负债表的股东权益部分增加；而公司经营得差，利润表会表现出亏损，同时导致资产负债表的股东权益部分减少。可见，留存收益是资产负债表与利润表之间的桥梁。

（二）留存收益的构成

留存收益是国际上较为流行的提法，在我国，与留存收益对应的概念是盈余公积和未分配利润。在后面的会计分录中，我们将根据实际情况直接采用盈余公积和未分配利润科目。盈余公积包括法定盈余公积、任意盈余公积，它们属于拨定的留存收益，而未分配利润属于未拨定的留存收益。

二、盈余公积

（一）盈余公积的形成

企业要生存、要发展，必然要不断地扩大规模，向社会提供适销对路的产品或劳务，履行社会义务，承担社会责任。因此，有必要把税后利润的一部分留存企业，重新投入生产经营，参加周转。这部分留存于企业的利润，称为盈余公积（surplus from profits），是从盈余中而来，属于企业的所有者。盈余公积包括的具体内容如下：

1.法定盈余公积

法定盈余公积即企业按公司法规定必须从税后利润中提取，留存于企业，用以扩大生产经营的资本。企业必须提取法定盈余公积，其目的是确保企业不断积累资本，固本培元，自我壮大实力。我国《公司法》规定，公司制企业的法定盈余公积按照税后利润的10%提取，计提的法定盈余公积累计金额达到注册资本的50%时，可以不再提取；非公司制企业可按照超过10%的比例提取。

2.任意盈余公积

任意盈余公积是公司出于实际需要或采取审慎经营策略，从税后利润中提取的一部分留存利润。如果公司有优先股，必须在支付了优先股股利之后，才可提取任意盈余公积。

任意盈余公积和法定盈余公积的区别在于各自计提的依据不同，法定盈余公积是以国家法律或法规为依据而提取的，而任意盈余公积是企业自行决定提取的，其数额也视经营情况而定。

提取任意盈余公积的原因很多，如可能需要偿还一笔长期负债，也可能是为了控制本期股利的分派。总之，任意盈余公积是压低当年股利分配率的一种手段，是企业管理部门对发放股利施加的限制。可见，提取任意盈余公积的目的仅仅在于限制可供分派股利的留存利润，从而为企业积蓄财力，以供偿还长期债务之用，但它不会使留存利润发生增减变动。

（二）盈余公积的用途

根据有关规定，企业提取的盈余公积主要可被用于以下几个方面：

1.弥补亏损

企业发生亏损时，应由企业自行弥补。弥补亏损的渠道主要有三条：一是用以后年度税前利润弥补。按照有关法规的规定，企业发生亏损时，可以用以后5年内实现的税前会计利润弥补，也就是说税前利润弥补亏损的期限为5年。二是用以后年度税后利润弥补。企业发生的亏损经过5年期限未足额弥补的，应用所得税后的利润弥补。三是用盈余公积弥补。企业发生的亏损在所得税后利润仍不足弥补的，可用提取的盈余公积加以弥补。但是，用盈余公积弥补亏损时，应由董事会提议，并经股东大会批准后方可实施。

2.转增资本

当企业提取的盈余公积累积比较多时，可以将盈余公积转增资本，但必须经过股东大会的批准。按照公司法的规定，用盈余公积转增资本后，留存的盈余公积不得少于注册资本的25%，而且，当将盈余公积转增资本时，要按照股东的原持股比例进行结转。

3.发放现金股利或利润

根据有关规定，在特殊情况下，当企业累积的盈余公积比较多，而未分配利润又比较少时，为维护企业的形象，给投资者以合理的回报，对于符合规定条件的企业，可以用盈余公积分派现金股利或利润。

盈余公积的提取实际上是企业当期实现的净利润向投资者分配的一种限制。提取盈余公积本身就属于利润分配的一部分，企业提取盈余公积相对应的资金，一经提取形成盈余公积后，在一般情况下不得用于向投资者分派股利或利润。企业提取的盈余公积，无论是用于弥补亏损，还是用于转增资本，都是在企业所有者权益内部结构的转换，并不引起企业所有者权益总额的变化。

（三）盈余公积的会计处理

为了反映盈余公积的形成和使用情况，企业应设置"盈余公积"账户，该账户属于所有者权益账户，贷方登记按规定从净利润中提取而形成的盈余公积数额，借方登记企业将盈余公积用于弥补亏损、转增资本以及分派现金股利或利润的减少数额，期末贷方余额反映企业提取尚未转出的盈余公积数额。本账户应按其种类设置明细，分别进行明细核算。

1.提取盈余公积

企业按照规定从净利润中提取各项盈余公积时，借记"利润分配"（提取法定盈余公积、提取任意盈余公积）科目，贷记"盈余公积"（法定盈余公积、任意盈余公积）科目。现举例说明如下：

【例11-9】某公司2×23年的税后利润为1 500 000元，根据决算的规定，按10%提取法定盈余公积。同时公司章程规定，按30%提取任意盈余公积。该公司应作如下会计分录：

　　借：利润分配——提取法定盈余公积　　　　　　　　　　　　150 000
　　　　　　　　——提取任意盈余公积　　　　　　　　　　　　450 000
　　　贷：盈余公积——法定盈余公积　　　　　　　　　　　　　　　150 000
　　　　　　　　——任意盈余公积　　　　　　　　　　　　　　　　450 000

　　2.盈余公积补亏

　　企业用盈余公积弥补亏损，应当按照当期弥补亏损的数额，借记"盈余公积"科目，贷记"利润分配——盈余公积补亏"科目。

　　3.盈余公积转增资本

　　一般企业用提取的盈余公积转增资本时，应按照批准的转增资本数额，借记"盈余公积"科目，贷记"实收资本"科目。

　　股份有限公司经过股东大会决议，用盈余公积派送红股转增股本时，应借记"盈余公积"科目，贷记"股本"科目。如果两者之间有差额，应贷记"股本溢价"科目。

　　4.盈余公积分派现金股利或利润

　　企业经过股东大会或类似机构决议，用盈余公积分派现金股利或利润时，应当借记"盈余公积"科目，贷记"应付股利或应付利润"科目。

三、未分配利润

　　未分配利润（undivided profit）是企业留待以后年度进行分配的结存利润，也是企业所有者权益的组成部分。相对于所有者权益的其他部分来说，企业对于未分配利润的使用分配有较大的自主权。从数量上来说，未分配利润是期初未分配利润，加上本期实现的净利润，减去提取的各种盈余公积和分出利润后的余额。未分配利润有两层含义：一是留待以后年度处理的利润；二是未指定特定用途的利润。

　　企业未分配利润应通过"利润分配"科目进行核算。年度终了，企业应将全年实现的净利润，自"本年利润"科目转入"利润分配——未分配利润"科目，并将"利润分配"科目下的其他有关明细科目的余额，转入"未分配利润"明细科目。结转后，"未分配利润"明细科目的贷方余额，就是累积未分配的利润数额。如出现借方余额，则表示累积未弥补的亏损数额。对于未弥补亏损，可以用以后年度实现的税前利润进行弥补，但弥补期限不得超过5年。

四、股利分配

　　股利是股息和红利的总称，它是指股东依靠其所拥有的公司股份从公司分得的利润，是董事会正式宣布从公司净利中分配给股东，作为给每一个股东对公司投资的一种报酬。其实质是公司财富中属于股东收益盈余的一部分。

　　我国《公司法》规定，税后利润在提取了法定盈余公积之后，余下的部分应先发放优先股股利，然后依董事会决定提取任意盈余公积，再余下的税后利润可向普通股股东分派普通股股利。在付清优先股股利之前，公司不得发放普通股股利。

（一）分配股利的限制

股利以何种形式发放，取决于公司的股利决策，而股利政策是公司在利润再投资与回报投资者之间的一种权衡。股份公司在确定股利政策时，一般受到法律因素、契约因素、公司自身因素和股东因素等的限制。

1.法律因素

一般来说，法律并不要求公司一定分配股利，但在某些情况下对公司发放股利作出了明确的规定。通常公司在考虑股利分配时必须遵循以下三个原则：

（1）"无盈利、不分配"原则（the net profits rule）。股利只能来源于公司本年度的净利润或以前年度提取的留存收益，也就是说，公司股利的支付不能超过当期与过去的留存收益之和。

（2）"不侵蚀资本"原则（the capital impairment rule）。公司不能动用公司资本支付股利。这一原则要求公司不能因支付股利而引起资本减少。

（3）"破产不分红"原则（the insolvency rule）。公司破产时不能支付股利，或因支付股利导致公司破产时也不能分红。

2.契约因素

债务契约是指债权人为了防止企业过度发放股利，影响其偿债能力、增加债务风险，而以契约的形式限制企业现金股利的分配。这种限制通常包括：

（1）规定每股股利的最高限额。

（2）规定除非公司的盈利达到某一水平，否则不得分配现金股利。

（3）规定企业的流动比率、利息保障倍数低于一定标准时，不得分派现金股利等。

3.公司自身因素

公司自身因素的限制是指股份公司内部的各种因素及公司面临的各种环境、机会对其股利政策产生的制约，主要包括现金流量、筹资能力、投资机会等。

（1）现金流量。公司在分配现金股利时，必须考虑现金流量以及资产的流动性，过度分配现金股利会减少公司的现金持有量，影响未来的支付能力，甚至会使公司出现财务困难。事实上，多数公司由于某种原因将大量的资金用于购置固定资产，扩大企业规模，普遍存在资产流动性较差的现象。这些公司为了保持应对各种意外情况的能力，往往采取低现金股利的策略。

（2）筹资能力。公司股利政策也受其筹资能力的限制。如果公司具有较强的筹资能力，随时能筹到所需的资金，那么就具有较强的股利发放能力，可采取较为宽松的股利政策；反之，公司筹资能力不强，就应采取紧缩的股利政策，少发放现金股利。

（3）投资机会。公司的股利政策应以其未来的投资要求为基础加以确定。当公司有较多的投资机会时，就应当考虑少发放现金股利，增加留存利润，用于再投资。这可以加速企业的发展，增加公司未来的收益，这种股利政策也易为股东所接受。公司在没有良好的投资机会时，往往倾向于多发放现金股利。

4.股东因素

尽管最终的股利政策取决于多种因素，但避免股东不满是很重要的。如果股东对现有股利政策不满意，他就会出售其所持股份，外部集团掌握公司控制权的可能性就会增大。股东对公司的股利政策越不满，公司被外部集团接管的可能性越大。因此，财务经理有责任了解股东对股利的一般态度。具体来说，股东对股利的态度可概括为如下几种情况：

（1）追求稳定的收入，规避风险。有的股东依赖公司发放的现金股利维持生活，他们往往要求公司能够定期支付稳定的现金股利，反对留利过多。

（2）担心控制权稀释。有的大股东持股比例较高，对公司有一定的控制权，他们出于对公司控制权可能被稀释的担心，往往倾向于公司少分配现金股利，多留存利润。

（3）规避所得税。按照税法的规定，政府对企业征收企业所得税以后，还要对股东分得的股息、红利征收个人所得税。各国的税率有所不同，有的国家个人所得税采用累进税率，边际税率很高。高收入阶层的股东为了避税往往反对公司发放过多的现金股利；而低收入阶层的股东因个人税负较轻，可能会欢迎公司多分红利。

（二）股利分配的有关日期

股份公司分配股利必须遵循规定的程序，一般是先由董事会提出分配预案，然后提交股东大会决议通过。股东大会决议通过分配预案之后，要向股东宣布发放股利的方案，并确定股权登记日、除息日和股利发放日。这几个日期对分配股利是非常重要的。

1.宣布股利日

宣布股利日（declaration date）就是股东大会决议通过并由董事会宣布发放股利的日期。它表明向股东支付股利的义务在这一天成立，也是公司在会计上登记有关股利负债的日期。宣布股利日后的股票就成为附息股票。在宣布股利分配方案的同时，要公布股权登记日、除息日和股利发放日。

2.股权登记日

股权登记日（holder-of record date）是有权领取本期股利的股东资格登记截止日期。公司规定股权登记日，是为了确定股东能否领取股利的日期界限，因为股票是经常流动的，所以确定这个日期是非常必要的。凡是在股权登记日这一天登记在册的股东才享有领取股利的权利，在该日以后取得股票的股东则无权获取本次分配的股利。

3.除息日

除息日（ex-dividend date）就是除去股利的日期，即领取股利的权利与股票分开的日期。在T+0交易制度下，股权登记日后的第一个交易日就是除息日。在除息日之前购买的股票，才能领取本次股利；在除息日当天或以后购买的股票，不能领取本次股利。对股份公司来说，账上无须作任何处理。

4.股利发放日

股利发放日（payment date）也称付息日，是将股利正式发放给股东的日期。在这一天，计算机交易系统通过中央结算登记系统将公司发放给股东的股利直接打入股东的资金账户，股东可以向其证券代理商领取股利。股份公司这时在会计上可冲销股利负债。

（三）股利的种类

根据股利支付的形式，股份公司分配的股利一般包括现金股利、财产股利、负债股利、股票股利和清算股利等。

1.现金股利

现金股利（cash dividends），是指以现金形式发放给股东的股利。这是最常见的股利分配形式。现金股利的发放主要取决于以下因素：是否有足够的现金；是否有董事会的决定。派发现金股利的直接后果是减少留存收益和现金。由于现金股利一经宣布，就成为公司对股东的偿付责任，因此，要及时在"应付股利"账户上反映。

【例11-10】某公司某年度经股东大会审议，通过了向全体股东每股派发0.10元的现金股利分配方案。该公司总股数为5 000万股。

宣告派发现金股利时：

借：利润分配   5 000 000

  贷：应付股利   5 000 000

2.财产股利

财产股利（property dividends），是上市公司用现金以外的其他资产向股东分派的股息和红利。它可以是上市公司持有的其他公司的有价证券，也可以是实物。当公司有困难时，征得股东大会同意，可以实物形式向股东发放股利，这被称为实物股利。这种实物既可以是公司的产品，也可以是公司的资本财物。由于实物资产存在不同的计价方法，如账面价值或公允价值，对财产股利的计价目前存在较大的争议。

【例11-11】某公司董事会决定以持有的某股票投资作为股利发放，该股票的账面价值为500万元，股利宣告日的市场价值为550万元。该公司应作如下会计分录：

（1）宣告派发财产股利时：

借：交易性金融资产   500 000

  贷：投资收益   500 000

借：利润分配   5 500 000

  贷：应付股利   5 500 000

（2）派发财产股利时：

借：应付股利   5 500 000

  贷：交易性金融资产   5 500 000

3.负债股利

负债股利（scrip or liability dividends），是指公司通过建立一种负债，用债券或应付票据作为股利分派给股东。这些债券或应付票据既是公司支付的股利，又确定了股东对公司享有的独立债权。发放负债股利往往是因为公司已宣布发放股利但又面临现金不足的难题，从而采用的一种权宜之计。发放负债股利，一方面会相应地减少留存收益，另一方面会相应地增加负债。

【例11-12】某公司某年经股东大会审议，决定派发1 000万元的负债股利，并于股利发放日签发了期限为6个月、票面利率为8%的应付票据。该公司应作如下会计分录：

（1）宣告分派时：

借：利润分配   10 000 000

  贷：应付股利   10 000 000

（2）派发负债股利时：

借：应付股利   10 000 000

  贷：应付票据   10 000 000

（3）票据到期支付本息：

借：应付票据   10 000 000

  财务费用   400 000

贷：银行存款　　　　　　　　　　　　　　　　　　　　10 400 000

4.股票股利

股票股利（stock dividends），是公司用增发的股票分派给股东的一种股利。被当作股利发放的股票又称为红股，俗称送股。股票股利既不影响企业的资产，也不影响企业的负债。同样，由于每个股东收到相同比例的股票，所以股东在企业中的股权比例保持不变。

公司发放股票股利的原因可能有以下几种：

（1）当公司需要现金扩展业务时，为了保留现金而发放股票股利，这样做既不减少公司的现金，又能使股东分享收益。

（2）发放股票股利增加了股份数，会使股票的每股市价有所下跌，有利于股票流通。

（3）为了避免股东被课征个人所得税。股票股利在大多数国家不被认为是一种所得，因此股东可免缴个人所得税。

股票股利会计处理的主要问题是计价。按股票面值入账还是按股票市价入账？是全部贷记"股本"账户，还是同时有一部分贷记"股本溢价"账户？有人认为，发放股票股利按所发股票面值入账，因为这样符合实际成本会计原则。有人主张，发放股票股利，股票应按市价计价，因为股票可以流通，随时可以抛售变现。股票股利在股东看来就好比无偿配股，基于这种考虑，在会计实务中一般都按面值从留存收益转入"股本"。具体会计分录是直接按股票面值借记"利润分配"科目，贷记"股本"科目。

5.清算股利

公司如果在无留存收益的情况下，以现金或公司其他资产形式分配股利，称为清算股利。清算股利不是真正的股利，其实质是资本的返还。从股东的角度看，如果公司所分配的股利多于其投资后公司所实现的累积净利润，其超过的部分也归属于清算股利。公司分配清算股利时，借记"股本"科目，贷记"资产类"科目。

五、股票分割

（一）股票分割的含义

股票分割（stock split），是通过成比例地降低股票面值而增加普通股的数量，它是一种将面值较大的股票转换成面值较小股票的行为。股票分割后，由于普通股数量增加，普通股面值相应降低。

（二）股票分割与股票股利

股票分割与股票股利非常相似，两者都是增加股票数量，但不向股东分配资产，股东的持股比例保持不变，因而公司的资产总额、股东权益都保持不变。但两者有明显的区别，具体表现在：股票分割不影响公司的留存收益及股本总额，仅使每股面值降低；而股票股利将使股本总额扩大，公司留存收益减少，但每股面值不变。

（三）股票分割的会计处理

股票分割时，虽然股票股数增加、面值变小，但股本的面值总额及其他股东权益并不因之发生任何增减变化，故不需要进行会计处理。但这并不是说股票分割完全不会对公司的财务数据产生影响，事实上，与股票股利相似，股票分割同样会使每股收益由于普通股数量的增加而降低。

（四）股票分割的意义

既然股票分割除了使每股收益和每股面值、每股股价发生变化外，似乎没有产生任何实质性的经济影响，公司为何还要进行股票分割呢？原因有三点：

观念应用11-1

业主权论对会计实务的影响

其一，股票分割可使公司股票市价降低，从而可以吸引更多的投资者入市，促进股票的流通和交易。

其二，股票分割一般被认为是成长中公司的行为，因而能提高投资者对公司的信心，在一定程度上可稳定甚至提高股票的价格。

其三，股票分割有助于并购政策的实施，能增加对被并购方的吸引力。

本章小结

所有者权益代表投资人对企业资源的权益，其基本构成是投入资本和留存收益，但其具体构成却非常复杂。更为重要的是，不同的所有者权益理论产生了不同的会计处理方法，因此，对于同一笔涉及所有者权益的经济业务，由于理论依据的差异，可能会对确认、计量和报告作出不同的选择。本章以所有者权益的概念比较分析为起点，较为系统地阐述了企业组织形式对所有者权益分类及计量的影响，并且全面地介绍了国内外对资本的有关规定，在此基础上，阐述了与所有者权益相关的核算问题。

主要概念

业主权理论　实体理论　所有者权益　实收资本（或股本）　其他权益工具　资本公积　其他综合收益　留存收益　盈余公积　未分配利润　股利分配　股票分割

第十一章基本训练

收益的确定

学习目标

通过本章学习，应达到以下目标：在知识方面，了解收益的概念和确定的基本方法，掌握收入确认与计量的核心原则和五步法模型，明确收入、费用、利得和损失、利润的基本内容，每股收益和其他综合收益的内涵以及利润分配的程序；在技能方面，掌握各种收入、费用、利得、损失、本年利润以及利润分配的会计处理方法和每股收益的计算方法；在能力方面，正确运用有关收益确认和计量的会计准则，联系企业发生的各种相关业务进行分析和处理，提供有助于决策的会计信息。

思维导图

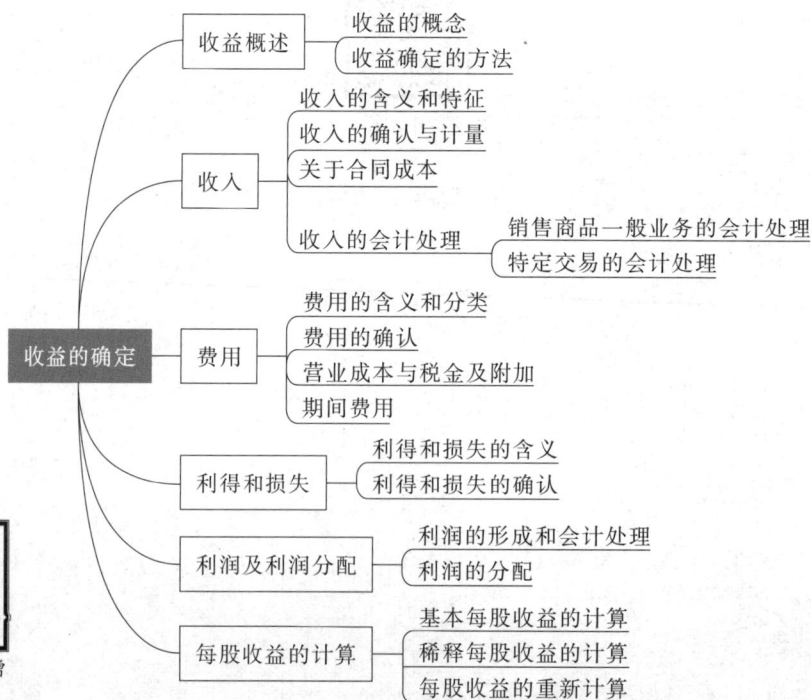

引导案例

康美药业虚增
营业收入

收益的确认与计量是财务会计的重要内容。利润（更正式地应称作收益）反映了企业一定会计期间的经营成果，是衡量企业盈利能力、经营效益以及评价企业经营业绩的重要指标，因而备受各方报表使用者的关注，并成为会计粉饰的主要对象。本章将重点讨论收入、费用、利得、损失、利润及分配的相关会计问题以及每股收益的计算问题。

第一节　收益概述

一、收益的概念

收益（income）有经济收益和会计收益之分。在一般意义上，收益概念起源于经济学。亚当·斯密（Adam Smith）在其名著《国民财富的性质和原因的研究》中最早把收益定义为"财富的增加"。20世纪初，欧文·费雪（Irving Fisher）等经济学家对收益概念作了进一步的阐述，提出了收益的三种形态：（1）得到心里满足的"精神"收益；（2）获得服务的"实体"收益；（3）得到现金的"货币"收益。在这一概念中，心理收益因主观性太强而无法客观计量，货币收益则因未考虑货币时间价值而成为静态收益。后来，英国经济学家希克斯（M.R.Hicks）在其著名的《价值与资本》一书中又提出，收益是一个人在期末与期初保持同等富裕的情况下所可能消费的最高数额，而非可能支出的最高数额。在一些特定的条件下，这一概念与会计收益相吻合。这一定义说明，收益是通过对比两个时点上个体价值量的变化来计算的。经济收益把所有资产看作是代表着未来可望由它们带给公司的收入。由于期初、期末的差异代表了收益，因此，主要的计量问题在于会计期初与期末预计未来净收入的资本化价值的对比。经济收益概念以实物资本保全概念为基础，它强调收益是企业所有财富的增加，是在实物资本得到保持的前提下，企业本期可以消费的最大金额，它以现行成本（实际生产能力）为计量属性；既考虑交易对收益的影响，也考虑非交易对收益的影响；既包括营业所得，也包括意外收获和其他活动所得；既包括已实现收益，也包括未实现收益。经济收益概念将使收益表反映企业的所有收益，为信息使用者提供决策有用的信息。由于意外收获和其他活动所产生的收益以及未实现的收益难以合理地确认与计量，因此，经济收益概念的主观性较强，不利于反映受托责任的履行情况。

会计收益的概念经历了一个发展的过程，传统的会计收益是指企业在本期已实现的收入与其历史成本之间的差额，这一概念是在复式簿记的出现以及股份公司的兴起以后才被人们逐渐采用并重视起来的。传统会计收益以会计分期、币值稳定和权责发生制为基础；强调收益必须与交易相联系；遵循收入实现原则和费用配比原则，并以历史成本为计量属性，适当运用稳健原则。因此，传统会计收益概念下确定的收益额比较客观、可核查，有利于反映企业受托责任的履行情况。但传统会计收益的诸多缺陷，使得财务报表越来越不能反映企业真实的财务状况和经营成果，给会计信息使用者的经济决策带来了严重影响。会计学家们在吸收经济收益概念的基础上提出了一些介于经济收益概念和传统会计收益概念之间的收益概念，使传统会计收益概念逐渐向经济收益概念过渡。按照他们的观点，收益应当是企业在一定会计期间的"财富的净增长"，某些未实现的或意外收获和其他活动的所得也应当确定为收益，某些资产应当按其现行成本、公允价值计价等，这称为"扩展会计收益概念"。

从总体上看，扩展会计收益概念仍以财务资本保全概念为依据，但允许有适当的灵活性，它既考虑了经济收益概念所强调的"真实"收益，又注意到收益项目在计量方面的可操作性，缩小了会计收益概念与经济收益概念的差别，因而容易被接受。为此，美国财务会计准则委员会提出了"综合收益"的概念，并把它作为财务报表的10个要素之一。它认为，收益是企业在报告期内，从业主以外的交易以及其他事项和情况所产生的权益变动，包括报告期内除业主投资和派给业主款外一切权益上的变动。

二、收益确定的方法

收益确定的方法有资产负债表法和利润表法两种，其依据的理论基础分别是资本保全观和交易观。资本保全是指在资本得到保持或成本得以补偿之后，多余的部分才可确认为收益[①]。根据资本保全观，通过比较某一会计期末、期初净资产，即所有者权益（资本），其差额即为该期间的收益。基于这种观点的收益确定的资产负债表法就是根据前后期资产负债表中的所有者权益净额来确定企业在一定期间所实现收益的方法。当然，在确定净资产的变动时应排除会计期间内所有者追加的投资和分派给所有者的款项等方面的因素。

计算公式是：

某一期间的收益=期末净资产–期初净资产–所有者本期投入+分派给所有者的股利等

收益确定的利润表法是基于交易观。根据交易观，企业的收益可以根据企业一定期间实际发生的经济业务（所发生的交易或其他事项）的收入和为赚取收入而发生的费用、成本以及营业外收支之间的差额计算得出。在这种情况下，必须在发生实际交易时才确认收入、费用、成本，并进而计算出某一期间的收益，它根据的是收入实现原则和配比原则等。这种确定收益的方法是目前国际上通行的做法，我国现行会计准则和会计实务也是采用利润表法来确定收益的。

收益的确认不仅受不同的资本保全概念影响，而且也受不同的收益观影响。企业的经营成败，既决定于企业主观的经营管理水平，也决定于客观的经济条件变化等因素。后者带有相当大的偶然性，因此对于收益的确认，是只反映企业经营活动带来的收益，还是应同时包括客观经济条件变化的影响，存在着两种不同的收益观——本期经营收益观和全面收益观。本期经营收益观主张企业的收益应只反映本期的经营（活动的）收益，而非常项目的收益及以前年度损益调整项目则不包括在内。本期经营收益观特别强调"本期"和"经营"，主张利润表中所计列的收益额应该仅反映企业管理人员能够控制的业务活动和本期经营管理决策所获得的成果。理由是，利润表的数额应能可靠地表示当期经营业绩并有助于预测未来的利润，若包括一些非经常或不重复发生的收益和损失在内，可能会使报表使用者得出错误的结论。全面收益观亦称总括收益观，主张企业的收益既包括经营收益，也包括非经营收益，即既有企业有效经营管理的成果，也有企业客观经济环境变化影响的结果。理由是，所谓经常与不经常并无特殊而详细的准绳，这由管理者自行决定。如果允许利润表内不列示非经常性交易的结果，而将其列示于留

[①] 资本保全的概念主要有三种：一是财务资本保全，亦称名义资本保全、货币资本保全，是传统会计所主张的观念。这一资本保全概念主张应以名义货币所表示的资本的保全为基础来确定企业收益。二是不变购买力资本保全，亦称一般购买力资本保全，主张在不改变会计计量标准但改变会计计量单位的前提下来确定收益，即企业的收益确定必须保持原有资本的购买力不变。三是实物资本保全，亦称再生产能力资本保全，主张企业的生产经营活动必须保持原有的实物资产或原有的生产经营能力。

存收益表内，将使管理者有操纵利润的可能。全面收益观所反映的收益额较前一种收益观更为客观。目前国际上一般赞同全面收益观，要求将企业的全部收益列入企业的利润表。根据我国财政部2009年6月印发的《企业会计准则解释第3号》（财会〔2009〕8号）中第七条对利润表的列报内容与方式所作出的调整，首次在财务报表中引入综合收益指标，要求在利润表中增列"其他综合收益"和"综合收益总额"项目。"其他综合收益"项目反映企业根据企业会计准则规定未在损益中确认的各项利得和损失扣除所得税影响后的净额，"综合收益总额"项目反映企业净利润与其他综合收益的合计金额。可见，根据我国现行会计准则的相关规定，利润表是采用全面收益观来编制的①。综合收益体现了会计报表确认思想上的"资产负债观"，只要能引起所有者权益变化（除所有者与企业交易外），都属于其核算范畴，它不仅包括经常项目还包括非经常项目，既可能来源于经营活动又可能来源于投资、筹资等活动，既反映已实现收益又反映未实现但按准则规定已确认的潜在收益。

收入与费用、利得与损失是确定企业收益的重要内容，本章主要阐述收入、费用、利得、损失的确认与计量以及利润的形成、分配和每股收益的计算。

|第二节| 收入

一、收入的含义和特征

（一）收入的概念和分类

1.收入的含义

收入（revenue）有广义与狭义之分。广义的收入是指那些能导致经济利益流入企业的所有有利属性；而狭义的收入仅指企业在日常经营活动中所形成的、会导致所有者权益增加的、与所有者投入资本无关的经济利益的总流入②。人们习惯上将狭义的收入称为营业收入，而广义的收入则包括营业收入、其他收益、投资收益、净敞口套期收益、公允价值变动收益、资产处置收益和营业外收入等。营业收入是指企业在从事销售商品、提供服务（包含各项劳务，下同）等日常经营业务过程中取得的收入；其他收益主要是指计入营业利润的政府补助以及其他与日常活动相关且计入其他收益的项目等；投资收益是指企业在从事各项对外投资活动中取得的净收入（各项投资业务取得的收入大于其成本的差额）；净敞口套期收益是指净敞口套期下被套期项目累计公允价值变动转入当期损益的金额或现金流量套期储备转入当期损益的金额；公允价值变动收益是指以公允价值计量且其变动计入当期损益的金融资产等公允价值变动形成的收益；资产处置收益主要是指企业出售划分为持有待售的非流动资产或处置组（子公司和业务除外）时确认的处置利得或损失，以及处置未划分为持有待售的固定资产、在建工程、生产性生物资产及无形资产而产

---

① 国际会计准则理事会（IASB）于2011年6月16日发布了《其他综合收益项目的列报（对IAS 1的修订）》，要求将其他综合收益项目划分为后续会重分类至损益、后续不会重分类至损益两个类别。但有关修订并未涵盖哪些项目应在其他综合收益中确认，以及其他综合收益项目是否应当以及应在何时重分类为损益的概念事项，而是着重关注改善其他综合收益的组成部分的列报方式。IASB承认，有必要制定一个针对其他综合收益的概念框架，并且可能会将该事项添加至其未来的议程中。
② 国际会计准则理事会（IASB）2018年3月发布的修订后的《财务报告概念框架》将收益定义为：收益是指除了那些与权益索取权持有者出资有关的之外的、会引起权益增加的资产的增加或者负债的减少。可见，这里的收益是包括收入和利得的。

生的处置利得或损失；营业外收入是指企业在营业利润以外取得的与企业日常活动无关的政府补助、盘盈利得、接受捐赠利得等。我国企业会计准则所规范的收入是狭义的收入，是指企业在日常活动中形成的、会导致所有者权益增加的、与所有者投入资本无关的经济利益的总流入。本节也主要讨论狭义收入的确认、计量等问题。

2.收入的分类

收入可以按不同的标准进行划分。

（1）按照企业从事经营活动的性质分类，可将收入分为销售商品收入、提供劳务收入。其中，销售商品收入是指企业通过销售商品实现的收入，如制造企业生产并销售产品、商业企业销售商品、房地产开发商销售自行开发的房地产等实现的收入。工业企业销售不需用的原材料、包装物等存货实现的收入，也视同销售商品收入。提供劳务收入是指企业通过提供各种服务实现的收入。例如，咨询公司提供咨询服务、软件企业为客户开发软件、安装公司提供安装服务、工业企业提供工业性劳务作业服务、商业企业提供代购代销服务、建筑企业提供建造服务、金融企业提供各种金融服务、交通运输企业提供运输服务、服务性企业提供客房餐饮等实现的收入。建造合同收入可视为企业提供劳务取得收入的一种特殊类型。

（2）按照收入对企业的重要程度分类，可将营业收入分为主营业务收入、其他业务收入等。其中，主营业务收入是指企业为完成其经营目标所从事的经常性活动实现的收入，也称为基本业务收入。例如，工业企业制造并销售产品、商品流通企业销售商品、保险公司签发保单、咨询公司提供咨询服务、软件企业为客户开发软件、安装公司提供安装服务、商业银行对外贷款、租赁公司出租资产等，均属于企业为完成其经营目标所从事的经常性活动，由此产生的经济利益的总流入构成收入，属于企业的主营业务收入，主营业务收入经常发生并在收入中占有较大的比重。其他业务收入又叫附营业务收入，是指企业为完成其经营目标所从事的与经常性活动相关的活动实现的收入。例如，工业企业出租固定资产和无形资产、出租周转材料、出售不需用原材料、用材料进行非货币性资产交换（非货币性资产交换具有商业实质且公允价值能够可靠计量）等，属于与经常性活动相关的活动，由此产生的经济利益的总流入也构成收入，属于企业的其他业务收入。其他业务收入不经常发生，金额一般较小，在收入中所占比重较小。

在日常会计核算中，企业应当设置"主营业务收入"和"其他业务收入"科目，分别核算主营业务形成的经济利益的总流入和其他业务形成的经济利益的总流入，但在编制利润表时应将两者合并为"营业收入"项目反映。

（二）收入的特征

（1）收入产生于企业的日常活动中，而不是偶发的交易或事项中。其中"日常活动"是指企业为完成其经营目标所从事的经常性活动以及与之相关的活动，如工业企业制造并销售产品、商品流通企业销售商品、咨询公司提供咨询服务、软件公司为客户开发软件、安装公司提供安装服务、建筑企业提供建造服务等，均属于企业的日常活动。企业还有一些活动属于与经常性活动相关的其他活动，如工业企业出售不需用的原材料、出售或出租固定资产及无形资产等，由此产生的经济利益的总流入也构成收入。

除了日常活动以外，企业的有些活动不是为完成其经营目标所从事的经常性活动，也不属于与经常性活动相关的其他活动，如企业处置报废或毁损固定资产和无形资产、债务人进行重组、接受捐赠等活动，由此产生的经济利益的总流入不构成收入①。

（2）收入可能表现为企业资产的增加，如增加银行存款、应收账款等；也可能表现为企业负债的减少，如以商品或劳务抵偿债务；或者二者兼而有之，例如，商品销售的货款中部分抵偿债务（不包括债务重组中的以商品抵债），部分收取现金。

（3）收入能导致企业所有者权益的增加。如上分析，收入能增加资产或减少负债或二者兼而有之，因此，根据会计基本等式，企业取得收入一定能增加所有者权益。但这里仅指收入本身导致的所有者权益的增加，而不是指收入扣除相关成本费用后的毛利对所有者权益的影响，收入扣除相关成本费用后的净额，则既可能增加所有者权益，也可能减少所有者权益。

（4）收入只包括本企业经济利益的流入，不包括为第三方或客户代收的款项，如增值税、代收利息等。代收的款项，一方面增加企业的资产，另一方面增加企业的负债，因此不增加企业的所有者权益，也不属于本企业的经济利益，不能作为本企业的收入。

二、收入的确认与计量

收入的会计核算主要是解决收入确认的条件、确认的时间以及如何计量的问题。核心原则是：企业确认收入的方式应当反映其向客户转让商品或提供服务（以下将转让商品或提供服务称为转让商品）的模式，收入的金额应当反映企业因转让这些商品或服务（以下将商品或服务简称为商品）而预期有权收取的对价金额。具体来说，收入的确认与计量可大致分为五步（即五步法模型）：第一步，识别与客户订立的合同；第二步，识别合同中的单项履约义务；第三步，确定交易价格；第四步，将交易价格分摊至各单项履约义务；第五步，履行各单项履约义务时确认收入。其中，第一步、第二步和第五步主要与收入的确认有关，第三步和第四步主要与收入的计量有关。

（一）识别与客户订立的合同

合同，是指双方或多方之间订立有法律约束力的权利义务的协议，包括书面形式、口头形式以及其他可验证的形式（如隐含于商业惯例或企业以往的习惯做法中等）。客户，是指与企业订立合同以向该企业购买其日常活动产出的商品并支付对价的一方。

1.收入确认的原则

企业应当在履行了合同中的履约义务，即在客户取得相关商品控制权时确认收入。取得相关商品控制权是指能够主导该商品的使用并从中获得几乎全部的经济利益，也包括有能力阻止其他方主导该商品的使用并从中获得经济利益。取得商品控制权包括以下三个要素：

一是能力，即客户必须拥有现时权利，能够主导该商品的使用并从中获得几乎全部经济利益。如果客户只能在未来的某一期间主导该商品的使用并从中获益，则表明其尚未取得该商品的控制权。

二是主导该商品的使用。客户有能力主导该商品的使用，是指客户有权使用该商品，

① 美国FASB认为，收入是一个主体因交付或生产商品、提供劳务或从事构成其持续的主要或核心经营活动的其他业务而形成的（资产）流入，或其他资产价值的增加，或负债的清偿（或兼而有之）。IASB认为，收入和利得共同构成收益，收入是指企业在日常活动中形成的、导致权益增加的经济利益的总流入，但不包括投资者出资所导致的权益的增加。其中，日常活动是指企业所从事的作为其业务组成部分的所有活动，以及这些活动的延伸或因这些活动而形成的其他活动。

或者能够允许或阻止其他方使用该商品。

三是能够获得几乎全部的经济利益。商品的经济利益是指该商品的潜在现金流量，既包括现金流入的增加，也包括现金流出的减少。客户可以通过很多方式直接或间接地获得商品的经济利益，例如使用、消耗、出售或持有该商品、使用该商品提升其他资产的价值，以及将该商品用于清偿债务、支付费用或抵押等。

2.收入确认的前提条件

企业与客户之间的合同同时满足下列五个条件的，企业应当在履行了合同的履约义务，即在客户取得相关商品控制权时确认收入：（1）合同各方已批准该合同并承诺将履行各自义务；（2）该合同明确了合同各方与所转让的商品（或提供的服务，以下简称转让的商品）相关的权利和义务；（3）该合同有明确的与所转让的商品相关的支付条款；（4）该合同具有商业实质，即履行该合同将改变企业未来现金流量的风险、时间分布或金额；（5）企业因向客户转让商品而有权取得的对价很可能收回。在进行上述判断时需要注意以下三点：

第一，合同约定的权利和义务是否具有法律约束力，需要根据企业所处的法律环境和实务操作进行判断，包括合同订立的方式和流程、具有法律约束力的权利和义务的时间等。对于合同各方均有权单方面终止完全未执行的合同，且无须对合同其他方作出补偿的，企业应当视为该合同不存在。其中，完全未执行的合同，是指企业尚未向客户转让任何合同中承诺的商品，也暂未收取且尚未有权收取已承诺商品的任何对价的合同。

第二，合同具有商业实质，是指履行该合同将改变企业未来现金流量的风险、时间分布或金额。关于商业实质，应按照非货币性资产交换中有关商业实质的说明进行判断。

第三，企业在评估其因向客户转让商品而有权取得的对价是否很可能收回时，仅应考虑客户到期时支付对价的能力和意图（即客户的信用风险）。企业在进行判断时，应当考虑是否存在价格折让，存在价格折让的，应当在估计交易价格时进行考虑。企业预期很可能无法收回全部合同对价时，应当判断其原因是客户的信用风险还是企业向客户提供了价格折让。

【例12-1】甲房地产开发公司与乙公司签订合同，向其销售一栋建筑物，合同价款为100万元。该建筑物的成本为60万元，乙公司在合同开始日即取得了该建筑物的控制权。根据合同的约定，乙公司在合同开始日支付了5%的保证金5万元，并就剩余95%的价款与甲公司签订了不附追索权的长期融资协议，如果乙公司违约，甲公司可重新拥有该建筑物，即使收回的建筑物不能涵盖所欠款项的总额，甲公司也不能向乙公司索取进一步的赔偿。

乙公司计划在该建筑物内开设一家餐馆。在该建筑物所在的地区，餐饮行业面临激烈的竞争，而乙公司缺乏餐饮行业的经营经验。

本例中，乙公司计划以该餐馆产生的收益偿还甲公司的欠款，除此之外并无其他的经济来源，乙公司也未对该笔欠款设定任何担保。如果乙公司违约，甲公司虽然可重新拥有该建筑物，但即使收回的建筑物不能涵盖所欠款项的总额，甲公司也不能向乙公司索取进一步的赔偿。因此，甲公司对乙公司还款的能力和意图存在疑虑，认为该合同不满足合同价款很可能收回的条件。甲公司应当将收到的5万元确认为一项负债。

对于合同开始日即能够同时满足上述五个前提条件的合同，企业在后续期间无须对其进行重新评估，除非有迹象表明相关事实和情况发生了重大变化；在合同开始日尚不能同时满足上列条件的合同，企业应当对其进行持续评估，并在能够同时满足上列条件后，在客户取得相关商品控制权时确认收入。合同开始日通常是指合同生效日。

对于不能同时满足上述收入确认的五个条件的合同，企业只有在不再负有向客户转让商品的剩余义务（例如，合同已完成或取消），且已向客户收取的对价（包括全部或部分对价）无须退回时，才能将已收取的对价确认为收入；否则，应当将已收取的对价作为负债进行会计处理，该负债代表了企业在未来向客户转让商品或者支付退款的义务。其中，企业向客户收取无须退回的对价的，应当在已经将该部分对价所对应的商品的控制权转移给客户，并且已经停止向客户转让额外的商品，也不再负有此类义务时，将该部分对价确认为收入；或者在相关合同已经终止时，将该部分对价确认为收入。

这里要注意的是，对于没有商业实质的非货币性资产交换，无论何时，均不应确认收入。从事相同业务经营的企业之间，为便于向客户或潜在客户销售而进行的非货币性资产交换（例如，两家石油公司之间相互交换石油，以便及时满足各自不同地点客户的需求），不应当确认收入。

3.合同合并

企业与同一客户（或该客户的关联方）同时订立或在相近时间内先后订立的两份或多份合同，在满足下列条件之一时，应当合并为一份合同进行会计处理：（1）该两份或多份合同基于同一商业目的而订立并构成一揽子交易。（2）该两份或多份合同中的一份合同的对价金额取决于其他合同的定价或履行情况。（3）该两份或多份合同中所承诺的商品（或每份合同中所承诺的部分商品）构成单项履约义务。两份或多份合同合并为一份合同进行会计处理的，仍然需要区分该一份合同中包含的各单项履约义务。

4.合同变更

合同变更是指经合同各方批准对原合同范围或价格（或两者）作出的变更。合同变更既可能形成新的具有法律约束力的权利和义务，也可能是变更了合同各方现有的具有法律约束力的权利和义务。与合同初始订立时相同，合同各方可能以书面形式、口头形式或其他形式（如隐含于企业以往的习惯做法中）批准合同变更。企业应当区分下列三种情形对合同变更分别进行会计处理：

（1）合同变更部分作为单独合同。合同变更增加了可明确区分的商品及合同价款，且新增合同价款反映了新增商品单独售价的，应当将该合同变更部分作为一份单独的合同进行会计处理。此类合同变更不影响原合同的会计处理。

判断新增合同价款是否反映了新增商品的单独售价时，应当考虑为反映该特定合同的具体情况而对新增商品价格所作的适当调整。例如，在合同变更时，企业由于不用发生为发展新客户等所应发生的相关销售费用，可能会向客户提供一定的折扣，从而适当调整新增商品的单独售价，该调整不影响新增商品单独售价的判断。

【例12-2】甲公司承诺向某客户销售120件产品，每件产品售价100元。该批产品彼此之间可明确区分，且将于未来6个月内陆续转让给该客户。甲公司将其中的60件产品转让给该客户后，双方对合同进行了变更，甲公司承诺向该客户额外销售30件相同的产品，这30件产品与原合同中的产品可明确区分，其售价为每件95元（假定该价格反映了合同变更时该产品的单独售价）。上述价格均不包含增值税。

本例中，由于新增的30件产品是可明确区分的，且新增的合同价款反映了新增产品的单独售价，因此，该合同变更实际上构成了一份单独的、在未来销售30件产品的新合同，该新合同并不影响对原合同的会计处理。甲公司应当对原合同中的120件产品按每件产品100元确认收入，对新合同中的30件产品按每件产品95元确认收入。

（2）合同变更作为原合同终止及新合同订立。合同变更不属于上述第（1）种情形，且在合同变更日已转让的商品或已提供的服务（以下简称"已转让的商品"）与未转让的商品或未提供的服务（以下简称"未转让的商品"）之间可明确区分的，应当视为原合同终止，同时，将原合同未履约部分与合同变更部分合并为新合同进行会计处理。

未转让的商品既包括原合同中尚未转让的商品，也包括合同变更新增的商品。新合同的交易价格应当为下列两项金额之和：一是原合同交易价格中尚未确认为收入的部分（包括已从客户收取的金额）；二是合同变更中客户已承诺的对价金额。

【例12-3】沿用【例12-2】，甲公司新增销售的30件产品售价为每件80元（假定该价格不能反映合同变更时该产品的单独售价）。同时，由于客户发现甲公司已转让的60件产品存在瑕疵，要求甲公司对已转让的产品提供每件15元的销售折让以弥补损失。经协商，双方同意将价格折让在销售新增的30件产品的合同价款中进行抵减，金额为900元。上述价格均不包含增值税。

本例中，由于900元的折让金额与已经转让的60件产品有关，因此应当将其作为已销售的60件产品的销售价格的抵减，在该折让发生时冲减当期销售收入。对于合同变更新增的30件产品，由于其售价不能反映该产品在合同变更时的单独售价，因此，该合同变更不能作为单独合同进行会计处理。由于尚未转让给客户的产品（包括原合同中尚未交付的60件产品以及新增的30件产品）与已转让的产品是可明确区分的，因此，甲公司应当将该合同变更作为原合同终止，同时，将原合同的未履约部分与合同变更合并为新合同进行会计处理。该新合同中，剩余产品为90件，其对价为8400元，即原合同下尚未确认收入的客户已承诺对价6000元（100×60）与合同变更部分的对价2400元（80×30）之和，新合同中的90件产品每件产品应确认的收入为93.33元（8400÷90）。

（3）合同变更部分作为原合同的组成部分。合同变更不属于上述第（1）种情形，且在合同变更日已转让的商品与未转让的商品之间不可明确区分的，应当将该合同变更部分作为原合同的组成部分，在合同变更日重新计算履约进度，并调整当期收入和相应成本等。

【例12-4】2×23年1月15日，乙建筑公司和客户签订了一项总金额为1000万元的固定造价合同，在客户自有土地上建造一幢办公楼，预计合同总成本为700万元。假定该建造服务属于在某一时段内履行的履约义务，并根据累计发生的合同成本占合同预计总成本的比例确定履约进度。

截至2×23年年末，乙公司累计已发生成本420万元，履约进度为60%（420÷700×100%）。因此，乙公司在2×23年确认收入600万元（1000×60%）。

2×24年年初，合同双方同意更改该办公楼屋顶的设计，合同价格和预计总成本因此而分别增加200万元和120万元。

在本例中，由于合同变更后拟提供的剩余服务与在合同变更日或之前已提供的服务不可明确区分（即该合同仍为单项履约义务），因此，乙公司应当将合同变更作为原合同的组成部分进行会计处理。合同变更后的交易价格为1 200万元（1 000+200），乙公司重新估计的履约进度为51.2%（420÷（700+120）×100%），乙公司在合同变更日应额外确认收入14.4万元（51.2%×1 200-600）。

综上所述，判断合同变更的会计处理的步骤如图12-1所示。

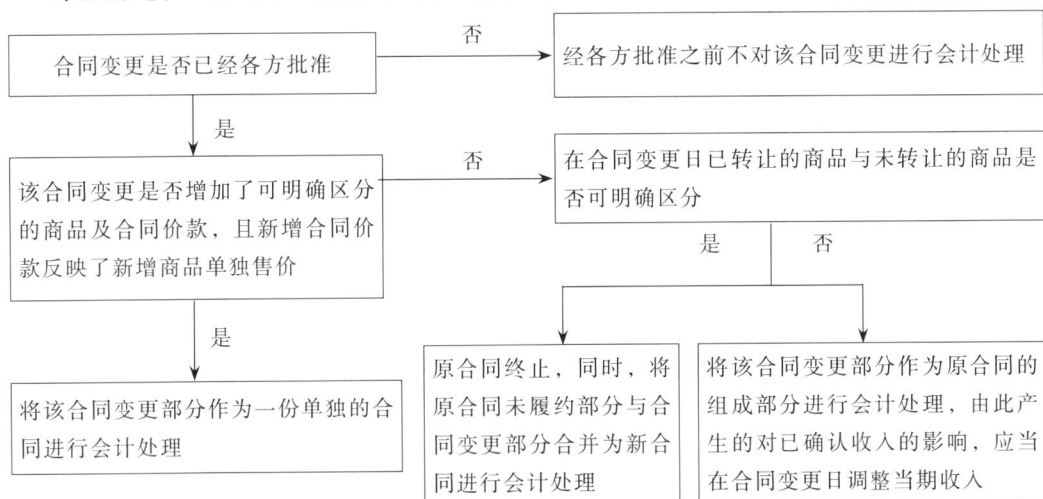

图12-1　判断合同变更的会计处理步骤

（二）识别合同中的单项履约义务

合同开始日，企业应当对合同进行评估，识别该合同所包含的各单项履约义务，并确定各单项履约义务是在某一时段内履行，还是在某一时点履行，然后，在履行了各单项履约义务时分别确认收入。履约义务，是指合同中企业向客户转让可明确区分商品的承诺。

企业承诺向客户转让的商品通常会在合同中明确约定，然而，在某些情况下，虽然合同中没有明确约定，但是企业已公开宣布的政策、特定声明或以往的习惯做法等可能隐含了企业将向客户转让额外商品的承诺。这些隐含的承诺不一定具有法律约束力，但是，如果在合同订立时，客户根据这些隐含的承诺能够对企业将向其转让某项商品形成合理的预期，则企业在识别合同中所包含的单项履约义务时，应当考虑此类隐含的承诺。例如，企业向客户销售商品，虽然合同没有约定，但是，企业在其宣传广告中宣称，对于购买该商品的客户，企业将为其提供为期5年的免费保养服务，如果该广告使客户对于企业提供的保养服务形成合理预期，企业应当考虑该项服务是否构成单项履约义务；又如，企业向客户销售软件，根据企业以往的习惯做法，企业会向客户提供免费的升级服务，如果该习惯做法使得客户对于企业提供的软件升级服务形成合理预期，则企业应当考虑该项服务是否构成单项履约义务。这里的客户既包括直接购买本企业商品的客户，也包括向客户购买本企业商品的第三方，即"客户的客户"，也就是说，企业需要评估其对于客户的客户所做的承诺是否构成单项履约义务，并进行相应的会计处理。

需要注意的是，企业为履行合同而应开展的初始活动，通常不构成履约义务，除非该活动向客户转让了承诺的商品。实务中，企业可能会为订立合同而开展一些行政管理性质的准备工作，这些准备工作并未向客户转让任何承诺的商品，因此，不构成单项履约义务。例如，某俱乐部为注册会员建立档案，该活动并未向会员转让承诺的商品，因此不构成单项履约义务。

此外，在识别合同中的单项履约义务时，如果合同承诺的某项商品不可明确区分，企业应当将该商品与合同中承诺的其他商品进行组合，直到该组合满足可明确区分的条件。某些情况下，合同中承诺的所有商品组合在一起构成单项履约义务。

企业应当将下列向客户转让商品的承诺作为单项履约义务：

1.企业向客户转让可明确区分商品（或者商品的组合）的承诺

实际业务中，企业向客户承诺的商品可能包括企业为销售而生产的产品、为转售而购进的商品或使用某商品的权利（如机票等）、向客户提供的各种服务、随时准备向客户提供商品或提供随时可供客户使用的服务（如随时准备为客户提供软件更新服务等）、安排他人向客户提供商品、授权使用许可、可购买额外商品的选择权等。其中，企业随时准备向客户提供商品，是指企业保证客户在其需要时能够随时取得相关商品，而不一定是所提供的每一件具体商品或每一次具体服务本身。例如，健身俱乐部随时可供会员健身，其提供的是随时准备在会员需要时向其提供健身服务的承诺，而并非每一次具体的健身服务。

企业向客户承诺的商品同时满足下列条件的，应当作为可明确区分商品：

（1）客户能够从该商品本身或者从该商品与其他易于获得的资源一起使用中受益，即该商品能够明确区分。

当客户能够使用、消耗或以高于残值的价格出售商品，或者以能够产生经济利益的其他方式持有商品时，表明客户能够从该商品本身获益。对于某些商品而言，客户可以从该商品本身获益，而对于另一些商品而言，客户可能需要将其与其他易于获得的资源一起使用才能从中获益。其他易于获得的资源，是指企业（或其他企业）单独销售的商品，或者客户已经从企业获得的资源（包括企业按照合同将会转让给客户的商品）或从其他交易或事项中获得的资源。表明客户能够从某项商品本身或者将其与其他易于获得的资源一起使用获益的因素有很多，例如，企业通常会单独销售该商品给客户，则表明该商品能够明确区分。在评估某项商品是否能够明确区分时，应当基于该商品自身的特征，与客户可能使用该商品的方式无关。因此，企业无须考虑合同中可能存在的阻止客户从其他来源取得相关资源的限制性条款。

（2）企业向客户转让该商品的承诺与合同中其他承诺可单独区分，即转让该商品的承诺在合同中是可明确区分的。

企业确定了商品本身能够明确区分后，还应当在合同层面继续评估转让该商品的承诺是否与合同中其他承诺彼此之间可明确区分。这一评估的目的在于确定承诺的性质，即根据合同的约定，企业承诺转让的究竟是每一单项商品，还是由这些商品组成的一个或多个组合产出。很多情况下，组合产出的价值应当高于或者显著不同于各单项商品的价值总和。

在确定企业转让商品的承诺是否可单独区分时，需要运用判断并综合考虑所有事实和情况。下列情形通常表明企业向客户转让商品的承诺与合同中的其他承诺不可单独区分：

①企业需提供重大的服务以将该商品与合同中承诺的其他商品进行整合，形成合同约定的某个或某些组合产出转让给客户。

例如，企业为客户建造写字楼的合同中，向客户提供的单项商品可能包括砖头、水泥、人工等，虽然这些单项商品本身都能够使客户获益（如客户可将这些建筑材料以高于残值的价格出售，也可以将其与其他建筑商提供的材料或人工等资源一起使用），但是，在该合同下，企业向客户承诺的是为其建造一栋办公楼，而并非提供这些砖头、水泥和人工等，企业需提供重大的服务将这些单项商品进行整合，以形成合同约定的一项组合产出（即写字楼）转让给客户。因此，在该合同中，砖头、水泥和人工等商品彼此之间不能单独区分。

②该商品将对合同中承诺的其他商品予以重大修改或定制。

如果某项商品将对合同中的其他商品作出重大修改或定制，实质上每一项商品将被整合在一起（即作为投入）以生产合同约定的组合产出。例如，企业承诺向客户提供其开发的一款现有软件，并提供安装服务，虽然该软件无须更新或技术支持也可直接使用，但是企业在安装过程中需要在该软件现有基础上对其进行定制化的重大修改，为该软件增加重要的新功能，以使其能够与客户现有的信息系统相兼容。在这种情况下，转让软件的承诺与提供定制化重大修改的承诺在合同层面是不可明确区分的。

③该商品与合同中承诺的其他商品具有高度关联性。

合同中包含多项商品时，如果企业无法通过单独交付其中的某一单项商品而履行其合同承诺，可能表明合同中的这些商品会受到彼此的重大影响。例如，企业承诺为客户设计一种实验性的新产品并负责生产10个样品，企业在生产和测试样品的过程中需要对产品的设计进行不断修正，导致已生产的样品均可能需要进行不同程度的返工。当企业预计由于设计的不断修正，大部分或全部拟生产的样品均可能需要进行一些返工时，在不对生产造成重大影响的情况下，由于提供设计服务与提供样品生产服务产生的风险不可分割，客户没有办法选择仅购买设计服务或者仅购买样品生产服务，因此，企业提供的设计服务和生产样品的服务是不断交替反复进行的，两者高度关联，在合同层面是不可明确区分的。

2.企业向客户转让一系列实质相同且转让模式相同的、可明确区分商品的承诺

当企业向客户连续转让某项承诺的商品时，如每天提供类似劳务的长期劳务合同等，如果这些商品属于实质相同且转让模式相同的一系列商品，企业应当将这一系列商品作为单项履约义务。其中，转让模式相同，是指每一项可明确区分的商品均满足在某一时段内履行履约义务的条件，且采用相同方法确定其履约进度。例如，企业与客户签订为期一年的保洁服务合同，承诺每天为客户提供保洁服务。由于企业每天所提供的服务都是可明确区分且实质相同的，并且，根据控制权转移的判断标准，每天的服务都属于在某一时段内履行的履约义务。因此，本例中，企业应当将每天提供的保洁服务合并在一起作为单项履约义务进行会计处理。

企业在判断所转让的一系列商品是否实质相同时，应当考虑合同中承诺的性质，当企业承诺的是提供确定数量的商品时，需要考虑这些商品本身是否实质相同。例如，企业与客户签订2年的合同，每月向客户提供工资核算服务，共计24次，由于企业提供服务的次数是确定的，在判断每月的服务是否实质相同时，应当考虑每次提供的具体服务是否相同，由于同一家企业的员工结构、工资构成以及核算流程等相对稳定，企业每月提供的该项服务很可能符合"实质相同"的条件；当企业承诺的是在某一期间内随时向客户提供某项服务时，需要考虑企业在该期间内的各个时间段（如每天或每小时）的承诺是否相同，而并非具体的服务行为本身。例如，企业向客户提供2年的酒店管理服务，具体包括保洁、维修、安保等，但没有具体的服务次数或时间的要求，尽管企业每天提供的具体服务不一定相同，但是企业每天对于客户的承诺都是相同的，即按照约定的酒店管理标准，随

时准备根据需要为其提供相关服务，因此，企业每天提供的该酒店管理服务符合"实质相同"的条件。

（三）确定交易价格

企业应当首先确定合同的交易价格，再按照分摊至各单项履约义务的交易价格计量收入。

交易价格，是指企业因向客户转让商品而预期有权收取的对价金额。企业代第三方收取的款项（例如增值税）以及企业预期将退还给客户的款项，应当作为负债进行会计处理，不计入交易价格。合同标价并不一定代表交易价格，企业应当根据合同条款，并结合以往的习惯做法等确定交易价格。企业在确定交易价格时，应当考虑可变对价、合同中存在的重大融资成分、非现金对价以及应付客户对价等因素的影响，并应当假定将按照现有合同的约定向客户转移商品，且该合同不会被取消、续约或变更。

1.可变对价

企业与客户的合同中约定的对价金额可能是固定的，也可能会因折扣、价格折让、返利、退款、奖励积分、激励措施、业绩奖金、索赔等因素而变化。此外，企业有权收取的对价金额，将会根据一项或多项或有事项的发生而有所不同的情况，也属于可变对价的情形，例如，企业售出商品但允许客户退货时，由于企业有权收取的对价金额将取决于客户是否退货，因此该合同的交易价格是可变的。企业在判断交易价格是否为可变对价时，应当考虑各种相关因素（如企业已公开宣布的政策、特定声明、以往的习惯做法、销售战略以及客户所处的环境等），以确定其是否会接受一个低于合同标价的金额，即企业向客户提供一定的价格折让。例如，甲公司为其客户建造一栋厂房，合同约定的价款为100万元，但是，如果甲公司不能在合同签订之日起的120天内竣工，则要支付10万元罚款，该罚款从合同价款中扣除（假设上述金额均不含增值税），则该合同的对价金额实际由两部分组成，即90万元的固定价格以及10万元的可变对价。

企业在判断合同中是否存在可变对价时，不仅应当考虑合同条款的约定，在下列情况下，即使合同中没有明确约定，合同的对价金额也是可变的：一是根据企业已公开宣布的政策、特定声明或者以往的习惯做法等，客户能够合理预期企业将会接受低于合同约定的对价金额，即企业会以折扣、返利等形式提供价格折让。二是其他相关事实和情况表明，企业在与客户签订合同时即打算向客户提供价格折让。例如，企业与一新客户签订合同，虽然企业没有对该客户销售给予折扣的历史经验，但是，根据企业拓展客户关系的战略安排，企业愿意接受低于合同约定的价格。合同中存在可变对价的，企业应当对计入交易价格的可变对价进行估计。

（1）可变对价最佳估计数的确定。在对可变对价进行估计时，企业应当按照期望值或最可能发生金额确定可变对价的最佳估计数。这并不意味着企业可以在两种方法之间随意进行选择，而是应当选择能够更好地预测其有权收取的对价金额的方法，并且对于类似的合同，应当采用相同的方法进行估计。

期望值是按照各种可能发生的对价金额及相关概率计算确定的金额。如果企业拥有大量具有类似特征的合同，企业据此估计合同可能产生多个结果时，按照期望值估计可变对价金额通常是恰当的。

【例12-5】甲公司生产和销售电视机。2×24年3月，甲公司向零售商乙公司销售1 000

台电视机，每台价格为3 000元，合同价款合计300万元。甲公司向乙公司提供价格保护，同意在未来6个月内如果同款电视机售价下降，则按照合同价格与最低售价之间的差额向乙公司支付差价。甲公司根据以往执行类似合同的经验，预计各种结果发生的概率见表12-1。

表 12-1   各种结果发生的概率

未来6个月内的降价金额（元/台）	概率
0	40%
200	30%
500	20%
1 000	10%

假设上述价格均不包含增值税。

本例中，甲公司认为期望值能够更好地预测其有权获取的对价金额。假定不考虑相关准则有关将可变对价计入交易价格的限制要求，在该方法下，甲公司估计交易价格为每台2 740元（3 000×40%+2 800 ×30%+25 00×20%+2 000×10%）。

而最可能发生金额是一系列可能发生的对价金额中最可能发生的单一金额，即合同最可能产生的单一结果。当合同仅有两个可能结果（例如，企业能够达到或不能达到某业绩奖金目标）时，按照最可能发生金额估计可变对价金额可能是恰当的。

（2）计入交易价格的可变对价金额的限制。企业按照期望值或最可能发生金额确定可变对价金额之后，计入交易价格的可变对价金额还应该满足限制条件，即包含可变对价的交易价格，应当不超过在相关不确定性消除时，累计已确认的收入极可能不会发生重大转回的金额。企业在评估与可变对价相关的不确定性消除时，累计已确认的收入金额是否极可能不会发生重大转回时，应当同时考虑收入转回的可能性及转回金额的比重。其中，"极可能"发生的概率应远高于"很可能（可能性超过50%）"，但不要求达到"基本确定（可能性超过95%）"，其目的是避免因为一些不确定性因素的发生导致之前已经确认的收入发生转回；在评估收入转回金额的比重时，应同时考虑合同中包含的固定对价和可变对价，也就是说，企业应当评估可能发生的收入转回金额相对于合同总对价（包括固定对价和可变对价）而言的比重。企业应当将满足上述限制条件的可变对价的金额，计入交易价格。需要说明的是，将可变对价计入交易价格的限制条件不适用于企业向客户授予知识产权许可并约定按客户实际销售或使用情况收取特许权使用费的情况。

每一资产负债表日，企业应当重新估计可变对价金额（包括重新评估对可变对价的估计是否受到限制），以如实反映报告期末存在的情况以及报告期内发生的情况变化。

2.合同中存在的重大融资成分

当企业将商品的控制权转移给客户的时间与客户实际付款的时间不一致时，如企业以赊销的方式销售商品，或者要求客户支付预付款等，如果各方以在合同中明确（或者以隐含的方式）约定的付款时间为客户或企业就转让商品的交易提供了重大融资利益，则合同中即包含了重大融资成分，企业在确定交易价格时，就应当对已承诺的对价金额作出调整，以剔除货币时间价值的影响。

在评估合同中是否存在融资成分及该融资成分对于该合同而言是否重大时，企业应当考虑所有相关的事实和情况，包括：（1）已承诺的对价金额与已承诺商品的现销价格之间的差额；（2）企业将承诺的商品转让给客户与客户支付相关款项之间的预计时间间隔和相关市场的现行利率这两个因素的共同影响等。

表明企业与客户之间的合同未包含重大融资成分的情形有：一是客户就商品支付了预付款，且可以自行决定这些商品的转让时间（例如，企业向客户出售其发行的储值卡，客户可随时到该企业持卡购物；企业向客户授予奖励积分，客户可随时到该企业兑换这些积分等）；二是客户承诺支付的对价中有相当大的部分是可变的，该对价金额或付款时间取决于某一未来事项是否发生，且该事项实质上不受客户或企业控制（例如，按照实际销量收取的特许权使用费）；三是合同承诺的对价金额与现销价格之间的差额是由于向客户或企业提供融资利益以外的其他原因所导致的，且这一差额与产生该差额的原因是相称的（例如，合同约定的支付条款目的是向企业或客户提供保护，以防止另一方未能依照合同充分履行其部分或全部义务）。

需要注意的是，企业应当在单个合同层面考虑融资成分是否重大，而不应在合同组合层面考虑。当合同中存在重大融资成分时，企业应当按照假定客户在取得商品控制权时即以现金支付的应付金额（现销价格）确定交易价格。企业在确定该重大融资成分的金额时，应使用将合同对价的名义金额折现为商品现销价格的折现率。该折现率一经确定不得因后续市场利率或客户信用风险等情况的变化而变更。企业确定的交易价格与合同承诺的对价金额之间的差额，应当在合同期间内采用实际利率法摊销。

为简化实务操作，如果在合同开始日，企业预计客户取得商品控制权与客户支付的价款间隔不超过一年的，可以不考虑合同中存在的重大融资成分。企业应当对类似情形下的类似合同一致地应用这一简化处理方法。

【例12-6】2×23年1月1日，甲公司与乙公司签订合同，向其销售一批产品。合同约定，该批产品将于2年之后交货。合同中包含两种可供选择的付款方式，即乙公司可以在2年后交付产品时支付449.44万元，或者在合同签订时支付400万元。乙公司选择在合同签订时支付货款。该批产品的控制权在交货时转移。甲公司于2×23年1月1日收到乙公司支付的货款。上述价格均不包含增值税，且假定不考虑相关税费的影响。

本例中，按照上述两种付款方式计算的内含利率为6%。考虑到乙公司付款时间和产品交付时间之间的间隔以及现行市场利率水平，甲公司认为该合同包含重大融资成分，在确定交易价格时，应当对合同承诺的对价金额进行调整，以反映该重大融资成分的影响。假定该融资费用不符合借款费用资本化的要求。甲公司的账务处理为：

（1）2×23年1月1日收到货款时：

借：银行存款   4 000 000

　　未确认融资费用   494 400

　　贷：合同负债   4 494 400

（2）2×23年12月31日确认融资成分的影响：

借：财务费用（4 000 000×6%）   240 000

　　贷：未确认融资费用   240 000

（3）2×24年12月31日交付产品时：

借：财务费用（4 240 000×6%）　　　　　254 400

　　贷：未确认融资费用　　　　　　　　　　　　254 400

借：合同负债　　　　　　　　　　　　　4 494 400

　　贷：主营业务收入　　　　　　　　　　　　4 494 400

合同中存在重大融资成分的销售业务的会计处理方法将在本节下文中作进一步分析。

3.非现金对价

非现金对价包括客户以存货、固定资产、无形资产、股权、提供广告服务等方式支付的对价。当企业因转让商品而有权向客户收取的对价是非现金形式时，企业通常应当按照非现金对价在合同开始日的公允价值确定交易价格。非现金对价的公允价值不能合理估计的，企业应当参照其承诺向客户转让商品的单独售价间接确定交易价格。

非现金对价的公允价值可能会因对价的形式而发生变动（如企业有权向客户收取的对价是股票，股票本身的价格会发生变动），也可能会因为其形式以外的原因而发生变动（如企业有权收取非现金对价的公允价值因企业的履约情况而发生变动）。合同开始日后，非现金对价的公允价值因对价形式以外的原因而发生变动的，应当作为可变对价，按照与计入交易价格的可变对价金额的限制条件相关的规定进行处理；合同开始日后，非现金对价的公允价值因对价形式而发生变动的，该变动金额不应计入交易价格。

4.应付客户对价

企业向客户转让商品的同时，需要向客户或第三方支付对价的，应当将该应付对价冲减交易价格，但应付客户的对价是为了自客户取得其他可明确区分商品的除外。企业应付客户对价是为了向客户取得其他可明确区分商品的，应当采用与企业其他采购相一致的方式确认所购买的商品。企业应付客户对价超过向客户取得可明确区分商品公允价值的，超过金额应当冲减交易价格。向客户取得的可明确区分商品公允价值不能合理估计的，企业应当将应付客户对价全额冲减交易价格。在将应付客户对价冲减交易价格处理时，企业应当在确认相关收入与支付（或承诺支付）客户对价二者孰晚的时点冲减当期收入。

综上，企业在确定交易价格时，应当考虑的影响因素如图12-2所示。

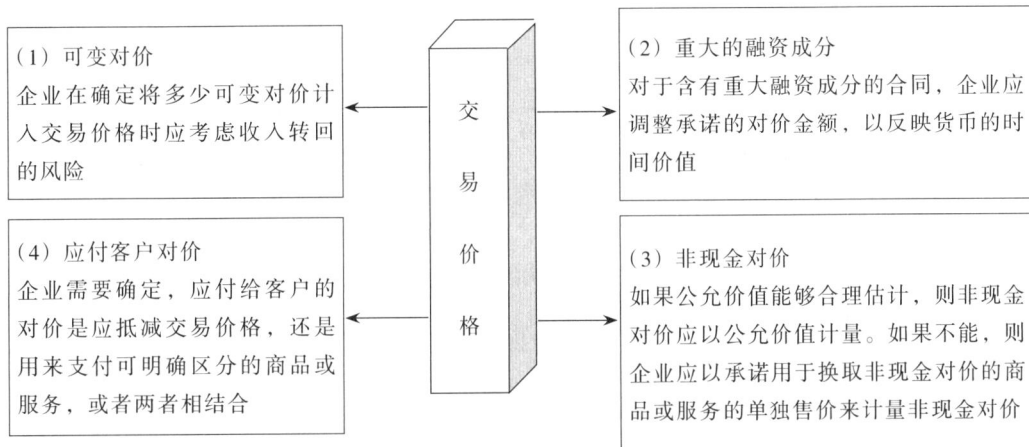

（1）可变对价 企业在确定将多少可变对价计入交易价格时应考虑收入转回的风险	交易价格	（2）重大的融资成分 对于含有重大融资成分的合同，企业应调整承诺的对价金额，以反映货币的时间价值
（4）应付客户对价 企业需要确定，应付给客户的对价是应抵减交易价格，还是用来支付可明确区分的商品或服务，或者两者相结合		（3）非现金对价 如果公允价值能够合理估计，则非现金对价应以公允价值计量。如果不能，则企业应以承诺用于换取非现金对价的商品或服务的单独售价来计量非现金对价

图12-2　合同交易价格的确定

（四）将交易价格分摊至各单项履约义务

当合同中包含两项或多项履约义务时，需要将交易价格分摊至各单项履约义务，以使企业分摊至各单项履约义务（或可明确区分的商品）的交易价格能够反映其因向客户转让已承诺的相关商品而预期有权收取的对价金额。

1.分摊的一般原则

合同中包含两项或多项履约义务的，企业应当在合同开始日，按照各单项履约义务所承诺商品的单独售价的相对比例，将交易价格分摊至各单项履约义务。例如，某公司与客户签订合同，向其销售A、B、C三件产品，合同价款为10 000元。A、B、C产品的单独售价分别为5 000元、2 500元和7 500元，合计15 000元。上述价格均不包含增值税。根据上述交易价格分摊原则，A产品应当分摊的交易价格为3 333元（5 000÷15 000×10 000），B产品应当分摊的交易价格为1 667元（2 500÷15 000×10 000），C产品应当分摊的交易价格为5 000元（7 500÷15 000×10 000）。

单独售价，是指企业向客户单独销售商品的价格。企业在类似环境下向类似客户单独销售某商品的价格，应作为确定该商品单独售价的最佳证据。合同或价目表上的标价可能是商品的单独售价，但不能默认其一定是该商品的单独售价。例如，企业为其销售的产品制定了标准价格，但是，在实务中经常以低于该标准价格的折扣价格对外销售，此时，企业在估计该产品的单独售价时应当考虑这一因素。

单独售价无法直接观察的，企业应当综合考虑其能够合理取得的全部相关信息（如市场情况、企业特定因素以及客户有关信息等），采用市场调整法、成本加成法、余值法等方法合理估计单独售价。市场调整法，是指企业根据某商品或类似商品的市场售价，考虑本企业的成本和毛利等进行适当调整后，确定其单独售价的方法。成本加成法，是指企业根据某商品的预计成本加上其合理毛利后的价格，确定其单独售价的方法。余值法，是指企业根据合同交易价格减去合同中其他商品可观察的单独售价后的余值，确定某商品单独售价的方法。

企业应当最大限度地采用可观察的输入值，并对类似的情况采用一致的估计方法。企业在商品近期售价波动幅度巨大，或者因未定价且未曾单独销售而使售价无法可靠确定时，可采用余值法估计其单独售价。

【例12-7】2×24年3月1日，甲公司与某客户签订合同，向其销售A、B两项商品，A商品的单独售价为6 000元，B商品的单独售价为24 000元，合同价款为25 000元。合同约定，A商品于合同开始日交付，B商品在一个月之后交付，只有当两项商品全部交付之后，甲公司才有权收取25 000元的合同对价。假定A商品和B商品分别构成单项履约义务，其控制权在交付时转移给客户。上述价格均不包含增值税，且假定不考虑相关税费的影响。

本例中，分摊至A商品的合同价款为5 000元［6 000÷（6 000+24 000）×25 000］；分摊至B商品的合同价款为20 000元［24 000÷（6 000+24 000）×25 000］。甲公司的账务处理如下：

（1）交付A商品时：

借：合同资产——某客户　　　　　　　　　　　　　　　　　　　　5 000
　　贷：主营业务收入　　　　　　　　　　　　　　　　　　　　　　　　　5 000

（2）交付B商品时：

借：应收账款——某客户   25 000

  贷：合同资产   5 000

    主营业务收入   20 000

小资料12-2

合同资产的含义

本例中，甲公司将A商品交付给客户后，其收取对价的权利还要取决于时间流逝之外的其他因素，即必须向客户交付B商品，因此，该项收款权利是有条件的，从而形成一项合同资产。

2.分摊合同折扣

当客户购买的一组商品中所包含的各单项商品的单独售价之和高于合同交易价格时，表明客户因购买该组商品而取得了合同折扣。合同折扣，是指合同中各单项履约义务所承诺商品的单独售价之和高于合同交易价格的金额。对于合同折扣，企业应当在各单项履约义务之间按比例分摊。有确凿证据表明合同折扣仅与合同中一项或多项（而非全部）履约义务相关的，企业应当将该合同折扣分摊至相关一项或多项履约义务。

同时满足下列三项条件时，企业应当将合同折扣全部分摊至合同中的一项或多项（而非全部）履约义务：（1）企业经常将该合同中的各项可明确区分的商品单独销售或者以组合的方式单独销售；（2）企业也经常将其中部分可明确区分的商品以组合的方式按折扣价格单独销售；（3）上述第（2）项中的折扣与该合同中的折扣基本相同，且针对每一组合中的商品的分析为将该合同的整体折扣归属于某一项或多项履约义务提供了可观察的依据。有确凿证据表明合同折扣仅与合同中的一项或多项（而非全部）履约义务相关，且企业采用余值法估计单独售价的，企业应当首先在该一项或多项（而非全部）履约义务之间分摊合同折扣，然后再采用余值法估计单独售价。

【例12-8】甲公司与客户签订合同，向其销售A、B、C三种产品，合同总价款为120万元，这三种产品构成三项履约义务。企业经常以50万元单独出售A产品，其单独售价可直接观察；B产品和C产品的单独售价不可直接观察，企业采用市场调整法估计的B产品单独售价为25万元，采用成本加成法估计的C产品单独售价为75万元。甲公司通常以50万元的价格单独销售A产品，并将B产品和C产品组合在一起以70万元的价格销售。上述价格均不包含增值税。

本例中，三种产品的单独售价合计为150万元，而该合同的价格为120万元，该合同的整体折扣为30万元。由于甲公司经常将B产品和C产品组合在一起以70万元的价格销售，该价格与其单独售价之和（100万元）的差额为30万元，与该合同的整体折扣一致，而A产品单独销售的价格与其单独售价一致，证明该合同的整体折扣仅应归属于B产品和C产品。因此，在该合同下，分摊至A产品的交易价格为50万元，分摊至B产品和C产品的交易价格合计为70万元，甲公司应当进一步按照B产品和C产品的单独售价的相对比例将该价格在两者之间进行分摊：B产品应分摊的交易价格为17.5万元（25÷100×70），C产品应分摊的交易价格为52.5万元（75÷100×70）。

3.分摊可变对价

合同中包含可变对价的，该可变对价可能与整个合同相关，也可能仅与合同中的某一特定组成部分有关。后者包括两种情形：一是可变对价可能与合同中的一项或多项（而非全部）履约义务有关，例如，是否获得奖金取决于企业能否在指定时期内转让某项已承诺的商品；二是可变对价可能与企业向客户转让的构成单项履约义务的一系列可明确区分商品中的一项或多项（而非全部）商品有关，例如，为期两年的保洁服务合同中，第二年的服务价格将根据指定的通货膨胀率确定。

同时满足下列两项条件的，企业应当将可变对价及可变对价的后续变动额全部分摊至与之相关的某项履约义务，或者构成单项履约义务的一系列可明确区分商品中的某项商品：一是可变对价的条款专门针对企业为履行该项履约义务或转让该项可明确区分商品所作的努力（或者是履行该项履约义务或转让该项可明确区分商品所导致的特定结果）；二是企业在考虑了合同中的全部履约义务及支付条款后，将合同对价中的可变金额全部分摊至该项履约义务或该项可明确区分商品符合分摊交易价格的目标。对于不满足上述条件的可变对价及可变对价的后续变动额，以及可变对价及后续变动额中未满足上述条件的剩余部分，企业应当按照分摊交易价格的一般原则，将其分摊至合同中的各单项履约义务。对于已履行的履约义务，其分摊的可变对价后续变动额应当调整变动当期的收入。

【例12-9】甲公司与乙公司签订合同，将其拥有的两项专利技术X和Y授权给乙公司使用。假定两项授权均分别构成单项履约义务，且都属于在某一时点履行的履约义务。合同约定，授权使用专利技术X的价格为80万元，授权使用专利技术Y的价格为乙公司使用该专利技术所生产的产品销售额的3%。专利技术X和Y的单独售价分别为80万元和100万元。甲公司估计其就授权使用专利技术Y而有权收取的特许权使用费为100万元。上述价格均不包含增值税。

本例中，该合同中包含固定对价和可变对价，其中，授权使用专利技术X的价格为固定对价，且与其单独售价一致，授权使用专利技术Y的价格为乙公司使用该专利技术所生产的产品销售额的3%，属于可变对价，该可变对价全部与授权使用专利技术Y能够收取的对价有关，且甲公司基于实际销售情况估计收取的特许权使用费的金额接近Y的单独售价。因此，甲公司将可变对价部分的特许权使用费金额全部由Y承担符合交易价格的分摊目标。

4.交易价格的后续变动

合同开始日之后，由于相关不确定性的消除或环境的其他变化等原因，交易价格可能会发生变化，从而导致企业因向客户转让商品而预期有权收取的对价金额发生变化。交易价格发生后续变动的，企业应当按照在合同开始日所采用的基础将该后续变动金额分摊至合同中的履约义务。企业不得因合同开始日之后单独售价的变动而重新分摊交易价格。

对于合同变更导致的交易价格后续变动，应当按照本节有关合同变更的要求进行会计处理。合同变更之后发生可变对价后续变动的，企业应当区分下列三种情形分别进行会计处理：

（1）合同变更属于本节前文合同变更部分所述第（1）种规定情形的，企业应当判断可变对价后续变动与哪一项合同相关，并按照分摊可变对价的相关规定进行会计处理。

（2）合同变更属于本节前文合同变更部分所述第（2）种规定情形，且可变对价后续变动与合同变更前已承诺可变对价相关的，企业应当首先将该可变对价后续变动额以原合同开始日确定的单独售价为基础进行分摊，然后再将分摊至合同变更日尚未履行履约义务的该可变对价后续变动额以新合同开始日确定的基础进行二次分摊。

（3）合同变更之后发生除上述第（1）、（2）两种情形以外的可变对价后续变动的，企业应当将该可变对价后续变动额分摊至合同变更日尚未履行（或部分未履行）的履约义务。

【例12-10】2×23年9月1日，甲公司与乙公司签订合同，向其销售A产品和B产品。A产品和B产品均为可明确区分商品且两种产品单独售价相同，也均属于在某一时点履行的履约义务。合同约定，A产品和B产品分别于2×23年11月1日和2×24年3月31日交付给乙公司。合同约定的对价包括1 000元的固定对价和估计金额为200元的可变对价。假定甲公司将200元的可变对价计入交易价格，满足本节有关将可变对价金额计入交易价格的限制条件。因此，该合同的交易价格为1 200元。假定上述价格均不包含增值税。

2×23年12月1日，双方对合同范围进行了变更，乙公司向甲公司额外采购C产品，合同价格增加300元，C产品与A、B两种产品可明确区分，但该增加的价格不反映C产品的单独售价。C产品的单独售价与A产品和B产品相同。C产品将于2×24年6月30日交付给乙公司。

2×23年12月31日，企业预计有权收取的可变对价的估计金额由200元变更为240元，该金额符合将可变对价金额计入交易价格的限制条件。因此，合同的交易价格增加了40元，且甲公司认为该增加额与合同变更前已承诺的可变对价相关。

假定上述三种产品的控制权均随产品交付而转移给乙公司。

本例中，在合同开始日，该合同包含两项履约义务，甲公司应当将估计的交易价格分摊至这两项履约义务。由于两种产品的单独售价相同，且可变对价不符合分摊至其中一项履约义务的条件，因此，甲公司将交易价格1 200元平均分摊至A产品和B产品，即A产品和B产品各自分摊的交易价格均为600元。

2×23年11月1日，当A产品交付给客户时，甲公司相应确认收入600元。

2×23年12月1日，双方进行了合同变更。该合同变更属于本节合同变更的第（2）种情形，因此该合同变更应当作为原合同终止，并将原合同的未履约部分与合同变更部分合并为新合同进行会计处理。在该新合同下，合同的交易价格为900元（600+300），由于B产品和C产品的单独售价相同，分摊至B产品和C产品的交易价格的金额均为450元。

2×23年12月31日，甲公司重新估计可变对价，增加了交易价格40元。由于该增加额与合同变更前已承诺的可变对价相关，因此应首先将该增加额分摊给A产品和B产品，之后再将分摊给B产品的部分在B产品和C产品形成的新合同中进行二次分摊。在本例中，由于A、B和C产品的单独售价相同，在将40元的可变对价后续变动分摊至A产品和B产品时，各自分摊的金额为20元。由于甲公司已经转让了A产品，在交易价格发生变动的当期即应将分摊至A产品的20元确认为收入。之后，甲公司将分摊至B产品的20元平均分摊至B产品和C产品，即各自分摊的金额为10元，经过上述分摊后，B产品和C产品的交易价格金额均为460元（450+10）。因此，甲公司分别在B产品和C产品控制权转移时确认收入460元。

（五）履行各单项履约义务时确认收入

企业应当在履行了合同中的履约义务，即客户取得相关商品控制权时确认收入。企业将商品的控制权转移给客户，该转移可能在某一时段内（即履行履约义务的过程中）发生，也可能在某一时点（即履约义务完成时）发生。企业应当根据实际情况，首先判断履约义务是否满足在某一时段内履行的条件，如不满足，则该履约义务属于在某一时点履行的履约义务。对于在某一时段内履行的履约义务，企业应当选取恰当的方法来确定履约进度；对于在某一时点履行的履约义务，企业应当综合分析控制权转移的迹象，判断其转移时点。

1.在某一时段内履行的履约义务的收入确认条件

满足下列条件之一的，属于在某一时段内履行的履约义务，相关收入应当在该履约义务履行的期间内确认：

（1）客户在企业履约的同时即取得并消耗企业履约所带来的经济利益。企业在履约过程中是持续地向客户转移该服务的控制权的，该履约义务属于在某一时段内履行的履约义务，企业应当在提供该服务的期间内确认收入。对于保洁服务的一些服务类的合同而言，可以通过直观的判断获知，企业在履行履约义务（即提供保洁服务）的同时，客户即取得并消耗了企业履约所带来的经济利益。对于难以通过直观判断获知结论的情形，企业在进行判断时，可以假定在企业履约的过程中更换为其他企业继续履行剩余履约义务，如果该继续履行合同的企业实质上无须重新执行企业累计至今已经完成的工作，则表明客户在企业履约的同时即取得并消耗了企业履约所带来的经济利益。例如，企业承诺将客户的一批货物从A市运送到B市，假定该批货物在途经C市时，由另外一家运输公司接替企业继续提供该运输服务，由于A市到C市之间的运输服务是无须重新执行的，因此，表明客户在企业履约的同时即取得并消耗了企业履约所带来的经济利益，因此，企业提供的运输服务属于在某一时段内履行的履约义务。企业在判断其他企业是否实质上无须重新执行企业累计至今已经完成的工作时，应当基于以下两个前提：一是不考虑可能会使企业无法将剩余履约义务转移给其他企业的潜在限制，包括合同限制或实际可行性限制；二是假设继续履行剩余履约义务的其他企业将不会享有企业目前已控制的任何资产的利益，也不会享有剩余履约义务转移后企业仍然控制的任何资产的利益。

（2）客户能够控制企业履约过程中在建的商品。企业在履约过程中在建的商品包括在产品、在建工程、尚未完成的研发项目、正在进行的服务等，如果客户在企业创建该商品的过程中就能够控制这些商品，应当认为企业提供该商品的履约义务属于在某一时段内履行的履约义务。

【例12-11】企业与客户签订合同，在客户拥有的土地上按照客户的设计要求为其建造厂房。在建造过程中客户有权修改厂房设计，并与企业重新协商设计变更后的合同条款。客户每月末按当月工程进度向企业支付工程款。如果客户终止合同，已完成建造部分的厂房归客户所有。

本例中，企业为客户建造厂房，该厂房位于客户的土地上，客户终止合同时，已建造的厂房归客户所有。这些均表明客户在该厂房建造的过程中就能够控制该在建的厂房。因此，企业提供的该建造服务属于在某一时段内履行的履约义务，企业应当在提供该服务的期间内确认收入。

（3）企业在履约过程中所产出的商品具有不可替代用途，且该企业在整个合同期间内有权就累计至今已完成的履约部分收取款项。

①商品具有不可替代用途。在判断商品是否具有不可替代用途时，企业既应当考虑合同限制，也应当考虑实际可行性限制，但无须考虑合同被终止的可能性。企业在判断商品是否具有不可替代用途时，需要注意以下四点：

一是企业应当在合同开始日判断所承诺的商品是否具有不可替代用途。在此之后，除非发生合同变更，且该变更显著改变了原合同约定的履约义务，否则，企业无须重新进行评估。

二是合同中是否存在实质性限制条款，导致企业不能将合同约定的商品用于其他用途。保护性条款也不应被视为实质性限制条款。

三是是否存在实际可行性限制，例如，虽然合同中没有限制，但是企业将合同中约定的商品用作其他用途，将遭受重大的经济损失或发生重大的返工成本。

四是企业应当根据最终转移给客户的商品的特征判断其是否具有不可替代用途。例如，某商品在生产的前期可以满足多种用途需要的，从某一时点或某一流程开始，才进入定制化阶段，此时，企业应当根据该商品在最终转移给客户时的特征来判断其是否满足"具有不可替代用途"的条件。

②企业在整个合同期间内有权就累计至今已完成的履约部分收取款项。有权就累计至今已完成的履约部分收取款项，是指在由于客户或其他方原因终止合同的情况下，企业有权就累计至今已完成的履约部分收取能够补偿其已发生成本和合理利润的款项，并且该权利具有法律约束力。需要强调的是，合同终止必须是由于客户或其他方（即由于企业未按照合同承诺履约之外的其他原因）而非企业自身的原因所致，在整个合同期间内的任一时点，企业均应当拥有此项权利。企业在进行判断时，需要注意以下五点：

一是，企业有权就累计至今已完成的履约部分收取的款项应当大致相当于累计至今已经转移给客户的商品的售价，即该金额应当能够补偿企业已经发生的成本和合理的利润。其中，合理的利润补偿并非一定是该合同的整体毛利水平，以下两种情形都属于合理的利润补偿：第一，根据合同终止前的履约进度对该合同的毛利水平进行调整后确定的金额作为利润补偿金额；第二，如果该合同的毛利水平高于企业同类合同的毛利水平，以企业从同类合同中能够获取的合理资本回报或者经营毛利作为利润补偿金额。

二是，企业有权就累计至今已完成的履约部分收取款项，并不意味着企业拥有随时可行使的无条件收款权。当合同约定客户在约定的某一时点、重要事项完成的时点或者整个合同完成之后才支付合同价款时，企业并没有取得收款的权利。在判断其是否满足本要求时，应当考虑在整个合同期间内的任一时点，假设由于客户或其他方原因导致合同提前终止时，企业是否有权主张该收款权利，即有权要求客户补偿其截至目前已完成的履约部分应收取的款项。

三是，当客户只有在某些特定时点才有权终止合同，或者根本无权终止合同时，客户终止了合同（包括客户没有按照合同的约定履行其义务），但是，合同条款或法律法规要求企业应继续向客户转移合同中承诺的商品并因此有权要求客户支付对价，此种情况也符合"企业有权就累计至今已完成的履约部分收取款项"的要求。

四是，企业在进行判断时，既要考虑合同条款的约定，还应当充分考虑适用的法律法规、补充或者凌驾于合同条款之上的以往司法实践以及类似案例的结果等。例如，即使在合同没有明确约定的情况下，相关的法律法规等是否支持企业主张相关的收款权利；以往的司法实践是否表明合同中的某些条款没有法律约束力；在以往的类似合同中，企业虽然拥有此类权利，却在考虑了各种因素之后没有行使该权利，这是否会导致企业主张该权利的要求在当前的法律环境下不被支持等。

五是，企业和客户之间在合同中约定的付款时间进度表，不一定就表明企业有权就累计至今已完成的履约部分收取款项，这是因为合同约定的付款进度和企业的履约进度可能并不匹配。在此种情况下，企业仍需要证据对其是否有该收款权进行判断。

【例12-12】甲公司是一家造船企业，与乙公司签订了一份船舶建造合同，按照乙公司的具体要求设计和建造船舶。甲公司在自己的厂区内完成该船舶的建造，乙公司无法控制在建过程中的船舶。甲公司如果想把该船舶出售给其他客户，需要发生重大的改造成本。双方约定，如果乙公司单方面解约，乙公司须向甲公司支付相当于合同总价30%的违约金，且建造中的船舶归甲公司所有。假定该合同仅包含一项履约义务，即设计和建造船舶。

本例中，船舶是按照乙公司的具体要求进行设计和建造的，甲公司需要发生重大的改造成本将该船舶改造之后才能将其出售给其他客户，因此，该船舶具有不可替代用途。然而，如果乙公司单方面解约，仅需向甲公司支付相当于合同总价30%的违约金，表明甲公司无法在整个合同期间内都有权就累计至今已完成的履约部分收取能够补偿其已发生成本和合理利润的款项。因此，甲公司为乙公司设计和建造船舶不属于在某一时段内履行的履约义务。

属于在某一时段内履行的履约义务的收入确认条件见表12-2。

表12-2 **在某一时段内履行的履约义务的收入确认条件**

条件	履约义务	举例
（1）	客户在企业履约的同时即取得并消耗企业履约所带来的经济利益	常规或经常性的服务
（2）	客户能够控制企业履约过程中在建的商品	在客户的场地上建造资产
（3）	企业在履约过程中所产出的商品具有不可替代用途，且该企业在整个合同期间内有权就累计至今已完成的履约部分收取款项	建造只有客户能够使用的专项资产，或按照客户的指示建造资产

2.在某一时段内履行的履约义务的收入确认方法

对于在某一时段内履行的履约义务，企业应当在该段时间内按照履约进度确认收入，履约进度不能合理确定的除外。企业应当采用恰当的方法确定履约进度，以使其如实反映企业向客户转让商品的履约状况。企业应当考虑商品的性质，采用产出法或投入法确定恰当的履约进度，并且在确定履约进度时，应当扣除那些控制权尚未转移给客户的商品和服务。

（1）产出法。产出法主要是根据已转移给客户的商品对于客户的价值确定履约进度，主要包括按照实际测量的完工进度、评估已实现的结果、已达到的里程碑、时间进度、已完工或交付的产品等确定履约进度的方法。企业在评估是否采用产出法确定履约进度时，应当考虑所选择的产出指标是否能够如实地反映向客户转移商品的进度。

【例12-13】甲公司与客户签订合同，为该客户拥有的一条铁路更换100根铁轨，合同价格为10万元（不含税价）。截至2×24年12月31日，甲公司共更换铁轨60根，剩余部分预计在2×25年3月31日之前完成。该合同仅包含一项履约义务，且该履约义务满足在某一时段内履行的条件。假定不考虑其他情况。

本例中，甲公司提供的更换铁轨的服务属于在某一时段内履行的履约义务，甲公司按照已完成的工作量确定履约进度。因此，截至 2×24 年 12 月 31 日，该合同的履约进度为 60%（60÷100×100%），甲公司应确认的收入为 6 万元（10×60%）。

产出法是根据能够代表向客户转移商品控制权的产出指标直接计算履约进度的，因此通常能够客观地反映履约进度。但是，产出法下有关产出指标的信息有时可能无法直接观察获得，企业为获得这些信息需要花费很高的成本，这就可能需要采用投入法来确定履约进度。

（2）投入法。投入法是根据企业履行履约义务的投入确定履约进度的方法，通常可采用投入的材料数量、花费的人工工时或机器工时、发生的成本和时间进度等投入指标确定履约进度。当企业从事的工作或发生的投入是在整个履约期间内平均发生时，按照直线法确认收入是合适的。由于企业的投入与向客户转移商品的控制权之间未必存在直接的对应关系，因此，企业在采用投入法时，应当扣除那些虽然已经发生，但是未导致向客户转移商品的投入。实务中，企业通常按照累计实际发生的成本占预计总成本的比例（成本法）确定履约进度，累计实际发生的成本包括企业向客户转移商品过程中所发生的直接成本和间接成本，如直接人工、直接材料、分包成本以及其他与合同相关的成本。企业在采用成本法确定履约进度时，可能需要对已发生的成本进行适当调整的情形有：

①已发生的成本并未反映企业履行其履约义务的进度，如因企业生产效率低下等原因而导致的非正常消耗，包括非正常消耗的直接材料、直接人工及制造费用等，除非企业和客户在订立合同时已经预见会发生这些成本并将其包括在合同价款中。

②已发生的成本与企业履行其履约义务的进度不成比例。如果企业已发生的成本与履约进度不成比例，企业在采用成本法时需要进行适当调整。当企业在合同开始日就能够预期满足下列所有条件时，企业在采用成本法时不应包括该商品的成本，而是应当按照其成本金额确认收入：一是该商品不构成单项履约义务；二是客户先取得该商品的控制权，之后才接受与之相关的服务；三是该商品的成本占预计总成本的比重较大；四是企业自第三方采购该商品，且未深入参与其设计和制造，对于包含该商品的履约义务而言，企业是主要责任人。

【例 12-14】2×24 年 10 月，甲公司与客户签订合同，为客户装修一栋办公楼，包括安装一部电梯，合同总金额为 100 万元。甲公司预计的合同总成本为 80 万元，其中包括电梯的采购成本 30 万元。

2×24 年 12 月，甲公司将电梯运达施工现场并经过客户验收，客户已取得对电梯的控制权，但是，根据装修进度，预计到 2×25 年 2 月才会安装该电梯。截至 2×24 年 12 月，甲公司累计发生成本 40 万元，其中包括支付给电梯供应商的采购成本 30 万元以及因采购电梯发生的运输和人工等相关成本 5 万元。

假定：该装修服务（包括安装电梯）构成单项履约义务，并属于在某一时段内履行的履约义务，甲公司是主要责任人，但不参与电梯的设计和制造；甲公司采用成本法确定履约进度；上述金额均不含增值税。

本例中，截至 2×24 年 12 月，甲公司发生成本 40 万元（包括电梯采购成本 30 万元以及因采购电梯发生的运输和人工等相关成本 5 万元），甲公司认为其已发生的成本和履约进度不成比例，因此需要对履约进度的计算作出调整，将电梯的采购成本排除在已发生成本和预计总成本之外。在该合同中，该电梯不构成单项履约义务，其成本相对于预计总成本而言是重大的，甲公司是主要责任人，但是未参与该电梯的设计和制造，客户先取得了电梯的控制权，随后才接受与之相关的安装服务，因此，甲公司应在客户取得该电梯控制权时，按照该电梯采购成本的金额确认转让电梯产生的收入。

因此，2×24年12月，该合同的履约进度为20%［（40-30)÷(80-30)×100%］，应确认的收入和成本金额分别为44万元［（100-30)×20%+30］和40万元［（80-30)×20%+30］。

对于每一项履约义务，企业只能采用一种方法来确定其履约进度，并加以一贯运用。对于类似情况下的类似履约义务，企业应当采用相同的方法确定履约进度。

资产负债表日，企业应当将按照合同的交易价格总额乘以履约进度扣除以前会计期间累计已确认的收入后的金额，确认为当期收入。当履约进度不能合理确定时，企业已经发生的成本预计能够得到补偿的，应当按照已经发生的成本金额确认收入，直到履约进度能够合理确定为止。每一资产负债表日，企业应当对履约进度进行重新估计。当客观环境发生变化时，企业也需要重新评估履约进度是否发生变化，以确保履约进度能够反映履约情况的变化，该变化应当作为会计估计变更进行会计处理。

3.在某一时点履行的履约义务

对于不属于在某一时段内履行的履约义务，应当属于在某一时点履行的履约义务，企业应当在客户取得相关商品控制权的时点确认收入。在判断客户是否已取得商品控制权（即客户是否能够主导该商品的使用并从中获得几乎全部的经济利益）时，企业应当考虑下列几种迹象：

（1）企业就该商品享有现时收款权利，即客户就该商品负有现时付款义务。当企业就该商品享有现时收款权利时，可能表明客户已经有能力主导该商品的使用并从中获得几乎全部的经济利益。

（2）企业已将该商品的法定所有权转移给客户，即客户已拥有该商品的法定所有权。当客户取得了商品的法定所有权时，可能表明其已经有能力主导该商品的使用并从中获得几乎全部的经济利益，或者能够阻止其他企业获得这些经济利益，即客户已取得对该商品的控制权。如果企业仅仅是为了确保到期收回货款而保留商品的法定所有权，那么该权利通常不会对客户取得对该商品的控制权构成障碍。

（3）企业已将该商品实物转移给客户，即客户已占有该商品实物。客户如果已经占有商品实物，则可能表明其有能力主导该商品的使用并从中获得几乎全部的经济利益，或者使其他企业无法获得这些利益。需要说明的是，客户占有了某项商品实物并不意味着其就一定取得了该商品的控制权，反之亦然。例如，采用支付手续费方式的委托代销安排下，虽然企业作为委托方已将商品发送给受托方，但是受托方并未取得该商品的控制权，因此，企业不应在向受托方发货时确认销售商品的收入，而仍然应当根据控制权是否转移来判断何时确认收入，通常应当在受托方售出商品时确认销售商品收入，受托方应当在商品销售后，按合同或协议约定的方法计算确定的手续费确认收入。表明一项安排是委托代销安排的迹象包括：①在特定事件发生之前（例如，向最终客户出售产品或指定期间到期之前），企业拥有对商品的控制权；②企业能够要求将委托代销的商品退回或者将其销售给其他方（如其他经销商）；③尽管经销商可能被要求向企业支付一定金额的押金，但是其并没有承担对这些商品无条件付款的义务。

实务中，企业有时根据合同已经就销售的商品向客户收款或取得了收款权利，但是，由于客户因为缺乏足够的仓储空间或生产进度延迟等原因，直到在未来某一时点将该商品交付给客户之前，企业仍然继续持有该商品实物，这种情况通常被称为"售后代管商品"安排。此时，企业除了考虑客户是否取得商品控制权的迹象之外，还应当同时满足下列条件，才表明客户取得了该商品的控制权：①该安排必须具有商业实质，例如该安排是应客户的要求而订立的；②属于客户的商品必须能够单独识别，例如将属于客户的商品单独存放在指定地点；③该商品可以随时交付给客户；④企业不能自行使用该商品或将该商品提供给其他客户。企业根据上述条件对尚未发货的商品确认了收入的，还应当考虑是否还承担了其他履约义务，例如，向客户提供保管服务等，应当将部分交易价格分摊至其他履约义务。越是通用的、可以和其他商品互相替换的商品，可能越难满足上述条件。

【例12-15】2×23年1月1日，甲公司与乙公司签订合同，向其销售一台设备和专用零部件。设备和零部件的制造期为2年。甲公司在完成设备和零部件的生产之后，能够证明其符合合同约定的规格。假定在该合同下，向客户转让设备和零部件是可明确区分的，因此，企业应将其作为两项履约义务，且都属于在某一时点履行的履约义务。

2×24年12月31日，乙公司支付了该设备和零部件的合同价款，并对其进行了验收。乙公司运走了设备，但是，考虑到其自身的仓储能力有限，且其工厂紧邻甲公司的仓库，因此，要求将零部件存放于甲公司的仓库中，并且要求甲公司按照其指令随时安排发货。乙公司已拥有零部件的法定所有权，且这些零部件可明确识别为属于乙公司的物品。甲公司在其仓库内的单独区域存放这些零部件，并应乙公司的要求可随时发货，甲公司不能使用这些零部件，也不能将其提供给其他客户使用。

本例中，2×24年12月31日，设备的控制权已转移给乙公司；对于零部件而言，甲公司已经收取合同价款，但是应乙公司的要求尚未发货，乙公司已拥有零部件的法定所有权，并且对其进行了验收，虽然这些零部件实物尚由甲公司持有，但是其满足在售后代管商品的安排下客户取得商品控制权的条件，这些零部件的控制权也已经转移给了乙公司。因此，甲公司应当确认销售设备和零部件的相关收入。除此之外，甲公司还为乙公司提供了仓储保管服务，该服务与设备和零部件可明确区分，构成单项履约义务。

【例12-16】A公司生产并销售笔记本电脑。2×23年，A公司与零售商B公司签订销售合同，向其销售1万台电脑。由于B公司的仓储能力有限，无法在2×24年年底之前接收该批电脑，双方约定A公司在2×25年按照B公司的指令按时发货，并将电脑运送至B公司指定的地点。2×24年12月31日，A公司共有上述电脑库存1.2万台，其中包括1万台将要销售给B公司的电脑。然而，这1万台电脑和其余2000台电脑一起存放并统一管理，并且彼此之间可以互相替换。

本例中，尽管是由于B公司没有足够的仓储空间才要求A公司暂不发货，并按照其指定的时间发货，但是由于这1万台电脑与A公司的其他产品可以互相替换，且未单独存放保管，A公司在向B公司交付这些电脑之前，能够将其提供给其他客户或者自行使用。因此，这1万台电脑在2×24年12月31日不满足售后代管商品安排下确认收入的条件。

（4）企业已将该商品所有权上的主要风险和报酬转移给客户，即客户已取得该商品所有权上的主要风险和报酬。企业向客户转移了商品所有权上的主要风险和报酬，可能表明客户已经取得了主导该商品的使用并从中获得其几乎全部经济利益的能力。但是，在评估商品所有权上的主要风险和报酬是否转移时，不应考虑导致企业在除所转让商品之外产生其他单项履约义务的风险。例如，企业将产品销售给客户，并承诺提供后续维护服务的安排中，销售产品和提供维护服务均构成单项履约义务，企业将产品销售给客户之后，虽然仍然保留了与后续维护服务相关的风险，但是，由于维护服务构成单项履约义务，所以该保留的风险并不影响企业已将产品所有权上的主要风险和报酬转移给客户的判断。

（5）客户已接受该商品。如果客户已经接受了企业提供的商品，例如，企业销售给客户的商品通过了客户的验收，可能表明客户已经取得了该商品的控制权。合同中有关客户验收的条款，可能允许客户在商品不符合约定规格的情况下解除合同或要求企业采取补救措施。因此，企业在评估是否已经将商品的控制权转移给客户时，应当考虑此类条款。当企业能够客观地确定其已经按照合同约定的标准和条件将商品的控制权转移给客户时，客户验收只是一项例行程序，并不影响企业判断客户取得该商品控制权的时点。例如，企业向客户销售一批必须满足规定尺寸和重量的产品，合同约定，客户收到该产品时，将对此进行验收。由于该验收条件是一个客观标准，企业在客户验收前就能够确定其是否满足约定的标准，客户验收可能只是一项例行程序。实务中，企业应当根据过去执行类似合同积累的经验以及客户验收的结果取得相应证据。当在客户验收之前确认收入时，企业还应当考虑是否还存在剩余的履约义务，例如设备安装等，并且评估是否应当对其单独进行会计处理。

相反，当企业无法客观地确定其向客户转让的商品是否符合合同规定的条件时，在客户验收之前，企业不能认为已经将该商品的控制权转移给了客户。这是因为，在这种情况下，企业无法确定客户是否能够主导该商品的使用并从中获得几乎全部的经济利益。例如，客户主要基于主观判断进行验收时，该验收往往不能被视为仅仅是一项例行程序，在验收完成之前，企业无法确定其商品是否能够满足客户的主观标准，因此，企业应当在客户完成验收并接受该商品时才能确认收入。实务中，定制化程度越高的商品，越难以证明客户验收仅仅是一项例行程序。

此外，如果企业将商品发送给客户供其试用或者测评，且客户并未承诺在试用期结束前支付任何对价，则在客户接受该商品或者在试用期结束之前，该商品的控制权并未转移给客户。

需要强调的是，在上述五个迹象中，并没有哪一个或哪几个迹象是决定性的，企业应当根据合同条款和交易实质进行分析，综合判断其是否将商品的控制权转移给客户以及何时转移的，从而确定收入确认的时点。此外，企业应当从客户的角度进行评估，而不应当仅考虑企业自身的看法。

三、关于合同成本

（一）合同履约成本

企业为履行合同可能会发生各种成本，在确认收入的同时应当对这些成本进行分析，如果这些成本不属于存货、固定资产、无形资产等资产的取得成本且同时满足下列三个条件的，应当作为合同履约成本确认为一项资产：

（1）该成本与一份当前或预期取得的合同直接相关，包括直接人工、直接材料、制造费用（或类似费用）、明确由客户承担的成本以及仅因该合同而发生的其他成本。

（2）该成本增加了企业未来用于履行履约义务的资源。

（3）该成本预期能够收回。

企业应当在下列支出发生时，将其计入当期损益：一是管理费用，除非这些费用明确由客户承担。二是非正常消耗的直接材料、直接人工和制造费用（或类似费用），这些支出为履行合同发生，但未反映在合同价格中。三是与履约义务中已履行（包括已全部履行或部分履行）部分相关的支出，即该支出与企业过去的履约活动相关。四是无法在尚未履行的与已履行（或已部分履行）的履约义务之间区分的相关支出。

（二）合同取得成本

企业为取得合同发生的增量成本预期能够收回的，应当作为合同取得成本确认为一项资产。增量成本，是指企业不取得合同就不会发生的成本，例如销售佣金等。为简化实务操作，该资产摊销期限不超过一年的，可以在发生时计入当期损益。企业采用该简化处理方法的，应当对所有类似合同一致采用。企业为取得合同发生的、除预期能够收回的增量成本之外的其他支出，例如，无论是否取得合同均会发生的差旅费、投标费、为准备投标资料发生的相关费用等，应当在发生时计入当期损益，除非这些支出明确由客户承担。

（三）与合同履约成本和合同取得成本有关的资产的摊销和减值

1.摊销

按照上述合同履约成本和合同取得成本确认的资产称为与合同成本有关的资产。企业应当采用与该资产相关的商品收入确认相同的基础（即在履约义务履行的时点或按照履约义务的履约进度）进行摊销，计入当期损益。

在确定与合同履约成本和合同取得成本有关的资产的摊销期限和方式时，如果该资产与一份预期将要取得的合同（如续约后的合同）相关，则在确定相关摊销期限和方式时，应当考虑该预期将要取得的合同的影响。但是，对于合同取得成本而言，如果合同续约时，企业仍需要支付与取得原合同相当的佣金，这表明取得原合同时支付的佣金与预期将要取得的合同无关，该佣金只能在原合同的期限内进行摊销。企业为合同续约仍需支付的佣金是否与原合同相当，需要根据具体情况进行判断。例如，如果两份合同的佣金按照各自合同金额的相同比例计算，通常表明这两份合同的佣金水平是相当的。

2.减值

合同履约成本和合同取得成本的账面价值高于下列两项的差额的，超出部分应当计提减值准备，并确认为资产减值损失：

（1）企业因转让与该资产相关的商品预期能够取得的剩余对价。

（2）为转让该相关商品估计将要发生的成本。估计将要发生的成本主要包括直接人工、直接材料、制造费用（或类似费用）、明确由客户承担的成本以及仅因该合同而发生的其他成本（例如，支付给分包商的成本）等。

以前期间减值的因素之后发生变化，使得前款（1）减（2）的差额高于该资产账面价值的，应当转回原已计提的资产减值准备，并计入当期损益，但转回后的资产账面价值不应超过假定不计提减值准备情况下该资产在转回日的账面价值。

在确定合同履约成本和合同取得成本的减值损失时，企业应当首先确定其他资产减值损失；然后，按照本节的要求确定合同履约成本和合同取得成本的减值损失。企业按照金融资产减值准则测试相关资产组的减值情况时，应当将按照上述规定确定的上述资产减值后的新账面价值计入相关资产组的账面价值。

四、收入的会计处理

（一）销售商品一般业务的会计处理

以上所述收入确认与计量的五步法模型是为了满足企业在各种合同安排下，特别是在某些包含多重交易、可变对价等复杂合同安排下，对相关收入进行确认和计量的需要而设定的。在实务中，企业转让商品的交易在相当多的情况下并不复杂，大多属于履约义务相对单一、交易价格基本固定的简单合同。对于简单合同，企业在应用五步法模型时可以简化或者省略其中的某些步骤，如在区分属于在某一时段内履行的履约义务还是在某一时点履行的履约义务的前提下，重点关注企业是否已经履行了履约义务，即客户是否已经取得了相关商品的控制权（确认收入的时点）、企业因向客户转让商品而有权取得的对价是否很可能收回（确认收入的前提条件）等。企业销售商品，应在符合收入确认的条件时确认销售收入，并结转销售成本。根据具体情况，企业在履行了合同中的单项履约义务时，应按已收或应收的合同或协议价款，加上应收取的增值税税额，借记"银行存款""应收账款""应收票据""合同资产"等科目，按确定的收入金额，贷记"主营业务收入"或"其他业务收入"科目，按应收取的增值税，贷记"应交税费——应交增值税（销项税额）""应交税费——待转销项税额"等科目；同时结转已销售商品的成本。

【例 12-17】2×23 年 1 月 20 日，甲公司与乙公司签订合同，向乙公司销售一批产品。产品的生产成本为 100 000 元，合同约定的销售价格为 130 000 元，增值税销项税额为 16 900 元。甲公司开出发票并按合同约定的品种和质量发出产品，乙公司收到产品并验收入库。根据合同的约定，乙公司须于 30 天内付款。

在这项交易中，甲公司已按照合同约定的品种和质量发出商品，乙公司也已将该批商品验收入库，表明甲公司已经履行了合同中的履约义务，乙公司也已经取得了该批商品的控制权；同时，甲公司判断，因向乙公司转让产品而有权取得的对价很可能收回。该合同为简单合同，并属于在某一时点履行的履约义务。因此，甲公司应于乙公司取得该批商品控制权时确认收入。

借：应收账款——乙公司	146 900
贷：主营业务收入	130 000
应交税费——应交增值税（销项税额）	16 900
借：主营业务成本	100 000
贷：库存商品	100 000

现假定，甲公司在向乙公司销售产品时已知悉乙公司资金周转发生困难，近期内难以收回货款，但为了减少存货积压并维系与乙公司长期的业务往来关系，仍将产品发运给乙公司并开出发票账单。乙公司于 2×23 年 12 月 1 日给甲公司开出一张面值 146 900 元、为期 6 个月的不带息商业汇票。2×24 年 6 月 1 日，甲公司收回票款。

在这种情况下，由于甲公司在向乙公司销售产品时已知悉乙公司资金周转发生困难，近期内几乎不可能收回货款，而能否收回货款以及何时收回货款尚存在重大不确定因素，即不能满足"企业因向客户转让商品而有权取得的对价很可能收回"的条件。因此，甲公司在发出商品时不能确认销售收入，而应等到将来满足上列条件后再确认销售收入。甲公司的有关会计处理如下：

（1）2×23年1月20日，发出商品时：

借：发出商品 100 000

　　贷：库存商品 100 000

借：应收账款——乙公司（应收销项税额） 16 900

　　贷：应交税费——应交增值税（销项税额） 16 900

（2）2×23年12月1日，收到乙公司开来的不带息商业汇票，甲公司判断已经满足"企业因向客户转让商品而有权取得的对价很可能收回"的条件，因而据以确认销售收入。

借：应收票据 146 900

　　贷：主营业务收入 130 000

　　　　应收账款——乙公司（应收销项税额） 16 900

借：主营业务成本 100 000

　　贷：发出商品 100 000

（3）2×24年6月1日，收回票款。

借：银行存款 146 900

　　贷：应收票据 146 900

【例12-18】沿用【例12-7】的有关资料，假设甲公司为增值税一般纳税人，向客户销售A、B两项商品的成本分别为4 000元和12 000元，其他资料相同。甲公司的账务处理如下：

（1）向客户交付A商品时：

借：合同资产——某客户 5 650

　　贷：主营业务收入 5 000

　　　　应交税费——应交增值税（销项税额） 650

借：主营业务成本 4 000

　　贷：库存商品 4 000

（2）向客户交付B商品时：

借：应收账款——某客户 28 250

　　贷：合同资产 5 650

　　　　主营业务收入 20 000

　　　　应交税费——应交增值税（销项税额） 2 600

借：主营业务成本 12 000

　　贷：库存商品 12 000

本例中的"合同资产"科目核算企业已向客户转让商品而有权收取对价的权利，但仅取决于时间流逝因素的权利不在本科目核算。本科目应按合同进行明细核算。企业在客户实际支付合同对价或在该对价到期应付之前，已经向客户转让了商品的，应当按因已转让商品而有权收取的对价金额，借记本科目或"应收账款"科目，贷记"主营业务收入""其他业务收入"等科目；企业取得无条件收款权时，借记"应收账款"等科目，贷记本科目。合同资产的减值的计量、列报和披露应当按照相关金融工具准则的要求进行会计处理。

【例 12-19】2×23 年 8 月 20 日，甲公司与丙公司签订了一项为期三年的服务合同，为其写字楼提供保洁、维修服务。合同约定的服务费总额为 180 000 元，丙公司在合同开始日预付 60 000 元，其余服务费分 3 次、于每年的 8 月 31 日等额支付。该合同于 2×23 年 9 月 1 日开始执行。

本例中，甲公司为客户提供的保洁服务和维修服务属于一系列实质上相同且转让模式相同、可明确区分的服务承诺，因此应作为单项履约义务进行会计处理。由于甲公司在履约过程中是持续地向客户提供服务的，表明客户在企业履约的同时即取得并消耗企业履约所带来的经济利益，因此该项服务属于在某一时段内履行的履约义务。甲公司判断，因向客户提供保洁、维修服务而有权取得的对价很可能收回。甲公司按已完成的时间进度确定履约进度，并于每年的 12 月 31 日确认收入。假定不考虑相关税费。甲公司的账务处理如下：

（1）2×23 年 9 月 1 日，收到合同价款。

借：银行存款 60 000
　贷：合同负债——丙公司 60 000

（2）2×23 年 12 月 31 日，确认收入。

应确认收入=180 000×[4÷（3×12）]=20 000（元）

借：合同负债——丙公司 20 000
　贷：主营业务收入 20 000

（3）2×24 年 8 月 31 日，收到合同价款。

应收合同价款=（180 000-60 000）÷3=40 000（元）

借：银行存款 40 000
　贷：合同负债——丙公司 40 000

（4）2×24 年 12 月 31 日，确认收入。

应确认收入=180 000×[（4+12）÷（3×12）]-20 000=60 000（元）

借：合同负债——丙公司 60 000
　贷：主营业务收入 60 000

（5）2×25 年 8 月 31 日，收到合同价款。

借：银行存款 40 000
　贷：合同负债——丙公司 40 000

（6）2×25 年 12 月 31 日，确认收入。

应确认收入=180 000×[（4+12×2）÷（3×12）]-（20 000+60 000）=60 000（元）

借：合同负债——丙公司 60 000
　贷：主营业务收入 60 000

（7）2×26 年 8 月 31 日，合同到期，收到剩余合同价款并确认收入。

借：银行存款 40 000
　贷：合同负债——丙公司 40 000

应确认收入=180 000-（20 000+60 000×2）=40 000（元）

借：合同负债——丙公司 40 000

　　贷：主营业务收入 40 000

本例中的"合同负债"科目核算企业已收或应收客户对价而应向客户转让商品的义务。本科目应按合同进行明细核算。企业在向客户转让商品之前，客户已经支付了合同对价或企业已经取得了无条件收取合同对价权利的，企业应当在客户实际支付款项与到期应支付款项孰早的时点，将该已收或应收的款项列示为合同负债，按照该已收或应收的金额，借记"银行存款""应收账款""应收票据"等科目，贷记本科目；企业向客户转让相关商品时，借记本科目，贷记"主营业务收入""其他业务收入"等科目。需要注意的是，《企业会计准则第14号——收入》（应用指南，2018）规定，企业因转让商品收到的预收款适用收入准则进行会计处理时，不再使用"预收账款"科目及"递延收益"科目。

小资料12-3

合同资产与合同负债的列示

【例12-20】H公司与某客户签订了一项总金额为6 700 000元的固定造价合同，为其承建一栋办公大楼。工程已于2×22年2月开工，预计2×24年8月完工；合同价款每年按工程进度结算一次，对于已结算的工程价款，H公司拥有无条件的收款权利；除非H公司未能按承诺履约，否则客户无权终止合同；如由于客户的原因终止合同，H公司有权就累计至今已完成的履约部分收取能够补偿其已发生成本和合理利润的款项；同时，客户承诺，若大楼能够提前完工，则每提前完工1天，奖励H公司5万元。H公司最初预计的工程总成本为6 500 000元，到2×23年年底，由于钢筋、水泥价格上涨等因素调整了预计总成本，预计工程总成本增加至6 900 000元。该企业于2×24年6月提前2个月完成了建造合同，工程质量优良，客户同意支付奖励款300 000元。建造该办公大楼的其他有关资料见表12-3。

表12-3　　　　　　　　　　　建造办公大楼的其他有关资料　　　　　　　　　　　单位：元

项目 \ 年份	2×22	2×23	2×24
到目前为止实际已发生的成本	1 625 000	5 520 000	6 850 000
预计完成合同尚需发生的成本	4 875 000	1 380 000	0
已结算合同价款	1 600 000	4 200 000	1 200 000
实际收到价款	1 550 000	4 000 000	1 450 000

本例中，由于H公司履约过程中所建造的办公大楼具有不可替代用途，且合同约定由于客户的原因终止合同，H公司有权就累计至今已完成的履约部分收取能够补偿其已发生成本和合理利润的款项，因而该项办公大楼建造工程属于在某一时段内履行的履约义务。H公司按照累计实际发生的成本占预计总成本的比例确定履约进度，根据完工进度确定合同收入与合同费用。该建造合同的对价包含两部分：一部分是金额确定的已承诺合同对价6 700 000元，H公司判断很可能收回；另一部分是奖励款所致的合同对价，其金额要视H公司是否能够提前完工以及提前完工的时间而定，H公司判断，如果能够获得奖励款，则获得的奖励款很可能收回。假定不考虑相关税费。H公司对本项建造合同的有关会计处理如下（为简化起见，会计分录以汇总数反映）：

（1）2×22 年的会计处理。

①登记实际发生的合同成本：

借：合同履约成本——工程施工   1 625 000

    贷：原材料、应付职工薪酬、机械作业等   1 625 000

②登记已结算的合同价款：

借：应收账款   1 600 000

    贷：合同结算——价款结算   1 600 000

③登记实际收到的合同价款：

借：银行存款   1 550 000

    贷：应收账款   1 550 000

④确认、计量当年的合同收入和合同费用：

2×22 年的履约进度=1 625 000÷（1 625 000+4 875 000）×100%=25%

2×22 年确认的合同收入=6 700 000×25%=1 675 000（元）

2×22 年确认的合同费用=（1 625 000+4 875 000）×25%=1 625 000（元）

借：合同结算——收入结转   1 675 000

    贷：主营业务收入   1 675 000

借：主营业务成本   1 625 000

    贷：合同履约成本——工程施工   1 625 000

（2）2×23 年的会计处理。

①登记实际发生的合同成本：

2×23 年发生的合同成本=5 520 000-1 625 000=3 895 000（元）

借：合同履约成本——工程施工   3 895 000

    贷：原材料、应付职工薪酬、机械作业等   3 895 000

②登记已结算的合同价款：

借：应收账款   4 200 000

    贷：合同结算——价款结算   4 200 000

③登记实际收到的合同价款：

借：银行存款   4 000 000

    贷：应收账款   4 000 000

④确认、计量当年的合同收入和合同费用：

2×23 年的履约进度=5 520 000÷（5 520 000+1 380 000）×100%=80%

2×23 年确认的合同收入=6 700 000×80%-1 675 000=3 685 000（元）

2×23 年确认的合同费用=（5 520 000+1 380 000）×80%-1 625 000=3 895 000（元）

2×23 年确认的合同预计损失=（5 520 000+1 380 000-6 700 000）×（1-80%）=40 000（元）

借：合同结算——收入结转   3 685 000

    贷：主营业务收入   3 685 000

借：主营业务成本   3 895 000

    贷：合同履约成本——工程施工   3 895 000

同时：

借：资产减值损失   40 000

　　　　贷：合同履约成本减值准备　　　　　　　　　　　　　　　　　　　40 000

（3）2×24年的会计处理。

①登记实际发生的合同成本：

2×24年发生的合同成本=6 850 000-5 520 000=1 330 000（元）

　　借：合同履约成本——工程施工　　　　　　　　　　　　　　　1 330 000

　　　　贷：原材料、应付职工薪酬、机械作业等　　　　　　　　　　　　1 330 000

②登记已结算的合同价款：

　　借：应收账款　　　　　　　　　　　　　　　　　　　　　　　1 200 000

　　　　贷：合同结算——价款结算　　　　　　　　　　　　　　　　　1 200 000

③登记实际收到的合同价款：

　　借：银行存款　　　　　　　　　　　　　　　　　　　　　　　1 450 000

　　　　贷：应收账款　　　　　　　　　　　　　　　　　　　　　　　1 450 000

④确认、计量当年的合同收入和合同费用：

2×24年确认的合同收入=合同总金额-至目前为止累计已确认的收入

　　　　　　　　　=（6 700 000+300 000）-（1 675 000+3 685 000）=1 640 000（元）

2×24年确认的合同费用=6 850 000-1 625 000-3 895 000=1 330 000（元）

　　借：合同结算——收入结转　　　　　　　　　　　　　　　　　1 640 000

　　　　贷：主营业务收入　　　　　　　　　　　　　　　　　　　　　1 640 000

　　借：主营业务成本　　　　　　　　　　　　　　　　　　　　　1 330 000

　　　　贷：合同履约成本——工程施工　　　　　　　　　　　　　　　1 330 000

同时，转回已计提的资产减值准备。

　　借：合同履约成本减值准备　　　　　　　　　　　　　　　　　　40 000

　　　　贷：资产减值损失　　　　　　　　　　　　　　　　　　　　　　40 000

⑤2×24年工程全部完工，将"合同结算"明细科目的余额对冲：

　　借：合同结算——价款结算　　　　　　　　　　　　　　　　　7 000 000

　　　　贷：合同结算——收入结转　　　　　　　　　　　　　　　　　7 000 000

　　本例中所指的合同履约成本是指企业为履行当前或预期取得的合同所发生的、不属于其他企业会计准则规范范围且按照收入准则应当确认为一项资产的成本。"合同履约成本"科目可按合同，分别"服务成本""工程施工"等进行明细核算。企业发生上述合同履约成本时，借记本科目，贷记"银行存款""应付职工薪酬""原材料"等科目；对合同履约成本进行摊销时，借记"主营业务成本""其他业务成本"等科目，贷记本科目。本科目期末借方余额，反映企业尚未结转的合同履约成本。企业因履行合同而产生的毛利不在本科目核算。

　　"合同履约成本减值准备"科目核算与合同履约成本有关的资产的减值准备，可按合同进行明细核算。与合同履约成本有关的资产发生减值的，按应减记的金额，借记"资产减值损失"科目，贷记本科目；转回已计提的资产减值准备时，编制相反的会计分录。本科目期末贷方余额，反映企业已计提但尚未转销的合同履约成本减值准备。

小资料12-4

确认为资产的
合同履约成本
的填列

小资料12-5

"合同结算"
科目的含义

企业在销售商品时，有时还会附有一些销售折扣（包括现金折扣、商业折扣）条件，也可能会由于品种、质量等不符合购销合同的规定而在价格上给予客户一定的折让或被客户退回。当企业发生销售折扣、销售折让和销售退回时，会对收入金额以及销售成本、有关费用金额产生一定的影响。

1.现金折扣

现金折扣是指债权人为鼓励债务人在规定的期限内付款而向债务人提供的债务扣除，通常发生在以赊销方式销售商品及提供劳务的交易中。企业为了鼓励客户提前偿付货款，通常与债务人达成协议，债务人在不同的期限内付款可享受不同比例的折扣。现金折扣一般用符号"折扣/付款期限"表示。例如，"2/10"表示买方在10天内付款可按售价给予2%的折扣；"1/20"表示买方在20天内付款可按售价给予1%的折扣；"N/30"表示买方在30天内付款，则不给折扣。

由于现金折扣在商品销售后发生，因此企业在确认销售收入时不能确定相关的现金折扣，销售后现金折扣是否发生应视买方的付款情况而定，企业应当按照扣除现金折扣前的金额确定销售商品收入金额，现金折扣在实际发生时计入财务费用[①]。

2.商业折扣

商业折扣是指企业为促进销售而在商品标价上给予的扣除。例如，企业为鼓励买主购买更多的商品而规定购买10件以上者给10%的折扣，或买主每买10件送1件等。

由于商业折扣在销售时即已发生，因此企业销售实现时，只要按扣除商业折扣后的净额确认销售收入即可，不需作账务处理。

3.销售折让

销售折让是指企业因售出商品的质量不合格等原因而在售价上给予买方的减让。销售折让可能发生在企业确认收入之前，也可能发生在企业确认收入之后。发生在收入确认之前的销售折让，其处理相当于商业折扣。已确认收入之后发生的销售折让，通常应当在发生时冲减当期销售收入；属于资产负债表日后事项的，应当按照有关资产负债表日后事项的相关规定进行处理。

【例12-21】某企业在2×24年1月1日销售一批商品给某客户，增值税发票上注明售价10 000元，增值税税额1 300元。企业为了及早收回货款而在合同中规定符合现金折扣的条件为：2/10，1/20，N/30，假定计算折扣时不考虑增值税。

1月1日销售实现时，应按总售价确认收入：

借：应收账款 11 300
　贷：主营业务收入 10 000
　　　应交税费——应交增值税（销项税额） 1 300

①如果1月8日客户付清货款，则按售价10 000元的2%享受200元（10 000×2%）的现金折扣，实际付款11 100元（11 300-200），应作会计分录如下：

①　对现金折扣的处理通常有两种方法：一是总价法，即企业按发票金额对应收账款和销售收入计价入账，如果买方能够在折扣期限内付款，则企业应将买方取得的现金折扣作为财务费用处理；二是净价法，即企业按发票金额扣除现金折扣后的净额对应收账款和销售收入计价入账，如果买方未能在折扣期限内付款，则企业应将买方丧失的现金折扣冲减财务费用处理。我国现行企业会计准则对现金折扣选择了总价法。

借：银行存款	11 100
财务费用	200
贷：应收账款	11 300

②如买方在1月19日付清货款，则按售价10 000元的1%享受100元（10 000×1%）的现金折扣，实际付款11 200元（11 300-100），应作会计分录如下：

借：银行存款	11 200
财务费用	100
贷：应收账款	11 300

③如买方在1月20日以后才付款，则应按全额付款，应作会计分录如下：

| 借：银行存款 | 11 300 |
| 贷：应收账款 | 11 300 |

4.销售退回

销售退回是指企业售出的商品由于质量、品种不符合要求等原因而发生的退货。销售退回可能发生在企业确认收入之前，这时只要将已记入"发出商品"科目的商品成本转回"库存商品"科目，采用计划成本或售价核算的，应按计划成本或售价记入"库存商品"科目，同时计算产品成本差异或商品进销差价；如企业确认收入后又发生销售退回的，不论是当年销售的，还是以前年度销售的，一般均应冲减退回当月的销售收入，同时冲减退回当月的销售成本；如该项销售已经发生现金折扣或销售折让的，应在退回当月一并调整；如该项销售退回按规定允许扣减增值税税额的，应同时用红字冲减"应交税费——应交增值税"科目的"销项税额"专栏。

已确认收入的售出商品发生的销售退回属于资产负债表日后事项的，应当按照有关资产负债表日后事项的相关规定进行会计处理。

【例12-22】某企业2×23年12月1日销售甲商品一批，售价10 000元，增值税税额1 300元，成本5 000元。合同规定现金折扣条件为：1/10，N/30。买方（客户）于2×23年12月6日付款，享受现金折扣100元。2×24年4月5日该批商品因质量严重不合格被退回，企业当日支付有关款项。假设计算现金折扣时不考虑增值税，销售退回不属于资产负债表日后事项。该企业应作会计分录如下：

①销售商品时：

借：应收账款	11 300
贷：主营业务收入	10 000
应交税费——应交增值税（销项税额）	1 300
借：主营业务成本	5 000
贷：库存商品	5 000

②2×23年12月6日收回货款时，买方按售价10 000元的1%享受100元（10 000×1%）的现金折扣，实际付款11 200元（11 300-100）：

借：银行存款	11 200
财务费用	100
贷：应收账款	11 300

③2×24年4月5日销售退回时：

借：主营业务收入 10 000
  应交税费——应交增值税（销项税额） 1 300
 贷：银行存款 11 200
   财务费用 100
借：库存商品 5 000
 贷：主营业务成本 5 000

（二）特定交易的会计处理

销售商品的特定业务如为复杂业务，则需要按照前文所述的收入确认和计量的"五步法"模型进行分析判断。

1.附有销售退回条款的商品销售

企业将商品转让给客户之后，可能会因为各种原因允许客户选择退货（如客户对所购商品的款式不满意等）。附有销售退回条款的商品销售，是指客户依照有关合同有权退货的销售方式。在这种销售方式下，企业应当在客户取得相关商品控制权时，按照因向客户转让商品而预期有权收取的对价金额（即不包含预期因销售退回将退还的金额）确认收入，按照预期因销售退回将退还的金额确认负债；同时，按照预期将退回商品转让时的账面价值，扣除收回该商品预计发生的成本（包括退回商品的价值减损）后的余额，确认为一项资产，按照所转让商品转让时的账面价值，扣除上述资产成本的净额结转成本。每一资产负债表日，企业应当重新估计未来销售退回情况，并对上述资产和负债进行重新计量。如有变化，应当作为会计估计变更进行会计处理。

值得注意的是，合同中有关退货权的条款可能在合同中明确约定，也可能是隐含的，如企业向客户作出的声明或承诺、法律法规的要求，或企业以往的习惯做法等；另外，客户取得控制权之前退回商品不属于销售退回。

【例12-23】2×23年10月1日，A企业向B企业销售商品5 000件，该商品单位销售价格为500元，单位成本为400元，开出的增值税专用发票上注明的销售价格为2 500 000元，增值税税额为325 000元。协议约定，B企业应于2×23年12月1日之前支付货款，在2×24年3月31日之前有权退回该批商品。商品已经发出，款项尚未收到。发出商品时，A企业根据过去的经验，估计该批商品退货率约为20%；在2×23年12月31日，A企业对退货率进行了重新评估，认为只有10%的商品会被退回。A企业为增值税一般纳税人，商品发出时纳税义务已经发生，实际发生销售退回时取得税务机关开具的红字增值税专用发票。假定商品发出时控制权转移给了B企业。A企业应作如下账务处理：

①2×23年10月1日发出商品时：

借：应收账款 2 825 000
 贷：主营业务收入 2 000 000
   预计负债——应付退货款 500 000
   应交税费——应交增值税（销项税额） 325 000
借：主营业务成本 1 600 000
  应收退货成本 400 000
 贷：库存商品 2 000 000

②2×23年12月1日前收到货款时：

借：银行存款   2 825 000

    贷：应收账款   2 825 000

③2×23年12月31日，A企业对退货率进行了重新评估：

借：预计负债——应付退货款   250 000

    贷：主营业务收入   250 000

借：主营业务成本   200 000

    贷：应收退货成本   200 000

④2×24年3月31日发生销售退回，实际退货量为400件，退货款项已经支付：

借：库存商品   160 000

    应交税费——应交增值税（销项税额）   26 000

    预计负债——应付退货款   250 000

    贷：应收退货成本   160 000

        主营业务收入   50 000

        银行存款   226 000

借：主营业务成本   40 000

    贷：应收退货成本   40 000

本例中涉及的"应收退货成本"科目，核算销售商品时预期将退回商品的账面价值，扣除收回该商品预计发生的成本（包括退回商品的价值减损）后的余额。本科目可按合同进行明细核算。企业发生附有销售退回条款的销售的，应在客户取得相关商品控制权时，按照已收或应收合同价款，借记"银行存款""应收账款""应收票据""合同资产"等科目，按照因向客户转让商品而预期有权收取的对价金额（即不包含预期因销售退回将退还的金额），贷记"主营业务收入""其他业务收入"等科目，按照预期因销售退回将退还的金额，贷记"预计负债——应付退货款"等科目；结转相关成本时，按照预期将退回商品转让时的账面价值，扣除收回该商品预计发生的成本（包括退回商品的价值减损）后的余额，借记本科目，按照已转让商品转让时的账面价值，贷记"库存商品"等科目，按其差额，借记"主营业务成本""其他业务成本"等科目。

2.附有质量保证条款的销售

企业在向客户销售商品时，根据合同约定、法律规定或本企业以往的习惯做法等，可能会为所销售的商品提供质量保证，这些质量保证的性质可能因行业或者客户而不同。其中，有一些质量保证是为了向客户保证所销售的商品符合既定标准，即保证类质量保证；而另一些质量保证则是在向客户保证所销售的商品符合既定标准之外提供了一项单独的服务，即服务类质量保证。

对于附有质量保证条款的销售，企业应当评估该质量保证是否在向客户保证所销售商品符合既定标准之外提供了一项单独的服务。企业提供额外服务的，应当作为单项履约义务，按照本节单项履约义务的有关内容要求进行会计处理；否则，质量保证责任应当按照或有事项的要求进行会计处理。在评估质量保证是否在向客户保证所销售商品符合既定标准之外提供了一项单独的服务时，企业应当考虑该质量保证是否为法定要求、质量保证期

小资料12-6

应收退货成本和应付退货款的填列

限以及企业承诺履行任务的性质等因素。客户能够选择单独购买质量保证的，该质量保证构成单项履约义务。相关法定要求通常是为了保护客户，避免其购买瑕疵或缺陷商品的风险，而并非为客户提供一项单独的质量保证服务。质量保证期限越长，越有可能是单项履约义务。如果企业必须履行某些特定的任务以保证所转让的商品符合既定标准（例如企业负责运输被客户退回的瑕疵商品），则这些特定的任务可能不构成单项履约义务。企业提供的质量保证同时包含上述两类的，应当分别对其进行会计处理，无法合理区分的，应当将这两类质量保证一起作为单项履约义务进行会计处理。

【例12-24】甲公司与客户签订合同销售一部手机。该手机自售出起一年内如果发生质量问题，甲公司负责提供质量保证服务。此外，在此期间内，由于客户使用不当（例如手机进水）等原因造成的产品故障，甲公司也免费提供维修服务。该维修服务不能单独购买。

本例中，甲公司的承诺包括：销售手机、提供质量保证服务以及维修服务。甲公司针对产品的质量问题提供的质量保证服务是为了向客户保证所销售商品符合既定标准，因此不构成单项履约义务；甲公司对由于客户使用不当而导致的产品故障提供的免费维修服务，属于在向客户保证所销售商品符合既定标准之外提供的单独服务，尽管其没有单独销售，但该服务与手机可明确区分，应该作为单项履约义务。因此，在该合同下，甲公司的履约义务有两项：销售手机和提供维修服务，甲公司应当按照其各自单独售价的相对比例，将交易价格分摊至这两项履约义务，并在各项履约义务履行时分别确认收入。甲公司提供的质量保证服务，应当按照或有事项准则的规定进行会计处理。

3.主要责任人和代理人

当企业向客户销售商品涉及其他方参与其中时，企业应当根据其在向客户转让商品前是否拥有对该商品的控制权，来判断其自身从事交易时的身份是主要责任人还是代理人。企业在向客户转让商品前能够控制该商品的，该企业为主要责任人，应当按照已收或应收对价总额确认收入；否则，该企业为代理人，应当按照预期有权收取的佣金或手续费的金额确认收入，该金额应当按照已收或应收对价总额扣除应支付给其他相关方的价款后的净额，或者按照既定的佣金金额或销售额比例等确定。企业与客户订立的包含多项可明确区分商品的合同中，企业需要分别判断其在这些不同履约义务中的身份是主要责任人还是代理人。

（1）企业作为主要责任人的情况

当存在第三方参与企业向客户提供商品时，企业向客户转让特定商品之前能够控制该商品，从而应当作为主要责任人的情形包括：

① 企业自该第三方取得商品或其他资产控制权后，再转让给客户。此时，企业应当考虑该权利是仅在转让给客户时才产生，还是在转让给客户之前就已经存在，且企业一直能够主导其使用，如果该权利在转让给客户之前并不存在，表明企业实质上并不能在该权利转让给客户之前控制该权利。

② 企业能够主导该第三方代表本企业向客户提供服务，说明企业在相关服务提供给客户之前能够控制该相关服务。

③ 企业自该第三方取得商品控制权后，通过提供重大的服务将该商品与其他商品整合成合同约定的某组合产出转让给客户。此时，企业承诺提供的特定商品就是合同约定的

组合产出，企业应首先获得为生产该组合产出所需要的投入的控制权，然后才能够将这些投入加工整合为合同约定的组合产出。

（2）企业向客户转让特定商品之前是否拥有该商品控制权的判断

企业在判断其是主要责任人还是代理人时，应当以该企业在特定商品转让给客户之前是否能够控制这些商品为原则。如果企业仅仅是在特定商品的法定所有权转移给客户之前，暂时性地获得该特定商品的法定所有权，这并不意味着企业一定控制了该商品。实务中，企业在判断其在向客户转让特定商品之前是否已经拥有对该商品的控制权时，不应仅局限于合同的法律形式，而应当综合考虑所有相关事实和情况进行判断，这些事实和情况包括：

① 企业承担向客户转让商品的主要责任。企业在判断其是否承担向客户转让商品的主要责任时，应当从客户的角度进行评估，即客户认为哪一方承担了主要责任，例如客户认为谁对商品的质量或性能负责、谁负责提供售后服务、谁负责解决客户投诉等。

② 企业在转让商品之前或之后承担了该商品的存货风险。其中，存货风险主要是指存货可能发生减值、毁损或灭失等形成的损失。例如，如果企业在与客户订立合同之前已经购买或者承诺将自行购买特定商品，这可能表明企业在将该特定商品转让给客户之前，承担了该特定商品的存货风险，企业有能力主导特定商品的使用并从中取得几乎全部的经济利益；又如，在附有销售退回条款的销售中，企业将商品销售给客户之后，客户有权要求向该企业退货，这可能表明企业在转让商品之后仍然承担了该商品的主要风险。

③ 企业有权自主决定所交易商品的价格。企业有权决定客户为取得特定商品所需支付的价格，可能表明企业有能力主导有关商品的使用并从中获得几乎全部的经济利益。然而，在某些情况下，代理人可能在一定程度上也拥有定价权（例如，在主要责任人规定的某一价格范围内决定价格），以便其在代表主要责任人向客户提供商品时，能够吸引更多的客户，从而赚取更多的收入。此时，即使代理人有一定的定价能力，也并不表明在与最终客户的交易中其身份是主要责任人，代理人只是放弃了一部分自己应当赚取的佣金或手续费而已。

④ 其他相关事实和情况。

需要强调的是，上述相关事实和情况不能凌驾于控制权的判断之上，也不构成一项单独或额外的评估，而只是帮助企业在难以评估特定商品转让给客户之前是否能够控制这些商品的情况下进行相关判断。此外，这些事实和情况并无权重之分，也不能被孤立地用于支持某一结论。企业应当根据相关商品的性质、合同条款的约定以及其他具体情况，综合进行判断。

【例12-25】甲公司是一家旅行社，从航空公司购买了一定数量的折扣机票，并对外销售。甲公司向旅客销售机票时，可自行决定机票的价格，未售出的机票不能退还给航空公司。

本例中，甲公司向客户提供的特定商品为机票，该机票代表了客户可以乘坐某特定航班（即享受航空公司提供的飞行服务）的权利。甲公司在确定特定客户之前已经预先从航空公司购买了机票，因此，该权利在转让给客户之前已经存在。甲公司从航空公司购入机票之后，可以自行决定该机票的用途，即是否用于对外销售，以什么价格以及向哪些客户销售等，甲公司有能力主导该机票的使用并且能够获得其几乎全部的经济利益。因此，甲公司在将机票销售给客户之前能够控制该机票，甲公司在向旅客销售机票的交易中的身份是主要责任人。

【例12-26】甲公司经营某购物网站，在该网站购物的消费者可以明确获知在该网站上销售的商品均为其他零售商直接销售的商品，这些零售商负责发货以及售后服务等。甲公司与零售商签订的合同约定，该网站所售商品的采购、定价、发货以及售后服务等均由零售商自行负责，甲公司仅负责协助零售商和消费者结算货款，并按照每笔交易的实际销售额收取5%的佣金。

本例中，甲公司经营的购物网站是一个购物平台，零售商可以在该平台发布所销售商品信息，消费者可以从该平台购买零售商销售的商品。消费者在该网站购物时，向其提供的特定商品为零售商在网站上销售的商品，除此之外，甲公司并未提供任何其他的商品。这些特定商品在转移给消费者之前，甲公司没有能力主导这些商品的使用，例如，甲公司不能将这些商品提供给购买该商品的消费者之外的其他方，也不能阻止零售商向该消费者转移这些商品。因此，消费者在该网站购物时，在相关商品转移给消费者之前，甲公司并未控制这些商品，甲公司的履约义务是安排零售商向消费者提供相关商品，而并未自行提供这些商品，甲公司在该交易中的身份是代理人。

4.附有客户额外购买选择权的销售

某些情况下，企业在销售商品的同时会向客户授予选择权，允许客户可以据此免费或者以折扣价格购买额外的商品。企业向客户授予的额外购买选择权的形式包括销售激励、客户奖励积分、未来购买商品的折扣券以及合同续约选择权等。

对于附有客户额外购买选择权的销售，企业应当评估该选择权是否向客户提供了一项重大权利。如果客户只有在订立了一项合同的前提下才取得了额外购买选择权，并且客户行使该选择权购买额外商品时，能够享受到超过该地区或该市场中其他同类客户所能够享有的折扣，则通常认为该选择权向客户提供了一项重大权利。该选择权向客户提供了重大权利的，应当作为单项履约义务。在这种情况下，客户在该合同下支付的价款实际上购买了两项单独的商品：一是客户在该合同下原本购买的商品；二是客户可以免费或者以折扣价格购买额外商品的权利。企业应当将交易价格在这两项商品之间进行分摊，其中，分摊至后者的交易价格与未来的商品相关，因此，企业应当在客户未来行使该选择权取得相关商品的控制权时，或者在该选择权失效时确认为收入。在考虑授予客户的该项权利是否重大时，应根据其金额和性质综合判断。

企业提供的额外购买选择权构成单项履约义务的，企业应当按照交易价格分摊的相关原则，将交易价格分摊至该履约义务。客户额外购买选择权的单独售价无法直接观察的，企业应当综合考虑客户行使和不行使该选择权所能获得的折扣的差异以及客户行使该选择权的可能性等全部相关信息后，予以合理估计。

需要注意的是，当企业向客户提供了额外购买选择权，但客户在行使该选择权购买商品的价格反映了该商品的单独售价时，即使客户只能通过与企业订立特定合同才能获得该选择权，该选择权也不应被视为企业向该客户提供了一项重大权利。为简化实务操作，当客户行使该权利购买的额外商品与原合同下购买的商品类似，且企业将按照原合同条款提供该额外的商品时，例如，企业向客户提供续约选择权，企业可以无须估计该选择权的单独售价，而是直接把其预计将提供的额外商品的数量以及预计将收取的相应对价金额纳入原合同，并进行相应的会计处理。

【例12-27】2×24年1月1日，甲公司开始推行一项奖励积分计划。根据该计划，客户在甲公司每消费10元可获得1个积分，每个积分从次月开始在购物时可以抵减1元。截至2×24年1月31日，客户共消费100 000元，可获得10 000个积分，根据历史经验，甲公司估计该积分的兑换率为95%。假定上述金额均不包含增值税等的影响。

本例中，甲公司认为其授予客户的积分为客户提供了一项重大权利，应当作为单项履约义务。客户购买商品的单独售价合计为100 000元，考虑积分的兑换率，甲公司估计积分的单独售价为9 500元（1×10 000×95%）。甲公司按照商品和积分单独售价的相对比例对交易价格进行分摊：

商品分摊的交易价格=［100 000÷（100 000+9 500）］×100 000=91 324（元）

积分分摊的交易价格=［9 500÷（100 000+9 500）］×100 000=8 676（元）

因此，甲公司应当在商品的控制权转移时确认收入91 324元，同时，确认合同负债8 676元。

借：银行存款   100 000

  贷：主营业务收入   91 324

    合同负债   8 676

截至2×24年12月31日，客户共兑换了4 500个积分。甲公司对该积分的兑换率进行了重新估计，仍然预计客户将会兑换的积分总数为9 500个。因此，甲公司以客户兑换的积分数占预期将兑换的积分总数的比例为基础确认收入。

积分当年应当确认的收入为4 110元（4 500÷9 500×8 676）；剩余未兑换的积分为4 566元（8 676-4 110），仍然作为合同负债。

借：合同负债   4 110

  贷：主营业务收入   4 110

截至2×25年12月31日，客户累计兑换了8 500个积分。甲公司对该积分的兑换率进行了重新估计，预计客户将会兑换的积分总数为9 700个。

积分当年应当确认的收入为3 493元（8 500÷9 700×8 676-4 110）；剩余未兑换的积分为1 073元（8 676-4 110-3 493），仍然作为合同负债。

5.委托代销安排

委托代销是指委托方与受托方签订代销合同或协议，委托受托方向终端客户销售商品的一种销售方式。具体分为视同买断方式和支付手续费方式两种，企业应分别不同情况进行会计处理。如前文所述，在委托代销方式下，委托方可以通过下列迹象判断一项合同安排是否在实质上属于委托代销安排：①在特定事件发生之前（例如，受托方向最终客户出售商品或指定期间到期之前），委托方拥有对商品的控制权；②委托方能够要求将委托代销的商品退回或者将其销售给其他方（如其他经销商）；③尽管受托方可能被要求向委托方支付一定金额的押金，但是受托方并没有承担对受托代销商品无条件付款的义务。受托方则应当根据在向客户转让商品前是否拥有对该商品的控制权，来判断其向客户转让商品时的身份是主要责任人还是代理人，从而确定其应当按照已收或应收客户对价总额确认收入，还是应当按照预期有权收取的代销手续费金额确认收入。

在委托销售方式下，委托方应当评估受托方在企业向其转让商品时是否已获得对该商品的控制权，如果没有，委托方不应在此时确认收入，通常应当在受托方售出商品时确认销售商品收入；受托方应当在商品销售后，按合同或协议约定的方法计算确定的手续费确认收入。

（1）视同买断方式

视同买断方式是指委托方和受托方签订合同或协议，委托方按合同或协议价收取所代销的货款，实际售价可由受托方自定，实际售价与合同或协议价之间的差额归受托方所有。根据视同买断方式的特点，一般可以认为委托方在向受托方交付代销商品时，商品的控制权已经转移给了受托方。从受托方来看，由于已经取得了对代销商品的控制权，因而在向客户转让商品时，其身份是主要责任人，应当按照已收或应收客户对价总额确认销售商品收入；从委托方来看，应当根据受托方是否承担了对受托代销商品无条件付款的义务等迹象，判断该项合同安排是否在实质上属于委托代销安排，并进行相应的会计处理。

如果委托方和受托方之间的协议明确表明，受托方在取得代销商品后无论是否能够卖出、是否获利，均与委托方无关，那么，委托方和受托方之间的交易与委托方直接销售商品给受托方没有实质区别，委托方应于受托方取得代销商品控制权时确认相关销售商品收入，受托方应将取得的代销商品作为购进商品处理。如果协议明确表明，将来受托方没有将商品售出时可以将商品退回委托方，或受托方因代销商品出现亏损时可以要求委托方补偿，那么，这种情况说明，受托方并没有承担对受托代销商品无条件付款的义务，因而该项合同安排不仅在形式上而且在实质上都属于委托代销安排。委托方在交付商品时不确认收入，发出的商品通过"发出商品"或单独设置"委托代销商品"科目核算。受托方也不作购进处理，受托方将商品销售后，按实际售价确认销售收入，并向委托方开具销售清单，委托方收到销售清单时，再根据代销清单所列示的已销商品确认本企业的销售收入。

【例 12-28】甲企业委托乙企业销售商品 500 件，合同价为 200 元/件，该商品成本为 100 元/件。代销合同约定，乙企业在取得代销商品后，无论是否能够卖出、是否获利，均与甲企业无关。该批商品已经发出，货款尚未收到，甲企业开出的增值税专用发票上注明的增值税税额为 13 000 元。乙企业实际销售该批商品时开具的增值税专用发票上注明售价为 150 000 元，增值税税额为 19 500 元，并给甲企业开来代销清单，结清协议价款。

根据上述资料，甲企业采用视同买断方式委托乙企业代销商品，甲企业（委托方）的会计处理是：

甲企业将商品交付乙企业时：

借：应收账款——乙企业	113 000
贷：主营业务收入	100 000
应交税费——应交增值税（销项税额）	13 000
借：主营业务成本	50 000
贷：库存商品	50 000

甲企业收到乙企业开来的代销清单及汇来的货款时：

借：银行存款	113 000
贷：应收账款——乙企业	113 000

乙企业（受托方）的会计处理是：

收到受托代销商品时：

借：库存商品 100 000

应交税费——应交增值税（进项税额） 13 000

贷：应付账款——甲企业 113 000

售出代销商品时：

借：银行存款 169 500

贷：主营业务收入 150 000

应交税费——应交增值税（销项税额） 19 500

借：主营业务成本 100 000

贷：库存商品 100 000

按合同价将款项付给甲企业时：

借：应付账款——甲企业 113 000

贷：银行存款 113 000

（2）支付手续费方式

支付手续费方式是指委托方和受托方签订合同，委托方根据代销商品的数量向受托方支付手续费的一种代销方式。这种代销方式与视同买断方式相比的主要特点是，受托方通常应按照委托方规定的价格销售，不得自行改变售价，在受托方向其客户出售商品之前，委托方拥有对商品的控制权。支付手续费方式是一种典型的委托代销安排，在这种方式下，委托方在发出商品时通常不确认销售收入，而应在收到受托方开出的代销清单时确认销售收入，因此，应将发出的代销商品转入"发出商品"或"委托代销商品"科目核算；从受托方来看，由于受托方在向客户转让商品前并不拥有对该商品的控制权，其向客户转让商品时的身份是代理人，因而对收到的代销商品不能作为商品购进处理，应设置"受托代销商品"科目单独核算，受托方在商品销售后按合同或协议约定的方法计算确定的手续费确认为一项代销服务收入，不确认销售商品收入；委托方应将应付的代销手续费计入当期销售费用。

【例12-29】承【例12-28】，假定代销合同规定，乙企业应按每件商品200元销售给顾客，甲企业按售价的10%支付乙企业手续费。乙企业实际销售时，即向买方开具一张增值税专用发票，发票上注明该商品售价100 000元，增值税税额13 000元。甲企业在收到乙企业交来的代销清单时，向乙企业开具一张相同金额的增值税专用发票。

甲企业（委托方）的会计处理是：

将商品交付乙企业时：

借：委托代销商品（或发出商品，下同） 50 000

贷：库存商品 50 000

收到代销清单时：

借：应收账款——乙企业 113 000

贷：主营业务收入 100 000

应交税费——应交增值税（销项税额） 13 000

借：主营业务成本 50 000

　　贷：委托代销商品　　　　　　　　　　　　　　　　　　　　　　　　50 000

　确认应付的代销手续费时：

　代销手续费=100 000×10%=10 000（元）

　增值税税额=10 000×6%=600（元）

　　借：销售费用——代销手续费　　　　　　　　　　　　　　　　　10 000

　　　　应交税费——应交增值税（进项税额）　　　　　　　　　　　　600

　　　　贷：应收账款——乙企业　　　　　　　　　　　　　　　　　10 600

　收到乙企业汇来的货款净额102 400元（113 000-10 600）时：

　　借：银行存款　　　　　　　　　　　　　　　　　　　　　　102 400

　　　　贷：应收账款——乙企业　　　　　　　　　　　　　　　　102 400

　乙企业（受托方）的会计处理是：

　收到商品时：

　　借：受托代销商品　　　　　　　　　　　　　　　　　　　　100 000

　　　　贷：受托代销商品款　　　　　　　　　　　　　　　　　　100 000

　实际销售时：

　　借：银行存款　　　　　　　　　　　　　　　　　　　　　　113 000

　　　　贷：应付账款——甲企业　　　　　　　　　　　　　　　　100 000

　　　　　　应交税费——应交增值税（销项税额）　　　　　　　　　13 000

　收到增值税专用发票时：

　　借：应交税费——应交增值税（进项税额）　　　　　　　　　　13 000

　　　　贷：应付账款——甲企业　　　　　　　　　　　　　　　　13 000

　　借：受托代销商品款　　　　　　　　　　　　　　　　　　　100 000

　　　　贷：受托代销商品　　　　　　　　　　　　　　　　　　　100 000

　归还甲企业货款并计算代销手续费时：

　　借：应付账款——甲企业　　　　　　　　　　　　　　　　　113 000

　　　　贷：银行存款　　　　　　　　　　　　　　　　　　　　102 400

　　　　　　主营业务收入（或其他业务收入）　　　　　　　　　　10 000

　　　　　　应交税费——应交增值税（销项税额）　　　　　　　　　600

　　6.合同中存在重大融资成分的分期收款销售

　　企业销售商品，有时会采取分期收款的方式，如分期收款发出商品，即商品已经交付，货款分期收回。在分期收款销售方式下，如果企业仅仅是为了确保到期收回货款而保留了商品的法定所有权，则企业保留的这项权利通常不会对客户取得对所购商品的控制权形成障碍。因此，企业将商品交付给客户，通常可以表明客户已经取得了对商品的控制权，企业应于向客户交付商品时确认销售收入。需要注意的是，在分期收款销售方式下，货款按照合同约定的收款日期分期收回，强调的只是分期结算货款而已，与客户是否取得对商品的控制权没有关系，企业不应当按照合同约定的收款日期分期确认收入。

　　分期收款销售分为非融资性质的分期收款销售和融资性质的分期收款销售。在评估合同中是否存在融资成分及该融资成分对于该合同而言是否重大时，企业应当考虑本节前文提及的所有相关的事实和情况。非融资性质的分期收款销售，按合同或协议价款借记"应收账款"科目,贷记"主营业务收入""应交税费——销项税额或待转销项税额"科目,收到款项时冲减"应收账款"科目。

正如本节前文所述,当合同中存在重大融资成分时,即融资性质的分期收款销售,企业应当按照假定客户在取得商品控制权时即以现金支付的应付金额(现销价格)确定交易价格。企业在确定该重大融资成分的金额时,应使用将合同对价的名义金额折现为商品现销价格的折现率。

【例12-30】2×24年1月1日,A公司采用分期收款方式向B公司销售一套大型设备,合同约定的销售价格为1 000万元,增值税销项税额为130万元,全部价款(包含增值税)分5次于每年12月31日等额收取。A公司按收款进度为B公司开具增值税专用发票并产生增值税纳税义务。该大型设备成本为780万元。在现销方式下,该大型设备的销售价格为800万元(不含增值税)。

本例中,合同对价与现销价格之间存在较大差额,A公司判断,该差额仅仅是由于为B公司提供了较长的延期付款时间和现行市场利率两个因素共同影响所致,因而合同中存在重大融资成分。A公司不能按照合同价款确认收入,而应当按照现销价格确认收入。根据本例资料,A公司应当确认的销售商品收入金额为800万元。

(1)计算确定实际利率。

根据下列公式:

未来5年收款额的现值=现销方式下应收款项金额

可以得出:

200×(P/A,r,5)=800(万元)

可在多次测试的基础上,用插值法计算折现率:

当r=7%时,200×4.1002=820.04>800

当r=8%时,200×3.9927=798.54<800

因此,7%<r<8%。用插值法计算实际利率如下:

现值　　　利率

820.04　　　7%

800r

798.54　　　8%

$$\frac{820.04-800}{820.04-798.54}=\frac{7\%-r}{7\%-8\%}$$

r=7.93%

(2)编制融资收益分配表,见表12-4。

表12-4　　　　　　　　　融资收益分配表(实际利率法)　　　　　　　单位:万元

时间	应收本金余额 ①=上期①-上期④	应分配融资收益 ②=①×7.93%	分期应收款 ③	应收本金减少额 ④=③-②
2×24年1月1日	800			
2×24年12月31日	800	63.44	200	136.56
2×25年12月31日	663.44	52.61	200	147.39

续表

时间	应收本金余额 ①=上期①-上期④	应分配融资收益 ②=①×7.93%	分期应收款 ③	应收本金减少额 ④=③-②
2×26年12月31日	516.05	40.92	200	159.08
2×27年12月31日	356.97	28.31	200	171.69
2×28年12月31日	185.28	14.72*	200	185.28
总额		200	1 000	800

*尾数调整。

（3）根据表12-4的计算结果，A公司作各期的账务处理。

①2×24年1月1日确认销售商品收入并结转销售成本：

借：长期应收款——B公司 11 300 000

　贷：主营业务收入 8 000 000

　　　应交税费——待转销项税额 1 300 000

　　　未实现融资收益 2 000 000

借：主营业务成本 7 800 000

　贷：库存商品 7 800 000

②2×24年12月31日收取合同价款并分配融资收益：

每年应收合同价款和增值税=11 300 000÷5=2 260 000（元）

每年应确认增值税销项税额=1 300 000÷5=260 000（元）

借：银行存款 2 260 000

　　应交税费——待转销项税额 260 000

　贷：长期应收款——B公司 2 260 000

　　　应交税费——应交增值税（销项税额） 260 000

借：未实现融资收益 634 400

　贷：财务费用 634 400

③2×25年12月31日收取合同价款并分配融资收益：

借：银行存款 2 260 000

　　应交税费——待转销项税额 260 000

　贷：长期应收款——B公司 2 260 000

　　　应交税费——应交增值税（销项税额） 260 000

借：未实现融资收益 526 100

　贷：财务费用 526 100

④2×26年12月31日收取合同价款并分配融资收益：

借：银行存款 2 260 000

　　应交税费——待转销项税额 260 000

　贷：长期应收款——B公司 2 260 000

　　　应交税费——应交增值税（销项税额） 260 000

借：未实现融资收益 　　　　　　　　　　　　　　　　　　　　409 200

　　贷：财务费用 　　　　　　　　　　　　　　　　　　　　　　　　　409 200

⑤2×27年12月31日收取合同价款并分配融资收益：

借：银行存款 　　　　　　　　　　　　　　　　　　　　　　　2 260 000

　　应交税费——待转销项税额 　　　　　　　　　　　　　　　　260 000

　　贷：长期应收款——B公司 　　　　　　　　　　　　　　　　　　 2 260 000

　　　　应交税费——应交增值税（销项税额） 　　　　　　　　　　　 260 000

借：未实现融资收益 　　　　　　　　　　　　　　　　　　　　283 100

　　贷：财务费用 　　　　　　　　　　　　　　　　　　　　　　　　　283 100

⑥2×28年12月31日收取合同价款并分配融资收益：

借：银行存款 　　　　　　　　　　　　　　　　　　　　　　　2 260 000

　　应交税费——待转销项税额 　　　　　　　　　　　　　　　　260 000

　　贷：长期应收款——B公司 　　　　　　　　　　　　　　　　　　 2 260 000

　　　　应交税费——应交增值税（销项税额） 　　　　　　　　　　　 260 000

借：未实现融资收益 　　　　　　　　　　　　　　　　　　　　147 200

　　贷：财务费用 　　　　　　　　　　　　　　　　　　　　　　　　　147 200

7. 授予知识产权许可

授予知识产权许可是指企业授予客户对企业拥有的知识产权享有相应权利。常见的包括软件和技术、影视和音乐等的版权、特许经营权以及专利权、商标权和其他版权等。企业向客户授予知识产权许可的，应当按照本节要求评估该知识产权许可是否构成单项履约义务。对于不构成单项履约义务的，企业应当将该知识产权许可和其他商品一起作为一项履约义务进行会计处理。授予知识产权许可不构成单项履约义务的情形包括：一是该知识产权许可构成有形商品的组成部分并且对于该商品的正常使用不可或缺，例如，企业向客户销售设备和相关软件，该软件内嵌于设备之中，该设备必须安装了该软件之后才能正常使用；二是客户只有将该知识产权许可和相关服务一起使用才能够从中获益，例如，客户取得授权许可，但是只有通过企业提供的在线服务才能访问相关内容。

对于构成单项履约义务的，应当进一步确定其是在某一时段内履行还是在某一时点履行，同时满足下列条件时，应当作为在某一时段内履行的履约义务确认相关收入，否则，应当作为在某一时点履行的履约义务确认相关收入：

（1）合同要求或客户能够合理预期企业将从事对该项知识产权有重大影响的活动。企业从事的下列活动均会对该项知识产权有重大影响：一是这些活动预期将显著改变该项知识产权的形式或者功能（例如知识产权的设计、内容、功能性等）；二是客户从该项知识产权中获益的能力在很大程度上来源于或者取决于这些活动，即这些活动会改变该项知识产权的价值，例如，企业向客户授权使用其品牌，客户从该品牌获益的能力取决于该品牌价值，而企业所从事的活动为维护或提升其品牌价值提供了支持。如果该项知识产权具有重大的独立功能，且该项知识产权绝大部分的经济利益来源于该项功能，客户从该项知识产权中获益的能力则可能不会受到企业从事的相关活动的重大影响，除非这些活动显著改变了该项知识产权的形式或者功能。具有重大独立功能的知识产权主要包括软件、生物合成物或药物配方以及已完成的媒体内容（例如电影、电视节目以及音乐录音）版权等。

（2）该活动对客户将产生有利或不利影响。当企业从事的后续活动并不影响授予客户的知识产权许可时，企业的后续活动只是在改变其拥有的资产。

（3）该活动不会导致向客户转让商品。当企业从事的后续活动本身构成单项履约义务时，企业在评估授予知识产权许可是否属于在某一时段履行的履约义务时应当不予考虑。

企业向客户授予知识产权许可不能同时满足上述条件的，则属于在某一时点履行的履约义务，并在该时点确认收入。在客户能够使用某项知识产权许可并开始从中获益之前，企业不能对此类知识产权许可确认收入。

值得注意的是，在判断某项知识产权许可是属于在某一时段内履行的履约义务还是在某一时点履行的履约义务时，企业不应考虑下列因素：一是，该许可在时间、地域或使用方面的限制；二是，企业就其拥有的知识产权的有效性以及防止未经授权使用该知识产权许可所提供的保证。

【例12-31】甲公司是一家设计制作连环漫画的公司，乙公司是一家大型游轮的运营商。甲公司授权乙公司可在4年内使用其3部连环漫画中的角色形象和名称，乙公司可以以不同的方式（例如，展览或演出）使用这些漫画中的角色。甲公司的每部连环漫画都有相应的主要角色，并会定期创造新的角色，角色的形象也会随时改变。合同要求乙公司必须使用最新的角色形象。在授权期内，甲公司每年向乙公司收取1 000万元。

本例中，甲公司除了授予知识产权许可外不存在其他履约义务。也就是说，与知识产权许可相关的额外活动并未向客户提供其他商品，因为这些活动是企业授予知识产权许可承诺的一部分，且实际上改变了客户享有知识产权许可的内容。甲公司基于下列因素的考虑，认为该许可的相关收入应当在某一时段内确认：一是乙公司合理预期（根据甲公司以往的习惯做法），甲公司将实施对该知识产权许可产生重大影响的活动，包括创作角色及出版包含这些角色的连环漫画等；二是合同要求乙公司必须使用甲公司创作的最新角色，这些角色塑造得成功与否，会直接对乙公司产生有利或不利影响；三是尽管乙公司可以通过该知识产权许可从这些活动中获益，但在这些活动发生时并没有导致向乙公司转让任何商品。由于合同规定乙公司在一段固定期间内可无限制地使用其取得授权许可的角色，因此，甲公司按照时间进度确定履约进度。

企业向客户授予知识产权许可，并约定按客户实际销售或使用情况收取特许权使用费的，应当在下列两项孰晚的时点确认收入：一是客户后续销售或使用行为实际发生；二是企业履行相关履约义务。这是估计可变对价的例外规定，该例外规定只有在下列两种情形下才能使用：一是特许权使用费仅与知识产权许可相关；二是特许权使用费可能与合同中的知识产权许可和其他商品都相关，但是与知识产权许可相关的部分占有主导地位。企业使用该例外规定时，应当对特许权使用费整体采用该规定，而不应当将特许权使用费进行分拆。如果与授予知识产权许可相关的对价同时包含固定金额和按客户实际销售或使用情况收取的变动金额两部分，则只有后者能采用该例外规定，而前者应当在相关履约义务履行的时点或期间内确认收入。对于不适用该例外规定的特许权使用费，应当按照估计可变对价的一般原则进行处理。

【例12-32】甲公司是一家著名的足球俱乐部，授权乙公司在其设计生产的服装、帽子、水杯以及毛巾等产品上使用甲公司球队的名称和图标，授权期间为2年。合同约定，甲公司收取的合同对价由两部分组成：一是200万元固定金额的使用费；二是按照乙公司销售上述商品所取得销售额的5%计算的提成。乙公司预期甲公司会继续参加当地顶级联赛，并取得优异的成绩。

本例中，该合同仅包括一项履约义务，即授予使用权许可，甲公司继续参加比赛并取得优异成绩等活动是该许可的组成部分。由于乙公司能够合理预期甲公司将继续参加比赛，甲公司的成绩将会对其品牌（包括名称和图标等）的价值产生重大影响，而该品牌价值可能会进一步影响乙公司产品的销量，甲公司从事的上述活动并未向乙公司转让任何可明确区分的商品，因此，甲公司授予的该使用权许可，属于在2年内履行的履约义务。甲公司收取的200万元固定金额的使用费应当在2年内平均确认收入，按照乙公司销售相关商品所取得销售额的5%计算的提成应当在乙公司的销售发生时确认收入。

8.售后回购

售后回购是指企业销售商品的同时承诺或有权选择日后再将该商品购回的销售方式。被购回的商品包括原销售给客户的商品、与该商品几乎相同的商品，或者以该商品作为组成部分的其他商品。一般来说，售后回购通常有三种形式：一是企业和客户约定，企业有义务回购该商品，即存在远期安排。二是企业有权利回购该商品，即企业拥有回购选择权。三是当客户要求时，企业有义务回购该商品，即客户拥有回售选择权。对于不同类型的售后回购交易，企业应当区分下列两种情形分别进行会计处理：

（1）企业因存在与客户的远期安排而负有回购义务或企业享有回购权利的

企业因存在与客户的远期安排而负有回购义务或企业享有回购权利的，尽管客户可能已经持有了该商品的实物，但是，由于企业承诺回购或者有权回购该商品，导致客户主导该商品的使用并从中获取几乎全部经济利益的能力受到限制，因此，在销售时点，客户并没有取得该商品的控制权。在这种情况下，企业应根据下列情况分别进行相应的会计处理：一是回购价格低于原售价的，应当视为租赁交易，按照《企业会计准则第21号——租赁》的相关规定进行会计处理。二是回购价格不低于原售价的，应当视为融资交易，在收到客户款项时确认金融负债，而不是终止确认该资产，并将该款项和回购价格的差额在回购期间内确认为利息费用等。该种情形的判断如图12-3所示。

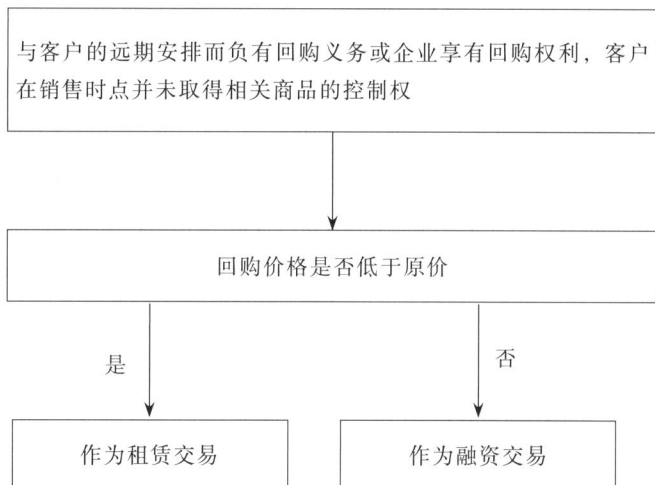

图12-3　售后回购第一种情形会计处理的判断

【例12-33】2×24年4月1日，甲公司向乙公司销售一台设备，销售价格为200万元，同时双方约定两年之后，即2×26年4月1日，甲公司将以120万元的价格回购该设备。

本例中，根据合同的约定，甲公司负有在两年后回购该设备的义务，因此，乙公司并未取得该设备的控制权。假定不考虑货币时间价值，该交易的实质是乙公司支付了80万元（200-120）的对价取得了该设备两年的使用权。甲公司应当将该交易作为租赁交易进行会计处理。

又假定甲公司将在2×26年4月1日不是以120万元，而是以250万元的价格回购该设备。不考虑货币时间价值，该交易的实质是甲公司以该设备作为质押取得了200万元的借款，两年后归还本息合计250万元。甲公司应当将该交易视为融资交易，不应当终止确认该设备，而应当在收到客户款项时确认金融负债，并将该款项和回购价格的差额在回购期间内确认为利息费用等。

（2）企业负有应客户要求回购商品义务的

企业负有应客户要求回购商品义务的，应当在合同开始日评估客户是否具有行使该要求权的重大经济动因。客户具有行使该要求权的重大经济动因的，企业应当将回购价格与原售价进行比较，并按照上述第（1）种情形下的原则将该售后回购作为租赁交易或融资交易进行相应的会计处理。客户不具有行使该要求权的重大经济动因的，企业应当将该售后回购作为附有销售退回条款的销售交易进行相应的会计处理。

在判断客户是否具有行权的重大经济动因时，企业应当综合考虑各种相关因素，包括回购价格与预计回购时市场价格之间的比较以及权利的到期日等。当回购价格明显高于该资产回购时的市场价值时，通常表明客户有行权的重大经济动因。该种情形的判断如图12-4所示。

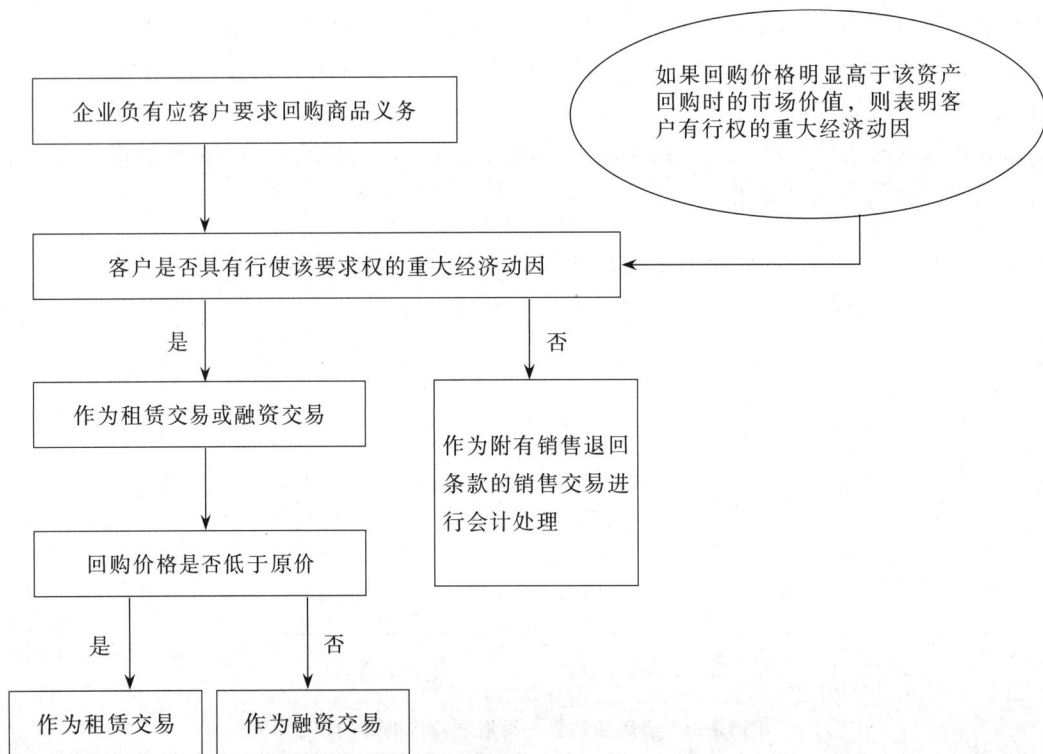

图12-4　售后回购第二种情形会计处理的判断

【例12-34】甲公司向乙公司销售其生产的一台设备，销售价格为2 000万元，双方约定，乙公司在5年后有权要求甲公司以1 500万元的价格回购该设备。甲公司预计该设备在回购时的市场价值将远低于1 500万元。

本例中，假定不考虑货币时间价值的影响，甲公司的回购价格1 500万元低于原售价2 000万元，但远高于该设备在回购时的市场价值，甲公司判断乙公司有重大的经济动因行使其权利要求甲公司回购该设备。因此，甲公司应当将该交易作为租赁交易进行会计处理。

对于上述两种情形，企业在比较回购价格和原销售价格时，应当考虑货币的时间价值。在企业有权要求回购或者客户有权要求企业回购的情况下，企业或者客户到期未行使权利的，应在该权利到期时终止确认相关负债，同时确认收入。

9.客户未行使的权利

企业因销售商品向客户收取的预收款，赋予了客户一项在未来从企业取得该商品的权利，并使企业承担了向客户转让该商品的义务，因此，企业应当将预收的款项确认为合同负债，待未来履行了相关履约义务，即向客户转让相关商品时，再将该负债转为收入。

【例12-35】2×24年1月1日，甲公司与乙公司签订了一项合同对价为45 200元（含增值税）的商品转让合同。合同约定，乙公司应于2×24年1月31日向甲公司预付全部合同价款，甲公司则于2×24年3月31日向乙公司交付商品。乙公司未能按合同约定的日期支付价款，而是推迟到2×24年3月1日才支付价款；甲公司于2×24年3月31日向乙公司交付了商品。

情形1：假定甲公司与乙公司签订的是一项可撤销的合同，乙公司在向甲公司支付合同价款之前均可以撤销合同。

在此情形下，由于合同可撤销，因此，在乙公司向甲公司支付合同价款之前，甲公司并不拥有无条件收取合同价款的权利。甲公司应将2×24年3月1日收到的款项确认为负债，待向乙公司交付商品时再转为收入。

（1）2×24年3月1日，甲公司收到乙公司预付的价款。

借：银行存款 45 200
　　贷：合同负债——乙公司 45 200

（2）2×24年3月31日，甲公司向乙公司交付商品。

借：合同负债——乙公司 45 200
　　贷：主营业务收入 40 000
　　　　应交税费——应交增值税（销项税额） 5 200

情形2：假定甲公司与乙公司签订的是一项不可撤销的合同。

在此情形下，由于合同不可撤销，因此，在合同约定的乙公司预付合同价款日（2×24年1月31日）甲公司即已拥有无条件收取合同价款的权利。甲公司应于2×24年1月31日确认应收账款，同时确认合同负债；收到乙公司预付的价款时，作为应收账款的收回；待向乙公司交付商品时，将合同负债转为收入。

（1）2×24年1月31日，甲公司确认应收账款和合同负债。

借：应收账款 45 200
　　贷：合同负债 45 200

（2）2×24年3月1日,甲公司收到乙公司预付的价款。

借:银行存款   45 200

 贷:应收账款   45 200

（3）2×24年3月31日,甲公司向乙公司交付商品。

借:合同负债   45 200

 贷:主营业务收入   40 000

   应交税费——应交增值税（销项税额）   5 200

某些情况下,企业收取的预收款无须退回,但是客户可能会放弃其全部或部分合同权利,例如,放弃储值卡的使用等。企业预期将有权获得与客户所放弃的合同权利相关的金额的,应当按照客户行使合同权利的模式按比例将上述金额确认为收入;否则,企业只有在客户要求其履行剩余履约义务的可能性极低时,才能将相关负债余额转为收入。企业在确定其是否预期将有权获得与客户所放弃的合同权利相关的金额时,应当考虑将估计的可变对价计入交易价格的限制要求。

如果有相关法律规定,企业所收取的、与客户未行使权利相关的款项须转交给其他方的（例如,法律规定无人认领的财产须上交政府）,企业不应将其确认为收入。

【例12-36】甲公司经营连锁面包店。2×24年,甲公司向客户销售了5 000张储值卡,每张卡的面值为200元,总额为1 000 000元。客户可在甲公司经营的任何一家门店使用该储值卡进行消费。根据历史经验,甲公司预期客户购买的储值卡中将有大约相当于储值卡面值金额5%（即50 000元）的部分不会被消费。截至2×24年12月31日,客户使用该储值卡消费的金额为400 000元。甲公司为增值税一般纳税人,税率为13%,在客户使用该储值卡消费时发生增值税纳税义务。

本例中,甲公司预期将有权获得与客户未行使的合同权利相关的金额为50 000元,该金额应当按照客户行使合同权利的模式按比例确认为收入。

因此,甲公司在2×24年销售的储值卡应当确认的收入金额为:

（400 000+50 000×400 000÷950 000）÷（1+13%）=372 613（元）

甲公司的账务处理为:

（1）销售储值卡:

借:库存现金   1 000 000

 贷:合同负债   884 956

   应交税费——待转销项税额   115 044

（2）根据储值卡的消费金额确认收入,同时将对应的待转销项税额确认为销项税额:

借:合同负债   372 613

  应交税费——待转销项税额   46 018

 贷:主营业务收入   372 613

   应交税费——应交增值税（销项税额） 46 018

10.无须退回的初始费

企业在合同开始（或接近合同开始）日向客户收取的无须退回的初始费（如入会费、接驳费、初装费等）应当计入交易价格。企业应当评估该初始费是否与向客户转让已承诺的商品相关。该初始费与向客户转让已承诺的商品相关,并且该商品构成单项履约义务的，企业应当在转让该商品时，按照分摊至该商品的交易价格确认收入；该初始费与向客户转让已承诺的商品相关，但该商品不构成单项履约义务的，企业应当在包含该商品的单项履约义务履行时，按照分摊至该单项履约义务的交易价格确认收入；该初始费与向客户转让已承诺的商品不相关的，该初始费应当作为未来将转让商品的预收款，在未来转让该商品时确认为收入。

企业收取了无须退回的初始费且为履行合同应开展初始活动，但这些活动本身并没有向客户转让已承诺的商品的，例如，企业为履行会员健身合同开展了一些行政管理性质的准备工作，该初始费与未来将转让的已承诺商品相关，应当在未来转让该商品时确认为收入，企业在确定履约进度时不应考虑这些初始活动；企业为该初始活动发生的支出应当按照本节合同成本部分的要求确认为一项资产或计入当期损益。

【例 12-37】甲公司经营一家会员制健身俱乐部。甲公司与客户签订了为期两年的合同，客户入会之后可以随时在该俱乐部健身。除俱乐部的年费 2 000 元之外，甲公司还向客户收取了 50 元的入会费，用于补偿俱乐部为客户进行注册登记、准备会籍资料以及制作会员卡等初始活动所花费的成本。甲公司收取的入会费和年费均无须返还。

本例中，甲公司承诺的服务是向客户提供健身服务（即可随时使用的健身场地），而甲公司为会员入会所进行的初始活动并未向客户提供其所承诺的服务，而只是一些内部行政管理性质的工作。因此，甲公司虽然为补偿这些初始活动向客户收取了入会费，但是该入会费实质上是客户为健身服务所支付的对价的一部分，故应当作为健身服务的预收款，与收取的年费一起在两年内分摊确认为收入。

第三节 费用

一、费用的含义和分类

1.费用的含义

费用（expense）同收入一样，都是企业收益的构成项目。概括地说，费用是企业从事生产经营活动所发生的各种耗费。费用的发生会引起企业资产的减少或负债的增加或两者兼而有之，进而直接影响企业收益的大小。对于费用的概念有不同的理解，主要有广义的费用定义和狭义的费用定义之分。美国财务会计准则委员会（FASB）将费用定义为：费用是某一个体在其持续的、主要或核心业务中，因交付或生产了商品、提供了劳务或进行了其他活动而付出的或其他耗用的资产，或因而承担的负债，或两者兼而有之。这是一个狭义的费用定义，即费用是进行主要经营活动而发生的耗费。FASB 同时认为，损失同样导致企业资产的减少，但其原因是出于偶然事件，不是企业所能够控制的；损失并不产生营业收入，因而在性质上不同于费用。国际会计准则理事会（IASB）原概念框架中将费用定义为：费用是指会计期间经济利益的减少，其形式表现为由资产流出、资产消耗或是发生负债而引起业主权益的减少，但不包括与对权益参与者分配有关的权益减少。2018年 3 月发布的新修订的概念框架对费用的定义做了修改，费用是指除了那些与权益索取权持有者分配有关的之外的，会引起权益减少的资产的减少或者负债的增加。这个费用定义是一个广义的费用定义，既包括企业日常经营活动中发生的费用，也包括损失。

从上述定义中可以看出，广义的费用是企业的全部耗费，既包括产生营业收入的耗费（狭义的费用），也包括不产生营业收入的耗费（即损失）；狭义的费用则仅指企业在生产经营过程中发生的耗费，是从营业收入中扣除的已耗用成本。我国现行《企业会计准则》将费用定义为：企业在日常活动中发生的、会导致所有者权益减少的、与向所有者分配利润无关的经济利益的总流出。可见，我国采用的是狭义的费用定义，本书所指费用，如不加说明，均指狭义概念上的费用。

2.费用与成本、支出

成本概念与费用有着密切的联系。成本（cost）是指对用于某种目的的资源数量的货币计量，是为了生产某种产品、完成某个项目或做成某件事情的代价，即发生的耗费总和，是对象化的费用。费用则是企业在获取当前收入的过程中，对企业所拥有或控制的资产的耗费，是会计期间与收入相配比的成本。成本是与一定的对象相联系的，代表经济资源的牺牲；而费用与一定的期间相联系，是相对于收入而言的，它是会计期间为获得收入而发生的成本。比如，生产产品所发生的生产成本是为了生产产品这一对象所发生的资源的耗费，在产品没有销售前表现为资产的价值，一旦为了实现收入而将产品销售出去，则产品的生产成本就作为产品销售成本，转作当期费用。

成本可以分为未耗成本（unexpired cost）与已耗成本（expired cost）两大类。未耗成本是指可在未来的会计期间产生收益的支出，该类成本在资产负债表上列为资产项目，例如设备、存货及应收账款等。已耗成本则是指本会计期间内已经消耗，且在未来会计期间不会创造收益的支出，这类成本又可分为费用和损失（广义的费用），前者在利润表上列为当期收益的减项，例如已销产品的生产成本及各项期间费用等，后者则因无相应利益的产生，而在利润表上列为营业外支出等项目，例如火灾、水灾等自然灾害造成的损失。由此可以得出：费用是成本的基础，没有发生费用就不会形成成本；按对象归集的费用构成成本，其发生期与补偿期并非完全一致；不予对象化的费用则可按发生期间归集，由同期收入补偿。

可见，一项成本不是属于资产就是属于费用（或损失）。属于资产的当期成本预计能够在未来会计期间内产生经济收益。若不满足这条标准，这项成本就不是资产，那么它一定是当期费用（或损失）。但在有些情况下，即使一项成本能使未来各期受益，但是由于没有客观或可行的方法把这些收益与未来的特定会计期间联系起来，我们仍把它作为一项费用。例如，员工培训计划可使未来各会计期间都受益，因为参加者经过培训之后业绩会提高，但无法客观计量培训的未来收益，所以培训成本作为当期费用处理，而不记作资产。总之，当一项成本发生时，若没有合理的基础把它归入资产，就把它列作费用（或损失）。

如果原来划归资产的项目，本期发现它在未来期间的价值有所下降，那么，我们就在发现价值下降的当期重新登记资产的价值，按新估计的可收回价值入账，注销的那部分价值列为当期费用。例如，当发现存货损坏、过时或因其他原因不能出售时，就会发生上述情况。

费用还与支出相联系。支出（expenditure）是指与所发生的成本有关的资产（通常是现金）减少额或负债（通常是应付账款）增加额，是企业在生产经营过程中为获得另一项资产或为清偿债务所发生的耗费资产的流出。如为购买材料、商品等支付或预付的款项，为偿还银行借款、应付账款而支付的款项，为退还资本、支付股利而发生的支出等。支出通常发生在主体购置商品或接受服务之时。支出可以表现为现金减少、负债增加（如应付账款）、另一项资产的变动（如商品的以旧换新）或以上几种形式的结合。在主体的整个寿命期内，大部分支出都转化成费用（在企业寿命期结束、终止营业、清算资产的情况下除外）。但是，在短于主体寿命周期的任何时间段，费用与支出之间没有必然的联系。有些支出构成了当期的费用，但另一些却不是费用。只有那些在经营过程中为取得营业收入而发生的支出，才是当期的费用；企业清偿债务支出以及向所有者分配利润或股利等支出均不是费用。

综上所述，费用是指适合于会计期间当期的成本，它代表主体当期营利活动所消耗的资源；成本是指对用于某种目的的资源数量的货币计量；支出是指与所发生的成本有关的资产（通常是现金）减少额或负债（通常是应付账款）增加额。当一项支出完成时，相关的成本或者是一项资产，或者是一项费用。如果成本能为未来各期带来收益，它就表现为资产的增加；如果只为当期带来收益，它就是当期的一项费用——减少留存收益。

3.费用的分类

由于费用与营业收入相关联，因此，通常以它与收入的关系对其进行分类。费用按其与营业收入的相关程度，可分为三类：直接配比费用、间接配比费用和期间费用。

（1）直接配比费用，是指直接为取得营业收入所发生的费用。此类费用与各期的营业收入有明显的直接因果关系，销售成本或提供劳务的直接成本便是这一类费用的典型例子。

（2）间接配比费用，是指与特定收入没有直接关系但有助于特定收入实现而发生的费用。这类费用在发生时通常先归集在某一特定账户中，然后再按特定的方法予以分配，以便与特定的收入相配比。制造费用便是这一类费用的典型例子。

（3）期间费用，是指那些仅仅有助于当期营业收入的实现，或者为数细微，不值得在各期间分摊的费用。此类费用在发生时即作为当期的费用，包括销售费用、管理费用和财务费用。

费用也可以按照功能和性质进行分类。按照费用在企业所发挥的功能进行分类，可以分为营业成本（包括主营业务成本、其他业务成本）和税金及附加、管理费用、销售费用、财务费用等。在财务报表列报中，对于费用通常按照功能分类进行列报。按照费用性质进行分类，可以分为耗用的原材料、职工薪酬费用（工资、奖金、津贴、补贴、职工福利费、社会保险费、住房公积金、工会经费和职工教育经费、非货币性福利、辞退福利、股份支付等）、折旧费、摊销费等。在财务报表附注中，通常按照费用性质分类进行补充披露。

二、费用的确认

费用的性质揭示了费用与收入的内在联系以及由此产生的直接结果，即费用与收入的配比原则，费用与收入的配比原则亦称为费用的确认规则。

根据费用的定义，费用是为了取得收入或收益而发生的各种类型的支出。最终看来，这些支出都应作为费用加以处理，会计程序上的差别在于支出何时记作费用。按照权责发生制的要求，当支出的效用已实际发挥时，就应将其记作费用，以便与相关的收入相配比。由此可见，费用的确认与收入的确认密切相关，确认费用不能离开收入而单独进行。因此，费用的确认亦称费用的配比。

费用与收入的配比要求在二者之间找到一个恰当的关系。形成费用的支出有的直接产生收入，有的间接产生收入，有的不产生收入；有的产生本期收入，有的产生其他各期收入。根据费用与收入的相互关系，可将费用分为直接配比费用、间接配比费用和期间费用三项。与此相对应，费用配比原则也包括以下三项确认规则：（1）根据因果关系确认费用；（2）系统地、合理地分配费用；（3）支出发生时立即确认费用。其中，第（1）项规则是基于会计理论，最有利于确认费用，第（2）、（3）项规则是不能采用第（1）项规则时的变通办法。

1.根据因果关系确认费用

根据因果关系确认费用又称为直接配比确认费用。尽管收入与费用的因果关系比较难于证明，费用确认的最理想办法是找出收入与费用的相互关系，即费用的发生是与产生某一个会计期间的营业收入相关联的。例如，企业购入或生产准备销售的商品，与这些商品相联系的成本，在有关收入得到确认之时才可转为费用，从而得到费用与收入的恰当配比。在存在收入与费用的因果关系中，只要确认了收入，就一定要确认与其相关的费用。

2.合理地、系统地分配费用

在会计实务中，有些费用不能以因果关系直接加以确认。例如，一项资产长期在企业中使用，各会计期间均会收到它所提供的经济效益，从而产生营业收入，因而各会计期间均应承担它的一部分成本。这时就要按照各期的受益情况将成本合理地、系统地分配为不同会计期间的费用。有时，一项费用是与几项收入存在共同联系的，如辅助生产费用、联合制造费用，在与各收入对象进行配比中，同样需要合理地、系统地分配给各受益对象，进而转为各期的费用。

3.支出发生时立即确认费用

支出发生时立即确认费用，亦称期间费用。期间费用大多不与某一笔收入直接相联系，但却与某个期间的总收入相联系。例如，那些既与生产不直接相关又与销售不直接相关的管理活动所发生的管理费用，企业在一般经营活动和销售活动中所发生的支出等，都会涉及获取未来收入的产品生产，而又没有合理的途径将相关支出与未来收入相联系。或者未来期间经营活动的收益不很确定，那么唯一解决的途径就是将它们直接列作当期费用。例如，广告可以为企业取得长期的经济效益，但很难确定哪个会计期间获得多少效益，因此，广告支出不得不立即确认为费用。此外，企业还有一些支出，不仅找不到合理的、系统的分配基础，而且不能与某项收入直接联系而又必不可少，即不能采用第（1）、（2）两项费用确认规则时，就可以选择立即确认规则。

可见，费用应按照权责发生制和配比原则确认，凡应属于本期发生的费用，不论其款项是否支付，均确认为本期费用；反之，不属于本期发生的费用，即使其款项已在本期支付，也不确认为本期费用。

在确认费用时，首先应当划分生产费用与非生产费用的界限。生产费用是指与企业日常生产经营活动有关的费用，如生产产品所发生的原材料费用、人工费用等；非生产费用是指不应由生产费用负担的费用，如用于购建固定资产所发生的费用，不属于生产费用。其次应当分清生产费用与产品成本的界限。生产费用与一定的时期相联系，而与生产的产品无关；产品成本与一定品种和数量的产品相联系，而不论发生在哪一期。最后应当分清生产费用与期间费用的界限。生产费用应当计入产品成本；而期间费用直接计入当期损益。对于确认为期间费用的费用，必须进一步划分为管理费用、销售费用和财务费用。

三、营业成本与税金及附加

（一）营业成本

营业成本是指企业经营主要业务和其他业务所发生的成本总额。营业成本应当与企业经营主要业务和其他业务取得的收入进行配比。

1.主营业务成本

主营业务成本是指企业销售商品、提供劳务等经常性活动所发生的成本。企业一般在确认销售商品、提供劳务等主营业务收入时，应将已销售商品、已提供劳务的成本结转入主营业务成本。

企业的主营业务成本通过"主营业务成本"科目核算。期（月）末，企业应根据本期（月）销售各种商品、提供各种劳务等实际成本，计算应结转的主营业务成本。采用计划成本或售价核算库存商品的，平时的营业成本按计划成本或售价结转，月末，还应结转本月销售商品应分摊的产品成本差异或商品进销差价。期末，"主营业务成本"科目余额转入"本年利润"科目后无余额。

2.其他业务成本

其他业务成本是指除主营业务活动以外的其他日常经营活动所发生的支出，包括销售材料的成本、出租固定资产的折旧额、出租无形资产的摊销额、出租包装物的成本或摊销额等。

企业发生的其他业务成本通过"其他业务成本"科目核算，期末结转"本年利润"科目后，该科目没有余额。

（二）税金及附加

税金及附加是指企业经营活动发生的消费税、城市维护建设税、资源税、教育费附加、土地增值税、房产税、环境保护税、城镇土地使用税、车船税、印花税等相关税费。

企业通过"税金及附加"科目核算按规定计算确定的与经营活动相关的税费，期末该科目转入"本年利润"科目后没有余额。

四、期间费用

期间费用是企业当期发生的费用中的重要组成部分，是指本期发生的、不能直接或间接归入某种产品成本的、直接计入损益的各项费用。期间费用包含以下两种情况：一是企业发生的不符合或不再符合资产确认条件的支出，应当在发生时确认为费用，计入当期损益；二是企业发生的交易或事项导致其承担了一项负债，而又不确认为一项资产的，应当在发生时确认为费用，计入当期损益。期间费用包括管理费用、销售费用和财务费用。

1.管理费用

管理费用是指企业为组织和管理企业生产经营所发生的管理费用，包括企业在筹建期间内发生的开办费、董事会和行政管理部门在企业的经营管理中发生的或者应由企业统一负担的公司经费（包括行政管理部门职工工资及福利费、物料消耗、低值易耗品摊销、办公费和差旅费等）、工会经费、董事会费（包括董事会成员津贴、会议费和差旅费等）、聘请中介机构费、咨询费（含顾问费）、诉讼费、业务招待费、技术转让费、研发费用、排污费、行政管理部门等发生的固定资产修理费用以及应缴纳的残疾人就业保障金等。

研发费用是指应计入管理费用的企业进行研究和开发过程中发生的费用化支出，以及计入管理费用的自行开发无形资产的摊销金额。其包括"管理费用"科目下"研究费用"明细科目的当前发生额，以及"管理费用"科目下"无形资产摊销"明细科目中属于开发费用资本化金额在当前的摊销额。值得注意的是，在编制利润表时，为了突出企业发生的研发费用，需要将"管理费用"账户中的研发费用金额予以剔除，单独在利润表的研发费用项目中列示。

企业发生的管理费用，在"管理费用"科目核算，并在"管理费用"科目中按费用项目设置明细账，进行明细核算。期末，"管理费用"科目的余额结转"本年利润"科目后无余额。

2.销售费用

销售费用是指企业在销售商品和材料、提供劳务的过程中发生的各种费用，包括企业在销售商品过程中发生的保险费、包装费、展览费和广告费、商品维修费、预计产品质量保证损失、运输费、装卸费等，以及为销售本企业商品而专设的销售机构（含销售网点、售后服务网点等）的职工薪酬、业务费、折旧费、固定资产修理费用等费用。不包括构成合同履约成本从而应当计入主营业务成本的情形。

企业发生的销售费用，在"销售费用"科目核算，并在"销售费用"科目中按费用项目设置明细账，进行明细核算。期末，"销售费用"科目的余额结转"本年利润"科目后无余额。

3.财务费用

财务费用是指企业为筹集生产经营所需资金等而发生的筹资费用，包括利息支出（减利息收入）、汇兑损益以及相关的手续费等。

企业发生的财务费用，在"财务费用"科目核算，并在"财务费用"科目中按费用项目设置明细账，进行明细核算。期末，"财务费用"科目的余额结转"本年利润"科目后无余额。

|第四节| 利得和损失

一、利得和损失的含义

按照全面收益概念，利得（gain）和损失（losses）也应当包括在收益的计算之中。利得和损失是与企业正常经营活动没有关系的收益和损失。

FASB对利得的定义是：利得是某一个体除来自营业收入或业主投资得到的收款以外，来自边缘性或偶发交易，以及来自其他交易和其他事项与情况的权益（净资产）之增加。这个定义显然认为收入不包括利得。

利得和收入同是构成企业收益的有利因素，但二者的性质并不相同。之所以称为利得，是由于它往往是一种意外的或偶然的获得，而不是企业在正常经营中赚取的，当然也包括那些和企业持续目标无关的经常性附属活动，即收入是企业正常经营过程中所产生的，而利得则是指非正常经营中的收益。

由此可见，利得与收入的区分是以非正常经营活动与正常经营活动的区分为前提的，而且这种区分往往又是必要的，其目的在于向财务报表使用者提供更为有用的信息。然而这种区分又是困难的，因为对于不同企业及不同时期，正常与不正常并没有一个统一的标准[①]。

损失是某一个体除费用或派给业主款以外的，由于边缘性或偶发性交易，以及由于一切其他交易和其他事项与情况的权益（净资产）之减少。损失与费用一样，都是确定收益中的不利因素。损失是与任何期间收入都无关的成本耗用或流失，且产生于非正常的偶发事件，是人们意料之外的。损失不同于经营亏损，经营亏损是在正常经营活动中由于许多因素而导致的某一期间的费用大于收入的部分；损失又不同于费用，费用是在取得收入过程中的成本耗用，费用是为一定目的而发生的，费用是可以预计的，不可预计的价值流失是一笔损失。

二、利得和损失的确认

利得的确认与收入的确认和费用的配比相类似。因为大多数利得属于交易事项，为确认利得，需要对交易中的所获及与之相应的交易中所耗用的或所交换的商品或劳务的价值进行配比。因此，配比原则同样适用于利得的确认与计量。例如，企业出售闲置设备，其出售收入与该设备的账面价值及相关的出售费用相配比，二者的差额就是利得（或损失）。

同样，确认利得的时间与确认收入的时间也相似，即也是直到交易或销售发生时才予以确认。因此，实现原则也同样适用于利得的确认。在有些情况下，如企业持有的股票、债券等价格的上涨，尽管这种价格的变动还未被交易活动所证实，但价格上涨的数额已明显具有可核性和可计量性，具备了收入确认的确定性和可计量性这两个条件，因而通常也将这项升值确认为利得。如果具备了这些条件而不予以确认，则可能违背了会计一致性的要求。

由于损失同费用一样都是已耗用成本，因此，损失的确认、计量与费用大致相同，但损失的确认要考虑其发生的期间。如果是非正常交易的资产出售以及因自然灾害所招致的损失，其应记录的时间是相当明确的。但是，若价值下降是在若干期间逐渐发生的，那么就很难确定应在何时记录损失。基于稳健性原则的考虑，某项资产在持有期间发生了减值，应当计提减值准备。如果某项资产在取得时就预期会发生损失，在会计上通常是作为费用处理的；只有那些在取得资产时不期望发生减损的，才作为损失处理。我国现行企业会计准则要求企业所有的资产在发生减值时，原则上都应对所发生的减值损失及时加以确认和计量，计提的资产减值准备均作为资产减值损失处理。

损失不予确认或故意结转到以后期间都是错误的。只要损失相当明确，而且数额可以合理地计量，就应于确定时即予以入账。

对于利得和损失的会计处理，通常是一部分计入当期损益（"营业外收入"、"营业外

① 将利得和损失与营业收入和费用区分开来，其主要目的是要尽可能地列示企业全面收益的来源，将它们作区分基本上是一个列示和编制报告的问题。正因为如此，国际会计准则理事会的收益定义中包括利得，而费用则包括损失。

支出"和"公允价值变动损益"等科目），一部分直接计入所有者权益（"其他综合收益"科目）。

第五节 利润及利润分配

一、利润的形成和会计处理

1.利润的含义和分类

利润（profit）是我国会计界和其他各界所熟悉的一个概念，更准确地应该称为收益。利润是企业在一定会计期间的经营成果。正如本章第一节所述，会计利润的确定目前普遍采用的是利润表法，即通过配比的方式，将当期的全部收入（广义的收入）与当期全部成本费用损失（广义的费用）等进行配比，以形成当期的财务成果。企业经营成果的形成和确定是投资者最为关注的，企业盈利的大小在很大程度上反映了企业生产经营的经济效益和经营能力。

从利润的构成看，既有从生产经营活动和投资活动中取得的净收益，又包括企业所处的客观经济环境因素变化的影响。利润会导致企业所有者权益的增加（亏损则相反），但经营期间内所有者权益的增加并非都是利润。企业所有者在期间内的增资或减资，以及向所有者分配利润而流出的资产与利润或亏损无关。

利润按其与企业经营活动的关系，可分为正常利润和非正常利润两类。正常利润是由企业生产经营活动所产生或实现或期望实现的利润，它包括企业从事生产、销售、投资等活动所实现的利润。营业利润和投资所得均属正常利润。非正常利润是与企业生产经营活动无关或虽与企业生产经营活动有关，但属于偶发性、边缘性事项所引起的盈亏，即前述利得和损失的净额。前期损益调整项目不属于本期利润总额，而是留存利润的调整项目，在利润分配表中予以反映。产生正常利润的经营活动，可由企业管理部门控制，而非正常利润则是不可控的，因此，将利润划分为正常利润和非正常利润有助于衡量管理部门的经营管理效率。

2.利润的构成

在我国企业会计准则中，利润包括收入减去费用后的净额、直接计入当期利润的利得和损失等。直接计入当期利润的利得和损失，是指应当计入当期损益、会导致所有者权益发生增减变动的、与所有者投入资本或者向所有者分配利润无关的利得或者损失。利润分为营业利润、利润总额和净利润，相关的计算公式如下：

（1）营业利润

$$\begin{aligned}\text{营业} & = \text{营业} - \text{营业} - \text{税金及} - \text{销售} - \text{管理} - \text{研发} - \text{财务} - \text{其他} + \text{投资收益}\\ \text{利润} & \quad \text{收入} \quad \text{成本} \quad \text{附加} \quad \text{费用} \quad \text{费用(不含研发费用)} \quad \text{费用} \quad \text{费用} \quad \text{收益} \quad (-\text{投资损失})\\ & \quad + \text{净敞口套期收益}\\ & \quad \quad (-\text{净敞口套期损失})\\ & \quad + \text{公允价值变动收益} - \text{信用减值} - \text{资产减值} + \text{资产处置收益}\\ & \quad \quad (-\text{公允价值变动损失}) \quad \text{损失} \quad \text{损失} \quad (-\text{资产处置损失})\end{aligned}$$

其中，营业收入是指企业经营业务所确定的收入总额，包括主营业务收入和其他业务收入。营业成本是指企业经营业务所发生的实际成本总额，包括主营业务成本和其他业务成本。研发费用是指企业进行研究与开发过程中发生的费用化支出，以及计入管理费用的自行开发无形资产的摊销。其他收益是指计入其他收益的政府补助，以及其他与日常活动相关且计入其他收益的项目。投资收益（或损失）是指企业以各种方式对外投资所取得的收益（或发生的损失）。公允价值变动收益（或损失）是指企业交易性金融资产等公允价值变动形成的应计入当期损益的利得（或损失）。资产减值损失是指企业计提各项资产减值准备所形成的损失。资产处置收益是指企业出售划分为持有待售的非流动资产（金融工具、长期股权投资和投资性房地产除外）或处置组（子公司和业务除外）时确认的处置利得或损失，以及处置未划分为持有待售的固定资产、在建工程、生产性生物资产及无形资产而产生的处置利得或损失；债务重组中因处置非流动资产（金融工具、长期股权投资和投资性房地产除外）产生的利得或损失和非货币性资产交换中换出非流动资产（金融工具、长期股权投资和投资性房地产除外）产生的利得或损失也包括在资产处置收益中。

（2）利润总额

利润总额=营业利润+营业外收入−营业外支出

营业外收入（或支出）是指企业发生的、与日常经营活动无直接关系的各项利得（或损失）。营业外收支虽然与企业生产经营活动没有多大关系，但从企业主体来考虑，同样带来收入或形成企业的支出，也是增加或减少利润的因素，对企业的利润总额及净利润产生较大影响。其中，营业外收入是指反映企业发生的除营业利润以外的收益，主要包括与企业日常活动无关的政府补助、盘盈利得、捐赠利得（企业接受股东或股东的子公司直接或间接的捐赠，经济实质属于股东对企业的资本性投入的除外）等；营业外支出是指反映企业发生的除营业利润以外的支出，主要包括公益性捐赠支出、非常损失、盘亏损失、非流动资产毁损报废损失（通常包括因自然灾害发生毁损、已丧失使用功能等原因而报废清理产生的损失）等。

（3）净利润

净利润=利润总额−所得税费用

其中，所得税费用是指企业确认的应从当期利润总额中扣除的所得税费用。

由于所得税法和《企业会计准则》是基于不同目的、遵循不同原则分别制定的，二者在资产与负债的计量标准、收入与费用的确认原则等诸多方面存在着一定的分歧，导致企业一定期间按税法规定计算的当期所得税往往不等于按《企业会计准则》的要求确认的所得税费用。

当期所得税是指根据所得税法的要求，按一定期间的应纳税所得额和适用税率计算的当期应交所得税，用公式表示如下：

当期所得税=当期应纳税所得额×适用税率

其中，应纳税所得额是指以一定期间税法规定的应税收入减去税法允许扣除项目后的余额。

所得税费用是指根据企业会计准则的要求确认的应从当期利润总额中扣除的所得税费用，包括当期所得税和递延所得税费用（或收益），用公式表示如下：

所得税费用=当期所得税+递延所得税费用（−递延所得税收益）

其中：

递延所得税费用（或收益）=递延所得税负债−递延所得税资产

有关所得税会计的详细内容，请参见本套教材（特殊业务）分册的第七章内容。

3.营业外收支的会计处理

（1）营业外收入

营业外收入是指企业取得的、与日常生产经营活动没有直接关系的各项利得。营业外收入并不是由企业经营资金耗费所产生的，不需要企业付出代价，实际上是一种纯收入，不可能也不需要与有关费用进行配比。因此，在会计核算上应严格区分营业外收入和营业外支出的界限。

企业应当通过"营业外收入"科目，核算营业外收入的取得和结转情况。该科目可按营业外收入项目进行明细核算。期末，应将该科目余额转入"本年利润"科目，结转后该科目无余额。

（2）营业外支出

营业外支出是指企业发生的、与日常经营活动无直接关系的各项损失。

企业应通过"营业外支出"科目，核算营业外支出的发生及结转情况。该科目可按营业外支出项目进行明细核算。期末，应将该科目余额转入"本年利润"科目，结转后该科目无余额。

营业外收入和营业外支出所包括的收支项目互不相关，不存在配比关系，因此，通常不能以营业外支出直接冲减营业外收入，也不得以营业外收入抵补营业外支出，二者的发生金额应当分别核算。

4.本年利润的会计处理

企业应设置"本年利润"科目，核算企业当期实现的净利润（或发生的净亏损）。

企业期（月）末结转利润时，应将各损益类科目的金额转入本科目，结平各损益类科目。结转时，应将收入类科目贷方余额转入本科目的贷方登记，借记"主营业务收入""其他业务收入""营业外收入"等科目，贷记"本年利润"科目；将支出类科目借方余额转入本科目的借方登记，借记"本年利润"科目，贷记"主营业务成本""税金及附加""其他业务成本""销售费用""管理费用""财务费用""资产减值损失""营业外支出""所得税费用"等科目。"公允价值变动损益""投资收益"科目如为净收益，应借记"公允价值变动损益""投资收益"科目，贷记"本年利润"科目；如为净损失，应借记"本年利润"科目，贷记"公允价值变动损益""投资收益"科目。

结转后"本年利润"科目的贷方余额为当期实现的净利润，借方余额为当期发生的净亏损。

年度终了，应将本年收入和支出相抵后结出的本年实现的净利润，转入"利润分配"科目，借记本科目，贷记"利润分配——未分配利润"科目；如为净亏损，则作相反的会计分录。结转后本科目应无余额。

二、利润的分配

企业当期实现的净利润，加上年初未分配利润（或减去年初未弥补亏损）后的余额，为可供分配的利润。可供分配的利润，一般按下列顺序分配：

（1）提取法定盈余公积，是指企业根据有关法律的规定，按照净利润的10%提取的盈余公积。法定盈余公积累计金额超过企业注册资本的50%时，可以不再提取。

（2）提取任意盈余公积，是指企业按股东大会决议提取的任意盈余公积。

（3）应付现金股利或利润，是指企业按照利润分配方案分配给股东的现金股利，也包括非股份有限公司分配给投资者的利润。

（4）转作股本的股利，是指企业按照利润分配方案以分派股票股利的形式转作股本的股利，也包括非股份有限公司以利润转增的资本。

企业应当设置"利润分配"科目，核算利润的分配（或亏损的弥补）情况，以及历年积存的未分配利润（或未弥补亏损）。该科目还应当分别"提取法定盈余公积"、"提取任意盈余公积"、"应付现金股利或利润"、"转作股本的股利"、"盈余公积补亏"和"未分配利润"等进行明细核算。

企业按有关法律规定提取的法定盈余公积，借记"利润分配——提取法定盈余公积"科目，贷记"盈余公积——法定盈余公积"科目；按股东大会或类似机构决议提取的任意盈余公积，借记"利润分配——提取任意盈余公积"科目，贷记"盈余公积——任意盈余公积"科目；按股东大会或类似机构决议分配给股东的现金股利，借记"利润分配——应付现金股利或利润"科目，贷记"应付股利"科目；按股东大会或类似机构决议分配给股东的股票股利，在办理增资手续后，借记"利润分配——转作股本的股利"科目，贷记"股本"科目，如有差额，贷记"资本公积——股本溢价"科目；企业用盈余公积弥补亏损，借记"盈余公积——法定盈余公积或任意盈余公积"科目，贷记"利润分配——盈余公积补亏"科目。

年度终了，企业应将"利润分配"科目所属其他明细科目余额转入"未分配利润"明细科目。结转后，除"未分配利润"明细科目外，其他明细科目应无余额。

【例12-38】某股份有限公司2×24年度实现净利润1 000万元，按净利润的10%提取法定盈余公积，按净利润的15%提取任意盈余公积，向股东分派现金股利400万元，同时分派每股面值1元的股票股利300万股。

（1）提取盈余公积：

借：利润分配——提取法定盈余公积	1 000 000	
——提取任意盈余公积	1 500 000	
贷：盈余公积——法定盈余公积		1 000 000
——任意盈余公积		1 500 000

（2）分配现金股利：

借：利润分配——应付现金股利	4 000 000	
贷：应付股利		4 000 000

（3）分配股票股利，已办妥增资手续：

借：利润分配——转作股本的股利	3 000 000	
贷：股本		3 000 000

（4）结转"利润分配"其他明细科目余额：

借：利润分配——未分配利润	9 500 000	
贷：利润分配——提取法定盈余公积		1 000 000
——提取任意盈余公积		1 500 000
——应付现金股利		4 000 000
——转作股本的股利		3 000 000

立德精业 12-1

道德、欺诈与公司治理：康美药业财务造假案例的启示

2020年5月13日，中国证监会在其官网发布"行政处罚决定书"（〔2020〕24号），依法对康美药业股份有限公司（以下简称康美药业）违法违规案作出行政处罚及市场禁入决定。决定对康美药业责令改正，给予警告，并处以60万元人民币罚款，对21名责任人员（涉及董事长兼总经理、副董事长兼副总经理、董事会秘书、财务总监、副总经理、总经理助理、董事、独立董事、监事会主席、监事等公司的董事、监事和高级管理人员）处以10万元至90万元不等罚款，对6名主要责任人采取10年至终身证券市场禁入措施。

2021年2月18日，中国证监会发布"行政处罚决定书"（〔2021〕11号）又对广东正中珠江会计师事务所（特殊普通合伙；系康美药业2016—2018年度财务报表审计机构）等作出处罚。决定书显示，依据2005年《证券法》第二百二十三条，证监会决定对广东正中珠江会计师事务所责令改正，罚没5 700万元；对3名康美药业财务报表的签字注册会计师和1名康美药业2016年和2017年年度审计的项目经理给予警告并分别处以10万元和3万元罚款。

作为中国A股曾经的"明星药企"，康美药业此前披露公司2018年年报，并更正2018年之前的部分财务数据，其中2017年年末财报虚增了近300亿元货币资金，引起外界质疑。证监会最终认定，2016年至2018年期间，康美药业虚增巨额营业收入，通过伪造、变造大额定期存单等方式虚增货币资金，将不满足会计确认和计量条件的工程项目纳入报表，虚增固定资产等。同时，康美药业存在控股股东及其关联方非经营性占用资金情况。上述行为致使康美药业披露的相关年度报告存在虚假记载和重大遗漏。

康美药业有预谋、有组织，长期、系统地实施财务欺诈行为，践踏法治，对市场和投资者毫无敬畏之心，严重地破坏资本市场健康生态环境。中国证监会发现该案涉及违法行为后，立即集中力量查办，并在坚持法治原则下从严从重从快惩处。

财务舞弊通常是高层管理人员所为。舞弊是非法行为，意味着舞弊者严重缺乏道德意识和道德敏感度。许多财务舞弊公司的另一个特征是，公司治理环境比较薄弱。公司治理包括公司组织结构和监督公司事务的程序，其中包括董事会监督高层管理人员的行动，以确保公司的经营是以全体股东利益最大化为目标。当我们选择会计作为一生相伴的职业时，就要时刻铭记：职业道德是我们做好会计工作的前提，是我们一生的立身之本；当工作中遇到两难选择时，一要牢记法律法规，二要牢记职业道德。

资料来源 根据相关资料整理。

第六节 每股收益的计算

每股收益（earnings per share，EPS）是指普通股股东每持有一股所能享有的企业利润或需承担的企业亏损。每股收益通常被用于反映企业的经营成果，衡量普通股的获利水平及投资风险，是投资者、债权人等信息使用者据以评价企业盈利能力、预测企业成长潜力，进而作出相关经济决策的重要财务指标之一。在进行财务分析时，每股收益指标既可用于不同企业间的业绩比较，以评价某企业的相对盈利能力；也可用于企业不同会计期间的业绩比较，以了解该企业盈利能力的变化趋势；此外，还可用于企业经营实绩与盈利预

测的比较，以掌握企业的管理能力。

在计算每股净收益时，通常要区分简单资本结构和复杂资本结构。简单资本结构是指公司没有发行可能稀释普通股每股收益的任何证券，如可更换的优先股、可转换的公司债券和认股权证等。如果公司发行了这类可能冲淡普通股每股净收益的证券，就属复杂资本结构。不同的资本结构，要求提供的普通股每股净收益不同，通常包括基本每股收益和稀释每股收益。基本每股收益仅考虑当期实际发行在外的普通股股份，而稀释每股收益的计算和列报主要是为了避免每股收益虚增可能带来的信息误导。普通股或潜在普通股已公开交易的企业，以及正处于公开发行普通股或潜在普通股过程中的企业，应当计算每股收益指标，并在招股说明书、年度财务报告、中期财务报告等公开披露信息中予以列报。

一、基本每股收益的计算

企业应当按照属于普通股股东的当期净利润，除以发行在外普通股的加权平均数计算基本每股收益。应归属于普通股的净利润，是从当期净利润中扣除不属于普通股股东的优先股股利后的净利润。计算公式如下：

每股收益＝（净收益–优先股应享股利）÷发行在外普通股的加权平均数

由于股数是时点数，在报告期不同的时点上存在变化，因此计算当期发行在外普通股股数的加权平均数要取得一个平均值，通常以时间天数为计算权重。其计算公式为：

$$\begin{array}{l}发行在外普通股\\加权平均数\end{array}=\begin{array}{l}期初发行在\\外普通股股数\end{array}+\begin{array}{l}当期新发行\\普通股股数\end{array}\times\begin{array}{l}已发行\\时间\end{array}\div\begin{array}{l}报告期\\时间\end{array}-\begin{array}{l}当期回购\\普通股股数\end{array}\times\begin{array}{l}已回购\\时间\end{array}\div\begin{array}{l}报告期\\期间\end{array}$$

为了简化计算，在影响很小的情况下，时间可以用月数为权重计算，但要注意上述报告期期间要与净利润的期间相配比。

【例12-39】某公司按月计算每股收益的时间权数。2×24年期初发行在外的普通股为20 000万股；2月28日新发行普通股10 800万股；12月1日回购普通股4 800万股，以备将来奖励职工之用。该公司当年度实现净利润6 500万元，则2×24年度基本每股收益计算如下：

发行在外普通股加权平均数为：

$20\ 000\times12\div12+10\ 800\times10\div12-4\ 800\times1\div12=28\ 600$（万股）

或　$20\ 000\times2\div12+30\ 800\times9\div12+26\ 000\times1\div12=28\ 600$（万股）

基本每股收益$=6\ 500\div28\ 600=0.23$（元）

新发行普通股股数应当根据发行合同的具体条款，从应收对价之日（一般为股票发行日）起计算确定。通常包括下列情况：（1）为收取现金而发行的普通股股数，从应收现金之日起计算。（2）因债务转资本而发行的普通股股数，从停计债务利息之日或结算日起计算。（3）非同一控制下的企业合并，作为对价发行的普通股股数，从购买日起计算；同一控制下的企业合并，作为对价发行的普通股股数，应当计入各列报期间普通股的加权平均数。（4）为收购非现金资产而发行的普通股股数，从确认收购之日起计算。

二、稀释每股收益的计算

当公司具有复杂资本结构时，那些可更换为普通股的证券及可履行认购普通股的证券一旦转换或履行认购，通常会冲淡（稀释）普通股每股净收益。一般来说，投资者使用稀释后的每股收益来判断公司股票业绩和评价公司股票的价值。为此一些国家规定若稀释影响超过一定限度，公司应对普通股每股收益作双重表述。如美国，稀释若对每股收益的影响超过3%时，则要求公司对每股收益作双重表述：一是基本每股收益；二是稀释每股收益。我国会计准则也规定：企业存在稀释性潜在普通股的，应当分别调整归属于普通股股东的当期净利润和发行在外普通股的加权平均数，并据以计算稀释每股收益。

（一）潜在普通股和稀释性潜在普通股

潜在普通股是指赋予其持有者在报告期或以后期间享有取得普通股权利的一种金融工具或其他合同。目前，我国企业发行的潜在普通股主要有可转换公司债券、认股权证、股份期权等，潜在普通股通常对每股收益具有稀释的可能性。稀释性潜在普通股是指假设当期转换为普通股会减少每股收益的潜在普通股。计算稀释每股收益时，只考虑稀释性潜在普通股的影响，而不考虑不具有稀释性的潜在普通股。

这里需要指出的是，潜在普通股是否具有稀释性的判断标准是看其对持续经营每股收益的影响。也就是说，假定潜在普通股当期转换为普通股，如果会减少持续经营每股收益或增加持续经营每股亏损，表明其具有稀释性；否则，具有反稀释性。一般情况下，每股收益是按照企业当期归属于普通股股东的全部净利润计算而得，但如果企业存在终止经营的情况，应当按照扣除终止经营净利润以后的当期归属于普通股股东的持续经营净利润进行计算。

（二）分子和分母的调整

稀释每股收益是以基本每股收益为基础，假定企业所有发行在外的稀释性潜在普通股均已转换为普通股，从而分别调整归属于普通股股东的当期净利润以及发行在外的普通股加权平均数计算的每股收益。在计算稀释每股收益时，在原先的每股净收益的基础上，分子、分母都应进行相应的调整。

1.分子的调整

计算稀释每股收益时，应当根据下列事项对归属于普通股股东的当期净利润进行调整：（1）当期已确认为费用的稀释性潜在普通股的利息；（2）稀释性潜在普通股转换时将产生的收益或费用。上述调整应当考虑相关的所得税影响，即按照税后影响金额进行调整。对于包含负债和权益成分的金融工具，仅需调整属于金融负债部分的相关利息、利得或损失。

2.分母的调整

计算稀释每股收益时，当期发行在外普通股的加权平均数应当为计算基本每股收益时普通股的加权平均数与假定稀释性潜在普通股转换为已发行普通股而增加的普通股股数的加权平均数之和。

假定稀释性潜在普通股转换为已发行普通股而增加的普通股股数，应当根据潜在普通股的条件确定。当存在不止一种转换基础时，应当假定会采取从潜在普通股持有者角度看最有利的转换率或执行价格。

假定稀释性潜在普通股转换为已发行普通股而增加的普通股股数应当按照其发行在外时间进行加权平均。以前期间发行的稀释性潜在普通股，应当假设在当期期初转换为普通股；当期发行的稀释性潜在普通股，应当假设在发行日转换为普通股；当期被注销或终止的稀释性潜在普通股，应当按照当期发行在外的时间加权平均计入稀释每股收益；当期被转换或行权的稀释性潜在普通股，应当从当期期初至转换日（或行权日）计入稀释每股收益中，从转换日（或行权日）起所转换的普通股则计入基本每股收益中。

（三）可转换公司债券

可转换公司债券是指发行公司依法发行、在一定期间内依据约定的条件可以转换成股份的公司债券。对于可转换公司债券，可以采用假设转换法判断其稀释性，并计算稀释每股收益。首先，假定这部分可转换公司债券在当期期初（或发行日）即已转换成普通股，从而一方面增加了发行在外的普通股股数；另一方面节约了公司债券的利息费用，增加了归属于普通股股东的当期净利润。然后，用增加的净利润除以增加的普通股股数，得出增量股的每股收益，与原来的每股收益比较。如果增量股的每股收益小于原每股收益，则说明该可转换公司债券具有稀释作用，应当计入稀释每股收益的计算中。

计算稀释每股收益时，以基本每股收益为基础，分子的调整项目为可转换公司债券当期已确认为费用的利息等的税后影响额；分母的调整项目为假定可转换公司债券当期期初（或发行日）转换为普通股的股数加权平均数。

【例12-40】某上市公司2×24年归属于普通股股东的净利润为25 500万元，期初发行在外普通股股数10 000万股，年内普通股股数未发生变化。2×24年1月1日，公司按面值发行40 000万元的3年期可转换公司债券，债券每张面值100元，票面固定年利率为2%，利息自发行之日起每年支付一次，即每年12月31日为付息日。该批可转换公司债券自发行结束后12个月以后即可转换为公司股票，即转股期为发行12个月后至债券到期日止的期间。转股价格为每股10元，即每100元债券可转换为10股面值为1元的普通股。债券利息不符合资本化条件，直接计入当期损益，所得税税率为25%。

假设不具备转换选择权的类似债券的市场利率为3%。公司在对该批可转换公司债券初始确认时，根据《企业会计准则第37号——金融工具列报》的有关规定将负债和权益成分进行了分拆。2×24年度稀释每股收益计算如下：

每年支付利息=40 000 ×2%=800（万元）

负债成分公允价值=800÷（1+3%）+800÷（1+3%）^{2}+40 800÷（1+3%）^{3}=38 868.56（万元）

权益成分公允价值=40 000-38 868.56=1 131.44（万元）

假设转换所增加的净利润=38 868.56×3%×（1-25%）=874.54（万元）

假设转换所增加的普通股股数=40 000÷10=4 000（万股）

增量股的每股收益=874.54÷4 000=0.22（元）

增量股的每股收益小于基本每股收益，可转换公司债券具有稀释作用。

稀释每股收益=（25 500+874.54）÷（10 000+4 000）=1.88（元）

（四）认股权证和股份期权

认股权证是指公司发行的、约定持有人有权在履约期间内或特定到期日按约定价格向本公司购买新股的有价证券。股份期权是指公司授予持有人在未来一定限内以预先确定的价格和条件购买本公司一定数量股份的权利，股份期权持有人对于其享有的股份期权，可以在规定的期间内以预先确定的价格和条件购买公司一定数量的股份，也可以放弃该种权利。

对于盈利企业，认股权证、股份期权等的行权价格低于当期普通股平均市场价格时，具有稀释性。对于亏损企业，认股权证、股份期权的假设行权一般不影响净亏损，但增加普通股股数，从而导致每股亏损金额减少，实际上产生了反稀释作用，因此，在这种情况下，不应当计算稀释每股收益。

对于稀释性认股权证、股份期权，计算稀释每股收益时，一般无须调整分子净利润金额，只需要按照下列步骤调整分母普通股加权平均数：

（1）假设这些认股权证、股份期权在当期期初（或发行日）已经行权，计算按约定行权价格发行普通股将取得的股款金额。

（2）假设按照当期普通股平均市场价格发行股票，计算需发行多少普通股能够带来上述相同的股款金额。

（3）比较行使股份期权、认股权证将发行的普通股股数与按照平均市场价格发行的普通股股数，差额部分相当于无对价发行的普通股，作为发行在外普通股股数的净增加。也就是说，认股权证、股份期权行权时发行的普通股可以看成两部分：一部分是按照平均市场价格发行的普通股，这部分普通股由于是按照市价发行，导致企业经济资源流入与普通股股数同比例增加，既没有稀释作用也没有反稀释作用，不影响每股收益金额；另一部分是无对价发行的普通股，这部分普通股由于是无对价发行，企业可利用的经济资源没有增加，但发行在外普通股股数增加了，因此具有稀释性，应当计入稀释每股收益中。

$$增加的普通股股数 = 拟行权时转换的普通股股数 - \frac{行权价格 \times 拟行权时转换的普通股股数}{当期普通股平均市场价格}$$

其中，普通股平均市场价格的计算，理论上应当包括该普通股每次交易的价格，但实务操作中通常对每周或每月具有代表性的股票交易价格进行简单算术平均即可。股票价格比较平稳的情况下，可以采用每周或每月股票的收盘价作为代表性价格；股票价格波动较大的情况下，可以采用每周或每月股票最高价与最低价的平均值作为代表性价格。无论采用何种方法计算平均市场价格，一经确定，不得随意变更，除非有确凿证据表明原计算方法不再适用。当期发行认股权证或股份期权的，普通股平均市场价格应当自认股权证或股份期权的发行日起计算。

（4）将净增加的普通股股数乘以其假设发行在外的时间权数，据此调整稀释每股收益的计算分母。

【例12-41】某公司2×24年度归属于普通股股东的净利润为500万元，发行在外普通股加权平均数为1 250万股，该普通股平均每股市场价格为4元。2×24年1月1日，该公司对外发行250万份认股权证，行权日为2×25年3月1日，每份认股权证可以在行权日以3.5元的价格认购本公司1股新发行的股份。该公司2×24年度每股收益计算如下：

基本每股收益=500÷1 250=0.4（元）

调整增加的普通股股数=250-250×3.5÷4=31.25（万股）

稀释每股收益=500÷（1 250+31.25）=0.39（元）

（五）企业承诺将回购其股份的合同

企业承诺将回购其股份的合同中规定的回购价格高于当期普通股平均市场价格时，应当考虑其稀释性。在计算稀释每股收益时，与前面认股权证、股份期权的计算思路恰好相反，具体步骤为：

（1）假设企业于期初按照当期普通股平均市场价格发行普通股，以募集足够的资金来履行回购合同；合同日晚于期初的，则假设企业于合同日按照自合同日至期末的普通股平均市场价格发行足量的普通股。在该假设前提下，由于是按照市价发行普通股，导致企业经济资源流入与普通股股数同比例增加，每股收益金额不变。

（2）假设回购合同已于当期期初（或合同日）履行，按照约定的行权价格回购本企业股票。

（3）比较假设发行的普通股股数与假设回购的普通股股数，差额部分作为净增加的发行在外普通股股数，再乘以相应的时间权数，据此调整稀释每股收益的计算分母数。

$$\frac{增加的}{普通股股数}=\frac{承诺回购的}{价格}\times\frac{当期普通股}{普通股股数}\div\frac{当期普通股}{平均市场价格}-\frac{承诺回购的}{普通股股数}$$

【例12-42】某公司2×24年度归属于普通股股东的净利润为400万元，发行在外普通股加权平均数为1 000万股。2×24年3月2日，该公司与股东签订一份远期回购合同，承诺1年后以每股5.5元的价格回购其发行在外的240万股普通股。假设该普通股2×24年3月至12月平均每股市场价格为5元。2×24年度每股收益计算如下：

基本每股收益=400÷1 000=0.4（元）

调整增加的普通股股数=240×5.5÷5-240=24（万股）

稀释每股收益=400÷（1 000+24×10÷12）=0.39（元）

（六）多项潜在普通股

企业对外发行不同潜在普通股的，单独考察其中某潜在普通股可能具有稀释作用，但如果和其他潜在普通股一并考察时，可能恰恰变为反稀释作用。例如，某公司先后发行甲、乙两种可转换债券（票面利率和转换价格均不同），甲债券导致的增量股每股收益为1.5元，乙债券导致的增量股每股收益为3.5元，假设基本每股收益为4元。如果分别考察甲、乙两种可转换债券，增量股每股收益小于基本每股收益，两种债券都具有稀释作用。由于增量股每股收益越小，其稀释作用越大，甲债券的稀释作用大于乙债券。然而，如果综合考察甲、乙两种可转换债券，先计入甲债券使得每股收益稀释为3.1元，若再计入乙债券则使得每股收益反弹为3.4元，因此，乙债券在这种情况下不再具有稀释作用，不应计入稀释每股收益中。

为了反映潜在普通股最大的稀释作用，应当按照各潜在普通股的稀释程度从大到小的顺序计入稀释每股收益，直至稀释每股收益达到最小值。稀释程度根据增量股的每股收益衡量，即假定稀释性潜在普通股转换为普通股的情况下，将增加的归属于普通股股东的当期净利润除以增加的普通股股数的金额。需要强调的是，企业每次发行的潜在普通股应当视作不同的潜在普通股，分别判断其稀释性，而不能将其作为一个总体考虑。通常情况下，股份期权和认股权证排在前面计算，因为其假设行权一般不影响净利润。

对外发行多项潜在普通股的企业，应当按照下列步骤计算稀释每股收益：

（1）列出企业在外发行的各潜在普通股。

（2）假设各潜在普通股已于当期期初（或发行日）转换为普通股，确定其对归属于普通股股东当期净利润的影响金额。可转换公司债券的假设转换一般会增加当期净利润金额；股份期权和认股权证的假设行权一般不影响当期净利润。

（3）确定各潜在普通股假设转换后将增加的普通股股数。值得注意的是，稀释性股份期权和认股权证假设行权后，计算增加的普通股股数不是发行的全部普通股股数，而应当是其中无对价发行部分的普通股股数。

（4）计算各潜在普通股的增量股每股收益，判断其稀释性。增量股每股收益越小的潜在普通股稀释程度越大。

（5）按照潜在普通股稀释程度从大到小的顺序，将各稀释性潜在普通股分别计入稀释每股收益中。分步计算过程中，如果下一步得出的每股收益小于上一步得出的每股收益，表明新计入的潜在普通股具有稀释作用，应当计入稀释每股收益中；反之，则表明具有反稀释作用，不计入稀释每股收益中。

（6）最后得出的最小每股收益金额即为稀释每股收益。

【例12-43】某公司2×24年度归属于普通股股东的净利润为3750万元，发行在外普通股加权平均数为12500万股。年初已发行在外的潜在普通股有：（1）认股权证4800万份，行权日为2×25年6月1日，每份认股权证可以在行权日以8元的价格认购1股本公司新发股票。（2）按面值发行的5年期可转换公司债券50000万元，债券每张面值100元，票面年利率为2.6%，转股价格为每股12.5元，即每100元债券可转换为8股面值为1元的普通股。（3）按面值发行的3年期可转换公司债券100000万元，债券每张面值100元，票面年利率为1.4%，转股价格为每股10元，即每100元债券可转换为10股面值为1元的普通股。当期普通股平均市场价格为12元，年度内没有认股权证被行权，也没有可转换公司债券被转换或赎回，所得税税率为25%。假设不考虑可转换公司债券在负债和权益成分的分拆，且债券票面利率等于实际利率。

2×24年度每股收益计算如下：

基本每股收益=3 750÷12 500=0.3（元）

计算稀释每股收益：

（1）假设潜在普通股转换为普通股，计算增量股每股收益并排序，见表12-5。

表12-5　　　　　　　　　　　增量股每股收益计算表

项　　目	净利润增加（万元）	股数增加（万股）	增量股的每股收益（元）	顺序
认股权证	—	1 600①	—	1
2.6%债券	975②	4 000③	0.24	3
1.4%债券	1 050④	10 000⑤	0.11	2

注：①4 800-4 800×8÷12=1 600（万股）②50 000×2.6%×（1-25%）=975（万元）③50 000÷12.5=4 000（万股）④100 000×1.4%×（1-25%）=1 050（万元）⑤100 000÷10=10 000（万股）

由此可见，认股权证的稀释性最大，票面年利率为2.6%可转换公司债券的稀释性最小。

（2）分步计入稀释每股收益，见表12-6。

表12-6　　　　　　　　　　　稀释每股收益计算表

项　　目	净利润（万元）	股数（万股）	每股收益（元）	稀释性
基本每股收益	3 750	12 500	0.30	
认股权证	0	1 600		
	3 750	14 100	0.27	稀释
1.4%债券	1 050	10 000		
	4 800	24 100	0.20	稀释
2.6%债券	975	4 000		
	5 775	28 100	0.21	反稀释

因此，稀释每股收益为 0.20 元。

（七）子公司、合营企业或联营企业发行的潜在普通股

子公司、合营企业、联营企业发行能够转换成其普通股的稀释性潜在普通股，不仅应当包括在其稀释每股收益的计算中，而且应当包括在合并稀释每股收益以及投资者稀释每股收益的计算中。

【例 12-44】甲公司 2×24 年度归属于普通股股东的净利润为 48 000 万元（不包括子公司乙公司利润或乙公司支付的股利），发行在外普通股加权平均数为 40 000 万股，持有乙公司 80% 的普通股股权。乙公司 2×24 年度归属于普通股股东的净利润为 21 600 万元，发行在外普通股加权平均数为 9 000 万股，该普通股当年平均市场价格为 8 元。年初，乙公司对外发行 600 万份可用于购买其普通股的认股权证，行权价格为 4 元，甲公司持有其中12 万份认股权证，当年无认股权证被行权。假设除股利外，母子公司之间没有其他需抵销的内部交易；甲公司取得对乙公司投资时，乙公司各项可辨认资产等的公允价值与其账面价值一致。2×24 年度每股收益计算如下：

（1）子公司每股收益

①基本每股收益 = 21 600÷9 000 = 2.4（元）

②调整增加的普通股股数 = 600−600×4÷8 = 300（万股）

稀释每股收益 = 21 600÷（9 000+300）= 2.32（元）

（2）合并每股收益

①归属于母公司普通股股东的母公司净利润 = 48 000 万元

包括在合并基本每股收益计算中的子公司净利润部分 = 2.4×9 000×80% = 17 280（万元）

基本每股收益 =（48 000+17 280）÷40 000 = 1.63（元）

②子公司净利润中归属于普通股且由母公司享有的部分 = 2.32×9 000×80% = 16 704（万元）

子公司净利润中归属于认股权证且由母公司享有的部分 = 2.32×300×12÷600 = 13.92（万元）

稀释每股收益 =（48 000+16 704+13.92）÷40 000 = 1.62（元）

三、每股收益的重新计算

（一）派发股票股利、公积金转增资本、拆股和并股

企业派发股票股利、公积金转增资本、拆股和并股等，会增加或减少其发行在外普通股或潜在普通股的数量，但并不影响所有者权益金额，这既不影响企业所拥有或控制的经济资源，也不改变企业的盈利能力，即意味着同样的损益现在要由扩大或缩小了的股份规模来享有或分担。因此，为了保持会计指标的前后期可比性，企业应当在相关报批手续全部完成后，按调整后的股数重新计算各列报期间的每股收益。上述变化发生于资产负债表日至财务报告批准报出日之间的，应当以调整后的股数重新计算各列报期间的每股收益。

【例 12-45】某企业 2×23 年和 2×24 年归属于普通股股东的净利润分别为 665 万元和770 万元，2×23 年 1 月 1 日发行在外的普通股 400 万股，2×23 年 4 月 1 日按市价新发行普通股 80 万股，2×24 年 7 月 1 日分派股票股利，以 2×23 年 12 月 31 日总股本 480 万股为基数每10 股送 3 股，假设不存在其他股数变动因素。2×24 年度比较利润表中基本每股收益的计算如下：

2×24 年度发行在外普通股加权平均数 =（400+80+144）×12÷12 = 624（万股）

2×23年度发行在外普通股加权平均数=400×1.3×12÷12+80×1.3×9÷12=598（万股）

2×24年度基本每股收益=770÷624=1.23（元）

2×23年度基本每股收益=665÷598=1.11（元）

（二）配股

配股在计算每股收益时比较特殊，因为它是向全部现有股东以低于当前股票市价的价格发行普通股，实际上可以理解为按市价发行股票和无对价送股的混合体。也就是说，配股中包含的送股因素具有与股票股利相同的效果，导致发行在外普通股股数增加的同时，却没有相应的经济资源流入。因此，在计算基本每股收益时，应当考虑配股中的送股因素，将这部分无对价的送股（不是全部配发的普通股）视同列报最早期间期初就已发行在外，并据以调整各列报期间发行在外普通股的加权平均数，计算各列报期间的每股收益。

为此，企业首先应当计算出一个调整系数，再用配股前发行在外普通股的股数乘以该调整系数，得出计算每股收益时应采用的普通股股数。

$$\frac{每股理论}{除权价格}=\left(\frac{行权前发行在外普通股}{的公允价值总额}+\frac{配股收到}{的款项}\right)\div\frac{行权后发行在外的}{普通股股数}$$

调整系数=行权前发行在外普通股的每股公允价值÷每股理论除权价格

因配股重新计算的上年度基本每股收益=上年度基本每股收益÷调整系数

$$\frac{本年度基本}{每股收益}=\frac{归属于普通股股东的}{当期净利润}\div\left(\frac{配股前发行在}{外普通股股数}\times\frac{调整}{系数}\times\frac{配股前普通股发行}{在外的时间权重}+\frac{配股后发行在外}{普通股加权平均数}\right)$$

【例12-46】某企业2×24年度归属于普通股股东的净利润为9 600万元，2×24年1月1日发行在外普通股股数为4 000万股。2×24年6月10日，该企业发布增资配股公告，向截止到2×24年6月30日（股权登记日）所有登记在册的老股东配股，配股比例为每5股配1股，配股价格为每股5元，除权交易基准日为2×24年7月1日。假设行权前一日的市价为每股11元，2×23年度基本每股收益为2.2元。2×24年度比较利润表中基本每股收益的计算如下：

每股理论除权价格=（11×4 000+5×800）÷（4 000+800）=10（元）

调整系数=11÷10=1.1

因配股重新计算的2×23年度基本每股收益=2.2÷1.1=2（元）

2×24年度基本每股收益=9 600÷（4 000×1.1×6÷12+4 800×6÷12）=2.09（元）

需要说明的是，企业向特定对象以低于当前市价的价格发行股票的，不考虑送股因素，虽然它与配股具有相似的特征，即发行价格低于市价。后者属于向非特定对象增发股票；而前者往往是企业出于某种战略考虑或其他动机向特定对象以较低的价格发行股票，或者特定对象除认购股份以外还需以其他形式予以补偿。因此，倘若综合这些因素，向特定对象发行股票的行为可以视为不存在送股因素，视同发行新股处理。

本章小结

传统的会计收益是指企业在本期已实现的收入与其相关的历史成本之间的差额；而扩展的会计收益概念是指企业在一定会计期间的"财富的净增长"，某些未实现的或意外收获和其他活动的所得也应当确定为收益，某些资产应当按其现行成本、公允价值计价。

收入与费用、利得与损失是确定企业收益的重要内容。收入可以按不同的标准进行划分，具有显著的特点。收入的会计核算主要就是解决收入确认的条件、确认的时间以及如何计量的问题。我国新修订的《企业会计准则第14号——收入》明确提出了收入确认与计量的核心原则是：企业确认收入的方式应当反映其向客户转让商品或提供服务的模式，收入的金额应当反映企业因转让这些商品或服务而预期有权收取的对价金额，具体可称作五步法模型。费用是企业在日常活动中发生的、会导致所有者权益减少的、与向所有者分配利润无关的经济利益的总流出。营业成本是指企业经营主要业务和其他业务所发生的成本总额。期间费用是企业当期发生的费用中的重要组成部分，是指本期发生的、不能直接或间接归入某种产品成本的、直接计入损益的各项费用，包括管理费用、销售费用和财务费用。

我国企业会计准则中的利润包括收入减去费用后的净额、直接计入当期利润的利得和损失等。直接计入当期利润的利得和损失，是指应当计入当期损益、会导致所有者权益发生增减变动的、与所有者投入资本或者向所有者分配利润无关的利得或者损失。利润分为营业利润、利润总额和净利润。利润需要按照一定的程序进行分配。每股收益是衡量企业盈利能力的一个重要财务指标。每股收益包括基本每股收益和稀释每股收益。

主要概念

收益　收入　主营业务收入　其他业务收入　费用　主营业务成本　其他业务成本
合同履约成本　合同取得成本　合同资产　合同负债　利得　损失　每股收益　基本每股
收益　稀释每股收益

第十二章基本训练

财务报告

学习目标

通过本章学习，应该达到以下目标：在知识方面，能够掌握资产负债表、利润表、现金流量表、所有者权益变动表、财务报表附注、中期财务报告的基本概念，掌握资产负债表、利润表、现金流量表、所有者权益变动表、中期财务报告的编报方法，以及财务报表附注披露的主要内容；在技能方面，能够准确地编制上述各种财务报表，具有查阅、清洗、分析财务数据的技能；在能力方面，通过财务报表的编制，能够对特定公司的财务成果、经营状况和现金流量作出初步的判断。

思维导图

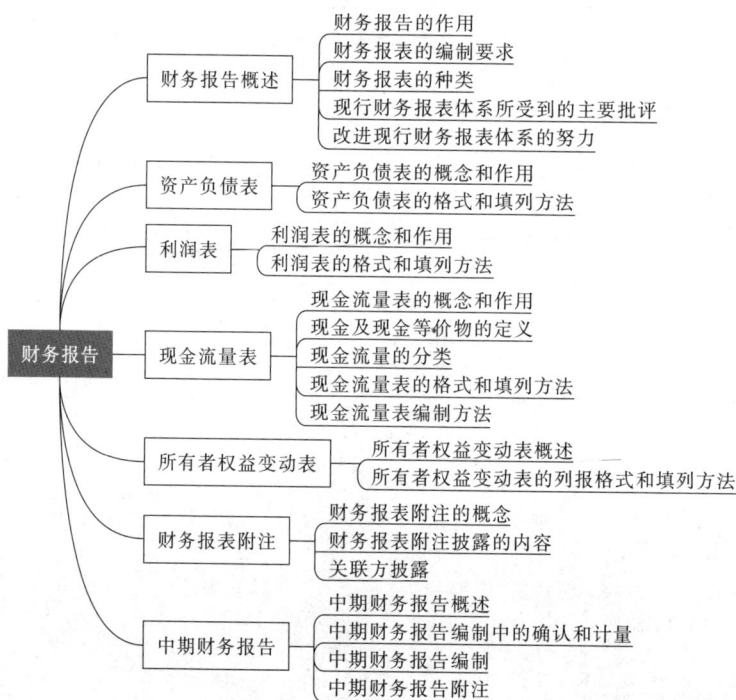

- 财务报告概述
  - 财务报告的作用
  - 财务报表的编制要求
  - 财务报表的种类
  - 现行财务报表体系所受到的主要批评
  - 改进现行财务报表体系的努力
- 资产负债表
  - 资产负债表的概念和作用
  - 资产负债表的格式和填列方法
- 利润表
  - 利润表的概念和作用
  - 利润表的格式和填列方法
- 现金流量表
  - 现金流量表的概念和作用
  - 现金及现金等价物的定义
  - 现金流量的分类
  - 现金流量表的格式和填列方法
  - 现金流量表编制方法
- 所有者权益变动表
  - 所有者权益变动表概述
  - 所有者权益变动表的列报格式和填列方法
- 财务报表附注
  - 财务报表附注的概念
  - 财务报表附注披露的内容
  - 关联方披露
- 中期财务报告
  - 中期财务报告概述
  - 中期财务报告编制中的确认和计量
  - 中期财务报告编制
  - 中期财务报告附注

财务报告

引导案例

丙公司如何在
中期财务报告
中披露诉讼案

第一节 财务报告概述

一、财务报告的作用

财务报告，是指企业对外提供的反映企业某一特定日期的财务状况和某一会计期间的经营成果、现金流量等会计信息的文件。财务报告包括财务报表和其他应当在财务报告中披露的相关信息和资料。其中，财务报表由报表本身及附注两部分构成，而报表是对企业财务状况、经营成果和现金流量的结构性表述。根据我国会计准则的规定，一套完整的财务报表至少应当包括"四表一注"，即资产负债表、利润表、现金流量表、所有者权益（或股东权益，下同）变动表和附注。财务报表的这些组成部分具有同等的重要程度。

财务报告是企业财务会计确认与计量的最终结果体现，财务报告信息使用者主要是通过财务报告来了解企业当前的财务状况、经营成果和现金流量等情况，从而预测未来的发展趋势。因此，财务报告是向投资者等财务报告使用者提供决策有用信息的媒介和渠道，对于不同的会计信息使用者具有不同的作用。

（1）反映企业管理层受托责任的履行情况。现代企业制度的基本特征就是产权分离，使股东和企业管理当局之间出现委托与受托关系。股东把资金投入公司，委托管理人员进行经营管理。他们为了确保自己的切身利益，保证其投入资本的完整与增值，需要经常了解管理者对受托经济资源的经营管理情况，以保护自身的合法权益，而这些情况是由财务报告提供的。

（2）有助于投资者和债权人等会计信息使用者进行合理的决策。企业的投资者通过财务报告提供的资料，了解企业的财务状况和经营成果，以便判断投资风险与投资前景，作出扩大投资或收回投资的决策。企业的债权人通过阅读财务报告提供的信息，了解企业的信用基础、偿债能力，以便作出对企业的信用决策。

（3）国家财政、税务机关和审计部门通过财务报告可以检查企业是否严格遵守国家规定的财务制度和财经纪律，检查企业资金运用情况和利润形成情况，以及各种税金的缴纳情况，同时将企业财务报告逐级汇总，还为国家提供全面、综合的会计信息，以便作出正确的决策。

（4）能够帮助国家有关部门实现其经济与社会目标，并进行必要的宏观调控，促进社会资源的有效配置。企业是国民经济的细胞，通过对企业财务报告提供的资料进行汇总分析，国家有关部门可以考核国民经济总体的运行情况，从中发现国民经济运行中存在的问题，对宏观经济运行作出准确的决策，通过各种经济杠杆和政策倾斜，发挥市场经济在优化资源配置中的基础性作用。

小资料13-1

IASB对财务报告不同使用者的关注

二、财务报表的编制要求

（一）依据各项会计准则确认和计量的结果编制财务报表

企业应当根据实际发生的交易和事项，遵循《企业会计准则——基本准则》、各项具体会计准则的规定进行确认和计量，并在此基础上编制财务报表。企业应当在附注中对遵循企业会计准则编制的财务报表作出声明，只有遵循了企业会计准则的所有规定，财务报表才应当被称为"遵循了企业会计准则"。

企业不应以附注披露代替对交易或者事项的确认和计量，换言之，企业不得通过在附注中披露等其他形式来更正不恰当的会计政策，而应当对交易或者事项进行正确的确认和计量。

此外，如果按照各项会计准则规定披露的信息不足以让报表使用者了解特定交易或事项对企业财务状况和经营成果的影响时，企业还应当披露其他的必要信息。

（二）列报基础

企业应当以持续经营为基础，根据实际发生的交易和事项，按照企业会计准则的规定进行确认和计量，并编制财务报表。在编制财务报表的过程中，企业管理层应当利用其所有可获得信息来评价企业自报告期末起至少12个月的持续经营能力。评价时需要考虑的因素包括宏观政策风险、市场经营风险、企业目前或长期的盈利能力、偿债能力、财务弹性以及企业管理层改变经营政策的意向等。评价结果表明对持续经营能力产生重大怀疑的，企业应当在附注中披露导致对持续经营能力产生重大怀疑的因素以及企业拟采取的改善措施。

企业会计准则规范的是持续经营条件下企业对所发生的交易和事项的确认、计量和报告；反之，如果企业出现了非持续经营情况，致使以持续经营为前提编制的财务报表不再合理时，企业应当采用其他编制基础编制财务报表。比如破产企业的资产采用可变现净值计量、负债按照其预计的结算金额计量等。

非持续经营是企业在极端情况下呈现的一种状态。一般而言，企业如果存在以下情况之一，则通常表明其处于非持续经营状态：

（1）企业已在当期进行清算或停止营业。

（2）企业已经正式决定在下一个会计期间进行清算或停止营业。

（3）企业已确定在当期或下一个会计期间没有其他可供选择的方案而将被迫进行清算或停止营业。

在非持续经营情况下，企业应当在附注中声明财务报表未以持续经营为基础列报，披露未以持续经营为基础的原因以及财务报表的编制基础。

（三）权责发生制

除现金流量表按照收付实现制编制外，企业应当按照权责发生制编制其他财务报表。

（四）依据重要性原则单独或汇总列报项目

重要性，是指财务报表某项目的省略或错报会影响使用者据此作出经济决策，该项目具有重要性。重要性应当根据企业所处的具体环境，从项目的性质和金额两方面加以判断。从性质判断项目的重要性，应当考虑该项目是否属于企业日常活动，是否显著影响企业的财务状况、经营成果和现金流量等因素；从金额大小判断项目的重要性，应当通过单项金额占资产总额、负债总额、所有者权益总额、营业收入总额、营业成本总额、净利润、综合收益总额等直接相关项目金额的比重或所属报表单列项目金额的比重加以确定。

财务报表是通过对大量的交易或其他事项进行处理而生成的，这些交易或其他事项按其性质或功能汇总归类而形成财务报表项目。财务报表项目是单独列报还是合并列报，需依据重要性原则判断。总的原则是，不具有重要性的项目可将其与其他项目合并列报；具有重要性的项目，则应单独列报。

企业对于各个项目重要性的判断标准一经确定，不得随意变更。企业会计准则规定：性质或功能不同的项目，一般应当在财务报表中单独列报，但不具有重要性的项目可以合并列报。如存货和固定资产在性质上和功能上都有本质差别，应当在资产负债表中单独列报；性质或功能类似的项目，一般可以合并列报，如库存商品、原材料等，应当予以合并，作为存货项目列报；项目单独列报的原则不仅适用于报表，还适用于附注。某些项目的重要性程度不足以在报表中单独列报，但是可能对附注而言，它们具有重要性，在这种情况下应当在附注中单独披露这些项目；无论是财务报表列报准则规定单独列报的项目，还是其他具体会计准则规定单独列报的项目，企业都应当予以单独列报。

（五）列报的一致性

可比性是会计信息质量的一项重要要求，目的是使同一企业不同期间和同一期间不同企业的财务报表相互可比。为此，财务报表项目的列报应当在各个会计期间保持一致，不得随意变更。这一要求不仅针对财务报表中的项目名称，还包括财务报表项目的分类、排列顺序等方面。但下列情况除外：

（1）会计准则要求改变。

（2）企业经营业务的性质发生重大变化或对企业经营影响较大的交易或事项发生后，变更财务报表项目的列报能够提供更可靠、更相关的会计信息。

（六）财务报表项目金额间的相互抵销

财务报表项目应当以总额列报，资产和负债、收入和费用、直接计入当期利润的利得和损失项目的金额不能相互抵销，即不得以净额列报，但企业会计准则另有规定的除外。比如，企业欠客户的款项不得与其他客户欠本企业的款项抵销，如果相互抵销就掩盖了交易的实质。

特别指出以下三种情况不属于抵销，可以以净额列示：

（1）资产或负债项目按扣除备抵项目后的金额列示，不属于抵销。如对资产计提减值准备，表明资产的价值已经发生了减值，按扣除减值准备后的净额列示，能够比较客观地反映资产给企业带来的经济利益，不属于抵销。

（2）非日常活动产生的利得和损失，以同一交易形成的收益扣减相关费用后的净额列示更能反映交易实质的，不属于抵销。就重要性而言，非日常活动产生的损益以收入抵销费用后的净额列示，对公允反映企业的财务状况和经营成果影响不大，以净额列示反而更有利于信息使用者理解信息。比如非流动资产处置形成的利得和损失，应当按照处置收入扣除该资产账面金额和相关销售费用后的余额列示。

（3）一组类似交易形成的利得和损失以净额列示的，不属于抵销。比如，汇兑损益应当以净额列报，为交易目的而持有的金融工具形成的利得和损失应当以净额列报等。但是，如果相关利得和损失具有重要性，则应当单独列报。

（七）比较信息的列报

企业在列报当期财务报表时，至少应当提供所有列报项目上一可比会计期间的比较数据，以及与理解当期财务报表相关的说明，目的是向报表使用者提供对比数据，提高信息在会计期间的可比性，以反映企业财务状况、经营成果和现金流量的发展趋势，提高报表使用者的判断与决策能力。列报比较信息的这一要求适用于财务报表的所有组成部分，即既适用于四张报表，也适用于附注。①

在财务报表项目的列报确需发生变更的情况下，应当至少对可比期间的数据按照当期的列报要求进行调整，并在附注中披露调整的原因和性质，以及调整的各项目金额。但是，在某些情况下，对可比期间比较数据进行调整是不切实可行的，则应当在附注中披露不能调整的原因，以及假设金额重新分类可能进行的调整的性质。其中，不切实可行，是指企业在作出所有合理努力后仍然无法采用某项规定。

（八）财务报表表首的列报要求

财务报表一般分为表首、正表两部分，其中，在表首部分企业应当概括地说明下列基本信息：编报企业的名称；资产负债表日或财务报表涵盖的会计期间；货币名称和单位，按照我国企业会计准则的规定，企业应当以人民币作为记账本位币列报，并标明金额单位，如人民币元、人民币万元等；财务报表是合并财务报表的，应当予以标明。

（九）报告期间

企业至少应当按年编制财务报表。根据《中华人民共和国会计法》的规定，会计年度自公历1月1日起至12月31日止。年度财务报表涵盖的期间短于一年的，应当披露年度财务报表的涵盖期间以及短于一年的原因，并应当说明由此引起财务报表项目与比较数据不具可比性这一事实。

三、财务报表的种类

财务报表可以按照不同的标准进行分类。

（一）按财务报表编报期间不同，分为中期财务报表和年度财务报表

中期财务报表是以短于一个完整会计年度的报告期间为基础编制的财务报表，包括月报、季报和半年报等。中期财务报表至少应当包括资产负债表、利润表、现金流量表和附注。其中，中期资产负债表、利润表和现金流量表应当是完整报表，其格式和内容应当与年度财务报表相一致。与年度财务报表相比，中期财务报表中的附注披露可适当简略。

（二）按财务报表编报主体不同，分为个别财务报表和合并财务报表

个别财务报表是由企业在自身会计核算基础上对账簿记录进行加工而编制的财务报表，它主要反映企业自身的财务状况、经营成果和现金流量等情况。合并财务报表是以母公司和子公司组成的企业集团为会计主体，根据母公司和所属子公司的财务报表，由母公司编制的综合反映企业集团财务状况、经营成果及现金流量的财务报表。

四、现行财务报表体系所受到的主要批评

财务报表的作用体现为向使用者提供决策有用的信息。一般认为，只有具备可靠性和相关性的财务报表才是决策有用的，但是，与千变万化的经济环境相比，会计的发展出现了明显的滞后性。因此，对现行财务报表体系的批评理所当然地集中在财务报表可靠性和

---

① 按照《企业会计准则第28号——会计政策、会计估计变更和差错更正》和《企业会计准则第30号——财务报表列报》的规定，企业变更会计政策或发生重要的前期差错更正，采用追溯调整法的，应当对可比会计期间的比较数据进行相应调整。企业首次执行新金融准则、新收入准则或新租赁准则，按照衔接规定，对因会计政策变更产生的累积影响数调整首次执行当年年初留存收益及财务报表其他相关项目金额，不调整可比期间信息的，应当对首次执行当期财务报表的本期数或期末数按照本附件的报表项目列报，对可比会计期间未调整的比较数据按照规定的报表项目列报。为了提高信息在会计期间的可比性，向报表使用者提供与理解当期财务报表更加相关的比较数据，企业可以增加列报首次执行各项新准则当年年初的资产负债表。企业无论是否增加列报首次执行当年年初的资产负债表，均应当按照相关规定，在附注中分别披露首次执行各项新准则对当年年初财务报表相关项目的影响金额及调整信息。

相关性的缺失上。

所谓可靠性，是指会计信息应能如实表述所要反映的对象，即所表述的应是意欲表述的，尤其要做到不偏不倚地表述经济活动的过程和结果，要避免倾向于预定的结果或某一特定利益集团的需要。批评者认为，由于财务报表的数字会引起公司控制权、剩余索取权等利益的再分配，因此现行财务报表已经沦为公司实际控制人关于盈利的一场数字游戏，可靠性已经几乎丧失殆尽[1]。这或许并不是财务报表本身的问题，对此更进一步的讨论也超出了本书的范围，但确认将要分析的财务报表的可靠性是非常重要的[2]。

所谓相关性，就是指财务报表应当具有导致"决策差别"的能力，这就意味着财务报表必须通过帮助使用者对过去、现在和未来事件的结果作出预测，或是能证实或改正先前的期望，或是能够减少对经济事件的不确定性，增进决策的把握性。对财务报表相关性的批评主要集中在以下三个方面：

第一，现行财务报表体系对于企业业绩和财务状况的计量基本上仍是依据历史成本原则。然而，使用者却希望预测企业未来的业绩和财务状况，特别是未来的现金流动，历史信息的报告帮助不大。

第二，现行财务报表体系仅把重点放在存货、厂房、机器设备等实物性资产上，极少关注知识产权、科学技术、人力资源等无形资产。

第三，企业经营的风险和不确定性不断增加，但目前的财务报表体系对于风险和不确定性的报告显然还存在很大的不足。

理解了上述对于财务报表缺乏相关性的批评，你或许就能够轻松地理解为什么根据财务报表数据，微软公司根本无法列入大型公司的行列[3]。你或许还会明白，虽然对财务报表的分析很重要，但若仅仅进行财务报表分析，肯定是不够的。

五、改进现行财务报表体系的努力

(一) 业绩报告的拓展：全面收益报告

FASB（1980）在其第3号财务会计概念公告《企业财务报表要素》中首次提出全面收益的概念，认为全面收益是一个主体在某一期间与非业主方面进行交易或发生其他事项和情况引起的净资产变动，包括这一期间内除业主投资和分派业主款以外的一切净资产变动。由此可知，全面收益是计量交易、事项和情况对主体产生全部影响的总体指标，是主体在报告期内除与业主交易以外的交易、事项和情况所引起的一切净资产变动。

从理论上讲，全面收益的来源主要有以下三个方面：（1）通过主体与非业主实体间的交易所引起的净资产变动；（2）通过主体发生的除交易以外的事项引起的净资产变动；（3）通过发生情况所引起的净资产变动。虽然理论上全面收益所包括的内容可能十分广泛，但目前还不能够完全解决全面收益的确认和计量问题。因此，FASB要求报告的全面收益仅包括已确认的价值变动。

---

[1] 对此更详尽的讨论可以参见伊克利斯，等. 价值报告革命——远离盈余游戏 [M]. 叶鹏飞，等，译. 北京：中国财政经济出版社，2004.
[2] 财务报表分析当然不能解决报表的真实性问题，但分析人员至少应当注意以下五个与此相关的问题：（1）财务报告是否规范？（2）财务报告是否有遗漏？（3）反常数据是否存在合理原因？（4）审计报告的意见如何？（5）审计师的声誉如何？
[3] 原因很简单，微软公司最大的财富是它所拥有的大量高科技人才，在现行会计体制下，投资于人力资本方面的支出，不管金额多大，一律作为当期费用，从而导致微软公司真正的资产被大大低估，而费用则大幅度提升。

（二）财务报表内部结构的改革

1994年，AICPA的Jekins委员会发布了一份著名的研究报告——《改进企业报告：着眼于用户》。在这份研究报告中，AICPA在肯定现行财务报表的基础上，提出了改进财务报表结构的富有创造性的建议。其改革措施主要包括：（1）将财务信息划分为核心信息和非核心信息；（2）在资产负债表、利润表和现金流量表中划分核心活动和非核心活动两个部分。

此外，部分改革建议改变现行资产负债表的报表项目排列顺序。现行资产负债表按照项目流动性大小排列顺序，而对此改革的基本趋势是以重要性大小进行排序①。

观念应用13-1

（三）《萨班斯–奥克斯利法案》②中关于改进财务报告的措施

财务报表体系改进过程中的政治活动

在《萨班斯–奥克斯利法案》中，针对财务报告改进的措施主要有两点：其一，实行灵活会计年度；其二，缩短财务报告的披露期限。简单地说，前者可以缓解上市公司年报集中披露的情况，从而有利于投资者使用上市公司财务报告，有利于提高审计质量和降低提供财务报告的成本；后者的主要贡献在于提高会计信息的及时性。

第二节　资产负债表

一、资产负债表的概念和作用

资产负债表也称财务状况表，是指反映企业在某一特定日期财务状况的报表。它反映企业在某一特定日期所拥有或控制的经济资源、所承担的现时义务和所有者对净资产的要求权。它是根据"资产=负债+所有者权益"这一会计等式，依照一定的分类标准和顺序，将企业在一定日期的全部资产、负债和所有者权益项目进行适当分类、汇总、排列后编制而成的。

资产负债表主要提供企业在某一特定日期的资产、负债、所有者权益及其相互关系的信息，其作用体现在以下几个方面：一是可以提供企业某一日期资产的总额及结构，表明企业在某一日期所拥有或控制的经济资源及其分布情况，使用者可以一目了然地从资产负债表上了解企业在某一特定日期所拥有的资产总量及其结构；二是可以提供企业某一日期的负债总额及结构，表明企业未来需要用多少资产或劳务清偿债务以及清偿时间；三是可以反映企业所有者所拥有的权益，据以判断资本保值、增值的情况以及对负债的保障程度。此外，资产负债表还可以提供进行财务分析的基本资料，如将流动资产与流动负债进行比较，计算出流动比率；将速动资产与流动负债进行比较，计算出速动比率等，可以表明企业的变现能力、偿债能力和资金周转能力，从而有助于报表使用者作出经济决策。

二、资产负债表的格式和填列方法

（一）资产负债表的格式

资产负债表的格式主要有报告式和账户式两种。报告式资产负债表是上下结构，上半

---

① 排列IASC（1995）公布的《财务报表编制》的原则说明书就体现了这种改革的基本趋势。
② 该法案的出台是针对美国有史以来最大的公司会计造假事件（Anron事件）以及随后接连发生的一系列大公司会计造假案而制定的。其于2002年7月30日经美国时任总统布什签署后正式成为法律并生效。

部列示资产，下半部列示负债和所有者权益。具体排列形式又有两种：一是按"资产=负债+所有者权益"的原则排列；二是按"资产−负债=所有者权益"的原则排列。账户式资产负债表分左右两方：左方列示资产项目，按资产的流动性大小排列，反映全部资产的分布及存在形态；右方列示负债和所有者权益项目，一般按求偿权先后顺序排列，反映全部负债和所有者权益的内容及构成情况。资产负债表左右双方平衡，即资产总计等于负债和所有者权益总计。我国企业的资产负债表采用账户式结构。

《企业会计准则第30号——财务报表列报》规定，企业需要提供比较资产负债表，以便报表使用者通过比较不同时点资产负债表的数据，掌握企业财务状况的变动情况及发展趋势。因此，资产负债表还就各项目再分为"年初余额"和"期末余额"两栏分别填列。一般企业资产负债表格式如表13-1所示。

可以看到，资产负债表的左边列示的是企业全部的资产，这些资产可以划分为流动资产与非流动资产。其中，流动资产是公司短期理财活动的主要对象之一，而非流动资产则体现着公司投资活动的结果。当然，在投资于一项资产之前，公司必须获得相应的资金，这个筹集资金的过程就是融资活动。公司融资活动的结果体现在资产负债表的右边。同时，由于公司可以通过发行债券、借贷或发行股票来筹资，因此，资产负债表的右边同时也表示公司的融资方式。正如资产有流动性与非流动性之分，负债也可以分为流动负债和长期负债两种类型。所有者权益等于资产与负债之差，从资产负债表来看，它体现着公司的股东对于公司资产的剩余索取权。

（二）资产负债表的填列方法

1. "年初余额"的填列方法

表中"年初余额"栏内各项目数字，应根据上年年末资产负债表"期末余额"栏内所列数字填列。如果企业发生了会计政策变更、前期差错更正，应当对"年初余额"栏中的有关项目进行相应调整。如果本年度资产负债表规定的各个项目的名称和内容同上年度不相一致，应对上年年末资产负债表各项目的名称和数字按照本年度的规定进行调整，按调整后的数字填入本表"年初余额"栏内。

2. "期末余额"的填列方法

资产负债表"期末余额"栏内各项数字，一般应根据资产、负债和所有者权益类科目的期末余额填列。

（1）根据总账科目余额填列。"其他权益工具投资"、"递延所得税资产"、"长期待摊费用"、"短期借款"、"交易性金融负债"、"应付票据"、"持有待售负债"、"递延收益"、"递延所得税负债"、"实收资本（或股本）"、"其他权益工具"、"资本公积"、"库存股"、"其他综合收益"、"专项储备"①和"盈余公积"等项目，应当根据相关总账科目的余额直接填列。其中，长期待摊费用摊销年限（或期限）只剩一年或不足一年的，或者预计在一年内（含一年）进行摊销的部分，仍在"长期待摊费用"项目中列示，不转入"一年内到期的非流动资产"项目。

有些项目则应根据几个总账科目的期末余额计算填列。如"货币资金"项目应当根据"库存现金""银行存款""其他货币资金"三个总账科目期末余额合计填列；"其他应付

---

① 高危行业企业如有按国家规定提取的安全生产费的，应当在资产负债表所有者权益项下"其他综合收益"项目和"盈余公积"项目之间增设"专项储备"项目，反映企业提取的安全生产费期末余额。

款"项目应根据"应付利息"、"应付股利"和"其他应付款"科目的期末余额合计数填列。

（2）根据明细账科目余额计算填列。如"开发支出"项目，应根据"研发支出"科目中所属的"资本化支出"明细科目期末余额填列；"预收款项"项目，需要根据"预收账款"和"应收账款"两个科目所属的明细科目的期末贷方余额计算填列；"交易性金融资产"项目，应根据"交易性金融资产"科目的明细科目余额分析填列，自资产负债表日起超过一年到期且预期持有超过一年的以公允价值计量且其变动计入当期损益的非流动金融资产，在"其他非流动金融资产"项目中填列；"其他债权投资"项目，应根据"其他债权投资"科目的明细科目余额分析填列，自资产负债表日起一年内到期的长期债权投资，在"一年内到期的非流动资产"项目中填列，购入的以公允价值计量且其变动计入其他综合收益的一年内到期的债权投资，在"其他流动资产"项目中填列；"应交税费"项目，应根据"应交税费"科目的明细科目期末余额分析填列，其中的借方余额，应当根据其流动性在"其他流动资产"或"其他非流动资产"项目中填列；"一年内到期的非流动资产""一年内到期的非流动负债"项目，应根据有关非流动资产或负债项目的明细科目余额分析填列；"应付职工薪酬"项目，应根据"应付职工薪酬"科目的明细科目期末余额分析填列；"预计负债"项目应根据"预计负债"科目的明细科目期末余额分析填列；"未分配利润"项目，应根据"利润分配"科目中所属的"未分配利润"明细科目期末余额填列。

（3）根据总账科目和明细账科目余额分析计算填列。如"应付账款"项目，应根据"应付账款"和"预付账款"科目所属的相关明细科目的期末贷方余额合计数填列；"长期借款""应付债券"项目，应分别根据"长期借款""应付债券"总账科目余额扣除"长期借款""应付债券"科目所属明细科目中将在资产负债表日起一年内到期，且企业不能自主地将清偿义务展期的部分后的金额计算填列；"其他流动资产""其他流动负债"项目，应根据有关总账科目及有关科目的明细科目期末余额分析填列；"其他非流动负债"项目，应根据有关科目的期末余额减去将于一年内（含一年）到期偿还数后的金额填列。

（4）根据有关科目余额减去其备抵科目余额后的净额填列。"持有待售资产""长期股权投资""商誉"项目，应根据相关科目的期末余额填列，已计提减值准备的，还应扣减相应的减值准备；"在建工程"项目，应根据"在建工程"和"工程物资"科目的期末余额，减去"在建工程减值准备"和"工程物资减值准备"科目的期末余额后的金额填列；"固定资产"项目，应根据"固定资产"科目的期末余额，减去"累计折旧"和"固定资产减值准备"科目的期末余额后的金额，以及"固定资产清理"科目的期末余额填列；"使用权资产"项目，应根据"使用权资产"科目的期末余额，减去"使用权资产累计折旧"和"使用权资产减值准备"科目的期末余额后的金额填列；"无形资产"、"投资性房地产"、"生产性生物资产"和"油气资产"项目，应根据相关科目的期末余额扣减相关的累计折旧（或摊销、折耗）填列，已计提减值准备的，还应扣减相应的减值准备，折旧（或摊销、折耗）年限（或期限）只剩一年或不足一年的，或者预计在一年内（含一年）进行折旧（或摊销、折耗）的部分，仍在上述项目中列示，不转入"一年内到期的非流动资产"项目，采用公允价值计量的上述资产，应根据相关科目的期末余额填列；"长期应收款"项目，应根据"长期应收款"科目的期末余额，减去相应的"未实现融资收益"科目和"坏账准备"科目所属相关明细科目期末余额后的金额填列;"长期应付款"项目,应根据"长期应付款"科目的期末余额,减去相关的"未确认融资费用"科目的期末余额后的金额,以及"专项应付款"科目的期末余额填列。

(5)综合运用上述方法分析填列。如"其他应收款"项目,应根据"应收利息"、"应收股利"和"其他应收款"科目的期末余额合计数,减去"坏账准备"科目中相关坏账准备期末余额后的金额填列[1];"其他应付款"项目,应根据"应付利息"、"应付股利"和"其他应付款"科目的期末余额合计数填列[2];"应收票据"项目,应根据"应收票据"科目的期末余额,减去"坏账准备"科目中相关坏账准备期末余额后的金额分析填列;"应收账款"项目,应根据"应收账款"科目的期末余额,减去"坏账准备"科目中相关坏账准备期末余额后的金额分析填列;"预付款项"项目,应根据"预付账款"和"应付账款"科目所属各明细科目的期末借方余额合计数,减去"坏账准备"科目中有关预付款项计提的坏账准备期末余额后的金额填列;"债权投资"项目,应根据"债权投资"科目的相关明细科目期末余额,减去"债权投资减值准备"科目中相关减值准备的期末余额后的金额分析填列,自资产负债表日起一年内到期的长期债权投资的期末账面价值,在"一年内到期的非流动资产"项目反映,企业购入的以摊余成本计量的一年内到期的债权投资的期末账面价值,在"其他流动资产"项目反映;"合同资产"和"合同负债"项目,应根据"合同资产"科目和"合同负债"科目的明细科目期末余额分析填列,同一合同下的合同资产和合同负债应当以净额列示,其中净额为借方余额的,应当根据其流动性在"合同资产"或"其他非流动资产"项目中填列,已计提减值准备的,还应减去"合同资产减值准备"科目中相应的期末余额后的金额填列,其中净额为贷方余额的,应当根据其流动性在"合同负债"或"其他非流动负债"项目中填列;"存货"项目,应当根据"原材料"、"材料采购"、"库存商品"、"发出商品"、"周转材料"、"委托加工物资"、"生产成本"和"受托代销商品"等科目的期末余额及"合同履约成本"科目的明细科目中初始确认时摊销期限不超过一年或一个正常营业周期的期末余额合计,减去"受托代销商品款""存货跌价准备"科目期末余额及"合同履约成本减值准备"科目中相应的期末余额后的金额填列,材料采用计划成本核算,以及库存商品采用计划成本核算或售价核算的企业,还应按加或减材料成本差异、商品进销差价后的金额填列;"其他非流动资产"项目,应根据有关科目的期末余额减去将于一年内(含一年)收回数后的金额及"合同取得成本"科目和"合同履约成本"科目的明细科目中初始确认时摊销期限在一年或一个正常营业周期以上的期末余额,减去"合同取得成本减值准备"科目和"合同履约成本减值准备"科目汇总相应的期末余额填列。

3.资产负债表各项目的具体列报方法

(1)资产项目的列报说明

"货币资金"项目,反映企业库存现金、银行结算户存款、银行本票存款、外埠存款、银行汇票存款、信用卡存款、信用证保证金存款等的合计数。本项目应根据"库存现金""银行存款""其他货币资金"账户的期末余额合计数填列。

---

① 其中的"应收利息"仅反映相关金融工具已到期可收取但于资产负债表日尚未收到的利息。基于实际利率法计提的金融工具的利息应包含在相应金融工具的账面余额中。
② 其中的"应付利息"仅反映相关金融工具已到期应支付但于资产负债表日尚未支付的利息。基于实际利率法计提的金融工具的利息应包含在相应金融工具的账面余额中。

"交易性金融资产"项目，反映资产负债表日企业分类为以公允价值计量且其变动计入当期损益的金融资产，以及企业持有的指定为以公允价值计量且其变动计入当期损益的金融资产的期末账面价值。该项目应根据"交易性金融资产"科目的相关明细科目的期末余额分析填列。自资产负债表日起超过一年到期且预期持有超过一年的以公允价值计量且其变动计入当期损益的非流动金融资产的期末账面价值，在"其他非流动金融资产"项目反映。

"衍生金融资产"项目，应根据"衍生工具"科目明细科目期末借方余额填列。

"应收票据"项目，反映资产负债表日以摊余成本计量的，企业因销售商品、提供服务等收到的商业汇票，包括银行承兑汇票和商业承兑汇票。该项目应根据"应收票据"科目的期末余额，减去"坏账准备"科目中相关坏账准备期末余额后的金额分析填列。

"应收账款"项目，反映资产负债表日以摊余成本计量的，企业因销售商品、提供服务等经营活动应收取的款项。该项目应根据"应收账款"科目的期末余额，减去"坏账准备"科目中相关坏账准备期末余额后的金额分析填列。

"应收款项融资"项目，反映资产负债表日以公允价值计量且其变动计入其他综合收益的应收票据和应收账款等。

"预付款项"项目，反映企业按照购货合同规定预付给供应单位的款项等。本项目应根据"预付账款"和"应付账款"科目所属各明细科目的期末借方余额合计数，减去"坏账准备"科目中有关预付款项计提的坏账准备期末余额后的金额填列。如"预付账款"科目所属有关明细科目期末有贷方余额的，应在本表"应付账款"项目内填列。

"其他应收款"项目，应根据"应收利息"、"应收股利"和"其他应收款"科目的期末余额合计数，减去"坏账准备"科目中相关坏账准备期末余额后的金额填列。其中的"应收利息"仅反映相关金融工具已到期可收取但于资产负债表日尚未收到的利息。基于实际利率法计提的金融工具的利息应包含在相应金融工具的账面余额中。

"存货"项目，反映企业期末在库、在途和在加工中的各项存货的可变现净值。本项目应根据"材料采购"、"原材料"、"周转材料"、"自制半成品"、"库存商品"、"发出商品"、"委托加工物资"、"委托代销商品"、"受托代销商品"和"生产成本"等科目的期末余额合计，减去"受托代销商品款""存货跌价准备"科目期末余额后的金额填列。材料采用计划成本核算，以及库存商品采用计划成本或售价核算的企业，还应按加或减材料成本差异、商品进销差价后的金额填列。

"合同资产"项目，根据"合同资产"科目的相关明细科目期末余额分析填列，同一合同下的合同资产应当以净额列示，其中净额为借方余额的，应该根据其流动性在"合同资产"或"其他非流动资产"项目中填列，已计提减值准备的，还应减去"合同资产减值准备"科目中相关的期末余额后的金额填列；其中净额为贷方余额的，应当根据其流动性在"合同负债"或"其他非流动负债"项目中填列。

"持有待售资产"项目，反映资产负债表日划分为持有待售类别的非流动资产及划分为持有待售类别的处置组中的流动资产和非流动资产的期末账面价值。该项目应根据"持有待售资产"科目的期末余额，减去"持有待售资产减值准备"科目的期末余额后的金额填列。

"一年内到期的非流动资产"项目，通常反映预计自资产负债表日起一年内变现的非流动资产。对于按照相关会计准则采用折旧（或摊销、折耗）方法进行后续计量的固定资产、使用权资产、无形资产和长期待摊费用等非流动资产，折旧（或摊销、折耗）年限（或期限）只剩一年或不足一年的，或预计在一年内（含一年）进行折旧（或摊销、折耗）的部分，不得归类为流动资产，仍在各该非流动资产项目中填列，不转入"一年内到期的非流动资产"项目。

"其他流动资产"项目，反映企业除货币资金、交易性金融资产、应收票据、应收账款、存货等流动资产以外的其他流动资产。本项目应根据有关科目的期末余额填列。

"债权投资"项目，反映资产负债表日企业以摊余成本计量的长期债权投资的期末账面价值。该项目应根据"债权投资"科目的相关明细科目期末余额，减去"债权投资减值准备"科目中相关减值准备的期末余额后的金额分析填列。自资产负债表日起一年内到期的长期债权投资的期末账面价值，在"一年内到期的非流动资产"项目反映。企业购入的以摊余成本计量的一年内到期的债权投资的期末账面价值，在"其他流动资产"项目反映。

"其他债权投资"项目，反映资产负债表日企业分类为以公允价值计量且其变动计入其他综合收益的长期债权投资的期末账面价值。该项目应根据"其他债权投资"科目的相关明细科目的期末余额分析填列。自资产负债表日起一年内到期的长期债权投资的期末账面价值，在"一年内到期的非流动资产"项目反映。企业购入的以公允价值计量且其变动计入其他综合收益的一年内到期的债权投资的期末账面价值，在"其他流动资产"项目反映。

"长期应收款"项目，反映企业融资租赁产生的应收款项、采用递延方式具有融资性质的销售商品和提供劳务等产生的长期应收款项等。本项目应根据"长期应收款"科目的期末余额，减去相应的"未实现融资收益"科目和"坏账准备"科目所属相应明细科目期末余额后的金额填列。

"长期股权投资"项目，反映企业持有的对子公司、联营企业和合营企业的长期股权投资。本项目应根据"长期股权投资"科目的期末余额，减去"长期股权投资减值准备"科目期末余额后的金额填列。

"其他权益工具投资"项目，反映资产负债表日企业指定为以公允价值计量且其变动计入其他综合收益的非交易性权益工具投资的期末账面价值。该项目应根据"其他权益工具投资"科目的期末余额填列。

"投资性房地产"项目，反映企业持有的投资性房地产。企业采用成本模式计量投资性房地产的，本项目应根据"投资性房地产"科目的期末余额，减去"投资性房地产累计折旧（摊销）"和"投资性房地产减值准备"科目期末余额后的金额填列；企业采用公允价值模式计量投资性房地产的，本项目应根据"投资性房地产"科目的期末余额填列。

"固定资产"项目，反映资产负债表日企业固定资产的期末账面价值和企业尚未清理完毕的固定资产清理净损益。该项目应根据"固定资产"科目的期末余额，减去"累计折旧"和"固定资产减值准备"科目的期末余额后的金额，以及"固定资产清理"科目的期末余额填列。

"在建工程"项目，反映资产负债表日企业尚未达到预定可使用状态的在建工程的期末账面价值和企业为在建工程准备的各种物资的期末账面价值。该项目应根据"在建工程"科目的期末余额，减去"在建工程减值准备"科目的期末余额后的金额，以及"工程物资"科目的期末余额，减去"工程物资减值准备"科目的期末余额后的金额填列。

"生产性生物资产"项目，反映企业持有的生产性生物资产。本项目应根据"生产性生物资产"科目期末余额，减去"生产性生物资产累计折旧"和"生产性生物资产减值准备"科目期末余额后的金额填列。

"油气资产"项目，反映企业持有的矿区权益和油气井及相关设施的原价减去累计折耗和累计减值准备后的净额。本项目应根据"油气资产"科目的期末余额，减去"累计折耗"科目期末余额和相应减值准备后的金额填列。

"使用权资产"项目，反映资产负债表日承租人企业持有的使用权资产的期末账面价值。该项目应根据"使用权资产"科目的期末余额，减去"使用权资产累计折旧"和"使用权资产减值准备"科目的期末余额后的金额填列。

"无形资产"项目，反映企业持有的无形资产，包括专利权、非专利技术、商标权、著作权、土地使用权等。本项目应根据"无形资产"科目的期末余额，减去"累计摊销"和"无形资产减值准备"科目期末余额后的金额填列。

"开发支出"项目，反映企业开发无形资产过程中能够资本化形成无形资产成本的支出部分。本项目应根据"研发支出——资本化支出"明细科目期末余额填列。

"商誉"项目，反映企业合并中形成的商誉的价值。本项目应根据"商誉"科目的期末余额，减去相应减值准备后的余额填列。

"长期待摊费用"项目，反映企业已经发生但应由本期和以后各期负担的分摊期限在一年以上的各项费用。长期待摊费用中在一年内（含一年）摊销的部分，在资产负债表"一年内到期的非流动资产"项目填列。本项目应根据"长期待摊费用"科目的期末余额减去将于一年内（含一年）摊销的数额后的金额填列。

"递延所得税资产"项目，反映企业确认的可抵扣暂时性差异产生的递延所得税资产。本项目应根据"递延所得税资产"科目的期末余额填列。

"其他非流动资产"项目，反映企业除长期股权投资、固定资产、在建工程、工程物资、无形资产等资产以外其他非流动资产。本项目应根据有关科目的期末余额填列。

按照《企业会计准则第14号——收入》（2017年修订）的相关规定确认为资产的合同取得成本，应当根据"合同取得成本"科目的明细科目初始确认时摊销期限是否超过一年或一个正常营业周期，在"其他流动资产"或"其他非流动资产"项目中填列，已计提减值准备的，还应减去"合同取得成本减值准备"科目中相关的期末余额后的金额填列。

按照《企业会计准则第14号——收入》（2017年修订）的相关规定确认为资产的合同履约成本，应当根据"合同履约成本"科目的明细科目初始确认时摊销期限是否超过一年或一个正常营业周期，在"存货"或"其他非流动资产"项目中填列，已计提减值准备的，还应减去"合同履约成本减值准备"科目中相关的期末余额后的金额填列。

按照《企业会计准则第14号——收入》（2017年修订）的相关规定确认为资产的应收退货成本，应当根据"应收退货成本"科目是否在一年或一个正常营业周期内出售，在"其他流动资产"或"其他非流动资产"项目中填列。

（2）负债项目的列报说明

"短期借款"项目，反映企业向银行或其他金融机构等借入的期限在一年以下（含一年）的各种借款。本项目应根据"短期借款"科目的期末余额填列。

"交易性金融负债"项目，反映资产负债表日企业承担的交易性金融负债，以及企业持有的指定为以公允价值计量且其变动计入当期损益的金融负债的期末账面价值。该项目应根据"交易性金融负债"科目的相关明细科目的期末余额填列。

"衍生金融负债"项目，应根据"衍生工具"科目明细科目期末贷方余额填列①。

"应付票据"项目，反映资产负债表日以摊余成本计量的，企业因购买材料、商品和接受服务等开出、承兑的商业汇票，包括银行承兑汇票和商业承兑汇票。该项目应根据"应付票据"科目的期末余额填列。

"应付账款"项目，反映资产负债表日以摊余成本计量的，企业因购买材料、商品和接受服务等经营活动应支付的款项。该项目应根据"应付账款"和"预付账款"科目所属的相关明细科目的期末贷方余额合计数填列。

"预收款项"项目，反映企业按照购货合同规定预收购买单位的款项。本项目应根据"预收账款"和"应收账款"科目所属各有关明细科目的期末贷方余额合计数填列。如"预收账款"科目所属有关明细科目有借方余额的，应在本表"应收账款"项目内填列；如"应收账款"科目所属明细科目有贷方余额的，应包括在本项目内。

"合同负债"项目，根据"合同负债"科目的相关明细科目期末余额分析填列，同一合同下的合同负债应当以净额列示，其中净额为借方余额的，应该根据其流动性在"合同资产"或"其他非流动资产"项目中填列，已计提减值准备的，还应减去"合同资产减值准备"科目中相关的期末余额后的金额填列；其中净额为贷方余额的，应当根据其流动性在"合同负债"或"其他非流动负债"项目中填列。

"应付职工薪酬"项目，反映企业根据有关规定应付给职工的工资、职工福利、社会保险费、住房公积金、工会经费、职工教育经费、非货币性福利、辞退福利等各种薪酬。外商投资企业按规定从净利润中提取的职工奖励及福利基金，也在本项目列示。

"应交税费"项目，反映企业按照税法规定计算应缴纳的各种税费，包括增值税、消费税、所得税、资源税、土地增值税、城市维护建设税、房产税、城镇土地使用税、车船税、教育费附加等。企业代扣代缴的个人所得税，也通过本项目列示。本项目应根据"应交税费"科目的期末贷方余额填列；如"应交税费"科目期末为借方余额，以"－"号填列。

"其他应付款"项目，应根据"应付利息"、"应付股利"和"其他应付款"科目的期末余额合计数填列。其中的"应付利息"仅反映相关金融工具已到期应支付但于资产负债表日尚未支付的利息。基于实际利率法计提的金融工具的利息应包含在相应金融工具的账面余额中。

"持有待售负债"项目，反映资产负债表日处置组中与划分为持有待售类别的资产直接相关的负债的期末账面价值。该项目应根据"持有待售负债"科目的期末余额填列。

"一年内到期的非流动负债"项目，反映企业非流动负债中将于资产负债表日后一年内到期部分的金额，如将于一年内偿还的长期借款。本项目应根据相关科目的期末余额填列。

---

① 自报告之日起超过12个月到期且预期持有超过12个月的衍生工具应当划分为非流动资产或非流动负债。

"其他流动负债"项目，反映企业除短期借款、交易性金融负债、应付票据、应付账款、应付职工薪酬、应交税费等流动负债以外的其他流动负债。本项目应根据有关科目的期末余额填列。

企业按照《企业会计准则第14号——收入》（2017年修订）的相关规定确认为预计负债的应付退货款，应当根据"预计负债"科目下的"应付退货款"明细科目是否在一年或一个正常营业周期内清偿，在"其他流动负债"或"预计负债"项目中填列。

企业按照《企业会计准则第22号——金融工具确认和计量》（2017年修订）的相关规定对贷款承诺、财务担保合同等项目计提的损失准备，应当在"预计负债"项目中填列。

"长期借款"项目，反映企业向银行或其他金融机构借入的期限在一年以上（不含一年）的各项借款。本项目应根据"长期借款"科目的期末余额填列。

"应付债券"项目，反映企业为筹集长期资金而发行的债券的本金和利息。本项目应根据"应付债券"科目的期末余额填列。

"租赁负债"项目，反映资产负债表日承租人企业尚未支付的租赁付款额的期末账面价值。该项目应根据"租赁负债"科目的期末余额填列。自资产负债表日起一年内到期应予以清偿的租赁负债的期末账面价值，在"一年内到期的非流动负债"项目反映。

"长期应付款"项目，反映资产负债表日企业除长期借款和应付债券以外的其他各种长期应付款项的期末账面价值。该项目应根据"长期应付款"科目的期末余额，减去相关的"未确认融资费用"科目的期末余额后的金额，以及"专项应付款"科目的期末余额填列。

"递延收益"项目中摊销期限只剩一年或不足一年的，或预计在一年内（含一年）进行摊销的部分，不得归类为流动负债，仍在该项目中填列，不转入"一年内到期的非流动负债"项目。

"递延所得税负债"项目，反映企业确认的应纳税暂时性差异产生的所得税负债。本项目应根据"递延所得税负债"科目的期末余额填列。

"其他非流动负债"项目，反映企业除长期借款、应付债券等负债以外的其他非流动负债。本项目应根据有关科目的期末余额减去将于一年内（含一年）到期偿还数后的余额填列。非流动负债各项目中将于一年内（含一年）到期的非流动负债，应在"一年内到期的非流动负债"项目内单独反映。

（3）所有者权益项目的列报说明

"实收资本（或股本）"项目，反映企业各投资者实际投入的资本（或股本）总额。本项目应根据"实收资本"（或"股本"）科目的期末余额填列。

"其他权益工具"项目，反映资产负债表日企业发行在外的除普通股以外分类为权益工具的金融工具的期末账面价值。对于资产负债表日企业发行的金融工具，分类为金融负债的，应在"应付债券"项目填列，对于优先股和永续债，还应在"应付债券"项目下的"优先股"项目和"永续债"项目分别填列；分类为权益工具的，应在"其他权益工具"项目填列，对于优先股和永续债，还应在"其他权益工具"项目下的"优先股"项目和"永续债"项目分别填列。

"资本公积"项目，反映企业资本公积的期末余额。本项目应根据"资本公积"科目的期末余额填列。

"库存股"项目，反映企业持有的尚未转让或注销的本公司股份的金额。本项目应根据"库存股"科目的期末余额填列。

"其他综合收益"项目，反映企业根据其他会计准则规定未在当期损益中确认的各项利得和损失。本项目应根据"其他综合收益"科目的期末余额填列。

"专项储备"项目，反映高危行业企业按国家规定提取的安全生产费的期末账面价值。该项目应根据"专项储备"科目的期末余额填列。

"盈余公积"项目，反映企业盈余公积的期末余额。本项目应根据"盈余公积"科目的期末余额填列。

"未分配利润"项目，反映企业尚未分配的利润。本项目应根据"本年利润"科目和"利润分配"科目的余额计算填列。未弥补的亏损在本项目内以"-"号填列。

【例13-1】玫瑰股份有限公司资料如下：

1.该公司为增值税一般纳税人，增值税税率为13%，适用的企业所得税税率为25%。该公司2×24年12月31日的资产负债表（年初余额略）如表13-1所示。

表13-1

资产负债表

会企01表

编制单位：玫瑰股份有限公司　　　　　　　2×24年12月31日　　　　　　　单位：元

资产	期末余额	年初余额	负债和所有者权益（或股东权益）	期末余额	年初余额
流动资产：			流动负债：		
货币资金	1 641 800		短期借款	600 000	
交易性金融资产	120 000		交易性金融负债		
衍生金融资产			衍生金融负债		
应收票据	468 000		应付票据	234 000	
应收账款	1 000 000		应付账款	1 560 000	
应收款项融资			预收款项		
预付款项	400 000		合同负债		
其他应收款	420 000		应付职工薪酬	202 000	
存货	1 960 000		应交税费	38 000	
合同资产			其他应付款	42 000	
持有待售资产			持有待售负债		
一年内到期的非流动资产			一年内到期的非流动负债	600 000	
其他流动资产			其他流动负债		
流动资产合计	6 009 800		流动负债合计	3 276 000	
非流动资产：			非流动负债：		
债权投资			长期借款	1 400 000	

资产	期末余额	年初余额	负债和所有者权益（或股东权益）	期末余额	年初余额
其他债权投资			应付债券		
长期应收款			其中：优先股		
长期股权投资	500 000		永续债		
其他权益工具投资			租赁负债		
其他非流动金融资产			长期应付款		
投资性房地产			预计负债		
固定资产	2 500 000		递延收益		
在建工程	1 320 000		递延所得税负债		
生产性生物资产			其他非流动负债		
油气资产			非流动负债合计	1 400 000	
使用权资产			负债合计	4 676 000	
无形资产	600 000		所有者权益（或股东权益）：		
开发支出			实收资本（或股本）	6 000 000	
商誉			其他权益工具		
长期待摊费用	160 000		其中：优先股		
递延所得税资产			永续债		
其他非流动资产			资本公积	13 800	
非流动资产合计	5 080 000		减：库存股		
			其他综合收益		
			专项储备		
			盈余公积	200 000	
			未分配利润	200 000	
			所有者权益（或股东权益）合计	6 413 800	
资产总计	11 089 800		负债和所有者权益（或股东权益）总计	11 089 800	

2.玫瑰股份有限公司2×24年年末的货币资金构成为：银行存款1 600 000元，库存现金41 800元；存货构成为：在途物资200 000元，原材料1 100 000元，库存商品560 000元，包装物及低值易耗品100 000元；"坏账准备"科目余额为50 000元；长期待摊费用160 000元为尚未摊销的经营租入固定资产改良支出；固定资产余额为3 000 000元，累计折旧余额为500 000元；无形资产余额为720 000元，累计摊销余额为120 000元。2×24年年末应交税费余额全部为未交的增值税。

3.玫瑰股份有限公司2×24年发生的经济业务如下：

（1）收到银行通知，支付到期的银行承兑汇票234 000元。

（2）购入原材料一批，收到的增值税专用发票上注明材料价款300 000元，增值税39 000元，款项已经支付，材料尚未入库。

（3）收到原材料一批，实际成本200 000元，款项已于上期支付。

（4）销售产品一批，开出的增值税专用发票上注明销售价款800 000元，增值税104 000元，货款尚未收到。该批产品的成本为480 000元。

（5）处置账面余额为120 000元的交易性金融资产，款项140 720元，已存入银行。

（6）购入不需要安装的生产设备一台，增值税专用发票上列明设备价款160 000元，增值税20 800元，包装费、运杂费等2 000元。款项均已支付。

（7）基本生产车间报废一台设备，原价44 000元，已提折旧41 800元。清理费用1 000元，残料变价收入4 000元，均以银行存款收付。该项清理工作已经结束。

（8）销售产品一批，开出的增值税专用发票上注明销售价款1 200 000元，增值税156 000元，款项已经存入银行。该批产品的成本为720 000元。

（9）一张面值为468 000元的不带息银行承兑汇票到期，收到银行通知，款项已入账。

（10）被投资单位宣告发放现金股利50 000元（该项投资用成本法核算，对方单位企业所得税税率为25%）；收到现金股利50 000元。

（11）因生产经营需要，从银行取得1年期借款800 000元，款项已存入银行。

（12）提取本期应付利息80 000元。其中，短期借款利息30 000元，长期借款利息50 000元。由于不符合资本化条件，全部列入当期损益。

（13）归还短期借款本金600 000元、利息30 000元，利息已经预提。

（14）通过银行转账发放职工工资800 000元。

（15）分配本期职工工资800 000元。其中，生产工人工资520 000元，车间管理人员工资32 000元，行政管理人员工资48 000元，在建工程人员工资200 000元。

（16）提取职工养老保险费112 000元。其中，生产工人养老保险费72 800元，车间管理人员养老保险费4 480元，行政管理人员养老保险费6 720元，在建工程人员养老保险费28 000元。

（17）基本生产车间领用产品生产所需原材料1 200 000元，领用低值易耗品60 000元。低值易耗品采用一次摊销法摊销。

（18）摊销无形资产60 000元。

（19）摊销租入固定资产改良支出160 000元。其中，生产车间140 000元，企业管理部门摊销20 000元。

（20）计提固定资产折旧180 000元。其中，生产车间用固定资产折旧150 000元，企业管理部门用固定资产折旧30 000元。计提固定资产减值准备40 000元。

（21）收到应收账款468 000元。

（22）年末，对应收账款计提坏账准备4 000元。

（23）用银行存款支付广告费40 000元。

（24）销售产品一批，开出的增值税专用发票上注明的销售价款为1 000 000元，增值税130 000元；收到不带息商业汇票一张；产品成本为600 000元。

（25）归还长期借款本息600 000元。

（26）本期销售应缴纳的教育费附加为10 000元，用银行转账缴纳教育费附加；同时缴纳本期增值税200 000元；缴纳前期欠缴增值税38 000元。期末结转应交增值税。

（27）结转本期制造费用386 480元、完工产品成本2 179 280元（假设没有期初在产品，本期生产的产品全部完工）。

（28）期末，一次结转本期产品销售成本1 800 000元。

（29）计算本年利润总额，假定年末应收账款账面价值小于其计税基础4 000元，固定资产账面价值小于其计税基础40 000元，其他资产、负债账面价值均与计税基础一致。计算应纳税所得额及应交所得税，核算所得税费用。

（30）结转本期损益699 600元。

（31）分别按净利润的10%和5%提取法定盈余公积和任意盈余公积，分配现金股利78 000元。

（32）将利润分配各明细科目余额转入"未分配利润"科目，同时结转"本年利润"科目。

（33）缴纳本期企业所得税200 000元。

要求：根据上述资料对玫瑰股份有限公司2×24年发生的经济活动进行会计处理，并编制年末资产负债表。

1.玫瑰股份有限公司2×24年经济业务的会计处理：

（1）借：应付票据　　　　　　　　　　　　　　　　　　234 000

　　　　贷：银行存款　　　　　　　　　　　　　　　　　　　　234 000

（2）借：在途物资　　　　　　　　　　　　　　　　　　300 000

　　　　　应交税费——应交增值税（进项税额）　　　　　39 000

　　　　贷：银行存款　　　　　　　　　　　　　　　　　　　　339 000

（3）借：原材料　　　　　　　　　　　　　　　　　　　200 000

　　　　贷：在途物资　　　　　　　　　　　　　　　　　　　　200 000

（4）借：应收账款　　　　　　　　　　　　　　　　　　904 000

　　　　贷：主营业务收入　　　　　　　　　　　　　　　　　　800 000

　　　　　　应交税费——应交增值税（销项税额）　　　　　　104 000

（5）借：银行存款　　　　　　　　　　　　　　　　　　140 720

　　　　贷：交易性金融资产　　　　　　　　　　　　　　　　　120 000

　　　　　　投资收益　　　　　　　　　　　　　　　　　　　　20 720

（6）借：固定资产　　　　　　　　　　　　　　　　　　162 000

　　　　　应交税费——应交增值税（进项税额）　　　　　20 800

贷：银行存款		182 800
（7）①借：固定资产清理	2 200	
累计折旧	41 800	
贷：固定资产		44 000
②借：固定资产清理	1 000	
贷：银行存款		1 000
③借：银行存款	4 000	
贷：固定资产清理		4 000
④借：固定资产清理	800	
贷：营业外收入		800
（8）借：银行存款	1 356 000	
贷：主营业务收入		1 200 000
应交税费——应交增值税（销项税额）		156 000
（9）借：银行存款	468 000	
贷：应收票据		468 000
（10）①借：应收股利	50 000	
贷：投资收益		50 000
②借：银行存款	50 000	
贷：应收股利		50 000
（11）借：银行存款	800 000	
贷：短期借款		800 000
（12）借：财务费用	80 000	
贷：应付利息		30 000
长期借款		50 000
（13）借：短期借款	600 000	
应付利息	30 000	
贷：银行存款		630 000
（14）借：应付职工薪酬	800 000	
贷：银行存款		800 000
（15）借：生产成本	520 000	
制造费用	32 000	
管理费用	48 000	
在建工程	200 000	
贷：应付职工薪酬		800 000
（16）借：生产成本	72 800	
制造费用	4 480	
管理费用	6 720	
在建工程	28 000	
贷：应付职工薪酬		112 000

（17）①借：生产成本   1 200 000

     贷：原材料   1 200 000

②借：制造费用   60 000

    贷：周转材料   60 000

（18）借：管理费用——无形资产摊销   60 000

    贷：累计摊销   60 000

（19）借：制造费用   140 000

      管理费用   20 000

    贷：长期待摊费用   160 000

（20）①借：制造费用   150 000

      管理费用   30 000

    贷：累计折旧   180 000

②借：资产减值损失——计提的固定资产减值准备   40 000

    贷：固定资产减值准备   40 000

（21）借：银行存款   468 000

    贷：应收账款   468 000

（22）借：资产减值损失——计提的坏账准备   4 000

    贷：坏账准备   4 000

（23）借：销售费用   40 000

    贷：银行存款   40 000

（24）借：应收票据   1 130 000

    贷：主营业务收入   1 000 000

      应交税费——应交增值税（销项税额）   130 000

（25）借：长期借款   600 000

    贷：银行存款   600 000

（26）①借：税金及附加   10 000

    贷：应交税费——应交教育费附加   10 000

②借：应交税费——应交增值税（已交税金）   200 000

          ——未交增值税   38 000

          ——应交教育费附加   10 000

    贷：银行存款   248 000

③期末未交增值税=390 000-59 800-200 000=130 200（元）

借：应交税费——应交增值税（转出未交增值税）   130 200

    贷：应交税费——未交增值税   130 200

（27）①借：生产成本   386 480

    贷：制造费用   386 480

②借：库存商品   2 179 280

    贷：生产成本   2 179 280

（28）借：主营业务成本   1 800 000

贷：库存商品	1 800 000

（29）利润总额=3 000 000+70 720+800-1 800 000-10 000-40 000-164 720-80 000-44 000

$\qquad$ =932 800（元）

应纳税所得额=932 800+44 000=976 800（元）

期末可抵扣暂时性差异=4 000+40 000=44 000（元）

期初可抵扣暂时性差异=0

应交所得税=976 800×25%=244 200（元）

期末递延所得税资产=44 000×25%=11 000（元）

期初递延所得税资产=0

借：所得税费用	233 200
递延所得税资产	11 000
贷：应交税费——应交所得税	244 200
（30）①借：主营业务收入	3 000 000
营业外收入	800
投资收益	70 720
贷：本年利润	3 071 520
②借：本年利润	2 371 920
贷：主营业务成本	1 800 000
税金及附加	10 000
销售费用	40 000
管理费用	164 720
财务费用	80 000
资产减值损失	44 000
所得税费用	233 200

净利润=932 800-233 200=699 600（元）

（31）借：利润分配——提取法定盈余公积	69 960
——提取任意盈余公积	34 980
——应付普通股股利	78 000
贷：盈余公积——法定盈余公积	69 960
——任意盈余公积	34 980
应付股利	78 000
（32）①借：利润分配——未分配利润	182 940
贷：利润分配——提取法定盈余公积	69 960
——提取任意盈余公积	34 980
——应付普通股股利	78 000
②借：本年利润	699 600
贷：利润分配——未分配利润	699 600
（33）借：应交税费——应交所得税	200 000
贷：银行存款	200 000

2.根据上述会计处理的各账户余额，编制玫瑰股份有限公司2×24年12月31日的科目余额表，见表13-2。

表13-2

科目余额表

2×24年12月31日

单位：元

科目名称	借方余额	科目名称	贷方余额
库存现金	41 800	短期借款	800 000
银行存款	1 611 920	应付票据	0
交易性金融资产	0	应付账款	1 560 000
应收票据	1 130 000	应付职工薪酬	314 000
应收账款	1 486 000	应付股利	78 000
坏账准备	−54 000	应交税费	174 400
其他应收款	420 000	其他应付款	40 000
预付账款	400 000	应付利息	2 000
在途物资	300 000	长期借款	1 450 000
原材料	100 000	股本	6 000 000
周转材料	40 000	资本公积	13 800
库存商品	939 280	盈余公积	304 940
长期待摊费用	0	利润分配	716 660
长期股权投资	500 000		
固定资产	3 118 000		
累计折旧	−638 200		
固定资产减值准备	−40 000		
在建工程	1 548 000		
无形资产	720 000		
累计摊销	−180 000		
递延所得税资产	11 000		
合　计	11 453 800	合　计	11 453 800

3.根据科目余额表和相关明细账资料，编制玫瑰股份有限公司2×24年12月31日的资产负债表，见表13-3。

表13-3

资产负债表

会企01表

编制单位：玫瑰股份有限公司　　　　　　　2×24年12月31日　　　　　　　单位：元

资产	期末余额	年初余额	负债和所有者权益 （或股东权益）	期末余额	年初余额
流动资产：			流动负债：		
货币资金	1 653 720	1 641 800	短期借款	800 000	600 000
交易性金融资产		120 000	交易性金融负债		
衍生金融资产			衍生金融负债		
应收票据	1 130 000	468 000	应付票据		234 000
应收账款	1 432 000	1 000 000	应付账款	1 560 000	1 560 000
应收款项融资			预收款项		
预付款项	400 000	400 000	合同负债		
其他应收款	420 000	420 000	应付职工薪酬	314 000	202 000
存货	1 379 280	1 960 000	应交税费	174 400	38 000
合同资产			其他应付款	120 000	42 000
持有待售资产			持有待售负债		
一年内到期的非流动资产			一年内到期的非流动负债		600 000
其他流动资产			其他流动负债		
流动资产合计	6 415 000	6 009 800	流动负债合计	2 968 400	3 276 000
非流动资产：			非流动负债：		
债权投资			长期借款	1 450 000	1 400 000
其他债权投资			应付债券		
长期应收款			其中：优先股		
长期股权投资	500 000	500 000	永续债		
其他权益工具投资			租赁负债		
其他非流动金融资产			长期应付款		
投资性房地产			预计负债		
固定资产	2 439 800	2 500 000	递延收益		
在建工程	1 548 000	1 320 000	递延所得税负债		

续表

资产	期末余额	年初余额	负债和所有者权益（或股东权益）	期末余额	年初余额
生产性生物资产			其他非流动负债		
油气资产			非流动负债合计	1 450 000	1 400 000
使用权资产			负债合计	4 418 400	4 676 000
无形资产	540 000	600 000	所有者权益（或股东权益）：		
开发支出			实收资本（或股本）	6 000 000	6 000 000
商誉			其他权益工具		
长期待摊费用		160 000	其中：优先股		
递延所得税资产	11 000		永续债		
其他非流动资产			资本公积	13 800	13 800
非流动资产合计	5 038 800	5 080 000	减：库存股		
			其他综合收益		
			专项储备		
			盈余公积	304 940	200 000
			未分配利润	716 660	200 000
			所有者权益（或股东权益）合计	7 035 400	6 413 800
资产总计	11 453 800	11 089 800	负债和所有者权益（或股东权益）总计	11 453 800	11 089 800

第三节 利润表

一、利润表的概念和作用

利润表又称损益表，是反映企业在一定会计期间的经营成果的会计报表。利润表的列报应当充分反映企业经营业绩的主要来源和构成，有助于使用者判断净利润的质量及其风险，有助于使用者预测净利润的持续性，从而作出正确的决策。如前所述，如果我们把资产负债表看成是在某一时点上描绘企业财务状况的一幅画面，那么利润表就是记录了企业在此期间描绘该画面的全过程的一段录像。

通过利润表，可以反映企业一定会计期间的收入实现情况，如实现的营业收入、投资收益、营业外收入各有多少；可以反映一定会计期间的费用耗费情况，如耗费的营业成本、税金及附加、销售费用、管理费用、财务费用、营业外支出各有多少；可以反映企业生产经营活动的成果，即净利润的实现情况，据以判断资本保值、增值情况等。将利润表中的信息与资产负债表中的信息相结合，可以提供进行财务分析的基本资料，如将销货成本与存货平均余额进行比较，计算出存货周转率；将净利润与资产总额进行比较，计算出资产收益率等；可以表现企业资金周转情况以及企业的盈利能力和水平，便于报表使用者判断企业未来的发展趋势，作出经济决策。

二、利润表的格式和填列方法

（一）利润表的格式

对利润表揭示信息的要求不同，形成了不同的表格形式。目前，比较普遍的利润表格式有两种：单步式利润表和多步式利润表。

1.单步式利润表

单步式利润表是将当期所有的收入列在一起，然后将所有的费用列在一起，两者相减计算出当期净损益。这样的格式使用者很容易理解。但是，单步式利润表只是对企业的各种收入和费用作了简单的归类，没有区分成本费用与收入的配比层次，因而，许多有意义的信息未能得到充分的反映，不能满足信息使用者的各种需要。

2.多步式利润表

多步式利润表是通过对当期的收入、费用、支出项目按性质加以归类，按利润形成的主要环节列示一些中间性利润指标，分步计算当期净损益，便于使用者理解企业经营成果的不同来源。企业利润表对于费用列报通常应当按照功能进行分类，即分为从事经营业务发生的成本、管理费用、销售费用和财务费用等，有助于使用者了解费用发生的活动领域；与此同时，为了有助于报表使用者预测企业的未来现金流量，对于费用的列报还应当在附注中披露按照性质分类的补充资料，比如分为耗用的原材料、职工薪酬费用、折旧费用、摊销费用等。利润表主要反映以下几方面的内容：

（1）营业收入。由主营业务收入和其他业务收入组成。

（2）营业利润。营业收入减去营业成本（主营业务成本、其他业务成本）、税金及附加、销售费用、管理费用、研发费用、财务费用、信用减值损失、资产减值损失，加上其他收益、投资收益、净敞口套期收益、公允价值变动收益、资产处置收益，即为营业利润。

（3）利润总额。营业利润加上营业外收入，减去营业外支出，即为利润总额。

（4）净利润。利润总额减去所得税费用，即为净利润，按照经营可持续性具体分为"持续经营净利润"和"终止经营净利润"两项。

（5）其他综合收益。其他综合收益是指企业根据其他会计准则规定未在当期损益中确认的各项利得和损失，具体分为"以后会计期间不能重分类进损益的其他综合收益项目"和"以后会计期间在满足条件时将重分类进损益的其他综合收益项目"两类，并以扣除相关所得税影响后的净额列报。其中，"以后会计期间不能重分类进损益的其他综合收益项目"主要包括重新计量设定收益计划净负债或净资产导致的变动、按照权益法核算的在被投资单位不能重分类进损益的其他综合收益变动中所享有的份额等。"以后会计期间在满足条件时将重分类进损益的其他综合收益项目"主要包括按照权益法核算的在被投资单位可重分类进损益的其他综合收益变动中所享有的份额、其他权益工具公允价值变动形成的利得或损失、金融资产重分类形成的利得或损失、现金流量套期工具产生的利得或损失中属于有效套期的部分、外币财务报表折算差额、自用房地产或作为存货的房地产转换为以公允价值模式计量的投资性房地产在转换日公允价值大于账面价值的部分等。

（6）综合收益总额。净利润加上其他综合收益税后净额，即为综合收益总额。

（7）每股收益。每股收益包括基本每股收益和稀释每股收益两项指标。

根据我国企业会计准则的相关规定，企业应当采用多步式列报利润表。

我国企业会计准则规定，企业需要提供比较利润表，以使报表使用者通过比较不同期间利润的实现情况，判断企业经营成果的未来发展趋势。因此，利润表还将各项目分为"本期金额"和"上期金额"两栏分别填列。一般企业利润表的具体格式见表13-4。

（二）利润表的填列方法

利润表各项目主要根据各损益类科目的发生额分析填列。

1."上期金额"的填列方法

"上期金额"应根据上年该期利润表的"本期金额"栏内所列数字填列。如果上年该期利润表规定的各个项目的名称和内容同本期不相一致，应对上年该期利润表各项目的名称和数字按本期的规定进行调整，填入利润表"上期金额"栏内。

2."本期金额"的填列方法

利润表"本期金额"栏内各项数字一般应根据损益类科目的发生额分析填列。

3.利润表各项目的列报说明

"营业收入"项目，反映企业经营主要业务和其他业务所确认的收入总额。本项目应根据"主营业务收入"科目与"其他业务收入"科目的发生额分析填列。

"营业成本"项目，反映企业经营主要业务和其他业务所发生的成本总额。本项目应根据"主营业务成本"科目与"其他业务成本"科目的发生额分析填列。

"税金及附加"项目，反映企业经营业务应负担的消费税、城市维护建设税、资源税、城镇土地使用税和教育费附加等。本项目应根据"税金及附加"科目的发生额分析填列。

"销售费用"项目，反映企业在销售商品过程中发生的包装费、广告费等费用和为销售本企业商品而专设的销售机构的职工薪酬、业务费等经营费用。本项目应根据"销售费用"科目的发生额分析填列。

"管理费用"项目，反映企业为组织和管理生产经营发生的管理费用。本项目应根据"管理费用"科目的发生额分析填列。

"研发费用"项目，反映企业进行研究与开发过程中发生的费用化支出，以及计入管理费用的自行开发无形资产的摊销。该项目应根据"管理费用"科目下的"研究费用"明细科目的发生额，以及"管理费用"科目下的"无形资产摊销"明细科目的发生额分析填列。

"财务费用"项目下的"利息费用"项目，反映企业为筹集生产经营所需资金等而发生的应予费用化的利息支出。该项目应根据"财务费用"科目的相关明细科目的发生额分析填列。该项目作为"财务费用"项目的其中项，以正数填列。

"财务费用"项目下的"利息收入"项目，反映企业按照相关会计准则确认的应冲减财务费用的利息收入。该项目应根据"财务费用"科目的相关明细科目的发生额分析填列。该项目作为"财务费用"项目的其中项，以正数填列。

"其他收益"项目，反映计入其他收益的政府补助，以及其他与日常活动相关且计入其他收益的项目。该项目应根据"其他收益"科目的发生额分析填列。企业作为个人所得税的扣缴义务人，根据《中华人民共和国个人所得税法》收到的扣缴税款手续费，应作为其他与日常活动相关的收益在该项目中填列。

"投资收益"项目，反映企业以各种方式对外投资所取得的收益。本项目应根据"投资收益"科目的发生额分析填列；如为投资损失，本项目以"-"号填列。其中，"对联营企业和合营企业的投资收益"项目，应根据"投资收益"科目所属的相关明细科目的发生额分析填列。

"以摊余成本计量的金融资产终止确认收益"项目，反映企业因转让等情形导致终止确认以摊余成本计量的金融资产而产生的利得或损失。该项目应根据"投资收益"科目的相关明细科目的发生额分析填列；如为损失，以"-"号填列。

"净敞口套期收益"项目，反映净敞口套期下被套期项目累计公允价值变动转入当期损益的金额或现金流量套期储备转入当期损益的金额。该项目应根据"净敞口套期损益"科目的发生额分析填列；如为套期损失，以"-"号填列。

"公允价值变动收益"项目，反映企业应当计入当期损益的资产或负债公允价值变动收益。本项目应根据"公允价值变动损益"科目的发生额分析填列。

"信用减值损失"项目，反映企业按照《企业会计准则第22号——金融工具确认和计量》（2017年修订）的要求计提的各项金融工具信用减值准备所确认的信用损失。该项目应根据"信用减值损失"科目的发生额分析填列。

"资产减值损失"项目，反映企业各项资产发生的减值损失。本项目应根据"资产减值损失"科目的发生额分析填列。

"资产处置收益"项目，反映企业出售划分为持有待售的非流动资产（金融工具、长期股权投资和投资性房地产除外）或处置组（子公司和业务除外）时确认的处置利得或损失，以及处置未划分为持有待售的固定资产、在建工程、生产性生物资产及无形资产而产生的处置利得或损失。债务重组中因处置非流动资产（金融工具、长期股权投资和投资性房地产除外）产生的利得或损失和非货币性资产交换中换出非流动资产（金融工具、长期股权投资和投资性房地产除外）产生的利得或损失也包括在本项目内。该项目应根据"资产处置损益"科目的发生额分析填列；如为处置损失，以"-"号填列。

"营业利润"项目，反映企业实现的营业利润。如为亏损，本项目以"-"号填列。

"营业外收入"项目，反映企业发生的除营业利润以外的收益，主要包括与企业日常活动无关的政府补助、盘盈利得、捐赠利得（企业接受股东或股东的子公司直接或间接的捐赠，经济实质属于股东对企业的资本性投入的除外）等。该项目应根据"营业外收入"科目的发生额分析填列。

"营业外支出"项目，反映企业发生的除营业利润以外的支出，主要包括公益性捐赠支出、非常损失、盘亏损失、非流动资产毁损报废损失等。该项目应根据"营业外支出"科目的发生额分析填列。非流动资产毁损报废损失通常包括因自然灾害发生毁损、已丧失使用功能等原因而报废清理产生的损失。企业在不同交易中形成的非流动资产毁损报废利得和损失不得相互抵销，应分别在"营业外收入"项目和"营业外支出"项目进行填列。

"利润总额"项目，反映企业实现的利润。如为亏损总额，本项目以"－"号填列。

"所得税费用"项目，反映企业按规定从当期利润总额中减去的所得税费用。本项目应根据"所得税费用"科目的发生额分析填列。

"净利润"项目，反映企业实现的净利润。如为净亏损，本项目以"－"号填列。

"（一）持续经营净利润"和"（二）终止经营净利润"项目，分别反映净利润中与持续经营相关的净利润和与终止经营相关的净利润；如为净亏损，以"－"号填列。该两个项目应按照《企业会计准则第42号——持有待售的非流动资产、处置组和终止经营》的相关规定分别列报。

"其他综合收益的税后净额"项目，反映企业根据企业会计准则规定未在损益中确认的各项利得和损失扣除所得税影响后的净额，主要包括可供出售金融资产产生的利得（或损失）、按照权益法核算的在被投资单位其他综合收益中所享有的份额、现金流量套期工具产生的利得（或损失）、外币财务报表折算差额等。

"其他权益工具投资公允价值变动"项目，反映企业指定为以公允价值计量且其变动计入其他综合收益的非交易性权益工具投资发生的公允价值变动。该项目应根据"其他综合收益"科目的相关明细科目的发生额分析填列。

"企业自身信用风险公允价值变动"项目，反映企业指定为以公允价值计量且其变动计入当期损益的金融负债，由企业自身信用风险变动引起的公允价值变动而计入其他综合收益的金额。该项目应根据"其他综合收益"科目的相关明细科目的发生额分析填列。

"其他债权投资公允价值变动"项目，反映企业分类为以公允价值计量且其变动计入其他综合收益的债权投资发生的公允价值变动。企业将一项以公允价值计量且其变动计入其他综合收益的金融资产重分类为以摊余成本计量的金融资产，或重分类为以公允价值计量且其变动计入当期损益的金融资产时，之前计入其他综合收益的累计利得或损失从其他综合收益中转出的金额作为该项目的减项。该项目应根据"其他综合收益"科目下的相关明细科目的发生额分析填列。

"金融资产重分类计入其他综合收益的金额"项目，反映企业将一项以摊余成本计量的金融资产重分类为以公允价值计量且其变动计入其他综合收益的金融资产时，计入其他综合收益的原账面价值与公允价值之间的差额。该项目应根据"其他综合收益"科目下的相关明细科目的发生额分析填列。

"其他债权投资信用减值准备"项目，反映企业按照《企业会计准则第22号——金融工具确认和计量》（2017年修订）分类为以公允价值计量且其变动计入其他综合收益的金融资产的损失准备。该项目应根据"其他综合收益"科目下的"信用减值准备"明细科目的发生额分析填列。

"现金流量套期储备"项目，反映企业套期工具产生的利得或损失中属于套期有效的部分。该项目应根据"其他综合收益"科目下的"套期储备"明细科目的发生额分析填列。

"综合收益总额"项目，反映企业净利润与其他综合收益的合计金额。

"基本每股收益"项目，反映企业普通股股东持有每一股份所能享有企业的利润或承担企业的亏损。

"稀释每股收益"项目，反映企业存在具有稀释性潜在普通股的情况下，以基本每股收益的计算为基础，考虑稀释性潜在普通股影响的每股收益。

拓展阅读13-1

IASB 对其他综合收益项目的列报

【例 13-2】仍以玫瑰股份有限公司为例说明利润表的编制方法，见表13-4。

表13-4

编制单位：玫瑰股份有限公司

利润表

2×24 年度

会企02表

单位：元

项 目	本期金额	上期金额（略）
一、营业收入	3 000 000	
减：营业成本	1 800 000	
税金及附加	10 000	
销售费用	40 000	
管理费用	164 720	
研发费用		
财务费用	80 000	
其中：利息费用	80 000	
利息收入		
加：其他收益		
投资收益（损失以"-"号填列）	70 720	
其中：对联营企业和合营企业的投资收益		
以摊余成本计量的金融资产终止确认收益（损失以"-"号填列）		
净敞口套期收益（损失以"-"号填列）		
公允价值变动收益（损失以"-"号填列）		
信用减值损失（损失以"-"号填列）		
资产减值损失（损失以"-"号填列）	44 000	
资产处置收益（损失以"-"号填列）		
二、营业利润（亏损以"-"号填列）	932 000	
加：营业外收入	800	
减：营业外支出		
三、利润总额（亏损总额以"-"号填列）	932 800	
减：所得税费用	233 200	
四、净利润（净亏损以"-"号填列）	699 600	
（一）持续经营净利润（净亏损以"-"号填列）		
（二）终止经营净利润（净亏损以"-"号填列）		

续表

项　目	本期金额	上期金额（略）
五、其他综合收益的税后净额		
（一）不能重分类进损益的其他综合收益		
1.重新计量设定受益计划变动额		
2.权益法下不能转损益的其他综合收益		
3.其他权益工具投资公允价值变动		
4.企业自身信用风险公允价值变动		
⋮		
（二）将重分类进损益的其他综合收益		
1.权益法下可转损益的其他综合收益		
2.其他债权投资公允价值变动		
3.金融资产重分类计入其他综合收益的金额		
4.其他债权投资信用减值准备		
5.现金流量套期储备		
6.外币财务报表折算差额		
⋮		
六、综合收益总额		
七、每股收益		
（一）基本每股收益		
（二）稀释每股收益		

第四节　现金流量表

一、现金流量表的概念和作用

现金流量表是指反映企业在一定会计期间现金和现金等价物流入和流出的报表。从编制原则上看，现金流量表按照收付实现制原则编制，将权责发生制下的盈利信息调整为收付实现制下的现金流量信息，便于信息使用者了解企业净利润的质量。从内容上看，现金流量表被划分为经营活动、投资活动和筹资活动三个部分，每类活动又分为各具体项目，这些项目从不同角度反映企业业务活动的现金流入与流出，弥补了资产负债表和利润表提供信息的不足。通过现金流量表，报表使用者能够了解现金流量的影响因素，评价企业的支付能力、偿债能力和周转能力，预测企业未来现金流量，为其决策提供有力依据。

二、现金及现金等价物的定义

现金流量表中的现金是指企业库存现金以及可以随时用于支付的存款。具体来说，现金流量表中的"现金"不仅包括"现金"账户核算的库存现金，还包括企业"银行存款"账户核算的存入金融企业、随时可用于支付的存款，也包括"其他货币资金"账户核算的外埠存款、银行汇票存款、银行本票存款、信用卡存款、信用证保证金存款和存出投资款等其他货币资金。

所谓现金等价物，是指企业持有的期限短、流动性强、易于转换为已知金额现金、价值变动风险很小的投资。现金等价物虽然不是现金，但因其支付能力与现金差别不大，可视为现金。一项投资被确认为现金等价物必须同时具备四个条件：期限短、流动性强、易于转换为已知金额现金、价值变动风险很小。所谓期限短，通常是指在3个月或更短时间内即到期或即可转换为现金的投资。也就是说，期限短的主要标志是购买日至到期日在3个月或更短时间内转换为已知金额现金的投资。至于哪些投资可视为现金等价物，应依据其定义确定。例如，短期股票投资因其价值变动风险较大，就不应当被视为现金等价物。具体而言，现金流量表中的现金的构成如图13-1所示。

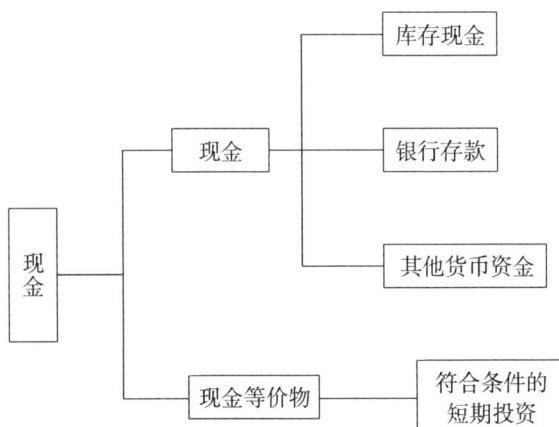

图13-1　现金流量表中的现金构成图

三、现金流量的分类

现金流量表首先要对企业各项经营业务产生或运用的现金流量进行合理的分类。通常，按照企业经营业务发生的性质将企业一定期间内产生的现金流量归为三类：

（1）经营活动产生的现金流量。经营活动是指企业除投资活动和筹资活动以外的所有交易和事项。各类企业由于行业特点不同，对经营活动的认定存在一定的差异。对于工商企业而言，经营活动主要包括销售商品、提供劳务、购买商品、接受劳务、支付职工薪酬、支付税费等。对于商业银行而言，经营活动主要包括吸收存款、发放贷款、同业存放、同业拆借等。对于保险公司而言，经营活动主要包括原保险业务和再保险业务等。对于证券公司而言，经营活动主要包括自营证券、代理承销证券、代理兑付证券、代理买卖证券等。

（2）投资活动产生的现金流量。投资活动是指企业长期资产的购建和不包括现金等价物范围内的投资及其处置活动。长期资产是指固定资产、无形资产、在建工程、其他资产等持有期限在一年或一个营业周期以上的资产。投资活动，既包括实物资产投资，也包括金融资产投资。之所以将"包括在现金等价物范围内的投资"排除在外，是因为已经将包括在现金等价物范围内的投资视同现金。不同企业由于行业特点不同，对投资活动的认定也存在差异。例如，交易性金融资产所产生的现金流量，对于工商企业而言，属于投资活动现金流量，而对于证券公司而言，属于经营活动现金流量。

（3）筹资活动产生的现金流量。其中，资本既包括实收资本（或股本），也包括资本溢价（或股本溢价）；债务是指对外举债，包括向银行借款、发行债券以及偿还债务等。

此外，对于企业日常活动之外的、不经常发生的特殊项目，如自然灾害损失、保险赔款、捐赠等，应当归并到相关类别中，并单独反映。例如，对于自然灾害损失和保险赔款，如果能够确指属于流动资产损失，应当列入经营活动产生的现金流量；属于固定资产损失，应当列入投资活动产生的现金流量。

具体而言，现金流量的分类如图13-2所示。

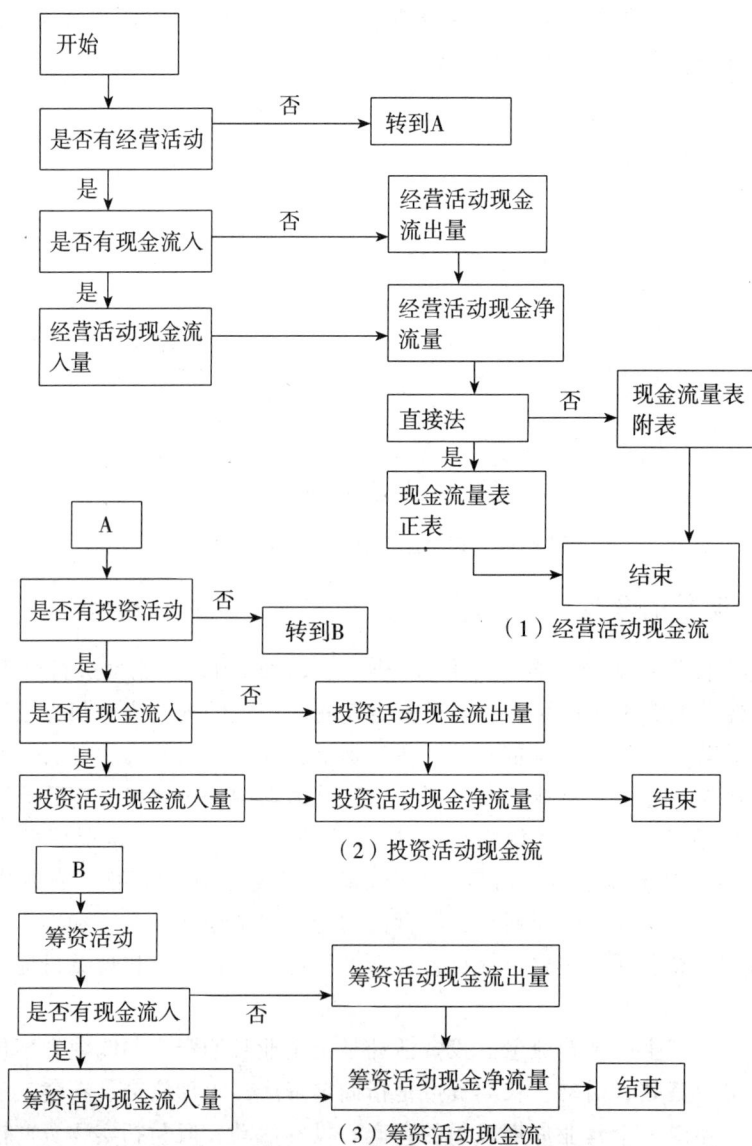

图13-2　现金流量分类判断图

四、现金流量表的格式和填列方法

（一）现金流量表的格式

我国的现金流量表包含正表和补充资料两部分。正表是现金流量表的主体和核心，反映企业在一定会计期间各类现金流入量、流出量以及净流量的信息；现金流量表补充资料包括以下三部分内容：将净利润调节为经营活动的现金流量（即按间接法编制的经营活动现金流量）；不涉及现金收支的重大投资和筹资活动；现金及现金等价物净变动情况。一般企业现金流量表具体格式见表13-6。

（二）现金流量表的填列方法

1.经营活动产生的现金流量的填列方法

在我国，企业经营活动产生的现金流量应当采用直接法填列。直接法，是指通过现金收入和现金支出的主要类别列示经营活动的现金流量。

（1）"销售商品、提供劳务收到的现金"项目，反映企业销售商品、提供劳务实际收到的现金，包括应向购买者收取的增值税销项税额，具体包括本期销售商品、提供劳务收到的现金，以及前期销售商品、提供劳务本期收到的现金和本期预收的账款，减去本期销售本期退回的商品和前期销售本期退回的商品支付的现金。企业销售材料和代购代销业务收到的现金，也在本项目反映。本项目可以根据"库存现金"、"银行存款"、"应收票据"、"应收账款"、"预收账款"、"主营业务收入"和"其他业务收入"科目的记录分析填列。

（2）"收到的税费返还"项目，反映企业收到返还的各种税费，如收到的增值税、消费税、关税、所得税、教育费附加返还款等。

（3）"收到其他与经营活动有关的现金"项目，反映企业除了上述各项目外，收到的其他与经营活动有关的现金，如罚款、租赁固定资产收到的现金、投资性房地产收到的租金收入、流动资产损失中由个人赔偿的现金、除税费返还外的其他政府补助收入等。其他现金流入如价值较大的，应单列项目反映。本项目可以根据"库存现金"、"银行存款"、"管理费用"和"销售费用"等科目的记录分析填列。企业实际收到的政府补助，无论是与资产相关还是与收益相关，均在"收到其他与经营活动有关的现金"项目填列。

（4）"购买商品、接受劳务支付的现金"项目，反映企业购买材料、商品、接受劳务实际支付的现金，包括支付的货款以及与货款一并支付的增值税进项税额，具体包括本期购买材料、商品、接受劳务支付的现金，以及本期支付前期购买商品、接受劳务的未付款项和本期预付款项，本期发生的购货退回收到的现金应从本项目内扣除。为购置存货而发生的借款利息资本化部分，应在"分配股利、利润或偿付利息支付的现金"项目中反映。本项目可以根据"库存现金"、"银行存款"、"应付票据"、"应付账款"、"预付账款"、"主营业务成本"和"其他业务成本"等科目的记录分析填列。

（5）"支付给职工以及为职工支付的现金"项目，反映企业实际支付给职工，以及为职工支付的现金，包括为获得职工提供的服务，本期实际给予职工各种形式的报酬以及其他相关支出，如支付给职工的工资、奖金、各种津贴和补贴等，以及为职工支付的其他费用。支付的在建工程人员的工资，在"购建固定资产、无形资产和其他长期资产支付的现金"项目中反映。

企业为职工支付的医疗、养老、失业、工伤等社会保险基金，补充养老保险，住房公积金，企业为职工缴纳的商业保险金，因解除与职工劳动关系给予的补偿，现金结算的股份支付，以及企业支付给职工或为职工支付的其他福利费等，应根据职工的性质和服务对象，分别在"购建固定资产、无形资产和其他长期资产支付的现金"和"支付给职工以及为职工支付的现金"项目中反映。

本项目可以根据"应付职工薪酬"、"库存现金"和"银行存款"等科目的记录分析填列。

（6）"支付的各项税费"项目，反映企业按规定支付的各种税费，包括本期发生并支付的税费，以及本期支付以前各期发生的税费和本期预交的税费，如支付的增值税、所得税、消费税、印花税、房产税、土地增值税、车船税、教育费附加等。其不包括计入固定资产价值、实际支付的耕地占用税，也不包括本期退回的增值税、所得税等，本期退回的增值税、所得税等在"收到的税费返还"项目反映。本项目可以根据"应交税费"、"库存现金"和"银行存款"等科目的记录分析填列。

（7）"支付其他与经营活动有关的现金"项目，反映企业除上述各项目外，支付的其他与经营活动有关的现金，如经营租赁支付的租金、罚款支出、支付的差旅费、支付的业务招待费、支付的保险费等，其他现金流出如价值较大的，应单列项目反映。本项目可以根据有关科目的记录分析填列。

2.投资活动产生的现金流量的填列方法

投资活动现金流量各项目的内容如下：

（1）"收回投资收到的现金"项目，反映企业出售、转让或到期收回除现金等价物以外的交易性金融资产、债权投资、其他债权投资、长期股权投资、其他权益工具投资而收到的现金，以及收回债权投资、其他债权投资本金而收到的现金，不包括长期债权投资收回的利息，以及收回的非现金资产。本项目可以根据"交易性金融资产"、"债权投资"、"其他债权投资"、"长期股权投资"、"其他权益工具投资"、"库存现金"和"银行存款"等科目的记录分析填列。

（2）"取得投资收益收到的现金"项目，反映因各种投资而分得的现金股利、利润、利息等，不包括股票股利。本项目可以根据"库存现金"、"银行存款"、"应收股利"、"应收利息"和"投资收益"等科目的记录分析填列。

（3）"处置固定资产、无形资产和其他长期资产收回的现金净额"项目，反映企业处置固定资产、无形资产和其他长期资产所取得的现金，扣除为处置这些资产而支付的有关费用后的净额。由于自然灾害所造成的固定资产等长期资产损失而收到的保险赔偿收入，也在本项目反映。如果收回的现金净额为负数，则应在"支付的其他与投资活动有关的现金"项目中反映。本项目可以根据"固定资产清理"、"库存现金"和"银行存款"等科目的记录分析填列。

（4）"处置子公司及其他营业单位收到的现金净额"项目，反映企业处置子公司及其他营业单位所取得的现金，减去子公司及其他营业单位持有的现金和现金等价物以及相关处置费用后的净额。本项目可以根据有关科目的记录分析填列。

（5）"收到其他与投资活动有关的现金"项目，反映企业除了上述项目以外，收到的其他与投资活动有关的现金流入。其他与投资活动有关的现金，如果价值较大，应单独反映。本项目可以根据有关科目的记录分析填列。

（6）"购建固定资产、无形资产和其他长期资产支付的现金"项目，反映企业购买、建造固定资产，取得无形资产和其他长期资产（如投资性房地产）所支付的现金，不包括为购建固定资产、无形资产和其他长期资产而发生的借款利息资本化的部分（在"分配股利、利润或偿付利息支付的现金"项目中反映），也不包括融资租入固定资产支付的租赁费（在"支付其他与筹资活动有关的现金"项目中反映）。本项目可以根据"固定资产"、"在建工程"、"工程物资"、"无形资产"、"库存现金"和"银行存款"等科目的记录分析填列。

（7）"投资支付的现金"项目，反映企业进行权益性投资所支付的现金，包括企业取得除现金等价物之外的交易性金融资产、债权投资、其他债权投资、长期股权投资、其他权益工具投资而支付的现金，以及支付的佣金、手续费等附加费用。

值得注意的是，企业进行债权或股权投资时，实际支付的价款中包含的已宣告但尚未领取的现金股利或已到付息期但尚未领取的债券利息，应在投资活动的"支付的其他与投资活动有关的现金"项目反映；收到购买股票和债券时支付的已宣告但尚未领取的现金股利或已到付息期但尚未领取的债券利息，应在投资活动的"收到的其他与投资活动有关的现金"项目反映。本项目可以根据"交易性金融资产"、"债权投资"、"其他债权投资"、"长期股权投资"、"其他权益工具投资"、"库存现金"和"银行存款"等科目的记录分析填列。

（8）"取得子公司及其他营业单位支付的现金净额"项目，反映企业购买子公司及其他营业单位购买价款中以现金支付的部分，减去子公司或其他营业单位持有的现金和现金等价物后的净额。本项目可以根据"长期股权投资"、"库存现金"和"银行存款"等科目的记录分析填列。

（9）"支付的其他与投资活动有关的现金"项目，反映企业除了上述项目以外，支付的其他与投资活动有关的现金流出。其他现金流出如价值较大的，应单列项目反映。本项目可以根据"应收股利"、"应收利息"、"银行存款"和"库存现金"等科目的记录分析填列。

3.筹资活动产生的现金流量的填列方法

现金流量表需要单独反映筹资活动产生的现金流量，通过现金流量表中反映的筹资活动的现金流量，可以帮助投资者和债权人预计对企业未来现金流量的要求权，以及获得前期现金流入而付出的代价。筹资活动的现金流量各项目的内容如下：

（1）"吸收投资收到的现金"项目，反映企业收到的投资者投入的现金，包括以发行股票方式筹集资金实际收到的股款净额（发行收入扣除佣金等发行费用的净额）。以发行股票方式筹集资金而由企业直接支付的审计、咨询等费用，以及发行债券支付的发行费用在"支付的其他与筹资活动有关的现金"项目反映，不从本项目扣除。本项目可以根据"实收资本（或股本）"、"资本公积"、"库存现金"和"银行存款"等科目的记录分析填列。

（2）"取得借款收到的现金"项目，反映企业举借各种短期、长期借款所收到的现金以及发行债券实际收到的款项净额（发行收入扣除直接支付的佣金等发行费用后的净额）。本项目可以根据"短期借款"、"长期借款"、"交易性金融负债"、"应付债券"、"库存现金"和"银行存款"等科目的记录分析填列。

（3）"收到其他与筹资活动有关的现金"项目，反映企业除上述各项目外，收到的其他与筹资活动有关的现金流入，如接受现金捐赠等。其他现金流入价值较大的，应单列项目反映。本项目可根据有关科目的记录分析填列。

（4）"偿还债务支付的现金"项目，反映企业以现金偿还债务的本金，包括偿还金融企业的借款本金、偿还债券本金等。企业偿付的借款利息、债券利息，不在本项目反映。本项目可以根据"短期借款"、"交易性金融负债"、"长期借款"、"应付债券"、"库存现金"和"银行存款"等科目的记录分析填列。

（5）"分配股利、利润和偿付利息支付的现金"项目，反映企业实际支付的现金股利、支付给其他单位的利润或用现金支付的借款利息、债券利息。本项目可以根据"应付股利"、"应付利息"、"利润分配"、"财务费用"、"在建工程"、"制造费用"、"研发支出"、"库存现金"和"银行存款"等科目的记录分析填列。

（6）"支付其他与筹资活动有关的现金"项目，反映企业除上述各项目外，支付的其他与筹资活动有关的现金流出，如以发行股票、债券方式筹集资金而由企业直接支付的审计、咨询等费用，融资租赁各期支付的现金，以分期付款方式购建固定资产、无形资产等各期支付的现金等。其他现金流出如价值较大的，应单列项目反映。本项目可根据有关科目的记录分析填列。

4.汇率变动对现金及现金等价物的影响

该项目反映企业外币现金流量及境外子公司的现金流量折算为记账本位币时，采用现金流量发生日的即期汇率或即期汇率的近似汇率折算的记账本位币金额与"现金及现金等价物净增加额"中外币现金净增加额按期末汇率折算的记账本位币金额之间的差额。汇率变动对现金的影响额应当作为调节项目，在现金流量表中单独列报。

在编制现金流量表时，对当期发生的外币业务，也可不必逐笔计算汇率变动对现金的影响，可以通过现金流量表补充资料中"现金及现金等价物净增加额"与现金流量表中"经营活动产生的现金流量净额"、"投资活动产生的现金流量净额"与"筹资活动产生的现金流量净额"三项之和比较，其差额即为"汇率变动对现金及现金等价物的影响"。

5.现金流量表补充资料

除现金流量表反映的信息外，企业还应在附注中披露将净利润调节为经营活动现金流量、不涉及现金收支的重大投资和筹资活动、现金及现金等价物净变动情况等信息。

（1）将净利润调节为经营活动现金流量

将净利润调节为经营活动现金流量，实际上是采用间接法列报经营活动现金流量，就是将按权责发生制原则确定的净利润调整为现金净流入，并剔除投资活动和筹资活动对现金流量的影响。

企业应当在附注中披露将净利润调节为经营活动现金流量的信息。至少应当单独披露对净利润进行调节的下列项目："资产减值准备"、"固定资产折旧"、"无形资产摊销"、"长期待摊费用摊销"、"处置固定资产、无形资产和其他长期资产的损失（减：收益）"、"固定资产报废损失"、"公允价值变动损失"、"财务费用"、"投资损失（减：收益）"、"递延所得税资产减少（增加以'-'号填列）"、"递延所得税负债增加（减少以'-'号填列）"、"存货的减少（减：增加）"、"经营性应收项目的减少（减：增加）"和"经营性应付项目的增加（减：减少）"。

补充资料中的"现金及现金等价物净增加额"与现金流量表中的"现金及现金等价物净增加额"的金额相等。

（2）不涉及现金收支的重大投资和筹资活动

不涉及现金收支的投资和筹资活动，反映企业一定期间内影响资产或负债但不形成该期现金收支的所有投资和筹资活动的信息，具体有以下项目："债务转为资本"、"一年内到期的可转换公司债券"和"融资租入固定资产"。

五、现金流量表编制方法

（一）直接法和间接法

经营活动产生的现金流量是一项重要的指标，它可以说明企业在不动用外部筹得资金的情况下，通过经营活动产生的现金流量是否足以偿还负债、支付股利和对外投资。经营活动产生的现金流量通常可以采用间接法和直接法两种方法反映[①]。

间接法是以本期净利润为起算点，调整不涉及现金的收入、费用、营业外收支等有关项目的增减变动，据此计算出经营活动的现金流量。直接法是通过现金收入和现金支出的主要类别来反映企业经营活动的现金流量。采用直接法编制经营活动现金流量时，一般以利润表中的营业收入为起算点，调整与经营活动有关的项目的增减变动，然后计算出经营活动的现金流量。

具体到两种方法的比较，虽然间接法由于可以直接利用利润表和资产负债表上的现成数据，在操作上更为简便，但从理论上说直接法是更为可取的。它可以提供经营活动中特定现金来源（流入）与使用（流出）的详尽信息，项目对应关系清晰易懂，可以避免在"经营活动的现金流量"项目下报告非现金项目（如折旧、资产处置利得或损失）的混乱及其可能产生的误导。

我国企业会计准则规定企业应当采用直接法编报现金流量表，同时要求在附注中提供以净利润为基础调节到经营活动现金流量的信息。

（二）工作底稿法及其编制程序

采用工作底稿法编制现金流量表，是以工作底稿为手段，以利润表和资产负债表数据为基础，对每一项目进行分析并编制调整分录，从而编制现金流量表。具体来说，运用工作底稿法编制现金流量表的工作程序如下：

第一步，将资产负债表的期初数和期末数过入工作底稿的期初数栏和期末数栏。

第二步，对当期业务进行分析并编制调整分录。编制调整分录时，要以利润表项目为基础，从"营业收入"开始，结合资产负债表项目逐一进行分析。调整分录中，有关现金和现金等价物的事项，分别记入"经营活动产生的现金流量""投资活动产生的现金流量""筹资活动产生的现金流量"有关项目。借记表示现金流入，贷记表示现金流出。

第三步，将调整分录过入工作底稿中的相应部分。

第四步，核对调整分录，借贷合计应相等，资产负债表项目期初数加减调整分录中的借贷金额以后，应当等于期末数。

第五步，根据工作底稿中的现金流量表项目部分编制正式的现金流量表。

---

① 根据我国《企业会计准则第31号——现金流量表》的规定，企业应当采用直接列示经营活动产生的现金流量，同时应当在附注中披露将净利润调整为经营活动现金流量的信息。

【例 13-3】仍以玫瑰股份有限公司为例，按照工作底稿法编制该公司 2×24 年的现金流量表，具体过程如下：

第一步，将资产负债表的期初数和期末数过入工作底稿的期初数栏和期末数栏。

第二步，对当期业务进行分析并编制调整分录。编制调整分录时，要以利润表为基础，从"营业收入"开始，结合资产负债表项目逐一进行分析。本例调整分录如下：

（1）分析调整营业收入：

借：经营活动现金流量——销售商品、提供劳务收到的现金　　2 292 000
　　应收账款　　　　　　　　　　　　　　　　　　　　　　436 000
　　应收票据　　　　　　　　　　　　　　　　　　　　　　662 000
　　贷：营业收入　　　　　　　　　　　　　　　　　　　　　　　　3 000 000
　　　　应交税费　　　　　　　　　　　　　　　　　　　　　　　　　390 000

（2）分析调整营业成本：

借：营业成本　　　　　　　　　　　　　　　　　　　　　1 800 000
　　应付票据　　　　　　　　　　　　　　　　　　　　　　234 000
　　贷：经营活动现金流量——购买商品、接受劳务支付的现金　　　　1 453 280
　　　　存货　　　　　　　　　　　　　　　　　　　　　　　　　　580 720

（3）分析调整税金及附加：

借：税金及附加　　　　　　　　　　　　　　　　　　　　　10 000
　　贷：经营活动现金流量——支付的各项税费　　　　　　　　　　　　10 000

（4）分析调整销售费用：

借：销售费用　　　　　　　　　　　　　　　　　　　　　　40 000
　　贷：经营活动现金流量——支付其他与经营活动有关的现金　　　　　40 000

（5）分析调整管理费用：

借：管理费用　　　　　　　　　　　　　　　　　　　　　164 720
　　贷：经营活动现金流量——支付其他与经营活动有关的现金　　　　164 720

（6）分析调整财务费用：

借：财务费用　　　　　　　　　　　　　　　　　　　　　　80 000
　　贷：应付利息　　　　　　　　　　　　　　　　　　　　　　　　　30 000
　　　　长期借款　　　　　　　　　　　　　　　　　　　　　　　　　50 000

（7）分析调整资产减值损失：

借：资产减值损失　　　　　　　　　　　　　　　　　　　　44 000
　　贷：固定资产　　　　　　　　　　　　　　　　　　　　　　　　　40 000
　　　　经营活动现金流量——支付其他与经营活动有关的现金　　　　　4 000

（8）分析调整投资收益：

借：投资活动现金流量——取得投资收益收到的现金　　　　　50 000
　　　　　　　　　　——收回投资收到的现金　　　　　　　　140 720
　　贷：投资收益　　　　　　　　　　　　　　　　　　　　　　　　　70 720
　　　　交易性金融资产　　　　　　　　　　　　　　　　　　　　　120 000

（9）分析调整营业外收入：

借：投资活动现金流量——处置固定资产、无形资产和其他长期资产收回的现

金净额 3 000

贷：营业外收入 800

固定资产 2 200

（10）分析调整所得税费用：

借：所得税费用 233 200

递延所得税资产 11 000

贷：应交税费 244 200

（11）分析调整坏账准备：

借：经营活动现金流量——支付其他与经营活动有关的现金 4 000

贷：应收账款——坏账准备 4 000

（12）分析调整长期待摊费用：

借：经营活动现金流量——支付其他与经营活动有关的现金 20 000

——购买商品、接受劳务支付的现金 140 000

贷：长期待摊费用 160 000

（13）分析调整固定资产：

借：固定资产 162 000

贷：投资活动现金流量——购建固定资产、无形资产和其他长期资产支付的现金

162 000

（14）分析调整累计折旧：

借：经营活动现金流量——支付其他与经营活动有关的现金 30 000

——购买商品、接受劳务支付的现金 150 000

贷：固定资产 180 000

（15）分析调整在建工程：

借：在建工程 228 000

贷：投资活动现金流量——购建固定资产、无形资产和其他长期资产支付的现金

200 000

应付职工薪酬 28 000

（16）分析调整无形资产摊销：

借：经营活动现金流量——支付其他与经营活动有关的现金 60 000

贷：无形资产 60 000

（17）分析调整短期借款：

借：短期借款 600 000

贷：筹资活动现金流量——偿还债务支付的现金 600 000

借：筹资活动现金流量——取得借款收到的现金 800 000

贷：短期借款 800 000

（18）分析调整应付职工薪酬（工资）：

借：应付职工薪酬 600 000

贷：经营活动现金流量——支付给职工以及为职工支付的现金　　　600 000

借：经营活动现金流量——购买商品、接受劳务支付的现金　552 000

　　　　　　　　　　　——支付其他与经营活动有关的现金　48 000

　　贷：应付职工薪酬　　　　　　　　　　　　　　　　　　　　600 000

（19）分析调整应付职工薪酬（养老保险）：

借：经营活动现金流量——购买商品、接受劳务支付的现金　77 280

　　　　　　　　　　　——支付其他与经营活动有关的现金　6 720

　　贷：应付职工薪酬　　　　　　　　　　　　　　　　　　　　84 000

（20）分析调整应交税费：

借：应交税费　　　　　　　　　　　　　　　　　　　　497 800

　　贷：经营活动现金流量——购买商品、接受劳务支付的现金　　59 800

　　　　　　　　　　　　——支付的各项税费　　　　　　　　438 000

（21）分析调整应付利息：

借：应付利息　　　　　　　　　　　　　　　　　　　　30 000

　　贷：筹资活动现金流量——分配股利、利润或偿付利息支付的现金　30 000

（22）分析调整长期借款：

借：一年内到期的非流动负债　　　　　　　　　　　　　600 000

　　贷：筹资活动现金流量——偿还债务支付的现金　　　　　　　600 000

（23）结转净利润：

借：净利润　　　　　　　　　　　　　　　　　　　　　699 600

　　贷：未分配利润　　　　　　　　　　　　　　　　　　　　699 600

（24）提取盈余公积及分配股利：

借：未分配利润　　　　　　　　　　　　　　　　　　　182 940

　　贷：盈余公积　　　　　　　　　　　　　　　　　　　　　104 940

　　　　应付股利　　　　　　　　　　　　　　　　　　　　　78 000

（25）调整现金净变化额：

借：货币资金　　　　　　　　　　　　　　　　　　　　11 920

　　贷：现金及现金等价物净增加额　　　　　　　　　　　　　　11 920

第三步，将调整分录过入工作底稿的相应部分，见表13-5。

表13-5　　　　　　　　　　　　　　现金流量表工作底稿　　　　　　　　　　　单位：元

项　目	期初数	调整分录		期末数
		借方	贷方	
一、资产负债表项目				
借方项目：				
货币资金	1 641 800	(25)11 920		1 653 720
交易性金融资产	120 000		(8)120 000	0
应收票据	468 000	(1)662 000		1 130 000

续表

项 目	期初数	调整分录 借方	调整分录 贷方	期末数
应收账款	1 000 000	(1)436 000	(11)4 000	1 432 000
其他应收款	420 000			420 000
预付款项	400 000			400 000
存货	1 960 000		(2)580 720	1 379 280
长期股权投资	500 000			500 000
固定资产	2 500 000	(13)162 000	(7)40 000 (9)2 200 (14)180 000	2 439 800
在建工程	1 320 000	(15)228 000		1 548 000
无形资产	600 000		(16)60 000	540 000
长期待摊费用	160 000		(12)160 000	0
递延所得税资产		(10)11 000		11 000
借方项目合计	11 089 800			11 453 800
贷方项目:				
短期借款	600 000	(17)600 000	(17)800 000	800 000
应付票据	234 000	(2)234 000		0
应付账款	1 560 000			1 560 000
应付职工薪酬	202 000	(18)600 000	(15)28 000 (18)600 000 (19)84 000	314 000
应交税费	38 000	(20)497 800	(1)390 000 (10)244 200	174 400
其他应付款	42 000	(21)30 000	(6)30 000 (24)78 000	120 000
一年内到期的非流动负债	600 000	(22)600 000		0
长期借款	1 400 000		(6)50 000	1 450 000
递延所得税负债				
股本	6 000 000			6 000 000
资本公积	13 800			13 800
盈余公积	200 000		(24)104 940	304 940

项 目	期初数	调整分录 借方	调整分录 贷方	期末数
未分配利润	200 000	(24)182 940	(23)699 600	716 660
贷方项目合计	11 089 800			11 453 800
二、利润表项目				
营业收入			(1)3 000 000	3 000 000
营业成本		(2)1 800 000		1 800 000
税金及附加		(3)10 000		10 000
销售费用		(4)40 000		40 000
管理费用		(5)164 720		164 720
财务费用		(6)80 000		80 000
投资收益			(8)70 720	70 720
营业外收入			(9)800	800
资产减值损失		(7)44 000		44 000
所得税费用		(10)233 200		233 200
净利润		(23)699 600		699 600
三、现金流量表项目				
（一）经营活动产生的现金流量				
销售商品、提供劳务收到的现金		(1)2 292 000		2 292 000
经营活动现金流入小计				2 292 000
购买商品、接受劳务支付的现金		(12)140 000 (14)150 000 (18)552 000 (19)77 280	(2)1 453 280 (20)59 800	593 800
支付给职工以及为职工支付的现金			(18)600 000	600 000
支付的各项税费			(3)10 000 (20)438 000	448 000
支付其他与经营活动有关的现金		(11)4 000 (12)20 000 (14)30 000 (16)60 000 (18)48 000 (19)6 720	(4)40 000 (5)164 720 (7)4 000	40 000

续表

项　目	期初数	调整分录		期末数
		借方	贷方	
经营活动现金流出小计				1 681 800
经营活动产生的现金流量净额				610 200
（二）投资活动产生的现金流量				
收回投资收到的现金		(8)140 720		140 720
取得投资收益收到的现金		(8)50 000		50 000
处置固定资产、无形资产和其他长期资产收回的现金净额		(9)3 000		3 000
投资活动现金流入小计				193 720
购建固定资产、无形资产和其他长期资产支付的现金			(13)162 000 (15)200 000	362 000
投资活动现金流出小计				362 000
投资活动产生的现金流量净额				-168 280
（三）筹资活动产生的现金流量				
取得借款收到的现金		(17)800 000		800 000
筹资活动现金流入小计				800 000
偿还债务支付的现金			(17)600 000 (22)600 000	1 200 000
分配股利、利润或偿付利息支付的现金			(21)30 000	30 000
筹资活动现金流出小计				1 230 000
筹资活动产生的现金流量净额				-430 000
（四）现金及现金等价物净增加额			(25)11 920	11 920
调整分录借贷方合计		11 700 900	11 700 900	

第四步，核对调整分录。

第五步，根据工作底稿中的现金流量表项目部分编制正式的现金流量表，见表13-6。

表 13-6   **现金流量表**   会企03表

编制单位：玫瑰股份有限公司   2×24年度   单位：元

项 目	本期金额	上期金额（略）
一、经营活动产生的现金流量：		
销售商品、提供劳务收到的现金	2 292 000	
收到的税费返还		
收到其他与经营活动有关的现金		
经营活动现金流入小计	2 292 000	
购买商品、接受劳务支付的现金	593 800	
支付给职工以及为职工支付的现金	600 000	
支付的各项税费	448 000	
支付其他与经营活动有关的现金	40 000	
经营活动现金流出小计	1 681 800	
经营活动产生的现金流量净额	610 200	
二、投资活动产生的现金流量：		
收回投资收到的现金	140 720	
取得投资收益收到的现金	50 000	
处置固定资产、无形资产和其他长期资产收回的现金净额	3 000	
处置子公司及其他营业单位收到的现金净额		
收到其他与投资活动有关的现金		
投资活动现金流入小计	193 720	
购建固定资产、无形资产和其他长期资产支付的现金	362 000	
投资支付的现金		
取得子公司及其他营业单位支付的现金净额		
支付其他与投资活动有关的现金		
投资活动现金流出小计	362 000	
投资活动产生的现金流量净额	-168 280	
三、筹资活动产生的现金流量：		
吸收投资收到的现金		
取得借款收到的现金	800 000	
收到其他与筹资活动有关的现金		
筹资活动现金流入小计	800 000	
偿还债务支付的现金	1 200 000	
分配股利、利润或偿付利息所支付的现金	30 000	
支付其他与筹资活动有关的现金		

项　　目	本期金额	上期金额（略）
筹资活动现金流出小计	1 230 000	
筹资活动产生的现金流量净额	-430 000	
四、汇率变动对现金及现金等价物的影响		
五、现金及现金等价物净增加额	11 920	
加：期初现金及现金等价物余额	1 641 800	
六、期末现金及现金等价物余额	1 653 720	

第五节　所有者权益变动表

一、所有者权益变动表概述

所有者权益变动表是反映构成所有者权益各组成部分当期增减变动情况的报表。所有者权益变动表应当全面反映一定时期所有者权益变动的情况，不仅包括所有者权益总量的增减变动，还包括所有者权益增减变动的重要结构性信息，尤其是要反映当期直接计入所有者权益的利得和损失，让财务报表使用者准确理解所有者权益增减变动的根源。

在所有者权益变动表中，综合收益和与所有者（或股东）的资本交易导致的所有者权益的变动，应当分别列示。企业至少应当单独列示反映下列信息的项目：（1）综合收益总额；（2）会计政策变更和前期差错更正的累积影响金额；（3）所有者投入资本和向所有者分配利润等；（4）提取的盈余公积；（5）所有者权益各组成部分的期初和期末余额及调整情况。

二、所有者权益变动表的列报格式和填列方法

（一）所有者权益变动表的列报格式

1.以矩阵形式列报

为了说明构成所有者权益的各组成部分当期的增减变动情况，所有者权益变动表应当以矩阵的形式列示。一方面，列示导致所有者权益变动的交易或事项，改变了以往仅仅按照所有者权益的各组成部分反映所有者权益变动情况，而是从所有者权益变动的来源对一定时期所有者权益变动情况进行全面反映；另一方面，按照所有者权益各组成部分（包括实收资本、资本公积、其他综合收益、盈余公积、未分配利润和库存股等）及其总额列示交易或事项对所有者权益的影响。

2.列示比较信息

根据企业会计准则的规定，企业需要提供比较所有者权益变动表，因此，所有者权益变动表还就各项目再分为"本年金额"和"上年金额"两栏分别填列。所有者权益变动表的具体格式参见表13-7。

（二）所有者权益变动表的填列方法

1.所有者权益变动表各项目的填列说明

（1）"上年年末余额"项目，反映企业上年资产负债表中实收资本（或股本）、其他权

402 /财务会计学：一般业务

益工具、资本公积、库存股、其他综合收益、专项储备、盈余公积、未分配利润的年末余额。

（2）"会计政策变更"和"前期差错更正"项目，分别反映企业采用追溯调整法处理的会计政策变更的累积影响金额和采用追溯重述法处理的会计差错更正的累积影响金额。

（3）"本年增减变动额"项目。

① "净利润"项目，反映企业当年实现的净利润（或净亏损）金额，并对应列在"未分配利润"栏。

② "其他综合收益"项目，反映企业当年根据企业会计准则规定未在损益中确认的各项利得和损失扣除所得税影响后的净额，并对应列在"资本公积"栏。

③ "净利润"和"其他综合收益"小计项目，反映企业当年实现的净利润（或净亏损）金额和当年计入其他综合收益金额的合计额。

④ "所有者投入和减少资本"项目，反映企业当年所有者投入的资本和减少的资本。其中：

"所有者投入资本"项目，反映企业接受投资者投入形成的实收资本（或股本）和资本溢价或股本溢价，并对应列在"实收资本"和"资本公积"栏。

"股份支付计入所有者权益的金额"项目，反映企业处于等待期中的权益结算的股份支付当年计入资本公积的金额，并对应列在"资本公积"栏。

⑤ "利润分配"下各项目，反映当年对所有者（或股东）分配的利润（或股利）金额和按照规定提取的盈余公积金额，并对应列在"未分配利润"和"盈余公积"栏。其中：

"提取盈余公积"项目，反映企业按照规定提取的盈余公积。

"对所有者（或股东）的分配"项目，反映对所有者（或股东）分配的利润（或股利）金额。

⑥ "所有者权益内部结转"下各项目，反映不影响当年所有者权益总额的所有者权益各组成部分之间当年的增减变动，包括下面内容：

"资本公积转增资本（或股本）"项目，反映企业以资本公积转增资本或股本的金额。

"盈余公积转增资本（或股本）"项目，反映企业以盈余公积转增资本或股本的金额。

"盈余公积弥补亏损"项目，反映企业以盈余公积弥补亏损的金额。

2.上年金额栏的填列方法

所有者权益变动表"上年金额"栏内各项数字，应根据上年度所有者权益变动表"本年金额"栏内所列数字填列。如果上年度所有者权益变动表规定的各项目名称和内容与本年度不一致，应对上年度所有者权益变动表各项目的名称和数字按本年度的规定进行调整，填入所有者权益变动表"上年金额"栏内。

3.本年金额栏的填列方法

所有者权益变动表"本年金额"栏内各项数字一般应根据"实收资本（或股本）"、"其他权益工具"、"资本公积"、"库存股"、"其他综合收益"、"专项储备"、"盈余公积"、"利润分配"和"以前年度损益调整"等科目的发生额分析填列。

企业的净利润及其分配情况作为所有者权益变动的组成部分，不需要单独设置利润分配表列示。

【例13-4】仍以玫瑰股份有限公司为例说明所有者权益变动表的编制方法，见表13-7。

所有者权益变动表

2×24年度

表13-7

编制单位：玫瑰股份有限公司

会企04表

单位：元

项目	本年金额											上年金额
	实收资本（或股本）	其他权益工具			资本公积	减：库存股	其他综合收益	专项储备	盈余公积	未分配利润	所有者权益合计	（略）
		优先股	永续债	其他								
一、上年年末余额	6 000 000				13 800				200 000	200 000	6 413 800	
加：会计政策变更												
前期差错更正												
其他												
二、本年年初余额	6 000 000				13 800				200 000	200 000	6 413 800	
三、本年增减变动金额（减少以"-"填列）									104 940	516 660	621 600	
（一）综合收益总额										699 600	699 600	
（二）所有者投入和减少资本												
1. 所有者投入的普通股												
2. 其他权益工具持有者投入资本												
3. 股份支付计入所有者权益的金额												
4. 其他												
（三）利润分配												
1. 提取盈余公积									104 940	−104 940	0	
2. 对所有者（或股东）的分配										−78 000	−78 000	
3. 其他												
（四）所有者权益内部结转												
1. 资本公积转增资本（或股本）												
2. 盈余公积转增资本（或股本）												
3. 盈余公积弥补亏损												
4. 设定受益计划变动额结转留存收益												
5. 其他综合收益结转留存收益												
6. 其他												
四、本年年末余额	6 000 000				13 800				304 940	716 660	7 035 400	

|第六节| 财务报表附注

一、财务报表附注的概念

财务会计报表中所包括的内容具有一定的固定性和规定性，只能提供定量的会计信息，因而所能反映的信息受到一定的限制。会计报表附注是对在资产负债表、利润表、现金流量表和所有者权益变动表等报表中列示项目的文字描述或明细资料，以及对未能在这些报表中列示项目的说明等。《企业会计准则第30号——财务报表列报》对财务报表附注的披露要求是对企业附注披露的最低要求，应当适用于所有类型的企业，企业还应当按照各项具体会计准则的规定在附注中披露相关信息。

二、财务报表附注披露的内容

财务报表附注相关信息应当与资产负债表、利润表、现金流量表和所有者权益变动表等报表中列示的项目相互参照，以有助于使用者联系相关联的信息，并由此从整体上更好地理解财务报表。

企业在披露附注信息时，应当以定量、定性信息相结合，按照一定的结构对附注信息进行系统合理的排列和分类，以便于使用者理解和掌握。附注应当按照下列顺序披露有关内容：

（一）企业的基本情况

（1）企业的注册地、组织形式和总部地址。

（2）企业的业务性质和主要经营活动，如企业所处的行业、所提供的主要产品或服务、客户的性质、销售策略、监管环境的性质等。

（3）母公司以及集团最终母公司的名称。

（4）财务报告的批准报出者和财务报告批准报出日。

（5）营业期限有限的企业，还应当披露有关其营业期限的信息。

（二）财务报表的编制基础

（三）遵循企业会计准则的声明

企业应当说明编制的财务报表符合企业会计准则的要求，真实、完整地反映了企业的财务状况、经营成果和现金流量等有关信息，以此明确企业编制财务报表所依据的制度基础。如果企业编制的财务报表只是部分地遵循了企业会计准则，附注中不得作出这种表述。

（四）重要会计政策和会计估计

根据《企业会计准则第30号——财务报表列报》的规定，企业应当披露采用的重要会计政策和会计估计，不重要的会计政策和会计估计可以不披露。

1.重要会计政策的说明

企业应当披露采用的重要会计政策，并结合企业的具体实际披露其重要会计政策的确定依据和财务报表项目的计量基础。其中，会计政策的确定依据主要是指企业在运用会计政策过程中所作的重要判断，这些判断对在报表中确认的项目金额具有重要影响。比如，企业如何判断与租赁资产相关的所有风险和报酬已转移给企业从而符合融资租赁的标准、投资性房地产的判断标准是什么等。财务报表项目的计量基础包括历史成本、重置成本、可变现净值、现值和公允价值等。

2.重要会计估计的说明

企业应当披露重要会计估计，并结合企业的具体实际披露其会计估计所采用的关键假设和不确定因素。重要会计估计的说明，包括可能导致下一个会计期间内资产、负债账面价值重大调整的会计估计的确定依据等。例如，固定资产可收回金额的计算需要根据其公允价值减去处置费用后的净额与预计未来现金流量的现值两者之间的较高者确定，在计算资产预计未来现金流量的现值时需要对未来现金流量进行预测，并选择适当的折现率，企业应当在附注中披露未来现金流量预测所采用的假设及其依据、所选择的折现率为什么是合理的等。

（五）会计政策和会计估计变更以及差错更正的说明

企业应当按照《企业会计准则第28号——会计政策、会计估计变更和差错更正》及其应用指南的规定，披露会计政策和会计估计变更以及差错更正的有关情况。

（六）报表重要项目的说明

对于会计报表重要项目的说明，应当按照资产负债表、利润表、现金流量表、所有者权益变动表及其项目列示的顺序，采用文字和数字描述相结合的方式进行披露。报表重要项目的明细金额合计，应当与报表项目金额相衔接。例如，对于应收账款说明的附注，可按以下格式披露：

（1）应收账款按账龄结构披露，见表13-8。

表13-8　　　　　　　　　　应收账款按账龄结构披露

账龄结构	期末账面余额	年初账面余额
1年以内（含1年）		
1年至2年（含2年）		
2年至3年（含3年）		
3年以上		
合计		

（2）应收账款按客户类别披露，见表13-9。

表13-9　　　　　　　　　　应收账款按客户类别披露

客户类别	期末账面余额	年初账面余额
客户1		
⋮		
其他客户		
合计		

（七）其他需要说明的重要事项

其他需要说明的重要事项主要包括或有和承诺事项、资产负债表日后非调整事项、关联方及其交易等需要说明的事项。

（八）有助于财务报表使用者评价企业管理资本的目标、政策及程序的信息

三、关联方披露

（一）关联方关系的认定

关联方关系的存在是以控制、共同控制或重大影响为前提条件的。在判断是否存在关联方关系时，应当遵循实质重于形式的原则。从一个企业的角度出发，与其存在关联方关系的各方包括：

（1）该企业的母公司，不仅包括直接或间接地控制该企业的其他企业，也包括能够对该企业实施直接或间接控制的单位等。

① 某一个企业直接控制一个或多个企业。例如，母公司控制一个或若干个子公司，则母公司与子公司之间存在关联方关系。

② 某一个企业通过一个或若干中间企业间接控制一个或多个企业。例如，母公司通过其子公司，间接控制子公司的子公司，表明母公司与其子公司的子公司存在关联方关系。

③ 某一个企业直接地和通过一个或若干中间企业间接地控制一个或多个企业。例如，母公司对某一企业的投资虽然没有达到控股的程度，但由于其子公司也拥有该企业的股份或权益，如果母公司与其子公司对该企业的投资之和达到拥有该企业的控制权，则母公司直接和间接地控制该企业，表明母公司与该企业之间存在关联方关系。

（2）该企业的子公司，包括直接或间接地被该企业控制的其他企业，也包括直接或间接地被该企业控制的企业、单位、基金等特殊目的实体。

（3）与该企业受同一母公司控制的其他企业。例如，A公司和B公司同受C公司控制，从而A公司和B公司之间构成关联方关系。

（4）对该企业实施共同控制的投资方。这里的共同控制包括直接的共同控制和间接的共同控制。对企业实施直接或间接共同控制的投资方与该企业之间是关联方关系，但这些投资方之间并不能仅仅因为共同控制了同一家企业而视为存在关联方关系。例如，A、B、C三个企业共同控制D企业，从而A和D、B和D，以及C和D成为关联方关系。如果不存在其他关联方关系，A和B、A和C以及B和C之间不构成关联方关系。

（5）对该企业施加重大影响的投资方。这里的重大影响包括直接的重大影响和间接的重大影响。对企业实施重大影响的投资方与该企业之间是关联方关系，但这些投资方之间并不能仅仅因为对同一家企业具有重大影响而视为存在关联方关系。

（6）该企业的合营企业。合营企业包括合营企业的子公司。合营企业是以共同控制为前提的，两方或多方共同控制某一企业时，该企业则为投资者的合营企业。例如，A、B、C、D企业各占F企业有表决权资本的25%，按照合同的规定，投资各方按照出资比例控制F企业，由于出资比例相同，F企业由A、B、C、D企业共同控制，在这种情况下，A和F、B和F、C和F以及D和F之间构成关联方关系。

（7）该企业的联营企业。联营企业包括联营企业的子公司。联营企业和重大影响是相联系的，如果投资者能对被投资企业施加重大影响，则该被投资企业应被视为投资者的联营企业。

（8）该企业的主要投资者个人及与其关系密切的家庭成员。主要投资者个人，是指能够控制、共同控制一个企业或者对一个企业施加重大影响的个人投资者。

① 某一企业与其主要投资者个人之间的关系。例如，张三是A企业的主要投资者，则A企业与张三构成关联方关系。

② 某一企业与其主要投资者个人关系密切的家庭成员之间的关系。例如，A企业的主要投资者张三的儿子与A企业构成关联方关系。

（9）该企业或其母公司的关键管理人员及与其关系密切的家庭成员。关键管理人员，是指有权力并负责计划、指挥和控制企业活动的人员。通常情况下，企业关键管理人员负责管理企业的日常经营活动，并且负责制订经营计划、战略目标，指挥调度生产经营活动等，主要包括董事长、董事、董事会秘书、总经理、总会计师、财务总监、主管各项事务的副总经理以及行使类似决策职能的人员等。

① 某一企业与其关键管理人员之间的关系。例如，A企业的总经理与A企业构成关联方关系。

② 某一企业与其关键管理人员关系密切的家庭成员之间的关系。例如，A企业的总经理张三的儿子张小三与A企业构成关联方关系。

（10）该企业主要投资者个人、关键管理人员或与其关系密切的家庭成员控制、共同控制的其他企业。与主要投资者个人、关键管理人员关系密切的家庭成员，是指在处理与企业的交易时可能影响该个人或受该个人影响的家庭成员，例如，父母、配偶、兄弟姐妹和子女等。对于这类关联方，应当根据主要投资者个人、关键管理人员或与其关系密切的家庭成员对两家企业的实际影响力具体分析判断。

① 某一企业与受该企业主要投资者个人控制、共同控制的其他企业之间的关系。例如，A企业的主要投资者H拥有B企业60%的表决权资本，则A和B存在关联方关系。

② 某一企业与受该企业主要投资者个人关系密切的家庭成员控制、共同控制的其他企业之间的关系。例如，A企业的主要投资者Y的妻子拥有B企业60%的表决权资本，则A和B存在关联方关系。

③ 某一企业与受该企业关键管理人员控制、共同控制的其他企业之间的关系。例如，A企业的关键管理人员H控制了B企业，则A和B存在关联方关系。

④ 某一企业与受该企业关键管理人员关系密切的家庭成员控制、共同控制的其他企业之间的关系。例如，A企业的财务总监Y的妻子是B企业的董事长，则A和B存在关联方关系。

（11）该企业关键管理人员提供服务的提供方与服务接受方。提供关键管理人员服务的主体（以下简称服务提供方）向接受该服务的主体（以下简称服务接受方）提供关键管理人员服务的，服务提供方和服务接受方之间是否构成关联方关系应当具体分析判断。

① 服务接受方在编制财务报表时，应当将服务提供方作为关联方进行相关披露。服

务接受方可以不披露服务提供方所支付或应支付给服务提供方有关员工的报酬，但应当披露其接受服务而应支付的金额。

② 服务提供方在编制财务报表时，不应仅仅因为向服务接受方提供了关键管理人员服务就将其认定为关联方，而应当按照《企业会计准则第36号——关联方披露》判断双方是否构成关联方关系并进行相应的会计处理。

（二）不构成关联方关系的情况

（1）与该企业发生日常往来的资金提供者、公用事业部门、政府部门和机构，以及因与该企业发生大量交易而存在经济依存关系的单个客户、供应商、特许商、经销商和代理商之间，不构成关联方关系。

（2）与该企业共同控制合营企业的合营者之间，通常不构成关联方关系。

（3）仅仅同受国家控制而不存在控制、共同控制或重大影响关系的企业，不构成关联方关系。

（4）受同一方重大影响的企业之间不构成关联方关系。

（三）关联方交易的类型

存在关联方关系的情况下，关联方之间发生的交易为关联方交易，关联方的交易类型主要有：

（1）购买或销售商品。购买或销售商品是关联方交易较常见的交易事项，例如，企业集团成员企业之间互相购买或销售商品，形成关联方交易。

（2）购买或销售除商品以外的其他资产。例如，母公司出售给其子公司设备或建筑物等。

（3）提供或接受劳务。例如，A企业是B企业的联营企业，A企业专门从事设备维修服务，B企业的所有设备均由A企业负责维修，B企业每年支付设备维修费用300万元，该维修服务构成A企业与B企业的关联方交易。

（4）担保。担保包括在借贷、买卖、货物运输、加工承揽等经济活动中，为了保障其债权实现而实行的担保等。当存在关联方关系时，一方往往为另一方提供为取得借款、买卖等经济活动中所需要的担保。

（5）提供资金（贷款或股权投资）。例如，企业从其关联方取得资金，或权益性资金在关联方之间的增减变动等。

（6）租赁。租赁通常包括经营租赁和融资租赁等，关联方之间的租赁合同也是主要的交易事项。

（7）代理。代理主要是依据合同条款，一方可为另一方代理某些事务，如代理销售货物或代理签订合同等。

（8）研究与开发项目的转移。在存在关联方关系时，有时某一企业所研究与开发的项目会由于一方的要求而放弃或转移给其他企业。例如，B公司是A公司的子公司，A公司要求B公司停止对某一新产品的研究和试制，并将B公司研究的现有成果转给A公司最近购买的、研究与开发能力超过B公司的C公司继续研制，从而形成关联方交易。

（9）许可协议。当存在关联方关系时，关联方之间可能达成某项协议，允许一方使用另一方商标等，从而形成了关联方之间的交易。

（10）代表企业或由企业代表另一方进行债务结算。

（11）关键管理人员薪酬。企业支付给关键管理人员的报酬，也是一项主要的关联方交易。关联方交易还包括就某特定事项在未来发生或不发生时所作出的采取相应行动的任何承诺，例如（已确认及未确认的）待执行合同。

（四）关联方的披露

（1）企业无论是否发生关联方交易，均应当在附注中披露与该企业之间存在直接控制关系的母公司和所有子公司有关的信息。母公司不是该企业最终控制方的，还应当披露企业集团内对该企业享有最终控制权的企业（或主体）的名称。母公司和最终控制方均不对外提供财务报表的，还应当披露母公司之上与其最相近的对外提供财务报表的母公司名称。

（2）企业与关联方发生关联方交易的，应当在附注中披露该关联方关系的性质、交易类型及交易要素。关联方关系的性质，是指关联方与该企业的关系，即关联方是该企业的子公司、合营企业、联营企业等。交易类型通常包括购买或销售商品、购买或销售商品以外的其他资产、提供或接受劳务、担保、提供资金（贷款或股权投资）、租赁、代理、研究与开发项目的转移、许可协议、代表企业或由企业代表另一方进行债务结算、就某特定事项在未来发生或不发生时所作出的采取相应行动的任何承诺，包括（已确认及未确认的）待执行合同等。交易要素至少应当包括：交易的金额；未结算项目的金额、条款和条件（包括承诺），以及有关提供或取得担保的信息；未结算应收项目坏账准备金额；定价政策。关联方交易的金额应当披露相关比较数据。

（3）对外提供合并财务报表的，对于已经包括在合并范围内各企业之间的交易不予披露。合并财务报表是将集团作为一个整体来反映与其有关的财务信息，在合并财务报表中，企业集团被作为一个整体看待，企业集团内的交易已不属于交易，并且已经在编制合并财务报表时予以抵销。因此，关联方披露准则规定，对外提供合并财务报表的，除了应按上述（1）、（2）的要求进行披露外，对于已经包括在合并范围内并已抵销的各企业之间的交易不予披露。

立德精业 13-1

财务报告的编制与分析应用是一项复杂、系统的工作，应坚持系统观念。党的二十大报告指出，实践没有止境，理论创新也没有止境；继续推进实践基础上的理论创新，首先要把握好习近平新时代中国特色社会主义思想的世界观和方法论，坚持好、运用好贯穿其中的立场观点方法，必须坚持系统观念。万事万物是相互联系、相互依存的，只有用普遍联系的、全面系统的、发展变化的观点观察事物，才能把握事物发展规律。

财务报告所提供的关于企业财务状况、经营成果和现金流量等的信息是企业投资者、债权人、政府管理者和社会公众等利益相关者评价、考核、监督企业管理者受托责任履行情况的基本手段，是企业投资者、债权人等作出投资或信贷决策的重要依据；真实、完整、有用的财务报告是经济社会诚信的重要内容和基石；提供虚假的财务报告是违法行为，构成犯罪的应依法追究刑事责任。为了防范和化解企业财务报告法律责任，确保财务报告信息真实可靠，提升企业治理和经营管理水平，促进资本市场和市场经济健康可持续发展，应当明确财务报告编制要求，落实经办责任，强化财务报告的监督和管理。

相关链接 13-1

《中华人民共和国会计法》完成修改，加强财会监督

第七节 中期财务报告

一、中期财务报告概述

中期财务报告，是指以中期为基础编制的财务报告。中期，是指短于一个完整的会计年度（自公历1月1日起至12月31日止）的报告期间，可以是一个月、一个季度或者半年，也可以是其他短于一个会计年度的期间，如1月1日至9月30日的期间等。因此，中期财务报告包括月度财务报告、季度财务报告、半年度财务报告，也包括年初至本中期末的财务报告。

《企业会计准则第32号——中期财务报告》规定，中期财务报告至少应当包括资产负债表、利润表、现金流量表和附注。

二、中期财务报告编制中的确认和计量

（一）中期财务报告编制中确认和计量的基本原则

（1）中期财务报告要素的确认和计量原则应当与年度财务报告相一致。企业在中期根据所发生的交易或者事项，对会计要素进行确认和计量时，应当符合相应会计要素定义和确认、计量标准，不能因为财务报告期间的缩短（相对于会计年度而言）而改变。

（2）中期会计计量应当以年初至本中期末为基础。企业中期会计计量的结果最终应当与年度财务报告中的会计计量结果相一致。为此，企业中期财务报告的计量应当以年初至本中期末为基础，而不应当以本中期作为会计计量的期间基础。

（3）中期采用的会计政策应当与年度财务报告相一致，会计政策、会计估计变更应当符合规定。为了提高会计信息的可比性和有用性，企业在中期不得随意变更会计政策，应当采用与年度财务报告相一致的会计政策。如果上年度资产负债表日之后按规定变更了会计政策，且该变更后的会计政策将在本年度财务报告中采用，中期财务报告应当采用该变更后的会计政策。

对于会计估计变更，在同一会计年度内，以前中期财务报告项目在以后中期发生了会计估计变更的，以后中期财务报告应当反映该会计估计变更后的金额，但对以前中期财务报告项目金额不作调整。会计估计变更的影响数计入变更当期，如果还影响到后期，还应当将这个影响数计入以后期间，并在附注中作相应的披露。

（二）季节性、周期性或者偶然性取得收入的确认和计量

企业取得季节性、周期性或者偶然性收入，应当在发生时予以确认和计量，不应当在中期财务报告中预计或者递延，但会计年度末允许预计或者递延的除外。

企业经营的季节性特征，是指企业营业收入的取得或者营业成本的发生主要集中在全年度的某一季节或者某段期间内，如供暖企业的营业收入主要来自冬季，冷饮企业的营业收入主要来自夏季。

企业经营的周期性特征是指企业每隔一个周期就会稳定地取得一定的收入或者发生一定的成本的情况。例如，某房地产企业开发房地产通常需要一个周期，如需要2~3年才能完成开发，而该企业又不同时开发多个项目，这样在房地产开发完成并出售之前，企业

不能确认收入，所发生的相关成本费用则作为房地产的开发成本，企业通常只有在将所开发完成的房地产对外出售之后才能确认收入。

（三）会计年度中不均匀发生的费用的确认和计量

在编制中期财务报告时，企业在会计年度中不均匀发生的费用，应当在发生时予以确认和计量，不应当在中期财务报表中预提或者待摊，如员工培训费等，往往集中在会计年度的个别中期内，但会计年度末允许预提或者待摊的除外。

三、中期财务报告编制

（一）中期财务报告编制应遵循的原则

1.与年度财务报告相一致的会计政策

企业在编制中期财务报告时，应当将中期视同为一个独立的会计期间，所采用的会计政策应当与年度财务报告所采用的会计政策相一致，包括会计要素确认和计量原则相一致。企业在编制中期财务报告时不得随意变更会计政策

2.重要性原则

重要性原则是企业编制中期财务报告的一项十分重要的原则，具体应注意以下几点：

（1）重要性程度的判断应当以中期财务数据为基础，而不得以预计的年度财务数据为基础。这里所指的"中期财务数据"，既包括本中期的财务数据，也包括年初至本中期末的财务数据。

（2）重要性原则的运用应当保证中期财务报告包括了与理解企业中期末财务状况和中期经营成果及其现金流量相关的信息。企业在运用重要性原则时，应当避免在中期财务报告中由于不确认、不披露或者忽略某些信息而对信息使用者的决策产生误导。

（3）重要性程度的判断需要根据具体情况作具体分析和职业判断。通常，在判断某一项目的重要性程度时，应当将项目的金额和性质结合在一起予以考虑，而且在判断项目金额的重要性时，应当以资产、负债、净资产、营业收入、净利润等直接相关项目数字作为比较基础，并综合考虑其他相关因素。在一些特殊情况下，单独依据项目的金额或者性质就可以判断其重要性。例如，企业发生会计政策变更，该变更事项对当期期末财务状况或者当期损益的影响可能比较小，但对以后期财务状况或者损益的影响比较大，因此会计政策变更从性质上属于重要事项，应当在财务报告中予以披露。

3.及时性原则

为了体现企业编制中期财务报告的及时性原则，中期财务报告计量相对于年度财务数据的计量而言，在很大程度上依赖于估计。例如，企业通常在会计年度末对存货进行全面、详细的实地盘点，因此，对年末存货可以达到较为精确的计价。但是在中期末，由于时间上的限制和成本方面的考虑，有时不大可能对存货进行全面、详细的实地盘点，在这种情况下，对于中期末存货的计价就可在更大程度上依赖于会计估计。但是，企业应当确保所提供的中期财务报告包括了相关的重要信息。

（二）中期财务报告编制要求

（1）资产负债表、利润表、现金流量表和附注是中期财务报告至少应当编制的法定内容，对其他财务报表或者相关信息，如所有者权益（或股东权益）变动表等，企业可以根据需要自行决定。

（2）中期资产负债表、利润表和现金流量表的格式和内容，应当与上年度财务报表相一致。但如果当年新施行的会计准则对财务报表格式和内容作了修改的，中期财务报表应当按照修改后的报表格式和内容编制，同时，在中期财务报告中提供的上年度比较财务报表的格式和内容也应当作相应的调整。

（3）与年度财务报告中的附注相比，中期财务报告中的附注可以适当简化，但应当遵循重要性原则。如果某项信息没有在中期财务报告附注中披露，会影响到投资者等信息使用者对企业财务状况、经营成果和现金流量判断的正确性，那么就认为这一信息是重要的。但企业至少应当在中期财务报告附注中披露中期财务报告准则规定的信息。

（三）中期合并财务报表和母公司财务报表编报要求

企业上年度编制合并财务报表的，中期期末应当编制合并财务报表。上年度财务报告除了合并财务报表，还包括母公司财务报表的，中期财务报告也应当包括母公司财务报表。

（1）上年度编报合并财务报表的企业，其中期财务报告也应当编制合并财务报表，而且合并财务报表的合并范围、合并原则、编制方法和合并财务报表的格式与内容等也应当与上年度合并财务报表相一致。

（2）上年度财务报告包括了合并财务报表，但报告中期内处置了所有应纳入合并范围的子公司的，中期财务报告应包括当年子公司处置前的相关财务信息。

（3）企业在报告中期内新增子公司的，在中期末就应当将该子公司财务报表纳入合并财务报表的合并范围。

（4）应当编制合并财务报表的企业，如果在上年度财务报告中除了提供合并财务报表之外，还提供了母公司财务报表，那么在其中期财务报告中除了应当提供合并财务报表之外，也应当提供母公司财务报表。

（四）比较财务报表编制要求

为了提高财务报告信息的可比性、相关性和有用性，企业在中期末除了要编制中期资产负债表、利润表和现金流量表外，还应当提供前期比较财务报表，包括本中期末的资产负债表和上年度的资产负债表，本中期的利润表、年初至本中期末的利润表以及上年度可比期间的利润表，年初至本中期末的现金流量表和上年度年初至上年可比中期末的现金流量表。

【例13-5】某企业按照要求需提供季度财务报告，则该企业在2×24年3月31日、6月30日和9月30日分别提供的各季度财务报告中应当包括如下财务报表：

（1）2×24年第一季度财务报告应当提供的财务报表，见表13-10。

表13-10　　　　　　　　　　2×24年第一季度财务报告应当提供的财务报表

报表类别	本年度中期财务报表时间（或期间）	上年度比较财务报表时间（或期间）
资产负债表	2×24年3月31日	2×23年12月31日
利润表	2×24年1月1日至3月31日	2×23年1月1日至3月31日
现金流量表	2×24年1月1日至3月31日	2×23年1月1日至3月31日

注：在第一季度财务报告中，"本中期"与"年初至本中期末"的期间是相同的，所以第一季度财务报告只需提供一张利润表，因为在第一季度，本中期利润表即为年初至本中期末利润表，相应地，上年度的比较财务报表也只需提供一张利润表。

（2）2×24年第二季度财务报告应当提供的财务报表，见表13-11。

表13-11　　　　　　　2×24年第二季度财务报告应当提供的财务报表

报表类别	本年度中期财务报表时间（或期间）	上年度比较财务报表时间（或期间）
资产负债表	2×24年6月30日	2×23年12月31日
利润表（本中期）	2×24年4月1日至6月30日	2×23年4月1日至6月30日
利润表（年初至本中期末）	2×24年1月1日至6月30日	2×23年1月1日至6月30日
现金流量表	2×24年1月1日至6月30日	2×23年1月1日至6月30日

（3）2×24年第三季度财务报告应当提供的财务报表，见表13-12。

表13-12　　　　　　　2×24年第三季度财务报告应当提供的财务报表

报表类别	本年度中期财务报表时间（或期间）	上年度比较财务报表时间（或期间）
资产负债表	2×24年9月30日	2×23年12月31日
利润表（本中期）	2×24年7月1日至9月30日	2×23年7月1日至9月30日
利润表（年初至本中期末）	2×24年1月1日至9月30日	2×23年1月1日至9月30日
现金流量表	2×24年1月1日至9月30日	2×23年1月1日至9月30日

四、中期财务报告附注

相关链接13-2

中期报告的适度性

为了使财务报告信息对会计信息使用者的决策更加相关、有用，企业需要披露中期财务报告附注。

（一）中期财务报告附注披露要求

1.中期财务报告附注应当以年初至本中期末为基础披露

编制中期财务报告的目的是向报告使用者提供自上年度资产负债表日之后所发生的重要交易或者事项，因此，中期财务报告中的附注应当以"年初至本中期末"为基础进行编制，而不应当仅仅披露本中期发生的重要交易或事项。

2.中期财务报告附注应当对自上年度资产负债表日之后发生的重要交易或者事项进行披露

中期财务报告中的附注应当以年初至本中期末为基础编制，披露自上年度资产负债表日之后发生的，有助于理解企业财务状况、经营成果和现金流量变化情况的重要交易或者事项。此外，对于理解本中期财务状况、经营成果和现金流量有关的重要交易或者事项，也应当在附注中作相应披露。

（二）中期财务报告附注披露内容

《企业会计准则第32号——中期财务报告》规定，中期财务报告附注至少应当包括以下信息：

（1）中期会计报表所采用的会计政策与上年度会计报表相一致的声明。企业在中期会计政策发生变更的，应当说明会计政策变更的性质、内容、原因及影响数；如果无法进行追溯调整的，应当说明原因。

（2）会计估计变更的内容、原因及影响数；影响数不能确定的，应当说明原因。

（3）前期差错的性质及更正金额；无法进行追溯重述的，应当说明原因。

（4）企业经营的季节性或者周期性特征。

（5）存在控制关系的关联方发生变化的情况；关联方之间发生交易的，应当披露关联方关系的性质、交易类型和交易要素。

（6）合并财务报表的合并范围发生变化的情况。

（7）对性质特别或者金额异常的财务报表项目的说明。

（8）证券发行、回购和偿还情况。

（9）向所有者分配利润的情况，包括已在中期内实施的利润分配和已提出或者已批准但尚未实施的利润分配情况。

（10）根据《企业会计准则第35号——分部报告》的规定披露分部报告信息的，应当披露主要报告形式的分部收入与分部利润（亏损）。

（11）中期资产负债表日至中期财务报告批准报出日之间发生的非调整事项。

（12）上年度资产负债表日以后所发生的或有负债和或有资产的变化情况。

（13）企业结构变化情况，包括企业合并，对被投资单位具有重大影响、共同控制或者控制关系的长期股权投资的购买或者处置，终止营业等。

（14）其他重大交易或者事项，包括重大的长期资产转让及出售情况、重大的固定资产和无形资产取得情况、重大的研究和开发支出情况、重大的资产减值损失情况等。

当企业在提供上述第（5）和第（10）项有关关联方交易以及分部收入与分部利润（亏损）信息时，应当同时提供本中期（或者本中期末）和本年度年初至本中期末的数据，以及上年度可比本中期（或者可比期末）和可比年初至本中期末的比较数据。

此外，在同一会计年度内，如果以前中期财务报告中的某项估计金额在最后一个中期发生了重大变更而企业又不单独编制该最后中期的财务报告的，企业应当在年度财务报告附注中披露该项会计估计变更的内容、原因及影响金额。

立德精业 13-2

我国最高人民法院发布财务造假典型案例

人民法院对财务造假案件的妥善审理，关系到各类市场主体合法权益的维护和经济社会发展大局。为进一步发挥司法服务保障促进经济社会高质量发展的职能作用及典型案例的引领示范价值，2024年6月26日，最高人民法院发布五个财务造假典型案例。

近年来，最高人民法院坚持以习近平新时代中国特色社会主义思想为指导，全面贯彻党的二十大精神，深入贯彻习近平法治思想，紧紧围绕高质量发展主题，立足和延伸司法职能，对财务造假违法犯罪案件加强审判指导，制发司法解释、规范性文件，发布典型案例，意在依法整治财务审计秩序、有效遏制财务造假行为，不断加大对财务造假等行为惩治力度，坚守法治和诚信底线，构建公开透明、诚信为本的市场环境。

本次选取的典型案例涉及上市公司、挂牌公司、普通国有公司及私营企业多类主体，造假行为涵盖挂牌公司公开转让、上市公司重大资产重组、出具虚假审计报告骗取银行贷款等多个场景。人民法院对于证券发行人、主办券商、财务顾问、会计师事务所等众多财务造假主体，根据各自过错予以相应刑事与民事打击，落实了党中央关于对财务造假"零容忍"的要求。

证券发行企业的大股东和实控人是财务造假的首恶，首先应予以严惩。同时，承销保荐机构、会计师事务所、律师事务所等证券服务机构怠于履行"看门人"职责，参与或配合财务造假，严重损害多层次资本市场体系建设，损害中小投资者权益，影响了市场投资信心和国家金融安全，也应依法追究法律责任。此次发布的案例中，人民法院贯彻"过责相当"原则，合理界定各方注意义务和责任范围，认定证券公司、会计师事务所承担相应比例连带赔偿责任，"追首恶"与"打帮凶"并举，精准打击违法行为，保护投资者合法权益，促进行业健康发展。

资料来源　最高人民法院新闻局。

本章小结

财务报表中蕴含着极其丰富的信息，从一般意义上来说，财务报表信息通过影响投资者对未来收益和风险的先验概率，从而帮助其进行恰当的经济决策。

财务报告是企业财务会计确认和计量的最终结果体现，财务报告信息使用者主要通过财务报告来了解企业当前的财务状况、经营成果和现金流量等情况，从而预测未来的发展趋势。

资产负债表是反映企业在某一特定日期的财务状况的会计报表。资产负债表的格式主要有账户式和报告式两种。我国企业的资产负债表采用账户式结构。

利润表是反映企业在一定会计期间的经营成果的会计报表。利润表格式有两种：单步式利润表和多步式利润表。我国企业会计准则规定，企业应当采用多步式列报利润表。

现金流量表是指反映企业在一定会计期间现金和现金等价物流入和流出的报表。我国的现金流量表包含正表和补充资料两部分。现金流量表编制方法有直接法和间接法以及工作底稿法。工作底稿法是以工作底稿为手段，以利润表和资产负债表数据为基础，对每一项目进行分析并编制调整分录，从而编制现金流量表。

所有者权益变动表是反映构成所有者权益的各组成部分当期的增减变动情况的报表，这些增减变动情况包括所有者权益总量的增减变动、所有者权益增减变动的重要结构性信息，尤其是要反映当期直接计入所有者权益的利得和损失。

财务报表附注是对在资产负债表、利润表、现金流量表和所有者权益变动表等报表中列示项目的文字描述或明细资料，以及对未能在这些报表中列示项目的说明等。关联方关系的存在是以控制、共同控制或重大影响为前提条件的。企业无论是否发生关联方交易，均应当在财务报表附注中披露与该企业之间存在直接控制关系的母公司和所有子公司有关的信息；企业与关联方发生关联方交易的，应当在附注中披露该关联方关系的性质、交易类型及交易要素。

中期财务报告，是指以中期为基础编制的财务报告。中期财务报告至少应当包括资产负债表、利润表、现金流量表和附注。

主要概念

　　财务报告　财务报表　资产负债表　利润表　现金流量表　所有者权益变动表　财务报表附注　关联方关系　关联方交易　中期财务报告

第十三章基本训练

会计政策、会计估计及其变更与前期差错更正

学习目标

通过本章学习，应该达到以下目标：在知识方面，了解会计政策的基本含义；掌握会计政策变更及会计估计变更的原因与会计处理方法。在技能方面，熟练掌握会计政策变更及会计估计变更的会计处理方法；掌握前期会计差错更正及资产负债表日后事项的会计处理方法。在能力方面，能运用会计政策、会计估计及其变更与前期差错更正的会计处理方法解决企业发生的相关实际问题。

思维导图

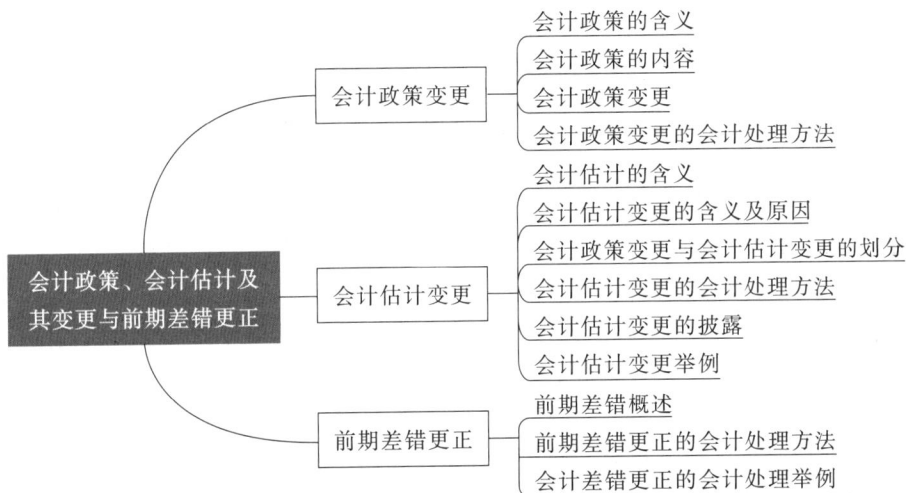

会计政策、会计估计及其变更与前期差错更正
- 会计政策变更
  - 会计政策的含义
  - 会计政策的内容
  - 会计政策变更
  - 会计政策变更的会计处理方法
- 会计估计变更
  - 会计估计的含义
  - 会计估计变更的含义及原因
  - 会计政策变更与会计估计变更的划分
  - 会计估计变更的会计处理方法
  - 会计估计变更的披露
  - 会计估计变更举例
- 前期差错更正
  - 前期差错概述
  - 前期差错更正的会计处理方法
  - 会计差错更正的会计处理举例

引导案例

甲公司会计差错调整

引导案例说明，企业必须遵守国家的相关会计政策，不得随意加以变更与调整。会计调整是指企业按国家法律、行政法规的要求，或因特定情况下按照会计制度规定对企业原采用的会计政策、会计估计、发现的前期差错、发生的资产负债表日后事项等所作的调

整。会计调整的目的在于通过交易和事项的反映、调整和披露，最大限度地保证会计信息的完整性和准确性，使会计信息使用者更准确地了解企业的财务状况、经营成果和现金流量等相关信息，以便作出正确的决策。本章将主要阐述会计政策、会计估计及其变更与前期差错更正的会计处理及其影响。

|第一节| 会计政策变更

一、会计政策的含义

会计政策，是指企业在会计确认、计量和报告中所采用的具体原则、会计基础和会计处理方法。其中：具体原则是指国家会计法、企业会计准则、企业会计制度所规定的，适合于本企业的会计原则。会计基础是指企业应当以权责发生制为基础进行会计确认、计量和报告。会计处理方法是指企业在会计核算中从诸多可选择的会计处理方法中所选择的适合于本企业的会计处理方法，如坏账损失的核算方法、固定资产折旧的计提方法等。会计政策具有选择性、强制性和层次性等特点。

二、会计政策的内容

按有关规定，企业应当披露采用的重要会计政策，不具有重要性的会计政策可以不予披露。判断会计政策是否重要，应当考虑与会计政策相关的项目的性质和金额。企业应当披露的重要会计政策主要包括：

（1）合并政策。合并政策是指编制合并会计报表时所采纳的原则和方法。例如，合并范围的确定原则、母公司与子公司会计年度不一致时的处理原则、母公司与子公司所采用的会计政策是否一致及相关的处理政策等。

（2）存货的计价。存货的计价是指企业存货的计价方法。例如，发出存货的计价是采用先进先出法，还是采用加权平均法或会计准则所允许的其他计价方法。

（3）长期股权投资的后续计量。长期股权投资的核算是指企业取得长期股权投资后的具体会计处理方法。例如，企业对被投资单位的股权投资是采用成本法核算，还是采用权益法核算等。

（4）投资性房地产的后续计量。投资性房地产的后续计量是指企业在资产负债表日对投资性房地产进行后续计量所采用的会计处理方法。例如，企业对投资性房地产的后续计量是采用成本模式，还是公允价值模式。

（5）固定资产的初始计量。固定资产的初始计量是指对取得的固定资产初始成本的计量。例如，企业取得的固定资产初始成本是以购买价款，还是以购买价款的现值为基础进行计量。

（6）生物资产的初始计量。生物资产的初始计量是指对取得的生物资产初始成本的计量。例如，企业为取得生物资产而产生的借款费用，是予以资本化，还是计入当期损益。

（7）无形资产的确认。无形资产的确认是指对开发项目的支出是否确认为无形资产。例如，企业内部研究开发项目开发阶段的支出是确认为无形资产，还是在发生时计入当期损益。

（8）非货币性资产交换的计量。非货币性资产交换的计量是指非货币性资产交换事项中对换入资产成本的计量。例如，非货币性资产交换是以换出资产的公允价值作为确定换入资产成本的基础，还是以换出资产的账面价值作为确定换入资产成本的基础。

（9）借款费用的处理。借款费用的处理是指借款费用的处理方法。例如，企业的借款费用是按照资本化处理，还是按照费用化处理等。

此外，如果企业经济业务复杂多变，除了披露上述常见的会计政策外，还可以根据会计事项的发生情况适当进行增补。

三、会计政策变更

会计政策变更是指企业对相同的交易或事项，由原来采用的会计政策改用另一种会计政策的行为。按企业会计准则的规定，企业采用的会计政策，在每一会计期间和前后各期应当保持一致，不得随意变更。但是，满足下列条件之一的，可以变更会计政策：

（1）法律、行政法规或者国家统一的会计制度等要求变更。当国家法律或会计准则、会计制度等行政法规要求改变原会计政策而采用新的会计政策时，企业必须服从国家法规、会计准则、会计制度的要求。

（2）会计政策变更能够提供更可靠、更相关的会计信息。当会计政策的变更能够使企业提供的有关企业财务状况、经营成果和现金流量信息更可靠、更相关时，企业应当改变原有的会计政策。

但是，下列各项不属于会计政策变更范围：

（1）本期发生的交易或者事项与以前相比，具有本质差别而采用新的会计政策。本期发生的交易或事项可能在某种形式上与前期的交易或事项具有一定的相似之处，但二者有本质的区别，本期发生的交易或事项实际上是一种新的交易或事项。例如，企业对临时租用的设备以前按经营租赁会计处理方法进行核算，而本期改按融资租赁会计处理方法核算。由于经营租赁与融资租赁具有本质区别，因而这种变化不属于会计政策变更。

（2）对初次发生的或不重要的交易或者事项采用新的会计政策。企业初次发生的交易或事项，采用任何一种新的会计政策均不属于会计政策变更。例如，企业第一次发生跨年度的劳务供应合同项目，对这种项目采用了以前从未采用过的完工百分比法于年末确认收入。对企业来说，虽然采用新的收入确认方法，但这不属于会计政策变更。另外，对于不重要的交易或事项，根据重要性原则改变会计政策，也无须作为会计政策变更的内容加以披露。例如，企业对少量的低值易耗品以前一直采用一次摊销法，从本期起，改按分次摊销法，由于该费用在利润表中比重较小，对企业收益影响不大，属于不重要事项，故这种改变也不属于会计政策变更。

四、会计政策变更的会计处理方法

会计政策变更的会计处理方法主要有追溯调整法和未来适用法两种。企业应根据会计政策变更的原因、条件，以及会计政策变更的累积影响数能否确定等因素来选择适用的方法。

（一）追溯调整法

1.追溯调整法的含义

追溯调整法，是指对某项交易或事项变更会计政策，视同该交易或事项初次发生时即采用变更后的会计政策，并以此对财务报表相关项目进行调整的方法。在采用追溯调整法时，应当将会计政策变更的累积影响数调整期初留存收益，会计报表其他相关项目的期初数也应一并调整，但不需要编制以前年度的会计报表。

2.追溯调整法的会计处理程序

（1）计算会计政策变更的累积影响数。

会计政策变更累积影响数，是指按照变更后的会计政策对以前各期追溯计算的列报前期最早期初留存收益应有金额与现有金额之间的差额。具体来说，就是以下两个金额之间的差额：①在变更会计政策的当年，按变更后的会计政策对以前各期追溯计算，所得到的年初留存收益金额；②变更会计政策当年年初的留存收益金额。

这里的留存收益金额，包括盈余公积以及未分配利润等项目，但不包括对外分配的利润或股利等。变更会计政策当年年初的留存收益，即为上期资产负债表所反映的留存收益，可以从上年资产负债表项目中获得；需要计算确定的，是按变更后的会计政策对以前各期追溯计算所得到的年初留存收益金额。

会计政策变更的累积影响数可以通过以下步骤计算：

① 根据新的会计政策重新计算受影响的前期交易或事项；

② 计算新旧两种会计政策下的税前损益差异；

③ 计算税前损益差异对所得税费用的影响金额；

④ 确定前期中的每一期的税后差异；

⑤ 计算会计政策变更的累积影响数。

（2）进行相应的会计处理。

（3）调整会计报表中相关项目的金额。

（4）在会计报表附注中进行披露说明。

下面通过举例来说明追溯调整法的具体实施步骤和调整方法。

【例 14-1】2×22 年 1 月 1 日，甲公司以 2 000 000 元的价款购买乙公司的股票，将其作为交易性金融资产入账，并以成本与市价孰低法进行后续计量。2×22 年和 2×23 年年末，该股票的公允价值分别为 2 360 000 元、2 600 000 元。2×24 年 1 月 1 日，甲公司按会计准则的规定，将该交易性金融资产改为以公允价值进行后续计量。企业所得税税率为 25%，按净利润的 10% 提取盈余公积。甲公司提供两年的比较报表，即 2×24 年 12 月 31 日的比较财务报表最早期期初为 2×23 年 1 月 1 日。假设不考虑其他相关税费。

按规定，交易性金融资产由成本与市价孰低法改为按公允价值计量，应作为会计政策变更，采用追溯调整法进行处理。

按准则的规定，调整自发生该业务起所有年份的财务报表，但实务中为简化起见，仅调整变更当年的财务报表，即将 2×22 年和 2×23 年的变更数一并调整 2×24 年财务报表的年初数。本例采用简化方法处理。

1.计算累积影响数，见表14-1。

表14-1　　　　　　　　　　　　　　　　　累积影响数计算表　　　　　　　　　　　　　　　单位：元

年度	成本与市价孰低法下的收益	公允价值法下的收益	税前差异	所得税影响	税后差异
2×22年	0	360 000	360 000	90 000	270 000
2×23年	0	240 000	240 000	60 000	180 000
合计	0	600 000	600 000	150 000	450 000

2.2×24年年初有关项目的调整分录。

①调整相关项目。

借：交易性金融资产——公允价值变动　　　　　　　　　　　　　600 000

　　贷：利润分配——未分配利润　　　　　　　　　　　　　　　　　　450 000

　　　　递延所得税负债　　　　　　　　　　　　　　　　　　　　　　150 000

②由于净利润的增加调整盈余公积。

借：利润分配——未分配利润　　　　　　　　　　　　　　　　　　45 000

　　贷：盈余公积（450 000×10%）　　　　　　　　　　　　　　　　　45 000

3.调整财务报表相关项目，见表14-2、表14-3和表14-4。

表14-2　　　　　　　　　　　　　　　　　资产负债表（部分）

编制单位：甲公司　　　　　　　　　　　　　2×24年12月31日　　　　　　　　　　　　单位：元

资　产	年初数（调整数）	负债和所有者权益	年初数（调整数）
交易性金融资产	+600 000	递延所得税负债	+150 000
		盈余公积	+45 000
		未分配利润	+405 000

表14-3　　　　　　　　　　　　　　　　　利润表（部分）

编制单位：甲公司　　　　　　　　　　　　　2×24年度　　　　　　　　　　　　　　　单位：元

项目	上年数（调整数）	本年数
...	...	
二、营业利润 加：公允价值变动收益 ...	+240 000	
三、利润总额 减：所得税费用	+240 000 +60 000	
四、净利润	+180 000	

表14-4 所有者权益变动表（部分）

编制单位：甲公司　　　　　　　　　　　　2×24年度　　　　　　　　　　　　单位：元

项目	本年金额（调整数）				上年金额（调整数）			
	…	盈余公积	未分配利润	所有者权益合计	…	盈余公积	未分配利润	所有者权益合计
一、上年年末余额								
加：会计政策变更		+18 000	+162 000	+180 000		+27 000	+243 000	+270 000

3.追溯调整法的优缺点

在追溯调整法下，通过将以前期间的会计报表相关项目按照新的会计政策追溯调整，使这些项目在本期与以前各期保持了会计政策的一贯性，使会计报表各项目数字具有可比性。如果企业前后两个会计期间采用不同的会计政策，后一个会计期间的会计报表没有对这种政策的变更进行追溯调整，会计信息使用者就很难比较两期会计报表所反映的企业财务状况、经营成果和现金流量，因而很难作出正确的决策和判断。

但是，追溯调整法的使用成本较高，工作量较大。另外，在客观上也为人为操纵会计信息提供了可能。如果有会计人员利用会计追溯调整法来掩盖会计作假现象，那么会计政策变更不但不能及时得到反映，反而会成为做假账的掩体，特别是上市公司公开披露的财务会计报告中若有上述现象，则会对会计信息的质量产生重大影响。

（二）未来适用法

1.未来适用法的含义

未来适用法是指将变更后的会计政策应用于变更日及以后发生的交易或者事项，或者在会计估计变更当期和未来期间确认会计估计变更影响数的方法。

与追溯调整法相比，采用未来适用法不需要计算会计政策变更的累积影响数，不调整变更期的期初留存收益，也无须改变会计账簿记录和重编以前年度的会计报表。根据要求，企业应当在现有金额的基础上按新的会计政策进行核算，并在会计报表的附注中进行披露。

2.未来适用法的披露内容

在未来适用法下，需要进行披露的事项主要包含以下内容：

（1）会计政策变更的内容和理由，包括会计政策变更的原因、背景、会计政策变更的日期、相关业务在变更日前后采用的会计政策等。

（2）会计政策变更对本期净损益的影响数。

（3）不能合理确定会计政策变更累积影响数的理由。不能合理确定会计政策变更的累积影响数是采用未来适用法的前提条件，应当对此进行充分的说明。

3.未来适用法的操作举例

【例14-2】田园公司原先对存货采用加权平均法进行计价核算，根据实际情况，公司决定于2×24年1月1日起改用个别计价法计价核算。2×24年1月1日，公司存货的价值为2 400 000元，公司全年购入存货实际成本为16 000 000元，2×24年12月31日，按个别计价法计算的存货价值为2 200 000元，当年销售额为20 000 000元。假设该年度其他费用为

1 100 000元，所得税税率为25%。2×24年12月31日按加权平均法计算的存货价值为4 000 000元。

田园公司为更准确地核算存货成本而改变会计政策，属于会计政策变更，由于无法取得会计政策变更累积影响数，对其采用未来适用法进行处理，即对存货采用个别计价法，从2×24年1月1日起执行，所以，不需要计算2×24年1月1日以前按个别计价法计算存货应有的余额，以及对留存收益的影响金额。

会计政策变更对当期净利润的影响数见表14-5。

表14-5 当期净利润的影响数计算表 单位：元

项 目	个别计价法	加权平均法
营业收入	20 000 000	20 000 000
减：营业成本	16 200 000	14 400 000
营业利润	3 800 000	5 600 000
减：其他费用	1 100 000	1 100 000
利润总额	2 700 000	4 500 000
减：所得税费用	675 000	1 125 000
净利润	2 025 000	3 375 000

注：① 采用个别计价法计算的销售成本为：

期初存货成本+本期购入存货实际成本−期末存货成本=2 400 000+16 000 000−2 200 000=16 200 000（元）

② 采用加权平均法计算的销售成本为：

期初存货成本+本期购入存货实际成本−期末存货成本=2 400 000+16 000 000−4 000 000=14 400 000（元）

田园公司由于会计政策变更使公司当期净利润减少了1 350 000元（3 375 000−2 025 000）。

4. 未来适用法的优缺点

未来适用法的优点是操作简单，时效性显著。当企业由于客观经济环境发生变化，原有会计处理方法已明显不适应要求时，按有关规定，采用新的会计原则或会计处理方法已是一种必然选择。当然，这种选择一般并不表明原有会计政策是错误的，主要原因是会计政策所提供的会计信息，已不能恰当地反映企业目前的财务状况、经营成果和现金流量等情况。

未来适用法的缺点是，由于没有对前期的事项进行调整，降低了会计报表的可比性，对会计信息使用者正确评价企业财务状况、经营成果和现金流量可能会造成影响。另外，该方法不利于比较会计报表的编制。

（三）会计政策变更的会计处理方法的选择

对于会计政策变更，企业应当根据具体情况，分别采用不同的会计处理方法：

（1）法律、行政法规或者国家统一的会计制度等要求变更的情况下，企业应当分别以下情况进行处理：

① 国家发布相关的会计处理办法，则按照国家发布的相关会计处理规定进行处理；

② 国家没有发布相关的会计处理办法，则采用追溯调整法进行会计处理。

（2）在会计政策变更能够提供更可靠、更相关的会计信息的情况下，企业应当采用追溯调整法进行会计处理，将会计政策变更累积影响数调整列报前期最早期初留存收益，其他相关项目的期初余额和列报前期披露的其他比较数据也应当一并调整。

观念应用14-1

会计政策变更
的影响

（3）确定会计政策变更对列报前期影响数不切实可行的，应当从可追溯调整的最早期间期初开始应用变更后的会计政策；在当期期初确定会计政策变更对以前各期累积影响数不切实可行的，应当采用未来适用法处理。

其中，"不切实可行"是指企业在采取所有合理的方法后，仍然不能获得采用某项规定所必需的相关信息，而导致无法采用该项规定，则该项规定在此时是不切实可行的。

第二节 会计估计变更

一、会计估计的含义

会计估计是指企业对某些结果不确定的交易或事项以最近可利用的信息为基础所作的判断。在会计实务中，由于经济业务错综复杂，具有很大的不确定性，会计要按权责发生制的要求，对不易确定结果的交易或事项进行确认、计量、记录和披露，适当的会计估计是不可缺少的。

在会计实务中，常见的会计估计主要包括以下项目：

（1）坏账准备提取比例的确定；

（2）存货可变现净值的确定；

（3）采用公允价值模式下的投资性房地产公允价值的确定；

（4）固定资产的预计使用寿命与净残值以及固定资产的折旧方法；

（5）使用寿命有限的无形资产的预计使用寿命及净残值；

（6）生物资产的预计使用寿命及净残值，各类生产性生物资产的折旧方法；

（7）或有事项；

（8）收入确认中的估计，合同完工进度的确定；

（9）权益工具公允价值的确定；

（10）金融资产公允价值的确定；

（11）非同一控制下企业合并成本的公允价值的确定；

（12）其他。

会计估计带有一定的主观性，主要体现在估计项目和方法的选择上。企业一方面应对结果不易确定的交易或事项进行慎重合理的会计估计，力求使会计报告能够客观、公允地反映企业的财务状况和经营成果，另一方面，企业也应当对当年经营成果和财务状况产生重大影响的会计估计在会计报表附注中进行披露说明，以增强企业财务会计报告的明晰性和有用性。

二、会计估计变更的含义及原因

（一）会计估计变更的含义

会计估计变更，是指由于资产和负债的当前状况及预期经济利益和义务发生了变化，从而对资产或负债的账面价值或者资产的定期消耗金额进行调整。

会计估计变更的依据应当真实、可靠。会计估计变更并不意味着以前的会计估计是错误的，只是由于赖以进行估计的基础发生了变化，或者由于取得新信息、积累更多经验以及后来的发展变化，可能需要对会计估计进行修订。如果以前期间的会计估计是错误的，则属于会计差错，应按会计差错更正的会计处理方法进行处理。

（二）会计估计变更的原因

会计估计之所以要进行变更，究其原因，主要有以下几个方面：

（1）企业原有会计估计的基础发生了变化。比如，企业某项无形资产的摊销年限原定为10年，以后情况发生了重大变化，致使该项无形资产的收益期已不足10年，因此，要相应调减摊销年限。又如，企业为了避免发生坏账损失，本年将产品的赊销战略改为现销战略，结果使坏账损失大大减少，若仍沿用以往的坏账损失估计方法，显然与实际不符。

（2）取得了新的信息，积累了更多的经验。新信息的取得，更多经验的积累，使人们对会计估计对象有了更加深刻的了解和认识，因而，可能用新的估计方法代替旧的估计方法。比如，对存货计提跌价准备就是如此。

（3）经济环境改变和其他因素的发展变化。比如，由于科技进步，企业物质设备更新加速，固定资产的有效使用年限将会被要求逐渐缩短，因而在会计处理上，固定资产的折旧年限也会随之改变。

三、会计政策变更与会计估计变更的划分

在会计实务中，会计政策变更与会计估计变更有时很难区分，因此，企业应当正确划分会计政策变更与会计估计变更，并按不同的方法进行相关会计处理。企业应当以变更事项的会计确认、计量基础和列报项目是否发生变更作为判断该变更是会计政策变更，还是会计估计变更的划分基础。

第一，以会计确认是否发生变更作为判断基础。《企业会计准则——基本准则》规定了资产等六大会计要素的确认标准，是会计处理的首要环节。一般地，对会计确认的指定或选择是会计政策，其相应的变更是会计政策变更。会计确认的变更一般会引起列报项目的变更。例如，企业在前期将某项内部研究开发项目开发阶段的支出计入当期损益，而当期按照《企业会计准则第6号——无形资产》的规定，该项支出符合无形资产的确认条件，应当确认为无形资产。该事项中会计确认发生了变化，所以该变更是会计政策变更。

第二，以计量基础是否发生变更作为判断基础。《企业会计准则——基本准则》规定了历史成本、重置成本、可变现净值、现值和公允价值等五项会计计量属性，是会计处理的计量基础。一般地，对计量基础的指定或选择是会计政策，其相应的变更是会计政策变更。

第三，以列报项目是否发生变更作为判断基础。《企业会计准则第30号——财务报表列报》规定了财务报表项目应采用的列报原则。一般地，对列报项目的指定或选择是会计政策，其相应的变更是会计政策变更。例如，某商业企业在前期将商品采购费用列入销售费用，但当期根据《企业会计准则第1号——存货》的规定，应将其列入存货成本。因为列报项目发生了变化，所以该变更是会计政策变更。

第四，根据会计确认、计量基础和列报项目所选择的、为取得与资产负债表项目有关的金额或数据（如预计使用寿命、净残值等）所采用的处理方法，不是会计政策，而是会计估计，其相应的变更是会计估计变更。例如，企业会计准则规定，企业需要对某项资产采用公允价值进行计量，而公允价值的确定需要根据市场情况选择不同的处理方法，这要区分是否存在销售协议和资产活跃市场进行确定。所以，为确定公允价值所采用的处理方法是会计估计，不是会计政策。相应地，当市场情况发生变化时，需要变更原先确定的公允价值的方法，就是会计估计变更，而不是会计政策变更。

四、会计估计变更的会计处理方法

企业会计准则规定，企业对会计估计变更应当采用未来适用法处理，即在会计估计变更当年及以后期间，采用新的估计方法，不改变以前期间的会计估计，也不调整以前期间的财务报告结果。具体来说，包括以下两方面：

第一，如果会计估计的变更仅影响变更当期，有关估计变更的影响应于当期确认。例如，企业原按应收账款余额的3%计提坏账准备，现由于不能回收的应收账款比例迅速提高，若仍按原3%的比例计提，显然已不适应需要，为此，改按5%的比例计提。这类会计估计的变更只影响变更当期，因此，应于变更当期确认。

第二，如果会计估计的变更既影响变更当期又影响未来期间，则有关估计变更的影响应在当期及以后各期确认。例如，可以计提折旧的固定资产，其有效使用年限或预计净残值的估计发生的变更，常常影响变更当期及资产以后使用年限内各个期间的折旧费用。因此，这类会计估计的变更，应在变更当期及以后各期予以确认。

会计估计变更的影响数应计入变更当期与前期相同的项目中，即会计估计变更的影响数如果以前包括在企业日常经营活动的损益中，则以后也应包括在相应的损益类项目中；如果会计估计变更的影响数以前包括在特殊项目中，则以后也应相应作为特殊项目反映。

在有些情况下，会计估计变更与会计政策变更很难区分。比如，企业原按应收账款余额的3%计提坏账准备，现由于不能回收的应收账款比例迅速提高，若仍按原3%的比例计提，显然已不适应需要，为此，改按5%的比例计提。对于这类变更，从计提方法上看，属于会计政策的变更，但从计提比例上看，则属于会计估计的变更。按照规定，如果会计政策变更和会计估计变更很难区分时，应按照会计估计变更的处理方法进行处理。因此，上述变更要按会计估计变更进行会计处理和披露。有关会计政策变更与会计估计变更的划分，上节相关内容中已叙述。

五、会计估计变更的披露

按照会计制度规定，企业本期发生的会计估计变更，要在本期的会计报表附注中进行披露说明，主要包含以下事项：

（1）会计估计变更的日期、原因及内容。

（2）会计估计变更的影响数，包括会计估计变更对当期损益的影响数，以及对其他各项目的影响数。

（3）会计估计变更的影响数不易确定的理由。若对于会计估计变更采用未来适用法进行处理，就应当对于其影响数的不易确定性进行说明。

六、会计估计变更举例

【例14-3】某企业一直按应收账款余额的1%计提坏账准备，现由于坏账有逐年增多的趋势，故企业决定，从2×24年起，将坏账准备的计提比例改为2%。该企业2×24年年末应收账款余额为2 000 000元，在计提本年坏账准备之前，"坏账准备"账户的贷方余额为5 000元，所得税税率为25%。

本例中，由于会计估计变更无须调整以前各期的比例，也不用计算累积影响数，所以，只需要计算计提坏账准备的比例从1%变为2%后，对当年损益的影响。

若2×24年仍按1%的比例计提坏账准备，则应计提15 000元（2 000 000×1%-5 000）。由于计提比例改为2%，则2×24年年末应计提的坏账准备为35 000元（2 000 000×2% -5 000）。

处理这种会计估计变更的影响时，应当按35 000元的结果直接进行账务处理，作如下会计分录：

借：信用减值损失——计提的坏账准备　　　　　　　　　　　　　　35 000

　　贷：坏账准备　　　　　　　　　　　　　　　　　　　　　　　　　　35 000

同时，应在会计报表中的有关项目中按35 000元进行反映。对于此项会计估计的变更，企业要在会计报表附注中作以下披露说明：

本企业2×24年以前一直按应收账款余额的1%计提坏账准备，现由于坏账有逐年增多的趋势，故企业决定，从2×24年起，将坏账准备的计提比例改为2%。由于此项会计估计的变更，本年多计提坏账准备20 000元（35 000-15 000），相应地本年度所得税费用减少5 000元，本年度净利润减少15 000元（（35 000-15 000）×（1-25%））。

【例14-4】飞达公司2×19年12月30日购入一台管理用设备，原始价值为104 000元，原估计使用年限为8年，预计净残值为4 000元，按直线法计提折旧。由于技术因素以及更新办公设施等原因，已不能继续按原定使用年限计提折旧，于2×24年1月1日将该设备的折旧年限改为6年，预计净残值为2 000元，所得税税率为25%。

飞达公司的管理用设备已计提折旧4年，年折旧额12 500元，累计折旧50 000元，固定资产净值54 000元。自2×24年1月1日起，改按新的使用年限计提折旧，每年折旧费用为26 000元（（54 000-2 000）÷（6-4））。

2×24年12月31日，飞达公司应编制如下会计分录：

借：管理费用　　　　　　　　　　　　　　　　　　　　　　　　　26 000

　　贷：累计折旧　　　　　　　　　　　　　　　　　　　　　　　　　　26 000

同时，应在会计报表附注中对于此项会计估计的变更，作以下披露说明：

本企业2×19年12月30日购入一台管理用设备，原始价值为104 000元，原估计使用年限为8年，预计净残值为4000元，按直线法计提折旧。由于技术因素以及更新办公设施等原因，已不能继续按原定使用年限计提折旧，于2×24年1月1日将该设备的折旧年限改为6年，预计净残值为2000元。此项会计估计变更，使本年多计提折旧13500元（26000-12500），相应地减少本年度所得税费用3375元，减少本年度净利润10125元（（26000-12500）×（1-25%））。

上述会计政策变更、会计估计变更核算的内容，按《企业会计准则第28号——会计政策、会计估计变更和差错更正》的有关规定，可用以下判断流程图表示，如图14-1所示。

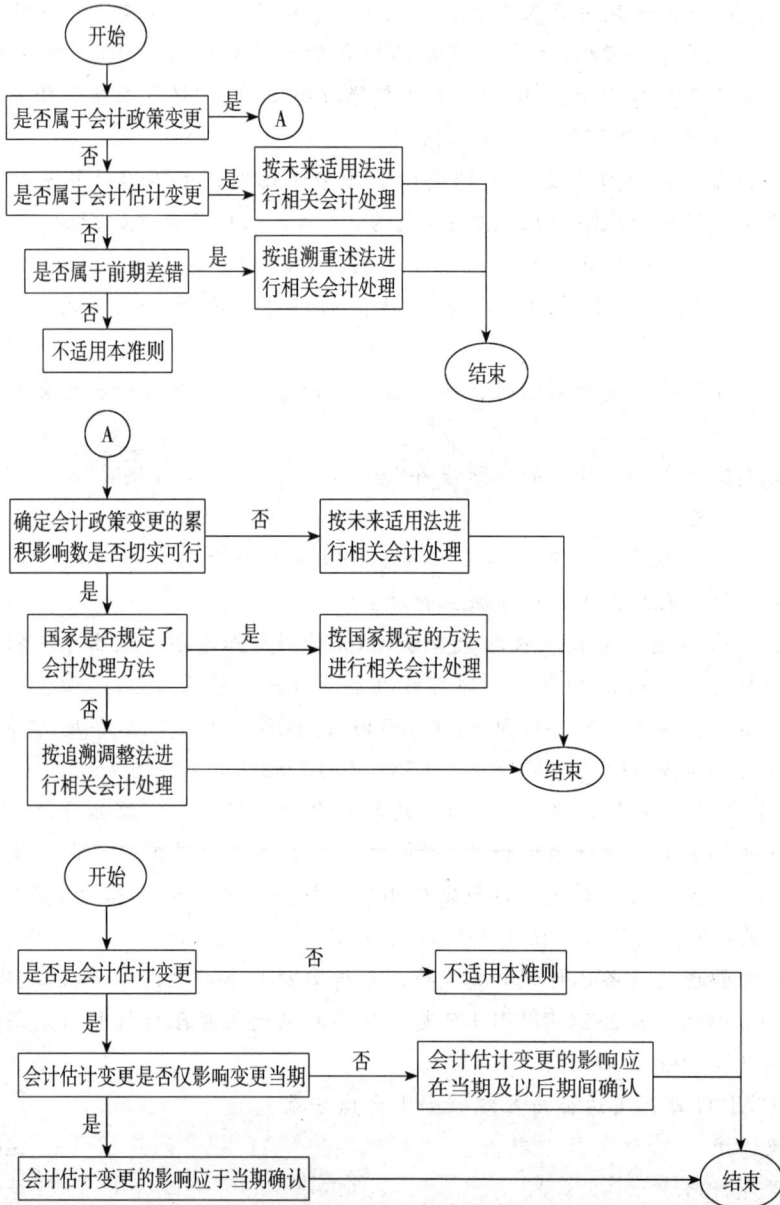

图14-1 会计政策、会计估计变更核算判断流程图

第三节 前期差错更正

一、前期差错概述

前期差错，是指由于没有运用或错误运用下列两种信息，而对前期财务报表造成省略或错报。

第一，编报前期财务报表时预期能够取得并加以考虑的可靠信息。

第二，前期财务报告批准报出时能够取得的可靠信息。

企业会计准则所称的"前期差错"，一般指重要的前期差错，以及虽然不重要但故意造成的前期差错。其重要程度应当根据差错的性质和金额加以具体判断。

前期差错通常包括计算错误、应用会计政策错误、疏忽或曲解事实和舞弊产生的影响以及存货、固定资产盘盈等。在会计实务中，前期会计差错的表现多种多样，主要分为以下三类：

（一）会计政策运用差错

企业应当按照会计准则和会计制度规定的原则和方法进行会计核算。但是，企业在具体执行过程中，有可能由于各种原因而采用了会计准则等行政法规、规章制度所不允许的原则和方法。例如，按照规定，为购建固定资产而发生的借款费用，在固定资产达到预定可使用状态前发生的，应予以资本化，计入所购建固定资产的成本；反之，则应予以费用化，计入当期损益。如果企业将固定资产达到预定可使用状态以后发生的借款费用也予以资本化，计入了该项固定资产的成本，则属于采用了法律或会计准则等行政法规、规章制度所不允许的会计政策。

（二）会计估计差错

由于会计实务中，经济业务千变万化，不确定因素很多，企业在进行会计核算时经常需要作出各种估计。但是，由于种种原因，会计估计可能会发生差错。例如，国家规定企业可以按应收账款年末余额的一定比例计提坏账准备，企业在确定这一计提比例时，可能过高或过低，致使年末可能多提或少提坏账准备，从而影响当期损益的计算。

（三）其他差错

在企业会计核算过程中，有可能发生除上述两种差错以外的其他差错。例如，账户运用以及计算出错、漏记或重复记录已完成的交易、提前确认尚未实现的收入或不确认已实现的收入、疏忽或曲解事实、舞弊产生的影响等。

二、前期差错更正的会计处理方法

企业发现的前期差错，应当采用追溯重述法进行更正，但确定前期差错累积影响数不切实可行的除外。追溯重述法是指发现前期差错时，视同该项前期差错从未发生过，从而对财务报表相关项目进行更正的一种方法。

确定前期差错累积影响数不切实可行的，可以从追溯重述法的最早期间开始调整留存收益的期初余额，财务报表其他相关项目的期初余额也应当一并调整，也可以采用未来适用法。企业应当在重要的前期差错发现当期的财务报表中调整前期比较数据。

追溯重述法的运用一般包括以下几个步骤:

第一,确定前期差错。

第二,确定前期差错的影响数。

第三,进行相关会计处理。对于发现的前期差错,如果影响损益,应将其对损益的影响数调整发现当期的期初留存收益,会计报表其他相关项目的期初数也应当一并调整,如果不影响损益,应当调整会计报表相关项目的期初数。

第四,调整财务报表相关项目金额。在编制比较会计报表时,对于比较会计报表期间的前期差错,应当调整各该期间的净损益和其他相关项目,视同该差错在产生的当期已经更正,对于比较会计报表期间以前的前期差错,应当调整比较财务报表最早期间的期初留存收益,财务报表其他相关项目的数字也一并调整。

第五,在会计报表附注中披露会计差错。

对于不重要且非故意造成的前期差错,可以采用未来适用法。

三、会计差错更正的会计处理举例

(一) 当期发生的会计差错

【例 14-5】佳华公司 2×24 年 12 月 31 日发现一台管理用固定资产本年度漏提折旧 20 000 元。

佳华公司在本期发现该项会计差错时,应补提固定资产折旧,作如下会计分录:

借:管理费用   20 000

 贷:累计折旧   20 000

(二) 前期发生的非重大会计差错

企业发生的前期会计差错有重大会计差错与非重大会计差错之分,其中,重大会计差错是指使财务报表不再具有可靠性的会计差错。

对于前期发生的非重大会计差错,如果影响损益,无须重述,应当直接计入发现当期净损益,其他相关项目也一并调整;如果不影响损益,应当调整发现当期相关项目。

【例 14-6】佳华公司 2×24 年 12 月 31 日发现 2×22 年度一台管理用设备少计提折旧 5 000 元。

本例折旧费总额 5 000 元,金额不大,故直接计入本期有关项目,作如下会计分录:

借:管理费用   5 000

 贷:累计折旧   5 000

(三) 前期发生的重大会计差错

对于前期发生的重大会计差错,应当采用追溯重述法进行处理,即在发现该差错时,视同该前期差错从未发生过,从而对财务报表相关项目进行更正。如果影响损益,应当将其对损益的影响数调整发现当期的期初留存收益,财务报表其他相关项目的期初数也应一并调整;如果不影响损益,应当调整财务报表相关项目的期初数。

在编制比较财务报表时,对于比较财务报表期间的重大会计差错,应当调整各该期间的净损益和其他相关项目,视同该差错在产生的当期已经更正;对于比较会计报表期间以前的重大会计差错,应当调整比较会计报表最早期间的期初留存收益,财务报表其他相关项目的数字也应一并调整。

【例14-7】佳华公司2×24年12月31日发现上年漏提了一项固定资产折旧费，计100 000元，所得税申报中也未发现。该公司按净利润的10%计提法定盈余公积、按净利润的5%计提任意盈余公积，企业所得税税率为25%。

根据以上资料，佳华公司应作如下会计处理：

（1）分析会计差错

本例上年少提折旧费100 000元，多计所得税费用25 000元（100 000×25%）、多计净利润75 000元，多计应交所得税25 000元，多提盈余公积11 250元。假设税法规定允许调整应交所得税。

（2）账务处理

补提折旧：

借：以前年度损益调整　　　　　　　　　　　　　　　　100 000

　　贷：累计折旧　　　　　　　　　　　　　　　　　　　　　　100 000

调整应交所得税：

借：应交税费——应交所得税　　　　　　　　　　　　　　25 000

　　贷：以前年度损益调整　　　　　　　　　　　　　　　　　　25 000

结转"以前年度损益调整"科目：

借：利润分配——未分配利润　　　　　　　　　　　　　　75 000

　　贷：以前年度损益调整　　　　　　　　　　　　　　　　　　75 000

调整"利润分配"有关数字：

借：盈余公积　　　　　　　　　　　　　　　　　　　　　11 250

　　贷：利润分配——未分配利润　　　　　　　　　　　　　　　11 250

（3）调整报表相关项目金额

在资产负债表上，其"年初数"作如下调整："累计折旧"调增100 000元、"固定资产净值"调低100 000元、"应交税费"调减25 000元、"盈余公积"调减11 250元、"未分配利润"调减63 750元。

在利润表上，其"年初数"作如下调整："管理费用"调增100 000元、"营业利润"及"利润总额"调减100 000元、"所得税费用"调减25 000元、"净利润"调减75 000元。

本章小结

会计政策，是指企业在会计确认、计量和报告中所采用的具体原则、基础和会计处理方法。企业采用的会计政策，在每一会计期间和前后各期应当保持一致，不得随意变更。但是，满足条件者可以变更会计政策。会计政策变更的会计处理方法可以采用追溯调整法或未来适用法。企业应在会计报表附注中披露会计政策变更的相关情况。

会计估计是指企业对某些结果不确定的交易或事项以最近可利用的信息为基础所作的判断。如果资产和负债的当前状况及预期经济利益和义务发生了变化，就需要对资产或负债的账面价值或者资产的定期消耗金额进行调整。企业对会计估计变更应当采用未来适用法进行处理。期末，企业要将会计估计变更的影响数在会计报表附注中进行披露说明。

由于没有运用或错误运用可靠信息，而对前期财务报表造成省略或错报，会造成前期会计差错，通常包括计算错误、应用会计政策错误、疏忽或曲解事实以及舞弊产生的影响等。企业发现的前期差错，应当采用追溯重述法进行更正，但确定前期差错累积影响数不切实可行的，可以从追溯重述法的最早期间开始调整留存收益的期初余额，财务报表其他相关项目的期初余额也应当一并调整，也可以采用未来适用法。

主要概念

会计调整　会计政策　会计估计　会计前期差错　会计政策变更　会计估计变更　前期差错　更正追溯调整法　未来适用法　追溯重述法　前期重大会计差错　前期非重大会计差错

第十四章基本训练

资产负债表日后事项

学习目标

通过本章学习，应达到以下目标：在知识方面，熟悉资产负债表日后事项的概念、涵盖的期间及内容分类，明确调整事项和非调整事项的区别；在技能方面，掌握调整事项的会计处理方法和非调整事项在报表附注中披露的方法；在能力方面，能正确运用资产负债表日后事项的会计处理原则和方法，联系企业发生的资产负债表日后事项实际进行分析和处理，揭示其对企业财务报表和信息使用者决策的影响。

思维导图

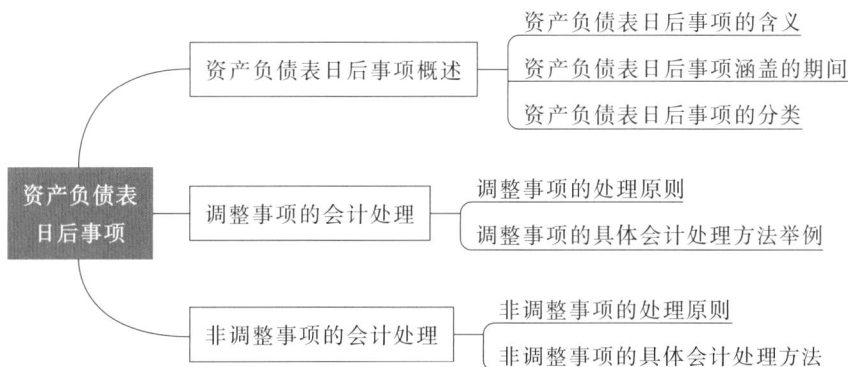

引导案例

神雾环保的资产负债表日后事项

本章将重点讨论资产负债表日后事项的会计处理问题。

第一节 资产负债表日后事项概述

财务会计报告是反映企业某一特定日期（资产负债表日）财务状况和某一会计期间经营成果、现金流量等会计信息的文件。但是，企业的财务会计报告从编制、审批到最后报出，往往要经历一段时间，尤其是年度财务报告。企业在资产负债表日以后、财务报告批准报出日之前这段时间里会发生许多交易或其他事项，这些交易或事项有的可能对企业报告期的财务状况、经营成果产生较大的影响；有的虽然与企业的报告期无关，但可能会影响财务报告使用者作出正确的估计和决策。因此，为了使财务报告的使用者能够全面、客观地了解企业的财务信息，就有必要对上述交易或事项进行分析、评价，以确定是否需要调整将要报出的报告年度的财务会计报告，或是否需要在财务报表附注中进行说明，以便使用者能够获取与财务报告公布日最为相关的信息。

一、资产负债表日后事项的含义

资产负债表日后事项，是指资产负债表日至财务报告批准报出日之间发生的有利或不利事项。理解这一概念，需要注意以下几方面：

（一）资产负债表日

资产负债表日是指会计年度末和会计中期期末。中期是指短于一个完整的会计年度的报告期间，包括半年度、季度和月度。我国《会计法》规定，我国会计年度采用公历年度，即1月1日至12月31日。因此，年度资产负债表日是每年公历的12月31日，中期资产负债表日是指年度中间各期期末，如3月31日或6月30日等。如果母公司或者子公司在国外，无论该母公司或子公司如何确定会计年度和会计中期，其向国内提供的财务报告都应根据我国《会计法》和会计准则的要求确定资产负债表日。

（二）财务报告批准报出日

财务报告批准报出日，通常是指对财务报告内容负有法律责任的单位和个人批准财务报告向企业外部公布的日期，一般指董事会或类似的机构批准财务报告报出的日期。财务报告的批准者包括所有者、所有者中的多数、董事会或类似的管理单位、部门和个人。我国《公司法》规定，公司制企业财务报告报出日是由公司董事会决定的。对于其他企业，财务报告批准报出日一般是指经理（厂长）会议或类似机构批准财务报告报出的日期。

（三）有利事项和不利事项

资产负债表日后事项包括有利事项和不利事项。这里的"有利或不利事项"是指，资产负债表日后对企业财务状况、经营成果等具有一定影响（既包括有利影响也包括不利影响）的事项。如果某些事项的发生对企业并无任何影响，那么这些事项既不是有利事项也不是不利事项，也就不属于本章所称的资产负债表日后事项。

二、资产负债表日后事项涵盖的期间

资产负债表日后事项涵盖的期间是自资产负债表日次日起至财务报告批准报出日止的一段时间。对上市公司而言，这一期间内涉及几个日期，包括完成财务报告编制日、注册会计师出具审计报告日、董事会批准财务报告可以对外公布日、实际对外公布日等。具体而言，资产负债表日后事项涵盖的期间应当包括：

（1）报告期间下一期间的第一天至董事会或类似机构批准财务报告对外公布的日期。

（2）财务报告批准报出以后、实际报出之前又发生与资产负债表日后事项有关的事项，并由此影响财务报告对外公布日期的，应以董事会或类似机构再次批准财务报告对外公布的日期为截止日期。

资产负债表日后事项涵盖的期间如图15-1所示。

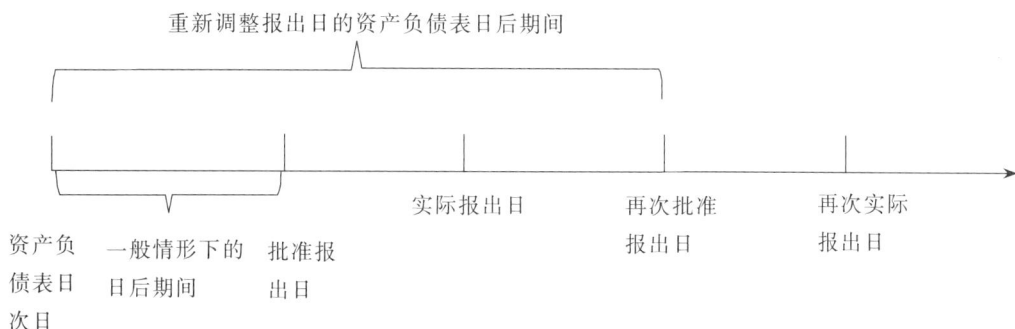

图 15-1　资产负债表日后事项涵盖的期间

【例 15-1】M 上市公司 2×23 年的年度财务报告于 2×24 年 2 月 20 日编制完成，注册会计师完成年度财务报表审计工作并签署审计报告的日期为 2×24 年 4 月 17 日，董事会批准财务报告对外公布的日期为 2×24 年 4 月 17 日，财务报告实际对外公布的日期为 2×24 年 4 月 23 日，股东大会召开日期为 2×24 年 5 月 10 日。

本例中，M 公司 2×23 年年报资产负债表日后事项涵盖的期间为 2×24 年 1 月 1 日至 2×24 年 4 月 17 日。如果在 4 月 17 日至 23 日之间发生了重大事项，需要调整财务报表相关项目的数字或需要在财务报表附注中披露，经调整或说明后的财务报告再经董事会批准报出的日期为 2×24 年 4 月 25 日，实际报出的日期为 2×24 年 4 月 30 日，则资产负债表日后事项涵盖的期间为 2×24 年 1 月 1 日至 2×24 年 4 月 25 日。

三、资产负债表日后事项的分类

资产负债表日后事项包括资产负债表日后调整事项和资产负债表日后非调整事项两大类。

（一）资产负债表日后调整事项

资产负债表日后调整事项，是指对资产负债表日已经存在的情况提供了新的或进一步证据的事项。如果资产负债表日及所属会计期间已经存在某种情况，但当时并不知道其存在或者不能知道确切结果，资产负债表日后发生的事项能够证实该情况的存在或者确切结果，则该事项属于资产负债表日后事项中的调整事项。如果资产负债表日后事项对资产负债表日的情况提供了进一步的证据，证据表明的情况与原来的估计和判断不完全一致，则需要对原来的会计处理进行调整。

也就是说，调整事项是在资产负债表日后发生的、表明依据资产负债表日存在状况所确定的某些财务报表数据已不恰当，应该据以调整这些财务报表项目，从而为资产负债表日已经存在的情况提供新的或进一步证据的事项。调整事项有助于对资产负债表日存在状况的有关金额作出重新估计，其特点是：（1）与资产负债表日存在的状况有关，能够为资产负债表日或以前所发生的事项提供新的或进一步的证据；（2）对按资产负债表日存在的状况编制的财务报表产生重大影响。

在会计实务中，资产负债表日后调整事项主要包括以下情形：

（1）资产负债表日后诉讼案件结案，法院判决证实了企业在资产负债表日已经存在现实义务，需要调整原先确认的与该诉讼案件相关的预计负债，或确认一项新负债。

（2）资产负债表日后取得确凿证据，表明某项资产在资产负债表日发生了减值或者需要调整该项资产原先确认的减值金额。

（3）资产负债表日后进一步确定了资产负债表日前购入资产的成本或售出资产的收入。

（4）资产负债表日后发现了财务报表舞弊或差错。

【例15-2】甲公司因专利侵权被起诉。2×23年12月31日法院尚未判决，参考公司律师对此案件诉讼结果可能性的评估和判断，甲公司确认了500万元的预计负债。2×24年2月20日，在甲公司2×23年度财务报告批准报出之前，法院作出判决，要求甲公司支付赔偿款700万元。

本例中，甲公司在2×23年12月31日结账时已经知道对方胜诉的可能性较大，但不能知道法院判决的确切结果，因此，确认了500万元的预计负债。2×24年2月20日法院判决结果为甲公司预计负债的存在提供了进一步的证据。此时，按照2×23年12月31日存在状况编制的财务报表所提供的信息已不能真实反映企业的实际情况，应据此对财务报表相关项目的数字进行调整。因此，此种情形属于调整事项。

【例15-3】甲公司于2×23年10月销售给乙公司一批产品，销售价款100万元，增值税13万元，该批产品的生产成本为60万元，货款在2×23年12月31日尚未收到。2×23年12月20日接到乙公司通知，其在验收货物时发现该批产品存在严重质量问题，要求退货。甲公司希望协商解决问题，并与乙公司共同寻找解决办法。甲公司在12月31日编制资产负债表时，将该应收账款113万元减去已计提的坏账准备后的金额列示于资产负债表中的"应收账款"项目内，并将100万元的货款作为收入列入利润表。2×24年1月28日双方协商未达成协议，甲公司收到乙公司通知，该批产品已全部退回。甲公司在2×24年2月5日收到乙公司退回的产品和增值税专用发票的发票联、税款抵扣联。在这种情况下，甲公司就需要对该项退货作为资产负债表日后调整事项进行处理。

（二）资产负债表日后非调整事项

资产负债表日后非调整事项，是指表明资产负债表日后发生的情况的事项。非调整事项的发生不影响资产负债表日企业的财务报表数字，只说明资产负债表日后发生了某些情况。对于财务报告使用者而言，非调整事项说明的情况有的重要，有的不重要。其中重要的非调整事项虽然不影响资产负债表日的财务报表数字，但可能影响资产负债表日以后的财务状况和经营成果，不加以说明将会影响财务报告使用者作出正确估计和决策。因此，需要适当披露。非调整事项的特点是：（1）资产负债表日并未发生或存在，完全是期后才发生的事项；（2）对理解和分析财务报告有重大影响的事项。

在会计实务中，资产负债表日后非调整事项通常包括资产负债表日后发生的以下情形：重大诉讼、仲裁、承诺；资产价格、税收政策、外汇汇率发生重大变化；因自然灾害导致资产发生重大损失；发行股票和债券以及其他巨额举债；资本公积转增资本；重大亏损；企业合并或处置子公司等。

注意，资产负债表日后，企业利润分配方案中拟分配的以及经审议批准宣告发放的股利或利润，不确认为资产负债表日的负债，但应当在附注中单独披露。

（三）调整事项与非调整事项的区别

资产负债表日后发生的某一事项究竟是调整事项还是非调整事项，取决于该事项表明的情况在资产负债表日或资产负债表日以前是否已经存在。若该情况在资产负债表日或之前已经存在，则属于调整事项；反之，则属于非调整事项。这是因为，在会计期间假设下，调整事项虽然发生在资产负债表日的下一会计期间，但其指向的情况在资产负债表日已经存在，资产负债表日后所获得的证据只为资产负债表日已存在状况提供了进一步的证据，为便于真实、公允地反映企业财务状况和经营成果，需要对资产负债表日的财务报表进行调整。这两类事项的共同点是，调整事项和非调整事项都是在资产负债表日后至财务报告批准报出日之间发生或存在的，对报告年度的财务报告所反映的财务状况、经营成果都将产生重大影响。

【例15-4】甲公司2×23年10月向乙公司出售一批原材料，价款为2 000万元，根据销售合同，乙公司应在收到原材料后3个月内付款。至2×23年12月31日，乙公司尚未付款。假定甲公司在编制2×23年年度财务报告时有两种情况：（1）2×23年12月31日甲公司根据掌握的资料判断，乙公司有可能破产清算，估计该应收账款将有20%无法收回，故按20%的比例计提坏账准备；2×24年1月20日，甲公司收到通知，乙公司已被宣告破产清算，甲公司估计有70%的债权无法收回。（2）2×23年12月31日乙公司的财务状况良好，甲公司预计应收账款可按时收回；2×24年1月20日，乙公司发生重大火灾，导致甲公司50%的应收账款无法收回。

2×24年3月15日，甲公司的财务报告经批准对外公布。

本例中，（1）导致甲公司应收账款无法收回的事实是乙公司财务状况恶化，该事实在资产负债表日已经存在，乙公司被宣告破产只是证实了资产负债表日乙公司财务状况恶化的情况。因此，乙公司破产导致甲公司应收款项无法收回的事项属于调整事项。（2）导致甲公司应收账款损失的因素是火灾，火灾是不可预计的，应收账款发生损失这一事实在资产负债表日以后才发生。因此，乙公司发生火灾导致甲公司应收款项发生坏账的事项属于非调整事项。

如何确定资产负债表日后某一事项是调整事项还是非调整事项是对资产负债表日后事项进行会计处理的关键。实务中，在理解资产负债表日后事项的会计处理时，还需要明确：调整和非调整事项是一个广泛的概念，就事项本身而言，可以有各种各样的性质，只要符合企业会计准则中对这两类事项的判断原则即可；另外，同一性质的事项可能是调整事项，也可能是非调整事项，这取决于该事项表明的情况是在资产负债表日或资产负债表日以前已经存在或发生，还是在资产负债表日后才发生的。会计人员应按照准则中资产负债表日后事项的判断原则来对这两类事项加以判别。

第二节 调整事项的会计处理

一、调整事项的处理原则

企业在发生资产负债表日后调整事项时，应当视同资产负债表所属期间发生的事项一样，作出相关的会计处理，对资产负债表日已编制的财务报表作相应的调整，主要包括资产负债表、利润表以及相关附表和现金流量表的补充资料内容，但不包括现金流量表正表。对于年度财务报告而言，由于资产负债表日后事项发生在报告年度的次年，报告年度的有关账目已经结转，特别是损益类科目在结账后已无余额。因此，年度资产负债表日后发生的调整事项，应具体分别以下情况进行处理：

（一）涉及损益的调整事项

该类事项应通过"以前年度损益调整"账户核算，不再使用正常情况下应记的损益类账户。当所发生的事项需要调增以前年度收益或调减以前年度亏损，以及调减所得税费用时，记入该账户的贷方；当所发生的事项需要调减以前年度收益或调增以前年度亏损，以及调增所得税费用时，记入该账户的借方；涉及以前年度损益的事项调整完毕，应当将该账户的余额转入"利润分配——未分配利润"账户。需要注意的是，涉及损益的调整事项，如果发生在该企业资产负债表日所属年度（即报告年度）所得税汇算清缴前的，应调整报告年度应纳税所得额、应纳所得税税额；发生在该企业报告年度所得税汇算清缴后的，应调整本年度（即报告年度的次年）应纳税所得额、应纳所得税税额。

（二）涉及利润分配调整的事项

该类事项根据上述损益的变化情况，按照规定的比例，直接在"利润分配——未分配利润"账户中进行法定盈余公积、任意盈余公积等项目的调增或调减。

（三）不涉及损益和利润分配的事项

对于此类事项，比如将负债转股权、将短期借款转作长期借款等，可直接调整相关账户。

（四）调整财务报表相关项目金额

通过上述账务处理后，还应调整财务报表相关项目的金额，主要包括资产负债表日编制的财务报表相关项目的数字、当期编制的财务报表相关项目的年初数等。提供比较会计报表时，还应调整相关财务报表的上年数。经过上述调整后，如果涉及财务报表附注内容的，还应调整会计报表附注相关项目的数字。

二、调整事项的具体会计处理方法举例

【例15-5】吉庆公司于2×23年12月31日仍未收到里海公司应于本年度归还的应收账款500 000元。由于里海公司近期财务状况相当困难，吉庆公司按应收账款余额的2%计提了坏账准备。2×24年3月初，吉庆公司收到了里海公司清算小组的通知，里海公司正式宣告破产，其所欠货款只能偿还账面金额的70%，即350 000元，此时，所得税的汇算清缴已办理完毕。吉庆公司的财务会计报告批准报出日为2×24年4月30日，所得税税率为25%，按净利润的10%计提法定盈余公积、按净利润的5%计提任意盈余公积，此外，不作其他分配。

在本例中，通过分析，在资产负债表日后，企业证实了资产的减损，应作如下调整：

（1）按确认的资产减损数额，补提坏账准备：

应补提的坏账准备=（500 000-350 000）-500 000×2%=140 000（元）

借：以前年度损益调整——调整信用减值损失	140 000	
贷：坏账准备		140 000

（2）确认递延所得税资产：

借：递延所得税资产（140 000×25%）	35 000	
贷：以前年度损益调整		35 000

（3）调整"以前年度损益调整"账户余额：

借：利润分配——未分配利润	105 000	
贷：以前年度损益调整		105 000

（4）调整利润分配有关数额：

借：盈余公积——法定盈余公积　　　　　　　　　　　　　　　　　　10 500

　　　　　　——任意盈余公积　　　　　　　　　　　　　　　　　　5 250

　　贷：利润分配——未分配利润　　　　　　　　　　　　　　　　　　　　　15 750

（5）调整2×23年及2×24年财务报表相关项目金额：

2×23年年末资产负债表中调减应收账款140 000元；调增递延所得税资产35 000元；调减盈余公积15 750元；调减未分配利润89 250元。2×24年资产负债表中的年初数应按照2×23年调整后的金额填列。其他报表略。

【例15-6】A公司与B公司签订一项销售合同，合同中订明甲公司应在2×23年8月销售给乙公司一批物资。由于A公司未能按照合同发货，致使B公司发生重大经济损失。2×23年12月，B公司将A公司告上法庭，要求A公司赔偿450万元。2×23年12月31日法院尚未判决，A公司按或有事项准则对该诉讼事项确认预计负债300万元。2×24年2月10日，经法院判决A公司应赔偿B公司400万元，A、B双方均服从判决。判决当日，A公司向B公司支付赔偿款400万元。A、B两公司2×23年所得税汇算清缴均在2×24年3月20日完成（假定该项预计负债产生的损失不允许在预计时税前抵扣，只有在损失实际发生时才允许税前抵扣）。公司财务报告批准报出日是4月30日，所得税税率为25%，按净利润的10%提取法定盈余公积，提取法定盈余公积后不再作其他分配；调整事项按税法规定均可调整应交纳的所得税；涉及递延所得税资产的，均假定未来期间很可能取得用来抵扣暂时性差异的应纳税所得额；不考虑报表附注中有关现金流量表项目的数字。

本例中，2×24年2月10日的判决证实了A、B两公司在资产负债表日（即2×23年12月31日）分别存在现时赔偿义务和获赔权利。因此，两公司都应将"法院判决"这一事项作为调整事项进行处理。A公司和B公司2×23年所得税汇算清缴均在2×24年3月20日完成。因此，应根据法院判决结果调整报告年度应纳税所得额和应纳所得税税额。

1.A公司的账务处理如下：

（1）2×24年2月10日，调整已确认的预计负债金额，并调整递延所得税资产：

借：以前年度损益调整　　　　　　　　　　　　　　　　　　　　　　1 000 000

　　贷：其他应付款　　　　　　　　　　　　　　　　　　　　　　　　　　1 000 000

借：应交税费——应交所得税　　　　　　　　　　　　　　　　　　　250 000

　　贷：以前年度损益调整（1 000 000×25%）　　　　　　　　　　　　　　250 000

借：应交税费——应交所得税　　　　　　　　　　　　　　　　　　　750 000

　　贷：以前年度损益调整　　　　　　　　　　　　　　　　　　　　　　750 000

借：以前年度损益调整　　　　　　　　　　　　　　　　　　　　　　750 000

　　贷：递延所得税资产　　　　　　　　　　　　　　　　　　　　　　　750 000

借：预计负债　　　　　　　　　　　　　　　　　　　　　　　　　　3 000 000

　　贷：其他应付款　　　　　　　　　　　　　　　　　　　　　　　　　3 000 000

借：其他应付款　　　　　　　　　　　　　　　　　　　　　　　　　4 000 000

　　贷：银行存款　　　　　　　　　　　　　　　　　　　　　　　　　　4 000 000

注：2×23年年末因确认预计负债300万元时已确认相应的递延所得税资产，发生后递延所得税资产不复存在，故应冲销相应记录。

（2）将"以前年度损益调整"科目余额转入未分配利润：

借：利润分配——未分配利润   750 000

 贷：以前年度损益调整   750 000

（3）因净利润变动，调整盈余公积：

借：盈余公积   75 000

 贷：利润分配——未分配利润   75 000

（4）调整报告年度财务报表相关项目的数字（财务报表略）：

①资产负债表项目的年末数调整：

调减递延所得税资产75万元，调增其他应付款400万元，调减应交税费100万元，调减预计负债300万元，调减盈余公积7.5万元，调减未分配利润67.5万元。

②利润表项目的调整：

调增营业外支出100万元，调减所得税费用25万元，调减净利润75万元。

③所有者权益变动表项目的调整：

调减净利润75万元，提取盈余公积项目中盈余公积一栏调减7.5万元，未分配利润一栏调减67.5万元。

2.B公司的账务处理如下：

（1）2×24年2月10日，记录收到的赔款并调整应交所得税：

借：其他应收款   4 000 000

 贷：以前年度损益调整   4 000 000

借：以前年度损益调整   1 000 000

 贷：应交税费——应交所得税   1 000 000

借：银行存款   4 000 000

 贷：其他应收款   4 000 000

（2）将"以前年度损益调整"科目余额转入未分配利润：

借：以前年度损益调整   3 000 000

 贷：利润分配——未分配利润   3 000 000

（3）因净利润增加，补提盈余公积：

借：利润分配——未分配利润   300 000

 贷：盈余公积   300 000

（4）调整报告年度财务报表相关项目的数字（财务报表略）：

①资产负债表项目的年末数调整：

调增其他应收款400万元，调增应交税费100万元，调增盈余公积30万元，调增未分配利润270万元。

②利润表项目的调整：

调增营业外收入400万元，调增所得税费用100万元，调增净利润300万元。

③所有者权益变动表项目的调整：

调增净利润300万元，提取盈余公积项目中盈余公积一栏调增30万元，未分配利润一栏调增270万元。

第三节 非调整事项的会计处理

一、非调整事项的处理原则

资产负债表日后发生的非调整事项，是表明资产负债表日后发生的情况的事项，与资产负债表日存在状况无关，不应当调整资产负债表日的财务报表。但有的非调整事项对财务报告使用者具有重大影响，如不加以说明，将不利于财务报告使用者作出正确估计和决策。因此，资产负债表日后非调整事项应在财务报表附注中披露重要的非调整事项的性质、内容及其对财务状况和经营成果的影响。

二、非调整事项的具体会计处理方法

对于资产负债表日后发生的非调整事项，企业不必调整资产负债表日编制的年度财务报表中已确认的金额，但需要在财务报表附注中披露每项重要的资产负债表日后非调整事项的性质、内容及其对财务状况和经营成果的影响。无法作出估计的，应当说明原因。

资产负债表日后非调整事项的主要例子有：

（一）资产负债表日后发生重大诉讼、仲裁和承诺

资产负债表日后发生的重大诉讼等事项，对企业影响较大，为防止误导投资者及其他财务报告使用者，应当在报表附注中披露。

（二）资产负债表日后资产价格、税收政策、外汇汇率发生重大变化

资产负债表日后发生的资产价格、税收政策和外汇汇率的重大变化，虽然不会影响资产负债表日财务报表相关项目的数据，但对企业资产负债表日后期间的财务状况和经营成果有重大影响，应当在报表附注中予以披露。如发电企业资产负债表日后发生的上网电价的调整。

（三）资产负债表日后因自然灾害导致资产发生重大损失

【例15-7】意尔公司于2×24年3月20日发生火灾，造成成品库严重毁损，库内大部分商品被毁，库房原值800 000元，已提折旧300 000元，入库商品账面价值1 000 000元，已收到保险公司理赔款900 000元。意尔公司的财务报告批准报出日为2×24年4月30日，则意尔公司应当在2×23年度财务报表附注中披露这一自然灾害造成的资产损失事项。

附注说明：本公司于2×24年3月20日发生火灾，造成成品库严重毁损，现已无法修复，库内大部分商品被毁，库房原值800 000元，已提折旧300 000元，库房账面净值500 000元，入库商品账面价值1 000 000元，已收到保险公司理赔款900 000元。但由于多种原因，净损失目前尚无法确定。

（四）资产负债表日后发行股票和债券以及其他巨额举债

企业发行股票、债券以及向银行或非银行金融机构举借巨额债务都是比较重大的事项，虽然这一事项与企业资产负债表日的存在状况无关，但这一事项的披露能使财务报告使用者了解与此有关的情况及可能带来的影响。因此，应当在财务报表附注中披露。

（五）资产负债表日后资本公积转增资本

企业以资本公积转增资本将会改变企业的资本（或股本）结构，影响较大，应当在报表附注中进行披露。

（六）资产负债表日后发生巨额亏损

企业资产负债表日后发生巨额亏损将会对企业报告期以后的财务状况和经营成果产生重大影响，应当在报表附注中及时披露该事项，以便为投资者或其他财务报告使用者作出正确决策提供信息。

（七）资产负债表日后发生企业合并或处置子公司

企业合并或者处置子公司的行为可以影响股权结构、经营范围等方面，对企业未来的生产经营活动能产生重大影响，应当在报表附注中进行披露。

（八）资产负债表日后，企业利润分配方案中拟分配的以及经审议批准宣告发放的现金股利或利润

资产负债表日后，企业制订利润分配方案，拟分配或经审议批准宣告发放现金股利或利润的行为，并不会导致企业在资产负债表日形成现时义务，虽然该事项的发生可导致企业负有支付股利或利润的义务，但支付义务在资产负债表日尚不存在，不应该调整资产负债表日的财务报告。因此，该事项为非调整事项。但为便于财务报告使用者更充分地了解相关信息，企业需要在财务报告中适当披露该信息。

【例15-8】甲公司2×23年度财务报告附注中对资产负债表日后利润分配情况的说明：根据2×24年3月16日董事会决议，本公司拟以2×23年12月31日的股份为基准向全体股东每10股分配股利0.5元（含税），共计分配股利12亿元。该股利分配预案尚待本公司股东大会批准。

上述资产负债表日后事项核算的内容，按《企业会计准则第29号——资产负债表日后事项》的有关规定，可以用判断流程图15-2来表示。

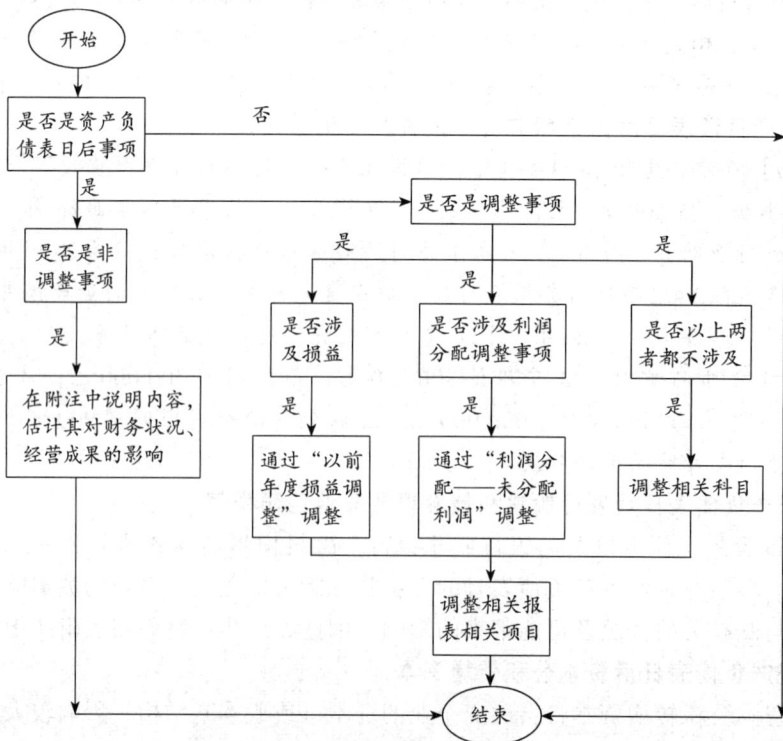

图15-2　资产负债表日后事项核算判断流程图

本章小结

资产负债表日后事项，是指资产负债表日至财务报告批准报出日之间发生的有利或不利事项，它是对资产负债表日存在状况的一种补充说明。它包括资产负债表日后调整事项和资产负债表日后非调整事项两大类。企业在发生资产负债表日后调整事项时，应当视同资产负债表所属期间发生的事项一样，作出相关的会计处理，对资产负债表日已编制的会计报表作相应的调整。对资产负债表日后非调整事项，应在会计报表附注中加以披露说明，并估计其对企业财务状况、经营成果产生的影响。

主要概念

资产负债表日后事项　资产负债表日后调整事项　资产负债表日后非调整事项

第十五章基本训练

主要参考文献

［1］财政部会计司编写组.《企业会计准则第 14 号——收入》应用指南（2018）［M］. 北京：中国财政经济出版社，2018.

［2］财政部会计司编写组.《企业会计准则第 22 号——金融工具确认与计量》应用指南（2018）［M］. 北京：中国财政经济出版社，2018.

［3］财政部会计司编写组.《企业会计准则第 37 号——金融工具列报》应用指南（2018）［M］. 北京：中国财政经济出版社，2018.

［4］中国注册会计师协会. 会计（2024 年注册会计师全国统一考试辅导教材）［M］. 北京：中国财政经济出版社，2024.

［5］财政部会计资格评价中心. 中级会计实务（2024）［M］. 北京：经济科学出版社，2024.

［6］财政部会计资格评价中心. 初级会计实务（2024）［M］. 北京：经济科学出版社，2024.

［7］徐经长. 会计学［M］. 北京：中国人民大学出版社，2018.

［8］刘永泽，陈立军. 中级财务会计［M］. 8 版. 大连：东北财经大学出版社，2024.

［9］戴德明，林钢，赵西卜. 财务会计学［M］. 10 版. 北京：中国人民大学出版社，2018.

［10］习近平. 高举中国特色社会主义伟大旗帜 为全面建设社会主义现代化国家而团结奋斗：在中国共产党第二十次全国代表大会上的报告［M］. 北京：人民出版社，2022.

［11］央视新闻客户端. 一图全解二十届三中全会《决定》［EB/OL］.［2024-07-22］. http://cpc.people.com.cn/n1/2024/0722/c459166-40282703.html.